비선 권력

박근혜와 **최태민**의 만남부터 **최순실 국정농단** 사태까지

이 도서의 국립중앙도서관 출판예정도서목록(CIP)은 서지정보유통지원시스템 홈페이지(http://
seoji.nl.go.kr)와 국가자료공동목록시스템(http://www.nl.go.kr/kolisnet)에서 이용하실 수 있
습니다. (CIP제어번호: CIP2017012465)

추적 논픽션

비선 권력

김용출 · 이천종 · 조병욱 · 박영준 지음

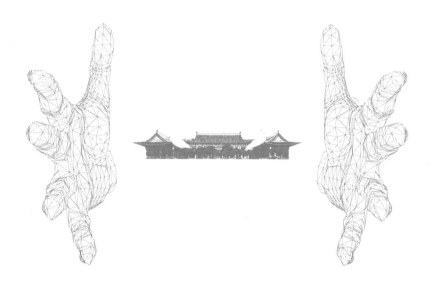

| 박근혜와 최태민의 만남부터 최순실 국정농단 사태까지 |

일러두기

／본문에서 인용 또는 참고한 자료의 출처는 모두 책 끝부분에 실린 '각 장의 주'에 상세히 표기했습니다.

／단행본 제목은 『 』, 논문과 문서, 시의 제목은 「 」, 신문과 잡지 등 정기간행물은 ≪ ≫, 영화와 방송프로그램 제목은 〈 〉로 구분해 표기했습니다.

／인용한 글 일부에는 독자의 이해를 돕기 위해 괄호로 짧은 설명을 덧붙이거나 글에서 생략된 내용을 표기했습니다.

／인터뷰 형식의 인용문에서 질문자의 말은 괄호 안에 넣어 표기했습니다.

차례

기억하지 않는 역사는 되풀이된다

해는 아직 솟아오르지 않았고, 아침이슬은 풀들과 함께 신발 위에 산산이 내려앉았다. 숙소에서 아침을 먹고 근처 작은 공원을 잠시 걸었다. 손에는 수백 건의 기사와 자료를 토대로 작성된 45문항으로 이뤄진 인터뷰 질문지가 들려 있었다. 우리는 질문 순서를 어떻게 할 것인지, 상대 반응에 따라 어떻게 추가로 캐물을지를 거듭 이야기했다. 인터뷰는 준비한 만큼 결과가 나올 것이라 믿어서다.

인터뷰 장소로 향하는 차 속에서 그간 경험한 수많은 인터뷰이들이 떠올랐다. 자신이 시설 장애인들을 대신해 부재자투표를 신청하고 투표도 했다며 눈물을 터뜨렸던 대전의 한 사회복지법인 교사 A 씨와 자신은 모르는 일이라며 '모르쇠'로 일관한 해당 법인 원장 B 씨. 학교를 인수하겠다며 백지수표 형태로 거액의 미군 예산을 빼돌렸다가 구속된 서울구치소로 찾아가자 "이런 쓸데없는 것까지 취재하러 오느냐"며 등을 내보인 한국인 미군 군속 C 씨와 미국 국방예산을 선거자금으로 쓰지 않았다며 1억 원짜리 자기앞수표를 내밀었다가 '자기앞 수표가 아니다'는 말에 "진작 알고 있다고 말씀을 하시지"라며 능청스럽게 넘어가려 했던 국회의원 D 씨. 멋쩍은 웃음과 함께 "좋은 뜻으로 한 번 봐달라"고 부동산 특혜 분양 사실을 인정한 경찰 고위 간부 E 씨, "법적으로 전혀 문제없다"고 문제의 핵심을 비켜 가려 한 국무위원 F 씨, 무려 1200만 원을 전혀 연고도 없는 정치인들에게 기부한 이유를 동료 기자가 캐묻자 "꼭 상식이 통하는 것만은 아니다"고 대답한 대기업 대관對官팀 직원의 아내 G 씨, 휴일 밤 끝도 없이 술을 마시다가 마지막에야 "물은 것 이상"이라고 로또 도입 과정 비리 의혹을 확인해준 감사원 감사관 H 씨….

가을이 나뭇잎에 박히기 시작하던 2016년 10월 26일 낮 12시 독일 프랑크푸르트 외곽에 위치한 헤센 주 프랑크푸르트공항FRA 근처 NH호텔 6층의 한 세미나실. 문에는 'Garderobe Wardrobe(옷장)'라고 쓰여 있었고, 문밖 복도에는 세미나를 하던 지멘스 직원들이 서성거렸다. 나는 폭이 150cm 정도인 테이블을 사이에 두고 한국 현대사에서 최악의 국정농단 장본인 최순실과 마주앉았다.

'최 원장'(박근혜 대통령), '선생님'(문고리 인사들), '그분'(조리장), '회장님'(고영태 등), '국정농단 장본인'(언론) 등 수많은 이름으로 불린 최순실. 그는 내가 기자로서 이전에 만난 모든 인터뷰이를 뛰어넘는 사람이었다. 최선이 아닌 최악의 방향에서. 최순실은 세미나실에 들어오자마자 '레이저 눈빛'을 쏘더니 몸을 돌려 나가려고 했다. 우여곡절 끝에 테이블에 마주앉아선 미리 준비한 질문을 시작하기도 전에 10여 분간 펑펑 우는 시늉을 하며 일방적인 주장만 쏟아냈다. 화장지 두어 장을 건네자 안경을 벗고 눈물을 닦는 그의 모습을 보면서 어쩌면 그와 박근혜의 모든 것이 거짓과 위선일 수도 있겠다는 의심이 싹텄다. 최순실은 구체적인 질문을 할 때나 자신에게 불리하다 싶으면 어김없이 "사법적 절차를 앞두고 있어서"라든가 "법적 대응을 해야 하기 때문에"라며 피해 가려 했다. 자신에게 불리한 질문에는 짧게 대답한 반면, 조금이라도 반론할 것이 있을 때에는 길게 이야기하면서 적극적으로 해명하려 했다. 그는 결과적으로 사건에 대한 진실은 고사하고 사실과 팩트도 제대로 말하지 않은 채 거짓과 허위, 음모론을 교묘하게 설파했다.

기억나는 것은 최순실이 자신을 박근혜의 '절대적인 충신'으로 생각하는 듯했다는 점이다. 인터뷰 도중 "충신으로 지켜드리고 싶다"며 '충신'이라는 단어를 사용했고, '신의'라는 말을 강조했으며, 박근혜를 염려하는 듯한 모습을 의도적으로 보여주려 했다. 그러면서 스스로 비선 권력임을 알고 있었던 것으로 보였다. 국회의원이나 장관이라는 말이 그의 입에서 쉽게 나왔고, 심지어 김대중 정부 시절 실세로 널리 알려진 박지원 전 국민의당 대표와 권노갑 전 민주당 고문을 운운하기도 했다. '대통령보다 더 높은 대통령이라는 지적도 있다'는 질문에 대한 최순실의 대답이다.

"박지원이나 권노갑처럼 권세를 누려야 하는데, 저는 숨어서 다녔다. 옆에 있는 사람도 잘 모르는데 악의적으로 하는 사람을 만나 (그가) 악의적으로 폭로하고 다니는데 어떻게 하느냐. 가정이 파괴되고 (부부가) 이혼하고 애(정유라)는 망가지고 학교도 못 가는 진흙탕이다. 저는 병원에 계속 다니고, 저녁만 되면…, 저희 아버지(최태민)도 화병으로 죽었다."

최순실은 또한 피아나 진영을 분명히 구분했다. 자신이 공격받는 것은 '야당의 정치 공세'라고 했고 '진보, 좌파의 공세'라고 쏘아붙였다. 나중에 보수 세력이 주도하는 이른바 '태극기 집회' 연사들이 자주 사용하는 단어들이 북북 튀어나왔다. 최악의 국정농단이라는 멈쇠와

처벌, 허위와 진실이라는 프레임은 그에게는 진보와 보수, 좌파와 우파의 이념 대결 프레임으로 바뀌어 있었다.

이제야 고백하지만, 나는 최순실에게 '눈빛 레이저'를 세 차례나 맞았다. 눈빛은 표독스러웠고 적의로 가득했다. 최순실이 2016년 10월 31일 서울중앙지검에 출두할 때 모자 속에서 날카롭게 내보냈던 그 눈빛이었다. 만약 세상 끝까지라도 달려가 질문을 던져야 하는 기자의 운명이 아니었다면, 대통령부터 거지까지, 세상의 의인부터 거악巨惡에게까지 물어야 하는 저널리즘이 아니었다면, 결코 두 번 다시 경험하고 싶지 않은. 최순실은 세미나실에 들어오면서 한 사람만 인터뷰하러 오는 줄 알았다며 첫 번째 레이저를 쐈다. 인터뷰 중간 스마트폰으로 사진을 찍을 때 안경으로 바꿔 쓰는 것을 노트북 너머에서 유심히 지켜보던 나에게 두 번째 레이저를, 인터뷰가 끝나고 세미나실을 나가면서 미소도 짓지 않고 인사도 하지 않던 나에게 마지막 레이저를 쐈다. 특히 마지막 레이저를 쏘던 순간은 2~3초 정도에 불과했겠지만, 가장 길게 느껴지던 시간이었다.

프랑크푸르트로 가는 비행기 속에서 나치 친위대 아돌프 아이히만의 재판을 지켜보며 '악의 평범성'을 주창한 한나 아렌트의 영화를 두 번이나 보며 고개를 끄덕였던 나는, 결국 최순실 인터뷰를 마치고 인천으로 돌아오는 길에 아렌트의 말을 잊기로 했다. 아렌트의 말은 박근혜나 최순실에게는 너무 멀리 있다는 것을 깨달았기 때문이다.

최순실 인터뷰 이후 신문사 안에 특별취재팀이 꾸려졌고 나는 팀장으로 후배들과 함께 박근혜와 최순실의 국정농단을 취재해 들어갔다. 열심히 한다고는 했지만, 우리에게 시간은 너무 짧았고 그 사이 정국은 급변했다. 박근혜와 비선 권력의 관계와 역사, 그들의 국정농단은 깊고도 방대해 신문 지면으로는 도저히 다 담을 수도 없었다. 특별취재팀이 해체된 뒤 나는 후배들과 함께 책으로 나아가기로 했다. '기억하지 않는 역사는 되풀이된다'는 말을 되새기며 우리는 '기억투쟁'에 나선 것이다.

책에서 우리는 박근혜가 최순실의 아버지 최태민을 만난 것으로부터 시작해 박근혜와 비선 체제가 어떻게 형성되고 발전했으며 국정농단 뒤 급격히 몰락했는지를 통사적으로 규명하려 했다. 우리는 이 과정에서 직접 확보한 증언과 자료 외에도 국회와 청와대, 검찰과 특별검사, 사건의 당사자와 관계자, 기자, 학자 등의 많은 인터뷰와 증언, 논평, 진술, 기사, 공소장, 판결문, 논문, 책 등을 참고했다. 하지만 필자들의 한계, 박근혜와 비선 권력, 그들이 벌인 국정농단의 전모 자체가 아직 다 드러나지 않은 탓으로 미흡하다는 지적을 피할 수 없음을 잘 알고 있다. 그럼에도 이 작업을 지난할 실체 규명을 위한 마중물 정도로, 이념과 진영에 휘둘리지 않고 진실로 나아가려 한 소박한 용기 정도로 바라봐 준다면 좋겠다. 실체적 진실이 온전히 다 드러나기까지는 아마 많은 시간과 더 많은 이들의 분투가 필요할지도. 관계자들뿐만 아니라 국민 모두 고통스러운 진실과 마주할 용기 또한 필요할 것이다.

이 책은 「정윤회문건」을 특종 보도한 뒤 엄청난 고초를 겪었던, 그럼에도 용기를 잃지 않고 많은 도움을 준 조현일, 국정농단 장본인 최순실과의 단독 인터뷰에 초대해준 류영현 등을 비롯해 많은 세계일보 선후배들의 적극적인 관심과 지지가 없었다면 나오지 못했을 것이다. 차준영 사장을 비롯한 회사 경영진과 황정미 편집국장을 비롯한 편집국 국장단이 보내준 따뜻한 지지와 지원도 큰 도움이 됐다. 아울러 흔쾌히 출간 결정을 해주고 부족한 글을 빛나게 해준 김종수 사장을 비롯한 한울엠플러스(주) 임직원에게도 심심한 고마움을 전한다.

거대한 이론이나 멋있어 보이는 회색주의에 빠지지 않고 진실과 정의를 먼저 볼 줄 알았던, 치 떨리는 부조리와 오욕을 먼저 경험했음에도 바람보다 먼저 일어섰던, 민주공화국의 새 새벽을 열어젖힌 위대한 대한민국 시민들에게 이 책을 바친다.

2017년 5월 서울 신문로에서

필자 이천종, 조병욱, 박영준을 대표해

김용출 씀

前史
전사

커넥션의 시작
(1912~1975)

악마와 도깨비들에게도 법칙이 있지요.
꼭 숨어 들어온 곳으로만 나가야 한다는 것입니다.
들어올 땐 자유지만, 나갈 땐 노예가 되는 거지요.

요한 볼프강 폰 괴테의 『파우스트』(1808) 중에서
(『파우스트 1』, 정서웅 옮김, 민음사, 1999, 83쪽)

육영수의 피격과 흔들리는 박정희

1974년 8월 15일 오전, 서울 장충동 국립극장. 박정희 대통령이 커다란 태극기 아래에서 광복절 경축사를 읽고 있었다. 박정희가 "나는 오늘 이 뜻깊은 자리를 빌어 조국통일은 반드시 평화적인 방법으로 이뤄져야 한다는 것을 우리가…"라며 북측에 불가침조약을 막 제의하던 순간이었다. '픽' 하는 소리가 들렸다. '피스톨 박'으로 불린 박종규 경호실장은 전구가 깨지는 소리인 줄 알았다. 소리는 극장 맨 뒷줄 오른쪽에서 세 번째 자리에 앉아 있던 문세광이 권총을 뽑으면서 오발, 자신의 왼쪽 허벅지를 관통하며 내는 소리였다. 문세광은 이어 통로로 나와 박정희가 있던 연단을 향해 뛰어가기 시작했다. 아무도 제지하지 않았다. 문세광은 연단으로 향해 달려가면서 두 번째 총탄을 발사했지만 총탄은 20m 떨어진 연설대를 맞혔다. 문세광이 방아쇠를 다시 당겼지만 세 번째 총탄은 불발이 됐다. 그는 다시 제4탄을 쏘려 했다. 박정희는 이미 연설대 밑으로 몸을 숙여 보이지 않았고, 귀빈석에 앉아 있던 정일권 국회의장과 민복기 대법원장, 양택식 서울시장 등은 머리를 숙이거나 의자 뒤로 몸을 숨겼다. 문세광이 쏜 네 번째 총탄이 한복 차림으로 단상에 앉아 있던 육영수의 머리를 관통했다. 문세광이 제5탄을 쏘려 하는 순간, 행사에 참석한 한 시민이 발을 걸었다. 문세광이 넘어지면서 방아쇠가 당겨졌고, 총탄은 연단 위 태극기에 꽂혔다. 23세의 재일한국인 문세광은 그 자리에서 체포됐다. 육영수는 서울대병원으로 옮겨졌지만 이날 오후 7시쯤 사망했다.[1]

퍼스트레이디 육영수는 1950년 주위의 소개로 육군 소령이던 박정희를 만났고 6·25전쟁 중인 1950년 12월 주위의 반대를 무릅쓰고 박정희와 결혼했다. 첫 부인 김호남과 이혼한 박정희의 두 번째 아내였다. 본관은 옥천. 육영수는 박정희와의 사이에 박근혜와 박근령, 박지만 1남 2녀를 낳았다.

육영수의 피격 사망은 우선 박정희 정권에 적지 않은 영향을 미쳤다. 아내 육영수의 사망으로 박정희의 판단력이 흐려졌기 때문이다. 특히 리더로서 절대적으로 중요한 균형 감각에 적신호가 켜졌다는 분석이 나왔다. 김종필의 지적이다.

"1974년 육영수 여사가 돌아가신 뒤 대통령의 정밀한 판단력이 흐려지는 징후는 여러 군데서 드러났다. 박정희 대통령에게 생활의 균형을 잡게 해준 건 육 여사였다. 그분이 세상을 뜨자 대통령은 생각과 행동의 균형에 금이 가기 시작했다."[2]

실제 육영수는 생전에 '청와대 내 제1야당'을 자처하며 박정희에게 민심을 전달하는 창구 역할을 해왔다는 점에서 그의 부재로 박정희의 폭주가 더욱 심화됐다는 분석도 있다. 즉, 육영수는 1963년 10월 박정희가 대통령에 당선되자 "앞으로는 가정 안에서나마 야당적인 자세로 진정한 민의와 사회의 형편을 폭넓게 받아들여 올바르게 알려드리겠다"며 '청와대 제1야당'을 자처하고 시민들의 목소리나 민심을 전달하려 했다. 육영수는 때때로 시민들의 생각을 박정희에게 전달하거나 당이나 정치권과 상관없이 자신의 생각을 말했다고 한다.[3] 박정희는 육영수 피격 5일 뒤인 8월 20일 대야 강경파인 차지철(1934~1979) 의원을 경호실장에 임명했고 이듬해인 1975년 4월 8일 긴급조치 7호, 5월 13일에는 긴급조치 9호를 잇따라 선포하며 국정을 폭압적으로 이끌었다.

육영수의 죽음은 박근혜의 인생행로에도 결정적인 영향을 미친다. 박근혜는 육영수를 대신해 퍼스트레이디 역할을 하기 때문이다.

박근혜가 영부인 역할을 대행하면서 자연스럽게 권력 의지를 갖게 된 게 아니냐는 분석도 나온다.

박근혜는 육영수 피격 당시 프랑스 그르노블Grenoble 대학에서 6개월째 유학 중이었다. 그르노블은 프랑스 동남부 알프스 지역의 중심 도시. 프랑스어를 공부하기 위해 박근혜는 우선 그르노블 대학의 어학 과정을 신청했다. 그는 학교와 가까운 곳에서 하숙하고 있었다.4 어머니 피격 당시 친구들과 여행 중이던 박근혜는 하숙집으로부터 '급히 돌아오라'는 전화를 받았다. 그는 '어머니에게 무슨 일이 생겼다'는 말에 기차를 타고 하숙집으로 돌아오는 내내 어머니를 걱정했다. 박근혜가 하숙집에 도착해 보니 주불 한국 대사관에서 나온 사람들이 있었다. 서둘러 귀국해야 했다. 그는 짐도 챙기지 못한 채 공항으로 향했다. 탑승 수속을 하기 위해 걸어가다가 가판 신문에서 어머니 사진 위에 쓰인 '암살'이라는 글자가 눈에 들어왔다. 신문을 급히 펼쳐 보았다. 박근혜는 "온몸에 수만 볼트의 전기가 흐르는 것처럼 쇼크를 받았다. 날카로운 칼이 심장 깊숙이 꽂힌 듯한 통증이 몰려왔다"고 당시를 회고했다. 그는 비행기를 타고 귀국하는 내내 쉬지 않고 울었다.5

어머니 육영수는 박근혜에게 '언제나 따뜻이 감싸 안는, 이해와 사랑으로 충만한' 영원한 '마음의 고향' 같은 존재이자, '마음에 있는 모든 것을 털어놓고 이야기할' 수 있는 친구였으며, '스스로 깨우침을 얻을 수 있도록 하는' 스승 같은 존재였다.6 박근혜는 육영수에게서 퍼스트레이디의 준거도 봤다. 박근혜는 특히 육영수가 보여준 여러 모습 가운데 해외 순방에서 보여준 외교적 역할을 주목했다. 박근혜는 "어머니가 한복을 입음으로써 우리나라가 고유의 전통문화를 가지고 있는 나라임을 보여주었고, 그곳의 불우하고 어려운 사람들을 마치 내 나라 국민처럼 격려하고 위로하면서 한국인의 따뜻한 마음과 정을 보여줬다"고 기억했다.[7] 박근혜는 육영수 사후 퍼스트레이디 역할을 맡게 됐다. 그의 나이 겨우 22세였다. 박근혜는 1979년 10·26 사태가 벌어질 때까지 5년간 영부인 직무를 대행했다.

'영애' 박근혜와 '은인' 김기춘의 인연

피격 현장에서 체포된 문세광은 사건 당일인 1974년 8월 15일 서울 중앙정보부(국가정보원의 전신) 본부로 끌려가 조사를 받았다. 하지만 문세광은 묵비권을 행사하며 좀처럼 입을 열지 않았다. 신직수(1927~2001) 중앙정보부장은 이에 중앙정보부장 특별보좌관인 김기춘 검사를 투입했다. 1939년 경남 거제에서 태어난 김기춘은 경남고를 거쳐 1958년 서울대 법대에 입학했다. 그는 5·16 쿠데타 직전인 1960년 10월 사법고시에 합격한 후 광주지검 검사를 시작으로 공직에 들어갔다. 재학 중 5·16장학회(정수장학회의 전신)가 주는 장학금을 받고 학업을 마쳐 나중에 정수장학회 장학생 출신들의 모임인 '상청회' 회장을 맡기도 했다. 김기춘은 1972년 법무부 검사 시절 유신헌법 초안을 만드는 데 참여했고, 1974년부터 중앙정보부에서 중앙정보부장 특보를 맡고 있었다. 일본어 소설을 읽을 수 있을 정도로 일본어가 능숙했던 김기춘은 문세광이 독서광이라는 것을 알고 일본어로 물었다.

"문세광 씨, 아나타, 자카루노히토이우혼오요미마시타카文世光氏, あなた, 『ジャッカルの日』という本を読みましたか(문세광 씨, 당신은 『자칼의 날』이라는 책을 읽어봤습니까)!"

『자칼의 날The Day Of The Jackal』은 1971년 영국 BBC 출신의 프레더릭 포사이스Frederick Forsyth가 프랑스의 비밀 군사조직이 테러리스트 자칼을 고용해 샤를 드골 프랑스 대통령을 암살하려 했던 것을 소재로 한 추리소설. 테러리스트들이 즐겨 읽는 책 중 하나로 알려져 있다. 사건 10여 일 전 충남 대천해수욕장에서 여름휴가를 보내며 이 소설을 재미있게 읽은 김기춘은 문세광을 작품 속 주인공에 투영해 말문을 열려 했다. 문세광은 눈을 번쩍 뜨며 반가운 표정으로 말했다.

"욘데미마시타. 센세이모자카루노히오요미마시타카読んでみました. 先生も『ジャッカルの日』を読みましたか(읽어봤습니다. 선생님도 『자칼의 날』을 읽었습니까?)."

김기춘은 "나도 읽었습니다. 그렇다면 당신이 바로 자칼 아니요?"라고 물었고, 문세광은 "그렇습니다. 제가 바로 자칼입니다"라고 답했다. 김기춘은 이에 "이봐요 문세광 씨, 그렇다면 소설의 주인공처럼 당당하게 범행을 밝혀야 할 것 아니요? 당신은 혁명을 하기 위해 대통령을 저격하러 온 혁명가입니다. 왜 비겁하게 말을 하지 않습니까? 혁명가답게 당당하게 설명하세요. 그게 사나이다운 용기 있는 행위입니다"라고 설득했다. 이에 문세광이 사건의 전모를 자백하기 시작했다고 김기춘은 각종 언론 인터뷰에서 주장했다.[8] 하지만 역사학자 한홍구는 "김기춘은 문세광이 일체의 신문에 8월 16일 오후 5~6시경까지도 묵비하고 있었다고 주장했지만, 당시 조간신문 8월 16일치를 보면 문세광이 이미 상당히 구체적인 내용을 진술하고 있었음이 분명하다"며 김기춘의 '자가 발전'이라고 분석했다.[9]

재일동포 2세인 문세광은 재일본조선인총연합회(이하 조총련) 소속이 아닌 재일본대한민국민단(이하 민단) 오사카 지부 사무처장이었다. 일본에서 보통 부르는 이름은 난조 세이코南條世光. 도대체 민단

소속의 문세광은 왜 박정희를 쏘려 했을까. 1972년 10월 유신에 이어 1973년 김대중(1924~2009) 납치 사건까지 발생하자 일본 교민 사회는 국내와 마찬가지로 반反박정희 여론이 크게 일었고 민주주의 파괴와 독재를 규탄하는 목소리가 쏟아졌다. 『자칼의 날』을 탐독했던 문세광도 반박정희 운동에 적극 참여했던 것으로 알려졌다. 문세광은 오사카의 한 파출소에서 권총을 훔치고 지인의 호적초본 등을 빌려 가짜 여권을 만든 뒤 한국에 입국, 8월 15일 박정희를 향해 권총을 뽑아든 것이다.

중앙정보부는 이후 수사 결과 발표에서 문세광이 북한의 지령을 받아 범행을 저질렀고 공작금은 조총련으로부터 지원받았다고 발표했다. 그는 9월 12일 내란목적 살인, 국가보안법 위반 등 여섯 가지 혐의로 구속 기소됐고 약 3개월 뒤인 12월 17일 사형이 확정됐다. 문세광은 3일 뒤인 12월 20일 오전 7시 30분 서울 서대문구치소에서 형장의 이슬로 사라졌다.

문세광의 자백을 받아 사건을 신속하게 처리하면서 김기춘은 박근혜에겐 '은인'으로 인식됐을 가능성도 거론된다. 한홍구는 박근혜의 입장에선 문세광을 범인으로 특정해 사형에 처하게 만든 김기춘이 어머니 육영수의 원수를 갚아준 고마운 사람으로 인식될 수 있었을 것이라고 분석했다.[10]

김기춘은 문세광 사건 이후 겨우 35세의 나이에 중앙정보부 대공수사국 부장으로 발탁됐다. 중앙정보부에서 가장 막강한 부서로 꼽히는 대공수사국 부장으로서 유신체제 유지의 대들보가 된 것이다. 김기춘은 이후 역사의 주요 고비마다 박근혜의 주변에서 중요한 역할을 한다. 그는 1992년 대통령 선거 정국에서 망국적인 지역감정을 선동하는 발언을 노골적으로 해 파문을 일으켰다. 2004년 국회 법제사법위원장으로서 노무현(1946~2009) 대통령에 대한 국회 탄핵 소추에 앞장섰으며, 2012년 대선 때에는 박근혜를 지지하는 원로 모임인 '7인회'를 이끌며 박근혜 대통령 만들기에 앞장섰다. 박근혜 정부의 1차 균열을 가져온 2014년 11월 「정윤회문건」 파동 때에는 대통령 비서실장으로서 비선의 실체 규명을 가로막으면서 결과적으로 박근혜 대통령의 몰락을 가져왔다는 비판도 받았다.

스물두 살의 퍼스트레이디

박근혜는 1974년 육영수의 사후 청와대 민원을 점검하고 소외된 민생 현장을 방문하거나 봉사활동을 하는 등 어머니 육영수가 하던 일을 하기 시작했다. 박근혜는 아침식사가 준비되는 동안 뉴스를 듣고 대통령의 일정을 점검한 뒤 일과표를 살피고 방문 일정과 처리해야 할 주요 문건을 살피다 보면 9시가 훌쩍 가까워져 업무가 시작됐다고 기억했다.[11]

　　박근혜는 퍼스트레이디 역할에 상당한 책임감을 느꼈던 것으로 보인다. 박근혜는 일기에서 "책임, 너무나도 무거운 책임"(9월 16일 자), "어머니 돌아가심을, 그 유업을 헛되이 않는 것이 바로 나의 과업"(9월 18일 자)이라고 적었다.[12]

　　육영수 장례식을 치르고 얼마 뒤인 9월 21일 서울 장충체육관에서 4000여 명의 관중이 참여한 가운데 열린 '제4회 영부인배쟁탈 어머니 배구대회'에 박근혜는 처음 퍼스트레이디 자격으로 참석했다. 그는 눈물을 애써 참으면서 즉석 인사말을 했다. 당시 언론보도다.

　　"(9월) 21일 장충체육관에서 개막된 육영수여사컵 쟁탈 제4회 어머니배구대회에는 박정희 대통령의 영애 근혜 양이 돌아가신 어머니를 대신해 참석, 따뜻한 위로의 눈길을 보내는 4000여 관중들에게 시종 미소로 응대하며 퍼스트레이디 역할을 의젓하게 해냈다. 흰 투피스를 단정하게 입고 나온 근혜 양은 21일 오후 1시 반 장충체육관에 들어왔고 16개 어머니팀들이 입장하는 10여 분 동안 어머니를 닮은 잔잔한 미소를 띤 채 박수를 보냈다. 배화여고 합창단의 육(영수) 여사를 추모하는 조가가 울려 퍼지자 장내는 숙연해졌고 이내 울음바다가 됐다. 시종 따뜻한 미소를 입가에 띤 채 위엄을 잃지 않은 근혜 양은 입장식이 끝난 뒤 식순에도 없는 즉석연설로 '바쁜데 와주셔서 고맙다. 힘껏 싸워 돌아가신 어머님의 뜻을 받들어 이 대회를 빛내달라'는 내용의 인사를 했다. 근혜 양은 오후 3시 5분 시구를 한 뒤 한 세트가 끝날 때까지 관전하고 돌아갔다."[13]

박근혜는 차분한 모습에 '그 어머니에 그 딸'이라는 격려를 받았다며 흡족해했다. 박근혜는 "어머니의 유업을 이으며 어머니의 정신을 실천하고자 다짐한 제게 '어머니를 닮았다'는 것만큼 위로가 되는 칭찬이 어디 있겠느냐"며 그 어떤 말보다 격려가 됐다고 감격스러워했다.[14]

박근혜는 퍼스트레이디 역할을 매우 중요하게 여겼던 것으로 보인다. 전여옥[15]에 따르면 육영수 피격 직후 김옥길 당시 이화여대 총장이 박근혜를 점심에 초대했다. 점심 메뉴는 '옥길면옥'으로도 불린 물냉면. 김 총장은 그 자리에서 박근혜에게 조언했다.

"이제 어머님 잃은 슬픔을 가다듬고 다시 외국에 가서 공부를 하세요. 퍼스트레이디 일도 다른 친척이나 총리 부인이 대신하게 하고요. 석사과정을 밟고…."

박근혜는 김 총장의 이야기가 다 끝나기도 전에 자리에서 벌떡 일어났다. 수저도 들지 않은 채였다.

"무슨 말씀을 그렇게 하세요? 이 나라와 국민을 두고 외국에 가라니요? 퍼스트레이디가 얼마나 중요한 자리인 줄 모르세요?"

박근혜는 화난 얼굴로 이렇게 말하고 김 총장에게 인사도 하지 않고 나가버렸다. 그 자리에 있던 이화여대 교수 모두 박근혜의 태도에 놀랐다고 한다.

박근혜는 그해 11월 개인적 삶을 버리고 퍼스트레이디라는 삶을 살아가기로 결심했다. 그의 11월 10일 자 일기다.

"지금 나의 가장 큰 의무. 그것은 아버지로 하여금 그리고 국민으로 하여금 아버지는 외롭지 않으시다는 것을 보여주는 것이다. 소탈한 생활, 한 인간으로서의 나의 꿈, 이 모든 것을 집어던지기로 했다. 이왕 공인으로 나서지 않으면 안 될 운명이라면 적극적으로 나서기로."16

박근혜는 엄혹한 유신 시대에 퍼스트레이디 역할을 하면서 박정희 정권의 마지막 시기에 매우 중요한 역할을 하게 된다. 박정희 대통령을 보좌하는 것을 넘어 최태민과 손을 잡고 '구국선교단' 및 새마을운동의 한 형태인 '새마음운동'을 주도함으로써 유신 정권의 한 축이 되기 때문이다. 박근혜는 그런 의미에서 진정한 '유신 공주'였다. 나중에 정치인이 된 박근혜에게 이때의 퍼스트레이디 경험은 최대의 정치적 자산이 됐다. 어느 정치인도 쉽게 갖기 어려운 경험이어서다. 전여옥 전 국회의원은 박근혜가 퍼스트레이디 역할을 수행한 것을 내내 자랑스러워했다고 회고한다. 그러면서 박근혜에게 퍼스트레이디 역할을 한 것은 가장 빛나는 '스펙'이자 가장 아름답고 행복한 '화양연화花樣年華'였던 것 같다고 평가했다.17

박근혜는 퍼스트레이디 역할을 하면서 아버지 박정희로부터 직간접적으로 '정치 수업'을 받았다. 자연스럽게 '박정희식 정치'를 배웠던 시간으로 추정된다. 박근혜의 기억이다.

"아버지가 (정치 얘기를) 많이 얘기해주셨어요. 특히 식사 시간 같은 때 아침, 점심, 이런 때 아버지하고 단 둘이서 할 때가 많았기 때문에 아까 그 후임자 문제도 그렇고, 아침에 신문을 펼치면 거기에 사건이 나면 자연히 화제가 그렇게 되거든요. 그러니까 그것에 대해 아버지는 이렇게 생각한다, 또 어떤 사설이 잘된 게 있으면 '이거 한번 읽어봐라' 하고 건네주기도 하시고 제가 듣고 온 것에 대해 '어떻게 된 건가' 아버지께 여쭤보면 아버지는 그것에 대해 설명도 해주시고, 그래서 상당히 많은 대화를 나눴어요."[18]

박근혜를 '의전 대통령'으로 규정한 강준만은 박근혜가 18년간 청와대에서 생활하고 특히 육영수의 사후 5년간 퍼스트레이디 역할을 맡게 되면서 여성임에도 대통령답게 보이게 하는 '의전적 자질'을 갈고닦게 됐다고 분석했다.[19]

충성의 조자룡 좋아한 '유신 공주'

유신 시대 스물두 살의 퍼스트레이디가 된 박근혜는 1952년 2월 2일 대구시 중구 삼덕동 1가 5-1번지에서 박정희와 육영수의 1남 2녀 가운데 장녀로 태어났다. 박정희가 36세, 육영수가 28세 때였다. 박근혜의 한자 이름은 무궁화 '근槿' 자에 은혜 '은惠' 자다.

아버지 박정희는 1961년 5월 16일 군사쿠데타를 일으켰고 1963년 대통령에 취임했다. 박정희가 대통령에 취임하자 박근혜는 서울 장충동 의장 공관에서 청와대로 이사했다. 이사하던 날 박근혜는 동생 근령, 지만과 함께 들뜬 마음에 쉴 새 없이 재잘거렸다. 청와대에 도착해선 임청나게 큰 마당에 압도됐고, 건물 안으로 들어가선 위층과 아래층을 오르락내리락 뛰어다녔다. 하지만 박근혜는 얼마 지나지 않아 동생 박근령과 함께 서울 신당동 외할머니 집에 맡겨졌다. 1958년에 입학한 장충초등학교(서울 중구 위치)가 청와대에서 통학하기에 너무 멀었기 때문이었다.[20]

박근혜는 초등학교 시절 전투 이야기가 나오는 역사소설을 좋아했다. 특히 알렉산드르 뒤마의 『삼총사』를 읽을 때마다 설렘과 흥분에 사로잡혔고, 아버지의 추천으로 접하게 된 『삼국지』를 읽고는 새 세상을 만난 느낌을 받기도 했다 한다. 특히 『삼국지』의 조자룡을 좋아했다. 조자룡은 조조가 형주를 취했을 때 조조의 대군을 비집고 유비의 감부인과 유선을 구출해내는 등 충절과 지략을 갖춘 명장이었다.[21]

박근혜는 1964년 2월 장충초등학교를 졸업한 뒤 서울 용산에 위치한 성심여자중학교에 입학하며 동생 근령과 함께 청와대에 다시 들어왔다. 청와대에서 가족 모두 한자리에 모인 것이다. 박근혜는 중학교 1학년 때 학교 기숙사에서 지냈고 2학년으로 진학할 즈음 학교 기숙사가 폐쇄되면서 청와대에서 본격적으로 생활했다. 그는 청와대에서 효자동을 거쳐 원효로로 가는 전차를 타고 등교하곤 했다. 1967년 성심여자중학교를, 1970년에는 성심여자고등학교를 차례로 졸업했다.

박근혜는 성심여고 3학년 때 일본에서 열린 유조선 진수식에 참가했다. 그는 1969년 6월 21일 일본 요코하마의 이시카와지마하리마石川島播磨 중공업조선소에서 열린 32만 톤급 유조선 '유니버스·코리아호'의 진수식에 어머니 육영수 대신 참석해 진수 테이프를 끊었다.[22]

박근혜는 1970년 서강대 전자공학과에 입학했다. 그는 나중에 인터뷰에서 '생산적인 기여'를 할 수 있을 것 같아 전자공학과를 선택했다고 말했다.

"무엇보다도 여고 시절에 전자공학에 흥미를 느꼈던 것이 동기가 됐지요. 또 한국 전자공학계의 전망이 밝으며 한국에 유익한 산업이 될 것이라는 말을 듣고 나는 장차 전자공학을 전공하면 적게나마 생산적인 기여를 할 수 있을 것이라고 느꼈습니다. 그러나 이 과목이 너무 딱딱하고 취미에 맞지 않아 공부를 계속할 계획은 없고 다시 배울 수만 있다면 나는 역사학 같은 인문과목을 택하려고 합니다."[23]

박근혜는 대학 재학 시절 미팅 한 번 하지 않고 영어 및 학과 공부에 매달렸다. 그의 유일한 일탈은 학교에 등교한 뒤 경호팀을 따돌리고 몰래 명동에 가서 영화를 보거나 찻집에 들어가는 정도였다.[24]

그는 대학 시절인 1972년 10월에도 스페인에서 열린 유조선 진수식에 어머니 대신 참석했다. 한국과 합작회사였던 걸프사가 유조선을 완성하면서 육영수를 초대했지만 육영수가 바쁜 일정 때문에 참석하지 못하면서 대신 가게 됐다. 그는 스페인 사람들이 지켜보는 가운데 단상에서 유조선을 '천우호'라고 명명한다는 연설문을 5분간 읽었다.[25]

박근혜는 1974년 대학을 졸업했다. 졸업 직후 프랑스의 그르노블 대학에 유학을 갔다. 하지만 그해 8월 15일 어머니 육영수가 피격당하면서 급히 귀국한 그는 프랑스로 돌아가지 않고 퍼스트레이디 역할을 대행했다. 마침내 퍼스트레이디가 되어 유신의 한 축이 된 것이다.

커넥션의 의심스러운 시작

어머니 육영수가 1974년 8월 15일 문세광의 피격으로 숨긴 직후 박근혜는 큰 실의에 잠겼다. 당시 청와대의 분위기와 박근혜의 낙담한 모습을 윤석진은 이렇게 기록했다.

"육영수의 따뜻한 미소가 사라지자 그 이후 청와대엔 냉랭한 공기만이 감돌았고 늘 침울한 분위기에 휩싸여 있었다. 아내를 잃은 박(정희) 대통령도 마음의 갈피를 잡지 못해 정신적으로 방황하는 기색이 역력했다. 졸지에 어머니를 저세상으로 떠나보낸 세 자녀의 슬픔은 어디에 비길 데가 없었다. 특히 프랑스 유학 중 참변을 당했던 박근혜는 임종마저 지켜보지 못한 데 대한 죄스러운 마음까지 겹쳐져 더욱 가슴 아파했다. … 어머니의 죽음은 박근혜에게 뭐 하나 부족함 없이 살아온 삶에 뚫린 구멍이었다. 그리고 그 구멍은 너무 컸다."[26]

한파가 아직 물러나지 않았던 1975년 2월 말, 청와대에 배달된 많은 편지 가운데 자신에게 온 편지를 꼼꼼히 읽어 내려가던 박근혜는 한 편지에 시선이 꽂혔다. "3차에 걸쳐 꿈에 '육(영수) 여사가 나타나 (박)근혜를 도와주라'는 현몽現夢이 있었다." 박근혜는 뛰는 가슴을 참을 수 없었다. 그의 시선을 사로잡은 건 최태민의 편지. 최태민의 편지가 중요한 건 바로 40년이 넘는 질긴 인연의 시작으로 알려져 있기 때문이다. 박근혜는 편지를 받고 최태민을 알게 됐고 이를 계기로 최태민 일가와의 40년 인연을 이어갔다는 것이 정설이다.

하지만 최태민이 1975년 박근혜에게 최초로 보냈다는 편지 전문이 공개되지 않으면서 편지 내용을 두고 여러 이야기가 나온다. 중앙정보부가 주장하는 '육영수 현몽설'이 대표적이다. 중앙정보부의 보고서 「최태민 관련 자료」는 최태민이 박근혜에게 육영수 현몽설을 담아 편지를 보냈다고 분석한다. 「최태민 관련 자료」는 1979년 10월 23일 김재규(1926~1980) 중앙정보부장이 박정희 대통령에게 직접 보고한 보고서로 알려져 있다.

"최태민은 영혼합일법 등 사이비 종교 행각으로 전전하던 1975년 2월 말경 박근혜에게 3차에 걸쳐 꿈에 '육(영수) 여사가 나타나 (박) 근혜를 도와주라'는 현몽이 있었다는 내용의 서신을 발송…".[27]

하지만 최태민은 1990년 언론 인터뷰에서 육영수 현몽설을 부인했다. 그는 "일설에는 박근혜에게 '육영수 여사가 꿈에 나타나셨다'는 편지를 보냈다는 얘기가 있다"는 질문에 사실이 아니라고 부인했다.

"기도를 하는 사람이니까 자꾸 그런 얘기가 나오는 것 같아요. 1975년 초였을 겁니다. 육(영수) 여사가 돌아가신 뒤 위로하는 내용의 편지는 보냈었죠. 그 내용을 지금 다 기억할 수는 없지만 '육(영수) 여사 현몽'이라거나 정식으로 접견 신청하는 내용 따위는 쓰지 않았어요. 아마 '위로의 말씀을 전하며 기회 있으면 한번 만나주시길 바랍니다'라는 말로 편지의 끝을 맺었지. 그 편지를 본 박(근혜) 이사장이 불러줘 만나게 된 것이고…. 생각해보시오. '현몽' 등의 말이 대학 교육을 받은 박 이사장에게 먹혀들 것 같아요?"[28]

박근혜도 같은 잡지 인터뷰에서 현몽설에 대해 유치하다며 최태민도 그러한 내용을 배격한다고 부인했다. 1990년 인터뷰 당시 박근혜의 설명이다.

"현몽이라거나 도사 혹은 '하얀 피가 흐른다' 등은 유치한 말 아닙니까. 그분이야말로 현몽 등의 샤머니즘을 배격하는 분입니다. 어머니가 돌아가신 뒤 따뜻한 위로 편지를 많이 받았습니다. 그런 격려 편지를 읽어보고 만나게 된 케이스 중 하나입니다."[29]

최태민을 조사했던 경찰 간부 A 씨는 최태민이 박근혜에게 육영수 현몽설을 거론하며 인연을 만들었다고 증언했다. 경찰 간부 A 씨에 따르면 최태민은 1975년 1월쯤 박근혜 앞으로 "어젯밤 꿈에 국모님을 뵈었습니다. 국모님 말씀이 내 딸을 보살펴달라고 부탁하시는 것이었습니다"라는 내용의 편지를 썼다. 비서실에서는 이 편지를 박근혜에게 넣어줬고 박근혜는 편지를 읽고 최태민에게 연락을 취했다는 것이다.[30]

결국 중앙정보부나 경찰 간부 등의 '육영수 현몽설' 주장과 이를 부인하는 최태민, 박근혜의 주장이 서로 대립하는 양상이다. 하지만 훗날 한나라당 대표 시절에 박근혜는 최태민이 자신에게 보낸 편지에는 육영수 현몽설이 담겨 있었고 편지도 한 차례가 아니라 세 차례나 받았다고 당시 대변인이던 전여옥에게 말한 것으로 전해진다.[31]

최태민의 편지 내용을 둘러싸고 논란이 끊이지 않는 가운데 박근혜는 일주일쯤 뒤인 3월 6일 청와대에서 최태민을 만났다. 최태민은 그때 나이 63세였지만 얼굴 피부가 팽팽한 동안이었고 몸집은 작으면서도 다부져 보였다고 한다. 박근혜는 이날 최소 3시간 이상 최태민과 이야기를 나눴다. 주로 최태민이 대화를 주도했던 것으로 알려져 있다.[32] 최태민은 이 자리에서 육영수 죽음의 의미를 설명한 뒤 박근혜에게 외부 활동을 적극 권한 것으로 전해졌다.

"당신이 지금 아무리 속이 상하고 어머니를 보고 싶다 해도 가서 눈으로 볼 수 있느냐. 천당에 갔는지, 지옥에 갔는지 누가 어떻게 알겠는가. 어머니는 바로 당신한테 후광을 주고자 잠시 자리를 비켜 앉았다. 이제 어머니 대신 당신이 나서야 한다."[33]

어머니 육영수의 죽음은 박근혜에게 자리를 비켜주기 위한 것이며 이제 박근혜가 앞으로 나서라는 격려였다. 이는 박근혜가 전여옥에게 했다는 말과 맥락이 비슷하다. 전여옥은 박근혜가 "그분을 만났더니 꿈에 어머님이 '슬퍼하지 말아라, 나는 너를 위해 길을 비켜준 것이다. 너는 아시아의 지도자가 될 것이다'고 하셨대요. 제게 말씀하길 '꿈에 어머니가 나타났다'고 했어요"라고 말했다고 기억했다. 즉, 최태민은 어머니 육영수의 죽음을 박근혜에게 역할을 주기 위한 운명론적인 것이라고 해석하고 격려했다는 것이다.[34]

박근혜는 육영수 사후 많은 목사와 신부, 수녀, 스님을 청와대로 불러 만났지만 평범한 대답 속에 육영수 죽음의 의미를 찾지 못했다고 한다. 윤석진의 전언이다.

"그들이 왔을 때마다 박근혜는 '남한테 그토록 존경받던 어머니가 왜 그렇게 돌아가서야 하느냐'고 물었다는 것이고, 참석자들은 으레 듣기 좋은 말로 '천당이나 극락을 갔다는 얘기만 했다'고 측근들은 전한다."[35]

최태민은 이어 "당시 교계의 난맥상을 개탄"했고 이를 위한 타개책으로 "구국선교를 역설"하고 건의했던 것으로 알려져 있다. 즉, 나라를 위한 구국선교 운동을 펴야 한다는 것이었다.[36] 박근혜는 이에 최태민과 손잡고 '대한구국선교단'을 만들어 대대적인 구국선교 운동을 펴게 된다.

권력 의지 심어 '영애' 포획

일각에는 박근혜와 최태민이 1975년 처음 만난 것이 아니라 육영수 생전인 1968~1972년 사이에 이미 만났다는 주장도 있다. 필자와 만난 이영도 '박정희대통령육영수여사숭모회'(이하 숭모회) 회장의 주장이다.

"최태민이 운명을 봐주면서 예언할 때 최면술을 한다고 해 청와대에 들어와 육영수 여사 앞에서 최면 시범을 보였다. 최태민이 경호원들에게 최면술을 해본 결과 어떤 사람은 (최면이) 되고 어떤 사람은 되지 않았다. 최태민은 이때 '(박근혜의) 집중력을 키워서 공부 성적이 올라갈 수 있다'고 제안했고 (육영수가) 박근혜에게 공부를 시키려고 최태민과 박근혜의 첫 만남이 이뤄진 것이다."

2007년 한나라당 대선 경선에서 박근혜 검증을 주도했던 정두언 전 국회의원도 언론 인터뷰에서 최태민이 육영수 생전에 박근혜를 만났다고 주장했다. 정두언의 이야기다.

"주목할 만한 부분은 육영수 여사 생전에도 최태민이 박근혜를 만났다는 것이다. 박근혜가 사춘기에 접어들어 공부에 소홀하자 장충식 당시 단국대 총장 부인의 소개로 최태민이 청와대에 들어가 박근혜를 최면술로 치료했다고 한다. 장 총장 부인이 소개했다는 것은 중앙정보부 수사자료에도 나와 있다. 이후 육영수 여사 사후 박근혜가 식음을 전폐하고 있자 박정희 대통령이 몹시 걱정스러워했다. 이때 최태민이 청와대 요로要路로 청탁을 넣어 '큰 영애'를 만났는데 박근혜는 방에서 최태민을 만난 지 20분 만에 활짝 웃는 얼굴로 나왔다고 한다."[37]

박근혜의 여동생 박근령도 2010년 6월 언론 인터뷰에서 최태민이 육영수 생전부터 박근혜에게 접근하려고 했고 실제 만나기도 했다고 밝혔다. 박근령의 이야기다.

"돌아가시기 얼마 전에 어딜 가면 자꾸 박(근혜) 대표한테 호감을 갖고. 처음엔 고맙게 생각했지만 아무래도 불필요한 만남은 주변에서 막게 되잖아요. 그래서 그걸 굉장히 막았다는, '우리 근혜가 목사를 만나지 않는 게 좋겠다'고 말씀하셨다고. 어머니가 돌아가신 후에

(친척 중에 한 분에게) 들어서 알고 있습니다. (만나지 못하게 했다면 이미 그때 만나 일이 있었다는 겁니까?) 행사장에서 한두 번. 청와대 생활이라는 게 신원도 알아야 하고 잘못되면 책임을 지잖아요. 청와대 생활하는 가족들은 통제를 받지요. 자유롭게 만난 건 아니지만 유난히 박 대표를 만나려고."[38]

박근혜도 초기에는 최태민을 잘 몰라 궁금해했던 것으로 보인다. 경찰 간부 B 씨는 박근혜의 요청으로 최태민을 조사해 보고했다고 증언했다. 경찰 간부 B 씨에 따르면 1975년 2월 박근혜는 B 씨에게 최태민에 대해 알아봐 달라고 부탁했다. B 씨는 이에 최태민을 만나러 갔다. 최태민은 처음에는 당황했지만 "박근혜의 부탁으로 왔다"는 말에 갑자기 거만해졌다고 한다. B 씨는 뒷조사를 통해 최태민이 자유당 시절에 경찰관을 지냈고 정규과정을 밟은 목사가 아니라는 사실 등을 알아내고 박정희 대통령에게 직접 보고했다. 박정희가 이 내용을 박근혜에게 알려주고 주의를 주자, 박근혜는 B 씨에게 전화를 걸어 '그럴 수가 있느냐'고 섭섭해했다고 한다.[39]

박근혜는 최태민에게서 많은 영감을 받은 것으로 보인다. 왜냐하면 박근혜는 이후 최태민과 함께 대한구국선교단이나 구국여성봉사단 활동을 벌이며 오랜 인연을 이어가기 때문이다. 실제 박근혜는 직접 최태민에 대해 어머니 육영수가 죽어 흔들릴 때 자신이 흔들리지 않도록 잡아준 '고마운 분'이라고 평가했다. 63세의 최태민이 23세의 퍼스트레이디를 '포획'한 셈이다. 2007년 7월 언론 인터뷰 당시 최태민에 대한 박근혜의 평가다.

"어머님께서 돌아가신 후 힘들었을 때 내가 흔들리지 않고 바로 설 수 있도록 많이 도와준 고마운 분입니다."[40]

최태민은 어떻게 박근혜를 포획한 것일까. 선니옥은 최태민이 박근혜의 권력 욕망을 자극한 게 '트리거 포인트trigger point'였다고 해석한다. 즉, 박근혜에게 권력은 '공기나 물' 같은 것이었는데, 최태민이 이 점을 예리하게 간파하고 "당신은 아버지를 이어 이 나라 대통령이 될 것"이라는 주문으로 박근혜의 권력욕에 불씨를 던졌다는 설명이다.[41] 박근혜와 최태민 두 사람의 인연은 최태민이 죽는 1994년까지뿐만 아니라 최태민의 딸 최순실, 최순실의 딸 정유라까지 40년 넘게 이어진다.

최태민의 혼란스러운 과거

대통령의 딸 박근혜를 포획한 최태민은 누구인가. 최태민(1912~1994)은 1912년 5월 5일 황해도 봉산군 사리원읍 서동 34번지에서 아버지 최윤성과 어머니 김윤옥 사이에서 태어났다. 그는 월남한 후 경남 양산군 웅상면 상호리로 본적을 변경했다.[42] 최태민의 주민등록상 출생일은 1912년 5월 5일이지만 경기도 용인시 유림동에 있는 그의 묘지 비석에는 1918년 음력 11월 5일로 돼 있다. 주민등록과 묘비 사이에 여섯 살 차이가 나는 셈이다. 박정희가 1917년생이니 최태민은 박정희보다 주민등록상으로는 다섯 살이 많지만, 묘지 기록상으로는 한 살이 적은 셈이다.

　　최태민의 아버지 최윤성(1892~1945)은 1919년 3·1 운동 당시 황해도 봉산군 사리원에서 독립선언서 1000여 장을 인쇄해 배부하다가 일본 경찰의 추적을 받자 피신했다. 그는 1920년 상해임시정부 군자금 모금 활동을 하다가 체포돼 1년여 옥고를 치른 것으로 알려졌다. 최윤성은 1990년 공훈을 인정받아 건국훈장 애족장을 받았다.

다만 경성지방법원은 1920년 4월 10일 판결문에서 최윤성이 3·1 운동을 주도한 경력은 드러나지 않았다고 적시했다.

"1920년 1월 초 황해도 평산군에서 남궁욱 신환과 함께 3명이 중국 상해에 수립된 대한민국임시정부를 위한 군자금 모집을 목적으로 군사공채모집 취지서와 동 통지서를 등사기를 사용해 60여 부를 작성하고 사리원면 용천리 조인선, 동면 부형리 조영근으로부터 각각 군자금 200원, 또한 유양우로부터 200원을 모집하는 등 활동을 계속하다 일경에 피체됐다."[43]

최태민은 인터뷰에서 어릴 적 아버지가 독립운동으로 재산을 탕진했고 논밭에서 숙식을 해결하는 등 고생을 많이 했다고 기억했다.[44] 3~4명의 형제가 있었지만 모두 일찍 죽었다. 특히 최태민의 동생은 부산 세관에서 일하다가 밀수꾼의 총격으로 사망했다고 알려져 있다. 최태민의 이야기다.

"형제가 3~4명 있었는데 다 죽었어요. 이제 나 혼자고 게다가 월남한 신세여서 친척도 없습니다."[45]

최태민의 어린 시절이나 청소년기는 잘 알려져 있지 않다. 현재 남아 있는 기록은 1927년 3월 황해도 제령보통학교를 졸업했다는 사실 정도다. 최태민은 일제강점기에 경찰로 근무한 것으로 알려져 있다. 즉, 1942년부터 1945년 8월까지 3년간 황해도경 고등과장의 추천으로 황해도경 순사를 했다는 것이다.[46] 하지만 일각에서는 최태민의 일제 순사 경력과 부친의 독립운동 경력 사이에 커다란 괴리가 발생한다는 점에서 일제 순사 경력의 조작 가능성을 제기하기도 한다. 윤석진의 분석이다.

"명색이 옥고까지 마다하지 않은 독립운동가 선친이 친일파로 변신하지 않았던 이상, 아들의 일제 순사 노릇을 선선히 받아들일 수 있었을까. 만일 최태민의 선친이 그렇게 변했다면 독립유공자로 선정된 그 자체가 취소돼야 마땅하다. 그렇지 않다면 최태민 본인이 남한에서 경찰이 되려는 목적으로 과거 순사 경력을 조각했을 수도 있다. 당시 미군정청은 행정 공백을 이유로 친일 여부와 상관없이 일제시대 관리들을 마구 등용했기 때문이다."[47]

최태민의 딸 최순실은 최태민이 죽은 직후인 1994년에 한 인터뷰에서 "아버님이 일제 때 일본 순사로 근무했다는 소문이 있는데, 그게 사실이라면 정부가 (할아버지 최윤성에게) 훈장을 줬겠어요?"라고 되물으며 최태민이 일제 순사를 하지 않았다고 주장했다.[48]

중앙정보부의 보고서 「최태민 관련 자료」[49] 등에 따르면 최태민은 1945년 9월 월남했고, 최상훈이라는 이름으로 이듬해인 1946년 3월 강원도경과 1947년 3월 대전경찰서 경사를 거쳐 1947년 4월 인천경찰서에서 경위로 근무했다. 당시 사찰주임 업무를 수행한 것으로 알려진다. 1949년 6월 육군 제1사단 헌병대 비공식 문관, 1950년 7월 해병대 비공식 문관을 지낸 것으로 전해진다. 최태민은 6·25전쟁 와중인 1951년 3월 '최봉수'라는 이름으로 사단법인 '대한비누공업협회' 이사장이 됐고, 1953년 초에는 '대한행정신문사' 부사장이 됐다.

최태민은 1948년 무렵 임선이(1920~2003)와 처음 만났다. 임선이는 그때 과부였다. 임선이는 1920년 11월 20일 경남 동래군 사상면 모라리(현재 부산시 사상구 모라동)에서 임객범의 장녀로 태어났고 1940년 경남 함안에서 지주의 아들 조동찬과 결혼해 그해 조순제(1940~2007)를 낳았다. 조동찬이 1947년쯤 오토바이 사고를 당한 뒤 6개월 만에 숨지면서 임선이는 과부가 된 것이다. 최태민과 임선이는 경남 양산으로 들어가 살았고 1952년 그곳에서 최순득을 낳았다.[50]

최태민은 1954년 자신보다 스무 살이나 많은 김제복과 결혼해 동거했다. 최태민의 여섯 번째 결혼이었다. 하지만 여자 문제로 김제복에게 고소를 당하자 경남 동래군 '금화사'로 도피해 머리를 깎고 '최퇴운'이라는 이름으로 승려가 됐다.

최태민은 1년 뒤인 1955년 5월 부산에서 다섯 번째 부인이었던 임선이와 재결합했다. 최태민은 당시 43세였고, 임선이는 35세였다. 최태민이 임선이를 마지막으로 무려 일곱 차례나 결혼을 반복한 것과 관련해 자신의 복잡한 '과거'를 지우기 위한 수단이었다는 분석도 있다.[51]

최태민과 임선이는 1956년 최순실을, 1958년에는 최순천을 차례로 낳았다. 최태민은 6명의 부인 사이에 모두 3남 6녀를 뒀다. 첫째 부인과는 장남 최광언(1946년 황해도 풍산 출생)을, 둘째 부인 박영애와는 딸 최광숙(1948년 경남 양산 출생)과 2남 최광현(1949년 경남 양산 출생)을 낳았다. 셋째 부인과는 딸 최광희(1951~1972)를, 여섯째 부인 김제복과는 3남 최재석(1954년 서울 출생)을 각각 낳았다. 임선이와는 최순영(1947년 경남 양산 출생), 최순득(1952년 경남 양산 출생), 최순실(1956년 서울 출생), 최순천(1958년 서울 출생)을 두고 있다. 장녀인 최순영은 임선이의 전남편 소생이었고, 임선이와 전남편 사이에 조순제도 있었다.[52]

최태민과 재결합한 임선이는 생활력이 매우 강했다. 임선이는 부산에서는 양말 장사와 암달러상을 하면서 돈을 벌었고, 1955년 서울로 올라와서는 장사하는 사람을 대상으로 '일수놀이'를 했다. 이재理財에 밝았던 임선이는 최태민 사후 박근혜와 최태민이 형성한 재산의 관리 및 세습에 결정적인 역할을 하게 된다.[53]

최태민은 1955년 임선이와 재결합하지만 그의 혼란스러운 삶은 계속된다. 중앙정보부의 보고서 「최태민 관련 자료」[54] 등에 따르면 최태민은 1955년 경남 양산군 개운중학교를 설립, 교장에 취임하지만 2년 만에 그만뒀다. 그는 1956년 12월 대한농민회 조사부 차장, 1957년 2월 국민회 경남도본부 사업부장, 1959년 6월 진국불교청년회 부회장, 1960년 5월 임의단체인 한국복지사회건설회 회장 등을 차례로 맡았다. 최태민은 1963년 5월에는 공화당 중앙위원, 1965년 1월에는 천일창고 회사의 회장이 됐다. 하지만 천일창고 회장에 취임한 지 1개월 만인 그해 2월 서울중앙지검에서 유가증권 위조 혐의로 입건되면서 약 4년간 도피 생활을 했다. 최태민의 직업이 일본 순사, 해방 후 경찰, 스님, 교주 등으로 혼란스럽게 바뀐 것을 두고 신분 세탁으로 해석하기도 한다.[55]

최태민의 월남 후 행적과 관련해 최순실은 1994년 인터뷰에서 최태민이 월남 후 부산에서 건국의숙(후에 동아대로 흡수)에서 법학을 전공했고 공무원이나 회사원이 적성에 맞지 않아 주로 사업을 했다고 주장했다.[56]

기이한 종교 행각: 가톨릭에서 영세교까지

한때 승려가 되기도 했던 최태민은 1969년경부터 본격적으로 종교 활동을 시작했다. 임선이가 아이들을 키우면서 어려운 생활을 이어가는 사이 최태민은 전국 곳곳을 전전하며 종교 활동을 했다. 천주교에서 영세를 받는가 하면 천주교와 기독교, 불교를 아우르는 신흥종교 '영세교'를 만들기도 한다.

최태민은 먼저 1969년 '천주교 중림성당'에서 신분을 속이고 '공해남'이라는 이름으로 영세를 받은 것으로 알려진다.[57] 최태민이 영세를 받았다는 '중림성당'은 현재 그 이름이 존재하지 않는데, 아마 서울 중구 중림동에 위치한 '약현성당'으로 추정된다. 약현성당은 서울 중림동에 위치해 '중림동성당'이라고도 불렸다. 약현성당은 1892년 준공된 한국 최초의 서양식 성당으로 유명하다.

최태민은 1971년 10월 서울 영등포구 방화동에 위치한 '호국사'에서 불교를 믿다가 기존 종교를 통합해 신흥종교 '영세교'를 설립한 것으로 알려졌다. 구글과 네이버 등 인터넷을 검색한 결과 서울 영등포구에 위치한 호국사라는 절은 찾을 수 없었다. 다만 경남 진주시 남성동에 조계종 소속의 '호국사護國寺'라는 유명한 사찰이 있다.

최태민이 만든 신흥종교 영세교의 핵심 교리는 불교의 깨달음과 기독교 성령강림, 천도교의 인내천을 통합한 '영혼합일법靈魂合一法'이었다. 관련 사료가 없어 최태민이 주장하는 영혼합일법의 정확한 개념이나 내용은 알 수 없지만, '합일'이란 육체와 영혼, 감성과 이성, 순간과 미래 등 다양한 차원의 존재가 결합하는 것을 의미한다는 점에서, 육체와 영혼의 결합 등을 통한 해방을 추구하는 개념이 아닐까 추정된다.

최태민은 이즈음 '방민'이라는 가명을 쓰면서 독경 및 안찰기도로 환자를 치유했다고 한다. 최도원이라는 이름을 사용한 그는 최상훈, 최봉수, 최퇴운, 공해남, 방민, 최태민 등 최소 일곱 개의 이름을 사용한 것으로 알려져 있다. 구체적으로 최도원은 '선녀가 지었다'는 아명이고, 최상훈은 월남 후 개명해 경찰이나 육군 및 해병대 등 비공식 문관 재직 때 사용했으며, 최봉수는 부산에 살 때 사용한 이름이었다. '퇴운'은 최태민의 호였고, 공해남은 천주교 중림동의 성당에서 영세할 때 개명한 이름이었으며, 방민은 영혼합일법 등 사이비 행각을 벌일 때 사용한 이름이었다. 호적상 이름은 1977년 3월 9일 이

전에는 최퇴운이었고, 그 이후에는 최태민으로 고정했다.[58]

최태민은 이와 관련해 생전 인터뷰에서 '이름이 일곱 개라는 주장이 있다'는 질문에 사실과 다르다고 부인했다.

"내가 1912년생입니다. 우리 세대만 해도 본명 외에 아명도 있고 자도 있고 호도 있었습니다. 일곱 개가 되지도 않지만, 이런 것이 일곱 개라면 또 몰라도…. 이름이 일곱 개씩이나 된다는 것은 터무니없어요. 더욱이 내가 무슨 일을 저지를 때마다 이름을 바꿨다고 하는 모양인데 말도 안 돼요. 내 호로 퇴운이 있었어요. 시기가 정확히 기억 안 나는데 내가 입산수도하고 있던 시절에 월남한 사람들을 주 대상으로 가假호적법이 만들어졌어요. 그때 나를 알던 사람이 멋대로 호적에 퇴운을 이름으로 올렸더군요. 호로 쓰던 것이어서 1975년 태민으로 개명했죠. 호적상의 개명은 이것뿐입니다."[59]

1973년 5월 13일, 최태민은 《대전일보》 4면에 '영세계靈世界에서 알리는 말씀'이라는 제목의 광고를 내보냈다.

"영세계에서 알리는 말씀. 근계시하 귀체만복하심을 앙축하나이다. 영세계 주인이신 조물주께서 보내신 칙사님이 이 고장에 오시어 수천 년간 이루지 못하며 바라고 바라든 불교에서의 깨침과 기독교에서의 성령강림 천도교에서의 인내천 이 모두를 조물주께서 주신 조화로서 즉각 실천시킨다 하오니 모두 참석하시와 칙사님의 조화를 직접 보시라 합니다. 장소: 대전시 대흥동 현대예식장. 일시: 5월 13일 오후 4시."

광고는 영세계 교리를 소개하기 위한 대전 집회의 안내문이었다. 광고에 등장한 '칙사'의 사전적 의미는 '임금의 명령을 전달하는 사신'. 최태민은 자신을 영세계 교리를 전하는 메신저로 규정한 것으로, 사실상 구세주임을 자임한 셈이었다. 최태민은 신문 광고대로 이날 오후 4시 대전시 현대예식장에서 영세계 칙사를 자칭하고 영혼합일법을 설교했다. 이날 현대예식장에는 각종 환자와 계룡산 주변의 신흥종교 교주들을 위시해 무속 잡인 수십 명이 모여 원자경 교주의 영세계 원리를 청강했다.[60]

1973년 7월에는 대전 시내에 "찾으시라! 그리고 들으시라! 대한민국은 세계 주인국이 될 운세를 맞이했다는 칙사님의 권능과 실증의 말씀을"이라는 영세교의 전단이 뿌려졌다. 최태민이 뿌린 전단이었다. 최태민은 광고에서 대전시 선화1동 동사무소 앞에 임시 숙소를 마련하고 '영세교 칙사관'이라는 간판을 내걸었다고 밝혔다. 최태민의 대전 숙소 '감나무집'을 찾은 종교연구가 탁명환에 따르면 최태민은 감나무집 벽에다 둥근 원을 색색으로 그려놓은 것을 붙여놓고 사람이 찾아오면 그것을 응시하면서 '나무자비 조화불'이라는 주문을 계속 외우게 했다. 최태민은 이렇게 하면 만병통치하고 도통의 경지에 이른다고 주장했다.[61]

최태민은 대전에서 '영세교 교주'로 상당한 성공을 거둔 것으로 추정된다. 많은 사람을 모아 일종의 최면요법으로 난치병을 치료하는 모습을 보이면서 신통력 있는 '칙사'라는 이미지를 만들어냈다는 이야기다.[62]

최태민은 대전에서 성공한 것을 바탕으로 서울에도 진출했다. 그는 1973년 11월 서울 서대문구 대현동 67-5번지 대현빌딩에 전세를 얻어 '영세교'라는 간판을 내걸고 '원자경'을 자칭했다. 1974년 5월 서울 동대문구 제기2동 122-16번지로 옮겼다가 1974년 8월에는 서울 서대문구 북아현동 154-5번지 빌딩 3층으로 이사해 '태자마마'를 자칭하며 사이비 행각을 이어갔다고 한다.[63]

영세교 활동을 이어오던 최태민은 1975년 3월 6일 성와내에서 퍼스트레이디 박근혜를 만나면서 일생일대의 기회를 잡는다. 박근혜의 정치적 가능성을 간파한 그에게 '유신 공주' 박근혜는 새로운 '마법의 길magic road'이었다.[64]

최태민 행사에 달려가는 박근혜

1975년 4월 30일 새벽, 베트남민족해방전선군NLF이 남베트남의 수도 사이공을 세 방면에서 진공해 들어갔다. 오전 10시 30분, 남베트남 대통령 즈옹 반 민이 항복했다. 폴 포트가 이끄는 크메르루즈는 앞서 4월 17일 캄보디아 정권을 장악하고 수많은 시민을 학살해 세계를 놀라게 했다. 이즈음 미국에서는 스티브 잡스가 스티브 워즈니악과 함께 가족 차고에서 첫 애플 컴퓨터를 만들었다. 11월 15~17일 프랑스 파리 근교에 있는 랑부예 성에서 첫 주요 선진국 정상회담이 열렸다. 미국과 프랑스, 영국, 독일, 이탈리아, 일본 등 6개국 정상과 경제장관 및 외무장관이 참석했다. 1976년에는 캐나다가 추가로 참여하면서 G7이 됐다.

　국내에서는 1975년 4월 8일 박정희 정권이 고려대에 대한 휴교와 교내 집회 및 시위를 일체 금지한 긴급조치 7호를, 5월 13일에는 유언비어 전파나 집회 및 시위를 금지한 긴급조치 9호를 잇따라 발령했다. '긴급조치'는 1972년 개정된 유신헌법 제53조 규정에 따라 만들어진 대통령의 독재적 특별조치다. 4월 9일 새벽에는 긴급조치 1~4호, 국가보안법, 내란예비음모, 반공법 위반 등으로 인민혁명당 재건위원회 사건 관련자 이수병, 여정남, 도예종 등 이른바 '2차 인혁당 사건' 관계자 8명의 사형이 대법원에서 상고를 기각한 지 19시간 만에 전격 집행됐다.

　국내외 정세가 급박하게 돌아갔던 1975년 박근혜는 퍼스트레이디 역할에 열심이었다. 언론보도를 살펴보면 박근혜는 주로 네 가지 분야에서 퍼스트레이디 역할을 수행한 것으로 보인다. 첫째, 박근혜는 한국을 찾은 각국 외교 사절이나 인사들을 박정희 대통령과 함께 또는 혼자 맞는 모습이 자주 포착됐다. 예를 들면 박근혜는 7월 4일 서울 김포공항에서 가봉공화국 대통령 내외를 박정희와 함께 영접했고, 9월 16일 청와대에서 국제라이온스협회장 부인의 예방을 받고 환담한 데 이어 오후에는 브라질 교포와 환담했다. 둘째, 외교 행사는 아니지만 각종 정부 공식 행사나 대통령 내외의 참석이 요구되는 행사에 박정희와 함께 참석하는 모습도 많이 보였다. 박근혜는 10월 박정희와 함께 육해공군과 예비군 합동방어훈련을 참관했고, 10월 20일 대한적십자사가 고 육영수에게 수여하는 적십자무궁화 대장을 적십자사 총재로부터 전달받았다. 셋째, 각종 국내외 대회에서 선전하는 선수, 장애인, 사회적 약자 등을 격려하는 모습도 언론에 자주 노출됐다. 박근혜는 8월 27일 제24회 국제척수장애인체육대회에 참가한 선수단을 맞아 다과회를 베풀었고, 9월 11일 충북 청주시에 있는 성심양로원을 방문해 노인들을 위로했다. 넷째, 박근혜는 종교 관련 행사에도 적지 않게 참여했다. 6월 22일 오후 3시 대전고 강당에서 4000여 명이 참석한 가운데 열린 대전기독교연합회 주최 '나라의 영원한 보호와 발전을 기원하는 기도회'에 참석한 것이 대표적이다.

　박근혜는 특히 종교와 관련한 행사 가운데 최태민이 주도하는 행사에 얼굴을 빈번히 드러냈다. 5월 4일 오후 2시 서울 마포구 동교동 중앙교회. 박근혜는 이날 신도 1000여 명이 참석한 가운데 열린 대한구국선교단 주최 구국기도회에 참석했다. 이는 언론에 처음 포착된 박근혜의 최태민 관련 행사 참석 장면이다.

"대한구국선교단이 주최한 구국기도회가 4일 하오 2시 서울 마포구 동교동 142의11 중앙교회에서 열렸다. 이 기도회에는 바(정희) 내봉녕의 영애 근혜 양을 비롯, 각 교파를 초월한 신도 1000여 명이 참석했다. 이날 기도회에서 박장원 목사는 '인지印支(인도차이나) 사태를 거울삼아 총력안보에 힘을 기울이고 남북통일을 위한 마음가짐을 굳게 다지자'고 설교했다."[65]

박근혜는 5월 11일 오후 5시 경기도 파주 '자유의 다리' 앞 임진각 광장에서 열린 구국선교단의 대규모 구국기도대회에도 참석했다. 박근혜는 이날 최태민의 즉석 제안으로 대한구국선교단 명예총재로 추대됐다. 박근혜는 구국선교단 명예총재로 추대된 뒤 상기된 표정으로 "기독교도 여러분의 단결된 힘이 지속적으로 나타나도록 힘써 달라"고 격려했다.[66]

박근혜는 이후 5월 24일 한 군부대에서 가진 구국선교단 소속 목사와 신도 100여 명의 군사훈련 퇴소식과 6월 1일 오후 대구시 동산동 제2교회에서 구국선교단 주최의 '구국연합기도대회'에 잇따라 참석했다. 박근혜는 6월 21일 오후 4시 서울 배재고에서 구국선교단 산하의 구국십자군 창군식에도 참석했다. '대통령의 영애' 박근혜의 참석은 많은 볼거리를 제공했다. 언론에 보도된 코미디 같은 창군식의 모습이다.

"이날 창군식에는 박근혜도 참석했다. 시민들에겐 창군식 자체보다 경호원들의 삼엄한 경비 모습이 더 볼거리였다. 1부 예배에 이어 창군식 사회는 예장종합 총회장 조현종 목사가 맡았다. 최태민에게 목사 안수를 줬던 장본인이었다. 헌병 장교 출신인 조 목사의 직함은 총참모장이었다. 박근혜 명예총재와 최태민 총재는 '참석자 일

동'으로부터 임석상관으로서 경례를 받았다. 최태민 총재는 총사령
관인 박장원 목사에게 십자군기를 수여하고 박근혜 명예총재가 격려
사를 했다. 식후 둘은 나란히 사열까지 하게 된다. 창군식답게 찬송
가가 아닌 군가를 부르고 만세삼창으로 끝을 맺었다."[67]

박근혜는 9월 2일 서울 장충동 영빈관에서 열렸던 구국선교단과
서울시의사회 자매결연식에 참석해 격려사를 낭독했고, 12월 10일
서울 북아현동 구 서울신학대학 건물에 설립된 무료야간진료센터 개
원식에 참석해 격려하기도 했다.[68]

8월 14일 서울 덕수궁 서관에서는 김종필 국무총리와 육인수 의
원 등이 참여한 가운데 육영수 1주기 추모사진전이 열렸다. 사진전
은 8월 24일까지 열린 이후 대구 달성공원을 비롯해 전국 각지를 순
회하며 열렸다. 행사 기간에 서울 덕수궁에만 100만 명 가까이 몰리
는 등 큰 인기를 끌었다. 사진전 외에도 전국 각지에서 다양한 육영
수 1주기 추모 행사가 열렸다.

박근혜는 각종 간담회나 인터뷰 등을 통해 자신의 세계관과 인
생관 등을 드러냈다. 박근혜는 6월 19일 서울 동국대 교수실에서 열
린 동국대 여학생회 주최 '국가 발전과 여성의 역할'이라는 주제의 초
청간담회에서 최근 학원 소요에 대해 "학생들과 정부 간의 근본적인
의견 차이는 없다고 생각하며 결국 국가 발전을 위한 이상은 모두 같
지만 학생은 이상과 현실의 괴리를 좁히지 못한 까닭에 때때로 오류
를 범할 때가 있다"고 말했다.[69]

박근혜는 10월 청와대에서 ≪뉴욕 타임스New York Times≫의 리처
드 핼로런Richard Halloran 도쿄지국장과 인터뷰했다. 인터뷰는 "한국의
젊은 퍼스트레이디, 자신의 길을 개척Korea's Young First Lady Makes Her Own
Way"이라는 제하로 ≪뉴욕 타임스≫ 10월 15일 사에 게재됐다. 박근

혜는 인터뷰에서 '결혼은 지금 너무 바빠 생각할 겨를이 없지만 나중에 생각하겠다'는 식으로, 정치 참여에 대해서는 부정적으로 각각 대답한다.

"생전에 어머님은 나의 결혼에 대해 전적으로 책임을 지고 좋은 사람을 소개해주겠다고 말씀하셨습니다. 나는 이를 승낙했고 어머님이 나를 위해 고르실 분은 매력적인 사람일 것이라고 굳게 믿었었지요. 그러나 어머님이 돌아가신 후 너무나 많은 일이 내게 닥쳐서 지금 결혼을 생각하고 있을 겨를이 없습니다. 지금은 연기하고 있지만 장차 이 문제를 생각해봐야겠지요. … 물론 아버님은 자신의 관심사를 이야기하시고 나도 당연히 거기에 귀를 기울이게 되지요. 그러나 나는 듣기만 할 뿐 정치는 내 관심사가 아닙니다."[70]

인터뷰 내용을 종합적으로 보면 박근혜는 결혼에 대해서는 '연기', '장차' 등의 표현처럼 당시에는 상당히 긍정적이었고, 정치 참여는 관심사가 아니라며 상당한 거리감을 가졌던 것으로 분석된다. 하지만 박근혜의 이러한 결혼관과 정치관은 1980년대 초반에 이르러 180도 바뀌게 된다.

김기춘 중앙정보부 대공수사국 부장은 그해 11월 22일 '재일교포 유학생 간첩 사건'을 발표하며 공포 분위기 조성에 앞장섰다. 그는 "북괴의 지령을 받은 간첩들이 모국 유학생을 가장해 국내 대학에 침투, 이른바 통일혁명당 지도부를 학원 안에 구성했다"고 밝혔다. 서울대와 고려대, 부산대 등에 재학 중이던 16명의 학생이 간첩 혐의로 기소됐다. 하지만 2010년 '진실·화해를 위한 과거사정리위원회'는 이 사건을 조작 사건으로 결론을 내렸고, 2011년 피해자들은 재심을 청구한 끝에 2014년 재심에서 무죄 판결을 받았다.

영애 앞세운 구국선교단의 돌진

최태민은 박근혜를 만난 뒤 신흥종교 '영세교'의 간판을 서둘러 내리고 그 대신에 '대한구국선교단'을 세운다. 최태민은 박근혜를 만난 지 1개월 뒤인 1975년 4월 10일 영세교의 간판을 내리고 '대한구국선교단'을 창립했다. 그는 4월 29일 대한구국선교단 총재가 된 뒤 1978년 2월 박근혜가 총재를 맡기 전까지 대한구국선교단을 이끌었다. 중앙정보부는 "박근혜의 후원으로 자신의 심복 및 사이비 종교인 중심으로 대한구국선교단을 설립하고 총재로 취임"했다고 분석했다.[71]

최태민은 이즈음 '최태민'이라는 이름을 사용했고 4~5월쯤에 기독교 목사 안수를 받았다. 최태민의 증언이다.

"1975년 1월 종합총회 신학교를 졸업하고 1975년 5월 대한예수교장로회에서 목사 안수를 받았어요. 이렇게 얘기하면 내가 속한 신학교와 교단이 사이비라고 몰아칠 텐데…"[72]

하지만 일각에서는 최태민이 돈을 주고 대한예수교장로회 종합총회 조현종(?~1991) 목사로부터 목사 안수를 받았다는 주장이 나왔다.[73] 조현종 목사는 일본 대학을 졸업한 뒤 경찰 간부를 거쳐 1970년 종합총회 2대 총회장이 된 것으로 전해진다. 조현종은 1개월 뒤인 6월 21일 서울 배재고에서 열린 대한구국선교단 산하 구국십자군 창군식의 사회를 보기도 했다.

최태민은 대한구국선교단을 창립한 이후 보수 기독교계를 중심으로 급속히 영향력을 키워갔다. 최태민은 5월 4일 서울 마포구 동교동 중앙교회에서 대한구국선교단 주최 구국기도회를 연 뒤 5월 11일 오후 5시 경기도 파주 '자유의 다리' 앞 임진각 광장에서 박근혜가 참석한 가운데 목사와 신도 5000여 명이 참여한 대규모 구국기도대회

를 열었다.[74]

대한구국선교단은 대통령의 '영애' 박근혜가 참여하면서 영향력 있는 조직으로 급부상했고, 자연스럽게 최태민이 영향력도 커져갔다. 최태민은 5월 대한구국선교단 사무실을 서울 서대문구 합동 111번지 대왕빌딩 609호로 이전했다. 구국선교단의 내부 조직도 정비해 총재 최태민을 중심으로 부총재 3명과 단장, 부단장, 사무총장 등으로 지도부를 구성했다. 집행부는 사무총장 산하에 총무·조직·선교·섭외·훈련·교육부장과 함께 기획실장, 비서실장 등으로 구성됐다. 최태민의 의붓아들 조순제도 홍보실장으로 참여했다.[75]

최태민은 산하 조직을 세우거나 부설 조직을 창립하는 방식으로 대한구국선교단을 문어발식으로 확장해갔다. 최태민은 우선 6월 21일 오후 4시 서울 종로구에 위치한 배재고에서 창군식을 열고 대한구국선교단 산하의 '대한구국십자군'을 창군했다. 창설 취지문의 일부다.

"어제의 이웃이었던 크메르와 베트남이 어이없게도 붉은 세력에 먹혀버린 참담한 양상이 오늘의 현실이며, 가만히 앉아서 구국이니 멸공이니 하는 말이나 생각만으로 이 위기를 넘길 수 없고, 극단적인 개인주의와 사회의 부조리로 인한 정신적 해이는 북괴 침략의 앞잡이가 되는 것으로 확신해 구국십자군을 창설한다."[76]

구국십자군은 반공을 기치로 군사조직 형태를 갖춤으로써 조직 확산을 겨냥한 것으로 분석된다. 최태민은 구국십자군의 창립 목적으로 ① 승공을 위해 전국 복음화 운동 앞장, ② 조국통일의 성업에 앞장서고 북한이 수복된 후 사회질서 정화 앞장, ③ 사회 부조리 정화 운동 앞장, ④ 구국 대열 앞장 등을 제시했다. 최태민은 이를 위해 구국십자군 창군식을 전후해 목사나 신도들에게 군부대 등에서 군사훈련을 받게 했다. 예를 들면 5월 22일부터 24일까지 목사 100여 명이 3일간 5019부대 등에서 군사훈련을 받기도 했다.[77]

최태민은 부설 조국통일문제연구원도 세웠다. 대한구국선교단 부설 조국통일문제연구원은 10월 30일 서울 서대문구에 위치한 구 서울신학대학에서 창립총회를 열고 활동에 들어갔다.[78]

최태민과 대한구국선교단은 8월 2일 경기도 양주군 구리읍 인창 국민학교에서 서민들을 대상으로 무료진료 사업을 벌였다. 최태민은 이때 무료진료 사업의 가능성을 보고 9월 2일 서울 장충동 영빈관에서 서울시의사회와 자매결연을 했다. 박근혜는 자매결연식에 참석해 격려사를 낭독했다. 대한구국선교단은 12월 10일 구 서울신학대학 건물에서 무료야간진료센터 개원식을 열었다. 이날 개원식에는 박근혜와 고재필 보건사회부 장관, 김용태 공화당 원내총무 등이 참석했다. 무료야간진료센터는 내과, 외과, 소아과, 산부인과, 병리검사실 등을 갖추고 매일 저녁 7시 이후 야간진료를 했다.[79]

최태민과 대한구국선교단은 멸공이나 국민총화 앞장 등 보수적인 주장을 펼쳐 눈총을 받기도 했다. 대한구국선교단은 8월 9일 광복 30주년을 맞아 반공색 짙은 특별 성명을 내기도 했다.

"대한구국선교단은 (8월) 9일 광복 30주년을 맞아 기독교인이 복지사회 건설과 국민총화를 해치는 모든 요소를 뿌리 뽑는 데 앞장설 것 등을 촉구하는 4개 항의 특별성명을 발표했다. 4개 항의 결의 내용은 다음과 같다. ① 대한구국선교단은 멸공만이 구국의 길임을 다시 천명하며 멸공의 제일선에서 투쟁할 것을 결의한다. ② 조국의 평화통일은 대한민국의 유엔 가입으로부터 이뤄져야 하며 유엔은 우리 국민과 정부 결의를 조속히 수락해줄 것을 기원하는 기도를 계속한다. ③ 밝은 국가사회 건설을 위해 사회 정화의 첨병이 될 것을 결의한다.

④ 모든 기독교인은 복지사회 건설을 위해 헌신할 것과 더불어 국민총화를 해치는 모든 요소를 뿌리 뽑는 데 앞장설 것을 촉구한다."[80]

대한구국선교단은 8월 27일 오후 방한 중이던 제임스 슐레진저 James Schlesinger 미국 국방장관에게 "한국은 아시아의 승공 보루"라며 공산 위협에 대처하고 있는 한국에 대한 지원을 건의하기도 했다. 슐레진저는 8월 26~27일 이틀간 서울에서 열린 한미연례안보협의회의 SCM에 참석해 박정희 정권의 핵무기 개발 계획의 포기를 설득하려 방문한 것으로 알려진다.[81]

전기영 예장종합총회장 목사는 최태민이 주도해 설립한 대한구국선교단이 기독교 진보 세력을 견제하기 위해 박정희 대통령의 지시로 만들어진 것이라고 분석했다. 1972년 유신에 따른 사회적 반발이 커져가고 1975년 베트남이 공산화하자 박정희 정권이 위기감을 느꼈다는 것이다.[82] 종교연구가 탁명환도 구국십자군 창설이 "한국 기독교가 남침 위협을 내세운 독재 권력의 시녀로 전락한 중대한 전환점"이라고 통탄했다.[83]

최태민은 박근혜 일가에 대한 노골적인 충성 분위기를 유도하기도 했다. 8월 14일 오전 9시 서울 동작동 국립묘지에서 열린 육영수 여사 1주기 추모예배에 대한구국선교단 회원 800여 명이 참여, 육영수를 애도한 것이 대표적이다.[84]

최태민이 박근혜를 앞세워 구국선교단을 운영하면서 그의 송년 소감이 언론에 실리는 등 영향력이 커졌다. '비선 실세'가 된 것이다. 최태민의 송년 소감이다.

"인지(인도차이나) 사태를 계기로 더욱 절실해진 국방력 강화를 위해 우리 기독교인들이 생명을 바칠 각오로 구국십자군을 창설한 것, 이와 더불어 기독교인들이 더욱 단합하게 된 것, 가난한 이들을

위한 봉사의 한 방법으로 야간무료진료센터를 개설한 것들이 뜻깊은
일이다."[85]

'단국대 청강생' 최순실

'유신 공주' 박근혜와 '비선 실세' 최태민 사이의 커넥션이 맺어진
1975년 3월, 찢어진 눈매의 한 여성이 정식 대학생이 아닌 청강생 신
분으로 단국대 영문학과에 입학했다. 최태민의 다섯째 딸 최순실이
다. 단국대 관계자는 '최순실이 단국대 영문학과 청강생이었느냐'는
언론의 질문에 "네, 맞아요. 청강생이에요"라고 최순실이 단국대 청
강생 출신임을 확인해주었다. 청강생은 입학금과 수업료 등만 내면
정원 외로 수업을 듣게 해주는 제도로, 4년 과정을 마치면 수료증은
주지만 학사 학위는 받을 수 없다.[86]

　　최순실은 왜 하필 단국대를 선택했을까. 그것은 아마 최순실의
자매가 단국대와 상당한 인연이 있었던 것이 한 원인이었을 것으로
추정된다. 즉, 최순실의 언니 최순영은 단국대 경영대학원을 졸업했
고, 또 다른 언니인 최순득의 남편 장석칠도 단국대를 졸업했다. 여
동생 최순천과 서동범 부부는 단국대 성악과와 무역학과를 각각 졸
업한 것으로 알려진다.

　　최순실의 단국대 영문학과 동기는 이와 관련해 언론 인터뷰에서
"나는 (최순실과) 같이 수업을 들어본 적이 없다"고 말했다. 최순실이
대학 시절 학업에서 두각을 나타내지는 않았다는 것이다. 최순실은
나중에 단국대 대학원 영문학과에 연구과정으로 입학했다.[87]

　　최순실은 최태민의 뒤를 이어 비선 세력의 중심인물이 된다. 즉,

그는 박근혜·최태민 커넥션을 확대하고 강화하면서 박근혜를 대통령으로 만들고 최악의 국정농단으로 박근혜를 탄핵까지 이르게 했다. 최태민의 뒤를 잇지만 성취와 악행 측면에서 최태민을 훌쩍 뛰어넘은, 진정한 거악이었다.

최순실은 1956년 6월 23일 서울 마포구 아현동에서 최태민과 임선이 사이에서 태어났다. 최태민의 다섯째 딸이었고, 최태민과 임선이 사이에선 둘째 딸이었다. 1952년에 태어난 박근혜에 비해 네 살이 어린 셈이다.

최순실의 어린 시절은 거의 알려져 있지 않다. 공부는 잘하지 못했지만 상상력이 뛰어나고 임기응변에 매우 능했다고 한다. 최태민과 그의 네 번째 부인 사이에서 태어난, 최순실의 이복오빠 최재석의 증언이다.

"그때 애가 영특했다고 해야 하나. (그래요? 공부를 잘했다는 의미는 아니고?) 그건 아니고, 그건 전혀 아니고요. (공부 잘하는 건 전혀 아닌데?) 우리 집안은 공부 잘하는 사람이 없었어요. (웃음) … 잔머리라든가 이런 거. (잔머리….) 지어내고 이런 거. 이런 상상력은 굉장히 좋았던 것 같아요. (임기응변이 능했군요, 그러니까.) 능했습니다."[88]

최순실은 고교 시절부터 유아교육에 관심이 있었다고 나중에 언론 인터뷰에서 밝혔다. 하지만 대학은 유아교육학과가 아니라 영문학과로 진학하게 된다.[89]

최순실은 자녀 중에서 최태민과 가장 가까웠다. 최순실 스스로 나중에 아버지 최태민을 자신보다 더 아는 사람이 없을 것이라고 말하기도 했다.

"난 아버지와 무척 가깝다. 가깝다기보다는 서로가 이해와 사랑으로 쌓아온 세월들이었을 거다. 나보다 더 아버지를 속속들이 아는 사람이 있겠는가?"90

최순실은 고집이 상당해 아버지 최태민의 말도 잘 듣지 않는 등 '보스 기질'이 상당했다고 한다. 17년간 최순실의 운전기사로 일한 김 모 씨의 증언이다.

"(생전에) 최태민 회장이 '다른 딸이나 할매(임선이)에게 얘기하면 다 듣는데, 순실이는 지 아버지(최태민) 말도 안 듣는다'고 하더라. 순실이는 고집이 상당하다. 그건 최(태민) 회장이 한 얘기요."91

최태민도 9명의 자녀 가운데 최순실을 가장 총애했던 것으로 전해진다. 이상호 기자는 최태민이 최순실을 특별히 총애한 이유에 대해 "아버지의 현몽, 꿈을 통한 예지력을 이어받았기 때문"이라고 분석했다. 최순실이야말로 최태민의 후계자이자 적장자嫡長子였다는 것이다.92

박근혜와 최태민 사이의 커넥션을 실질적으로 보좌한 사람도 등장한다. 1975년 8월 14일부터 덕수궁에서 열린 육영수 1주기 추모사진전을 실질적으로 기획하고 성공시킨 사람은 최태민의 의붓아들 조순제였다. 조순제는 임선이의 주선으로 사진전을 준비·기획했다. 조순제는 육영수 1주기 추모사진전을 성공시키면서 최태민과 박근혜의 신임을 얻게 돼 박근혜·최태민 커넥션과 연결되기 시작한다.93

1940년 임선이와 조동찬 사이에서 태어난 조순제는 1965년 간호사 출신인 김경욱과 결혼했고, 1968년 아들 조용래를 낳았다. 조순제는 1967년 사촌 누나의 남편인 이원우 공보부 장관의 비서관으로 일했고, 1971년 서울 서대문구 갑에서 공화당 후보로 국회의원 선거에 출마했다가 낙선했다. 낙선 뒤에는 한동안 어려운 생활을 이어갔다고 한다. 조순제는 박근혜·최태민 커넥션에 합류한 이후 대한

구국선교단의 홍보실장을 맡아 활동하게 됐다. 조순제는 박근혜와 최태민의 대한구국선교단과 구국봉사단, 새마음봉사단 등으로 이어진 활동에서 박근혜, 최태민과 함께 '3인 체제'를 형성했다고 기억했다. 즉, 조순제는 1970~80년대 박근혜·최태민 커넥션 유지와 강화에 핵심적인 역할을 하게 된다.[94]

1

'영애'와 '라스푸틴'

(1976~1979)

우리 인생의 위대한 시기는 우리가 우리의 악을
우리의 최선이라고 고쳐 부를 용기를 얻는 그때이다.

프리드리히 니체의 『선악의 저편』(1886) 중에서
(『선악의 저편·도덕의 계보』, 김정헌 옮김, 책세상, 2002, 118쪽)

활발한 외교 활동과 최태민 행사 참여

1976년 10월 24일 ≪워싱턴 포스트Washington Post≫는 한국 정부의 기관요원인 박동선이 1970년대 연간 50만~100만 달러 상당의 뇌물로 90여 명의 의원 및 공직자를 매수했다고 폭로했다. 한국 정부는 중대한 주권 침해 행위라고 반발하고 미국 정부는 로비 활동에 대한 철저한 조사를 다짐하면서 갈등이 고조됐다. 11월 2일 미국 대통령 선거에서 지미 카터가 제39대 미국 대통령에 당선됐다. 일본 정계의 거물 다나카 가쿠에이 전 총리는 7월 27일 록히드사로부터 거액의 뇌물을 받은 혐의로 구속됐다. 중국에서는 9월 9일 장제스와의 내전에서 승리해 중화인민공화국을 세운 마오쩌둥이 저세상으로 떠났다.

박근혜는 1976년 새해를 육영수 묘소 참배로 시작했다. 그는 1월 1일 오전 11시 30분 서울 동작동 국립묘지에 있는 육영수 묘소를 동생 박지만과 함께 조화를 들고 참배했다. 1월 1일부터 4일까지 17만 명의 추모객이 육영수 묘소를 참배했다.

박근혜는 1월 23일 서울 종로구 안국동 한국걸스카우트연맹 사무실에서 회원 200여 명이 참석한 가운데 한국걸스카우트연맹 명예총재에 추대됐다. 박근혜는 취임사에서 "어머님의 유지를 이어받아 걸스카우트와 한국 여성 발전 및 그 지위 향상에 기여하겠다"고 밝혔다.[1] 박근혜는 5월 10일 서울 종로구 안국동 걸스카우트회관 10층 강당에서 열린 한국걸스카우트연맹 창립 30주년 기념식에 참석했다. 박근혜는 육영수여사추모기념사업회의 이사도 맡았다.[2]

박근혜는 퍼스트레이디로서 다양한 활동 가운데 외교 활동에 열심이었다. 언론에 보도된 그의 기사 중에도 외교 활동에 관한 것이 많았다. 구체적으로, 2월 6일 재일거류민단 간부 접견, 3월 10일 주

벨기에 대사 부인 등 유럽 지역 공관장 부인 11명 접견, 4월 7일 코스타리카 외상 부인 접견, 4월 22일 주한 호주 대사 부인 이임 인사, 9월 15일 오스트리아 가톨릭부인회장 일행 환담, 10월 5일 박정희 대통령과 함께 주한 유엔군 사령관 부인 이임 인사, 10월 7일 마르코스 필리핀 대통령 여동생과 그의 딸 예방 등 많은 외교 관련 일정을 소화했다.

박근혜는 박정희 대통령과 함께 다양한 의전 행사도 소화했다. 예를 들면 박근혜는 5월 27일 대통령과 함께 청와대에서 모범 청소년 12명에게 다과를 베풀었고, 10월 16일에는 제7회 한국전자전람회장에 들러 전시된 제품들을 살펴봤다. 혼자 의전 행사에 가기도 했다. 박근혜는 9월 3일 서부전선 해병 부대를 찾아 장병을 위문했고, 12월 22일에는 홀트아동복지회 일산센터를 찾기도 했다.

각종 의전용 행사에 빈번히 참여하는 모습 가운데 미술전을 찾은 모습이 그나마 눈에 띌 정도였다. 박근혜는 4월 6일 덕수궁 현대미술관에서 모네, 르누아르, 세잔, 고갱 등 프랑스 인상파 대가들의 유화 및 판화 등을 약 35분간 감상했다. 신문은 "예고 없이 들렀다"고 보도했다.[3] 10월 29일에는 서울 어린이회관에서 열린 제18회 세계아동미술전람회를 돌아봤다.

박근혜는 퍼스트레이디로서 바쁜 일정을 소화하면서도 최태민이 주도하는 행사나 활동에 빈번히 얼굴을 드러냈다. 최태민이 서울시의사회와 함께 서울 서대문구 북아현동에 위치한 구 서울신학대학 건물에 야간무료진료센터를 열자 큰 관심을 보이며 이와 관련한 각종 행사에 참석했다. 박근혜는 1월 27일 오후 서울 서대문구 야간진료센터에 대한구국선교단과 서울시의사회가 설립한 헌혈운동본부를 찾았다. 그는 3월 24일 오후 4시 서울 야간진료센터에서 새로 개설한 치과·침구과 개원식에 참석, 개원 테이프를 끊고 의사들을 격려했나. 박근혜는 12월 10일 대한구국봉사단의 야간무료의료원 개원 1주년 기념식에도 참석해 유공자들을 표창했다. 박근혜는 이날 치사에서 의료원의 업적을 치하하고 "의료 봉사활동이 전국적으로 확대돼 모든 국민이 편안하게 잘 살 수 있는 복지국가의 기초가 되기를 기원한다"고 격려했다.[4]

재미있는 것은 박근혜가 나중에 대한구국선교단의 야간진료 활동을 자신의 주요 업적 가운데 하나로 바라봤다는 점이다. 박근혜와 최태민, 최태민과 박근혜가 서로의 활동을 제 것처럼 인식한 게 아닌가 하는 추정이 나오는 대목이다. 2007년 출간된 박근혜 자서전의 한 대목이다.

"나는 이렇게 어렵고 고통받는 사람들을 위해 1976년 12월 성결교 서울신학대학 건물에 야간병원을 열었다. 의사들과 대학 의대생들이 자발적으로 참여해줬다. 서민들의 반응은 폭발적이었다. 그곳은 노인의 경우 무료진료를 원칙으로 하고, 일반인에게는 실비용만 받았다."[5]

박근혜는 4월 29일 최태민의 세 확산에 전기를 마련해준 구국여성봉사단의 발족식에도 참여해 치사를 하기도 한다. 박근혜는 이날 치사를 통해 "여성의 역량을 최대한 발휘하면 국가에 큰 도움이 될 수 있다"며 "나라 사랑하는 마음으로 구국 대열에 앞장서자"고 당부했다.[6]

박근혜는 구국여성봉사단 발족식뿐 아니라 이후 활동에도 적극 참여했다. 그는 6월 7일 서울 광화문지하도에서 진행된 구국여성봉사단의 6·25 전몰 유족 돕기 모금운동, 6월 18일 구국여성봉사단원의 여군 입대 선서식, 9월 16일 충남 천안에서 열린 구국여성봉사단 충남 천안시 천원군 지부 창단식, 9월 21일 서울 정동 류관순기념관에서 열린 구국단체결연단합대회, 9월 22일 경기도 수원에서 열린 구국여성봉사단 수원 지부 창단식, 9월 23일 여성봉사단원 격려 등 1976년에만 최소 여섯 차례 이상 구국여성봉사단과 관련한 활동에 참여했다.[7]

박근혜는 왜 최태민이 주도한 행사에 빈번히, 거의 빠짐없이 달려갔을까. 이에 대해 박근혜가 최태민이 주도한 행사에서 사람들이 자신을 공주나 여왕처럼 떠받들면서 열광하는 모습을 보고 권력을 알게 됐기 때문이 아닌가 하는 분석도 있다. 즉, 흙바닥에 엎드려 큰절을 하는 노구의 할아버지, 할머니들을 내려다보며 강연하면서 권력 의지를 키우고 즐겼다는 것이다.[8]

구국봉사단으로의 전환

최태민은 1976년 서울 서대문구 구 서울신학대학 건물에 헌혈운동본부를 설치해 활발한 헌혈운동을 전개했다. 대한구국선교단은 1월 27일 오후 서울시의사회와 함께 헌혈운동본부를 설치하고 첫 채혈을 실시했다. 이날 헌혈운동에는 서울 동선동의 벧엘교회를 비롯해 시내 네 개 교회 신자 200여 명이 참가해 1인당 320cc의 피를 헌혈했다. 박근혜는 오후 4시쯤 이곳을 찾아 격려했다고 한다.[9]

박근혜가 최태민이 주도하는 헌혈운동에 참여하자 공무원이나 사법부 관계자 등 많은 이들이 헌혈운동에 동참하기 시작했다. 3월 9일 오후 4시 서울 대법원 회의실에서 실시된 구국선교단의 '사랑의 헌혈운동'에 각급 법원 판사 및 일반 직원 등 56명이 참여했다.[10] 내한구국선교단은 10월에도 '사랑의 헌혈운동'을 벌였다. 10월 11일에는 구자춘 서울시장을 비롯한 서울시청 직원 6800명이 참여했다. 10월 2~11일까지 10일간 무려 3만 명 이상이 헌혈운동에 동참했다. 의약품 기탁도 쇄도했다. 2월 23일에는 주식회사 녹십자가 혈액 대용 약품인 '플라스마메이트' 250병을 대한구국선교단에 기탁했다.[11] 최태민이 주도한 야간무료의료원은 12월 10일로 개원 1년을 맞아 박근혜가 참석한 가운데 기념식을 가졌다.

최태민은 그의 세 확산에 전기를 마련해준 구국여성봉사단도 발족시켰다. 최태민은 4월 29일 오후 2시 서울 중구 정동 류관순기념관에서 박근혜를 비롯해 유상근 통일원 장관, 구자춘 서울시장, 박순천 여사 등 각계 여성 대표를 비롯해 3000여 명의 단원이 참석한 가운데 구국선교단 부설 '구국여성봉사단' 발단식을 열었다. 구국여성봉사단은 기독교 정신을 바탕으로 애국적인 여성 봉사활동을 벌이고 유사시에는 후방에서 전투요원의 보조 역할을 할 것을 다짐했다. 박근혜는 발단식에 참여해 치사를 했다. 발단식에서는 '한국여성헌장'도 채택·발표됐다.[12]

최태민은 박근혜의 적극적인 참여를 바탕으로 다양한 구국여성봉사단 활동을 전개했다. 최태민과 구국여성봉사단은 6월 7일 오후 4시 서울 광화문지하도에서 '원호의 달'을 맞아 6·25 전몰 유족 돕기 모금운동을 벌였다. 많은 지부도 세웠다. 박근혜가 참여한 가운데 9월 16일 충남 천안시 한일극장에서 천안시 천원군 지부 창단식이, 9월 22일에는 경기도 수원에서 수원 지부 창단식이 차례로 열렸다. 특히 구국선교단과 구국여성봉사단은 9월 21일 오후 2시 류관순기념관에서 박근혜의 참석 속에 한국노동조합총연맹, 한국예술문화단체총연합회와 함께 구국단체결연단합대회를 열기도 했다.

대한구국선교단은 1976년 12월 대한구국봉사단으로 명칭이 변경됐다. 대한구국봉사단은 나중에 사단법인으로 전환하면서 구국여성봉사단과 통합되어 명칭도 대한여성구국봉사단으로 바뀐다.

최태민과 구국선교단은 각종 정치적 이슈에 보수적인 목소리를 냈다. 4월 13일 도널드 프레이저 미국 하원의원이 '한반도가 적화돼도 미·일의 안보에는 영향이 없다'고 한 발언이 알려지자 이를 이적행위로 간주하고 사과를 촉구하는 성명을 냈다. 구국선교단은 성명에서 "프레이저 의원의 이 발언은 한미 간의 오랜 전통을 이간시키려는 북한 괴뢰집단의 음모와 흉책을 대변하는 결과를 빚는 중대한 망언"이라며 공개 사과를 요구했다.[13]

최태민이 박근혜를 내세워 구국선교단을 본격적으로 조직하면서 최태민 일가 사람들이 구국선교단이나 유관 조직으로 몰려오기 시작했다. 최태민의 의붓아들 조순제는 1975년 30대 중반의 나이로 구국선교단의 홍보실장으로 일했다. 조순제는 청와대 기자들도 관리했다고 한다. 조순제의 기억이다.

"나는 맨날 촌지만 받지. 기자들을 상대해야 하니깐. 내가 언론 담당이니깐 촌지는 완전 풍족하게 나오지. 그러니깐 내가 청와대 출입기자들하고 술 먹고 다니니깐, 정보부 직원이 수표 다 회수해 가져가더라고."[14]

박근혜는 사진전을 성공적으로 기획한 조순제를 신뢰했고, 조순제도 박근혜와 최태민을 위해 열심히 홍보 업무를 했다. 그래서 조순제가 특정 사안에 대해 조언하면 박근혜는 그대로 따랐다고 한다. 조순제의 이야기다.

"처음에 날 부르더니 한 건 했는데 홍보를 해가지고 기정사실화로 빨리 굳혀야 한다, 그 대신에 비용은 얼마든지 대수겠다. 그래서 내가 공보 활동한 거 아닙니까. 그래서 인정받아서, 박통(박정희)한테 인정받았으니까 나에게 한턱 내줄라고 그만큼 홍보를 제대로 한 모양이야. 그 후로 쭉 열심히 했죠. 업무에 관해서는 100% 불확실해, 그러니까 이게 안 돌아가요. 나하고 둘이 얘기했지. 근혜하고 어떻게 하겠다. 그럼 반드시 나에게 힐링한다고. 그럼 내가 된다 안 된다 그러면 그대로야. 착오 하나 안 틀려. 그대로 진행되는 거야. 100% 꼭두각시였어. 100% 꼭두각시예요."[15]

조순제는 나중에 새마음병원 사무처장을 맡기도 하고, 1980년 대 박근혜가 영남재단 이사장을 맡자 영남대 재단 이사와 영남투자금융 전무를 맡아 영남대 운영을 좌우한 4인방 가운데 한 명으로 꼽혔다. 그는 2007년 한나라당 대선 후보 검증 청문회에서 박근혜가 자신을 모른다고 부인하자 깊은 분노로 A4 21쪽짜리 「조순제와의 대화 녹취록」, 이른바 「조순제 녹취록」을 남겼다.

최태민은 의붓아들 조순제를 비롯해 일가 사람들이 구국선교단과 구국여성봉사단 등으로 몰려왔지만 돈 관리만큼은 자신이 맡았던 것으로 알려진다. 조순제는 나중에 녹취록에서 "박근혜가 구국선교단의 돈 관리를 최태민에게만 시켰다"고 증언했다.[16]

구국선교단과 산하 조직에 힘이 쏠리면서 부정·비리 의혹도 조금씩 제기되기 시작했다. 김용수 전 구국선교단 사무총장 목사는 1976년 6월 "농협 조합장을 시켜주겠다"며 금품을 수수한 혐의로 경찰에 구속됐다. 당시 언론보도다.

"서울시경찰청은 (6월) 17일 전 대한구국선교단 사무총장 김용수 씨를 사기 및 변호사법 위반 혐의로 구속영장을 신청했다. 김 씨는 1975년 10월부터 1976년 3월까지 구국선교단 사무총장으로 있으면서 전북 임실군 임실면 고형규 씨에게 군 농협 조합장을 시켜주겠다며 다섯 차례에 걸쳐 70만 원을 받았으며 2월 16일에는 오영진 씨에게 서울 강남구 학동 시유지 1만 평을 불하받게 해주겠다고 속여 300만 원을 받아 썼다는 것이다. 김 씨는 또 구국선교단 직인을 도용, 동 선교단 총재 최태민 씨 명의로 강남구 학동 시유지 매입요청서를 작성, 원호처장에게 제출하려다 미수에 그친 혐의도 받고 있다."[17]

비선 실세 최태민의 축재(蓄財)

'대통령의 영애' 박근혜가 최태민이 주도한 행사에 얼굴을 내밀자 각급 기관장들도 행사 현장에 총출동했다. 자연히 최태민의 영향력은 커졌다. 윤석진의 분석이다.

"박근혜 씨가 참석하면 관내 각급 기관장들이 총출동하다시피 해 깍듯이 모셨다. 때론 이 지역에 연고를 두고 있는 중앙부처 고위 공무원들이나 출신 국회의원도 대부분 들러리를 섰다. 그런 박근혜 씨 측근에서 지대한 영향력을 행사하는 최태민 총재의 위상 또한 하늘 높은 줄 모르고 올라갔다. 나중에 최태민 씨는 도지사와 경찰국장을 전화로 호출해 호통을 칠 정도까지 됐다."[18]

최태민의 영향력이 커지자 사람들이 최태민의 주위로 몰려왔다. 최태민을 거들떠보지도 않던 사람들도 그가 권력의 언저리에 진입한 것으로 보이자 "몰려들기 시작했다"는 것이다. 대한구국선교단 관계자의 증언이다.

"당시 부자라는 사람들이 최태민 집 문턱이 닳도록 찾아왔다. 최태민은 거의 소통령 수준이었는데 그 권세가 실로 대단했다. 최태민이 박근혜와 함께 소식을 운영한다는 소리가 나서자 다들 헌지리 꿰고 싶어 돈을 갖다 바쳤다. … 최태민은 '박근혜 영애가 부탁하는 일입니다'라는 소리를 입에 달고 살았다. 그런 말 들으면 누가 돈을 안 가져올 수 있겠느냐."[19]

심지어 외교 사절조차 최태민을 찾기 시작했다. 압둘 아미르 아람 주한 이란 대리대사는 1976년 2월 27일 대한구국선교단을 방문해 최태민과 약 1시간에 걸쳐 한국과 이란 양국 간의 문화 교류 등을 협의했다.[20]

최태민이 이때 청와대를 빈번하게 드나들면서 박근혜를 수시로 만났다는 증언도 있다. 최태민 스스로 박근혜의 지프차를 이용해 청와대를 무단출입하고 박근혜와 수시로 만난다는 사실을 자랑했다는 것이다. 종교연구가 탁명환의 기록이다.

"여러 이야기를 나누고 자신이 지금은 박(정희) 대통령의 영애 근혜 양과 함께 일한다고 하면서 청와대를 무단출입한다고 했다. 참으로 엄청나고 놀라운 일도 세상에 다 있구나. 사람들은 오래 살고 볼 일이구나 싶었다. 그가 타고 온 지프차는 바로 근혜 양의 것이었다."[21]

최태민이 박근혜와 함께 활발히 움직이자 많은 기업과 사람이 최태민을 만나기 위해 돈을 들고 왔다. 당시 기업이나 재벌 등으로부터 들어오는 돈의 규모는 엄청났다고 한다. 구국선교단 홍보실장을 역임한 조순제는 "그땐 돈 천지지. 아, 돈 많았어. 그러다 우리나라 재벌들이 돈 다 냈어요. 내가 알기로는"이라고 증언했다.[22]

최태민은 '구국'이라는 말을 입에 달고 다녔지만 실상은 여러 기업에서 기부금을 받아왔다고 한다. 탁명환의 관찰이다.

"그는 사무실에 앉아서 재벌급 기업인들에게 전화 다이얼을 돌리는 것이 일과였다. 항상 검은 안경을 끼고서 오만하게 앉아 재벌들에게 전화질을 하면서 꼭 근혜 양을 팔았다. '명예총재인 영애께서 필요로 하는 일이다, 협조 부탁한다'고 하면 재벌들은 모두 꺼벅 죽는 시늉까지 했다."23

최태민이 자신을 박근혜를 모시는 사람이라고 소개하는 방식으로 많은 기업으로부터 돈을 거둬들였다는 이야기다. 박근혜를 내세운 전형적인 호가호위였다.

구국선교단의 주요 비리 사건으로 언론에 보도됐던 김용수 전 구국선교단 사무총장 사건도 최태민이 애초에 돈이 될 만한 '건수'를 가져오면 그것을 해결해주고 돈을 받아 사업에 쓰겠다고 해 일어난 사건이었다고 탁명환은 설명했다. 즉, 최태민은 공사 계약을 따내거나 납품 등을 알선하고 커미션을 챙기는 방법으로 축재를 했는데, 김용수 사건의 경우에 최태민이 돈을 벌어들일 목적으로 로비를 하다가 여의치 않자 재빨리 손을 떼고 책임을 김용수에게 뒤집어씌웠다는 것이다. 대한구국선교단 부총재인 강 모 전도사는 이 때문에 최태민의 집에 찾아가 "건수 물어오라고 할 때는 언제고 불리하니까 오히려 상대방을 충동질해 목사를 구속시키느냐"며 거세게 따졌다고 한다.24

박근혜를 앞세워 막대한 돈을 모은 최태민은 새마음병원이 자리하게 되는 서울 서대문구 구 서울신학대학 건물을 당시 돈 9억 원으로 매입했다. 탁명환의 이야기다.

"최(태민) 씨는 그 엄청난 돈을 챙겨 (서울) 아현동 고개에 있는 서울신학대학 건물을 매입했다. 그 건물은 당시 너무나 덩치가 크고 비싼 값이라 12년이나 감히 누구 한 사람 살 엄두도 못 내는 것이었는데 최태민이 나와서 9억 원에 매입했다. 지금으로 따지면 90억 원이 훨씬 웃도는 돈인데 게다가 수리비 등 3억 원을 더해 12억 원쯤 들었으니 120억 원짜리 건물인 셈이다."25

최태민은 쏟아져 늘어오는 돈을 구국신교단이나 구국성시단 운영비로만 전부 쓰진 않았다. 개인적으로 치부致富나 축재蓄財도 했던 것으로 추정된다. 인천에 사는 아들에게 집을 사주거나 손주에게 과자값으로 100만 원짜리 수표를 건넬 정도로 돈을 풍족히 썼다고 한다. 탁명환의 기억이다.

"지독하게도 가난에 찌들어 고생하던 최태민은 대통령 영애 근혜 양을 업고 구국선교단, 구국여성봉사단을 운영하면서 돈을 물 쓰듯 했다. 최 씨의 아들이 인천에 살고 있었는데 그에게 집도 사주고 돈도 풍족하게 줬다. 가끔 손주들을 보면 과자값이라고 주는 돈이 100만 원짜리 수표일 때가 있어 이를 지켜본 사람들이 혀를 내두를 정도였다고 한다. 그 당시 100만 원은 10년이 지난 지금으로 친다면 1000만 원도 족히 넘으리라."[26]

특히 최태민이 박근혜와 손잡고 구국선교단과 구국봉사단 활동을 벌이기 전에는 매우 곤궁했다는 사실이 알려지면서 치부설은 상당히 설득력을 얻게 됐다. 즉, 최태민 일가는 구국선교단 활동을 시작할 무렵 '생활 자체가 어려울 정도'로 곤궁한 처지였다. 조순제의 증언이다.

"아주 어려웠지요. … 아주 생활이 어려웠죠. 어려웠다는 것은 극한적으로 표현해 생활 자체가 어려워진다고. (먹고살기가?) 그럼. (재산이라는 것은 뭐가 있었습니까, 그 당시에?) 재산도 없죠. 무슨 재산이 있어요. (1975년도 전에?) 재산도 없고, 생활이, 무슨 잡지에 나왔던데 비난하고 뭐 어쩌고 그거 사실이에요."[27]

박근혜의 여동생 박근령도 "확실한 것은 언니를 만나기 직전 최태민 씨는 불광동 월셋집에 살았다"며 단기간에 최태민 일가가 부를 형성했다고 지적했다.[28]

박정희의 지시로 최태민의 재산 관계를 조사했던 선우련(1929~

1997) 전 청와대 공보비서관도 비슷한 증언을 했다.

"박근혜를 처음 만났던 시기에 최태민은 (서울 은평구) 불광동의 쓰러져 가는 단칸방에 전화기도 없이 살았던 것으로 조사됐다. 그랬던 최태민 씨가 그 후 전두환 대통령 시절 재산을 환수당할 때에는 엄청난 거액이었다. 이 사실은 무엇을 말하는 것이냐."[29]

영애, 새마음운동의 선두에 서다

레오니트 브레즈네프(1906~1982) 소련공산당 서기장은 1977년 6월 16일 소련 최고회의 의장으로도 선임됐다. 이미 1964년부터 권력을 장악했던 그가 당은 물론 정부도 장악한 것이다. 7월 22일 중국에서는 덩샤오핑이 당 부주석으로 세 번째 복권됐다.

박근혜는 1977년 1월 3일 MBC 신년특집프로 〈대통령 영애 박근혜양과 함께〉에 출연해 60분간 새마음갖기 및 자연보호 운동을 제창하고 새해 설계 등을 이야기했다. 박근혜는 이날 분홍색 치마저고리를 차려입고 나와 '새해를 맞이해 소망이 있으면 말해달라'고 하자 최태민의 무료의료사업이 잘되는 것을 첫 소망으로 꼽았다. 아울러 새마음갖기운동도 강조했다.

"새해 소망은 무엇보다도 영세민 무료진료사업이 되겠어요. 무료진료소가 마련돼 아파도 약 한 봉지 쓸 수 없는 불우한 이웃이 없었으면 좋겠어요. 또 한 가지 소망은 불우한 청소년을 위해 직업훈련소라든지 기술학교가 더 많이 세워졌으면 좋겠어요. 또 우리가 지난 몇 년간 새마을운동으로 농촌이 크게 부흥됐고 우리의 정신을 일께워주었는데 새해에는 도시 농촌 할 것 없이 우리 정신을 순화시키는 운동이 범국민적으로 일어났으면 좋겠어요. 오늘날과 같은 급변하는 사회에서 물질주의 사고방식으로 인해 무너진 우리의 아름다운 전통을 되찾고 튼튼한 복지국가의 기반을 마련하자는 새마음갖기운동이 범국민적으로 이루어지기를 바래요."[30]

박근혜는 이날 아버지 박정희가 의료에 관심을 갖고 있다며 최태민이 운영하는 무료의료원을 방문한 사례를 거론했다. 아마 박근혜가 박정희에게 최태민의 무료의료원 이야기를 꺼내 박정희가 현장을 둘러봤던 것으로 추정된다.[31]

박근혜는 2월 11일 청와대에서 아시아 중동 지역 공관장 내외를 접견하고 2월 22일 존 콜라네 레소토 국회의장 부인을 접견하는 등 많은 외교 활동을 했다. 박근혜는 그러면서 신년회견에서 밝힌 것처럼 최태민의 구국여성봉사단과 손잡고 새마음갖기운동을 대대적으로 벌이기 시작한다.

먼저 박근혜와 최태민은 1월 19일 서울에서 새마음갖기운동본부를 발족시켰다. 본부장은 최태민이었다. 새마음갖기운동본부는 1977년 전국 각지에서 발족식을 가진 뒤 이듬해 점점 영역을 넓혀갔다. 새마음갖기운동본부는 대한구국봉사단과 구국여성봉사단, 서울시의사회 등이 주관하고 서울시한의사회, 한국예술문화단체총연합회 등의 사회단체가 협찬하는 방식으로 꾸려졌다.[32]

새마음갖기운동이란 무엇일까. 박근혜는 충효사상을 바탕으로 물질문명에 가려진 정신을 다시 일깨우는 정신혁명운동이라고 설명했다. 그는 5월 29일 주한미군방송인 AFKN TV의 〈목사와의 대화〉 시간에 출연해 "충효사상에 그 기초를 두고 있다"며 물질문명의 발전과 함께 정신 개발을 병행하려는 '정신혁명운동'이라고 말했다.[33]

새마음갖기운동본부는 박근혜가 관여하면서 창립 당시부터 큰 관심을 받았다. 2월 15일 서울 도심과 여의도 아파트 주변 일대에서 대대적으로 '새마음갖기' 리본 달아주기 가두 캠페인이 열렸다. 이날 오후 2시부터 4시간 동안 벌인 가두 캠페인에는 인기 연예인들이 참가해 서울 광화문과 명동, 서울역 주변 등 10개 지역에서 시민들에게 리본을 달아주고 계몽전단을 돌렸다. 한국예총과 걸스카우트연맹, 대한노인회 등 사회단체들도 참여했다.[34]

새마음갖기운동본부 지역별·직능별 발족식에도 사람들이 몰려왔다. 3월 16일 서울 중구 태평로 시민회관별관에서 열린 새마음갖기 범국민궐기대회에는 김치열 내무부 장관 등 각계 인사와 대한구국봉사단, 대한노인회, 서울시의사회 등 10개 민간단체와 2000여 명이 참석했다. 박근혜는 이날 격려사에서 "충효를 기본이념으로 하는 새마음갖기운동이 어느 단체나 지방에 국한되지 않고 국민 전체의 국민철학으로 심어져 나갈 때 이 땅은 이상적인 복지국가가 될 것"이라고 말했다.[35]

새마음갖기운동본부에서 추진하는 '경로병원' 사업이나 '시범 경로마을' 사업도 순풍에 돛을 단 듯 순조롭게 진행됐다. 대한구국봉사단은 3월 16일 서울 동대문구 용두동에 불우 노인을 위한 경로병원을 개원했다. 박근혜는 이날 최태민, 구자춘 서울시장 등과 함께 참석했고 개원식 테이프를 끊었다. 30개 병상을 갖춘 경로병원은 65세 이상 무의탁 불우 노인을 무료로 진료해주며 입원시키는 곳으로 알려졌다. 박근혜는 격려사에서 "경로병원의 개원으로 불우한 노인들을 친부모처럼 돌보아줄 수 있게 됐다"고 말했다.[36]

박근혜는 3월 25일 인천시 선인체육관에서 열린 새마음갖기 인천시민궐기대회에도 참석했다. 손재식 경기지사를 비롯해 무려 2만여 명이 운집한 가운데 박근혜는 격려사를 했다. 박근혜는 이어 4월 20일 대전시 궐기대회 및 구국여성봉사단 충남시군 결단대회, 4월

28일 전주 새마음갖기 시민궐기대회, 5월 11일 새마음갖기 경북 및 대구 시민궐기대회, 10월 18일 새마음갖기 궐기대회 및 구국여성봉사단 강원도 시군 지부 결단대회 등 수많은 새마음갖기대회 및 구국여성봉사단 결성대회에 참석해 격려했다. 박근혜는 7월 6일에는 새마음갖기운동본부 캠페인을 벌여온 홍경모 한국방송공사 사장과 김덕보 동양방송 사장을 청와대로 불러 감사장을 주며 치하했다.[37] 박근혜는 11월 26일에는 구국여성봉사단 주최로 서울 문화회관 별관에서 열린 '대통령영애컵쟁탈 새마음갖기 전국남녀학생웅변대회' 시상식에 참석, 입상자들에게 상장을 주고 격려했다.[38]

끊이지 않는 최태민 의혹

박근혜와 최태민이 주도하는 구국선교단과 구국봉사단이 활발하게 움직이자 최태민 일가 사람들이 계속 몰려왔다. 최태민의 4녀 최순득은 1977년 구국봉사단에서 운영하던 경로병원에서 경리과장으로 일했고, 최태민의 6녀 최순천의 남편 장석칠도 1977년 구국봉사단에 근무한 것으로 알려졌다.[39]

　　박근혜가 선두에서 새마음갖기운동을 펼치자 기업이나 종교단체 등도 새마음갖기운동을 펼치기 시작했다. 이들은 자연스럽게 박근혜나 최태민과 연결을 시도했다. 선우련 전 청와대 비서관의 기억이다.

　　"전주에서 새마음대회가 한 번 있었습니다. 거기에도 최태민이 나타났더군요. 한 재벌 총수가 제게 오더니 '우리 회사에서 내주에 새마음행사를 개최하니 참석해달라'는 말을 건네요. 당연히 큰 영애인 줄 알고 '직접 권해보시죠' 했더니 뭐라 한 줄 아십니까? '아, 최태민 씨 얘기입니다.' 나는 그가 밖에서 굉장히 힘을 과시하고 있구나 하는 생각이 절로 들었지요. 최태민은 자기 PR이 능숙한 사람이거든요. 그래서 애로사항이 있는 사람들 중에 최태민을 찾아간 분들이 적잖았을 것입니다. 최태민 씨는 보통 사람과 다른 독특한 개성으로 사람들을 끌어들이는 비법을 가진 사람입니다."[40]

최태민은 새마음갖기운동에 열심인 박근혜를 앞세워 기업들로부터 지속적으로 돈을 모았던 것으로 보인다. 선우련의 계속된 증언이다.

"대기업 회장들을 만나 '내가 큰 영애 모시는 아무개요'라고 소개하는 겁니다. 청와대 내왕 사실을 들먹이고 구국봉사단 얘기를 꺼내 기업가들 스스로가 알아서 기부하도록 묘하게 유도를 하는 거지요. 그렇게 하면 웬만한 기업인들은 다 돈을 내게 되는 겁니다. 그래서 기부를 받게 되면 큰 영애한테 보고하지 않고 혼자서 써버립니다. 재벌치고 당하지 않은 곳이 드물다고 봐야지요."[41]

최태민이 새마음갖기운동에 열심인 박근혜를 앞세워 기업들로부터 막대한 돈을 모으고 있었는데, 박근혜는 이 과정에서 어떤 역할을 했을까. 박근혜는 최태민이 기업으로부터 자금을 수금하면 그 대가로 기부금을 낸 기업의 민원을 해결해줬다는 증언이 나오기도 한다. 당시 대통령 비서실장으로 일했던 김정렴에 따르면 박근혜가 어느 날 자신을 찾아와 건설업체와 방직업체 세 곳의 이름이 적힌 메모지를 건넸다. 김정렴이 "이것이 무엇입니까?"라고 묻자, 박근혜는 "구국선교단에서 기부금을 낸 기업체 명단"이라며 "이 업체들의 민원을 해결해주라"고 지시했다고 한다.[42] 김정렴은 1997년 발간된 『아, 박정희』에도 이러한 사실을 기록했다. 즉, 박근혜가 자신을 찾아와 구국선교단에 기부금을 낸 기업체 명단을 건네며 이 기업들의 민원을 해결해주라는 지시를 내렸다는 것이다. 김정렴의 기록이다.

"육(영수) 여사 서거 후 큰따님 근혜 씨가 ~~충효사상 서양운동~~을 시작했는데 이때 최 모(최태민)라는 목사가 구국선교단을 조직해서 가세했다. 하루는 큰따님으로부터 구국선교단을 지원하고 있는 어느 건설회사와 섬유공업회사의 현안 문제를 해결해줬으면 한다는 이야기를 전해 들었다. 나는 아버지 박정희 대통령을 돕겠다고 순수하게 충효 선양운동을 시작한 큰따님이 구국선교단에 이용될 위험성이 크다고 생각돼 즉각 박정희 대통령에게 보고했다. 만약 대통령이 보기에도 큰따님에게 자금이 꼭 필요하다고 판단된다면 비서실장이 자금을 추가로 마련해드릴 터이니 대통령이 큰따님에게 직접 지원하되 그 대신 큰따님에겐 금전 문제에 개입되는 일이 없도록 원천봉쇄하는 것이 좋겠다고 건의했다. 박정희 대통령은 나의 건의에 전적으로 찬성했다. 나는 박정희 대통령의 양해를 얻어 모든 수석비서관들에게 구국선교단에 이용당하지 말도록 당부했다."[43]

청와대에서도 최태민을 둘러싼 여러 의혹이 제기되기 시작했다. 1977년 봄 박승규 청와대 민정수석이 사정기관을 동원해 정리한 최태민 보고서가 김정렴 대통령 비서실장을 거쳐 박정희 대통령에게 올라가기도 했다.[44]

중앙정보부에도 최태민 관련 비리 의혹이 포착됐다. 즉, 최태민이 "구국 선교를 빙자, 매사 박근혜 명의를 매명해 이권 개입 및 불투명한 거액 금품 징수 등 이권단체화로 치부하는 한편 복잡한 여자관계와 반대파에 대한 무자비한 보복 등으로 원성이 고조"됐다는 제보와 민원이 쏟아졌다. 실제 중앙정보부가 1979년 10월 작성한 「최태민 관련 자료」[45]를 보면 최태민은 새마음갖기운동이 한창이던 1977

년 2월 21일 김 모 씨에게 경기도로부터 안양종축장을 구국봉사단 명의로 수의계약해 매수해준다는 대가로 토지 7000여 평과 지상건물 36동을 받기로 약속했다. 그는 3월 14일 장녀 최순영에게 개인 아파트 분양자금조로 구국선교단의 공금 200만 원을 지출했고, 3월 17일부터 6월 7일까지 3회에 걸쳐 국민은행 관악지점에 6000만 원을 아내 임선이 명의로 3구좌의 정기예금에 은닉했던 것으로 알려졌다. 최태민은 구국봉사단 장부상 3000만 원이 경로병원 장부에 전액 입금된 것처럼 허위로 기장한 후 4월 27일부터 8월 27일까지 경로병원 경리과장인 딸 최순득과 공모해 4회에 걸쳐 병원 자금 424만 원을 인출했다. 5월에는 처 임선이 명의로 브리샤 승용차 1대를 구입한 대금 300만 원을 지출했고, 서울 동대문시장 상인 8명에게 박근혜가 대구새마음갖기운동본부 발대식에 참석할 때 비행기에 동승시켜준다며 전세비 부담 명목으로 100만 원을 수수한 것으로 전해졌다. 또한 최태민이 6월 14일부터 8월 29일까지 구국봉사단 공금에서 자녀 등록금으로 총 238만 원을 지출한 것으로 기록됐다.

청와대는 박근혜와 최태민을 둘러싼 비리 보고가 끊임없이 올라오자 수석비서관회의에서 최태민 문제를 논의하기도 했다. 하지만 대통령의 영애 박근혜가 최태민과 함께 새마음갖기운동을 펼치고 있어 뾰족한 대책도 없었다. 도리어 새마을 담당 장관이던 김치열 장관은 박근혜 때문에 최태민을 지원하지 않을 수 없었다고 했다.[46]

결국 박정희 스스로 최태민과 손잡고 각종 사업을 펼치는 박근혜를 엄격하게 관리하지 못한 것이 결정적이었다는 분석이다. 최태민과 관련한 구두 보고를 이미 몇 차례 받았던 박정희는 박승규 민정수석에게서 최태민의 비리 의혹이 조목조목 나열된 서면 보고를 받고는 얼굴이 상기됐다. 박정희는 박근혜에게 곧바로 이 문제늘 시석하지 않고 고민하다가 박승규 수석에게 보고서를 돌려줬다. 그러면서 박정희는 "자네가 직접 근혜한테 이야기 좀 해봐. 나한테 보고 안한 걸로 하고"라고 지시했다. 박승규는 이에 박근혜를 직접 만나 최태민 의혹을 이야기했고 이후로 박근혜와 서먹서먹한 사이가 됐다고 한다.[47]

박정희가 박승규 민정수석의 최태민 보고를 적절하게 처리하지 않자 이번에는 김재규 중앙정보부장이 나서게 된다. 그는 구국여성봉사단을 실질적으로 움직이는 최태민의 비행을 검사 출신인 백광현 수사국장에게 조사해보게 했다. 중앙정보부 조사 결과, 최태민이 대기업 총수들로부터 받은 수십억 원의 자금을 변칙적으로 관리한 사실과 여성 스캔들이 드러났다.[48]

9월 12일 박정희의 친국

왕조시대 임금이 중죄인을 친히 국문鞫問한다는 '친국親鞫'이 1977년 가을 청와대 한복판에서 재연됐다. 9월 12일 서울 청와대 집무실, 김재규 중앙정보부장과 백광현 중앙정보부 7국장은 오전 10시 20분부터 11시 25분까지 박정희 대통령을 만났다. 박근혜도 이때 함께 불려 들어갔다. 한쪽에는 김재규와 백광현이 앉고, 반대쪽에 박근혜가 앉았다. 사실상 박근혜와 최태민에 대한 친국이 열린 셈이다. 중앙정보부에서 조사를 받았던 채병률 새마음갖기운동 조직국장 겸 최태민 구국봉사단 총재 특별보좌관도 불려 왔다.

선우련과 채병률 등에 따르면 김재규와 백광현은 먼저 최태민이 박근혜와 새마음갖기운동을 하면서 횡령한 의혹이 있다고 보고했다.

박정희는 중앙정보부 보고를 듣고 옆에 있던 박근혜에게 물었다.

"최태민 목사가 (7억여 원을) 먹었어?"

"그 돈은 제 통장에 있습니다."

박근혜는 이렇게 대답하고는 상업은행 효자동지점에 개설된 본인 명의 통장에 해당 금액이 예금돼 있는 것을 박정희에게 보여줬다. 당시 중앙정보부의 수사가 미흡했던 것이다. 최태민은 당시에는 새마음갖기운동 관련 자금을 건드리지 않았다고 한다. 박정희는 김재규와 백광현을 향해 버럭 소리를 질렀다.

"이 개××들 말이야, 니들이 도적질 다 해먹으니까 다른 사람도 다 도둑놈으로 보이냐? 나가!"

박정희는 그러면서 채병률에게 "야, 11일 동안 (중앙정보부에서) 조사받으면서 (박근혜의) 통장에 돈이 그대로 있다는 걸 왜 말 안 했어?"라고 나무랐다. 채병률은 "묻지 않으니 말하지 않았다"고 답했다. 김재규는 오전 11시 25분부터 10분간 따로 박정희에게 보고했다. 박정희 면담록을 살펴봐도 1977년 청와대에서 벌어진 이 친국은 사실인 것으로 보인다고 조갑제는 분석했다.[49]

박정희는 이때 최태민도 청와대로 불러 직접 조사했던 것으로 분석된다. 즉, 박정희가 김재규와 백광현, 박근혜를 배석시킨 가운데 최태민에게 직접 질문을 했다고 선우련 등은 증언한다.[50] 최태민도 1991년 ≪인사이드더월드≫(4월호)와의 인터뷰에서 청와대에서 박정희에게 직접 조사받은 사실은 인정하면서 "자신의 결백함이 규명된 것으로 안다"고 해명했다. 다만 박정희가 최태민을 불러 무엇을 묻고 조사했는지, 이후 어떤 조치를 취했는지는 알려지지 않는다.[51]

박정희는 친국 일주일쯤 뒤인 9월 20일 선우련 청와대 공보비서관을 불러 "최태민을 거세하고 향후 박근혜와 청와대 주변에 얼씬두

못 하게 하라. 구국봉사단 관련 단체는 모두 해체하고"라는 세 가지 지시를 내렸다. 선우련[52] 등에 따르면 선우련이 곧바로 박근혜에게 박정희의 지시 사항을 전달하자 박근혜는 얼굴이 하얘지더니 나감힌 표성으로 눈물을 글썽였다. 선우련은 눈물짓는 박근혜에게 "박정희 대통령에게 다시 보고할 테니 기다려보라"고 말하고 며칠 뒤 박정희 대통령에게 다시 여쭈었다.

"각하, 큰 영애가 영부인이 돌아가신 뒤 퍼스트레이디 역할을 대리하고 있는데, 하고 있던 단체를 모두 해체하면 영애의 체면이 깎입니다. 구국여성봉사단만은 계속할 수 있도록 허락해주십시오."

박정희는 이에 한참 생각에 잠겨 침묵을 지키다가 입을 열고 구국여성봉사단만은 허락했다고 한다.

"자네, 최태민을 가까이 안 하게 할 수 있나? 최태민과 박근혜를 접근시키지 않는다는 조건을 붙여서 자네에게 허락할 테니, 그건 따로 의논해 계속 일하도록 하게. 사실 지난번에 내가 특명을 내리고 나서도 근혜가 엄마도 없는데 일까지 중단시켜서 가엾기도 하고, 나도 마음이 아팠어. 자네가 구국여성봉사단만은 허락해달라고 하니 나로서도 괴롭지만, 어떤 의미로는 내 마음이 편안해지네. 내 뜻을 알아서 정말 잘해주기 바라네. 이제는 절대 잡음이 나지 않겠지. 내가 그간 새마음봉사단에 관해 최태민과 관련한 보고가 올라올 때마다 가슴이 찢어지듯 아팠네. 늘그막에 애들이라도 잘돼야 내가 마음이라도 편안하지 않겠는가. 나를 좀 도와주게."

결국 박정희는 청와대에서 친국까지 벌였지만 박근혜로부터 최태민을 떼어내지 못했다. 박정희가 이때 박근혜와 최태민의 관계를 단절시키지 못한 것은 중요한 패착이었다. 왜냐하면 비선 실세의 문제는 1979년 박정희 피격의 한 원인이 됐을 뿐만 아니라 박근혜와 최순실로 이어져 2017년 딸 박근혜의 탄핵으로까지 이어지기 때문이다. 김재규 중앙정보부장을 변호한 변호사 안동일의 지적이다.

"영부인 노릇을 하던 이가 사이비 종교에 빠져 헤어나지 못하고, 최태민 비리가 중앙정보부 보고서에 다 나오는데도 박정희 대통령은 외면했습니다. 어머니를 잃은 20대 여성이 사이비 종교에 빠질 수는 있어요. 하지만 대통령이, 아버지가 그런 딸을 그대로 둔 건 안타까운 일입니다. 그때 끊었어야 했어요. 그러질 못해 40년 인연이 지금껏 이어진 것이죠. 지금 생각해보면 크나큰 과오였습니다."[53]

박정희가 박근혜와 최태민을 둘러싼 중앙정보부의 수사 내용을 믿지 못하고 친국을 한 것 자체가 잘못이고 김재규를 모욕한 것이라는 분석도 있다. 즉, 김재규는 중앙정보부장으로서 최태민의 비리 의혹을 보고했지만, 박정희가 믿지 못하고 박근혜와 대질한 것 자체가 김재규에게는 굴욕이었다는 것이다.[54] 이영도 전 박정희대통령육영수여사숭모회장은 "김재규가 바보가 아니기 때문에 영애(박근혜)가 엮인 문제를 아버지(박정희) 앞에 사실대로 다 말할 수 없었을 것"이라고 설명했다.

최태민은 친국이 있은 뒤인 10월 5일 대한구국봉사단의 총재직을 사퇴했다. 박근혜가 대신 12월 8일 구국여성봉사단 총재에 취임했다. 임의단체이던 구국여성봉사단과 구국봉사단 가운데 구국봉사단을 해체하고 구국여성봉사단으로 통합해 사단법인으로 재출범시키면서 박근혜가 총재로 취임한 것이다.[55]

비록 박근혜가 구국여성봉사단의 총재로 취임했지만 최태민이 명예총재를 맡아 막후에서 지속적으로 영향을 미쳤던 것으로 보인다. 중앙정보부도 "최태민이 잠시 근신을 하는 듯하면서 박근혜의 동정을 관망, 심복들로 하여금 자신이 아니면 봉사단 운영을 할 수 없는 양 박

근혜를 현혹케 해 막후에서 봉사단을 관장해"왔다고 분석했다.[56]

하지만 박근혜는 2007년 한나라당 대선 후보 검증 청문회에서 선우련 전 청와대 비서관이 공개한 박정희의 최태민 거세 및 구국봉사단 해체 지시 등은 사실이 아니라고 부인했다. 박근혜의 해명이다.

"우선 거세를 하라는 표현을 썼는데, 그것을 대검·중정뿐만 아니라 다른 기관도 있는데, 왜 한 비서관한테 그런 지시를 했는가 이해가 안 된다. 구국봉사단을 해체하라 지시한 것도 비서관이 할 입장이 아닌데, 왜 그에게 지시를 했는지."[57]

새마음운동에 전력 기울이는 박근혜

1978년 달러화 가치가 폭락했다. 3월 1일 서독의 외환시장에서 1달러당 2마르크 선이 무너졌고 7월 4일 일본 도쿄의 외환시장에서도 1달러당 200엔이 무너졌다. 일본에서는 11월 27일 오히라 마사요시가 자민당 총재 후보 선거에서 현직 총리인 후쿠다 다케오를 꺾고 정권을 차지했다. 중국에서는 덩샤오핑이 서방과의 교류협력 및 개혁개방으로 중국 현대화에 본격 착수했다. 미국과 중국은 12월 16일 이듬해인 1979년 1월 1일 정식 외교관계를 수립하기로 발표했다. 국내에서는 5월 18일 유신헌법에 따라 통일주체국민회의 대의원 선거에 이어 7월 6일 박정희가 이른바 '체육관 선거'로 제9대 대통령으로 선출됐다.

박근혜는 1978년에도 새마음갖기운동에 정력적으로 참여했다. 그는 새마음운동을 각 계층, 종교, 해외, 학생 조직으로 확산하는 데 앞장선다. 박근혜는 2월 22일 오후 2시 30분 서울 문화회관 별관에

서 대한노인회와 한국예총, 구국여성봉사단 임원과 간부 등 약 2000
여 명이 참석한 가운데 열린 새마음갖기 결의실천 전국대회에 참석
해 구국여성봉사단 총재에 정식 취임했다. 박근혜는 총재 취임사에
서 "올해를 '새마음갖기 결의실천의 해'로 정하고 우리 일상생활 구석
구석에 이 씨앗이 뿌리를 내도록 열심히 가꾸어나가자"고 강조했다.
그는 행사 이후 청와대에서 표창 수상자 및 구국여성봉사단 간부들
과 다과를 나눴다.[58]

박근혜는 구국여성봉사단과 부설 경로병원에 각별한 애정을 표
시하고 관련 행사에 적극 참여했다. 박근혜는 3월 16일 오후 2시 서
울 동대문구 용두동에 있는 경로병원의 개원 1주년 기념식에 격려사
를 보냈다. 박근혜의 적극적인 참여에 기부도 이어졌다. 박근혜는 6
월 9일 오후 청와대에서 일본 오사카 제일병원장의 예방을 받고 경
로병원을 위한 현금 5000만 원과 5000만 원 상당의 의료기구를 기탁
받아 경로병원에 전달했다.[59]

박근혜는 학생 조직화에도 속도를 냈다. 박근혜는 3월 28일 박
찬현 문교부 장관에게 구국여성봉사단에서 간행한 책자 「충효례」
16만 부를, 8월 23일 구국여성봉사단에서 발행한 책자 「새마음의 결
의실천」 19만 6300부를 잇따라 전달했다. 문교부를 통해 울릉도 어
린이들에게 보내는 등 전국 학교와 각지에 책자를 배포했다. 이와 함
께 박근혜는 4월 21일 오후 경기여고에서 열린 새마음갖기 결의실천
대회 및 새마음학생회 발단식에 참석해 학생과 교직원을 격려했다.
박근혜는 "충·효·예를 익혀 학생 여러분 모두가 더욱더 훌륭하고 아
름답게 성숙해 우리사회, 우리나라를 빛낼 것을 온 마음으로 기대한
다"고 말했다.[60] 이어 부산, 서울, 경기, 강원, 경북, 충북, 전남, 충남,
경남, 전북 등 순으로 학생 조직이 차례차례 만들어졌다.[61]

불교계로의 확산도 시도했다. 박근혜는 4월 27일 오후 청와대에서 불교계 각 종단 대표 13명을 접견했다. 하루 전인 4월 26일 서울 류관순기념관에서 새마음연합대법회를 연 뒤였다. 박근혜는 "각 종단이 한마음으로 모여 새마음갖기대법회를 가진 것은 큰 의의가 있다"고 격려했다. 박근혜는 9월 6일 오후 2시 30분 부산 구덕실내체육관에서 주최한 새마음갖기운동 부산·경남 지부 결성대법회에 참석, 각 종단 대표들과 신도들을 격려했다. 여기에는 최석원 부산시장과 조병규 경남지사, 이서옹 본부장 및 16개 불교 종단 대표를 비롯해 6000여 명이 참석했다.[62]

각 공단이나 직장 봉사대도 속속 결성됐다. 박근혜는 6월 1일 오후 서울 구로동의 한국수출산업공단 공설운동장에서 거행된 공단 새마음갖기 결의실천대회 및 새마음 직장봉사대 결단대회에 참석, 여성 노동자들과 업계 대표를 격려했다. 공단 및 직장봉사대가 전국에서 처음으로 결성된 행사였다. 최각규 상공부 장관과 구자춘 서울시장 및 공단 내 362개 업체 대표와 1만여 여성 노동자가 참석했다.[63]

노인 계층으로도 운동이 확산된다. 대한노인회 서울 관악구 지부는 2월 17일 서울 관악구 봉천극장에서 관악구 관내 노인 회원 1700여 명이 참석한 가운데 새마음갖기 결의실천대회를 가졌다. 6월 14일 오후 서울 세종문화회관 별관에서 대한노인회가 주최한 전국노인지도자 새마음갖기실천 결의대회가 열렸고, 박근혜는 행사에 참여해 격려했다.[64]

새마음갖기운동본부는 지역별로도 속속 결성됐다. 박근혜는 각종 도민궐기대회에 참석해 격려했다. 심지어 해외까지 운동본부가 결성되며 파죽지세로 확산했다. 7월 4일 중동 지방의 건설 및 항만 하역 분야에 많은 인력을 투입하고 있던 동아건설과 대한통운이 해외 현지에서 최초로 새마음갖기 전진대회를 열었다. 동아그룹의 최원석 회장이 직접 현지에 나가 개최한 이 새마음갖기 전진대회는 사우디아라비아의 동아건설 제다지점에서 500여 명의 현지 직원이 참여한 가운데 열렸다. 사우디아라비아의 리야드와 담맘, 아랍에미리트의 아부다비, 쿠웨이트의 각 건설 현장에서도 대회가 열렸다.[65]

새마음갖기운동본부의 월간지 ≪새마음≫도 창간됐다. 7월 31일 발간된 ≪새마음≫ 창간호는 12쪽의 화보를 포함해 모두 136쪽으로 구성됐다.[66] 박근혜는 ≪새마음≫ 창간호에 창간사 "슬기로운 민족문화의 기반"을 기고하며 격려했다.

"새마음갖기운동의 불꽃이 우리나라 전국 곳곳에서 범국민적인 정신 운동으로 활발히 피어오르면서 우리 마음 안에 또한 우리 사회 안에 정착돼가고 있는 이때, 출판되는 ≪새마음≫지는 우리 삶의 지표인 충·효·예 정신의 실천과 발달 방향을 다달이 기록하고 전달하는 매체로 구국여성봉사단원은 물론 온 국민이 함께 관심을 기울이고 애독할 수 있는 월간지가 될 것으로 생각하며 이런 의미에서 본지의 창간이 매우 뜻 깊게 느껴집니다."[67]

박근혜와 최태민의 노력으로 전국적인 학생 조직이 탄생했다. 박근혜는 11월 26일 오후 서울 세종문화회관 소강당에서 열린 전국 새마음중·고·대학생총연합회 발대식에 참석해 격려했다. 박근혜는 이날 원피스를 입고 중앙 연단 한가운데 앉아 행사를 살폈다. 박근혜는 발대식이 끝난 뒤 학생 대표들과 잠시 환담했다. 12월에는 구국여성봉사단 새마음갖기 국민운동본부 새마음교육원에서 제1기생 150여 명의 입소식도 치러졌다.[68]

한편 김기춘은 중앙정보부 수사국장이던 1978년 '1·19 조처'를 기안해 국군보안사의 민간인 사찰을 중단시켰다. 전방 사단에서 대

대장이 보안부대장과의 갈등 끝에 자진 월북한 사건을 납북된 것으로 보안사가 허위 보고한 것을 계기로 보안사의 권한을 축소한 것이었다. 김기춘은 이 일로 1980년대 들이 보인사 출신 신군부에게 견제를 당하게 된다.

최태민의 브레이크 없는 질주

친국에서 살아남은 최태민은 브레이크 없는 기관차처럼 질주했다. 1978년 7월 14일, 최태민은 구국봉사단의 운영비 조달 목적으로 10명의 기업인을 봉사단 운영위원으로 위촉했다. 1979년 10월까지 여기에 참여하는 기업인 숫자는 재벌급 인사를 포함해 60명 선에 육박한 것으로 알려졌다. 최태민은 이들로부터 1인당 입단 찬조비만 2000만~5000만 원에 매월 200만 원씩 운영자금을 조달받았다. 최태민은 이와 별도로 장학기금과 ≪새마음≫지 운영기금 및 기타 행사 지원비 등의 명목으로 수천만 원씩 개별적으로 받았다.[69]

1978년 박근혜가 구국여성봉사단 총재로서 운영위원들에게 위촉장을 주는 영상을 보면 당시 행사에 이명박 현대건설 사장과 이건희 삼성물산 부회장, 김석원 쌍용그룹 회장, 김우중 대우 사장 등 재계 주요 인사들이 참여한 것을 알 수 있다.[70]

최태민은 구국여성봉사단 운영위원회 멤버가 아닌 기업체에 대해서도 박근혜의 이름을 팔아 수천만 원씩 갹출하게 했던 것으로 알려졌다. 그는 그 밖에도 비리, 이권 개입, 융자 알선 등 각종 개인 및 권력형 범죄를 저지른 것으로 기록돼 있다. 중앙정보부가 작성한 「최태민 관련 자료」[71]를 보면 최태민은 1978년 1월 초순 부실 금융실업인 조치대상자 이수복이 경영하는 아시아중석에 은행 융자 알선 및 해외여행 제한 조치 해제 주선을 조건으로 자신의 회장직 취임을 내락했다. 그는 2월 동원탄좌개발 상무로부터 경로한방병원 운영비를 빙자해 1000만 원을, 한현석 미원 사장으로부터 임 모 씨를 통해 3000만 원을 각각 수수했다. 최태민은 3월 동산유지에 대한 은행 융자 알선 등 후원 조건으로 명예회장에 취임해 그해 10월 10억여 원의 융자를 알선하고 거액을 수수했다. 4월에는 구국여성봉사단 운영비를 빙자해 구로공단 이사장을 통해 평안섬유에서 500만 원, 협진양행에서 300만 원 등 모두 800만 원을 받았다. 최태민은 5월 6일 구국여성봉사단 운영비를 빙자해 요업개발에서 500만 원, 국제보세에서 500만 원, 대협에서 500만 원을 각각 받았다. 7월에는 최원석 대한통운 회장을 구국여성봉사단 운영위원으로 발탁하는 조건으로 금품을 수수하고 임명 후 수시로 100만 원씩 거둬들였다. 최태민은 12월 18일 박근혜 비서관을 통해 재무부 등 관계관에게 청탁해 이수복의 서독 헬텔사와의 중석가공 합작회사 설립 추진을 위한 출국을 주선했다. 12월 30일에는 부산시가 시행하는 서면지하상가 건설공사업자 선정에 개입해 박근혜의 비서관을 통해서 박근혜의 의도임을 빙자해 부산시 기획관리국 및 건설국장을 압박해 대현실업을 가입자로 선정되도록 했다고 한다.

언론에도 최태민이 관계된 비리 제보가 들어오기 시작했다. 최태민이 10여 명의 여성을 성폭행했다는 내용이었다. 당시 경향신문 편집국장을 지낸 뒤 MBC·경향신문 연수실 기획실장을 맡고 있던 김경래의 증언이다.

"구국봉사단 여성국장 김 모 씨와 송 모 전 건국대 교수가 수십 장의 문서를 들고 저를 찾아왔어요. 피해 사실을 소톡소톡 밝히는데,

김 씨는 '최태민이 (서울) 영등포 여관에서 자신을 성폭행했다'고 했습니다. 새벽 2시 도망쳤고 자신과 같은 여성이 한둘이 아니라며 10여명의 이름을 거론했어요."[72]

일각에서는 최태민과 박근혜 관계가 지속되면서 단순히 대통령의 딸과 종교지도자 사이를 넘어섰다는 분석이 나오기도 했다. 박정희 정권 당시 청와대에서 근무했던 이는 2006년 말 전여옥을 찾아와 박근혜와 최태민의 관계를 증언했다.

"(박근혜는) 최태민에게서 전화가 오면 밤 12시가 넘는 시간에도 만나러 갔습니다. 그때는 통금이 있었지요. 갑자기 밤에 영애가 움직이니까 경호실이 발칵 뒤집히는 거지요. 그런데 그런 일이 수도 없이 있었습니다. 제가 모시던 박정희 대통령께서 영애와 최태민의 관계를 매우 걱정하셨어요. 그래서 영애의 모든 전화를 도청했어요. 내용은 정말이지, 도저히 말씀드리기가…."[73]

하지만 보수 인사들은 박근혜가 최태민과 커넥션을 맺고 유지하는 것이 큰 문제가 아니라고 판단한다. 조갑제 등은 국가적인 사안이 아니라는 식으로 해석했다. 조갑제의 생각이다.

"박근혜는 최태민이 하려던 게 모두 좋은 일뿐이니 '다소 문제가 있다 하더라도 떠들 일은 아니다'라는 식으로 매우 주관적 판단을 했을지 모른다. 구국여성봉사단에 돈을 가져다주는 기업 쪽에서도 압력을 받아 마지못해 낸다고 했을 리는 없고, '제발 받아달라'는 식으로 자진 기부 방식을 취했을 것이다. 박근혜처럼 정상적인 생활인과는 다른 체험에 익숙해 바닥 민심을 잘 모르는 권력의 심장부 사람으로서는 문제의식을 느끼지 못했을 수도 있다. 권력의 한복판에 있는 사람은 의외로 그 권력이 보통 사람에게 어떤 영향을 끼치는지를 잘 모르는 경우가 많다. 자신을 위한다면서 악역을 맡겠다고 달려드는 사람을 멀리하기란 그렇게 쉽지 않다. … 최태민과 김정일(1994~2011)에 대한 박근혜 대표의 납득하기 힘든 태도는 20대 처녀의 몸으로 퍼스트레이디 역을 했던 사람의 '인간 본성과 세상 물정에 대한 순진한 오판' 때문인가? 최 씨에 대한 오판이 박정희 대통령의 운명에 다소간의 영향을 끼쳤다고 하더라도 국가적인 사안은 아니었다."[74]

조갑제를 포함한 보수 인사들의 비선 세력에 대한 이처럼 안이한 인식이야말로 2017년 박근혜를 탄핵으로 이끈 배경의 하나가 됐다는 분석이 나오는 대목이다.

'보스' 최순실과 박근혜의 만남

박근혜와 최태민이 새마음운동을 확산시키기 위해 학생들을 정력적으로 조직하던 1978년, 박근혜는 최태민의 딸 최순실을 운명적으로 만나게 된다. 최순실은 1978년 새마음전국대학생연합회 활동을 하며 박근혜를 처음 만났다고 밝혔다. 최순실의 이야기다.

"꿈 많던 대학 시절 나는 그분을 처음 뵙게 됐다. 그 당시 그분은 퍼스트레이디 역을 맡을 때였다. 그때는 그분이 구국여성봉사단의 명예총재직을 맡고 있을 때이기도 했다. … 대학 4학년 때 나는 '새마음전국대학생연합회'의 회장으로 선출됐다. 활동 영역이 넓어지자 보다 폭넓은 지원이 아쉬워졌다. 그래서 우리는 그 당시 큰 영예 박근혜 이사장을 뵙기로 했다. 그분을 만난 자리에서 우리 대표들은 열심히 설명을 했다. 그분의 승낙과 지원을 받아 우선 여자 아이들에게 타자를, 남자 아이들한테는 상업부기를 가르치기로 했다."[75]

최순실의 이야기를 요약하면 그는 대학 4학년이던 1978년 새마음대학생연합회 회장으로 선출됐고 폭넓은 지원을 받기 위해 박근혜를 만났다. 면담 이후 박근혜의 지원을 받아 여성에게 타자를, 남성에게는 상업부기를 가르치게 됐다는 것이다. 다만 시기와 장소 등이 특정되지 않아 언제 어디에서 만났는지 등은 확정할 수 없다.

최순실은 새마음전국대학생연합회 회장으로서 박근혜를 만난 이후 인연을 이어갔다. 최순실은 연합회 회장으로서 박근혜와 최태민이 전개하는 새마음운동을 적극 지지했던 것이다. 그는 "대학원 시절 2년 동안에도 그분이 주도하는 대학생 활동의 후원자 역할을 나도 계속하면서 관계가 지속됐"다고 밝혔다.[76]

그렇다면 최순실은 언제부터 새마음전국대학생연합회 활동을 했을까. 인터뷰나 기고 등을 분석하면 최순실은 1977년부터 새마음전국대학생연합회에 참여했던 것으로 보인다. 즉, 최순실은 1978년 11월 KBS 인터뷰에서 "작년(1977년)에 (경기도) 남이섬에서 대학생들이 모여서 창립총회를 하게 된 것이 저희 대학생연합회가 발족하게 된 동기"라고 말했다. ≪새마음≫ 1979년 1월호에 실린 글 "우리 함께 뭉치자 일하자 믿자"에서도 "두 해 동안 새마음의 생활화를 위해 뛰어다닌 나날"이라고 밝혀 1977년부터 참여했음을 분명히 했다.[77] 나중에 최순실은 새마음대학생연합회의 한 간부가 자신에게 활동 참여를 권유해 참여하게 됐다고 밝혔다.

"당시 주로 여성봉사단 자녀들과 뜻있는 대학생들의 봉사단체인 '새마음전국대학생연합회' 간부가 그 모임에 참여하라고 내게 권했다. 아버님(최태민)이 관여하시는 여성봉사단 단원의 다른 자녀들이 거의 모두 참여하는 모임에 나만 빠진 것 같아 나도 참여하기로 결정했다."[78]

다만 최순실은 처음부터 새마음전국대학생연합회 회장을 맡은 건 아니었던 것으로 분석된다. 최순실은 ≪새마음≫ 1978년 8월호의 새마음대학생연합회의 하계봉사를 소개하는 기사에서 모임 회장이 아닌 '회장 직무대리'로 표기돼 있다. 이와 관련해 채병률 전 최태민 구국봉사단 총재 특별보좌관은 인터뷰에서 새마음전국대학생연합회를 설립할 당시 회장을 하겠다는 학생이 없어 최순실에게 "네가 해라"고 말했고 그래서 최순실이 회장을 맡게 됐다고 전했다.[79]

1978년 전국 대학에서 '새마음회'가 조직됐다. 이들 새마음전국대학생연합회 소속 대학생 200여 명은 7월 17일부터 22일까지 충북 단양에서 도로 보수, 퇴비 증산, 풀베기 등 봉사활동을 벌였다.[80] 9월에는 전국 11개 시도에 거주하는 중·고·대학생들이 모여 '새마음전국학생연합회'를 조직했고 11월에는 전국 중·고·대학생이 참여하는 대규모 발대식이 열렸다.

11월 26일 서울 세종문화회관에서는 각급 학교에서 결성된 새마음학생회의 전국조직인 '새마음중·고·대학생총연합회' 발대식이 열렸다. 박근혜는 이날 연합회 발대식에 구국여성봉사단 총재로 참석해 격려사를 했다. 최순실은 이때 새마음전국대학생연합회 회장으로서 KBS와 인터뷰했다. 송영석[81]에 따르면 최순실은 인터뷰에서 설립 목적과 관련해 "멀어져 가고 있는 사제지간에 대화를 통해 따뜻한 분위기를 조성하고 교내 정화를 통한 면학 분위기 조성"이라고 설명했다. 최순실은 그러면서 "발대식에 참석한 박근혜 총재는 각급 대표들과 새마음갖기 실천 방안 등을 논의하기도 했다"고 전했다. 최순실의 말투는 주어와 동사가 일치하지 않은 가운데 말이 길게 늘어지는 특징이 도드라졌다. 최순실은 발대식이 끝나고 난 뒤 열린 다과회에서 학생 대표로 박근혜와 만나 환담했던 것으로 보인다. ≪새마음≫ 1978년 12월호에는 새마음중·고·대학생연합회 임원진들과 김께 포즈를 취한 최순실의 모습이 담겨 있다.

각급 연합회 임원들은 학생 조직 연합회의 발대식 하루 전인 11월 25일 서울 영동의 반도유스호스텔 합숙소에 모였다. 최순실은 이자리에서 "마땅히 해야 할 일을 했다. 보람을 느낀다. 전국의 학생 조직과 총화로써 이룩되는 계기가 됐다. 학원의 면학 분위기를 조성하여 학생 본분을 찾아 타의 모범이 되겠다. 앞으로 지방 조직 육성을 더욱 강화하겠다. 우리의 목적 사업과 특히 새마음학교에 정열을 바치겠다"고 소신을 밝힌 것으로 기록돼 있다.[82]

최순실은 다른 인터뷰에선 1978년이 아닌 1976년 홍사단의 한 행사에서 박근혜를 처음 만났다고 밝혀 혼란스럽게 한다. 최순실의 1994년 인터뷰 내용이다.

"대학 1학년 때인 1976년에 (박근혜를) 처음 봤어요. 그때 홍사단에서 행사가 있었는데, 거기 참가한 적이 있죠. 직접 만나본 것은 얼마 안 돼요. 계속해 지켜보았는데 참 깨끗한 여자라는 느낌이 들었습니다. 흐트러짐이 없고, 욕심도 없어요. 게다가 물러설 줄도 아는 분입니다. 아버님(최태민)도 같은 생각이셨던 것 같아요."[83]

1976년의 국내 일간지를 찾아본 결과, 매주 금요일에 열린 금요 강연을 비롯해 홍사단과 관련한 행사에 박근혜가 등장한 기사는 볼 수 없었다. 신문 기사로는 1976년 박근혜와 최순실의 첫 만남이 확인되지 않는 셈이다. 박근혜가 홍사단의 행사에 나왔고 최순실은 멀찌감치 바라봤을 가능성이 큰 것으로 보이지만, 자세한 설명이 없어 확인할 수 없는 상황이다.

박근혜와 최순실의 만남과 관련해 최태민의 의붓아들 조순제는 두 사람이 1979년 10·26 사태 이후 본격적으로 '이야기 상대'가 됐다는 점을 지적한다. 즉, 1980년 이전의 두 사람 관계는 본격적인 관계는 아니었다는 취지다. 조순제의 이야기다.

"그때는 애들인데 가깝긴 뭘 가까웠어. (그럼 10·26 이후에는?) 그땐 애들이고, 나이를 계산해봐. 얘들 학교 다니고 그 후에 (1979년) 10·26 후에 대가리(머리)가 커가지고 얘기 상대가 되는 거지. 그 전에는 뭐 애들한테 얘기가 됩니까?"[84]

조순제는 그러면서 박근혜와 최순실의 초기 관계는 '언니, 동생'처럼 편안한 관계보다는 오히려 '어머니뻘과 대학생' 비슷한 관계였다고 설명한다. 즉, 조순제는 '박근혜와 최순실이 언니 동생 하고 지낸 것도 아니고?'라는 질문에 "어머니뻘이 되는 것"이라고 말했다.[85]

그럼에도 최순실과 박근혜의 만남은 중요하다. 최순실이야말로 '박근혜 대통령을 만들겠다'는 최태민의 꿈을 현실화한 사람일 뿐만 아니라 대통령 박근혜가 탄핵되는 단초를 제공한 인물이기 때문이다.

비상시국에도 오직 새마음

1979년 1월 16일 이란에서는 혁명이 발발해 팔레비 왕조가 무너지고 2월 1일에는 종교지도자 아야톨라 호메이니가 귀국했다. 이란에서 본격적인 회교혁명이 시작됐다. 국내에서는 유신체제가 종말을 향해 돌진하고 있었다. 8월 11일 밤 서울 신민당사에 경찰이 대거 몰려들어 도산한 기업주의 폐업에 항의하며 농성 중이던 YH무역 여공들을 강제 해산했다. 이 과정에서 여공 김경숙이 투신자살했다. 10월 4일에는 김영삼(1927~2015) 신민당 총재가 의원직에서 제명됐다. 야당인 신민당과 통일당 의원들은 국회의원 총사직서를 제출했다. 10월 16~17일 부산에서 학생 시위가 발생하자 비상계엄이, 18·19일에는 경남 마산에서 학생들의 시위가 일어나자 위수령이 각가 발동 됐다.

박근혜는 1979년 급박하게 돌아가는 정세에도 아랑곳하지 않고 외교 관련 행사나 사회복지·문화 행사에 참여해 퍼스트레이디 역할을 '꿋꿋하게' 수행했다. 하지만 당시 언론보도를 보면 박근혜는 새마음갖기운동에 가장 열성적이었음을 쉽게 알 수 있다. 박근혜는 회지 ≪새마음≫ 1979년 1월호에 신년사 "새마음갖기운동: 학생의 해를 맞아"를 발표했다. 박근혜는 신년사에서 "작년(1978년)은 각 도의 학생 새마음연합회 발대와 더불어 우리 청소년들이 새마음갖기운동에 적극 참여하게 됐음을 무엇보다도 기쁘고 자랑스럽게 생각하며, 우리나라의 보다 밝은 내일을 위해 올해 학생 새마음 역군들의 활동에 큰 기대를 갖고 있다"고 밝혔다.[86]

박정희도 박근혜가 열성인 새마음갖기운동을 우회 지원했던 것으로 분석된다. 박정희는 1월 9일 오후 청와대에서 구국여성봉사단과 새마음갖기운동본부 운영위원들을 접견하고 환담했다. 박정희는 짧은 기간 각계각층에 퍼진 새마음갖기운동을 뒷받침해온 운영위원들의 노고를 격려했다. 박정희는 "새마음갖기운동이 각계각층에 상당히 뿌리내렸지요. … 노인을 위하는 나라가 양반 나라입니다"라고 말문을 열고 지천봉地天奉이라는 말을 인용했다. 지천봉은 하늘이 땅에 봉사하고 극진히 위해줄 때 바로 그러한 세상이 된다는 의미다.[87]

박근혜는 2월 26일 구국여성봉사단에서 『새마음의 길』이라는 단행본을 출간했다. 책은 1977년부터 1978년까지 새마음갖기운동의 확산과 정착을 위해 새마음갖기 결의실천대회에 참석해 행한 격려사 가운데 21편을 모아 '새마음갖기 도민 궐기 대회 격려사', '직장·불교인 새마음갖기 결의 실천 대회 격려사', '새마음 중·고등 학생 연합회 발대식 격려사' 등 총 3부로 나눠 편찬한 것이다. 3월 27일에는 서울 종로구 안국동 백상기념관에서 한국일보 주관으로 『새마음의 길』 출판기념회가 각계 인사 150명이 참석한 가운데 열렸다.[88]

박근혜가 새마음갖기운동을 정력적으로 펼치자 대기업들도 적극 동참했다. 1978년 태평양그룹이 먼저 새마음을 다짐한 데 이어 1979년에는 현대그룹이 2월 27일 오후 서울 장충체육관에서 그룹의 새마음갖기 결의실천대회를 열었다. 현대그룹 14개 기업체 임직원 6100여 명이 참가했고 박근혜를 비롯해 상공부 장관, 건설부 장관, 동력자원부 장관도 참석했다. 박근혜는 이날 "물가의 안정과 정당한 유통구조의 확립은 우리가 근검·절약·저축으로 올해에 기어이 다져 놓고 넘어가야 할 일"이라고 강조했다.[89] 현대그룹에 이어 5월 29일에 동아그룹, 6월 5일에 두산그룹 등에서 잇따라 새마음 전진대회를 열었다. 대농그룹, 쌍용그룹 등도 새마음운동 동참을 밝혔다. 박근혜는 이들 행사에 적극 참석했다.[90]

박근혜는 학생 조직에도 힘을 쏟았다. 박근혜는 5월 22일 서울 서대문구 새마음봉사단 강당에서 열린 새마음전국대학생총연합회 부설 새마음학교의 제1기 수료식에 참석해 수료생을 격려했다. 이후로도 그는 새마음학교 수료식에 꾸준히 참석했다. 박근혜는 아울러 6월 10일 오전 10시 30분 서울 한양대에서 33개 대학 학생 1500여 명이 참여한 가운데 열린 제1회 새마음제전에 참석해 참가자들을 격려했다. 언론에서는 박근혜가 이날 예고 없이 새마음제전 현장을 찾았고 즉흥 격려사를 했다고 보도했다.

"오전 10시 30분 예고 없이 박근혜가 식장에 들어서자 젊은 학생들은 '새미 앙'이라는 힘찬 구호를 외쳤으며 박근혜가 손을 흔들어 이들의 환호에 답했다. 박근혜는 개회식에 이어 진행된 각종 경기를 약 1시간 30분 동안 흥미 있게 관람하고 12시쯤 1부 경기가 끝나자 본부석에 나와 운동장스타디움의 응원석을 찾아 수많은 학생들과 일일이 악수를 하며 이들을 격려했다."[91]

박근혜는 이날 격려사에서 "뜻을 같이하는 친구들이 이렇게 모여서 뜻있는 일을 하게 된 것은 행운이며 이 같은 행운의 기회를 놓쳐서는 안 될 것"이라고 새마음운동 참여를 독려했다.

박근혜와 최태민은 8월 23일 오후 서울 서대문구 새마음봉사단 앞뜰에서 홍성철 보건사회부 장관과 정상천 서울시장, 봉사단원, 환자 등 2000여 명이 참석한 가운데 새마음봉사단이 운영하는 새마음종합병원 개원식을 가졌다. 새마음종합병원은 대지 1275평에 지하 1층 지상 5층의 현대식 건물로, 1975년 12월 구국여성봉사단이 서울시의사회와 자매결연을 하여 개설한 야간무료진료센터인 '경로병원'을 확장한 것이다. 외과와 내과 등 모두 일곱 개 진료 과목과 여섯 개 부속 시설을 갖추고 현대식 종합병원으로 새 출발한 것이다. 박근혜는 격려사에서 "새로운 문을 열게 된 새마음종합병원은 성의와 친절로 몸의 병은 물론 불우한 환자들이 행여 불친절한 대접으로 받았을지도 모를 마음의 서글픔과 성의 없는 진료 태도에 냉가슴을 앓던 마음의 병까지도 고쳐줄 수 있는 병원이 되기를 바란다"고 말했다.[92]

새마음봉사단 발족과 학생 조직화

최태민이 이끄는 새마음갖기운동본부는 1979년을 '학생의 해'로 정했다. 학생들에게 새마음운동을 대대적으로 벌이는 한편 조직화에 박차를 가하겠다는 것이었다. 새마음갖기운동본부는 연초부터 청소

년 선도 사업과 장학 사업, 새마음교육원 육성 등에 힘을 기울일 방침이라고 천명했다.[93]

새마음갖기운동본부는 정부 정책에 적극 부응해 물가안정 운동을 펼치기도 했다. 구국여성봉사단 등 새마음갖기 범국민운동본부 10개 단체는 2월 9일 오후 2시 서울 문화체육관에서 물가안정 범국민대회를 열고 국민의 지혜를 모아 경제질서를 문란시키는 행위를 지양하고 분수에 알맞은 생활태도를 확립, 물가안정을 위한 범국민운동에 앞장설 것을 다짐했다. 박근혜는 이날 격려사를 통해 "물가문제는 소비자만이 전적으로 해결할 수 있는 문제는 아니겠지만, 뭐니 뭐니 해도 경제 전반을 크게 움직일 수 있는 근본적인 힘은 우리소비자에게 있으니, 다만 물가안정을 위해 너, 나의 책임이 따로 없다는 적극적인 자세로 힘을 굳게 합하는 일만이 문제일 것"이라고 강조했다.[94] 이날 대회에서는 매점매석 배격을 다짐하는 내용의 결의문을 채택했다. 홍성철 보건사회부 장관, 황인성 교통부 장관, 김용태 제1무임소 장관, 정상천 서울시장은 물론 이동욱 동아일보 사장, 홍진기 중앙일보 사장, 이환의 MBC 사장 등까지 참석해 측면 지원에 나섰다.[95] 1979년 2월 12일 자 ≪경향신문≫은 사설에서 "새마음갖기운동본부 10개 단체가 물가안정 범국민대회를 연 것 등은 그 성과야 어떻든 이러한 움직임 자체만으로도 소비자보호운동에 새 활력을 불어넣고 보다 차원 높은 계기를 이룰 것"이라고 기대감을 표시했다.[96] 박근혜는 이후 2월 27일 현대그룹 새마음갖기 결의실천대회를 비롯해 각종 행사에서 물가안정을 역설했다.

최태민은 5월 1일 자로 구국여성봉사단을 사단법인 새마음봉사단으로 이름을 고치고 조직을 확대 개편했다. 대한구국선교단(1975년 4월)이 대한구국봉사단(1976년 12월)과 구국여성봉사단(1977년 12월)을 거쳐 새마음봉사단(1979년 5월)으로 바뀐 것이다. 박근혜는 총재였고, 최태민은 명예총재였다.[97] 새마음봉사단은 여성 회원 수가 500만 명에 이를 정도로 대규모 조직이었다. 이는 나중에 '박정희전대통령육영수여사기념사업회'로 계승되면서 영향력이 상당 부분 이어졌다.

1979년에도 최태민이 각종 비리와 이권 등에 연루됐다는 의혹이 이어졌다. 중앙정보부에 따르면 최태민은 1979년 1월 21일 진주시장에게 진주시 도시계획에 저촉된 신흥고무공장에 대한 구획 재조정과 해제를 요구하는 서신을 발송했고, 1월 31일 김규태를 통해 김원기 재무부 장관에게 한성기업 등 두 업체에 각 5억 원씩 은행 융자를 주선해줄 것을 청탁해 제일은행에서 융자하기로 내락받았다고 한다.[98]

이즈음 우병우 전 청와대 민정수석의 장모인 김장자 삼남개발 회장이 최태민이 주도하는 구국봉사단과 관계를 맺었다는 증언도 나온다. 박영선 더불어민주당 의원은 2016년 12월 26일 서울구치소에서 열린 국회 국정조사특위 청문회에서 그런 제보가 있다고 주장했고, 최태민의 아들 최재석도 인터뷰에서 이를 확인했다. 최재석은 김장자가 새마음봉사단 서울시 중구 단장을 맡았고 최순실과도 친하게 지낸 것으로 기억한다고 밝혔다. 그는 그러면서 "(당시) 단장들, 그분들이 확인해준 거예요. 그분들이 확인해주셨으면 확실한 거 아닌가요?"라고 말했다.[99]

최순실도 새마음운동의 학생 조직에서 두각을 나타냈다. 최순실은 박근혜가 신년사를 게재한 ≪새마음≫ 1979년 1월호에 '새마음전국대학생총연합회장' 명의로 기고한 "우리 함께 뭉치자 일하자 믿자"라는 글에서 박근혜의 격려사를 거론하며 감사를 표시한다. 최순실의 글이다.

"두 해 동안 새마음의 생활화를 위해 뛰어다닌 나날 속에 어느덧 신념과 긍지가 자리 잡혀가고 사명감으로 가득 차 있는 내 마음은 '한 사람 한 사람의 마음에 새로운 각오와 결의를 심어 이를 바탕으로 여러분의 정신세계가 훌륭한 가치관 위에서 나날이 풍요로워지고 또한 그것이 여러분의 굳은 신념과 상상이 돼 한평생 여러분을 인도하게 된다면 이보다 더 큰 보람과 기쁨이 어디 있습니까'라고 말씀하신 박(근혜) 총재님의 격려사를 통해 더욱 굳굳하고(꿋꿋하고) 의욕적으로 삶을 전개시킬 수 있었습니다."[100]

최순실은 그러면서 새마음전국대학생연합회를 본부로 각 시도에 11개 연합회를 두고 있고 가입한 대학 수는 130곳을 웃돌고 있다고 소개했다. 최순실은 새마음운동 과정에서 경험한 기억을 소개하기도 했다.

"얼마 전 중고등학생연합회 서울시 회장 회의 때의 일이었습니다. 어느 고등학생이 '우리는 항상 새마음회를 이끄는 회장으로 마음의 준비와 자세를 취해야만 하며 또한 우리 자신의 위치를 잊어버려선 안 된다'고 엄숙히 다짐하는 것을 보고 우리 대학생 임원들은 마음까지 뜨겁게 타오르는 것을 느꼈습니다."[101]

최순실은 6월 10일 서울 한양대에서 박근혜가 참석한 가운데 열린 제1회 새마음제전을 주도했다. 서울 시내 33개 대학교의 새마음봉사단원 750여 명을 비롯, 서울시 새마음봉사대 각 구단원 750명, 새마음연예봉사단원 등 1550여 명이 이날 한양대 운동장을 가득 메웠다. 운동장에는 '축 새마음대제전'이라는 글자를 새긴 대형 애드벌룬이 띄워져 있었고 '너와 나의 가슴속에 새마음의 꽃을 활짝', '뭉치자! 아끼자! 돌보자!', '충 효 예는 우리 마음의 거울' 등을 쓴 플래카드가 걸려 있었다. 단국대 대학원 1학년에 재학 중이던 최순실은 이날 오전 10시 20분 제1회 새마음제전에서 새마음선국내학생연합회

회장으로서 개회를 선언했다.[102]

당시 영상에서 최순실은 이날 행사장을 찾은 박근혜의 옆을 그림자처럼 수행하고 있다. 최순실은 박근혜를 행사장으로 안내하거나 박근혜의 오른편에 다소곳이 앉아 있다가 친절하게 설명하는데, 이에 대해 마치 시녀가 공주를 대하는 듯한 모습이라는 분석이 있다. 한편으로 이는 '공동 이익'을 나누는 전면적인 관계는 아직 아니었다는 조순제의 증언에 힘을 실어준다.[103]

10·26과 박정희의 죽음: 최태민도 원인

1979년 10월 26일 오후 7시 40분경 서울 종로구 궁정동 안가 나동. 배우 지망생인 여대생 신재순의 노래가 "사랑해 당신을 정말로 사랑해 당신이 내 곁을 떠나간 뒤에 얼마나 눈물을 흘렸는지 모른다오"를 지나 후렴구인 "예, 예, 예"로 넘어가고 있었다. 박정희도 나지막하게 콧노래를 흥얼거렸다.

조갑제[104] 등에 따르면 김재규 중앙정보부장은 이때 오른쪽에 앉은 김계원(1923~2016) 대통령 비서실장의 허벅지를 툭 치더니 "각하를 똑바로 모십시오"라면서 자신의 오른쪽 바지 호주머니에서 독일제 월터 PPK 권총을 뽑아들었다.

"각하, 이 따위 버러지 같은 자식을 데리고 정치를 하니 똑바로 되겠습니까?"

김재규는 말이 끝나기도 전에 권총 방아쇠를 당겼다. "탕!" 소리와 거의 동시에 맞은편에 있던 차지철 경호실장이 "김 부장, 왜 이래" 하고 외쳤다. 그는 곧이어 "피, 피, 피" 하면서 피가 솟는 오른 팔목을 붙잡고 일어나 실내 화장실로 뛰어갔다. 차지철은 "경호원, 경호원 어디 있어"라고 소리쳤다.

"뭣들 하는 거야!"

대통령은 이 한마디를 벽력같이 지른 뒤에 눈을 감고 정자세로 가만히 앉아 있었다. 김재규는 차지철을 쫓아 일어서려다 다소 엉거주춤한 자세로 박정희를 내려다보며 제2탄을 발사했다. 총알은 오른쪽 가슴 상부에서 허파를 지나 오른쪽 등 아래쪽을 관통하고 나왔다. 김재규가 다시 박정희에게 방아쇠를 당겼지만 격발되지 않았다. 연거푸 노리쇠를 후퇴시켰지만 움직이지 않자 마루로 뛰어나갔다. 그 순간 전깃불이 나갔다. 옆에 자리한 대기실과 주방에서도 권총 소리와 고함 소리가 잇따랐다. 잠시 후 다시 권총을 들고 온 김재규는 화장실에서 나와 문으로 나오려던 차지철을 쏜 뒤 식탁을 끼고 돌아 신재순의 무릎에 얼굴을 대고 있는 박정희의 머리를 겨냥, 50cm 거리에서 방아쇠를 당겼다.

공과가 확연했던 박정희의 최후였다. 박정희는 일제강점기인 1917년 11월 14일 경북 선산에서 태어나 대구사범학교를 졸업하고 3년간 교사로 재직했다. 그는 만주국 육군군관학교인 신징新京 군관학교와 일본 육군사관학교를 졸업한 뒤 일제가 제2차 세계대전에서 패망할 때까지 만주국 육군 제8단에서 장교로 근무했다. 일제가 패망하고 1946년 7월 귀국한 뒤 대한민국 국군 장교로 지냈다. 여수·순천 사건에 연루돼 사형을 선고받았지만 육군본부 정보국장이던 백선엽과 면담 끝에 사형을 면할 수 있었다. 1961년 5·16 군사쿠데타로 권력을 잡았고, 1963년 제5대 대통령이 됐다. 국가 주도 불균등 경제성장을 주도하는 한편, 1967년 재선된 후 3선 개헌을 통과시키고 장기 집권의 길을 텄다. 1972년 10월 제3공화국 헌법을 폐기하고 긴급조치권과 국회의원 정수 3분의 1에 대한 실질적 임명권, 간선제 등 대통령에게 막강한 권한을 부여하는 6년 연임제의 제4공화국 헌법, 이른바 '유신헌법'을 통과시켰다. 그는 유신헌법에 따라 1972년과 1978년 통일주체국민회의에서 대통령에 선출됐고 독재를 휘두르다 김재규가 쏜 총탄에 숨졌다.

10·26 사태의 원인과 배경을 두고 여전히 여러 가지 분석이 나온다. 우선 10·26은 김재규가 1979년 YH무역 여공 농성 사건과 신민당 총재 김영삼의 의원직 박탈, 부산·마산 항쟁으로 이어지는 정국 대응에서 강경파 차지철 경호실장과의 갈등, 정권의 정당성에 대한 회의 등이 종합적으로 아우러져 빚어진 것으로 분석됐다. 김종필은 '분할해 통치한다'는 박정희의 '디바이드 앤드 룰divide and rule'이 제대로 작동하지 않은 결과라고 분석하기도 했다.[105]

그런데 10·26 사태의 배경에는 박근혜와 최태민 문제도 있었다. 김재규는 1980년 1월 28일 자신의 「항소이유 보충서」에서 10·26 사태의 동기 가운데 하나로 최태민의 구국여성봉사단과 관련된 박근혜의 문제를 제기했다. 김재규가 보기에 그만큼 심각한 문제였다는 이야기다.

"구국여성봉사단이라는 단체는 총재에 최태민, 명예총재에 박근혜 양이었던바, 이 단체가 얼마나 많은 부정을 저질러왔고 따라서 국민, 특히 여성단체들의 원성의 대상이 돼왔는지는 잘 알려져 있지 아니합니다. 그럼에도 큰 영애가 관여하고 있다는 한 가지 이유 때문에 아무도 문제 삼은 사람이 없었고, 심지어 박승규 민정수석조차도 말도 못 꺼내고 중정 부장인 본인에게 호소할 정도였습니다. 본인은 백광현 당시 안전국장을 시켜 상세한 조사를 시킨 뒤 그 결과를 박(정희) 대통령에게 보고했던 것이나 박 대통령은 근혜 양의 말과 다른 이

보고를 믿지 않고 직접 친국까지 시행했고, 그 결과 최태민의 부정행위를 정확하게 파악했으면서도 근혜 양을 그 단체에서 손 떼게 하기는커녕 오히려 근혜 양을 총재로 하고 최태민을 명예총재로 올려놓아 결과적으로 개악을 시킨 일이 있었습니다."[106]

김재규는 실제 10·26 사태가 일어나기 전이던 1979년 5월 중앙정보부 수사 파트 국장이 최태민 관련 내사 결과를 보고하자 극도의 증오감을 표시했다.[107] 합동수사본부 기록에 등장한 중앙정보부 국장의 진술이다.

"김(재규) 부장은 '최태민 같은 자는 백해무익하므로 교통사고라도 나서 죽어 없어져야 한다'고 증오를 표시했다. 새마음봉사단의 부총재인 사이비 목사 최(태민)가 사기횡령 등 비위 사실로 퇴임한 후에도 계속 막후에서 실력자로 영향력을 행사해 각 기업체 사장들을 운영위원으로 선임하고 성금을 뜯어내는 등 새마음운동 취지를 흐리게 해 계속 동향을 감시하라는 김 부장의 지시를 받았다. 1979년 5월 내사 결과 최의 이권 개입, 여자 봉사단원과의 추문 등 비위 사실을 탐지해 김재규 부장에게 보고한바 그렇게 말했다."[108]

김재규는 10·26 사태 직전인 10월 23일 박정희 대통령에게 이른바 「최태민 관련 자료」를 보고한 것으로 알려져 있다. 자료는 최태민의 횡령, 사기, 변호사법 위반, 이권 개입, 융자 브로커 행각, 성추문 의혹 등이 적나라하게 들어 있는 보고서였다. 무려 44건의 비리 대부분이 권력형 비리였다. 하지만 박정희는 김재규의 직보를 묵살했고, 이것은 10·26 사태의 중요한 동기의 하나가 된 것으로 보인다.

특히 박근혜도 10·26 사태 이틀 전이던 10월 24일 박정희를 찾아가 최태민 문제를 제기하는 김재규 중앙정보부장과 차지철 경호실장의 동시 경질을 요구했다. 박근혜의 인터뷰다.

"(1979년) 10·26 사태가 없었다면 김재규 당시 중앙정보부장이 경질됐을 것은 분명하다고 확신하고요. 차지철 당시 경호실장도 그 자리를 물러나게 됐을 거라고 저는 생각합니다. 아버지가 돌아가시기 이틀 전에, 그 전에도 제가 간간이 말씀드렸지만, 그때 제가 여러 통의 편지와 건의서를 받았거든요. 그것은 시국을 걱정하는 분들이 보낸 편지고 건의서였는데, 거기에 종합된 의견은 '아버지 주위의 몇몇 사람들이 일을 망치고 있다, 그러니까 그 사람들을 하루빨리 사퇴시키지 않으면 안 된다' 하는 그런 강력한 건의였어요. 거기엔 차지철 씨도 포함돼 있었어요. 김재규 중앙정보부장은 물론이고요. 그래서 제가 그것을 종합적으로 그날 아버지께 다 말씀을 드렸죠. 그런데 그걸 굉장히 심각히 들으셨고 경청을 하셨고 말씀드리는 중간에 전화가 어디서 왔거든요. 그러니까 아버지가 그 전화를 받은 후 다시 자리에 와 앉으시면서 '얘기 계속해보라'고 그러면서 또 들으셨어요. 그래서 그 얘기를 다 드리고 나니까 아버지가 '알았다'고 아주 힘주어서 말씀하시는데 제가 오랫동안 아버지를 모셔왔기 때문에 아버지가 이렇게 말씀하실 때는 그것이 어떤 뜻이다 하는 걸 직감으로 알거든요. '아, 아버지가 마음에 어떤 결심을 하셨구나! 정보부장이 곧 경질이 되겠구나' 저는 그렇게 믿었어요."[109]

김재규와 박근혜는 청와대 친국이 열렸던 1977년 9월부터 1979년 10·26 사태 직전까지 최태민 문제로 심각한 갈등과 대결을 이어왔다. 최태민의 의붓아들 조순제의 분석이다.

"김재규가 결사적으로 씹었다고, 이쪽을 근혜하고. 그러니깐 상대적으로 이쪽에서 근혜하고 최 총재는 김재규를 결사적으로 씹었다고. 저거 두면 큰일 나."[110]

김재규의 관점에서 보면 최태민과 그를 감싸는 박근혜야말로 박정희의 죽음을 야기한 한 원인이었던 셈이다. 기억하지 않는 역사는 반복되는 것일까. 최태민이 아버지 박정희를 피격에 이르게 한 원인 가운데 하나였다면, 최태민의 딸 최순실은 최악의 국정농단으로 박근혜를 탄핵과 구속의 구렁텅이로 빠뜨렸다. 게다가 사태를 키운 건 박정희와 박근혜 자신이었다는 점까지도.

신군부의 등장과 몰려오는 먹구름

박정희를 '야수의 심정'으로 쐈다는 김재규 중앙정보부장은 1979년 10·26 직후 전두환 보안사령관에 의해 대통령 살해범으로 체포됐다. 이 사건으로 김재규, 김계원, 박흥주, 박선호에게 사형이 선고됐고 김계원을 제외한 나머지 전원은 사형이 집행됐다.

일부 새마음봉사단의 기층 조직은 자진 해산하기 시작했다. 11월 20일 한국수출산업공단 본대 산하 7개 지대와 공단 입주업체 단위의 373개 분대가 모두 해체되고 총 4만여 명의 봉사단원은 모두 1978년 6월 1일 창단 이전의 직책으로 되돌아갔다.[111]

박근혜는 11월 21일 청와대를 나와 서울 중구 신당6동 자택으로 돌아왔다. 서울 신당동 옛집을 떠난 지 18년 3개월 만이었다. 박정희가 서울 신당동 집으로 이사 온 것은 1958년 5월. 박정희와 박근혜는 1962년 10월 최고회의 의장이 돼 서울 장충동 관사로 이사하면서 서울 신당동 집을 떠났다.[112]

박근혜는 이때 박정희의 '기록되지 않은 자금', 즉 비자금 6억 원을 전두환 계엄사령부 합동수사본부장에게서 받았다. 검찰 수사 결과 등에 따르면 합동수사본부는 박정희 대통령의 비서실 금고에서 9

억 6000만 원을 발견하고 박근혜에게 6억 1000만 원을 전달했다. 즉, 전두환은 청와대 대통령 비서실 금고에서 발견된 현금 등 9억 6000만 원을 박근혜에게 건넸고, 박근혜는 6억 1000만 원만 챙기고 3억 5000만 원은 박정희 피격 사건 수사에 쓰라고 했다는 것이다. 합동수사본부 측은 유족 대표로 박정희의 장조카 박재홍 등을 입회시킨 가운데 샘소나이트 가방에 현금 및 수표 6억 원을 차곡차곡 채워 박근혜에게 전달했다. 3억 5000만 원 가운데 2억 원은 정승화 육군참모총장에게, 5000만 원은 노재현 국방장관에게 교부해 각 군에서 이를 사용했다. 나머지 1억 원은 합동수사본부 수사비로 사용했다.[113] 2012년 제18대 대통령 선거 TV토론에서 이정희 통합진보당 후보는 이 문제를 박근혜에게 지적했고, 박근혜는 6억 원을 사회에 환원하겠다고 약속했다. 하지만 이 약속은 아직 지켜지지 않고 있다.

최태민 일가에도 먹구름이 몰려왔다. 최태민은 10·26 사태가 발생하자 몸을 숨긴 것으로 알려졌다. 박근혜와 최태민의 체제에 적극 가담했던 조순제도 중요 서류를 파기했고 일부 서류는 빼돌리거나 숨긴 뒤 한동안 집에 들어오지 않았다.[114]

조순제와 최순영 등은 그러면서 박정희가 남긴 돈을 최태민 쪽으로 옮기는 일을 은밀히 했던 것으로 전해진다. 즉, 박근혜와 최태민의 기획에 따라 주위 사람과 중앙정보부 직원 등을 동원해 금덩어리와 달러, 채권 등 엄청난 돈을 최태민 일가나 친척 쪽으로 옮겼다는 것이다. 조순제는 나중에 이에 대해 박근혜에게서 감사 인사를 받았다고 한다.[115]

박근혜가 엄청난 돈과 금덩어리, 채권 등을 최태민에게 맡겼다는 조순제의 말이 사실이라면, 박근혜는 왜 최태민에게 돈 관리를 맡긴 것일까. 이는 당시 박근혜가 최태민만큼 믿을 만한 사람이 없었기 때문으로 풀이된다. 최태민의 의붓아들 조순제의 설명이다.

"우선 (박근혜가) 당황하고 능력도 없고 아무것도 모르니깐. 누구한테 믿고 할 때도 없고, JP(김종필)하고 틀졌지요. 뭐 일반 사람이나 아무도 없잖아. 가만히 생각해보면 아무도 없습니다. JP도 없지요. 박○○이도 아니지요. 또 그렇다고… 뭐 한… 아니지요. 당황하기도 하고 능력도 안 되고 경험도 없고, 사회 경험이 전무하지 않습니까?"[116]

선우련 청와대 공보비서관은 박정희의 국장 이후 실력자로 떠오른 전두환 합동수사본부장을 찾아가 최태민의 정리를 요구한 것으로 알려졌다. 선우련[117] 등에 따르면 그는 11월 박정희의 국장 직후 서울 신당동 집에 갔다가 전두환 합수본부장을 만났다. 전두환은 서울 신당동 집수리를 직접 감독하고 있었다.

"전 장군, 내가 부탁할 것이 있소. 3년 전에 박(정희) 대통령이 나에게 최태민을 거세하라는 지시를 내렸는데, 그게 몇 달 못 가서 흐지부지되고 말았소. 최태민이 다시 영애를 따라다니는 것을 박 대통령에게 보고해 깨끗하게 처단해야 했었는데, 영애가 부탁하는 통에 내 마음이 아파 보고를 못 하고 오늘에 이르렀소. 그게 이제는 박 대통령의 언명이 아니라 유언이 되고 말았소. 합수본부장이니 그 힘으로 최태민이 영애에게 접근 못 하도록 해주시오. 방법은 전 장군이 알아서 해주시고."

선우련은 전두환에게 이렇게 말한 뒤 이틀 뒤에 다시 전두환을 만났다.

"선우 의원, 최태민 문제는 나도 해결하지 못하겠습니다. 선우 의원 얘기를 듣고 영애에게 최태민 처리의 양해를 구하기 위해 말씀을 드렸더니, 영애가 '최태민은 내가 처리할 테니 나한테 맡겨달라'고 부탁하더군요. 각하도 계시지 않은데 내가 어떻게 영애의 부탁을 거절하겠습니까."

전두환과 노태우 등 신군부 세력은 12월 12일 정승화 육군참모총장을 체포하는 쿠데타를 일으켰다. 최규하 대통령 권한대행은 12월 27일 새벽 4시를 기해 전국에 비상계엄을 선포했다. 전두환은 이후 허화평과 이학봉 등에게 최태민 비리 의혹을 조사할 것을 지시했다. 탁명환에 따르면 최태민은 약 1개월간 도 모 검사의 지휘 아래 수사를 받았다. 수사 장소는 서울 신촌의 S 호텔과 청계천 7가의 S 호텔. 수십 명의 수사진들이 동원된 조사에서 엄청난 비리들이 속속 드러났다. 수사팀은 외곽수사를 끝나고 증거까지 확보한 뒤 마지막으로 최태민을 불러 조사했다. 그런데 최태민은 비리에 모두 박근혜가 개입됐다고 진술했다. 최태민은 돈 문제에 대해 "전부 박근혜 양이 아는 일"이라고 잡아뗐고, "하나부터 열까지 모두 근혜 양이 개입된 것"이라고 진술했다. 수사 결과 행방이 밝혀지지 않은 돈 15억여 원에 대해서도 "예금통장도 근혜 양이 가지고 있다"고 진술했다. 수사팀은 이에 대통령 자녀에 대한 예우 등을 감안해 수사 결과를 발표하지 못했다고 한다.[118]

최순실은 10·26 사태 전후인 1979년부터 2년간 서울 압구정동 현대아파트 상가에서 '이재원패션' 대리점을 운영했다고 2007년 박근혜의 비선 문제를 제기한 김해호와의 소송에서 밝혔다.[119]

2 고난의 시절과 재단 정치
(1980~1990)

/

하나인 진리를 어기는 사람, 거짓말을 하는 사람,
저 세상을 포기한 사람에게는 짓지 못할 악은 없다.

『법구경』 중에서
(『(빠알리어 직역) 담마빠다: 법구경』, 일아 옮김, 불광출판사, 2014, 91쪽)

박정희 격하와 영남재단 이사장 취임

1980년 9월 22일 사담 후세인이 이끄는 이라크가 이란을 침공했다. 이란·이라크 전쟁으로 1일 300만 배럴 이상의 원유 수출이 중단되면서 유가가 급등해 세계경제가 큰 타격을 입었다. 11월 14일 실시된 미국 대통령 선거에서 '위대한 미국의 재건'을 슬로건으로 내건 공화당의 로널드 레이건이 승리, 제40대 미국 대통령에 당선됐다. 국내에서는 5월 17일 신군부가 김대중과 문익환 등을 소요 조종 혐의로 연행하고 5월 18일을 기해 계엄을 전국으로 확대했다. 5월 18일 광주에서 비상계엄 해제 등을 요구하며 가두시위에 나선 전남대 학생들을 계엄군이 무력으로 진압하면서 민주화항쟁으로 진화했다. 광주항쟁을 군홧발로 짓밟은 전두환은 8월 27일 통일주체국민회의에서 대통령으로 선출됐다.

박근혜는 서울 신당동 자택으로 돌아온 이후 수많은 문상객을 맞았다. 박정희의 100일 탈상 때까지 하루에 수백 명씩 찾아왔다. 박근혜는 당시 "첩첩산중에 버려진 심정"이었고 "이렇게 막막하고 외로울까" 싶을 정도로 외로웠다고 한다.[1]

박근혜는 전두환 정권 아래 우호적이지 않은 분위기와 환경에도 잘 적응해나가자고 마음을 다잡으려 했다. 그는 1980년 1월 14일 자 일기에서 "잘 산다는 것은 만사가 자기 뜻대로 되는 인생이 아니라 어떤 어려움이 와도 끈질기게 다시 일어서서 환경에 적응하고 더 나아가 그 환경을 이용, 전화위복의 계기로 삼아 더 발전하는 삶"이라며 위기를 전화위복으로 만들자고 다짐한다.[2]

박근혜는 이 시기 박정희와 그의 시대를 회고하면서 지도자에 관해 자주 언급했다. 그는 지도자의 길은 쉽지 않은 길이라고 지적한다. 그 대상이 '황폐한 나라를 중흥으로 이끌려 했던 지도자'를 거론한 것으로 봐 아버지 박정희를 가리킨 것으로 해석된다. 1월 28일 자일기다.

"지도자의 길. 그것도 황폐한 나라를 중흥으로 이끌려 했던 지도자의 길이 쉽고 안이하리라고 생각하는 사람은 아무도 없을 것이다. 왜 이렇게 어려운가. 그것은 근본적으로 앞으로 가야 하기 때문이며 일마다 이해를 받기 어렵기 때문이다. 박수받는 일만 하는 것이 지도자라면 얼마나 쉬운가. 아무라도 웬만한 상식만 가지면 한 사회를 이끌 것이다. 안 된다, 불가능하다 하는 일을 불굴의 의지로 해나가야 하니 일 자체도 어려운 데다가 이해를 받기 어려우니 수 갑절 더 힘들게 되는 것이다."[3]

박근혜는 지도자라면 외견상 반대가 많아 보이더라도 정책이 수립됐다면 반드시 추진해야 한다고 생각했다. 여론에 너무 휘둘리지 말아야 한다는 지적이지만, 자칫 무소불위의 권력 행사로, 국가주의로 나아갈 우려가 엿보이기도 한다. 2월 1일 자 일기에도 엇비슷한 대목이 나온다.

"지도자가 정책 수립을 하면 대개의 경우 10명 중 5명은 찬성, 2~3명은 그렇게 될 줄 알고 침묵하나 2명은 이해관계가 엇갈려 기를 쓰고 반대한다는 것이다. 그래서 겉으로 보기에는 온통 반대자만 있는 것같이 보인다고 한다. 그러므로 어떤 정책이든 대다수의 찬성으로 되는 법은 없다는 것이 (학문상) 이론적으로 나와 있는 이야기라고 한다."[4]

박근혜는 전두환 정권이 박정희와 그의 시대를 비판하고 매도하는 것으로 이해했다. 그는 그것에 분노했다. 당장 박정희와 육영수의 공개 추도식을 하지 못하는 것을 안타까워했다. 박근혜는 대신 동생

들과 집에서 제사만 지냈다. 박근혜는 이것을 박정희에 대한 부정과 매도라고 생각했다.[5]

　박근혜는 이와 함께 김종필을 비롯한 박정희 시대의 주요 인사들조차 박정희와 그의 시대를 옹호하지 않거나 심지어 비판한다고 생각했다. 박근혜는 이를 모두 배신이라고 간주했다. 박근혜는 "당시 아버지의 가장 가까이에 있던 사람들조차 싸늘하게 변해가는 현실은 나에게 적지 않은 충격이었다"고 회고했다. 그러면서 "이름을 밝히고 하는 얘기 중에도 거짓이 많은데, 하물며 익명 아래 숨어 책임 없이 증언하는 내용은 어떠할까. 더구나 내가 곁에서 지켜본 것도 과장되게 부풀려지고 비틀어져 마치 그것이 사실인 양 떠돌아다녔다"며 박정희 시대에 대한 비판적인 증언은 사실이 아닐 것이라고 판단했다.[6]

　박근혜는 1980년 3월 영남대 재단인 영남재단 이사로 취임했고 1개월 만인 4월 24일에는 제5대 영남대 이사장으로 선출됐다. 그의 나이 28세. 영남대는 1967년 12월 비리와 사건 등을 무마하기 위해 청구대학과 대구대학이 박정희 정권에 헌납된 뒤 두 대학이 통합해 설립됐다. 당시 자산은 26억여 원. 대구대학은 당초 1947년 '경주 최부잣집'의 장손 최준(1884~1970)이 중심이 돼 설립한 학교였는데, 재단 이사였던 신현확의 중재로 1964년 12월 이병철 삼성 회장에게 재단 이사장 자리를 내준 뒤 헌납됐다. 청구대학과 대구대학이 정권에 헌납되는 과정에 불법과 강제가 있었다는 증언이 쏟아지면서 '장물' 논란이 일었다. 박근혜는 나중에 인터뷰에서 자신이 아는 영남대 설립 과정을 공개했다. 요컨대, 1967년 청구대학 교수이던 노산 이은상이 박정희 대통령을 찾아와 학교가 1억 6000만 원의 빚을 지고 있는 데다 신축 건물을 짓다가 사고가 나는 등 어려운 여건이어서 '뜻 있고 재력 있는 사람을 모아 학교를 재건할 수 있도록 해달라'고 부

탁했고, 박정희는 이에 영남대를 설립했다는 것이다.[7]

박근혜는 7월 한국문화재단 이사장도 맡았다. 한국문화재단의 전신은 1979년 3월 삼양식품 창업자인 전중윤 회장이 11억 원을 출자해 설립된 명덕문화재단(배화여대 후원재단)으로, 전중윤 회장을 비롯한 재단 임원 전원이 사퇴하면서 그 자리에 박근혜가 앉은 것이었다. 일각에서는 라면 제조 기계 도입 과정에서 5만 달러를 불하해준 특혜에 대한 보답 차원에서 재단을 넘긴 것 아니냐고 분석하기도 한다. 법인등기부등본에 명시된 재단 설립 목적은 인재 양성과 학술·문화 진흥, 국제 학술·문화 교류 등. 박근혜는 이후 32년간 한국문화재단 이사장으로 활동했다. 특히 한국문화재단은 나중에 박근혜가 정계에 뛰어든 이후 '안가安家'로도 활용돼 주목을 받는다.

1980년 초, 5공화국의 실력자 가운데 한명인 허화평이 박근혜의 서울 신당동 집을 찾았다. 박근혜가 쓸쓸하게 혼자 빈소를 지키고 있었다. 허화평은 박근혜에게 "최태민과의 관계, 새마음봉사단을 정리해달라"고 말했다. 그러면서 정리하지 않으면 박정희에게도 누累가 되고 박근혜에게도 해가 된다는 취지로 말을 이었다. 박근혜는 최태민에 관한 말은 없고 대신 "새마음봉사단은 국가를 위한 단체인데 왜 해체를 해요?"라고 되물었다.[8]

새마음봉사단은 11월 신군부의 주도로 강제 해산됐다. 박근혜는 타의, 즉 전두환 정권에 의해 새마음봉사단이 강제로 해산됐다고 주장했다. 박근혜는 나중에 언론 인터뷰에서 '새마음봉사단이 해체당한 이유는 무엇인가'라는 질문에 "1980년 타의에 의해 그만두게 된 것입니다. 그만하면 짐작하지 않겠어요? 그 말씀만 드리겠습니다"고 대답했다.[9]

박근혜는 사건에 대한 구체적인 언급 없이 추상적으로 일기를 쓰다가 새마음봉사단이 해체될 즈음에는 신神을 언급했다. 그는 11월 7일 자 일기에서 "인간은 神의 존재를 거의 잊고 살다가 죽음, 병마, 자연의 위력과 같은 극한 상황 속에서 비로소 하늘을 깨닫게 되고 겸허해진다"며 "왜냐하면 정말 생의 중요한 가치는 그것이 없어졌을 때에만 비로소 나타나는 것이기 때문"이라고 적었다.[10]

11월 8일, 박근혜는 영남재단 이사장직에서 사퇴했다. 영남대교수와 교직원, 학생들이 박정희에서 박근혜로 이어지는 족벌체제에 강력히 반발하면서 7개월 만에 이사장직에서 물러나야 했다. 그는 평이사로 남았다. 박근혜가 영남재단 이사장직을 그만뒀지만 최태민과 측근 인사를 통해 영남대에 지속적으로 영향력을 행사했다는 지적이 쏟아졌다.[11]

유폐지에서 키운 '박근혜 대통령'의 꿈

최태민은 신군부 조사에서 사기와 횡령 등 비리 혐의가 대거 발견된 뒤 1980년 초 강원도 인제에 있는 육군 제21사단의 수용소로 보내졌다. 최태민은 이곳에서 약 6개월간 격리된 채 힘든 시간을 보낸 것으로 알려졌다.[12]

최태민은 1980년 하반기에 군부대 내 구금 상태에서 해방됐다. 11월에는 자신과 박근혜가 주도했던 새마음봉사단이 신군부에 의해 강제 해산되는 것을 눈 뜨고 바라봐야 했다. 최태민은 이때 박근혜를 대통령으로 만들어야겠다고 결심했던 것으로 알려졌다. 즉, 자신이 강원도 인제의 군부대에 유폐된 것이나 새마음봉사단이 강제 해산된 것을 전두환 정권으로부터 수모를 당한 것으로 생각하고 이를 복수하기 위해 박근혜를 대통령으로 만들어야겠다고 생각했다는 것이다. 최태민의 아들 최재석의 증언이다.

"아버지 말씀으로는 전두환 씨한테 군부한테, 전두환 씨 개인한 테는 어땠는지는 모르겠지만, 좌우간 그 사람들한테 수모를 좀 당했 나 봐요. (삼청교육대도 갔다 오셨잖아요?) 삼청교육대 가서 다른 사 람 범죄자처럼 한 거는 아니고 감금당하고 그랬다고 하더라고요. 유 배 이런 식으로. 그러니까 아버지는 거기서 수모를 상당히 많이 당한 것 같아요. (그래서 내가 박근혜라는 사람한테 투자해서 대통령 한번 만들어봐야 되겠다 이런 생각을 하게 됐다는 거예요?) 그렇죠, 그렇 죠."13

최태민은 '박근혜 대통령'을 위해서는 많은 돈이 필요하다고 생 각하고 이때부터 내부적으로 1조 원을 목표로 자금 모금을 구상했 다. 그래서 청와대에서 가지고 나온 박근혜의 돈을 유동화하고 영남 재단 등을 활용해 자금을 마련할 계획을 했던 것으로 보인다. 최재석 의 이어지는 증언이다.

"(박근혜를) 대통령으로 만들어야 되겠다, 그러려면 돈이 필요하 다, 1조 원이 필요하다 등의 생각을 했고, 이를 위해 돈을 모았던 것 이다. 영남대 재단(의 재산)을 팔았든, 청와대에서 갖고 나온 돈이든, (돈을 모은 방법은) 나는 모른다. … 작업을 한 것이다. 박근혜 대통령 을 만들려고."14

최태민은 박근혜가 서울 신당동 집에 있을 때에도 박근혜와 은 밀하게 접촉했던 것으로 알려졌다. 두 사람은 마치 간첩의 '점조직'처 럼 은밀하게 만났다는 게 조순제의 설명이다.

"그 관계는 뭐 우리가 아는 말로 간첩 점조직 하듯이 둘의 관계는 끊임없이 뭐 고기가 땅에 있으면 물만 보면 찾아가듯이 딱 그런 관계예요. 그거는 뭐 처음부터 끝까지니까, 그거는 얘기할 것도 없고."[15]

이즈음 단국대 영문학과 대학원 연구과정에 있던 최순실은 여덟 살짜리 고아의 후원자 역할을 하면서 유아교육에 대한 관심을 키웠다. 최순실의 기억이다.

"그 당시 나는 고아인 8살짜리의 보호자 역할을 한 적이 있다. 그 아이는 이른바 '찍쇠'라고 불리는데 '새마음야간학교'에 입학시켜 우리 대학생들 교사들이 정을 그렇게 많이 쏟았는데도 도무지 마음의 문을 열지 않았다. 이미 굳어져 버린 동심과 사회에 오염된 아이의 실상이었다. 나는 그 아이의 빗나감을 통해 여고 시절부터 꿈을 키워오던 유아교육에 대한 깊은 관심을 가슴속에서 꽃피우기 시작했다."[16]

최순실은 이 시기를 비롯해 6~7년 동안 유치원을 세우기 위해 부지런히 뛰었다고 한다. 최순실의 이야기다.

"나의 소망인 유치원을 세우기 위해 나는 6~7년 동안 부지런히 뛰었다. 조그만 소품가게를 키워 의상 대리점으로 발전시키기도 했다. 그 의상 대리점에 웬만큼의 프리미엄이 붙자 나는 은행 융자, 친척에게 약간씩의 도움을 받아 유치원을 설립하게 된 것이다."[17]

최순실은 또 미국 로스앤젤레스에 있는 퍼시픽스테이츠 대학 Pacific States University에서 유아교육학을 공부했다고 나중에 각종 자료에 적시했다. 즉, 최순실은 퍼시픽스테이츠 대학에서 유아교육학으로 1981년 2월 학사 학위, 1985년 2월 석사 학위, 1987년 2월 박사 학위를 차례로 받았다고 한국연구자정보시스템KCI에 입력했다. 하지만 퍼시픽스테이츠 대학 측은 국내 언론과의 인터뷰에서 최순실은 이 대학에 다닌 적이 없고 유아교육학과 자체가 없다고 밝혔다. 더구나 퍼시픽스테이츠 대학은 1996년 이전까지 정식 학위 과정으로 인가받지 못한 상태였다고 한다.[18]

들끓는 배신감과 신학, 성북동 집

1981년 4월 12일 미국 플로리다 주 케이프커내버럴 기지를 떠난 재사용 우주왕복선 '컬럼비아호'가 발사됐다. 컬럼비아호는 2일간 지구 궤도를 36번 돌고 착륙에 성공했다. IBM은 개인용 컴퓨터 5150을 출시, 2만 대 이상 팔았다. 전두환 대통령은 1월 28일부터 11일간 로널드 레이건 미 대통령 초청으로 방미해 한미 정상회담을 가졌다. 전두환은 3월 3일 제12대 대통령에 취임했다.

박근혜는 1981년 전두환 정권에 의한 박정희 비판에 박정희 정권 시절의 인사들까지 가세하자 극심한 배신감에 시달렸다. 사람들에 대한 불신이 커졌다. 박근혜는 3월 5일 자 일기에서 나라를 변화시킨 사람을 욕하고 그가 이뤄낸 열매만 즐긴다면 애국할 이유나 가치를 찾을 수 없고 결국 불의가 판을 칠 것이라고 지적한다. 아버지 박정희를 비판하고 매도하는 사람에 대한 분노를 적은 셈이다.

"기꺼이 자기희생을 해 대의를 위해, 민족을 위해 노력한 분들은 존경을 받고, 이 세상을 떠난 후에도 높이 기림을 받아야 한다. 돼지 우리 같은 곳에서 살면서 허기가 져 누렇게 뜬 얼굴로 이웃 나라에 기대기나 하고 자신을 믿지 못하던 나라가 옛날과는 거짓같이 변모했는데 그 일을 이룬 사람은 결국 욕만 먹고 욕하면서도 그 희생자가 이루어놓은 열매를 즐기는 나라라면, 그 나라에서는 아무도 애국할 이유나 가치를 찾지 못할 것이다. 자기를 은혜로이 돌보았지만 언제 어떻게 돌변해 총을 겨눌지 욕을 할지 모르는 사람들이 가득한 도시, 또 그러한 사람들이 영웅시되는 사회는 도덕이 바로 설 수가 없다. 아부하는 자들이 아무 부끄러움 없이 활보해도 손가락질하는 사람 하나 없고 아부해 출세함을 오히려 부러워하며, 얼마 전에 한 말도 내가 언제 그랬냐는 듯이 뒤집기 일쑤인 사람들이 모여 사는 사회는 불의가 판을 칠 것이다."[19]

박근혜는 한번 배신하면 다시 배신하기 쉽다며 배신에 대해 극도의 불신감을 보였다. 그는 9월 30일 자 일기에서 "한번 배신을 함으로써 배신을 하지 않으려는 저항감이 점점 약해진다는 점, 그럼으로써 두 번째, 세 번째 배신이 수월해진다"고 강조했다.[20]

박근혜가 청와대를 나와 외롭던 1980년대를 경험하면서 사람을 믿지 못하게 됐고, 타인에 대한 이 같은 강한 불신과 배신에 대한 트라우마가 비선 실세 최태민과 최순실에 대한 의존증을 키웠을 것이라는 분석도 있다.

7월 31일, 박근혜는 한준우(정수장학회 이사), 신기수(정수장학회 및 육영재단 이사), 유연상(육영수의 조카사위, 육영재단 이사), 류준(영남재단 이사장 및 육영재단 이사) 이사와 조경희 총장이 참석한 가운데 열린 영남대 재단 이사회에 참여했다. 재단 이사회는 이날 재단 정관 제1조에 "법인은 대한민국의 교육이념과 교주校主 박정희 선생의 창학정신에 입각해 교육을 실시함을 목적으로 한다"는 문구를 삽입했다. 박근혜는 정관 개정에 찬성했다고 기억했다. '교주 박정희'라는 구절이 들어가면서 박근혜의 영남대 사유화 비판이 제기됐다.[21]

박근혜는 외롭고 힘든 이때 목회자가 되기 위해 신학대학에 다니기도 했다. 그는 9월 서울 광진구 장로회신학대(장신대) 대학원에 입학해 11월까지 다녔다. 그는 최태민에게 목사 안수를 해줬다는 조현종 대한예수교장로회 종합총회 총회장에게서 신학을 배웠다. 이주태 한국기독교평신도총연합회 회장의 증언이다.

"당시 종합총회 총회장이던 조현종 목사가 '박정희 전 대통령의 장녀인 근혜 양이 우리 교단에서 신학을 공부했다'고 말했다. 조 목사는 '최태민에게 목사 안수를 주고 근혜 양에게 직접 신학을 가르쳤다'고 자랑스레 말했다."[22]

박근혜는 당초 목회자 양성 과정인 신학대학원 과정을 지원했지만 이종성(1922~2011) 대학원장의 권유로 상대적으로 쉬운 일반대학원에서 기독교교육학 과정을 공부했다. 당시 대학원장이었던 이종성 한국기독교학술원장은 "박(근혜) 전 대표는 목회자 양성 과정인 신학대학원(M.Div) 과정을 지원했지만 헬라어와 히브리어 등 어려운 과목이 많아 비교적 접근하기 쉬운 일반대학원 기독교교육학 과정을 추천했다"고 회고했다.[23]

박근혜는 2007년 경기도 부천에서 열린 '평양대부흥 100주년 기념 부천대회'에서 장신대 기독교교육학 대학원에 다닌 사실이 있음을 인정했다. 그는 "부모님이 돌아가신 뒤 의지할 데가 없어 기독교교육과 신학을 공부하기 위해 신학교에 입학했다"고 부연했다.[24] 하지만 박근혜는 심적 정리가 되지 않으면서 '공부 자세'가 안됐다는 이유로 얼마 후 학업을 중단한 것으로 전해졌다. 한편 박지만은 2월 육군사관학교를 졸업한 후 방공포병과 소위로 임관했다.

1982년 11월 10일 소련을 18년간 통치해온 레오니드 브레즈네프 소련공산당 서기장이 75세의 나이로 사망했다. 11월 12일 유리 안드로포프 전 소련비밀경찰KGB 총책이 당서기장에 선출됐다. 일본에서는 10월 12일 스즈키 젠코 총리가 돌연 사임하고 11월 26일 나카소네 야스히로가 총리에 올랐다. 국내에서는 3월 18일 부산 미국문화원에서 미국이 5·18 광주학살을 용인했다며 문부식과 김현장 주도로 방화 사건이 발생했다.

박근혜는 1982년 연금 상태에서 벗어났다. 그의 일기는 1982년부터 1985년 사이에 많이 작성되지 않아 당시 그의 생활과 사고를 파악하기는 쉽지 않다. 이때 박근혜는 박정희 대통령의 비서실장을 지낸 김계원의 가석방을 전두환 정권에 건의했던 흔적이 드러난다. 박철언[25] 등에 따르면 이종원 법무장관이 4월 29일 오후 청와대에 정치근 검찰총장, 김기춘 검찰국장을 대동하고 전두환 대통령에게 보고하기 위해 들어갔다. 박철언 정무비서관은 배석했다. 전두환은 이 자리에서 "박근혜 양의 건의도 있고 하니 형 집행정지로 석방하라"고 김계원의 가석방을 지시했다는 것이다.

박근혜가 최태민과 함께 각종 의료사업을 벌였던 새마음병원이 7월 폐원 결정됐다. 박근혜는 7월 12일 자신이 이사장으로 있던 사회복지법인 '경로복지관' 긴급 이사회를 열고 경로복지관 부설 새마음종합병원을 폐원하기로 결정했다.[26]

박근혜는 그해 8월 서울 신당동에서 서울 성북동 330-416번지로 이사했다. 전두환이 신기수 경남기업 회장에게 '박근혜의 주거지가 협소하니 하나 지어주라'는 부탁을 했고, 이에 경남기업이 집을 지어 헌납한 것으로 알려져 있다. 신기수는 전두환 대통령의 의견이 있어 박근혜의 사택을 짓게 됐다고 말했다.[27]

하지만 박근혜는 나중에 어찌된 영문인지 전두환이 신기수에게 부탁한 내용은 쏙 빼고 신기수가 제의한 것만 기억했다. 2007년 한나라당 대선 후보 검증 청문회 당시 박근혜의 설명이다.

"신기수 회장이 '아버지와 인연이 있던 분이니 좀 도와주겠다는 생각으로 성북동에 집을 마련했다. 이사를 가면 어떻겠느냐'는 제의가 있어서 받아들인 것이다."[28]

신기수 회장이 박근혜에게 서울 성북동 집을 지어준 것과 관련해, 박근혜가 실질적으로 장악한 것으로 알려진 영남대의 공사를 경남기업이 수주하는 것을 놓고 거래가 있었던 것이 아니냐는 의혹도 제기됐다. 신기수는 이에 "전두환 대통령의 지시로 박근혜의 성북동 사택을 지어줬다"며 서울 성북동 집 기부와 영남대 공사 수주와는 관련이 없다고 해명했다.[29]

박근혜의 여동생 박근령은 9월 14일 결혼했다. 상대는 유찬우 풍산금속 회장의 장남인 유청. 유청은 풍산금속센터 부사장으로 근무 중이었다. 박근령은 이날 오후 3시 서울 성북동 자택 정원에서 유준 영남학원 이사장의 주례로 결혼식을 올렸다. 박근혜와 박지만도 참석했고 전두환 대통령 내외도 잠시 들러 결혼을 축하했다. 하지만 박근령은 결혼 6개월 만에 이혼하고 만다. 박근령은 결혼하기 전까지 박근혜의 비서나 코디네이터, 운전기사 역할을 하면서 박근혜와 사이좋게 지냈다.

박근혜는 이날 박근령의 결혼식장에서 "결혼을 않느냐"는 하객의 물음에 "결혼은 생각해본 일조차 없다"고 말했다고 한다.[30] '결혼은 생각해본 일조차 없다'는 박근혜의 이런 비관적인 결혼관은 1975년 외신 인터뷰에서 결혼에 긍정적이던 것에서 확 바뀐 것이다. 1975년에서 1982년 사이 그에게 과연 무슨 일이 있었을까. 박근혜의 결혼관 변화를 놓고 여러 추측과 분석이 나오는 가운데, 일각에서는 거기에 최태민과의 관계가 자리한 것이 아니냐는 추정도 나왔다.

박근혜는 10월 27일 육영재단 이사장에 취임했다. 박근혜는 이후 7년간 육영재단 이사장으로 재임했다. 그는 육영재단을 통해 재기를 모색했다. 육영재단은 1969년 4월 14일 육영수의 출연금 1000만 원으로 설립됐고, 4월 24일 기업 기부금 및 찬조금 2억 364만 원, 정부보조금 1000만 원, 지자체 4000만 원 등이 더해지면서 출연금이 모두 2억 6000여만 원으로 늘었다. 1973년 9월 대한교육보험으로부터 서울 성북동 토지 1000평을 기증받았고, 1974년 12월 교환을 통해 서울시로부터 능동 부지 3만 평을 매입했다.

박근혜 지킨 '늑대 가속'

박근혜가 1982년 8월 서울 성북동으로 집을 옮긴 뒤에 최태민 일가
는 박근혜의 집을 더욱 빈번히 드나들었다. 서울 성북동 박근혜의 집
바로 옆에 살던 여동생 박근령이 언니 박근혜의 집을 찾을 때마다 최
태민 일가 사람들이 와 있었다고 한다. 박근령의 남편 신동욱의 전언
이다.

"아내(박근령)는 1982년 성북동 시절부터 기억합니다. 그 무렵 남
매들은 신군부의 핍박과 가까운 사람들의 배신 등으로 인해 위축돼
있었는데 최태민 일가가 적극적으로 다가와 위로해줬다고 합니다.
… 아내가 풍산그룹으로 시집을 가게 됐는데 신혼집이 당시 박(근혜)
대통령의 성북동 집 바로 옆집이었다고 합니다. 언니(박근혜)가 보고
싶어 친정에 자주 드나드니 시어머니가 담에 작은 쪽문을 내줄 정도
였다고 하더군요. 그런데 언니를 만나러 갔을 때는 거의 매번 집에
최태민 일가의 사람들이 와 있었다고 합니다."[31]

박근혜와 최태민은 이 시기 수시로 접촉했다. 박근혜와 최태민
은 측근을 통해 연락을 주고받거나 박근령이 최태민 측근의 집으로
박근혜를 태워 가기도 했다. 박근령의 언론 인터뷰 내용이다.

"새마음봉사단 일과 관련해 (최태민과) 거의 매일 의논을 한 걸로
안다. … 최 목사는 성북동으로 직접 오지는 않았고 측근들을 통해 편
지 등으로 연락을 취했다. 그리고 언니가 최 목사를 만나기 위해 제가
직접 차를 운전해 최 목사 측근의 집으로 동행한 적이 몇 번 있다."[32]

최태민과 그 일가는 박근혜가 힘들고 외로울 때, 특히 배신감에 떨고 있을 1980년대 초반 빈번히 접촉하며 박근혜의 마음을 사로잡은 것으로 분석된다. 박근혜는 2007년 6월 언론 인터뷰에서 박정희 사후 최태민이 도와준 것을 거론하며 "아버지마저 돌아가셔서 어렵고 힘들 때도 정신적으로도 많이 도와주고 위로해주셨다. 저에게 고마운 분"이라고 평가했다. 최태민은 그에게 어렵고 힘들 때 도와주고 위로해준 '고마운 분'이었다.[33]

박근혜의 가족인 박근령이나 박지만의 입장에서는 최태민과 그 가족이 박근혜를 뺏어간 것으로 생각되기도 했다. '늑대 가족'이 박근혜를 물고가 늑대로 키웠다는 것이다. 박근령의 남편 신동욱이 말하는 '늑대 아이'론이다.

"한겨울 숲속에 갓 태어난 아이. 삼남매가 버려져 있었습니다. 그런데 곧 그곳은 세상과 단절된 곳이었고 갓 태어난 삼남매는 얼어 죽습니다. 지나간 늑대 가족들이 큰 아이만 물고 간 겁니다. 나머지 두 아이는 사회적으로 매장된 겁니다. 40년간 늑대 가족이 아이를 키웠어요. 40년 후에 그 아이는 어떤 행동을 보일까요. 불행한 겁니다. 우리는 그 아이에게 돌팔매질을 할 수 있을까요. 그게 제가 내린 결론입니다. (그럴싸한 비유다.) 난 그렇게 봐요. 책임질 건 책임져야죠. 하지만 40년 동안 늑대에게서 키워진 그 아이가 인간의 흉내를 내면 무리한 것 아닌가요?"[34]

최태민은 특히 박근혜가 육영재단 이사장에 취임하자 육영재단 업무에도 관여하기 시작했던 것으로 관측된다. 최태민이 박근혜가 육영재단 이사장에 취임한 초기부터 재단 운영에 관여했기 때문에 나중에 육영재단 직원들이 최태민과 최순실 부녀의 전횡을 문제 삼았다는 주장이 나오기도 했다.[35]

실제 최태민 일가가 1983년부터 육영재단 운영에 깊숙이 개입했다는 육영재단 관계자들의 주장도 나왔다. 즉, 1983년 최태민의 여동생, 그러니까 최순실의 고모가 육영재단에 들어왔다는 것이다.[36]

물론 최태민이 고문으로 육영재단으로 들어온 1986년부터 육영재단 운영에 본격적으로 개입했던 것으로 분석된다. 직원들은 "최태민이 1986년 고문 격으로 등장한 이후 근화원 공사를 추진하면서 기업의 협찬을 받아내기 위해 직원들을 많이 괴롭혔다"고 증언했다. 최태민이 재단의 주요 업무와 자금 지출까지 관리했다는 게 이들의 주장이다. 최순실 17년 운전기사 김 씨도 어린이회관의 '근화원' 신축공사비 약 17억 원을 최태민이 부담했다고 증언하기도 했다.[37]

이영도 전 숭모회장은 이와 관련해 최태민이 어린이회관을 활용한 박근혜 대통령 프로젝트를 구상하고 있었던 것으로 봐야 한다고 주장했다. 그러면서 "평화를 어린이 품으로 돌려줘야 한다고 지었던 육영수의 어린이회관이 최태민의 아방궁으로 전락했다"고 강조했다.

최태민이 육영재단 업무에 개입한 시기를 정확히 확정할 수는 없지만, 그가 육영재단 운영에 깊숙이 개입했던 것만은 분명해 보인다. 박근혜도 2002년 4월 언론 인터뷰에서 이를 사실상 인정했다.

"(최태민) 전횡해 뭐 나쁜 일 한 게 있었어요? 그때 육영재단이 얼마나 잘되고 있었는데. 전횡해서 사기를 치고 한 일이 있나요? (같이 일을 한 사실만 있다는 말씀이죠?) 그렇죠. 그렇게 일할 수 있죠. 재단에 손해날 짓, 또는 사적으로 뭘 챙긴 게 한 건도 없는 겁니다. 10원 한 장이라도 잘못했으면 감옥에 백번이라도 갔을 분위기였어요."[38]

최순실은 1982년부터 서울 강남구 신사동 548-2번지 소재 종화빌딩에서 '마론 핸즈'라는 소가구 인테리어점을 운영했다고 2007년 김해호와의 소송에서 밝혔다.[39] 최순실은 그해 11월 18일 자신보다 연하인 대구 출신 김영호와 결혼했다. 김영호는 건축 관련 일을 한 것으로 알려졌다. 최순실은 이듬해 김영호와의 사이에서 아들을 낳은 것으로 전해진다.

재단에 둘러싸인 박근혜

로널드 레이건 미국 대통령이 1983년 10월 12일부터 2박 3일 일정으로 한국을 방문, 전두환 대통령과 두 차례 정상회담을 갖고 국회에서 연설했다. 앞서 1월 11일부터 1박 2일 일정으로 나카소네 야스히로 일본 총리가 방한했다. 9월 1일 새벽 3시 26분쯤 대한항공 007편 보잉 747 점보여객기가 사할린 부근 상공에서 소련 전투기의 공격을 받고 추락해 승무원과 승객 등 269명 전원이 사망했고, 10월 9일 버마 아웅산 묘소에서 북한군 특수요원이 미리 설치한 폭탄이 터지면서 서상준 부총리를 비롯해 이범석 외무, 김동휘 상공, 서상철 동력자원부 장관 등 17명의 공식·비공식 수행원이 숨졌다.

박근혜는 1983년 영남재단과 육영재단, 한국문화재단 등 여러 재단의 이사장이나 이사를 맡고 있었다. 그는 육영재단을 중심으로 영남재단과 한국문화재단 등 다른 재단에 관여했던 것으로 보인다. 박근혜는 일주일에 서너 차례 정도 육영재단에 출근해 서너 시간 정도 사무실에서 업무를 봤다고 한다. 박근혜는 2007년 한나라당 대선 후보 검증 청문회에서 "매일 (육영재단 등에) 출근하지는 않았지만 꽤 자주 갔다. 일주일에 서너 번 갈 때도 있었다"며 재임 내내 "그랬던 걸로 기억한다"고 밝혔다.[40]

박근혜는 육영재단이나 영남재단, 한국문화재단 등 여러 재단을 관리하기 위해 최태민의 사람들을 대거 활용했다. 이 시기 최태민의 사촌인 김창완이 어린이회관 관장에 임명됐고, 육영재단 이사진에는 영남투자금융 비리의 핵심인 김정욱이 임명됐다. 새마음병원 사무국장과 명덕재단 사무국장 등에도 최태민의 친인척 및 측근 인사들이 선임됐다. 이들이 재단 이곳저곳에서 일을 하게 되면서 '돌려막기식 인사'라는 비판이 제기되기도 했다.

박근혜가 육영재단을 비롯한 전체 재단의 업무를 완전히 장악하지는 못했다는 증언도 나온다. 즉, 최태민과 그의 측근 인사 등 비선 세력에 끌려 다녔다는 것이다. 조순제의 증언이다.

"이 업무를 하면서 지내보면 (박근혜가) 완벽한 꼭두각시예요. 지금은 능력이 좀 생겼는지 몰라도 그 당시만 해도 완벽하게 아무것도 몰라요. 능력은 좀 생겼는지 몰라도, 아무것도 능력이 없는 것이 그게 뭘 하겠다고 설치냐 말이야. (아, 옛날에 비춰보면은…) 지금 좀 생겼는지 모르지. 지금도 초장에 할 때는 어떻게 묻고 대답할지 물어왔다고. 근데 지금은 좀 생겼는지 모르지만, 완전히 100% 꼭두각시였습니다. 진짜 100% 꼭두각시. 업무에 대한 것도 결국 전부 나하고 쏙닥거리면 그게 한 자 한 획도 (변함)없이 그대로 돼버리는 거예요. 완벽한 꼭두각시였거든."[41]

최태민과 조순제 등 비선 세력이 박근혜의 재단 운영에 개입하면서 각종 변칙적인 인사와 재무관리, 불투명한 자금 집행이나 미승인 수익 사업 등 여러 문제가 발생하게 된다.

1984년 11월 6일 미국 대통령 선거에서 로널드 레이건이 재선에 성공했다. 앞서 2월 9일 소련에서 유리 안드로포프 소련공산당 서기장이 병사하자 콘스탄틴 체르넨코가 4일 뒤 집권했다. 12월 19일에는 마가렛 대처 영국 총리와 자오즈양 중국 총리가 1997년에 홍콩을 중국에 반환하기로 '홍콩 반환협정'에 서명했다. 전두환 대통령은 9월 6일부터 2박 3일간 일본을 공식 방문했다.

박근혜는 1984년 3월 12일부터 박정희 대통령 재직 시절 국내외에서 받은 선물과 일상 집기, 물품 등 유품을 국가에 헌납하기 시작했다. 헌납한 유품은 박정희가 외국을 방문했을 때 만났거나 한국을 방문한 각국 원수와 장관 등으로부터 받은 선물 150여 점. 정부는 박근혜의 집에서 서울 경복궁 내 민속박물관으로 물품을 이전해 분류 작업을 거쳐 보관했다.[42]

그해 4월 3일 발간된 여성지 ≪여원≫ 4월호에 박근혜의 인터뷰가 실렸다. 박석수 ≪여원≫ 편집장이 2월 23일 오후 70분간 박근혜를 만나 인터뷰한 내용을 게재한 것으로 알려진다. 박근혜는 기사에서 '무척 슬프고 외로운 삶을 사실 거라는 것이 일반의 추측인 것 같은데'라는 질문에 바쁘게 살고 있다고 말한다.

"나 자신 별로 슬픔과 외로움을 느낄 여유가 없었습니다. 아버지가 돌아가시고 나서는 이제까지 아버지의 이해되지 못했던 여러 측면을 가능한 한 많은 사람들에게 알리는 일이 남은 나의 사명 중 하나라고 생각돼 오늘의 인터뷰를 받아들인 것입니다."[43]

박근혜는 인터뷰에서 박정희와 육영수의 삶과 청와대 내 생활을 중심으로 박정희 대통령의 공을 부각하려 애쓰는 모습이 역력했다. 즉, 조국 산업화를 위해 많은 노력을 했고 이 과정에서 많은 고뇌를 했다는 거다. 인터뷰 끝부분에서 '지금부터라도 일반적인 생활, 즉 행복한 가정을 만들고 부부가 함께 오래 살고 어린아이를 키워가는 생활을 시작할 수 있다고 믿느냐'는 질문에 박근혜는 부정적으로 대답했다.

"지금은 개인의 즐거움이라든가 사는 기쁨이라든가 하는 것을 생각할 여유가 없습니다. 그렇게 되기에는 좀 더 시간이 걸리리라 생각합니다."[44]

전체적으로 인터뷰에서는 박근혜가 박정희와 육영수의 삶과 생각, 청와대에서 겪었던 여러 경험에서 완전히 벗어나지는 못한 듯한 모습이 비쳐졌다. 하지만 박근혜는 《여원》 4월호에 실린 인터뷰가 조작된 것이라고 강력히 항의했다. 그는 '도서잡지주간 신문윤리위원회'에 제소할 것을 검토하겠다고 밝혔다. 박근혜의 주장이다.

"1979년 10·26 사건 후 기자회견을 가진 것은 1980년 초 일본의 월간 《문예춘추文藝春秋》와 역시 일본의 한 텔레비전뿐이고 그 이후 일체 기자회견을 갖지 않고 있는데 이번 《여원》의 인터뷰 내용은 《문예춘추》에서 대부분 옮겨오고 그 밖에 적당히 살을 붙이는 식으로 꾸몄고 사진도 과거의 것을 적당히 가려내 썼다. 수많은 신문 잡지사에서 인터뷰 요청이 있었지만 일체 거절하는 대신 기사화하지 않을 것을 전제로 잠깐씩 면담만을 허용했는데 그것이 이 같은 결과로 나타난 것은 개탄할 일이다."[45]

박근혜는 당시 서울 국립현충원에 잠들어 있는 아버지 박정희에 대한 성묘를 공개적으로 하지 못하고 있었다. 그는 10월 26일 이전에 개별적으로 성묘하고 10월 26일 당일에는 집에서 조촐하게 가족끼리 제사만 지냈다. 공식 추도식을 재개한 1988년 이전까지 이런 일이 이어졌다. 당시 언론보도다.

"(1984년 10월) 26일은 고 박정희 전 대통령의 5주기 기일. 박근혜, 근령, 지만 씨 등 자녀들은 이날 저녁 서울 중구 장충동 박근혜의 집에서 종형인 박재홍 의원 등 가족들만 참석하는 가운데 기제사를 조용하게 지냈다. 근혜 씨 등 유족들은 이보다 앞서 24일 국립묘지의

박 대통령 묘소에 성묘했다."⁴⁶

끝없이 이어지는 밀회설

박근혜가 육영재단 이사장에 취임한 직후 최태민 일가는 1983년 서울 강남구 역삼동에 땅과 주택을 매입했다. 최태민은 1월 5일 경남 호적을 말소하고 서울 은평구 증산동 219의1번지로 전적한 뒤 서울 강남구 역삼동 689-26에 149.1m²(45평)의 땅을 27세이던 최순실 명의로 매입했다. 앞서 1982년 최태민의 아내 임선이도 서울 서초구 잠원동 반포한양아파트를 샀다.

이즈음 최태민이 박근혜와 자주 '밀회'를 가졌다는 증언이 적지 않다. 두 사람이 남들 눈에 띄지 않게 자주 만났다는 것이다. 최태민과 박근혜의 밀회설을 주장하는 인사들은 이영도 숭모회장과 정두언 전 새누리당 의원, 조순제와 그의 아들 조용래, 최순실의 17년 운전기사 김 씨 등이 대표적이다.⁴⁷

조순제의 부인 김경옥도 최태민과 박근혜의 관계에 대해 '애인'임을 암시하는 새끼손가락을 펼치며 "이거지"라고 말하기도 했다. 조순제의 증언이다.

"우리 마누라는 깨놓고 말했거든. 우리 마누라는 옛날부터 이거지(새끼손가락 들며) 뭐냐고! 옛날부터 그랬고, 이게 이렇습니다. 다 여기는 이렇게 인정을 해요."⁴⁸

폭로전문 사이트 「위키리크스」에 수록된 2007년 7월 20일 자 문서에 따르면 윌리엄 스탠턴 당시 주한 미국 부대사는 문서 「한국 대선: 여전한 소용돌이 정치」에서 한나라당 대선 후보 경선에 줄마한 박근혜에 대해 "경쟁자들이 '한국의 라스푸틴'이라고 부르는 최태민이라는 목사pastor와의 35년 전 관계와 그가 육영수 서거 후 박근혜가 퍼스트레이디로 있던 시절 박근혜를 어떻게 지배했는지에 대한 설명을 요구받고 있다"고 적었다. 스탠턴 부대사는 그러면서 정치권 안팎에 퍼져 있는 루머를 전했다.

"최태민이 인격 형성기에 박 후보의 몸과 마음을 완전히 지배했고, 최태민의 자제들이 그 결과로 엄청난 부를 축적했다는 루머가 널리 퍼져 있다Rumors are rife that the late pastor had complete control over Park's body and soul during her formative years and that his children accumulated enormous wealth as a result."

전직 미국 외교관 그레고리 헨더슨의 저서 『소용돌이의 한국정치』를 인용한 이 문서는 알렉산더 버시바우 전 주한 미국 대사가 기밀로 분류한 후 미국 국무부 등에 전송했다.[49] 윌리엄 스탠턴 부대사의 문서에서 최태민과 비유되는 '요승' 그리고리 라스푸틴(1872~1916)은 황태자의 병을 고쳐주겠다며 니콜라이 2세의 황후 알렉산드라를 사로잡아 막강한 권력을 누리며 전횡을 일삼다 제정 러시아의 몰락을 이끈 인물이다.

최태민은 이와 관련해 자신은 박근혜와 '영의 세계 부부'라고 말하고 다녔던 것으로 보인다. 최태민의 측근으로 알려진 목사 전기영의 기억이다.

"당시 소문에 최태민 씨와 영애 박근혜 양이 방에 들어가면 종일 안 나온다는 이야기가 있었어요. 그래서 대놓고 물었죠. '도대체 무슨 관계냐'고. 그랬더니 최 씨가 '우리는 영적인 한 가족 한 부부와 같은 것이지, 육신에 대한 얕은 얘기는 하지 마세요. 우리 신이 이분을 도우라고 했습니다. 이상한 생각은 저질이나 하는 겁니다'고 하더군요."[50]

박근혜와 최태민의 빈번한 관계나 '밀회설' 등에 최태민의 아내 임선이는 왜 문제를 제기하지 않았을까. 조순제와 그의 아들 조용래는 박근혜가 최태민 일가에 돈과 권력을 가져다주는 존재였기에 임선이가 두 사람의 관계를 묵인하고 방조한 것으로 해석했다.[51] 조순제의 증언이다.

"동생들이 아니고 할마씨(임선이)도 여자인데 갈등이 없겠습니까? 고민이 그거를 우리 마누라는 명색이 며느리인데. 나도 느낄 정도인데, 우리 마누라인들 본인이… 그러나 엄청난 대통령 딸이지. 엄청난 돈에 감수하는 거지. 그것을 자식으로서는 느낄 수 있는 거거든요. … 아, 그러니깐 그거를 며느리지만 시어머니가 며느리하고 얘기할 때 얼마나 자존심 상하겠습니까? 그거를 둘이 사이는 갈등의 여지가 있긴 하지."[52]

박근혜는 각종 인터뷰나 글에서 최태민과 남녀 관계라는 주장이나 세간의 의혹에 대해 부인으로 일관해왔다. 전혀 사실이 아니라는 것이었다. 박근혜는 2007년 한나라당 대선 후보 검증 청문회에서 "만약에 (최태민과의 사이에) 애가 누가 있다는 확실한 근거가 있다면 그 애를 데리고 와도 좋다. 제가 DNA 검사도 다 해주겠다"고 최태민과의 관계를 부인했다.[53]

최순실은 1983년 전후 3년간 독일에 유학을 갔다고 말했다. 즉, 최순실은 인터뷰에서 독일에서 유아교육 공부를 2~3년 정도 하고 온 뒤 학원을 개설했다고 말했다. 최순실의 이야기다.

"(유아교육에 관심을 가진 것은) 고교 때부터였지만 막상 대학에서는 유아교육과 상관없는 과를 다녔다. 뒤늦게 독일에서 3년 동안 유아교육에 관한 공부를 하고 돌아와 지난해 학원 문을 열었다."[54]

조순제는 이즈음 박근혜와 최태민으로부터 새된 권리를 도와달라는 요청을 받지만 경남기업에서 일하고 있어 요청을 거부했다. 그 대신에 조순제는 회계에 능한 조용생이라는 사람을 임선이를 통해 소개해줬다고 한다.[55]

조순제는 1984년부터 영남재단 업무에 관여하기 시작했다. 조순제는 아내의 외삼촌 손윤호와 사촌 누나의 남편 곽완석을 선발대로 보내 서울 명동에 위치한 '영남투자금융'부터 장악해나갔다. 조순제가 영남금투자금융 임원으로 간 것을 비롯해 박근혜와 최태민의 측근인 김정욱이 영남재단 상임이사, 곽완석이 영남대 사무부처장, 손윤호가 영남병원 사무부장을 각각 맡으며 이른바 '영남대 4인방' 체제를 갖췄다. 조순제는 이후 박근혜와 최태민의 지시에 따라 영남재단의 인사와 재단 관리를 장악하고 실무적으로 집행했다고 한다. 조순제의 증언이다.

"김기택 (영남대) 총장 같은 경우는 대학의 실제 관리 책임자 하나 앉혀놓고 압력을 넣으니깐, 내 방에 내가 영남투자 전무인데, 내 방에 뭐 대학교 인사 전부 리스트가 다 온다고. 그런 게 다 소위 말하는 파행적 관리… 그게 서울에서부터 시작되니깐 자연적으로 그렇게 돼버린 거야."[56]

조순제는 이때부터 박근혜와 최태민의 지시를 받으며 영남대와 재단의 재산을 정리해 돈을 만들어 최태민에게 보냈다. 나중에 영남대 교수협의회는 조순제가 영남투자금융의 고액 예금주 및 관계자에게 학교의 각종 보직 및 신규 인사를 주선했고 토목 및 건설 공사에 부당하게 개입한 의혹이 있다고 지적했다. 특히 조순제는 1987년 아들 조용래를 영남대 경제학과에 부정으로 입학시킨 것이 드러나 거센 비판을 받았다.[57]

이즈음 최태민이 김기춘과도 교류했다는 증언이 있다. 즉, 최태민이 1984년 무렵 서울 강남구의 한 사무실에서 김기춘을 만난 것이 목격됐다는 것이다. 최태민의 아들 최재석의 증언이다.

"그 당시에는 모르겠는데 한 (19)84년도인가 그때 제가 본 적이 있죠, 아버지 사무실에서. (아버지 사무실에서 김기춘 실장을?) 네. (최순실 씨는 몰랐을까요? 서로 몰랐을까요, 최순실, 김기춘은?) 나도 아는데 어떻게 몰라요, 자기가? 저는 거기에 관여한 사람도 아닌데 거기 봉사단에. 근화봉사단 말씀드리는 겁니다, 지금. 거기 사무실에서 뵈었으니까 그분이 나는 못 봤다 나는 모른다, 그렇게 얘기할 수 있겠죠. 그러면 나는 본 걸 본 거라고 말씀드리는 거죠."[58]

최태민은 또 우병우 전 청와대 민정수석의 장인 이상달(1939~2008)과도 긴밀하게 연락을 주고받은 것으로 알려진다. 이상달이 최태민의 측근 역할을 했다는 것이다. 최재석은 "(우병우의 장인) 이상달은 아버지(최태민) 살아생전 서울 역삼동 자택으로 거의 매주 한 번가량 가장 빈번하게 방문한 측근 중 한 사람"이라며 "아버지와 이상달을 따라 부친의 서울 역삼동 사무실 근처 식당에서 식사를 한 적도 있다"고 기억했다.[59]

최태민 일가의 강남 부동산 매입 러시

1985년 9월 22일 미국 뉴욕의 플라자호텔에서 G5(미국, 영국, 독일, 프랑스, 일본)의 재무장관들이 달러화 가치를 하락시키기로 합의했다. 이른바 '플라자합의'였다. 플라자합의로 엔화와 마르크화는 평가 절상됐고 달러화는 폭락했다. 미국은 불황에서 탈출한 반면, 일본과 독일은 불황에 휘청거렸다. 앞서 3월 11일 소련에서 콘스탄틴 체르넨

코의 뒤를 이어 미하일 고르바초프가 당서기장으로 선출됐다. 고르바초프는 소련의 개혁과 개방을 주도하며 냉전 질서에 근본적인 변화를 가져온다. 고르바초프는 11월 19~20일 스위스 제네바에서 레이건 미국 대통령을 만나 군축을 논의했다. 국내에서는 2월 12일 총선에서 김대중과 김영삼의 지원 아래 신민당이 서울 14개 지역구 가운데 12개 지역구에서 승리하는 등 거센 돌풍을 일으켰다. 신민당은 제1야당으로 부상했다.

최순실과 어머니 임선이를 비롯한 최태민 일가는 1985년부터 서울의 요지로 꼽히는 서울 강남 일대의 부동산을 대거 매입했다. 임선이는 1985년 서울 역삼동 689-25번지 354.1m²(107평)의 대지와 단독주택을 구입했다. 앞서 1983년 최태민은 최순실 명의로 서울 역삼동 689-26에 149.1m²(45평)의 땅과 건물을 매입했다.

임선이는 12월에는 서울 삼성동 45-12번지의 대지와 단독주택을 매입했다. 이 주택은 나중에 이사 오는 박근혜의 서울 강남구 삼성동 집과 500m도 채 떨어지지 않은 곳에 위치했다. 임선이는 나중에 최순득의 소유인데 명의신탁을 한 것이라고 신고했다. 최순득 부부는 1988년 12월 단독주택을 헐고 지하 3층, 지상 6층짜리 승유빌딩(건평 4183.71m²)을 세웠다.[60]

최순실도 9월 서울 강남구 신사동 639-11번지(661m², 200평)를 약 3억 2000만 원에 임선이와 공동 명의로 매입했다. 최순실은 이듬해인 1986년 12월 이곳에 4층 규모의 빌딩을 건립하고 1987년 5월 임선이의 지분을 넘겨받아 단독으로 빌딩을 소유했다.[61]

최태민의 여섯째 딸 최순천도 1989년 4월 남편 서동범, 서동범의 형과 함께 서울 강남구 청담동 119-3, 119-4, 119-10번지 등 3필지 대지(1161.5m², 351평)를 사들였다. 최순천이 지분 4분의 1을, 서동범

이 4분의 2를, 서동범의 형 서동만이 4분의 1을 각각 소유했다. 이들 부부는 1991년 9월 이곳에 지하 4층, 지상 9층 규모의 건물(연면적 7045.29m², 2131평)을 지었다. 최순천 가족은 2007년 1월 건물 지분 전체를 에스플러스인터내셔널(전 서양물산)에 넘겼다.[62]

최순실과 그 일가의 부동산 투자 내역을 살펴보면 대부분 금싸라기 땅으로 꼽혀온 서울 강남에 집중돼 있음을 알 수 있다. 1980년대 부동산 활황기에 그동안 뚜렷한 활동 이력이 없던 최순실 일가가 강남 일대 부동산을 대거 사들인 것이다. 이들은 당시 인기가 높던 아파트뿐만 아니라 단독주택을 매입해 이를 철거하고 빌라를 지어 임대를 놓거나 매각하기도 했고 단독주택을 밀고 상업 빌딩을 짓기도 했다. 건축업과 별다른 인연이 없던 이들이 개인 부동산 투자자로 할 수 있는 최고의 재테크를 해온 것이다.

이 과정에서 최순실 일가의 은행 대출이 거의 없었다는 점도 눈여겨볼 대목이다. 적게는 수억 원에서 많게는 수백억 원에 이르는 부동산 투자에 이들처럼 대출이 적은 경우는 드물다는 지적이다. 서울 강남에서 수십 년 업력의 부동산 관계자들은 하나같이 최순실 일가의 현금 동원 능력이 상당하다고 분석한다. 자연스럽게 자금 출처를 놓고 의문도 제기돼왔다. 많은 전문가들은 자금 출처가 최태민일 것으로 추정한다. 최순실의 17년 운전기사 김 씨도 최순실 일가의 재산이 기본적으로 최태민으로부터 흘러나왔다고 증언한다.

"최태민 씨에게서 (돈이) 넘어왔다고 봐야 한다. 원래 지(최순실)가 뭐 있었겠느냐. 최순천 부부 소유의 1300억 원짜리 서울 청담동 빌딩도 최태민 씨가 살아 있을 때 지어줬다고 하더라. 자세히는 모르지만, 최태민 씨는 밤새도록 용달차로 돈을 실어 나를 정도로 돈이 많았다고 한다. 최 씨의 외사촌 오빠 임 모 씨(사망) 얘기로는 '할배(최태민)

돈을 용달차로 네다섯 대나 옮겼다'고 하더라. (돈을) 옮기는 데 죽을 뻔했다고 한다. 한두 번이 아니고 엄청나게 많았다고 하더라."[63]

박근혜는 이 시기 최태민의 서울 역삼동 자택을 자주 드나든 것으로 보인다. 박근혜는 최태민의 역삼동 집에 있는 두 평짜리 골방에 들어가면 서너 시간씩 나오지 않았고 밥도 두 사람만 따로 먹었다고 한다. 조순제의 증언이다.

"(박근혜가 최태민의 서울 강남구 역삼동 자택을) 찾아오고 하게 되면요. 사람들 다 피하게 하고, 눈에 안 띄게. 온다는 연락이 오면 다 피하고 눈에 띄면 그건 거북하니깐, 나도 마당에 있다가 집 뒤로 피해준다고. 그러면 방에 쏙 들어가면 나오고 다 그랬어요. 그 시절에. (근데 그 골방 얘기 좀 해주십시오.) 그 골방 얘기를 어떻게 압니까. 뻔한 건데, 세 시간 네 시간 안 나오고 둘이 있는데, 그 골방이 한 요만 할 거야. 이 방이 좀 좁고 길어. 한 두 평? 요 정도 해가지고 이것보다 좀 길어요. 둘이 들어갔다 하면 세 시간 네 시간 있는데, 밥은 문간에 갖다 놓으면 영감쟁이가 들고 들어가 즈그끼리 먹고."[64]

1986년 4월 26일 우크라이나 체르노빌 원자력발전소에서 화재가 발생해 엄청난 양의 방사능이 유출됐다. 방사능은 우크라이나, 벨라루스, 러시아 지역으로 퍼져나갔고 규모를 알 수 없는 피해를 안겼다. 석유수출국기구OPEC가 1985년 12월 생산쿼터제를 폐지하면서 국제유가가 큰 폭으로 떨어졌다. 1986년 상반기 한때 1배럴당 10달러 선마저 무너졌다. 한국은 3월부터 국제수지가 연 10개월째 흑자를 기록해 무역수지 흑자 시대를 열었다. 실질경제성장률도 12.2%를 달성했다. 저유가에 달러화 약세, 저금리 등 '3저' 때문이었다. 한편 제1야당인 신민당이 2월 12일부터 개헌 서명운동을 벌이면서 개헌 열기가 점차 고조되기 시작했다.

박근혜는 1986년과 1987년 사이 일기를 공개하지 않았다. 육영재단을 중심으로 대외 활동을 하면서 지낸 것으로 분석된다.

박근혜의 여동생 박근령은 1986년 4월 미국으로 떠났다. 박근령은 결혼 6개월 만인 1983년에 이혼했다. 시집살이가 힘들어서 이혼한 것으로 알려졌다. 박근령은 1990년까지 미국에 체류했다. 박근령은 나중에 최순실 일가가 자신을 박근혜와 떼어내기 위해 이혼 후 미국으로 떠나는 방향으로 유도한 게 아닌가 하고 의심했다. 박근령이 미국에서 돌아왔을 때 최순실 일가가 박근혜와 그 주변을 완전히 장악했기 때문이다.[65]

박근혜의 남동생 박지만은 교통사고 후유증으로 의무복무 5년을 마치고 1986년 육군 대위로 전역했다. 박지만은 앞서 1985년 3월 23일 새벽 서울 한남동 강변도로에서 자신의 피아트 승용차를 운전하다가 운전 부주의로 중앙선을 넘어 반대편 난간을 들이받았다. 이 사고로 박지만은 얼굴에 찰과상을 입고 서울 동부이촌동 금강병원에서 응급치료를 받은 후 육군통합병원으로 옮겨졌다.[66]

1986년부터 1988년까지 김기택이 영남대 총장을 역임했다. 그는 1988년 사학 비리 수사 당시 박근혜와 측근 4인방이 영남대에서 저지른 전횡을 검찰에서 진술했고, 이 때문에 박근혜는 영남대 이사장직에서 물러나야 했다. 김기택은 2007년 한나라당 대선 후보 경선에서는 이명박 후보를 지지했다. 그의 셋째 아들은 박근혜 정부 시절 마지막 검찰총장이던 김수남이었다.

최순실 초이유치원 개원

최순실은 독일에서 3년여 유아교육을 공부한 뒤 1985년 11월 귀국
해 유아교육 기관을 준비했다. 최순실은 언론 인터뷰에서 "1985년
11월경 나는 독일에서 돌아와 '상황 중심 교육'을 시도하기 위한 작
업을 연구하기 시작했다"며 "나는 여러 형태의 교구와 교재를 제작하
며 유아교육 기관의 문을 여는 일에 들떠 있었다"고 회고했다.[67]

　최순실은 1985년 말 서울 강남구 신사동 637-11번지 건물을 임
차해 초이유치원과 초이종합학원을 개원했다.[68] 최순실의 1985년 소
득신고서 등을 보면 초이유치원은 초이태권도학원으로 처음 등록된
것으로 보인다. 최순실은 이때 운전기사 '김 과장'을 채용했다. 최순
실 17년 운전기사 김 씨는 1985년 10월쯤 최순득의 남편 장석칠이
'운전기사 소개소'를 통해 "학원 버스를 사났는데 기사가 없으니 기사
를 해달라"고 부탁, 최순실의 '초이유치원' 버스를 운전하게 됐다고
기억했다.[69]

　최순실이 세운 초이유치원은 서울 강남의 고급 유치원으로 알려
지면서 꽤 인기를 끌었던 것으로 보인다. 1985년 말 최순실은 학원
이 아닌 정식 유치원에 대한 의견이 이어지자 '한국아동교육문제연
구소'를 설립해 유치원 교육 프로그램을 만들기 시작했다. 즉, 인가
받은 정식 유치원이 아닌 학원이라는 학부모들의 걱정을 불식하기
위해서였다. 최순실의 설명이다.

　"아이들의 졸업 시기가 다가오면서 정식 유치원 문제가 거론되
기 시작했다. 학원이란 인식 때문에 졸업 때 학부모들이 신경을 많이
쓰는 것 같았다. 나는 외국 교수의 도움을 받아 유치원 교육 프로그
램을 만들기 시작했고 자료를 제공받았다. 국내 교수진들과의 유대

도 필요했다. 좋은 뜻이 모이기 시작했다. 유아교육을 위한 모임이 시작됐던 것. 우린 그걸 잠정적으로 연구소라 명명하기도 했다. 한 달에 한 번도 좋고 시간 있을 때 모여 의견 교환을 하기도 했다. 많은 자료, 교재 등의 연구가 시작됐다."[70]

최순실은 앞서 6월 1일 첫 남편 김영호와 이혼했다. 이혼 이유는 아직 제대로 알려져 있지 않지만, 자녀에 대한 친권은 김영호가 갖게 된 것으로 추측된다.

최순실은 1986년 3월 육영재단 부설 원장으로 취임했다. 최순실에 따르면 서울 신사동에 초이유치원을 개원한 그는 서울 능동 어린이회관을 자주 이용했다. 즉, 유치원의 야외 활동을 위해 박근혜가 이사장으로 있는 육영재단의 어린이회관을 찾게 됐다는 것이다. 최순실의 설명이다.

"아이들이 뛰어놀 수 있는 야외 공간이 없는 것이 문제점으로 거론되기 시작했다. 이웃 초등학교의 운동장을 빌려 쓰는 일조차 힘이 들었다. 그 당시 내 주위의 친한 분이 어린이회관 활용을 생각해보라고 했다. 그래서 우리 교사들과 답사를 하기 시작했다. 우리는 일단 환영을 받았다. 입장료 문제와 과학관 이용 등을 검토하고 회관을 적극 활용하기 시작했다. 우리 유치원은 어린이회관과 자매결연을 맺었다. 유아들이 안전하게 뛰어놀 수 있는 공간이 필요했기 때문에 회관 측의 권유에 선뜻 응했던 것이다."[71]

최순실은 주위의 친한 분이 소개해 박근혜가 있는 어린이회관을 사용했다고 설명했지만, 다른 인터뷰에선 "고민을 하고 있는데 마침 교사들 간에 어린이회관을 이용해보는 게 어떻겠느냐고 하더라"며 "그때 박근혜 씨가 어린이회관의 육영재단 이사장이란 걸 처음 알았다"고 말했다. 그러면서 송재관 어린이회관 관장의 중재로 자매결연

을 했다고 말했다.[72]

최순실은 1986년 봄 상황 중심의 유아교육을 위해 어린이회관을 자주 이용하면서 박근혜와 재회했다고 인터뷰에서 밝혔다. 즉, 1986년 봄 어린이회관을 대여섯 번 이용할 즈음 회관 내를 둘러보던 박근혜와 만났다는 것이다. 최순실의 설명이다.

"원생들을 데리고 갔다가 회관을 둘러보는 박근혜 씨를 만났어요. 아버지 이름을 말씀드리고 제가 학원을 하는데 시설을 이용하게 편의를 봐줘 감사하다는 인사를 드렸어요. 열심히 해보라며 아버지 안부를 물어 잘 계시다는 이야기를 하고 헤어졌어요. 약 1분 정도 이야기를 했을 겁니다. 그 뒤로도 저희 학원이 어린이회관을 많이 이용했기 때문에 박근혜 씨가 회관을 둘러볼 때면 만나볼 수 있었어요."[73]

최순실은 인터뷰에서 1986년 3월에야 박근혜가 어린이회관을 운영한다는 사실을 알게 됐고 박근혜와 개인적으로 재회했다고 말했지만, 이는 사실과 다른 것으로 보인다. 최순실은 1970년대 중후반 새마음운동이나 새마음전국대학생연합회 활동을 하며 박근혜를 이미 알고 만났기 때문이다. 최순실이 박근혜와의 첫 만남 시기를 1970년대 후반이 아닌 1986년으로 뒤로 미룬 것은 자신과 박근혜 간의 오래된 인연을 숨기기 위한 것으로 해석된다.

최순실은 1986년 3월부터 육영재단의 부설 원장을 맡으면서 최태민과 함께 육영재단 사업에 개입했던 것으로 분석된다. 김해호는 최순실 일가가 이때 140여 명의 육영재단 직원들에게 퇴직을 강요당하고 자금을 유용하는 등 육영재단을 전횡하고 이를 통해 재산을 증식했다고 2007년 6월 17일 주장했다.[74]

분출하는 육영재단 비선 의혹

1987년 12월 8일 미국 워싱턴에서 로널드 레이건 미국 대통령과 미하일 고르바초프 소련공산당 서기장이 정상회담을 갖고 유럽과 아시아 지역에 배치된 중단거리핵미사일INF 폐기협정에 서명했다. 폐기될 핵미사일은 두 나라의 핵 가운데 4%에 불과하지만, 핵 감축 시대를 열었다는 데 의의가 있었다. 앞서 10월 20일 일본에서는 다케시타 노보루가 총리로 선출됐다.

국내에서는 1월 14일 서울 남영동 대공분실에서 서울대생 박종철이 고문으로 숨졌고, 6월 9일 서울 신촌로터리에서 연세대생 이한열이 경찰의 최루탄에 맞아 숨졌다. 국민 분노가 폭발하며 6월 항쟁으로 이어졌다. 노태우 민정당 대표는 6월 29일 대통령 직선제 수용과 김대중 사면 복권을 포함한 여덟 개 항의 시국 수습안을 제시한 뒤 직선제 개헌으로 실시된 12월 16일 대선에서 3김을 물리치고 36.6%를 획득해 대통령에 당선됐다. 야당은 총 60%를 넘게 득표하고도 단일화에 실패하며 패했다.

박근혜는 1987년 한때 단발머리를 했지만 다시 올림머리로 되돌아왔다. 그는 언론 인터뷰에서 단발머리를 했지만 옛날 자신을 기억하고 있는 사람들이 아쉬움을 토로하자 다시 올림머리를 했다고 소개했다.

"웬걸요. 1년 전(1987년)엔가 한번 바꿔봤어요. 그랬더니 난리예요. 새마음봉사단 식구들은 말할 것 없고 뵙는 분마다 옛날 머리가 훨씬 좋다고 하셔요. 그래서 다시 옛 모양으로 돌아가고 말았어요."[75]

박근혜는 올림머리로 돌아간 뒤 사람들에게 "여러분 때문에 머리노 남대로 못 빗어요"라면서 웃었나고 한나.[76] 박근혜는 이우 늑멀

한 경우가 아니면 올림머리를 꾸준히 했다.

박근혜에게 올림머리는 무엇일까. 박근혜가 올림머리를 본격적으로 한 것은 육영수 사후 퍼스트레이디 역할을 할 때부터로 알려진다. 그의 올림머리는 단순한 취향이 아니라 육영수를 연상시키는 이미지 메이커였다. 박근혜가 올림머리를 통해 '박근혜=육영수'라는 이미지를 강화할 수 있었고, 이것이 나중에 '정치인 박근혜'로 성장하는 데 큰 자산이 됐다는 평가다.

5월 22일, 육영재단이 발행하는 어린이 교양지 ≪어깨동무≫와 유아용 잡지 ≪꿈나무≫가 문공부에 자진 폐간을 신청했다. ≪어깨동무≫는 1967년에 창간된 뒤 20년간 어린이들을 위한 종합 교양지로 인기를 모아 한때 월 6만 부까지 발행되기도 했다. ≪꿈나무≫도 1974년 창간된, 미취학 어린이를 위한 첫 정기간행물이었다. 만화 잡지 ≪보물섬≫은 계속 발간됐다.[77]

박근혜가 관리하는 육영재단에서 문제가 불거지기 시작했다. 최태민·최순실 일가 및 관련 인사들이 비정상적으로 개입하면서 생긴 사달이었다. 9월 2일 오후 7시 반 서울 성동구 능동 육영재단 어린이회관 앞마당에서 어린이회관 직원 150여 명이 '어용간부 퇴진', '족벌 인사 체제 종식' 등을 요구하며 농성을 시작했다. 직원들은 1986년부터 최태민이 회관 운영에 적극적으로 개입, 사기업처럼 운영하고 있다고 규탄했다. 최태민이 어린이회관을 좌지우지하고, '한국아동교육문제연구소'와 유치원 등을 운영하던 최순실이 어린이회관이 펴내는 잡지 ≪어깨동무≫의 편집권에 관여한 것에 대해 불만이 폭발한 것이었다.[78]

박근혜는 이에 10월 경로복지원 산하 '새마음병원'과 '새마음한방병원'을 명지학원에 기증했다. 박근혜는 언론 인터뷰에서 새마음병원의 의미에 관해 설명했다.

"1976년 12월 성결교 서울신학대학 건물을 구입, 야간병원으로 시작했어요. 경로정신을 함양하기 위해 주로 노인분들에게는 무료로 치료해줬고, 일반에겐 실비만 받았어요. 헌혈본부도 처음 이곳에 개설했습니다. 명지학원에 넘길 때까지 무료로 치료받은 사람을 따져보니까 연인원 430만 명이나 됐어요. 무료진료액을 수가로 환산하면 100억 원이 넘었고요."[79]

박근혜는 1987년 대만 중국문화대로부터 문학 명예박사 학위를 받았다. 박근혜의 첫 명예박사 학위였다.

첫 인터뷰 최순실 '선의' 강조 거짓 해명만

최순실은 육영재단 비리 의혹이 들끓던 1987년 9~10월 잡지를 비롯한 언론과 잇따라 인터뷰를 가졌다. 박근혜가 이사장으로 있는 육영재단 개입설에 대한 해명 차원으로 해석된다. 최순실은 먼저 1987년 9월 11일 서울 한남동 힐사이드 2층에서 ≪여성중앙≫과 인터뷰했다. 신문이나 잡지를 통한 최순실의 첫 공식 인터뷰였다. 최순실은 크게 보면 1987년 육영재단 사태와 1994년 최태민 사망 국면에서 인터뷰를 했다. 대체로 의혹 제기로 위기에 내몰릴 때 해명을 위해 인터뷰를 한 것으로 분석됐다. 최순실은 이날 인터뷰에서 육영재단 외부 개입설에 대해 "좋은 뜻에서 시작한 일이 결과를 못 본 것 같다"고 말했다. 그러면서 "내 경우는 육영재단 측의 요청으로 좋은 뜻에서 연구소 교수분들과 함께 자문을 했을 뿐이다. 박근혜 이사장의 요청으로 지문을 한 게 그들의 주장대로 '편집권의 침해'였다면 박근혜 씨

에게 미안할 뿐"이라고 해명했다.[80]

　인터뷰 내용은 최순실이 육영재난의 운영에 개입했다는 것을 사실상 인정하면서도 그 취지가 '좋은 뜻'에서 비롯됐다고 변명한 것으로 읽힌다. '박근혜의 요청으로 좋은 뜻으로 했다'는 최순실의 이 표현은 나중에 박근혜 정권에서 국정농단 사태가 파문을 일으키자 해명할 때 다시 사용되기도 한다.

　최순실은 ≪여성동아≫ 10월호에 기고와 인터뷰도 했다. 그는 기고에서 박근혜가 잡지 ≪꿈나무≫에 대한 연구를 전문 교수에게 의뢰했고 이에 응하면서 편집권 침해 논란이 야기됐다고 거듭 해명했다. 최순실의 설명이다.

　"나는 그분(박근혜)에게 연구소의 이야기를 들려드린 일이 있다. 그분은 '무척 바람직한 일'이라고 관심을 보였다. 나중에 알게 된 일이지만 그분은 우리 연구팀에 깊은 관심을 두셨던 것 같다. 오래 뒤에 (송재관) 어린이회관 관장님을 통해 침체돼 있는 유아 잡지 ≪꿈나무≫에 대한 연구를 전문 교수에게 의뢰, 활성화시킬 수 있는 마련책을 부탁해왔다."[81]

　최순실은 같은 잡지와의 인터뷰에서도 박근혜의 의뢰에 따라 응했을 뿐이라는 취지로 대답했다. 최순실의 해명이다.

　"박근혜 이사장의 명을 받은 (송재관) 어린이회관 관장의 청을 받아 편집 아이템을 내놓았을 뿐이고, 그럴 때도 나와 몇몇 뜻이 맞는 교육학 교수들의 모임인 '(한국)아동문제연구소' 교수들이 전문가적인 입장에서 자문에 응하는 형식을 취했다."[82]

　최순실은 그러면서 잡지 ≪어깨동무≫가 폐간된 것은 자신의 관여 때문이 아니라 적자가 지속됐기 때문이라고 변명했다. 최순실의 이야기다.

"항간에는 ≪어깨동무≫의 자진 폐간에 내가 간여된 것으로 알려져 있지만 그 무슨 모략인지 모르겠다. 그 잡지의 판매 부진으로 그 전부터 적자가 계속 쌓여져 갔다는 걸 그들이 모를 리 없다. ≪어깨동무≫는 아동잡지의 종류가 늘어난 터에 별책 부록 및 선물을 대여섯 가지씩이나 내는 어린이잡지계의 출혈경쟁, 광고 싸움의 희생자인 셈이다."[83]

하지만 최순실의 해명은 사실과 다르다는 분석이다. 최순실은 박근혜의 요청에 따라 전문가적 입장에서 자문만 했고 잡지 ≪어깨동무≫ 문제에는 관여한 일이 없다고 부인했지만 관계자들은 최순실이 재단 운영에 광범위하게 관여하고 개입했다고 증언했기 때문이다. 최순실에 의해 직장을 물러나게 됐다는 직원들은 당시 '육영재단 복직추진위원회'를 결성하고 최순실의 재단 관여를 주장했다. 직원들의 증언이다.

"최순실 측이 새로 채용한 사람들은 '아동문제연구소'에 가서 지시를 받아 왔다. 그러나 그렇다는 심증은 가는데 물증은 없다. 최순실 측이 표면에 나서서 재단 업무에 작용하지 않았기 때문에 물증을 잡기가 어렵다."[84]

최순실과 '육영재단복직추진위원회'의 주장을 비교 분석한 은찬식은 최순실이 육영재단 운영에 관여한 것이 분명하다고 지적했다. 은찬식은 '사리사욕 없이 박근혜 이사장을 도우려 했다'는 최순실의 주장을 액면 그대로 받아들인다 하더라도 그의 충성 방식이 오버 페이스였다는 점을 부인할 수 없다고 분석했다.[85]

박근혜가 1987년 대만 중국문화대에서 문학 명예박사 학위를 받게 된 데에는 영남재단 및 영남대의 보이지 않는 노력과 헌신이 있었다는 주장도 있다. 영남대 교수협의회에 따르면 영남재단 측은 김기택 영남대 총장에게 영남대와 볼스테이트 대학Bal State University에서 박근혜에 대한 명예박사 학위의 수여를 추신하도록 했지만 계획대로 이뤄지지 않았다. 결국 영남대 보직교수를 수차 출장시킨 끝에 대만 중국문화대로부터 명예박사 학위를 받게 됐다는 것이다.[86]

'반격의 계절', 기념사업회 발족

1988년 12월 미국 대선에서 조지 부시 부통령이 제41대 미국 대통령에 당선됐다. 노태우 대통령은 2월 5일 제13대 대통령으로 취임했다. 노태우는 7·7 선언과 88 서울올림픽을 바탕으로 헝가리와 상주 대표부를 상호 설치하는 등 이른바 '북방외교'를 전개했다. 전경환을 비롯한 전두환의 친인척 비리가 쏟아지면서 47명이 구속되고 전두환 부부는 11월 23일 백담사에 은둔했다. 국회에서 5공비리특위 및 광주특위 청문회가 열리는 등 '5공 청산' 작업이 이어졌다.

1979년 10·26 사태 이후 대외 활동을 자제해온 박근혜와 최태민에게 1980~1987년의 시기가 '독재자 박정희'라는 평가가 쏟아지는 가운데 침묵과 시련의 시기였다면, 1988~1990년은 박정희와 그의 재평가를 시도한 '반격의 시기'로 평가된다.[87]

그래서일까. 박근혜는 1988년을 맞아 일기에서 '용기', '추진력' 등의 단어를 유독 자주 사용한다. 자신이 마음먹은 일을 본격적으로 준비하는 듯한 모습이다. 2월 24일 자 일기다.

"진정한 용기는 어디서 솟는 것인가. 그것은 평소에 다져온 욕심 없는 마음, 떳떳한 생활 속에서만 나올 수 있는 것이다."[88]

박근혜는 8월 13일 월간지 ≪레이디경향≫과 10·26 이후 첫 언론 인터뷰를 했다. 대외 활동의 시작을 알리는 신호탄이었다. 인터뷰는 ≪레이디경향≫ 9월호에 실렸다. 박근혜는 인터뷰에서 '그동안 어떻게 지냈느냐'는 질문에 다음과 같이 답했다.

"그동안에도 열심히 일하면서 지냈어요. 작년 말까지 새마음병원을 운영했고 어린이회관 또 그 밖의 유관단체 일도 쭉 해왔는데도 우리네 사고방식으론 그 사람이 아무리 열심히 일했다고 해도 신문이나 잡지, 텔레비전에 나오지 않으면 아무 일도 하지 않은 걸로 생각하는 경향이 있는 것 같아요. 그래서 아마 많은 분들이 내가 마치 숨어 지내는 듯 생각하셨을지도 모르겠어요. 그렇지만 사실은 이런 무더위 속에서도 이렇게 하루가 빨리 지나가 버리면 어쩌나 하는 생각이 들 정도로 바삐 지냈어요."[89]

박근혜는 이날 최태민과의 관계에 대한 언론의 질문을 처음 받았다. 그는 인터뷰에서 '박 이사장을 싸고도는 소문 중 대표적인 것은 최태민 씨가 박근혜 씨에게 강력한 영향을 미치고 있다는 설이다. 그에 대한 해명을 한다면?'이라는 질문을 받자 "최 목사는 새마음운동을 처음 시작할 때부터 옆에서 도와줬던 분이다. 그는 사회에 도움이 되는 일을 하고자 하는 마음으로 꽉 차 있을 뿐 사심이 없는 사람이다. 최 목사를 직접 만나본 사람은 누구나 그 점을 인정할 것"이라고 답했다. 즉, 박근혜는 최태민에 대해 '옆에서 도와준, 사심 없는 분'이라고 평가한 것이다. 최태민에 대한 박근혜의 이러한 입장은 이후에도 크게 변하지 않는다.

박근혜는 이후 ≪주부생활≫, ≪여성동아≫, ≪주간조선≫ 등 각종 잡지와 잇따라 인터뷰했다. 그는 인터뷰 내내 우리 사회에 박정희 재평가를 요구했다. 박근혜는 이때 침묵을 깬 동기에 대해 나중에 다음과 같이 설명했다.

"그동안에도 아버지에 대해, 특히 아버지가 하신 일에 대해 제가 판단하기에는 왜곡된 여러 평가라든가 그런 보도를 수없이 접해오면서 참 말을 하고 싶은 생각이 많았어요. 그런데 그것이 기회가 안 되고 기념사업도 하고 싶었지만 여건이 그렇게 안 됐어요. 그런데 작년 (1988년)부터는 기회가 성숙돼가지고 인터뷰 요청이 들어오니까 저도 그런 기회에 부모님에 대해 잘못된 것을 하나라도 바로잡는 것이 자식 된 도리가 아니겠는가 싶어 적극적으로 응해왔습니다."[90]

박근혜는 10·26 이후 1998년 보궐선거로 국회의원이 되기 전까지 18년의 시간을 '은둔과 칩거'로 평가받는 것에 대해 비판적이었다. 박근혜는 "내가 걸어온 18년이라는 세월이 은둔과 칩거로 치부될 때마다 쓴 웃음이 나온다"며 "그때도 나는 대한민국의 하늘 아래 살고 있었고, 하루하루 열심히 살아가는 국민의 한 사람이었다"고 반박하곤 했다.[91]

박근혜는 박정희 재평가를 위해 '박정희전대통령육영수여사기념사업회'(이하 기념사업회)의 설립도 서둘렀다. 그는 10월 기념사업회 발족을 앞두고 분주하게 움직였다. 박근혜는 9월 27일 자 일기에서 "마치 전쟁터의 한가운데서 싸우듯 정신없이 바쁘고, 신경 쓸 곳 많고, 할 일이 너무 많은데 시간은 없고…. 이렇게 사는 것이 내 팔자인 모양"이라고 당시를 기록했다.[92]

박근혜는 이듬해의 박정희 10주기를 준비하기 위해 기념사업회 및 기념관 건립추진위원회를 10월 26일 발족시켰다. 그는 11월 5일부터 주요 일간지에 광고를 실어 알리기도 했다. 기념사업회 취지문이다.

"나라 사랑에 모든 것을 바치신 부모님이기에, 국민 속에 살다 가신 부모님이기에, 이제 가신 두 분을 진정으로 추모하시는 국민 여러분의 정성을 모아 기념사업회의 1차적 목표로 기념관을 건립코자 합니다."[93]

이 기념사업회는 1975년 11월 29일 국민 성금으로 설립된 '고육영수여사추모사업회'가 개편된 것으로, 2000년 중반 총자산은 약 17억 원 규모로 알려진다. 2012년 한국문화재단이 해체되면서 10억여 원의 자산을 인계받기도 했다.

박근혜는 왜 기념사업회를 만든 것일까. 그는 자서전에서 "아버지는 당신의 조국, 대한민국 이외의 사심은 결코 없었다"며 박정희 재평가를 위해서 추모사업을 시작하게 됐다고 밝혔다. 박정희에 대한 부정적인 평가를 긍정적으로 바꾸겠다는 취지에서 시작했다는 것이다.[94]

박근혜는 양친의 기념사업회를 설립하는 과정에서 적지 않은 어려움을 겪었던 것으로 추정된다. 즉, 많은 이들이 그를 만나는 것조차 꺼리기도 했다는 것이다. 그럼에도 어렵게 기념사업회를 발족시키고 성공시켰다. 이와 관련해 훗날 박근혜는 자서전에서 "'겨울이 돼야 소나무의 푸르름을 안다'는 말처럼 순수한 마음 하나로 함께한 그분들이야말로 진정 용기와 소신을 지녔다고 생각한다"며 "사회의 냉담한 시선과 억압에도 나와 뜻을 함께한 그분들의 진심은 결코 그 누구도 자의적으로 해석할 수 없는 부분"이라고 적었다.[95] 이는 '어려운 시절'을 함께 넘긴 최태민 일가에 대한 신뢰를 드러낸 것으로 해석되기도 한다. 즉, 신소윤 등은 "1988년 양친 추모사업과 관련해 사람들에 대한 깊은 배신감과 동시에 최 씨 일가에 깊은 신뢰의 감정을 드러냈다"고 분석했다.[96]

박근혜는 1988년 결혼하지 않을 것임을 공개 선언했다. 그는 언론 인터뷰에서 '결혼하지 않습니까'라는 물음에 "결혼이라는 말은 이

나이에 어울리는 말이 아닌 것 같아요. 확실하게 말씀드리지요. 결혼할 생각은 전혀 갖고 있지 않습니다. 단언하지만 결혼 안 해요"라고 공언했다.[97]

한편 박근혜의 남동생 박지만은 2월 27일 오후 2시경 히로뽕 상습 복용 혐의로 검찰의 수사를 받아오다가 자수해 향정신성의약품관리법 위반 혐의로 입건돼 4시간을 조사받고 귀가했다.[98]

김기춘은 전두환 정권 시절의 고비를 넘고 노태우 정권에서 다시 승승장구했다. 김기춘은 1988년 12월부터 1990년 12월까지 검찰총장을 역임했고 1991년 5월부터 1992년 10월까지 제40대 법무부 장관을 역임했다. 김기춘은 국민들에게 법질서를 강조하면서 '미스터 법질서'라는 별명을 얻기도 했다.

무능과 불통이 낳은 영남대 사태

1988년 2월 24일, 박근혜는 영남대 교수협의회 의장단을 맞았다. 영남대 교수협의회는 이른바 '영남대 4인방', 즉 박근혜와 최태민의 측근 인사들인 영남재단 산하의 영남투자금융 회장 김정욱과 전무 조순제, 영남의료원 부원장 손윤호, 영남재단 사무부처장 곽완석 등이 주도한 재단의 재무 및 인사 전횡 문제를 강하게 제기했다. 교수들은 재단이 학내 인사 문제에 개입하지 말라고 요청했고 영남대 4인방에 대한 퇴진도 요구했다. 박근혜는 이에 "확증이 없는 한 풍문만 가지고는 인사를 할 수 없다"고 4인방 퇴진은 거부하면서도 앞으로 학내 인사 문제에는 관여하지 않겠다고 밝혔다.[99]

'최태민 사람들'은 영남재단과 영남대를 주무르면서 박근혜의 영남재단 이사 재임 기간인 1980~1988년에 무려 34건의 부동산을 처분한 것으로 드러났다. 부동산을 처분한 자금의 향방에 대한 의혹도 제기됐다. 이들이 재단과 영남대의 인사를 주무르고 금융기관과 의료원의 수익을 학교에 거의 재투자하지 않는다는 등의 비판과 비리 의혹도 쏟아졌다.[100]

영남대 구성원의 반발은 점점 커졌고 비난의 화살은 박근혜에게 향했다. 이성대 당시 교수협의회 의장은 9월 15일 교수협의회 정기 총회에서 영남재단을 이끌고 있는 박근혜를 강도 높게 비판했다. 즉, 영남대가 최근 급격히 쇠잔하고 있다면서 그 원인이 박근혜에게 있다고 지적했다. 이성대 의장의 주요 발언 요지다.

"영대(영남대) 쇠잔의 여러 원인 가운데 첫째가는 원인을 꼽으라면 재단의 무능력이라고 하겠습니다. 다시 말하면 박근혜 씨를 정점으로 하는 현 재단 이사진, 그리고 영남학원의 실질적인 관리자인 박근혜 씨에게는 영남학원이라는 거대한 조직체를 원만하게 운영해갈 만한 경륜과 지혜가 없는 것처럼 저에게 보인다는 것입니다. 박근혜 씨에게 경륜과 지혜가 없어 보이는 구체적인 예를 들겠습니다. 10·26 사태 이후 영남학원의 실권자로 등장한 박근혜 씨는 총장을 여러 명 임명하고 모두를 중도에 쫓아내었습니다. 박 씨 자신이 임명해놓고 모두를 중도 하차시켰으니 10년 미만의 세월 동안 이번의 총장서리까지 합치면 5명이나 됩니다. 왜 이런 현상이 일어나는고 하니 이것은 박 씨가 사람을 제대로 식별하는 날카롭고 정확한 안목을 갖지 않고 있다는 명백한 증거라고 저는 봅니다. … 박근혜 이사는 영남대학의 총장을 자기의 핸드백 속에 넣어 다니는 휴지처럼 손쉽게 쓰고 손쉽게 버리고 있습니다. 이 한 가지 사실만 가지고 보더라도 박근혜 씨가 영남대학을 이면 시각과 의식구조로 보고 있느냐 하는 것을 여러분들은 잘 아실 것입니다. 제가 보기에는 박 씨는 영남대학을 자기의 사유물로 보고 있다는 것입니다. 다시 말하면 영남대학은 아버지인 박성희 씨가 만들었고, 그의 딸인 내가 물려받았으니, 내 물건이고, 나의 물건이니 누가 무어라 해도 내 마음대로 처리할 권리가 내게 있다고 확고하게 믿고 있는 것입니다. … 간단하게 요약하자면 결국 박근혜 씨는 실권자로서의 본분과 의무는 등한시하면서, 실권자로서의 권리만 지나치게 남용해왔던 것입니다."[101]

영남대 학생들은 공금횡령 의혹 등을 둘러싸고 시위를 벌였다. 부정 입학 문제도 불거지기 시작했다. 영남대가 잇단 비리와 부정 입학 의혹으로 몸살을 앓자 국회는 사학 최초로 영남대에 대해 국정감사를 실시했다. 10월 18일 열린 국회 문화공보위원회의 영남대 국정감사. 국회의원들은 박근혜 이사의 정통성 부족 문제와 부정 입학 의혹, 학교 재산의 이유 없는 처분 등을 집중 추궁했다. 문공위 위원들은 "조순제의 아들이 영남대 부정 입학한 사실이 드러났다"며 관계자들의 처벌을 요구했다.[102]

특히 이날 국정감사에서는 영남대를 실질적으로 이끌고 있던 박근혜가 영남대에 재정적으로 전혀 기여한 적이 없다는 사실도 새롭게 드러났다. 국정감사 질의응답 가운데 일부다.

김동영 민주당 의원(이하 김)__ 먼저 고 박정희 대통령이 재단에 출연한 자금은 얼마입니까?

조일문 영남학원 이사장(이하 조)__ 문서상 나타나 있는 것이 하나도 없습니다.

김__ 현재 재단 이사로 박근혜 씨가 되어 있는데, 박근혜 씨가 재단에 출연한 액수는 얼마입니까?

조__ 그것도 나타나 있는 것이 없습니다.[103]

2학기 중간고사를 앞두고 대학생들과 교직원들의 분노가 폭발했다. 영남대 교수협의회는 10월 24일 임시총회를 열고 박근혜를 비롯한 재단 이사진의 즉각 퇴진을 결의했다. 부정 입학 의혹마저 불거지자 11월 1일 영남대는 1987~1988학년도 신입생 선발 과정에서 기부금 3억 9000만 원을 받고 학생 29명을 부정 입학시킨 사실을 공개했다.[104]

박근혜는 이에 11월 2일 영남대 이사직 사퇴와 학교 운영권 포기를 선언했다. 김정욱 이사를 통해 발표된 박근혜의 성명이다.

"학교 질서가 심히 문란해졌다는 통보를 들었습니다. 이러한 사태가 우리 학교를 위해 전혀 도움이 안 되는 것이라고 생각합니다. 저는 아버님께서 설립하신 영남대이므로 자식 된 도리로 그 학교를 잘 키워서 빛내보려고 애써왔습니다. 그러나 이런 사태를 맞고 보니 돌아가신 분의 뜻을 빛내는 데 아무런 도움이 되지 않는다는 현실에 부딪쳤습니다. 그렇다면 저와 그 학교가 무슨 인연이 있겠습니까? 학교라는 것은 누가 맡더라도 훌륭한 인재를 키워내면 소기의 목적을 달성하는 것이 아니겠습니까? 그러므로 차제에 학교 일에서 완전히 손을 뗄 것을 밝히는 바입니다."[105]

영남대 교수협의회는 박근혜가 영남재단 이사에서 물러난다고 밝히자 즉각 성명을 내고 "학교의 민주적 발전을 위해서는 지극히 당연한 처사"라며 환영의 뜻을 밝혔다.[106]

영남대 4인방 가운데 한 명인 곽완석도 업무상 횡령 혐의로 구속됐다. 영남대는 이후 2009년까지 20년 동안 관선이사 체제로 운영됐다. 영남대는 2009년 박근혜의 측근으로 임명된 정이사 체제로 다시 전환했다.

박근혜는 이후 언론 인터뷰 등에서 "부성 입학 사실은 재단 몰래 학교 측이 한 일이니 재단 이사로서는 책임도 없고, 그 때문에 물러날 이유도 없다"고 주장했다. 그러면서 영남대 및 영남재단 문제에 자신은 관여하지 않았다고 각종 비리 연루 의혹을 부인했다.

하지만 영남대 비리를 알지도 못하고 개입도 하지 않았다는 박근혜의 해명은 전혀 사실이 아니라는 주장도 나왔다. 박근혜의 지시나 묵인, 방조 속에서 영남대 부정 입학이나 재단 비리 등이 이뤄졌다는 것이다. 조순제의 기억이다.

"내가 분명히 말할 수 있는 것은 지(박근혜)하고 얼굴 맞대고 이야기도 하고, 지 일 다 맡겨놓고 모른다고 잡아떼면 이거 문제 있는 거 아니야. … 결과적으로 잘못되면 책임 전가하는 것은 이건 완전 밥 먹듯이 쉽게. 예를 들어서 영대(영남대) 관계만 해도 그렇잖아. 김기택 총장이 뭐 그 사람이 골이 비었어. 그 사람이 학자인데… 그 사람이 뭐 열 찼다고 무리한 짓을 할 사람이 아니거든요. 강요하고 억지로 할 수 없이 응해와 갔는데. 잘못되니깐 전부 몽땅 넘겨불고 덤탱이 씌우니깐, 내가 가만히 보니깐. 김기택 총장, 할 사람이 아니거든. 그럼 지도자가 되려면 어느 정도 자기가 수긍할 건 하고 그래야지. 사람도 모른다 그래서 내가 그랬어. 유족할 때 물으니 나 모른다고 했는데 어느 년이 그랬냐. 그거 검증하려고 얘기할 판이다. … 업무에 대한 것도 결과가 나쁘면 전부 잡아떼 버려. 사전에 상의 다 하고, 협의 다 하고, 그다음에 최종적으로 나한테 오거든. 그럼 그건 안 됩니다. 그건 이래이래…. 결과만 나쁘면 전부 잡아떼 버리고 자긴 쏙 빠져 버리는 거야."[107]

조순제는 한 발 더 나아가 박근혜가 자신에게 영남대의 부정 입학을 지시해 벌어진 것이었다고 주장했다. 조순제의 이어지는 증언이다.

"박(근혜) 대표가 말 안 하면 어떤 놈이 해요? 미쳤다고 합니까? 박 대표가 최종적으로 얘기해 나한테 오는 거죠. 오면 내가 안 된다고 첨에 그리죠. 근데 이게 장시간에 걸쳐서 미등록을 엄청난 숫자를 가지고 가면 솔직한 말로 대학 책임자는 누가 안 하겠어. 미등록자는 부정 입학도 아니다. 차석 벌써 100명 뽑는데, 101등 한 놈 불러 여넣으면 돼. 그건 합법이야."[108]

영남대 교수협의회가 구성한 진상조사특별위원회도 영남학원 상임이사 김정욱의 주도하에 곽완석 사무부처장이 부정 입학을 박근혜에게 건의해 이뤄진 것으로 드러났다고 주장했다.[109]

박근혜는 영남대 문제로 피소되기도 한다. 전기수 전 청구대 재단 이사장의 미망인 하정원은 1989년 1월 25일 명예훼손과 업무방해 등의 혐의로 박근혜를 검찰에 고소했다. 하 씨는 고소장에서 박근혜가 1988년 12월 초 한 여성지 인터뷰에서 "1988년 10월 중순 국정감사 이전에는 학교 재단주에 대한 정통성 문제가 전혀 거론되지 않았으며 하정원 씨가 내 주위 사람에게 전화를 걸어 영남대가 권력에 의해 넘어갔다고 주장하는 건 당시 사정을 전혀 모르고 하는 말이니 너무 마음을 쓰지 말라고 말했다"고 허위 사실을 유포해 자신의 명예를 훼손하고 청구대의 법통성 인정 사업을 방해했다고 지적했다.[110]

이에 앞서 1988년 7월 11일 부산일보 노조가 편집국장 추천제와 사장 퇴진 등을 내걸고 전면 파업에 돌입했다. 이에 따라 신문 발행도 중단됐다. 전국의 많은 언론사가 부산일보 기자들의 투쟁에 연대하겠다고 선언했다. 부산일보 기자들이 파업 투쟁을 벌이면서 모母제단인 정수장학회 문제가 부각되기 시작했다. 재단인 정수장학회는 파업에 돌입한 지 일주일 만인 7월 16일 사장 퇴진과 '편집국장 3배수 추천제' 등 부산일보 노조의 요구를 수락했다. 비록 정수장학회 문제가 해결되지 못했다는 한계가 있었지만, 편집국장 3배수 추천제로 편집국 독립을 위한 제도적 기반을 마련했다는 것과 함께 정수장학회 문제도 공론화됐다는 점에서 의미가 있었다고 평가된다.[111]

영진전문대 '최순실 조교수'

최순실은 1988년 대구에 위치한 영진전문대학 유아교육과 조교수로 임용됐다. 그는 영진전문대에서 아동복지 한 과목을 가르쳤다. 최순실은 영진전문대학에서 1993년 2월까지 조교수를 역임했다.[112]

일각에서는 최순실의 조교수 임용과 나중에 정윤회가 영진전문대에서 강의를 하게 된 것을 두고 최태민이나 조순제 등의 입김이 있었을 것으로 추정하기도 한다. 김태완의 분석이다.

"당시 조순제 씨는 박근혜 대통령이 이사로 있던 영남학원이 투자한 영남투자금융의 전무였는데 1980년대 전후 영남투자금융이 영진(전문대학)에 수억 원을 빌려줬다고 한다. 그런 인연으로 조순제 씨가 영진전문대학 측에 최순실의 취업을 부탁했고 금전 거래가 있던 대학 측이 거절할 수 없었다는 것이다. … 따라서 1988년 최순실이 영진전문대학에 들어간 것은 최태민, 조순제, 손윤호(최태민의 처남이자 조순제의 외삼촌)의 보이지 않은 손이 작용했을 것으로 보인다."[113]

최순실은 이때 영진전문대에서 부설 유치원 부원장도 맡았다. 나중에 최순실이 낸 세금신고서 목록에는 그의 수입이 영진전문대와 초이유치원, 임대소득 등으로 적시된 바 있다.

최순실은 1988년 7월 어머니 임선이, 언니 최순영의 남편 이용식과 공동 명의로 서울 강남구 신사동 640-1번지의 200평 규모 땅과 단독주택을 약 7억여 원을 주고 매입했다. 매입 당시 건물은 교회 유치원이었고, 유치원을 하는 사람 외에는 사려고 하지 않았다고 한다. 최순실은 12월 임선이의 지분을, 1996년 7월 이용식의 지분을 차례로 넘겨받아 단독 소유주가 됐다. 최순실은 나중에 이곳에 미승빌딩을 짓는다.[114]

하지만 7억 원에 이르는 최순실의 서울 신사동 미승빌딩 매입 자금이 최태민으로부터 나왔다는 주장도 있다. 최순실의 17년 운전기사 김 씨는 "지금 최 씨가 사는 서울 강남구 신사동 640-1번지 7층짜리(미승빌딩)는 원래 7억 원을 주고 최태민 씨가 샀다고 하더라"고 말했다.[115]

만약 운전기사 김 씨의 증언이 사실이라면 최태민이 돈을 내고 매입한 뒤 최순실에게 순차적으로 증여한 게 아닌가 추정된다. 즉, 최태민의 자금을 바탕으로 임선이가 최순실, 이용식 공동 명의로 부동산을 구입한 뒤 최순실로 명의를 변경했을 것이란 분석이다.

'박정희 신화'의 불씨, 10주기 추도식

1989년 사회주의 진영의 퇴조가 확연했다. 2월 15일 아프가니스탄에서 소련군 주력 부대가 철군을 완료했다. 1979년 12월 아프가니스탄을 침공한 지 10년 만이었다. 폴란드부터 동독, 체코, 루마니아 등 동구권 6개국에서 정권 교체가 일어났다. 루마니아의 니콜라에 차우셰스쿠는 도도한 민主화 요구를 무력으로 탄압하다가 총살됐다. 특히 11월 9일 냉전의 상징이던 베를린 장벽이 붕괴됐다. 12월 2~3일 지중해 몰타에서 조지 부시 미국 대통령과 미하일 고르바초프 소련 공산당 서기장이 냉전시대 종료를 선언하는 선상회담을 가졌다. '얄타체제'가 종언을 고했다. 국지적인 반동과 혼란도 이어졌다. 중국에서는 4월부터 베이징 천안문에서 후야오방 전 총서기의 명예 회복을 요구하는 학생 시위가 벌어졌지만, 중국군은 6월 4일 탱크를 앞세워 시위 군중을 향해 무차별 발포하고 체포했다. 미군 2만여 명은 12월 20일 마약 밀매 혐의로 마누엘 노리에가를 체포한다는 명분을 앞세워 파나마를 침공했다.

박근혜는 1989년 박정희 10주기 추도식을 중심으로 박정희 재평가 운동을 벌여나갔다. 박근혜는 이 과정에서 많은 사람을 만났고 적지 않은 반대나 비판에 직면했던 것으로 보인다. 박근혜는 1월 13일 자 일기에서 "열 길 물속은 알아도 한 길 사람 속은 모른다는 말이 있다. 몇 번 만나만 보아도 그 됨됨이를 훤히 알 수 있는 것이 사람이지만, 몇 년을 보아와도 그 진짜 모습을 모를 수도 있는 것이 또한 사람"이라며 또다시 사람에 대한 불신을 드러냈다.[116]

박근혜는 아울러 기념사업회 또는 육영재단 인사 문제로 사람에 대한 실망을 토로한다. 즉, 누군가에게 자리를 옮기라고 했는데 이에 반발하자 실망했다는 것이다. 1월 17일 자 일기다.

"계속해 인간에 대해 실망을 하게 되는 일이 생긴다. 충성을 얘기하고 뭐가 어떻고 말이 많았던 그도 결국 마음에 있는 것은 자리 하나였다. 도저히 능률을 내지 못해 다른 자리로 옮기라고 하니까 반발하고 속 좁은 얘기들을 쏟아놓는다. 정말 이토록 진실한 사람, 슬기롭고 교양 있는 사람, 사심 없는 사람은 드문 것인가?"[117]

박근혜는 박정희 10주기 추도식을 준비하면서 언론 인터뷰를 이어갔다. 박근혜는 인터뷰에서 최태민을 둘러싼 여러 비판을 '누명'이라며 적극 두둔했다. 박근혜의 주장이다. "최 목사님이 오히려 누명을 쓰고 있다. 그분은 정말 사심 없이 좋은 일을 하려고 했었다. 나쁜 짓을 했다면 이런 세상에서 성하게 있을 수 있었겠나."[118]

박근혜는 5월 15일 MBC 〈박경재의 시사토론〉에 출연해 인터뷰했다. 10·26 사태 이후 지상파 방송과의 첫 인터뷰였다. 박근혜는 인터뷰에서 그동안의 생활이나 기념사업회 활동뿐만 아니라 자신의 역사관이나 세계관의 일단을 드러냈다. 그는 '5·16을 어떻게 평가하느냐'고 묻자 "구국의 혁명이었다"고 답했다.

"저는 5·16이 말하자면 구국의 혁명이었다고 믿고 있어요. … 요즘 5·16에 대해 신문에 나는 것이라든가, 글 쓴 걸 쭉 보면, 그 당시 시대 상황에 대해서는 바른 정확한 얘기가 안 되고 그냥, 어떻게 해 군인이 정치에 개입할 수 있느냐, 헌정을 중단시켰다, 민주주의를 후퇴시켰다, 이런 식으로의 비판 일변도로 나오고 있는 걸 볼 수가 있어요. 저는 그런 글을 읽을 때마다 무슨 생각을 하느냐 하면 그럼 과연 5·16이 없다, 더 나가서 그 후에 있은 유신이 없다고 할 때, 5·16을 비판하고 심지어 매도까지 하는 사람들이 사랑하는 가족과 함께 삶을 영위하고 있는 이 땅이 지금까지도 대한민국이라는 이름으로 존재할 수 있었겠는가 저는 그런 생각을 하면서 그런 글을 읽습니다. … 그때 시국을 보는 분들의 의견은 5·16이 먼저 나느냐, 공산당이 먼저 쳐들어오느냐 그런 시점에서 5·16이 다행히 먼저 나서 파멸 직전의 국가가 구출됐다 그렇게 보고 있어요. 나라가 없어지면 그 다음엔 민주주의를 못 하는 건 둘째 치고, 다 죽는 판 아니에요?"[119]

박근혜는 박정희 집권 이후 경제성장을 이룬 것은 박정희의 지도력이 없이는 불가능했다며 사실상 전적으로 박정희의 공으로 돌렸다. '그(1960~1970년대 경제성장) 공이 박정희 대통령께 돌아가야 되느냐'는 질문에 대한 박근혜의 대답이다.

"물론 나라 건설을 어느 한 분이 했다 하는 것은 말이 안 되죠. 그러나 우리나라는 5000년 동안 가난했거든요. 우리 선조들은 5000년 동안 가난해 많은 고생을 하고 수모를 당했어요. 그동안 지도자도 얼마나 많았는지 몰라요. 임금 시대부터. 그러면 전부 가난하고 싶어서 그대로 가난하게 남아 있었겠어요? … 말하자면, 그 당시 우리나라 사람이 해외에 나가서 세일즈하면서 미친 듯이 뛰고 국가 건설에 정말 뼈를 깎는 노고를 아끼지 않았다는 것은 물론, 국민 전체가 이루어온 것이지만 지도력 없이는 민족이 자각하고 저력이 솟아나올 수가 없는 거죠."[120]

그러면서 박정희와 그의 시대를 옹호하지 않았다며 김종필 전 총리나 박준규, 김재순 의원 등에 대한 섭섭함과 배신감을 드러낸다. 그는 "아버지를 옹호 안 하는 문제는 만약에 아버지가 하신 일이 잘못됐다고 생각을 했다면 아버지가 살아 계셨을 때 그런 높은 자릴 하지 말았어야 하는 것"이라며 "그 당시에도 유신을 외치고 다녔던 것이, 자기 소신이 정말 그랬기 때문이 아니라 그렇게 해야만 높은 자리를 할 수 있으니까 부귀영화가 탐이 나서 그렇게 말"한 것이라고 비판한다.[121]

박근혜의 인터뷰에 대한 반발도 적지 않게 터져 나왔다. 반발 또는 비판은 5·16 군사쿠데타나 유신 등에 대한 노골적인 옹호에 집중됐다. 권인수의 비판이다.

"지난 19일 밤 MBC TV방송 박근혜 씨와의 대담을 보면서 분노를 금치 못했다. 나만이 아니라 많은 시청자들도 같은 뜻이었으리라. 착각은 자유라는 말도 있지만 어쩌면 아버지와 딸이 저렇게 같은 생각을 할 수 있을까. 5·16이 구국이었다니 말이 되는가. 5·16은 군사 쿠데타였고 권력에 눈이 어두운 정치군인들이 합법적인 정부를 뒤엎고 만행을 부린 행위였는데도 국민 앞에 사죄는커녕 권력을 내놓을 생각이었다니, 가난을 구제한 지도자라니 하는 망언을 일삼은 박근혜 씨의 언동은 참으로 뻔뻔스럽고 오만불손했다. 대학 동창생임을 부끄럽게 여긴다. 5·16은 마땅히 단죄돼야 한다. 그리고 그 잔당들도 언젠가는 심판대에 올라야 한다."[122]

박정희 10주기 추도식 준비로 언론의 조명을 받던 박근혜는 당시 정치에 관심이 적지 않았던 것으로 보이지만 인터뷰에서는 "(정치입문에 대해) 전혀 생각해본 적이 없다"고 단호히 부인했다.[123] 당시 언론보도를 보면 박근혜가 정치에 관심이 있었을 것으로 추정되는 대목도 있다. 한 언론보도다.

"정작 박근혜 자신은 '부모님의 추모사업을 하려면 정치 활동을 통하는 게 낫지 않은가?', '아버지의 유지를 이어받은 진정한 공화당을 직접 할 의향은 없느냐?'는 물음에 그냥 웃기만 할 뿐 뚜렷하게 긍정도 부정도 하지 않았다. '그러면 정치에 관심이 없느냐'고 묻자 '아버지 일이니까 관심은 있지만 기념사업회를 시작해 몇 개월이나 지났다고 현재로썬 정치하는 건 어울리지 않는다'고만 말했다."[124]

박근혜는 8월 15일 서울 동작동 국립묘지에서 육영수 15주기 추도식을 가졌다. 육영수 기일에는 이전까지 집안 제사로 지냈다. 박근혜는 추모사에서 "돌이켜보면 지나온 해들은 굽이굽이 사연도 많았고 눈물과 비애로 점철된 세월이었다"고 말했다.[125]

박근혜는 곧이어 박정희 10주기 추도식 준비에 돌입했다. 그는 박정희 10주기 추도식을 앞두고 준비로 눈코 뜰 새 없이 바빴다. 그는 10월 18일 자 일기에서 "기념사업회 사무실은 완전히 놋대기 시상

같아 정말 행사를 앞두고 분위기와 열기가 대단하다"고 기록했다.[126]

10월 26일 오전 서울 동작동 국립묘지. 정계와 관계, 재계를 포함해 많은 사람들이 추도식에 참석했다. 박근혜가 1년여 준비해온 박정희 10주기 추도식이었다. 박근혜가 낭독한 추모사의 일부다.

"아버지! 아버지의 10주기를 맞은 오늘, 아버지를 추모하시는 많은 분들과 함께 이 자리에 서서 아버지께 추모사를 드릴 수 있게 된 저의 마음은 감사함과 감회로 가득 차 있습니다. 아버지께서 가신 후 10년의 세월 동안, 1년에도 몇 차례 이곳 묘소를 참배할 때마다 저는 아버지 생전의 나라 사랑하신 뜻과 업적이 바르게 알려지는 날이 하루 빨리 오기를 간절히 기도하곤 했습니다."[127]

박근혜는 감정이 부풀어 올랐고 빽빽이 들어선 추모 인파에 감격했다. 그의 10월 27일 자 일기의 일부다.

"묘소까지 가는 도중 마음의 울렁임을 참기 힘들었다. 10년 만의 추도식이니 어찌 그렇지 않겠는가. 그러나 '아버지!' 하고 부르고 나서 감정이 폭발하면 자제키 어려울 것이라는 생각이 들었다. 차 안에서 어머니께 기도드렸다. 감정을 억제하게 해주십사 하고. 덕분에 차분히 추모사를 읽을 수 있었다. 분향하고 내려오는데 장군 묘소까지 빽빽이 들어선 추모 인파는 잊을 수 없는 광경이었다. 모두 손을 흔들고…."[128]

박근혜는 10주기 추도식 이후에도 인터뷰를 이어가며 아버지 박정희의 재평가를 시도했다. 그는 11월 9일 자 일기에서 박정희 10주기를 맞아 응한 인터뷰만도 십여 군데나 된다고 적었다.[129]

박근혜는 기념사업회와 추도식, 언론 인터뷰를 이어가면서 반反박정희 여론이 상당히 누그러졌다고 평가했다. 그는 상당히 흡족했다. 12월 30일 자 일기다.

"1989년은 그 누구보다 나에게는 감사하고도 잊혀질 수 없는 해다. 수년간 맺혔던 한을 풀었다고 표현해도 좋을 한 해이다. 아버지에 대한, 그 시절 역사에 대한 왜곡이 85% 정도 벗겨졌다고들 말한다. 그동안 인터뷰한 횟수도 많았고, 손님도 많이 만났고, 노력도 많았고, 방해받았던 일, 속상했던 일도 많았다. … 근화봉사단의 발족과 성장 자체도, 지난 수개월 이루어진 일들은 작년 이맘때만 해도 불가능하다고 느껴지리만큼 거의 기적에 가까운 변화인 것이다."[130]

근화봉사단의 조직

반격의 시절 최태민과 그의 일가 모습은 언론에 거의 포착되지 않았다. 그나마 최태민은 1988년 12월 비공식 자리에서 언론에 포착된다. 최태민의 모습이 담긴 기사의 일부다.

"당시만 해도 76세였을 때인데 고령을 전혀 느낄 수 없었다. 중키에 살이 찌지 않은 적당한 몸매, 꼿꼿한 허리와 불편함이 느껴지지 않는 걸음걸이 등 매우 건강한 모습이었다."[131]

언론에는 드러나지 않지만 최태민과 그의 일가는 육영재단 개입은 물론 근화봉사단 조직과 기념사업회 회지 《근화보》 발간을 직간접적으로 도왔을 것으로 추정된다. 우선 최태민은 1989년 5월 박근혜와 함께 '근화봉사단'을 대대적으로 조직했다. 근화봉사단은 '새마음봉사단'의 후신으로, 육영수를 추모하는 단체였다. 전국적으로 시도 지부까지 설치했고, 회원은 한때 70만 명에 육박한 것으로 알려진다.[132] 박근혜도 2007년 한나라당 대선 후보 검증 청문회에서 "새마음봉사단, 구국봉사단 때 일을 했던 분이라서 근화봉사단을 설성했던 분들이 서로 알고 있지 않나. 같이 하시자고 해, 최 목사도 관여가 됐다"고 최태민의 개입을 인정했다.[133]

7월 15일에는 기념사업회 회지로 월간 ≪근화보≫가 창간됐다. ≪근화보≫는 타블로이드판 24쪽으로, 문공부에 등록된 월간지였다. 창간 이래 박정희와 육영수의 생애와 치적을 노골적으로 다뤄 박정희 재평가의 불씨를 지폈다는 평가를 받는다. 창간호에 실린 박근혜의 창간 취지다.

"나라 사랑에 모든 것을 바치신 부모님이기에, 국민 속에 살다 가신 부모님이기에, 이제 가신 두 분을 진정으로 추모하는 국민 여러분의 정성을 모아 기념사업회의 1차적 목표로 기념관을 건립코자 한다."[134]

≪근화보≫ 창간호에는 1989년 5월에 이뤄진 ⟨박경재의 시사토론⟩ 인터뷰 "박근혜氏, 아버지를 말한다"의 내용을 수록했다. ≪근화보≫ 4호는 박정희 서거 10주기에 맞춰 발간됐다. 박근혜는 ≪근화보≫ 4호에 사설 "국장의 의미와 모순된 현실"을 게재하며 5공화국 시절 반박정희 분위기를 비판했다.

"1979년 11월 3일, 고 박정희 대통령의 국장일에는 수많은 국민들이 애도하고 통곡하며 박 대통령을 영결했다. 그로부터 10년의 세월 동안 동방예의지국이라고 하는 나라에서 국장을 지낸 분에 대한 추도 행사 한 번 없었고 매도 일색의 세월을 보내왔다. 과연 그 매도는 누구를 위한 것이었는가? … 그렇다면 국장은 무엇 때문에 지냈는가."[135]

하지만 ≪근화보≫는 1990년 9월 제15호를 마지막으로 폐간했다. 육영재단 운영권을 두고 동생 박근령과 대립하던 시기, 창간 2년도 안 돼 폐간된 것이다.

'반격의 시절', 최순실은 아동교육 전문가로서 자신의 입지 구축에 나섰다. 대구 영진전문대학 조교수로서 어린이 버릇과 관련한 다양한 저술을 했다. 먼저 그는 여성 잡지 ≪여성동아≫에 기획연재 '어린이 버릇들이기'를 게재했다. ≪여성동아≫ 1989년 8월호에서 아이가 자주 욕을 한다면 욕을 못 들은 척 무시하는 것도 좋고 착한 말 했을 때 격려하는 방법 등이 좋다고 조언한다.[136] 그는 ≪여성동아≫ 9월호에서 걸핏하면 깨무는 아이를 다룬다. 그는 깨무는 행동은 "무척 과격한 것이고 다른 종류의 행동 특성과는 달리 주변 사람을 물어뜯는 행위는 상처를 내게 하거나 질병을 일으키게 하는 심각한 것"이므로 신중을 기해 감정을 말로 표현하도록 도와야 한다고 조언한다. 최순실은 연재 당시 '미국 산타모니카 몬테소리 교육대학 한국교육원장'으로 자신을 소개했다.[137]

최순실은 9월 이선경과 함께 논문 「사회문화적 환경요인에 따른 아동의 격차연구: 인지발달을 중심으로」를 '한국문화재단연구소'의 보고서 형태로 발표했다. 한국문화재단은 박근혜가 오랫동안 이사직을 유지해온 재단으로, 최순실을 비롯한 '안가'가 있던 곳이기도 하다. 최순실과 함께 다른 논문을 쓴 교수는 언론 인터뷰에서 "논문에 최순실의 이름이 앞에 게재된 것은 당시 영재교육과 관련한 연구를 하면서 최순실이 1990년대 초·중반 운영하던 초이유치원 학생들을 대상으로 한 연구였기 때문"이라고 말했다.[138]

최순실은 10월에는 에바 에사Eva L. Essa가 쓴 책 『어린이 버릇, 어떻게 바로 잡을 것인가: 유아교사와 부모를 위한 지침서A Practical Guide to Solving Preschool Behavior Problems』를 김광웅 숙명여대 교수와 함께 번역해 교육과학사에서 출간했다. 책은 어린이의 버릇을 크게 '공격적 반사회적 행동', '방해하는 행동', '파괴적 행동', '감성적 의존적 행통',

'사회적 활동의 기피', '식습관과 관련된 행동' 등 일곱 개 분야로 나누고 각 버릇에 대응하는 방안을 제시했다. 번역은 한국문화재단의 연구비 지원에 따라 2년여에 걸쳐 이뤄졌다. 역자들은 미국과 문화적 배경이 달라 번역에 어려움이 있었다고 말했다. 당시 한국문화재단 이사장은 박근혜였고, 이 책에 최순실은 한국문화재단 연구원 부원장으로 적시돼 있다.[139]

'박정희 신화' 만들기와 삼성동 이사

서독과 동독이 1990년 10월 3일 0시를 기해 독일연방공화국으로 새롭게 태어났다. 헬무트 콜은 12월 2일 실시된 전 독일 총선에서 승리해 초대 독일 총리가 됐다. 폴란드 자유노조 지도자 레흐 바웬사는 12월 9일 대선에서 승리해 대통령에 당선됐다. 한반도에서는 9월 28일 북한과 일본이 조기 수교를 위한 협상을 시작하기로 했다. 하지만 수교 협상은 타결에 이르지 못했다. 남북한도 통일축구대회와 통일음악회, 세 차례 남북고위급회담 등을 열며 활발하게 교류했다. 한국은 6월 4일 샌프란시스코에서 고르바초프 소련서기장과 정상회담을 한 데 이어 12월 14일 소련에서 정상회담을 열어 수교했다. 국내에서는 1월 22일 민정당과 민주당, 공화당 3당이 합당해 거대 여당인 민자당이 탄생했다. 이로써 1987년 탄생한 4당 체제가 종식됐다.

1990년 박정희의 업적을 기리는 책과 다큐멘터리가 잇따라 출간·제작됐다. 박근혜가 박정희 재평가의 일환으로 육영재단을 통해 주도한 것이다. 육영재단은 4월 『박근혜 인터뷰집』을 발간했다. 이 책에는 박정희 10주기 추도사와 육영수 15주기 추도사가 실렸고,

10·26 사태 이후 첫 공식 인터뷰를 한 ≪레이디경향≫ 1988년 9월 호를 비롯해 각종 매체에 실린 인터뷰나 관련 기사를 모은 것이었다. 5월에는 다큐멘터리 〈조국의 등불〉이 공개됐다. 〈조국의 등불〉은 박정희 집권 18년을 담은 기록영화다. 35mm로 제작된 이 영화는 〈대한뉴스〉를 비롯, 재단 소유 필름과 박근혜 개인 소유 필름, 제작 팀의 자체 촬영 필름 등 18시간 분량을 수집해 3시간 30분짜리로 재 편성했다. 총제작비는 2억 원.[140] 박근혜는 4월 8일 〈조국의 등불〉 시사회를 관람하고 5월 15일 다시 봤다. 그는 매우 흡족해하며 박정 희를 제대로 평가하지 않아 사회적 혼란을 맞고 있다고 해석했다. 박 근혜는 5월 15일 자 일기에서 "지도자를 국장으로 장사 지내고서 매 도해온 10년의 세월"이라고 규정한 뒤 "화염병을 던지며 반항하고, 선배 알기를 개떡만도 못하게 생각하고, 도덕 질서 가치관 등을 온통 뒤죽박죽으로 뒤집어놓은 오늘의 현실은 그동안의 역사 왜곡으로 인 한 기성세대의 자업자득"이라고 분석했다. 놀라운 아전인수가 아닐 수 없다.[141]

6월에는 박정희의 치적을 담은 책 『겨레의 지도자』가 출간됐다. 책은 기념사업회가 편찬한 책으로, 정치와 경제, 문화, 교육, 국방, 외교, 과학기술, 새마을 등 8장에 걸쳐 박정희의 치적을 담았다. 박 근혜는 「서문」에서 박정희가 '한강의 기적'을 만들었다고 격찬했다.

"한 나라 지도자의 철학과 영도력은 그 나라의 운명을 결정한다 고 해도 과언이 아닐 것입니다. 미리미리 국가의 나아갈 길을 내다볼 수 있는 선견지명과 통찰력, 시기를 놓치지 않는 결단, 때로는 비난 을 감수하며 끝까지 밀고 나가는 소신과 의지, 국민의 신뢰를 받는 언행, 민족의 앞날에 희망을 갖게 하고 참다운 목표를 제시해 그것을 향해 모두 함께 뛰어갈 수 있게 하는 능력…. 이러한 지도자의 한결

같은 집념과 열정이 바로 오랫동안 흙 속에 묻혀 빛을 보지 못했던 한민족의 위대한 저력을 끌어냈고, 거기에 불을 당겨 '한강의 기적'을 만들어냈다고 믿습니다."[142]

박근혜와 육영재단 등의 계속된 시도로 반박정희 여론이 줄어들고 박정희 재평가 분위기가 일기 시작했다. 박근혜는 "여론도 조금씩 진실에 반응하기 시작했다"고 기뻐했다.[143]

박근혜는 이 시기 텔레비전 프로 〈동물의 세계〉를 즐겨봤다. 그는 1월 8일 자 일기에서 "〈동물의 세계〉는 나에게 푸근한 위로를 준다"며 "살기 위해 노력하고 고생하는 것은 인간 세계와 비슷하나 이토록 복잡한 생각을 해야만 한다든지 이토록 복잡한 사회구조 속에 살아야 한다든지 얽매임이 없기 때문"이라고 말했다. 5월 25일 자 일기에서도 〈동물의 세계〉를 격찬했다.

"TV프로 '동물의 세계'는 내가 가장 좋아하는 프로다. 뭔가 인간 세상을 잊게 해주는 순간이라 더욱 그렇다. 그들에게도 싸움과 침략이 있고 끊임없는 생존 경쟁이 있기는 인간과 마찬가지이다."[144]

박정희 재평가 운동에 주력하고 있던 박근혜는 당시 '왕궁 안의 왕녀'처럼 과거에 머물러 있다는 인상을 주기도 했다. 박정희 시절 청와대 비서실 비사 취재를 위해 1990년대 초반 박근혜를 만난 김진의 기억이다.

"필자는 (박)근령 양과 막걸릿잔을 주고받으면서 평범한 일상으로 돌아온 권력자의 2세를 발견할 수 있었다. 하지만 근혜 양은 달랐다. 그녀는 아직도 왕궁 안에 남아 있는 것 같았다. 물론 두 사람이 겪었던 일들은 많은 차이가 있다. 근령 양은 그저 대통령의 딸이었지만, 근혜 양은 육영수 여사가 세상을 떠난 이후 퍼스트레이디 자리에 대신 앉았다. 그러니 그녀가 카메라 플래시와 갈채를 잊지 못하는 것은 어쩌면 당연할 수도 있겠다. 그 점을 접어주더라도 그녀는 지나치게 과거에 빠져 있는 것 같았다. 그녀를 만나는 절차와 의식은 결코 평범하질 않았다. 예를 들어 그녀는 외부에서 온 사진기자를 허용하지 않았고, 대신 전속 사진사가 찍은 사진을 고집했다. 그녀는 태도도 왕녀다웠다. 최태민이란 이름이 나올 때만 감정의 동요를 보였을 뿐 증언 과정 내내 침착하고 논리 정연했으며 명석했다. 그녀는 중국 역대 왕조에 관한 책을 즐겨 읽는다고 했다. 사람 만나는 일이 내키지 않아 외출도 삼간 채 사실상 은둔해 있다."[145]

박근혜는 신기수 경남기업 회장이 기부한 서울 성북동 집을 팔고 1990년 7월 5일 서울 강남구 삼성동 42-6번지로 이사했다. 박근혜의 서울 삼성동 집은 최태민의 자택에서 겨우 500m 떨어진 곳에 위치했다. 게다가 집의 맞은편에는 최순득의 집이 있었고 차로 5분 거리에는 최순실의 집도 있었다. 그야말로 최태민과 최순실 일가에 둘러싸인 셈이다.

박근혜의 서울 삼성동 이사와 관련, 최태민 일가가 박근혜의 집을 사줬다는 증언과 주장이 쏟아지고 있다. 최순실 17년 운전기사 김씨의 증언이다.

"최태민 회장이 (구입 자금을) 다 냈다. 직원을 시켜서 (주택 매입과 이사를) 했다. 가구까지 최태민이 샀는데. 박근혜 대통령은 돈이 없었다. (이에 대한 물증이 있느냐?) 할매(임선이)가 말한 것이다. 둘이 많이 싸웠다고 하더라."

7월 초 서울 강남구 삼성동의 한 부동산 중개소. 나이가 지긋해 보이는 부부가 집을 보러 중개소를 찾아왔다. 최태민·임선이 부부였다. 7월 5일 매매 계약을 체결할 때에도 임선이가 찾아왔다고 한다. 서울 삼성동 박근혜 집의 전 주인 김 모 씨는 언론 인터뷰에서 "맨 처음 집을 보러 온 사람은 박근혜 고모라고 했다"며 "나는 박근혜하고 직접 (계약) 안 했다"고 기억했다. 최태민 부부는 7월 5일 집 계약을 마친 뒤 집주인 김 씨에게 전화를 걸어 "어르신이 올 테니 준비하라"고 전했다. 그리고 며칠 뒤 박근혜와 최순실이 경호원과 함께 나타났다.[146] 나중에 박영수 특별검사도 최순실 일가가 1990년 7월 서울 삼성동의 박근혜 집 매매 계약을 대신 체결하고 매매 대금도 낸 것으로 파악했다.[147]

최순실은 박근혜가 서울 삼성동으로 이사한 이후에도 박근혜의 일상의 많은 부분을 챙겼다. 최순실 17년 운전기사 김 모 씨의 증언이다.

"차를 오래 운전하며 봤는데, 쉽게 얘기하면 최태민 씨가 (박근혜를) 대통령으로 만들려다 만들지 못하고 죽고, 그 바통을 할매(임선이)하고 (최)순실이가 맡았는데, 순실이가 다 했다. … 콩나물 대가리 하나부터 그 집(박근혜) 시장을 봐주는 것까지 다 봤다."[148]

박근령의 귀국과 박근혜의 육영재단 퇴진

박정희 재평가 운동이 한창이던 1990년, 불법 체류 위기에 놓인 박근혜의 여동생 박근령이 미국에서 잠시 귀국해 새로운 파란을 예고했다. 비자 연장 문제로 잠시 귀국한 박근령은 최태민에 관한 여러 이야기를 듣게 됐다. 박근령의 기억이다.

"그 당시엔 확실한 입증 자료를 대주신 분들 입장이 있기 때문에 일일이 밝히진 못했지만, 정보기관이나 수사기관에선 좀 아는 내용인 걸로 제가 알고 있습니다. 구체적으로 아는 분들이 지번까지 떼

와서 얘기하고 초안을 잡아주셨어요."149

주요 내용은 최태민 일가가 박근혜와 박근령·박지만 자매를 격리시킨 뒤 박근혜가 관여하는 여러 재단과 사업을 장악해 치부한다는 것이었다. 남동생 박지만은 매우 격앙돼 있었다. 박근령의 이야기다.

"동생(박지만)이 많이 속상해했었죠. 아파트에 한번 들러서 최태민 목사 때문에 큰일이라고 걱정을 많이 하다 갔죠."150

박근령이 파악한 결과, 박근혜는 매일 오후 2시쯤 육영재단 사무실에 출근해 약 3시간 정도 일하다가 오후 5시가 되면 칼같이 퇴근했다. 최태민과 최순실 등은 이 사이 박근혜를 대신해 육영재단 운영과 각종 사업에 개입해 전횡을 휘둘렀다. 박근령의 이야기다.

"박근혜 대표는 (오후) 2시에 칼같이 나와서 5시에 칼같이 들어가시고요. 나머지는 최(태민) 목사가 딸(최순실)하고 전횡하니까 원성이 자자했어요."151

8월 14일, 박근령·박지만 남매는 노태우 대통령에게 최태민 일가를 비판하는 진정서를 냈다. 진정서는 A4용지 12매 분량으로, 금전 편취, 유가족에 대한 인격 모독, 박정희·육영수 양친의 명예훼손 등 모두 18개 항목에 걸쳐 최태민의 부조리를 담았다. 언론에 보도된 진정서의 일부다.

"최(태민) 씨는 부모님이 돌아가신 후 우리 형제들을 … 이간질을 시키고, 이로 인해 형제들이 뿔뿔이 흩어지게 되었고, 저희들의 사생활마저 일일이 간섭하여 완전히 망쳐놓았으며, 우리 형제를 한자리에 만날 수조차 없게 하고 있으니(경비원을 붙여 언니를 우리 형제들과 완전히 차단시키고 있습니다), 우리 형제들은 전화 대화마저도 못하는 실정 … 우리는 이산가족 아닌 이산가족 … 최 씨는 아버님 재직 시 아버님의 눈을 속이고 … 박근혜 이사상의 비호 아래 지부 …

최 씨가 (육영재단, 장학재단에) 그의 측근과 친인척을 침투시켜 뜻을 같이한 모든 분들을 사업체로부터 제외시켰습니다. … 부모님의 정성 어린 공익사업들이 … 오로지 최 씨 휘하에서 최 씨의 마음대로 움직이고 운영되는, 최태민 씨의 개인 소유물이 되고 말았습니다. 지금까지도 우리 가족에게 밀착해 … 각종 육영사업, 장학재단, 문화재단 등 추모사업체에 깊숙이 관여해 회계장부를 교묘한 수단으로 조작해 많은 재산을 착취…."152

박근령·박지만 남매는 박근혜로부터 최태민과 그 일가를 떼어내 달라고 부탁하는 한편, 박근혜의 청원을 꼭 물리쳐달라고 덧붙이기도 한다. 이어지는 진정서 내용이다.

"부디 저희 언니와 저희들을 최 씨의 손아귀에서 건져주십시오! 진정코 저희 언니는 최 씨에게 철저히 속은 죄밖에 없습니다. 그렇게 철저하게 속고 있는 언니가 너무도 불쌍합니다! 우리의 소중한 언니를 잃고 싶지 않지만 저희들에게는 힘이 없습니다. … 순진한 저희 언니 같은 사람에게 교묘히 접근하여 속이고 이용하는 인면수심의 최 씨 같은 사람이 우리들 주위에서 맴돌고 있는 한 … 저희들에게 힘과 용기를 주실 수 있는 분은 오직 각하 내외분뿐이라 사료됩니다. 언니의 측근에 있는 사람들과 이간시키고 완전히 언니를 격리시키고 고립시키는 최 씨의 손아귀에서 저희 언니를 속히 구출해주시어 … 최 씨를 다스리기 위해는 언니인 박근혜 이사장의 청원(최태민 씨를 옹호하는 부탁 말씀)을 단호히 거절해주시는 방법 외에는 … 우리 언니도 최 씨에 대한 잘못된 인식과 환상에서 깨어날 수 있을 것이옵니다."153

박근령과 박지만 남매의 진정서가 노태우 대통령에게 전달됐는지는 알려지지 않는다. 다만 그해 말 일부 언론에 진정서 내용이 보도됐다는 점에서 노태우 대통령에게 보고됐을 가능성은 상당해 보인다. 진정서가 제출됐다는 시점 이후에 최태민 일가가 국세청으로부터 세무조사를 받은 것도 이와 무관치 않다. 최재석의 증언이다.

"노태우 대통령 때 세무조사를 또 한 번 당하셨어요, 아버지가. 조사를 받았어요. 근령 씨하고 이런 사람들이 진정을 넣어서…."[154]

10월 28일 서울 광진구 능동 육영재단 및 어린이회관 정문 앞. 이영도 회장을 비롯해 숭모회 회원들이 데모를 시작했다. 이들은 최태민과 최순실의 전횡을 비판하는 플래카드를 내걸었다. 숭모회는 육영재단 등 각종 재단과 사업에서 최태민 일가를 몰아내기 위한 모임이었다. 이영도 숭모회장의 이야기다.

"숭모회는 박근혜 이사장을 배후 조정, 고 육영수 여사의 유업을 훼손하고 유자녀들의 사이를 이간질하는 최태민 고문을 축출하기 위해 해고된 회관 직원들과 전 청와대 직원 및 경호원 출신들이 모여서 만든 단체일 뿐 여론에 떠도는 것처럼 박근령 씨의 측근은 아닙니다."[155]

박근혜는 11월 3일 기자회견을 열고 육영재단 이사장직을 사퇴했다. 그는 기자회견에서 최태민과 그 일가의 각종 재단과 사업 개입 및 전횡 의혹을 일축했다. 박근혜는 "내가 누구에게 조종을 받는다는 것은 내 인격에 대한 모독이다. 최태민 목사는 1988년 박정희 기념 사업회를 만들 때 내가 도움을 청해 몇 개월 동안 나를 도와주었을 뿐"이라고 말했다.

"최태민 때문에" 멀어지는 두 자매

1990년 11월 6일 오전 11시 서울 광진구 능동 어린이회관. 박근혜가 육영재단 이사장에서 물러나겠다고 밝힌 3일 후 후임으로 박근령이 취임식을 열려 했지만, 박근혜를 지지하는 근화봉사단 회원 800여 명이 취임식을 저지하는 바람에 무산됐다. 근화봉사단 회원들은 "지난 11년 동안 육영재단을 운영해온 박근혜 이사장이 물러난 것은 외부 압력 때문"이라고 반발했다.[156]

박근혜와 박근령 자매의 불화설도 걷잡을 수 없이 확산했다. 많은 신문과 잡지 등이 최태민 문제와 육영재단을 둘러싸고 박근혜와 박근령 자매가 불화를 빚고 있다고 지적했다. 박근혜는 11월 7일 어린이회관 내 재단 이사장실에서 기자간담회를 열고 불화설을 부인했다. 박근혜는 "몹시 지쳤고 건강도 좋지 않아 물러나려는 생각을 했다. 10월 26일 열린 아버지 11주기 추모식 때 동생에게 얘기하니 '부모님 유업이니 내가 맡는 게 좋겠다'고 말해 물려주게 된 것"이라며 박근령과의 불화설은 오해라고 밝혔다. 박근혜는 그러면서 최태민의 전횡 의혹은 거듭 부인했다.[157]

11월 15일 서울 어린이회관 내 문화관에서 혼란 속에 육영재단 신구 이사장들의 이취임식이 열렸다. 이취임식도 건물 안으로 들어가려는 근화봉사단원 100여 명과 이를 저지하려는 회관 직원 및 숭모회원 100여 명이 뒤엉켜 아수라장이 됐다. 박근혜는 양쪽 지지자들이 이리저리 떠밀리는 속에서 새파랗게 질린 채 황급히 회관을 떠났고, 박근령도 두 손으로 얼굴을 가린 채 회장실 안으로 숨었다고 한다.[158]

박근령도 수기나 인터뷰를 통해 언니 박근혜와의 불화설은 사실이 아니라고 진화를 시도했다. 박근령은 자전 수기에서 "16년 전에 어머니를, 또 11년 전에는 아버지마저 너무도 큰 충격 속에 잃고 모진 세상을 덩그러니 남은 저희 형제들인데 그보다 더 중요한 무엇이 있다고 저희가 불화를 일으키겠느냐"며 박근혜와 원만하다고 말했다.[159] 그러면서도 최태민 일가에 대해서는 부정적인 인식을 거두지 않았다. 박근령은 "사장님(박근혜)은 펄쩍 뛰고 있지만 (최태민은) 회관 직원들을 모아놓고 여러 번 '흰 피가 흐른다', '성령과 교신한다'는 등의 이야기를 했던 걸로 알고 있다"며 "오죽하면 '최차돈'(최태민과 이차돈의 합성어)이라는 별명이 붙었겠는가"라고 되물었다.[160]

박근혜는 나중에 자서전에서 동생들과의 분란으로 비치는 것을 피하고자 육영재단 이사장직에서 물러났다고 말했다. 그는 "어머니가 생전에 세워놓으신 어린이회관이 자매 사이의 분란을 낳은 것처럼 비쳐지는 것은 있을 수 없는 일이고, 어떤 이유로도 용납되지 않는 일이기에 동생에게 그 자리를 물려줬다"고 말했다.[161]

박근혜가 육영재단 이사장에서 물러나고 자매 간 불화설로 어려움에 처하자 최태민이 '구원투수'로 나섰다. 최태민은 11월에 한 여성지와 인터뷰했다. 그의 처음이자 마지막 인터뷰였다. 그는 인터뷰에서 자신이 기념사업회나 육영재단 등에 전혀 관여하지 않았다고 해명했다.

"나는 박근혜 이사장의 자문 역할에 그쳤어요. 박 이사장이나 기념사업회가 나와 의논할 일이 생기면 손(미자) 관장이 연락해주었고… 부정기적으로 나갔던 셈이지. … 나는 어린이회관에는 별로 관여하지 않았어요. 주로 한 일이 기념사업회의 자문 역할이었습니다."[162]

최태민은 인터뷰에서 육영수 현몽설 편지에 대해 부인했고 이름이 일곱 개라는 설도 사실이 아니라고 했다. 그 대신 자신이 기독교 목사임을 분명히 했다. 최태민은 건강 유지 비결에 관해서도 밝혔다. 최태민은 "매 끼니 작은 공깃밥 한 그릇을 먹는 소식"을 한다고 전했다. 그러면서 매일 새벽 5시 반에서 6시 사이에 기상해 12년째 검도를 40분 정도 한다고도 했다. 마당 한편에 나무봉이 박힌 쇠기둥을 박아놓고 그 봉을 죽도나 목검으로 치는 연습을 한다는 것이었다.[163]

최태민의 인터뷰에 맞춰 박근혜도 같은 잡지와 인터뷰했다. 박근혜도 인터뷰에서 육영수 현몽설 편지에 대해 부인했다. 그러면서 최태민이 육영재단이나 어린이회관의 운영에 개입했다는 주장도 거듭 부인했다.

"최(태민) 고문은 이미 몇 개월 전에 완전히 손을 뗀 분입니다. 이미 물러나 있던 분에게 나가라고 하는 얘기가 무슨 의미죠? 이게 뭡니까? (이 대목에서 박근혜 씨의 목소리는 약간 높아졌다.) 최 고문이 기념사업회와 육영재단을 좌지우지한다고 주장한다는데 제가 나이가 몇입니까? 기념사업회 운영은 제가 알아서 소신껏 해왔습니다."[164]

박근혜는 그러면서 최태민에 대해 어려울 때 '도와준 사람'이라며 '참 고맙게 여기는 사람'이라고 평가했다.

"1989년 직후 기념사업을 시작하려고 할 때 도와주는 사람이 하나도 없었어요. 유신 소리만 나와도 욕을 먹던 어려운 시기였는데 선뜻 도와준 사람이 최 고문뿐이었습니다. 참 고맙게 여기고 있습니다. 항간의 구구한 억측에 최 고문이 침묵을 지키고 있는 것은 전혀 터무니없는 얘기들만이 떠돌고 있기 때문입니다."[165]

최태민은 1990년 아버지 최윤성을 독립유공자로 인정받도록 했다. 최태민은 최윤성의 공적으로 "1919년 3월 황해도 봉산군 사리원에서 남궁욱이 주도하는 독립만세운동에 독립선언서 1000장을 인쇄해 배부하고 피신했다"는 것 등 몇 가지 예를 적시했다.[166] 7월 국가

보훈처 독립유공자 제1공적 심사위원회를 거쳐 8월 15일 노태우 대통령은 최윤성에게 건국훈장 애족장을 추서했다. 8월 27일에 최윤성은 국가보훈처 5등급 건국훈장 애족장 서훈자로 등록됐다.

11월 29일 오후 서울 강남구 삼성동 박근혜의 자택 앞. 여러 대의 자동차가 집 앞에 멈추더니 박근령과 박지만, 이영도 숭모회장 등을 비롯해 30여 명이 차에서 급하게 내렸다. 이들은 서울 삼성동 집에서 박근혜를 빼내기 위한 이른바 '엔테베-비둘기를 위한 파티' 작전을 수행하는 중이었다. 전화선을 끊고 집에 들어가 경비원을 제압한 뒤 박근혜를 최태민 일가로부터 빼내 오려는 계획이었다. 하지만 누군가의 신고를 받고 경찰이 달려오면서 작전은 실패로 끝났다. 이 사건으로 박근혜와 두 남매의 관계는 회복할 수 없을 만큼 멀어지고 말았다.[167]

비　선

권　력

3 정계 입문과 비선 세대교체
(1991~1998)

오직 그의 해로움을 위하여 어리석은 자에게 지성이
생긴다. 그것은 어리석은 자의 행운을 파괴하고 그의
머리를 쪼갠다.

『법구경』 중에서
(『(빠알리어 직역) 담마빠다: 법구경』, 일아 옮김, 불광출판사, 2014, 45쪽)

박근혜에게 찾아온 생의 약동

1991년 1월 17일 미국과 영국은 5개월 전 쿠웨이트를 침공한 이라크의 군사 목표물을 공격했다. 작전명은 '사막의 폭풍'. 걸프전이 시작됐다. 2월 27일 이라크군이 쿠웨이트에서 철수했다. 12월 고르바초프가 소비에트연방 대통령직을 사임했고, 12월 25일 소련 깃발은 역사 속으로 사라졌다. 완전한 주권국가로 참여하는 독립국가연합CIS이 새로 창설됐고, 보리스 옐친 러시아 대통령이 CIS의 지도자가 됐다. 남북한은 9월 17일 제46차 유엔총회에서 회원국의 만장일치로 유엔에 동시 가입했고, 12월 13일 서울에서 막을 내린 제5차 남북고위급회담에서 「남북사이의 화해와 불가침 및 교류·협력에 관한 합의서」를 채택했다.

육영재단 이사장직을 동생 박근령에게 넘긴 박근혜는 1991년 별다른 외부 활동 없이 지냈다. 거의 은둔 생활에 가까웠다. 박근혜의 행적은 1991년과 1992년, 1993년 신문과 방송에서 거의 보이지 않았다. 박정희 기념사업은 불과 2년 만에 중단됐다. 박근혜는 1991년부터 1997년까지 박근혜와 육영수의 추도식에도 모습을 드러내지 않았다. 박근혜의 1991년 1월 6일 자 일기다.

"이제 2년의 세월이 지나 기념사업은 타의에 의해 활동이 중단됐다. 그리고 지금에서야 비로소 나 개인이 앞으로 어떻게 살아가야 할 것인가, 나의 발전을 위해 무엇을 해야 할 것인가 하며 자신의 앞날을 생각하게 됐다."[1]

박근혜는 2월 10일 옛 사진을 정리하다가 배신에 대해 다시 생각했던 것으로 보인다. 그는 2월 10일 자 일기에서 "오늘 옛 사진을 정리하면서 인생무상을 또 한 번 느꼈다"며 "모두가 변하고 또 변해 그때 그 사람이 이러저러한 배신을 하고 이러저러하게 변할 것을 어찌 생각이나 했겠는가"라고 사람에 대한 의심을 드러낸다.[2]

박근혜는 그러면서 많은 충신이 간신에 의해 비참하게 최후를 마친다며 이 세상은 악인들이 살기에 알맞은 풍토를 가지고 있다고 지적한다. 그는 4월 28일 자 일기에서 "얼마나 많은 충신들이 간신들의 참언으로 비참하게 최후를 마쳤던가. 얼마나 많은 악인들이 떵떵거리고 잘살며 세상을 활개치고 다녔던가"라며 "역시 이 세상은 선인들의 것이라기보다는 악인들의 것이다. 악인들이 세도를 부리며 살기에 딱 알맞은 풍토를 지니고 있다"고 진단한다.[3]

유럽공동체EC 회원국 가운데 영국과 덴마크를 제외한 10개국은 1992년 유럽통합을 위한 마스트리흐트 조약을 비준했다. 11월 실시된 제42대 미국 대통령 선거에서 민주당의 빌 클린턴이 당선됐다. 일본은 6월 자위대 해외 파병을 위한 유엔평화유지활동PKO 협력법을 제정하고 자위대를 캄보디아에 파병했다. 국내에서는 12월 18일에 치러진 대선에서 김영삼 민자당 후보가 유효 투표 수 가운데 42%를 득표해 제14대 대통령에 당선됐다.

박근혜는 1992년 독서와 사색, 운동 등을 하며 자신을 돌아보는 시간을 가졌다. 그는 육영재단 이사장직을 그만둔 뒤에야 "'나의 인생'을 살기 시작했다"고 말했다. 즉, 평범한 인생을 살기 시작했다는 것이다. 박근혜는 일기와 독서로 복잡한 생각들을 정리했고 틈틈이 시를 쓰며 마음을 다독였다.[4]

박근혜는 육영재단 이사장직을 그만둔 뒤부터 단전호흡을 하기 시작했다. 『법구경』, 『금강경』 등 불교경전이나 『성경』, 『정관정요』 등의 책도 읽었다. 그는 "편안한 신발로 때로는 청바지 차림으로" 문화유산 답사도 나녔다. 혼자 걷는 시골길이 무척 좋았다고 기억했다.[5]

박근혜는 이 시기에 테니스와 탁구를 즐겼다. 그는 2월 5일 자 일기에 "모든 것을 잊고 그렇게 운동에 재미있게 몰두"했다고 기록했다.[6]

박근혜는 1992년 일기에 유난히 '행복'이나 '기쁨', '즐거움'이라는 단어를 자주 썼다. 특히 생명에 대한 찬사를 쏟아내는 대목을 놓고는 임신설이 제기되기도 했다. 박근혜의 5월 21일 자와 11월 11일 자 일기다.

"요즘에는 난생 처음으로 산다는 것이 기쁘고 고마운 일이라는 느낌이 든다. 눈에 보이는 기쁜 일도 없고, 오히려 객관적으로 볼 때 나의 생활은 불행하다고 보여지기도 하겠지만 나로서는 난생 처음 가져보는 마음의 평온이라서 하루하루가 그렇게 소중할 수가 없다. 내 생에 다시 또 이런 기회가 있을까 싶어 하늘의 선물이라고 감사히 생각하며 정말 하루하루를 소중하고 아까운 물건 쓰듯 없어질까 두려워하며 순간순간을 기쁘게 살고 있다."[7]

"1992년, 올해는 지난 세월 동안 느껴보지 못했던 삶의 또 다른 면을 느껴본 해이다. 소박한 생활 속에서 나는 생을 부여받은 것이 참으로 큰 축복이구나 하는 것을 느꼈고, 생명이 있어 이런 생기 넘치는 기쁨도 느낄 수 있는 것이기에 생명을 받은 것이 감사하게 생각된 해였기도 하다. 정말로 내가 이런 느낌을 일기에 적을 수 있는 날이 올 줄은 상상도 하지 못했다."[8]

박근혜는 그러면서도 '피는 물보다 진하다'는 격언에 대해 핏줄은 배신 등에 의해 끊어질 수 있다는 감상을 적기도 했다. 12월 7일 자 일기다.

"친인척은 핏줄로 연결돼 있다. '피는 물보다 진하다'는 말도 있듯이 그러한 연결은 강한 인연이지만, 그것도 배신 등으로 인해 끊어질 수 있는 법이다."[9]

'친인척의 연결이 끊어질 수도 있다'는 인식은 최태민 문제를 두고 갈등을 빚은 박근령·박지만 남매에 대한 실망을 염두에 둔 것으로 해석됐다. 즉, 박근혜가 최태민 일가를 두고 남매와 갈등을 빚었고, 육영재단 운영권을 놓고 갈등이 더욱 심화했다는 평가다.

한편 김기춘은 대선을 코앞에 둔 12월 11일 부산 지역 기관장들을 불러 모아 김영삼 후보의 승리를 위해 지역감정을 불러일으켜야 한다고 제안해 파문을 일으켰다. 이른바 '초원복국집 사건'이다. 12월 11일 부산 지역 기관장들이 모인 부산 초원복국집에서 김기춘은 지역감정을 조장해 여당 후보를 지원해야 한다고 강조했다. 이러한 발언은 도청에 의해 폭로됐고, 야당은 강력하게 반발했다. 하지만 김기춘은 지역감정 선동이 아닌 도청 문제를 집중 부각하면서 여론을 반전시켰다. 김기춘은 특히 관련 법 조항이 '표현의 자유와 참정권'을 제한하고 있다며 위헌 심판을 제기했고, 헌법재판소가 위헌 제청을 받아들이면서 검찰의 공소가 취소됐다. 지역감정을 조장한 심각한 사건이었지만, 도청으로 프레임을 바꿔 법적 처벌을 피해 간 것이다. 특히 김기춘은 이 사건을 경험하면서 프레임 전환을 통해 위기에서 탈출하는 메커니즘을 터득했던 것으로 보인다. 반면 김기춘이 자신의 법률적 지식을 바탕으로 교묘하게 법망을 빠져나가는 것에 대한 비판이 고조되면서 '법률 미꾸라지'라는 말이 나오기 시작했다.[10]

정윤회의 갑작스러운 등장

최태민은 '박근혜 대통령 만들기'를 위해 1992년까지 거액의 자금을 모으려 했다. 이 시기에도 박근혜를 앞세워 돈을 모았다는 증인이 있다. 한 여성 기업인은 최태민이 1992년 또는 1993년쯤 여성 경영자와 회사 대표 부인 20여 명이 참석한 모임에서 박근혜를 앞세워 돈을 걷었다고 증언했다.

"차 한잔을 마시고 인사를 나누고 있는데 웬 노인네가 들어왔어요. 하얀 양복에 백구두를 신고요. 좀 이상하지 않아요? 그런 차림새가요. 속으로 뭐 이런 사람이 끼어 있나 했는데 그 뒤에 어떤 여자가 따라오더라고요. 그 여자를 보고 깜짝 놀랐어요. 박근혜였어요. 최태민이었죠. 그는 자기가 무슨 영애를 모시고 이 나라를 구하는 역할을 하고 있다. 영애는 대통령이 될 분이다. 이렇게 이야기를 했어요. 거기까지는 그렇다고 쳐요. 그 최태민이 뭐라고 했느냐면 이 용띠 여성 기업인과 사모님 모임을 우리가 조직화해야 한다. 그러더니 회비를 내라고 대뜸 그러는 거예요. 제 기억에는 한 십만 원 정도. 그러더니 일어나서 최태민이 돈을 걷으러 다녔어요. 사람들이 졸지에 핸드백을 뒤져서 돈을 내더라고요. (박근혜는) 최태민이 돈을 걷으러 다니는 것을 보고 그냥 웃고 있었어요."[11]

최태민과 최순실은 이 시기 박근혜의 일상을 완전히 장악했던 것으로 보인다. 즉, 박근혜의 서울 삼성동 집의 경비원 채용과 관리부터 옷 구입, 은행 업무까지 최순실 일가가 대신했다는 것이다. 최태민과 최순실은 박근혜의 일상을 장악함으로써 박근혜에 대한 영향력을 키워간 반면, 박근혜는 이들을 대한 의존증이 더욱 커졌던 것으로 보인다. 최순실 일가의 영향력을 위해 박근혜는 '공주'여야 했다. 최순실 17년 운전기사 김 씨의 증언이다.

"(박근혜 집의) 경비원부터 전부 이쪽(최 씨)에서 보냈다. 옷을 찾아오거나 돈을 (찾아) 주는 것도 모두 마찬가지다. 순실이가 시켜서 (박근혜가 사용하는) 화장품을 사오기도 했다. 저 사람(박근혜)은 영원한 공주야. 아무것도 (스스로) 못 한다."[12]

최태민 일가는 이와 함께 박근령·박지만 남매가 박근혜에게 접근하지 못하도록 철저히 단속했다. 집을 방문하는 것은 고사하고 전화 연결조차 이뤄지지 못했다. 왜냐하면 두 동생이야말로 박근혜에게 유일하게 직보할 수 있다는 점에서, 비선 세력에게는 가장 위협적인 존재였기 때문이다. 최순실 17년 운전기사 김 씨의 증언이다.

"이 사람들은 철저히 그 남매를 배제했다. 자기가 아니고 다른 사람들은 (박근혜에 대한) 전화이건 접근 자체를 교묘하게 못 하게 한다. 오죽하면 근령이도 마찬가지로 집(박근혜의 삼성동 집)에 들어오지 못한다. 선거할 때도 못 들어온다. (모동석) 기사(박근혜 운전기사)에게 들은 바로는 (최순실이 박근혜에게) 'OOO 과장(박지만 측과 교류가 있는 인사)이 나쁘다'고 줄기차게 전화를 했다고 하더라. 박근혜도 (박지만 측 사람 중에) 유일하게 그 사람과 통화했는데, 결국 안 하게 되더라. 최순실이 계속 '좋은 사람이 아니어서 믿으면 안 된다, 이용한다'는 식으로 말했다고 하더라. 나쁜 이미지를 심어 자기네 이외에는 (박근혜와) 통화고 뭐고 못 하게 했다."[13]

정윤회는 최소 1992년부터 최태민과 최순실 일가에 합류한 것으로 분석된다. 정윤회는 그해 9월부터 1996년까지 최순실과 함께 유한책임회사 '쥬벨 게엠베하Jubel GmbH'를 설립해 공동 경영했다. 정윤회가 최태민 일가에 처음 등장한 시기는 이때로 추정된다. 당시는 최순실과 법적으로 결혼하기 3년 전이다.[14]

물론 정윤회가 1992년보다 훨씬 이전인 1988년부터 최순실 일가 관련 등기부등본에 이름을 올렸다는 주장도 있다. 2007년 한나라당 대선 후보 경선 당시 박근혜 검증요청서를 작성한 임현규는 언론 인터뷰에서 정윤회가 1992년보다 이른 1988년 최순실 관련 등기부

등본에 처음 등장했다고 밝혔다.[15]

정윤회는 1955년 11월 30일 강원도 정선군 임계면 또는 강원도 동해 출생으로 알려져 있다. 일각에는 서울에서 출생했다는 설도 있다. 그의 부친은 교육계에 오랫동안 몸담았던 것으로 알려진다. 정윤회는 서울 종로구 내수동 보인중학교를 거쳐 1974년 보인상고(현 서울 송파구 보인고)를 졸업했다. 정윤회는 공수특전사에서 군 복무를 했고, 1981년 대한항공 보안승무원으로 입사해 10년 정도 근무했다. 그는 1993년 경희대 경영대학원에서 관광경영학 석사를 취득했고, 최순실에 이어 영진전문대학에서 강의하기도 했다. 정윤회는 이즈음 충북 청양군 비봉면 장재리 경로당 건립을 위한 토지 및 건립비 4000만 원을 기부해 마을 노인회장으로부터 감사장을 받기도 했다.[16]

정윤회의 출신을 두고 여러 이야기가 나오는 가운데 최태민의 경호원 출신이라는 주장도 적지 않다. 즉, 최태민이 경호원 출신 정윤회를 눈여겨봤다가 최순실과 연결시킨 것이 아니냐는 지적이다. 박근령의 이야기다.

"제가 알기로는 정윤회 씨는 명덕재단 체육관에서 최태민 목사를 경호하던 팀 중의 한 사람이었어요. 최순실 씨가 그 사람하고 두 번째 결혼을 한 거죠. 청년 하나가 경호를 잘해주니까 최태민은 혼자 있는 내 딸하고 결혼해도 좋겠다고 해 했는데…."[17]

아무튼 정윤회가 최순실 일가에 합류한 것은 상당한 의미가 있다. 왜냐하면 정윤회는 최순실이 여성이라는 이유로 또는 '최태민의 딸'이라는 주홍글씨 때문에 접근할 수 없는 영역에까지 접근이 가능했기 때문이다. 최순실은 정윤회를 통해 박근혜의 대외 활동에 더 많이 관여할 수 있게 된 것이다. 실제 최순실은 나중에 정계로 뛰어드는 박근혜를 정윤회가 보좌하게 해 지속적으로 동선을 관리할 수 있게 된다. 박근혜의 여동생 박근령의 분석이다.

"(정윤회는) 최태민 씨의 사위이고, 최순실 씨 남편인 건 확실한데요. (최순실 씨가) 아무래도 여성으로서 할 수 있는 한계가 있으니까 남편이 나선 거죠."[18]

'수필가 박근혜'의 등장

1993년 두 개의 거대한 지역경제권이 탄생했다. 11월 1일부터 유럽공동체의 통합을 목표로 한 마스트리흐트 조약이 발효됐고, 비슷한 시기인 11월 미국과 멕시코, 캐나다 간 교역과 투자 장벽을 없애는 북미자유무역협정NAFTA이 인준됐다. 9월 13일 미국 백악관에서 이츠하크 라빈 이스라엘 총리와 야세르 아라파트 팔레스타인 해방기구PLO 의장이 팔레스타인 자치에 관한 원칙, 이른바 '평화협정'을 체결했다. 일본에서는 7월 18일 중의원 선거에서 자민당을 제외한 7개 정당 연합의 호소카와 모리히로가 총리에 선출됐다. 한국의 공병부대 상록수부대 251명은 7월 30일 유엔평화유지활동에 참가하기 위해 소말리아로 향했다. 김영삼 정부는 8월 12일 오후 8시 금융실명제를 전격 시행했다.

박근혜는 1993년 어떤 이유에서인지는 알 수 없지만 인생을 한 편의 연극으로 생각했다. 그는 배역과 각본을 바꿀 수 없고 오직 노력으로 연기를 잘하는 게 중요하다고 지적한다. 2월 26일 자 일기다.

"이 인생살이는 하나의 연극이다. 그 인생의 각본은 이미 정해져 있고, 몇 막 몇 장인지도 정해져 있고, 무대에 들고 나는 때와 시간도 정해져 있다. 자기가 맡은 역할을 가지고 등장할 시간에 나아가 연기를 하고 끝나면 들어오고, 그 연기를 얼마나 잘하는가 하는 것은 자기 노력에 달려 있을지도 모른다. 그러나 자기의 배역과 각본까지 바꿀 수 있는 힘이나 권한은 인간에게 없다."[19]

박근혜는 7월 26일 자 이후 자신의 일기를 공개하지 않았다. 이와 관련해서는 박근혜의 삶 자체가 이 시기에 대외적인 삶보다 개인적인 삶에 방점이 찍혔기 때문이라는 분석도 나온다.[20]

박근혜는 10월 30일 수필집 『평범한 가정에 태어났더라면』(남송문화사)을 출간했다. 책은 '10년 만에 불러본 아버지, 1989', '평범한 가정에 태어났더라면, 1990', '40의 나이에 돌아본 나, 1991', '깊이 뿌리 내린 마음의 평화, 1992', '오늘 하루가 전부인 것처럼, 1993' 등 5부로 구성되어 1989년 1월 13일부터 1993년 7월 26일까지 일기와 메모 등이 담겨 있다. 즉, 박근혜가 육영재단 이사장직을 그만둔 1990년 11월 이후 3년간의 일기와 메모를 주로 담으면서 ≪근화보≫나 다른 간행물에 나오지 않은 1989년과 1990년 일기와 메모 등도 덧붙인 것이다.[21]

박근혜는 일기에서 전두환 정권을 겨냥한 듯 권력의 남용을 비판(1989년 11월 3일 자 등)하거나 박정희 정권 또는 자신을 비판한 인사에 대한 배신감을 토로(1989년 1월 17일 자 등)했다. 이전 일기에 비해 책이나 영화, TV프로그램 이야기(1989년 12월 1일, 1990년 5월 9일, 1990년 5월 25일, 1991년 8월 6일 자 등)도 하고 생명의 아름다움을 노래(1992년 5월 21일, 1992년 11월 11일 자 등)하는 등 삶의 구체성이 조금 늘어난 것으로 보였다.

1991년과 1992년 신문과 잡지 등에 거의 등장하지 않던 박근혜는 책을 출간하면서 다시 언론에 오르내리기 시작했다.[22] 박근혜는 언론 인터뷰에서 책 출간과 함께 당시의 일상을 소개했다. 그는 특별한 일 없이 오후에는 테니스를 2시간 정도 치며 소소한 일상을 보내고 있다고 밝혔다.

"3년 전부터 공식적인 자리에 참여할 일도 없고 그래서 밖에 나올 일이 별로 없었습니다. 매일 2시간 정도 테니스를 치니까 그때나 나올까요. 가끔 가까운 백화점이나 쇼핑센터를 찾아 테니스화 같은 운동용품이나 꼭 필요한 생필품을 사는 것이 고작입니다. 다른 시간에도 틈이 나면 책을 들지만 오전에는 주로 독서를 하면서 보냅니다. 동서양의 철학책과 역사책을 많이 읽는 편이지요. 그리고 점심을 먹고는 매일 테니스장에 나가 운동을 합니다. 코치나 동네분들과 어울려 게임을 하는데 무척 즐거워요. 저녁 식사 후에는 여러 생각을 하며 하루를 정리합니다."[23]

박근혜는 이날 인터뷰 말미에 "집안일을 도와주는 사람들과 함께 살고 있다"고 말했다고 신문은 전했다. '집안일을 도와주는 사람들'이 누구인지 확인되지 않았지만, 최태민과 그 일가일 가능성이 높아 보인다. 박근혜는 이즈음 ≪우먼센스≫와의 인터뷰에서 최태민에 대해 '가장 어려운 시기에 자신을 도와준 고마운 분'이라고 거듭 호평했다.[24]

박근혜는 1993년 한국수필가협회에 회원으로 등록한다. '수필가 박근혜'가 탄생한 것이다. 박근혜는 1993년 『평범한 가정에 태어났더라면』을 시작으로 『내 마음의 여정』(한솔미디어, 1995), 『결국 한 줌, 결국 한 점: 그러므로 소중한 삶』(부산일보사기획출판국, 1998), 『고난을 벗삼아 진실을 등대삼아: 박근혜 일기 모음집』(부산일보사편집부 엮음, 부산일보사, 1998) 등 자서전, 일기모음집과 에세이 등 여섯 권의 책을 냈다. 주로 1970년대부터 1989년 잡지·방송 인터뷰 등으로 박근혜가 20대 후반부터 30대 후반까지 쓴 글을 모은 책들이다.[25]

박근혜는 자신이 수필가 출신이라는 것에 상당한 자부심을 가졌던 것으로 보인다. 그는 2016년 5월 18일 청와대에서 열린 민관합동 규제개혁점검회의에서 수필가 출신임을 강조하기도 했다.

"제가 수필가이기도 한데 수필 제목 중 하나가 '꽃구경을 가는 이유'이다. 꽃구경을 가는 이유는 그 꽃이 잠시 피지 영원하게 피지 않기 때문이다. 규제 혁신도 골든타임이란 게 있어서 내년에 해도 된다고 생각하면 안 된다."26

박근혜의 수필집과 책들을 분석한 변진경은 박근혜가 '하늘의 뜻', '천국', '극락', '영혼' 등의 단어를 자주 구사하는 운명론자로 보인다고 분석한다. 박근혜는 아울러 "내가 어려웠던 시절에 도와주고 친절했던 사람" 등을 선인으로, "몰상식한 행동, 배은망덕, 소신 없는 짓들을 하고도 전혀 부끄러움조차 모르는 인간"을 악인으로 규정하는 등 선인과 악인의 이분법으로 인간을 바라본다고 분석한다. 박근혜를 둘러싼 여러 정황을 종합하면 최태민과 최순실 일가는 박근혜에게 '선인'으로서 자리했을 것으로 추정된다.27

한편 김기춘은 9월부터 '변호사 김기춘 법률사무소'를 개소하고 변호사로 활동하기 시작했다. 하지만 개업 변호사 생활은 1996년 제15대 총선에 출마하면서 오래 이어지지 못했다.

최태민의 좌절, "돈 돌려드려야겠다"

1993년 10월 서울 강남. 최태민은 사우나를 마치고 헤어지려는 아들 최재석의 소매를 붙잡았다. 그는 최재석에게 노란 봉투 두 개를 건넸다. 최재석이 안을 열어보자 안에는 부동산 등기부등본을 비롯한 부동산 서류가 가득 담겨 있었다. 최재석은 노란 봉투를 다른 곳에 보관하고 사업처가 있는 중국으로 갔다. 최재석이 나중에 노란 봉투 속의 부동산 서류를 검토한 결과 대부분의 부동산이 임선이나 최순실, 최순득, 최순천 등 최태민 일가의 소유로 등기돼 있었고 전체 가격은 대략 1000억 원대에 이른다는 것을 확인했다. 최태민은 1993년까지 박근혜를 대통령으로 만들기 위해 1000억 원대의 부동산을 비롯해 3000억 원대의 자금을 조성한 것으로 알려졌다. 최재석의 증언이다.

"그분 하는 데 한 1조가량 선거자금을… 대통령 선거하는 데 1조가량 든대요. (1조를 모아야 한다 그런 얘기를 하셨어요?) 1조가 돼야 된다, 그러니까 지금 만드는 중이니까 이거 너한테는 내가 쓰려고 모은 돈도 아니니까 너한테 이렇게 재산 형식으로 나눠줄 수 없다, 그래서 내가 그랬죠. '순천이, 순실이 다 건물해놨잖아요' 했더니 '그거는 차명계좌 차원으로 해놓은 거다'. (순실이 이름으로 된 거, 순득이 이름으로 된 건 차명 차원으로 해놓은 거다, 건물은?) 네, 그래서 거기 보면 임 씨 이런 게 막 들어가 있어요. 나중에 떼어 보시면 아시지만. … 거기 친척들, 이런 쪽으로 넣고 친척에 또 친척들, 나는 알지도 못하는 사람들 이름으로 돼 있는 게 많더라고요. 아버지가 주신 목록에 그런 게 있었어요."[28]

최태민은 부동산 이외의 2000억 원의 자금을 어떻게 관리했을까. 그는 현금이나 양도성예금증서CD 등으로 2000억 원대를 관리했다고 한다. 실제 최태민이 서울 강남구 역삼동 자택 안의 별도 내실에 있는 거대한 금고에 수천억 원대의 골드바와 CD, 땅문서 등을 보관했고 100평 규모의 지하실에는 운보 김기창 화백의 작품을 비롯해 400여 점의 명화를 보관했다고 최재석은 기억했다.[29]

하지만 최태민은 1993년 어느 때인가 '박근혜 대통령 만들기'가 현실적으로 어렵다며 포기하려 했던 것으로 보인다. 우선 최태민은 박근혜를 대통령으로 만들기 위해 당초 1조 원의 자금을 목표로 내걸었지만 3000억 원에 그쳐 박근혜를 대통령으로 만들기 어렵다고 판단했던 것으로 분석된다. 최재석의 증언이다.

"(1993년) 김영삼 대통령 정부 출범 이후에 나에게 말씀하셨다. 강남의 R 호텔 사우나에서. '아, 대통령 만드는 건 무리인 것 같다. 이 돈은 돌려드려야겠다'고."[30]

특히 최태민 일가에 대한 정권의 잇단 세무조사와 함께 1993년 8월 김영삼 정부의 전격적인 금융실명제 실시로 비자금 관리가 쉽지 않게 된 것도 한 원인이었던 것으로 분석된다. 최재석의 이야기다.

"(19)93년도에 김영삼 대통령이 됐어요. 그래서 그 뭐죠? 실명제 이런 거. (그렇죠, 금융실명제.) … 돈을 불리고 이러는 데 있어서는 문제가 있다고 생각하셨던 것 같아요."[31]

아울러 이듬해 사망하게 되는 최태민은 1993년 하반기부터 건강이 상당히 악화했을 것으로 추정된다. 나중에 최순실은 최태민이 죽기 4개월 전부터 아무것도 먹지 못하고 신병 치료에만 전념했다고 전했다. 즉, 최태민은 서울 영동세브란스병원과 순천향병원을 오가며 통원 치료를 하고 일주일에서 열흘씩 입원 치료를 받은 적도 있었다고 한다.[32]

대구 영진전문대학 유아교육과에 조교수로 적을 두고 있던 최순실은 그해 2월 같은 대학 동료 조옥희와 함께 논문 「한국 몬테소리 교사교육 실태에 관한 조사연구」를 ≪영진전문대학 논문집≫(제15집)에 실었다. 최순실은 이 논문에서 이탈리아 아동교육자 마리아 몬테소리의 이름을 딴 몬테소리 교육의 이념과 육아관, 교사관을 이론적으로 살펴본 뒤 이를 바탕으로 한국 몬테소리 교사교육의 실제 상황을 점검하고 문제점을 도출했다. 최순실은 논문에서 먼저 몬테소리 교사연수회에 참가한 전국 유치원 원장과 원감, 교사들 700명에게 설문을 받아 응답 결과를 분석했다. 분석 결과, 교사들이 몬테소리 교사교육의 중요성을 강하게 느끼고 있는 데 비해 교사교육 프로그램이 체계적으로 표준화돼 있지 않고 연수 후 평가도 이뤄지지 않는 것으로 나타났다. 교사들은 연중 지속적인 교사교육을 희망하고 있지만 교사들 요구에 부응하는 기관은 '최순실의 산타모니카 몬테소리Santa Monica Montessori 교사양성대학 한국교육원Korea Montessori Society' 등 서울에 세 곳 정도밖에 없는 실정이라고 지적했다.[33]

최순실이 2월 영진전문대학을 떠난 직후 정윤회가 바통을 이어받는다. 정윤회도 영진전문대학에서 1993년 1학기에 「경영학 원론」을, 2학기에는 「여행사 경영론」을 각각 맡아 1년간 시간강사로 근무했다. 1993년은 두 사람이 결혼한 것으로 알려진 1995년 4월보다 2년 앞선 시기다.

최순실은 1993년 유치원 주차장 일부를 용도 변경 허가를 받지 않고 불법으로 증축했다가 서울 강남구청에 적발돼 벌금 100만 원을 냈다.

육영수 이미지에 집착하는 박근혜

1994년 6월 29일 일본에서 사회당 출신의 무라야마 도미이치가 자민당과 사회당, 신당사키가케가 연립한 정부의 총리로 선출됐다. 북한에서는 7월 8일 절대 권력자 김일성이 사망했다. 북한은 10월 21일 스위스 제네바에서 미국과 핵협상을 타설했다. 북한은 핵시설을 동결하고 핵확산금지조약NPT상의 의무를 이행하는 대신, 미국은 북한에 경수로 2기와 대체에너지를 제공하고 북미 관계 개선을 추진하기로 합의했다.

박근혜는 1994년 한국문인협회에도 회원 등록을 했다. 그보다 1년 앞서 한국수필가협회에 회원으로 등록한 그였다. 일기와 메모 등을 모은 『평범한 가정에 태어났더라면』, 『결국 한 줌, 결국 한 점』 등의 책을 잇달아 펴낸 게 근거였다. 박근혜는 나중에 자서전에서 "문인의 길에 첫발을 내디뎠다"고 밝혀 문인협회 회원이 된 것에 대한 긍지를 드러내기도 했다.[34]

박근혜의 20대와 30대를 함께하며 '영애의 후견인'으로 불렸던 최태민이 5월 1일 서울 강남구 영동세브란스병원에서 심근경색으로 사망한 것으로 기록됐다. 그의 장례는 박근혜 모르게 조용히 치러졌지만 박근혜의 정치 활동 내내 '최태민'이라는 이름은 꼬리표처럼 따라붙게 된다. 최태민의 주민등록상 출생일은 1912년 5월 5일. 주민등록을 기점으로 하면 82세 나이로 사망한 것이지만, 경기도 용인에 위치한 그의 묘비에는 태어난 해가 1918년으로 기록돼 있어 76세에 사망한 것으로 돼 있다. 최태민은 죽으면서도 자신의 나이 6살을 물음표로 남긴 셈이다.

필자가 입수한 1998년 연세대 의과대학 영동세브란스병원에서 발행된 최태민의 사망진단서에는 최태민이 5월 1일 오전 8시 58분 자택인 서울 강남구 역삼1동 689-25번지에서 사망한 것으로 기록돼 있다. 사망의 종류는 '병사'. 직접 사인은 급성심장마비, 중간 선행 사인은 만성신부전증·협심증, 선행 사인은 당뇨병으로 기재됐다. 발병 일시는 '15년 전'이라고 적혔다.

연세대 의과대학 영동세브란스병원에 남아 있는 최태민의 의료

기록에 따르면 최태민은 1993년 12월과 1994년 2월, 3월까지 만성 신부전증으로 입원 치료를 받았다. 영동세브란스병원에 남아 있는 의무 기록은 4월 23일 자로 완성돼 있다. 최태민이 마지막 입원한 날짜는 3월 18일이고 8일 뒤인 3월 26일 퇴원한 것으로 기록됐다. 병원에서 퇴원을 지시했고, 치료 결과 상태는 '경쾌'로, 외래 진료 계획은 '있음'으로 기록돼 있었다.

최태민의 사망신고서는 그가 사망하고 두 달이 지난 7월 1일 서울 은평구청에 접수된다. 사망신고서에는 애초 사망진단서에 기재된 주소인 서울 강남 역삼동 자택(689-25)이 아니라 서울 송파구 신천동 시영아파트로 변경돼 기록됐다. 사망신고서를 접수한 사람은 최순실. 세대주 성명은 최태민의 다섯째 부인인 임선이로, 최태민의 사망전 직업은 '무'로 기록됐다.

최순실 일가가 최태민의 죽음을 주변에 제대로 알리지 않았다는 사실은 분명하다. 최순실의 17년 운전기사 김 씨의 기억이다.

"모동석 기사(박근혜의 옛 운전기사, 1998년 사망)가 그러더라고요. 한번은 박근혜가 '최 회장(최태민)이 전화가 안 된다'고 하더라. (모 기사가) 아무 소리 안 하고 있으니까 (박근혜가) '두 달째인지 석 달째인지 연락이 안 된다'고 말했다. 박근혜가 얼마 후 다시 모 기사한테 또 물었다고 하더라. '석 달째 최 회장 연락이 안 돼요. 집에 가서 알아보라'고 지시했다. 그래서 (모 기사가) 알아보니 (최 회장이) 세상을 떠난 것이다. (박근혜가 최태민 씨 죽음을 한동안 몰랐다는 것인가?) (최씨 일가가) 안 알려줘서 몰랐던 것이다. (왜 최태민의 죽음을 박근혜에게 알리지 않은 것인가?) 그러니까 (최순실이) 사악하다니까."[35]

최순실도 최태민의 장례식을 박근혜를 비롯해 주위에 알리지 않았다는 사실을 인정했다. 그는 나중에 인터뷰에서 "알리고 말고 알

게 없잖아요. 그저 평범한 가족장으로 치렀다"며 박근혜에게도 알리지 않았다고 확인했다.[36]

박근혜는 8월 12일 지상파 방송 MBC와 인터뷰를 했다. 당시 기자로 박근혜와 인터뷰했던 박영선 더불어민주당 의원은 나중에 자신의 책에서 인터뷰 상황을 비교적 상세하게 기록했다. 박영선[37]에 따르면 인터뷰는 폭염이 쏟아지던 한낮 서울 창덕궁 비원에서 진행됐다. 제작진은 공사를 이유로 일반인 출입이 금지돼 있는 상황에서 비원에서 인터뷰를 할 경우 비판을 받을 수 있으니 다른 장소를 제안했지만, 박근혜는 비원을 고수했다. 박근혜는 이날 인터뷰에 앞서 서울 동작구 국립묘지를 찾아 박정희 묘역에 참배했다. 그는 하얀색 원피스 차림에 올림머리를 하고 비원에 나타났다. 원피스는 어깨를 부풀린 아주 오래된 스타일이었다. 촬영감독은 얼굴이 검게 나올 수 있으니 색깔이 있는 옷으로 갈아 입어달라고 박근혜에게 부탁했지만, 박근혜는 "그냥 하죠"라며 요청을 거부했다. 제작진 사이에서조차 '육영수 이미지를 재현하려는 의도'라는 이야기가 나왔다. 박영선은 "조선 왕실 정원인 비원이 주는 상징성과 신비감 때문에 그곳을 고집한 것"이라며 "1994년 여름날의 인터뷰를 되돌아보면 박근혜 이사장의 의상 선택과 메시지는 성공적이었다. 이후 그녀가 정치적으로 성장해가는 과정을 분석한 전문가들도 '육영수 여사에 대한 국민의 그리움과 박정희 대통령에 대한 향수'가 가장 크게 작용했다고 분석하고 있기 때문"이라고 지적했다.

박근혜는 이날 인터뷰에서 1990년부터 타의에 의해 양친 기념사업에서 손을 뗐다고 말했고, 때가 되면 기념관을 짓는 것을 포함해 사회봉사활동과 연결된 문화사업을 하고 싶다는 포부를 밝혔다. 박정희 기념사업을 완수하는 것이 목표라며 정계 진출 계획은 없다고

도 했다. 그는 최태민에 대해선 "청와대 시절부터 알았고 자신의 사
회활동에 큰 도움을 받았지만 사회활동단체가 조직되면서 이를 견제
하려는 반대 세력의 악선전 때문에 부정 축재자로 몰리기도 했다"고
두둔했다.[38] 박영선은 나중에 라디오방송에 출연해 당시 인터뷰를
회상하면서 박근혜가 〈동물의 왕국〉 프로그램을 즐겨본 이유를 소
개했다. "박근혜 이사장과 함께 서울 시내 한 식당에서 점심 식사를
한 적이 있는데요. 그때 하루 일과를 여쭤본 적이 있습니다. 왜냐하
면 당시는 은둔 생활을 할 때였으니까요. 그랬더니 저녁 5시경에 하
는 〈동물의 왕국〉 프로그램을 아주 즐겨보신다고 해요. 그래서 '왜
그 프로그램을 즐겨보시냐?' 이렇게 질문을 드렸더니 '동물은 배신하
지 않으니까요.' 이렇게 답변하셨습니다."[39]

박근혜는 이때 지역 민영방송인 TBC대구방송의 프로그램 〈전
여옥이 터놓고 만난 사람〉이라는 토크쇼에도 출연했다.

뒤늦게 알려진 최태민의 죽음

"유신 말기 고 박정희 대통령의 딸 근혜 씨를 등에 업고 막강한 권력
을 휘둘러온 전 새마음봉사단 총재 최태민 씨가 지난 5월 사망한 사
실이 뒤늦게 밝혀졌다. 최 씨는 지병인 만성신부전증으로 서울 영동
세브란스병원에 장기 입원한 끝에 지난 5월 1일 서울 강남구 역삼동
자택에서 심장마비로 사망했으며 가족들은 최 씨 사망 두 달 뒤인 7
월 1일에야 본적지인 은평구청에 사망신고서를 접수시켰다."[40]

최태민의 죽음은 사망 후 2개월이 지나서야 언론에 보도됐다.
언론은 최태민 사망 경과를 비교적 자세히 기록했다. 예를 들면 《동

아일보≫는 "최태민은 1993년 말부터 이듬해 3월까지 지병인 만성신부전증으로 서울영동세브란스병원에 세 차례 입원해 치료를 받다가 5월 1일 서울 강남구 역삼동 자택에서 심장마비로 타계했다. 가족은 최 씨의 장례를 극비리에 치르고 주소를 다른 곳으로 옮겼다. 사망신고도 최 씨가 숨진 지 2개월이 지난 7월 1일에야 본적지인 서울 은평구청에 최 씨의 딸이 했다"고 보도했다.[41]

최태민 부고 기사는 냉정했다. '박근혜의 신임을 바탕으로 실권을 휘둘러온 사람', '새마음봉사단 활동 과정에서 각종 인사 청탁과 이권에 개입한 사람', '재산 관리인' 등으로 묘사했다. ≪경향신문≫ 기사의 일부다.

"1974년 고 육영수 여사 사망 직후 상심해 있던 근혜 씨에게 '꿈에 육 여사가 나타나 돌봐주라고 했다'는 편지를 보내며 접근해 근혜 씨의 마음을 사로잡았던 최 씨는 3공 시절 '구국여성봉사단' 총재로 취임한 이래 근혜 씨의 신임을 바탕으로 실권을 휘둘러온 것으로 알려졌다. 최 씨는 새마음봉사단 활동 과정에서 각종 인사 청탁과 이권에 개입한 것으로 알려져 이 때문에 1990년 육영재단의 운영권을 둘러싸고 근혜 씨와 근령 씨 지지자들 간에 분규가 일어나기도 했다."[42]

이현두는 "김재규가 1980년에 작성한 「항소이유 보충서」에서 '최태민이 박(정희) 대통령의 총기를 흐리고 있는 것도 10·26의 한 동기였다'고 밝혔을 정도로 최 씨에 대한 뒷말이 많았다"고 평가했다.[43]

최태민의 사망을 둘러싸고 여러 의문이 제기됐다. 먼저 최태민이 사망한 시기가 알려진 바와 같이 5월 1일 아니라 4월 중순일 가능성도 제기됐다. 최태민의 아들 최재석은 자신과의 연결이 끊긴 4월 초·중순쯤 최태민이 사망했을 것으로 추정한다. 최재석의 이야기다.

"제가 확신을 가지고 덤빈 거는 제가 탐문을 계속 쭉 했어요. 그런데 어느 호텔 사장이 장례식에 갔었대요, 자기가. 그런데 장사 치른 사람은 동네 깡패들이 와서 했고 정식적인 장례 절차가 없었대요. 암매장한 거죠. 포크레인으로 퍼서 묻었다고 그러더라고요. 그런데 사장이 하는 말씀은 5월 1일이 아니라는 거예요. 4월 18일이라는 거예요."[44]

최재석은 최순실 일가가 최태민이 사망한 지 두 달이 지난 7월 1일에야 사망신고를 하고 주소를 옮긴 것에 대해서는 최태민의 사망 사실을 숨기기 위한 것이라고 주장했다. 그러면서 최태민이 타살됐을 가능성도 있다고 덧붙였다. 최재석[45]에 따르면 자신과 연락을 해오던 최태민이 1994년 4월 초순부터 연락이 닿지 않았다. 최재석은 임선이에게 전화했지만 '어디 가셨다', '출타하셨다'는 말만 듣고 최태민과 연락할 수 없었다. 최재석은 이에 최태민과 함께 활동한 새마음봉사단 단장들에게 전화했고 어떤 단장이 "아버지가 안 보이신다"고 알려왔다. 최재석은 이후 임선이와의 통화에서 최태민의 사망 사실을 전해 듣고 중국에서 귀국했다. 최재석은 최태민이 살아 있을 수 있다는 생각에 탐문을 하며 박근혜의 서울 삼성동 자택도 찾았다. 최재석은 박근혜를 만나지는 못했지만 경비원으로부터 자신들도 최태민을 찾고 있다는 답을 들었다. 최재석은 이후 경기도 용인에서 최태민의 묘소를 확인한 뒤 그의 죽음을 인정했다. 최재석은 이후 가족이 모인 가운데 '아버지의 죽음을 인정하지 못하겠다'고 주장했다. 그는 이때 최순실과 정윤회 부부로부터 장례 문제를 발설하지 않고 향후 재산 문제에도 관여하지 않는 조건으로 1억 5000만 원을 받는 것에 합의하라는 압박을 받았고 그렇지 않을 경우 김기춘을 동원해 정신병원에 넣어버리겠다고 위협받았다고 기억했다. 최재석의 증언이다.

"맘에 한 30명 성노 뇌는 상패블이쇼. 소식폭틱배 같은 것들이.

사시미칼이라는 거 알죠? (사시미칼, 영화에서나 보던 그 사시미칼 들고 왔어요?) 네, 그런 걸 들고 온 거예요. (세상에.) 그래서 우당탕 난리가 나고 112 신고하고 아랫집에서 창문 열고 그때는 집이 주택가였으니까요. 그렇게 해서 그 깡패들이 와서 우리가 합의서를 썼어요. 그날 저녁에 정윤회하고 순실이가 왔더라고요. 그다음 날 만나자고 하더라고요. 정윤회가 그러더래요. '죽을래 살래. 하루 이틀이야 저기 하지만 그거 하냐.' 순실이도 만났어요, 제가. 만났더니 김(기춘) 실장, 지금 말하면 김 실장 있잖아요. (김기춘 실장?) '내가 주먹으로 안 되면 권력으로 해서 너를 보내버리겠다. 정신병원 같은 데 넣어놓겠다' 이렇게 얘기하더라고요. (최순실이 지금 최재석 오빠한테? 여기 합의서에 도장 안 찍으면, 사인 안 하면 김기춘 실장 시켜서 내가 정신병원에 넣어버리겠다, 당신을?) 네. 죽을래 살래죠 그러니까…. (최순실의 입에서 김기춘 실장 이름이 그 당시에 나왔다는 거예요, 1990년대에도. 도대체 그 합의서는 무슨 합의서입니까?) 우리들 없이 장례 치른 것에 대해 발설하면 죽인다. 그다음에 앞으로 아버지 재산이 나오면 너는 '노터치'다. 대신 이만큼은 너희들 줄게. 세 명이잖아요, 우리가. 누나에 아들 둘에 딸 하나. (임선이 씨 자식이 아닌 사람이 세 명인 거죠?) 세 명이에요, 세 명. 그 사람한테는 1억 5000 (만 원)씩 준다고 쓰고. 지네 마음대로 써 가지고 왔더라고요. 1억 5000씩 준다고. (여기다 사인해라?) 도장 다 찍었어요. 안 찍으면 죽는데 안 찍을 수가 있나요? 껌값도 안 되는 사탕값 받고. 죽는 것보다는 낫잖아요."[46]

그렇다면 최순실과 임선이 등은 왜 최태민의 죽음을 제때 알리지 않고 사망신고도 늦게 했을까. 일각에서는 최태민의 엄청난 돈과 관련 있을 것으로 추정했다. 즉, 최태민의 돈을 임선이나 그의 직계

가족들에게만 물려주기 위한 것과 무관치 않다는 것이다.

일각에서는 한 발 더 나아가 최태민이 말년에 그동안 모은 돈을 박근혜에게 돌려주려 했는데, 이것에 반대한 이들이 최태민을 죽였을 가능성도 있다는 의혹을 제기됐다. 최재석의 생각이다.

"1994년 아버지가 1000억대 부동산과 골드바 등 전 재산을 박근혜 씨에게 되돌려주겠다고 했으며 이를 눈치 챈 누군가에 의해 4월 중순쯤 독살된 것이 아닌가 하는 의심을 가지고 있다."[47]

최재석은 결국 2017년 1월 10일 서울 강남 대치동 특별검사 사무실을 찾아 최태민이 타살됐을 가능성이 적지 않다며 최태민의 사망사고에 대한 재조사를 의뢰했다.

최태민의 사망을 둘러싸고 여러 이야기가 나오자 최순실이 나섰다. 1987년 육영재단의 비선 개입 의혹 사태 이후 두 번째였다. 최순실은 '최민희'라는 가명으로 7월 20일 서울 시내 한 호텔에서 언론 인터뷰를 한다. 국견[48]에 따르면 기자는 최순실에게 몇 번을 찾아가 최태민의 죽음에 관해 인터뷰하고 싶다고 요청했다. 최순실은 수차례 거부하다가 "아버지에 대해 왜곡된 사실이 있다면 고인의 명예를 위해서라도 진실을 밝혀야 하지 않겠느냐"는 설득에 인터뷰에 응했다. 최순실은 이날 오후 2시 서울 시내 한 호텔에서 인터뷰하기로 했지만 '심경을 밝힐 글을 준비하고 있으니 오후 5시로 미뤄달라'며 인터뷰 시간을 늦췄다. 최순실은 기자를 만나자마자 "아버지를 두 번 죽게 하고 싶지 않아 나왔다"며 16절지 6장 분량의 「심경 고백서」를 내놓았다. 최순실은 자신의 이름이나 얼굴이 알려지는 것을 꺼렸다. 그래서 인터뷰는 최순실이 아닌 최민희라는 가명으로 실렸다. 그는 사진 촬영을 거부하고 대신 사진 한 장을 건넸다. 인터뷰 기사에 실린 사신 속 최순실은 색안경을 끼고 한 아이와 대화를 나누고 있는 모습이다. 고개와 시선을 돌리고 있어 얼굴을 알아보기 어렵다.

　최순실은 이날 서울 영동(강남구 신사동)에서 9년째 유치원을 경영하고 있다고 소개한 뒤 최태민 사망 정황에 관해 설명했다. 그는 최태민 사망 시점에 대해 "지난 5월 1일 오전 8시 30분경, 집에서 돌아갔다"고 말했다. 사인은 협심증, 즉 화병이었다고 말했다. 최순실의 이야기다. "협심증이었어요. 옛날 말로 '화병'이지요. 예전부터 혈압이 높으셨어요. 그런 데다 육영재단 분규로 일을 중단하고 집에만 계시는데도 많은 사람들이 아버지를 가만 놔두지 않았어요. 특히 일부 언론이 좀 심하게 아버님을 몰아쳤습니다. 이런저런 이유로 화병이 생겼고… 가족들한테 미안한 마음도 한몫했을 거예요. 가족들이 육영재단과 관련된 일을 그만하라고 부탁했지만 듣지 않으셨어요. 특히 제가 많이 말렸지요. 그러다가 좋은 꼴 못 보고 그곳(육영재단)에서 물러났으니 가족들 보기가 민망하셨겠지요. 말씀도 못 하고 속으로만 그런 고통을 삭이셨어요. 속병만 키우셨던 셈입니다. 더 사실 수 있었는데…."[49]

　최순실은 최태민의 사망 경위를 설명하는 과정에서 "가족들이 육영재단과 관련된 일을 그만하라고 부탁했지만 듣지 않으셨다"며 최태민이 육영재단 일을 해왔음을 사실상 인정했다. 최순실이 인터뷰에서 박근혜를 '이사장'이라고 부르는 점도 눈에 띈다.[50]

"임선이, 최태민 재산 분배 주도"

최태민의 사후 최태민의 다섯 번째 부인 임선이가 한동안 부상했다. 최태민의 말년을 지키면서 자연스럽게 가족경제의 주도권을 쥐게 됐기 때문이다. 임선이는 젊었을 때부터 '돈 욕심'이 상당했던 것으로 알려졌다. '재벌이 됐을 것'이라거나 '돈도 많이 생길 사람'으로 평가될 정도로 경제적 수완도 있었다는 것이다. 최태민의 의붓아들 조순제의 증언이다.

"이 사람(최태민)도 개판 일보 전인데, 우리 모친(임선이) 만난 덕에 인간 된 거지. 우리 모친의 능력이 대단한 거야. 우리 모친이 남자로 태어났으면 재벌이 됐을 거야. 돈도 많이 생길 사람이고 능력이 대단해. 우리 외삼촌이 있어. 우리 모친 동생 그 사람이 사업을 해가지고 돈이 좀 있었는데, 사우(사위)들이 그 돈 빌리러 다니곤 했어요. 나중에 맨날 빌려 가면 누가 좋아하노. 설움도 있고 하니깐 보상도 많이 해주고 위세도 많이 부렸지."[51]

특히 임선이는 최태민 사후 최태민의 재산을 분배하는 과정에서 결정적인 역할을 한 것으로 분석된다. 박근혜의 1998년 대구 달성군 보궐선거 캠프에 참여했던 한 인사의 증언이다.

"사람들은 자꾸 최순실이라고 하는데, 최순실 위에 최태민 부인이 있었어요. 어머니(임선이)가 있을 때는 최순실의 영향력이 크지 않았을 거야. 임 씨가 무서워요. 재산이 어마어마했는데 돌아갈 때까지 그걸 쥐고 있었던 거지. 어머니가 돌아가신 후에 (최순실이) 결정적 영향력을 행사하지 않았겠어요?"

가족 관계가 복잡했는데도 최태민의 막대한 재산이 최순실 자매에게만 오롯이 넘어갈 수 있었던 것도 임선이가 실권을 잡고 있었기에 가능했다. 즉, 임선이는 최태민의 재산을 관리한 후 이를 그대로 자신의 친자식들에게만 물려줬던 것이다.

최태민이 남긴 재산 규모에 대해서 여러 분석이 있다. 최태민은 임선이를 비롯한 가족들 명의로 1000억 원대 부동산에 채권과 CD,

골드바 등으로 2000억 원 등 최소 3000억 원대의 재산을 가지고 있었다고 조순제 등은 주장했다.[52]

특히 최태민이 죽기 직전 부동산이나 채권, CD 등 3000억 원대의 자금뿐 아니라 은행에 예금된 현금만도 최소 130억 원을 가지고 있었다는 주장도 있다. 지금의 가치로 환산하면 1000억 원 안팎에 이를 것으로 추정되는 거액이다. 최순실의 17년 운전기사 김 씨의 증언이다.

"가정부 얘기로는, 할배(최태민)가 아플 때 할매(임선이)에게 은행에 평생 써도 다 못 쓰는 예금 130여억 원이 있으니까 내가 죽더라도 애들에게 손 벌리지 마라고 했다고 한다. 강남 부동산을 다 구입한 뒤였다. 그런데 할매 성격이 그렇지 않더라. 아무리 돈이 많아도 딸들에게 손을 벌렸다."[53]

임선이는 최태민 사망 직후인 1994년 최태민이 전 부인과의 사이에 낳은 최광숙과 최광현, 최재석을 상대로 친생자 관계 부존재 확인 소송을 제기했다. 김용찬 서울가정법원 판사는 이듬해인 1995년 1월 26일 최광숙과 최광현, 최재석은 임선이와의 사이에 친생자 관계가 없다고 판결했다. 아래는 판결문의 일부다.

"피고들은 호적상 소외 최태민을 아버지로, 원고를 어머니로 해 그들 사이에서 태어난 것으로 등재돼 있는 사실, 그러나 실제로는 위 최태민이 소외 박영애와 내연관계를 맺고 그 사이에서 최광숙, 최광현을 낳고 또 소외 김제복과 내연관계를 맺고 지내면서 그 사이에서 피고 최재석을 낳았으나 그 후 원고와 혼인신고를 하면서 편의상 피고들을 원고와의 사이에서 낳은 것처럼 출생신고를 함으로써 호적에 그와 같이 잘못 등재된 사실을 인정할 수 있다."[54]

그렇다면 임선이는 왜 갑자기 친생자 관계 부존재 확인 소송을 했을까. 이에 대해서는 최태민 사후 유산 분배 문제를 정리하기 위해 서라는 분석이 유력하다. 향후 추가로 확보될 재산과 관련해 다툼의 여지를 없애기 위한 원려遠慮라는 것이다.

특히 임선이는 최태민이 죽기 직전 이들에게 돈을 주고 호적에 서 빼내는 것에 대해 미리 동의를 받아뒀던 것으로 보인다. 즉, 최재 석과 최광숙 등에게 1억 5000만 원씩을 주고 이들을 호적에서 빼내 는 것에 대한 동의를 미리 받아뒀다는 것이다. 조순제의 증언이다.

"우리 마누라(김경옥)가 애를 부르라고 해. 광현이 어디 갔나. 애 를 보고 싶어가지고. 애는 참 우리 처하고도 정이 많이 들었어. 애는 사람이 참 착해요. … 근데 이것들이 다 반대해가지고 도끼 들고 죽 인다 해가지고 돈 주고 다 호적에서 뺀 거야."[55]

조순제의 아들 조용래도 임선이가 최태민이 죽기 전에 최태민의 사후 재산 싸움이 벌어질 것에 대비해 미리 전처 자식들을 집으로 모 두 부른 뒤 호적에서 파내는 것에 동의하는 조건으로 현금을 나눠줬 다고 기억했다.[56] 종합하면 임선이는 최태민 생전에 최재석 등에게 서 호적에서 빼내는 것에 대한 동의서를 미리 받아놓은 뒤 최태민의 사후 친생자 관계 부존재 확인 소송을 통해 법적으로 이를 확인받아 재산 분쟁의 여지를 차단했던 것으로 분석된다.

임선이는 이때 자식들에게 거액의 강남 부동산을 몰래 증여하려 다가 세무 당국에 적발되기도 했다. 임선이는 1994년 서울 삼성동 45-12번지의 대지와 단독주택을 명의신탁을 해지하는 방식으로 최 순득 부부에게 물려줬다. 이 부동산은 1985년 12월 매입한 것이었 다. 임선이는 원래 최순득의 재산이었는데 명의만 임선이로 올려놨 다가 뒤늦게 이를 바로잡았다고 주장했다. 하지만 명의신탁을 통한 재산 상속은 허술한 세법을 교묘히 이용해 부자들 사이에 자주 쓰인

방법이라는 점에서 의혹이 제기됐다. 결국 국세청도 이 부분은 증여라고 보고 증여세 11억 5500만 원을 부과했다. 세무 당국은 당시 고가의 부동산 구입 자금이 불명확한 상황에서 서울 삼성동 45-12번지의 승유빌딩 실소유주가 숨진 최태민이었을 가능성을 배제하지는 않았지만 확인하지는 못했던 것으로 알려졌다. 임선이는 아울러 사채 이자로 연간 1800만 원을 벌고도 신고하지 않았다가 세금을 추징당했다. 임선이는 조순제에게도 사채를 빌려줬다.

최태민 사후 임선이의 영향력이 커진 것은 분명했지만, 그럼에도 박근혜를 국회의원과 대통령으로 만든 이는 역시 최순실이었다. 최순실은 최태민에 이어 박근혜와의 관계를 심화시키며 '박근혜 대통령 만들기'에 나선다.

최순실은 언니 최순득과 함께 TBC대구방송의 〈전여옥이 터놓고 만난 사람〉이라는 토크쇼에 출연한 박근혜와 동행했다. 박근혜는 이날 최순실 및 최순득과 함께 녹화 전 방송사 임직원들과 함께 점심식사를 했다. 전여옥[57]에 따르면 짙은 화장에 고급스러운 원단의 옷을 입은 최순실은 이날 방송사 임직원에게 젓가락질로 반찬을 가리키며 반찬을 달라고 하는 등 예의 없이 행동했다. 최순실은 건네받은 반찬을 박근혜 앞에 가져다 놨고 박근혜는 이에 흐뭇한 웃음을 지었다. 박근혜는 대화 때마다 자신이 이야기를 한 다음 최순실의 표정과 반응을 살폈다. 최순실은 그때마다 고개를 끄덕였다. 전여옥은 이날 일부러 "정치를 하지 그러세요?"라고 물었다. 박근혜는 이에 웃으면서 "도와주실래요?"라고 물었다. 전여옥은 박근혜가 그동안 정치할 생각이 없다고 밝혀왔기에 깜짝 놀라 당황한 반면, 최순실은 "아하하하, 맞아요"라며 호탕하게 웃었다. 전여옥은 이때 박근혜가 반드시 정치를 할 것이라는 생각이 들었다고 한다.

최순실은 어떻게 박근혜와의 관계를 심화시키고 그를 '대통령'으로 만들 수 있었을까. 우선 최순실은 아버지 최태민으로부터 비선이 권력을 장악하고 유지하는 이론과 방법을 배우고 익혔을 것으로 관측된다. 즉, 최태민을 보거나 함께 일하면서 박근혜에 대한 영향력을 확보하고 키우는 방법을 터득했을 것으로 보인다. 아울러 최순실은 박근혜와 같은 여성으로서 남성이면 불가능할 의상이나 화장, 피부 관리, 건강 등 일상의 문제를 해결해주며 박근혜와의 관계를 심화시켰을 것으로 분석된다.[58]

최순실은 이 과정에서 어머니 임선이의 힘을 적절히 활용하기도 했다. 자신이 말하기 어려운 내용을 임선이를 통해 전달해 박근혜를 움직이는 방식이다. 박근혜는 임선이를 '이모'라 불렀고 자신에 대해서는 '저'(전화할 때에는 '저예요')라고 낮출 정도로 깍듯했던 점을 이용한 것이다. 최순실 17년 운전기사 김 씨의 증언이다.

"순실이는 (박근혜에게 어려운) 이야기를 못 하니까 (임선이에게) '이런 이야기를 하세요'라고 전화를 한다. 왜냐하면 할매가 이야기하면 (박근혜도) 들으니까. 순실이가 보스야(웃음). 순실이가 다 해서 하는 것이다. 할매가 어떻게 하겠느냐. 할매 머리에서 그게 나오느냐. 당연히 순실이가 다 하는 거야."[59]

정윤회는 1994년 서울 강동구 명일동에서 제과점 '얀슨'을 차리고 '주식회사 얀슨'의 대표를 맡았다. 최순실은 이때 사내이사로 등기했다. 얀슨은 1994년 커피 및 커피기계의 수입·판매, 승마장업, 체육 관련 용품 수입·판매, 휴게실업 등의 업종으로 신고했다. 1주당 주가는 5000원, 발행 주식은 4만 주. 정윤회는 1996년까지 얀슨을 운영한 것으로 나온다. 2002년 1월에는 '초이교육연구원'으로 이름을 바꾸었다가 그해 11월 다시 얀슨으로 변경했다.

정수장학회 이사장 박근혜

1995년 1월 1일 관세무역일반협정GATT체제를 대체하는 세계무역기구WTO가 출범했다. 포괄적이고 강제적인 자유무역 규정을 두고 있어 글로벌 단일경제권 형성을 빠르게 할 것으로 평가됐다.

국내에서는 6월 27일 광역 및 기초자치단체장과 광역 및 기초의회 의원 동시선거가 처음 실시됐다. 여당인 민자당은 15개 시도지사 가운데 5개만 차지하는 데 그치며 참패했다. 7월 18일에는 정계에서 은퇴한 김대중이 정계 복귀를 선언한 뒤 9월 새정치국민회의를 창당했다. 10월 19일 박계동 민주당 의원이 노태우 전 대통령이 재임 중 거액의 비자금을 조성해 퇴임 후에도 감춰두고 있다고 폭로했고, 11월 16일 노태우 전 대통령이 구속됐다. 이 사건을 계기로 12·12 쿠데타 및 5·18 광주민주화운동에 대한 진상 규명 요구가 거세졌다. 김영삼 대통령은 '역사 바로 세우기'로 규정한 뒤 '5·18민주화운동 등에 관한 특별법'을 제정, 12월 3일 전두환 전 대통령을 비롯한 신군부 측 핵심 인사 11명을 군형법상 반란수괴죄를 적용해 구속했다.

박근혜는 1995년 5월 10일 수필집 『내 마음의 여정』을 펴냈다. 주로 바른 생활이나 생각을 강조하는 내용이 담겼다. 수필집에 나오는 "깨끗한 마음을 가지는 게 우주를 금은보화로 채우는 것보다 중요하다"거나 "우리의 행동 하나하나가 우주적으로 영향을 미친다"는 등의 표현은 나중에 박근혜가 대통령 재직 당시 "정말 간절하게 원하면 전 우주가 나서서 다 같이 도와준다"는 등의 발언을 연상케 해 주목을 끌었다.[60]

박근혜는 9월 2일 4년 임기의 정수장학회 이사장에 취임했다. 그는 이후 2005년까지 정수장학회 이사장을 맡았다. 정수장학회는 부산의 기업가 김지태(1908~1982)가 1958년에 설립한 '부일장학회'를 모태로 설립된 단체다. 자산은 약 3500만 원. 하지만 김지태는 1962년 외환관리법, 부정축재처리법 위반 등으로 구속 기소돼 재판을 받다가 6월 20일 군검찰의 강압에 의해 부산일보, 부산MBC, MBC 등 언론 3사 주식과 부일장학회 기본 재산인 부산 지역 토지 10만 평에 대한 포기 각서와 기부 승낙서를 쓰고 6월 22일 공소 취하로 석방됐다. 김지태의 헌납 재산으로 7월 7일 '5·16장학회'가 설립됐고, 토지 10만 평은 국가로 소유권이 이전됐다. 5·16장학회는 1982년 전두환이 박정희 사후 박정희의 '정'과 그의 부인 육영수의 '수'를 따와 1982년 '정수장학회'로 개칭됐다. 이관구 재건국민운동본부장이 초대 이사장을 맡았고 이후 임민영, 김현철, 최석채, 조태호, 김창환, 김귀곤 등이 차례로 이사장을 맡았다. 정수장학회는 현재 MBC 지분 30%, 부산일보 지분 100%를 보유 중이다. 김지태 후손은 국가에 의해 강탈당했다고 주장하고 있다. 2007년 5월 29일 '진실화해를위한과거사위원회'는 "국가는 재산권 침해에 사과하고 손해배상"하라고 권고했다.

김기춘은 2월부터 이듬해인 1996년 5월까지 제8대 한국야구위원회 총재를, 9월부터 이듬해 1995년 12월까지 한양대 법과대학원 겸임교수를 각각 역임했다.

1996년 11월 5일 미국 대선에서 빌 클린턴 대통령이 승리하며 재선됐다. 하시모토 류타로 일본 총리는 10월 20일 중의원 총선거에서 승리해 총리에 재선됐다. 보리스 옐친 러시아 대통령은 6월 16일과 7월 3일 실시된 대선 1, 2차 투표에서 승리해 재선에 성공했다. 국내에서는 4월 11일 제15대 총선에서 신한국당이 1당을 유지했지만 과반 확보에 실패, 139석을 차지하는 데 그쳤다. 김기춘은 15대 총선에서 여당인 신한국당 공천을 받고 경남 거제에서 당선돼 정계에 입문했다. 그의 지역구는 공교롭게도 김영삼 대통령의 지역구였던 거제였다. 김기춘은 이후 내리 3선을 했다. 12월 26일 노동관계법 개정안이 야당의 거센 반발 속에 기습 처리됐다.

최순실과 정윤회의 결혼

최순실은 1995년 5월 어머니 임선이로부터 서울 강남구 역삼동 689-25, 26번지 대지(622.7m², 188평)와 건물을 정윤회와 공동으로 매입했다. 아버지 최태민이 살던 집이었다. 시가가 16억 원 상당이었지만, 최순실은 9억 6000만 원에 매입한 것으로 신고했다. 정윤회가 최순실과 혼인신고(12월 26일)를 하기 7개월 전으로, 최순실과 정윤회의 지분 비율은 6 대 4였다.

하지만 최순실은 이듬해인 1996년 국세청의 조사에서 이것이 매매가 아닌 매매 형식을 띈 증여로 판명돼 4억 원의 증여세를 내야 했다. 세금 탈루 사실이 적발된 것이다. 국세청은 1996년 부동산실명제의 영향으로 서울 강남 지역에서 대규모 증여가 이뤄진 것을 파악하고 대대적인 조사를 실시했다. 서울지방국세청 조사3국은 최순실과 임선이가 최태민의 자택 거래와 관련해 실제로 돈이 오가지 않았는데도 매매가 된 것처럼 신고해 증여세를 탈루한 것으로 판단했고 이에 따라 증여세 4억 원을 부과했다. 당시 세무조사를 한 이판암 세무사의 증언이다.

"매매를 했다면 자금의 흐름이 있어야 합니다. 아마 통장에서 매매 대금이 오고 간 증명이 없어서 증여로 본 것 같습니다. (최순실과 정윤회가) 결혼하기 전에 장모(임선이)가 사위에게 매매 형식을 빌려 사실상 증여한 것으로 봤던 것 같습니다."[61]

최순실과 임선이가 16억 상당의 주택을 9억 6000만 원으로 낮춰 신고했고, 자금 흐름이 전혀 없어 사실상 증여임에도 매매 형식으로 당국에 신고했다는 설명이다. 국세청의 조사는 1997년 김영삼 정부에서 이뤄졌고 1999년 김대중 정부에서 별도의 문건으로 생산돼 2014년 6월 국가기록원으로 이관됐다.[62]

여기에서 남는 의문점은, 통상 결혼 후더라도 사후에나 증여가 이뤄지는데도 결혼도 하지 않은 사위 정윤회에게 고액의 부동산을 물려줬다는 점이다. 당시 시점은 최태민이 사망한 직후였고 임선이가 생존해 있을 때였다. 두 사람이 결혼을 약속한 사이라고 해도 상당한 신뢰가 없다면 쉽지 않은 일이라는 점에서 의문이 제기됐다.[63]

최순실과 정윤회는 이듬해인 1996년 4월 이곳에 지하 1층, 지상 3층의 다세대주택(19세대)과 원룸(19세대)을 신축한 뒤 한동안 임대 수익을 얻다가 2002년 1월에 이 건물을 매각했다.[64]

최순실은 1995년 8월에 정윤회와 결혼했고 12월 26일에 혼인신고를 했다. 최순실과 정윤회 모두 재혼이었다. 최순실은 1982년 11월 대구 출신 김영호와 결혼했다가 1985년 6월 이혼했다.

최순실과 정윤회는 어떻게 만났을까. 최순실이 정윤회를 처음 만난 것은 정윤회가 대한항공 보안승무원이던 시절 비행기에서였던 것으로 알려져 있다. 최순실과 정윤회의 비행기 만남은 최순실의 지인이 최순실에게 제안해 이뤄진 것으로 최순실이 먼저 정윤회가 마음에 들어 사귀게 됐다는 증언도 있다. 최순실 17년 운전기사 김 씨의 기억이다.

"정(윤회) 실장은 대한항공 보안승무원이에요. 그때 순실이는 (서울) 개포동에 (경남)아파트 1동 509호 45평짜리 살았어. 미국에 50대

후반쯤 교포 여성이 (미국에서) 나오면 여기에서 자곤 해요. 그 여자가 소개했을 거야. 이 여자가 소개하기를 정윤회가 이번 비행기를 타니까 순실이한테 '니가 먼저 그 사람을 볼 수 있잖아, 그 사람은 모르지만은 보고 맘에 들면 내가 해줄게' 이래 된 거야. (최순실이) 맘에 든다 이래 된 거야."

정윤회의 아버지 정관모도 최순실과 정윤회가 "비행기를 타다 만"난 것으로 기억했다. 즉, 정관모는 인터뷰에서 "비행기 타다 만나서 잘못된 모양"이라며 비행기를 매개로 만남이 이뤄진 것으로 기억했다. 이는 운전기사 김 씨의 증언과 맥락이 일치한다.[65]

특히 최순실은 정윤회가 마음에 들어 정윤회의 전 부인에게 거액의 위자료까지 자신이 지급해주며 정윤회와 결합했던 것으로 보인다. 최순실 17년 운전기사 김 씨의 증언이다.

"이혼을 하려면 우리나라 법도 마찬가지이지만 배우자의 남자나 여자가 잘못이 없으면, 이혼할 때 위자료 줘야 할 거 아니야? 그 당시 위자료 5억(원을) 줬다고 하더라고. 순실이가 줬죠. (정윤회한테 이혼해라) 돈 주고 이혼을 하고…."

최순실은 그해 11월에 논문 「자녀의 영재성과 영재교육에 관한 부모의 인식 및 실태조사 연구」를 ≪미래유아교육학회≫(제1권)에 발표했다. 최순실은 논문에서 자신의 직함을 '민 국제영재교육연구원 원장'으로 기재했다. 육영재단 산하 어린이회관유치원 부설 기관으로 만든 것으로 추정된다. 공동 집필자 2명도 민 국제영재교육연구원의 연구원으로 기재됐다. 논문은 1993년에 발표한 논문과 마찬가지로 서울 시내 한 유치원 학부모 150명과 서울 시내 한 초등학교 1, 2, 3학년 학부모 300명을 포함해 모두 450명을 대상으로 영재교육과 관련한 설문지를 배포하고 그중 회수된 362부를 분석한 것이다. 최순실은 설문 결과 영재교육에 관한 부모들의 인식이 창의성보다 지능지수에 비중을 두고 있고, 영재교육 전문기관이 부족하며, 올바른 영재교육 인식 부족 등으로 부모들이 자녀의 영재성을 제대로 파악하지 못하고, 교육도 제대로 이뤄지지 못하고 있다고 지적했다. 최순실은 결론으로, 영재에 대한 합의된 개념 정립 필요, 영재를 정확히 판별해내는 도구의 개발 시급, 영재를 교육하기 위한 프로그램 개발 시급, 영재 전문 연구기관 설립 필요, 영재교육 전문기관 설립 시급 등을 제언했다.[66]

최순실은 11월 21일 오후 서울 르네상스호텔 3층 다이아몬드볼룸에서 '민 국제영재교육연구원장'으로서 '세계 속의 한국 영재아교육'을 주제로 국제 심포지엄을 열었다.[67] 최순실은 심포지엄을 앞두고 가진 언론 인터뷰에서 '영재교육은 한 국가, 나아가서는 인류 발전에도 도움이 되는 중요한 문제'라고 지적했다. 어린이들의 잠재성을 발견해 능력을 최대한 발휘하게 해주고 자아실현에도 도움을 주는 것이 영재교육이라는 것이다. 영재교육이 성공을 거두기 위해서는 교육 효과가 높은 유아기부터 시작해야 한다고 강조했다. 최순실은 "영재교육의 성패는 결국 부모의 적극적인 참여와 이해에 달려 있다고 해도 과언이 아니다"고 말했다.[68]

정윤회는 1995년부터 1999년까지 서울 강남구 청담동에서 '풍운'이라는 일식당을 운영하기도 했다. 정윤회는 1997년 박근혜의 비서실장을 맡기 전에는 외국을 드나들며 호텔 관련 사업을 했다고 말한 바 있다.[69]

정유라의 출생과 국세청 조사

1996년 최순실과 정윤회 사이에 딸 정유라(개명 전 이름은 정유연)가 태어났다. 공식 서류에는 정유라가 최순실과 정윤회의 호적상 혼인신고(1995년 12월 26일) 이후 약 10개월 만인 1996년 10월에 태어난 것으로 기록돼 있다.

재미있는 것은 최순실 일가와 차병원 간 오랜 인연의 이면에 정유라의 출생이 자리하고 있다는 주장이다. 즉, 정유라가 시험관 아기로 차병원에서 어렵게 출생하면서 최순실 일가와 차병원 간 오랜 인연이 시작됐다는 것이다. 최순실의 17년 운전기사 김 씨의 증언이다.

"유연(정유라)이가 원래 시험관 애기야. 순실이가 임신이 안 됐는지. 할매(임선이)가 '아이고야, 저거 만들려고 미국에서 8개월 있다 왔는데 돈을 얼마나 썼는지' … 그래서 임신해가지고 들어왔는데 낳기를 차병원에서 낳았다니까."

즉, 최순실이 미국에서 어렵게 시험관 아기로 임신한 뒤 귀국해 서울 강남의 차병원에서 정유라를 낳았다는 것이다. 운전기사 김 씨의 증언이 사실이라면 최순실에게 정유라는 40세의 나이에 재혼으로, 시험관 아기 시술을 통해 어렵게 가진 금지옥엽인 셈이다. 그리고 금지옥엽인 정유라가 태어난 곳이 바로 차병원인 것이다.

최순실과 정윤회는 정유라를 낳은 뒤에야 장인 정관모를 찾았던 것으로 보인다. 정관모는 최순실이 자신을 찾아왔을 때 이미 정유라를 낳은 뒤였다고 기억했다. 정관모의 이야기다.

"처음에는… 저는 몰랐어요. (한참 뜸을 들이다가) 왔더라고요. 여기로. 이미 애를 낳아서 왔어요."[70]

최순실과 정윤회가 정유라를 어떻게 키웠는지, 다시 말해 정유라가 어떻게 자랐는지는 제대로 알려져 있지 않다. 이와 관련해 최순득의 딸 장시호가 어린 정유라를 자주 돌봤다고 한다. 최순실 17년 운전기사 김 씨의 증언이다.

"유진(장시호의 개명 전 이름)이는 어릴 때 '이모 이모' 하고 순실이와 잘 어울렸다. '이모, 유연이(정유라의 개명 진 이름) 봐줄 게'라고 말해 (정유라를) 데리고 가면 (최순실이 장시호에게) 20만 원을 준다."[71]

최순실이 초이유치원을 운영하며 영재교육에 대한 관심이 컸다는 점을 감안하면 정유라에게도 적지 않은 사교육을 시켰을 것으로 짐작된다. 정유라는 어릴 적부터 성악과 승마를 배운 것으로 전해진다. 특히 정유라는 승마 국가대표로 연세대에 합격한 사촌 언니 장시호의 영향을 받아 어릴 때부터 승마를 배웠다. 초이유치원 홈페이지에도 승마 메뉴가 있었다.

최순실 일가는 1996년 서울지방국세청 조사3국의 세무조사를 받았고, 자연스럽게 서울 강남구 삼성동 최태민의 자택 불법 증여는 물론 재산 형성 과정의 일단이 드러났다. 국가기록원에 보관된 국세청 기록을 열람한 결과 최순실은 1996년 유치원을 운영할 당시 소득세로 6000만 원을 낸 것으로 기록돼 있다. 당시 세법과 신용카드가 활성화되기 전으로 소득 신고율이 낮았던 점 등을 고려하면 연간 수십억 원의 소득이 있었던 것으로 추정된다. 20년 경력의 한 세무사는 당시 대기업 CEO급이 내는 소득세와 맞먹는다고 추산했다.

1996년 소득세 기록은 이 시기에 이미 최순실의 재산 형성과 자금 세탁이 상당 부분 이뤄진 것을 나타낸다는 점에서 의미가 있다. 즉, 국세청은 세무조사에서 최순실이 모친 임선이로부터 물려받은 역삼동 주택에 대한 세금을 제대로 내지 않았다는 점 한 가지만 적발했다. 이는 비꿔 말하면 최순실 일가의 돈이 금융 실명제(1993년 0일)

와 부동산실명제(1995년 7월)가 시작되기 전에 이미 최태민과 임선이에게서 최순실 자매로 대거 유입됐다는 의미다.[72]

정윤회는 1996년 서울 강동구 명일동의 제과점 '앙슈'을 폐점했다. 대신 서울 강남구 청담동의 일식당 '풍운'에 힘을 쏟았다. 정윤회는 이듬해인 1997년 풍운에서 5억 4000만 원의 소득을 올렸다. 정윤회는 최순실과 함께 지은 서울 강남구 역삼동 689-25번지의 팜빌라의 임대 수익으로도 연 4000만 원을 신고하기도 했다. 정윤회는 1997년 경기도 고양시 마두동 건영빌라를 매입했다.

박근혜의 정계 입문

1997년 2월 유전자조작을 통해 복제한 양 '돌리'가 공개됐다. 7월 1일 '아시아의 진주'로 불리던 홍콩이 중국에 반환됐다. 같은 날 태국이 변동환율제를 채택하면서 아시아 금융위기가 시작됐다. 한국도 태국, 인도네시아에 이어 12월 3일 국제통화기금IMF으로부터 자금을 지원받는 양해각서를 체결하며 이른바 IMF 체제가 시작됐다.

김대중은 5월 일찌감치 전당대회에서 새정치국민회의 대통령 후보로 선출됐고, 7월 21일에는 여당인 신한국당 대선 후보 경선에선 이인제의 돌풍이 일었지만 이회창이 대선 후보로 최종 선출됐다. 하지만 이회창이 아들의 병역 의혹으로 지지율이 급락하자 9월 14일 이인제가 신한국당을 탈당하고 독자 출마를 선언했다. 11월 김대중 새정치국민회의 대통령 후보가 김종필 자유민주연합 총재와 공동정부를 구성하기로 합의했다. 여기에 민주자유당 시절 민정계의 수장이었던 박태준도 가세하면서 고공 행진을 이어갔다.

박근혜는 1997년 12월 제15대 대통령 선거 직전 정계에 입문했다. 박근혜는 자서전에서 대한민국이 IMF 체제가 되자 정치를 하기로 결심했다고 밝혔다. 박근혜는 "IMF 이후 일련의 사태를 지켜보며 '나라가 이렇게 흔들리는데 나 혼자만 편하게 산다면 훗날 스스로에게 당당할 수 있을까? 죽어서 부모님을 떳떳하게 뵐 수 있을까?' 하는 질문이 계속 머릿속을 맴돌았다. 10년 뒤 바로 오늘을 떠올리며 '내한 몸의 안녕을 위해 주어진 소임을 외면했다'라는 자책이 들 것 같았다"고 설명했다.[73]

박근혜의 정계 입문 가능성은 1980년대 후반부터 꾸준히 거론됐다. 정치인으로서의 '상품성'이 높다는 것이 이유였다. 박정희와 육영수를 향한 대구·경북TK 지역의 향수와 그것을 고리로 정치권과 언론이 꾸준히 박근혜의 정치 입문을 부추겼다. 많은 이들은 1974년 육영수 피격 이후 1979년 10·26 이전까지 청와대에서 퍼스트레이디 대행을 하며 '정치 수업'을 했고 육영수 외모를 쏙 빼닮는 등 후광 효과도 있다고 지적했다.[74]

박근혜의 정계 입문 가능성이 본격 거론된 것은 1996년 제15대 총선을 앞두고서다. 제15대 총선 출마 예상자 명단에 무소속, 육영재단 이사장 경력으로 이름을 올리기도 했고, 신한국당 여성 몫 전국구 의원의 '빅카드'로 거론되기도 했다. 또 박근혜의 사촌 형부인 김종필이 1995년 2월 민주자유당을 탈당하고 자유민주연합을 창당하자 박근혜가 자유민주연합에 합류할 것이라는 관측도 나왔다.[75]

하지만 박근혜는 김종필의 자유민주연합 대신 이회창 총재의 한나라당을 선택했다. 1997년 김대중 새정치국민회의 총재와 김종필 자유민주연합 총재의 'DJP연합'에 대한 반발 때문이었다. 김영일 한나라당 기조위원장은 박근혜 입당 당시 "근혜 씨가 김종필 지민련 총재와 박태준 의원이 김대중 국민회의 총재와 손을 잡는데 이해할 수 없으며 (이회창 새누리당 총재의) 한인옥 여사를 볼 때마다 어머니 생각이 난다면서 우리 당에 들어와 이 후보를 돕겠다는 뜻을 전해왔다"고 밝혔다.[76]

박근혜는 12월 2일 사촌 오빠 박재홍의 소개로 한나라당의 이회창을 만났다. 박근혜는 12월 11일 서울 여의도 한나라당 당사에서 입당 원서에 서명을 한 뒤 입당 기자회견을 열었다. 박근혜는 회견에서 "현재 3명의 후보 중에서 깨끗한 정치를 펼칠 것이란 믿음이 가는 이회창 후보를 지지하기로 결심했다"고 이회창 후보 공개 지지를 표시했다. 이어 "1960~1970년대 국민이 피땀 흘려 일으킨 나라가 오늘 같은 난국에 처한 것을 보면 돌아가신 아버님 생각이 나 목이 멜 때가 한두 번이 아니다"며 "이러한 때 정치에 참여해 국가를 위해 기여하는 것이 부모님에 대한 도리"라고 말했다. 그는 동생 박근령과 박지만에 대해서는 "동생들도 성인인 만큼 자기 뜻에 따라 정치 노선을 자유롭게 선택할 수 있다"며 "우리는 서로 간섭하지 않고 살아가고 있다"고 말했다. 박근령은 당시 5·18 민주묘역을 참배하는 등 김대중 후보를 지원한 것으로 알려졌다.[77]

박근혜는 선거대책위원회 고문을 맡아 전국을 돌며 본격 거리 유세에 나섰다. 박근혜는 거리 유세에서 "아버지께서 경제부흥을 잘 해놨는데도 경제가 어려워져 가슴 아프다", "아버지를 생각해서라도 깨끗한 정치를 지향하는 이회창 후보를 지지해달라"고 강조했다. 박근혜는 박정희 향수가 강한 대구·경북 지역에서 큰 인기를 끌었다. 그는 "대구 유세에 나섰을 때 시민들의 반응은 상상을 초월했다"며 시민들의 환대에 가슴이 먹먹했다고 기억했다. 그들은 연신 '박근혜'를 외쳤고 보자마자 껴안고 울음을 터뜨리는 사람도 적지 않았다.[78]

박근혜는 입당 기자회견을 포함해 유세 기간 내내 이회창 후보의 부인 한인옥을 육영수에 비교하며 지지층 모으기를 시도했다. 박근혜는 TV찬조연설에 출연해 "한인옥 여사를 보면 돌아가신 어머니 생각이 난다"고 강조했다.[79]

12월 18일 대통령 선거에서 야당 새정치국민회의의 김대중이 이회창을 꺾고 제15대 대통령에 당선됐다. 한국 헌정 사상 처음으로 평화적인 정권 교체가 이뤄졌다.

'국회의원 박근혜'의 탄생

1998년 7월 30일 불황에 소극적으로 대응하던 하시모토 류타로 내각이 무너지고 오부치 게이조 내각이 출범했다. 김대중 정부는 10월 20일 일본 대중문화의 개방을 선언했다.

이회창 후보의 대선 패배로 한나라당은 야당이 됐다. 박근혜는 야당 정치인으로서 1998년 4월 2일 국회의원 보궐선거에 출마했다. 한나라당은 2월 27일 공천심의위원회를 열고 대구 달성군에 박근혜를 공천했다. 대구 달성군 보궐선거는 쌍용그룹 회장을 지낸 김석원 한나라당 의원이 그해 2월 9일 쌍용그룹 경영난으로 경영에 복귀, 의원직 사퇴를 밝히면서 치러지게 됐다. 당초 박근혜는 박정희가 젊은 시절 교편을 잡았던 경북 문경·예천에 출마 요청을 받고 공천을 신청했지만 대구 달성군에서 열세가 예상된다는 당의 요청에 따라 대구 달성군 출마로 바꾼 것이다.[80]

박근혜는 공천이 확정된 이후인 3월 4일 비행기편으로 대구에 도착해 경북 구미시 상모동의 아버지 생가를 들르는 것으로 본격 선거운동을 시작했다. 그는 대구 지역지인 ≪매일신문≫과 인터뷰했다. 박근혜는 인터뷰에서 지역 연고 없이 대구에 출마하게 된 배경에 대해 "아버지가 나라 일을 맡고 하실 때 어느 지역만을 위하지 않았으며 모든 지역이 잘되도록 일했으므로 마음이 문제이지 연고가 무슨 상관이겠느냐"고 말했다.[81]

여당이던 새정치국민회의에서는 대구 달성군 출신으로 국가안전기획부(현 국가정보원) 기조실장을 지낸 엄삼탁(1940~2008) 후보를 공천했다. 엄삼탁은 학군단ROTC 장교로 임관해 육군 소장으로 예편했다. 전역 후 안기부 기조실장 등을 지내며 노태우 정권의 실세로 불렸고, 1992년 대선에서는 김영삼 후보를 지원하고 1993년 병무청장에 취임했다. 그는 병무청장에 취임한 후 곧장 '슬롯머신' 로비 사건에 연루돼 2개월 만에 청장에서 해임됐다. 1997년 새정치국민회의에 입당한 엄삼탁은 대선 직후 자신의 고향인 대구 달성군 출마를 공식화했다.[82]

박근혜는 그때 선거를 '달성대첩'이라 부르며 힘든 선거로 기억했다. 엄삼탁 후보의 지역 기반이 탄탄한 데다 여당 후보로 자금력이나 조직이 만만치 않아서였다. 반면 박근혜 측은 갑작스러운 전략공천으로 지역에 대한 이해도가 부족한 데다 전직 의원으로부터 지원을 받기 어려운 상황이었다. 박근혜는 자서전에서 "사무실에 컴퓨터와 복사기를 한 대씩 들여놓고 단 세 사람으로 선거운동에 들어갔다. 넥타이를 맨 사람은 다 상대 후보 쪽이라는 말이 나돌 정도로 도움을 받을 만한 사람이 없었다"고 회고했다.[83]

대구 달성군 선거는 4·2 재보궐선거의 최대 격전지로 부상하며 정치권의 이목이 집중됐다. 엄삼탁이 1970년대 초반 30경비단 경비 중대장으로 청와대를 경비한 게 알려지면서 '대통령의 여고생 딸과 군인 아저씨라는 묘한 인연'이라는 기사가 보도되기도 했다.[84] 대구의 유력지인 ≪매일신문≫은 연일 달성군 보궐선거를 톱기사로 다루며 박근혜와 엄삼탁 간 선거전을 비중 있게 보도했다.

박근혜는 박정희와 육영수에 대한 향수를 자극하는 데 집중했다. 3월 12일 대구 달성군 현풍면 달성군민체육관. 박정희와 육영수의 대형사진이 양쪽에 내걸린 무대를 중심으로 한나라당 대구달성지구당 정기대회가 열렸다. 이회창 명예총재와 조순 총재를 포함해 대구·경북 지역 국회의원들이 행사장에 들어설 때는 새마을노래가 울려 퍼졌다. 박근혜는 달성지구당위원장으로 선출된 뒤 "아버님의 큰 뜻을 이어받기 위해 정치에 참여하기로 결정했으며 국가적 위기를 극복하기 위해 새 희망의 불씨를 옮겨 심는 딸이 되는 것이 아버지의 유지를 받는 길"이라고 출마 배경을 밝혔다. 이어 "아버님의 생애 최대 소망을 이어받고 다시 한번 국가 부흥을 위해 당원동지 여러분과 함께 새벽종을 울려야겠다"고 하자 박수가 쏟아졌다고 한다.[85]

박근혜는 선거 슬로건도 '박정희냐 김대중이냐'로 내걸었다. 상대 후보인 엄삼탁은 대구 달성군 출신인 데다 오랫동안 지역을 관리해 조직 선거로는 승산이 없었기 때문이다. 육영수 서거 후 무려 5년 동안 사실상의 퍼스트레이디로 지내며 얼굴과 이름을 알린 박근혜는 높은 인지도를 바탕으로 아버지와 어머니에 대한 지역민의 향수를 자극하는 것이 최고의 전략이라고 판단했던 셈이다.

박근혜는 지역민의 향수를 줄기차게 파고들었다. 박근혜는 3월 21일 대구 달성군 달성화원여자고등학교에서 열린 첫 합동연설회에서 "저를 저버리신다면 돌아가신 아버지까지 같이 저버리시는 것"이라고 '박근혜=박정희' 프레임을 짜려고 했다. 엄삼탁은 이에 조직을 풀가동해 사종 시역 개발 공약을 쏟아내며 총력전을 펼쳤다.

선거가 과열되면서 '돈 선거' 양상도 보였다. 여당인 새정치국민회의의 전폭적 지원을 받은 엄삼탁은 막대한 자금을 쏟아부으며 총력전을 펼쳤다. 새정치국민회의 소속으로 당시 대구 선거에 출마했던 한 정치인은 "그때 엄삼탁 후보가 300억을 쓰고 떨어졌다는 이야기가 있을 정도였다. 그때 특보들 승용차 트렁크에 박스로 돈이 실려 있고 그래서 잡히고 그랬다. 그 시절엔 돈을 많이 썼다"고 회고했다.

반면 박근혜는 자금난에 시달렸던 것으로 보인다. 박근혜는 자서전에서 당시 심각했던 선거자금난을 기록했다. 하루는 대구 출신의 한 의원이 박근혜를 찾아와 이런저런 이야기를 나누다가 "선거자금이 얼마나 있습니까?"라고 물었다고 한다. 박근혜는 이에 "없다"고 답했다. 질문한 의원은 당황한 표정을 지으며 다시 물었다. "아니, 그래도 최소한의 비용은 있어야지 운동원들 밥은 먹일 수 있을 것 아닙니까?"[86]

언론에도 "박근혜 한나라당 후보는 달성보선에 출마한 뒤 선거자금난을 타개하기 위해 3월 18일 후원회를 구성하고 3월 23일 신문광고를 통해 후원금 모금에 들어가는 등 중반 이후 선거자금 마련에 고심"이라고 소개되기도 했다.[87]

박근혜는 신문에 '박근혜 후원회' 후원금 모금 광고를 실었지만 모인 금액은 3000여 만 원에 그쳤다. 광고비를 빼고 나니 겨우 1500만 원. 자금 사정이 여의치 않아 매끼 식사도 실무진들이 직접 해 먹어야 했다. 당시 박근혜 비서실장을 맡았던 정윤회도 나중에 언론 인터뷰에서 돈과 자금에서 열세였다고 회고했다.

"밥 먹을 돈이 없어서 여성 당원들이 와가지고 밥솥 가져다 걸어 놓고 사무실에서 밥해 먹고 그랬다고. (엄삼탁 후보가) 그 당시에 김대중 대통령 그 당의 부총재였었고 (우리는) 상대가 안 됐었지. 우리는 사무실도 허름한 거 갑작스럽게 하나 얻고 그렇게 해서 선거 치른 거예요."[88]

이에 박근혜 캠프도 여기저기에서 돈을 끌어다 썼다는 증언도 나왔다. 엄삼탁 캠프에서 사무국장으로 일했던 박중석의 증언이다.

"이제 여기저기서 돈을 가지고 오고. 심지어 부산에 부산일보입니까, 재단에 거기서 돈 가져오고, 이래 가지고 오고, 저래 갖고 오고…."

4·2 재보궐선거가 돈 선거 조짐을 보이며 혼탁 양상을 띠자 언론에서는 관련 기사가 연일 이어졌다. 이런 가운데 박근혜는 선거를 열흘 정도 앞두고 엄삼탁을 상대로 '골든 크로스'(지지율 역전 현상)를 만든 것으로 추정된다. 지역 언론은 "박 후보는 자금난과 조직 열세를 딛고 중반 지지세를 종반까지 몰아가기 위해 박정희 전 대통령과 육영수 여사에 대한 지역민들의 향수를 자극, 중반 바람몰이로 고정표를 최대한 흡수한다는 전략을 세워놓고 있다"고 분석했다.[89]

박근혜는 4월 2일 대구 달성군 보궐선거에서 61%의 압도적인 득표율로 엄삼탁을 꺾고 국회에 입성했다. '국회의원 박근혜'가 된 것이다. 하지만 새로운 변화를 바탕으로 한 것이 아닌 아버지 박정희와 어머니 육영수만을 내세운 '복고투표'였다는 비판도 적지 않았다. 한 언론은 사설에서 "박근혜 후보는 선거기간 내내 아버지인 박정희 전 대통령을 내세워 동정표에 기대는 것으로 일관"해 실망감을 불러 일으켰다고 지적했다.[90]

당내에서도 박정희의 후광으로 당선됐다는 평가가 나왔다. 김호일 한나라당 원내부총무는 4월 4일 의원총회에서 "죽은 제갈공명이 산 사마중달을 이겼듯이 고 박정희 대통령이 산 김대중 대통령을 이겼다"고 논평했다. 김호일의 발언은 1998년 연말 각종 일간지에 '올

해의 한마디'로 소개될 만큼 적절했다는 평가가 나왔다.[91]

'국회의원 박근혜' 메이커는 최순실

최순실의 남편 정윤회는 1997년 12월 박근혜가 이회창 지지를 선언하며 정계에 입문할 때부터 박근혜를 지근거리에서 보좌했다. 박근혜가 한나라당에 입당할 때에도 모습을 나타낸 것으로 보인다. 정윤회는 박근혜가 갑자기 정계에 입문하면서 같이 일할 사람이 없어 도와주게 됐다고 했다.[92]

정윤회는 언제 어떻게 박근혜를 만나게 됐을까. 정윤회는 1996년 장모 임선이의 소개로 박근혜를 만났다고 밝힌 바 있다. 즉, 정윤회는 가토 다쓰야加藤達也 산케이신문 특파원의 재판 등에서 "1996년 장모(임선이)의 소개로 박근혜를 처음 만났다"고 말했다.[93]

박근혜가 국회에 입성한 1998년 4·2 보궐선거는 사실상 최순실 일가의 힘으로 치러졌던 것으로 분석된다. 이들 비선 세력은 박근혜의 비공식 선거자금을 지원하고 핵심 보좌진 역할을 하며 선거를 진두지휘했기 때문이다.

최순실 일가는 먼저 박근혜에게 거액의 선거자금을 지원했다. 즉, 최순실의 주도로 최순실과 어머니 임선이, 자매 최순영, 최순득, 최순천이 각각 5000만 원씩 갹출해 모두 2억 5000만 원을 박근혜 캠프에 지원, 박근혜의 당선을 도왔다. 최순실 17년 운전기사 김 씨의 증언이다.

"(1998년 4·2 보궐선거의 공식 선거운동 시작 직전) '할매'(임선이)가 '돈은 내가 가지고 내려가니까'라고 말하면서 '우리 딸 너이(넷)하고 내

(나)까지 해 5000만 원씩 내 2억 5000만 원인데 니(너)가 잘 가지고 내려가라'고 했다. 차로 할매하고 순실이와 함께 가방 하나를 싣고 대구 달성군 대백아파트로 내려갔다. 대구 넘버를 가진 자동차에 싣고 내려갔다."[94]

최순실 운전기사 김 씨는 당시 서울 강남의 최순실의 집에서 길이 1m가 넘는 밤색 여행용 가방에 돈을 가득 담고 승용차로 임선이 등을 태워 박근혜가 머물던 대구 달성군 대백아파트로 갔고, 자신이 직접 돈을 아파트 안으로 옮겼다고 기억했다. 김 씨의 증언이다.

"돈을 담은 가방은 1m가 넘는 길이의 밤색 여행용이었다. 바퀴가 달려 있고 엄청 딱딱했으며 번호를 설정해 잠그는 여행용 가방이었다. 가방을 들 수 없을 정도로 무거웠다. 가방이 가득 찬 것을 느꼈다. (언제 출발해 어떻게 배달했나?) 우리가 먼저 (대구 달성에) 내려갔다. 아마 오전 8시 조금 못 돼 서울에서 출발했던 것 같다. 성격이 매우 급해 3시간 20~30분 달려 오전 11시쯤 (대구 달성군 대백아파트 105동 202호에) 도착한 것 같다. (아파트는) 2층이어서 엘리베이터가 안 섰다. 가방이 너무 무거워 엘리베이터를 타고 3층에서 내려 계단에서 굴렸다. (가방이) 주르르 굴러가버렸다. (가방을) 할머니 방으로 갖다 줬다."[95]

운전기사 김 씨는 특히 자신이 운반한 캐리어에 돈이 든 장면을 목격했고 최순실의 어머니 임선이가 대백아파트에서 자금을 관리했다고 말했다. 김 씨의 이어지는 이야기다. "딱 한 번 (가방 안을) 본 적이 있다. 한 일주일 정도 지난 뒤였다. 왜 봤느냐 하면 (임선이가) '야 김 과장, 큰일 났다'고 해 '왜 그러느냐'고 하고 가보니 '(방의) 문이 잠겼다'고 말했다. 밖에 이야기할 수 없어 나에게 말한 것으로 생각된다. '니 뭐 여나(어느냐)'라고 했다. 그래서 내가 책받침을 하나 사왔다. 그것을 가지고 (방문을) 훑으니 열리더라. 할매가 깜짝 놀랐다. 그때 가방을 열어놨는데 돈이 한가방이었다. 전부 돈이었다. 그때 유일하게 봤다. 선거하는 중이었는데 (가방의) 한 4분에 1 정도가 비어 있는 상태였다. (돈 가방은 어디에 보관했나?) 큰방에는 박근혜가 잤는데, 돈 가방이 있던 곳은 할매가 자는 방이었다. 돈 관리는 전부 할매 방에 (가방을 가져다) 놓고 할매가 했다."[96]

최순실 운전기사 김 씨는 자금의 용처에 대해 "캠프 핵심 관계자만이 현금을 007가방 같은데 담아 갔다"며 자금을 선거에 사용했을 것이라고 추정했다. 그는 그러면서 "이 사람들은 선거가 끝나면 이틀도 아니고, 오늘 (당선) 발표가 나자마자 아침에 (서울로 바로) 올라갔다"며 자료를 하나도 남김없이 폐기했고 심지어 사진 한 장 같이 찍지 않았다고 기억했다.[97]

최태민의 의붓아들 조순제의 아들 조용래도 이와 관련해 최순실과 임선이 등 최순실 일가가 박근혜의 선거자금을 비밀리에 지원했다고 증언했다. 조용래는 "저희 할머니(임선이)가 여행용 트렁크에 실어서 갔다. 현금을 실어 갔다는 얘기를 제가 아버지(조순제)한테 들었으니까. (아버지도 그때 당시 선거에 도움을 주기 위해?) 아버지도 가셨대요. 선거 사무실에도 가고. 할머니가 돌아가시기 전까지. 2000년도까지만 해도 할머니랑 뵀던 관계이기 때문"이라고 대답했다. 조용래는 운전기사 김 씨의 증언을 접하고서 아버지 조순제의 말이 사실이라는 것을 확신했다고 말했다.[98]

최순실 일가는 선거자금 지원에만 그치지 않았다. 정윤회를 비서실장으로 전면에 내세워 선거를 지원했다. 정윤회는 박근혜 후보의 공식 라인으로 활동했다. 정윤회가 언론에 "박 씨(박근혜)에 대한 지역 여론이 아주 호의적인 것부터 비판적인 것까지 다양하다"며 "그러나 지명도는 아주 높아 승리를 낙관하고 있다"고 자평했다는 내용이 지역 언론에 실리기도 했다.[99] 보궐선거가 시작되고 박근혜가 대구를 처음 찾았을 때부터 정윤회가 함께한 것이다. 정윤회는 박근혜가 나중에 "사무실에 컴퓨터와 복사기를 한 대씩 들여놓고 단 세 사람으로 선거운동에 들어갔다"고 말한 세 사람 중 한 명이었다.

최순실과 임선이도 대구에서 비공식적으로 박근혜의 선거운동을 도왔던 것으로 보인다. 정윤회 아버지 정관모는 임선이가 국회의원 보궐선거 현장에 가서 돕는 등 박근혜를 위해 노력했다고 증언했다. 당시 엄삼탁 선거캠프에서 사무국장으로 일했던 관계자도 "박근혜가 서울에서 내려오면 같이 내려왔다가 같이 올라가는 나이 많은 할머니가 있다는 소문이 있었다"고 전했다. 다만 최순실 운전기사 김씨는 '임선이가 박근혜에게 밥을 챙겨줬다'는 일각의 주장과 관련해 "임선이가 밥을 해준 게 아니라 가정부가 있어서 그가 밥을 했다. (최)순득이네 집에 있던 가정부였다. 임선이는 (박근혜의) 말동무를 해줬다"고 설명했다.

최순실은 선거기간에 대구로 내려와 박근혜의 의상을 코디했다고 한다. 당시 박근혜 선거캠프에서 사무국장을 맡았던 하용하 달성군의회 의장도 "당시 최순실을 두 차례 정도 만났다"고 회고했다. 하의장은 최순실이 서울에서 대구로 내려와 대백아파트에서 박근혜의 의상을 코디했지만 직접 선거운동에는 나서지 않았다고 기억했다. 운전기사 김 씨는 이에 대해 "그 집(대백아파트)에 순실이는 왔다 갔다 했다. 당시는 아이(정유라)가 기껏 돌이 지난 지 얼마 되지 않았기 때문"이었다고 설명했다.[100]

가을바람이 불던 10월 어느 날 오전 경기도 용인의 최태민 묘소. 1m가 훌쩍 넘는 화환과 과일 바구니를 묘지 앞에 두고 한 여성이 큰 인사를 하기 시작했다. 정장을 한 '국회의원 박근혜'였나. 최순실과 역시 정장을 한 정윤회는 그 뒤에 서서 박근혜의 모습을 지켜봤다. 최순실 17년 운전기사 김 씨는 박근혜가 국회의원에 당선된 그해 가을 임선이와 최순실, 정윤회 등과 함께 경기도 용인의 최태민 묘소를 찾았다고 증언했다. 임선이도 함께 왔지만 고령 때문에 다리가 아파 묘지까지 올라가지 못하고 박근혜가 성묘를 마치고 내려올 때까지 산 아래에 세워둔 차에서 김 씨와 함께 기다렸다. 박근혜가 왜 최태민의 경기도 용인 묘지에 성묘를 다녀왔는지는 알 수 없지만, 박근혜가 최태민의 묘지를 다녀왔다는 사실은 운전기사 김 씨의 증언으로 처음 알려졌다.

문고리 3인방의 등장

박근혜가 정계에 입문하면서 이른바 '문고리'의 시대도 열린다. 박근혜가 1997년 12월 이회창 지지를 선언하며 정계에 입문할 때 함께한 정윤회를 주축으로 보좌진이 꾸려졌다. 박근혜는 1998년 3월 대구 달성군 보궐선거를 시작할 때 정윤회, 김희준 비서와 함께 대구에 내려갔다. 박근혜가 자서전에서 "단 세 사람으로 선거운동에 들어갔다"고 회상하는 그 대목이다.

정윤회와 김희준 비서 체제로 일주일쯤 지난 뒤 안봉근 전 국정홍보비서관이 박근혜 캠프에 합류했다. 즉, 안봉근은 박근혜가 대구에 내려와 본격적인 선거운동을 시작할 즈음 김석원 의원 측 인사들과 함께 캠프에 합류했던 것으로 보인다. 당시 박근혜 선거캠프에서 지부 청년회장을 맡았던 한 인사의 이야기다.

"안봉근이는 김석원이 밑에 있다가 김석원이 그때 올라가고 갑자기 내려왔더라고. 누가 (박근혜) 캠프에 불러들였나 봐. … ○○○이랑 가들이 김석원이 캠프에 있었거든."

안봉근은 1996년 쌍용그룹 계열사 출신으로 김석원이 국회의원에 당선된 이후부터 대구 달성군에서 김 의원을 도운 것으로 알려져 있다. 당시에는 국회 사무처에 정식 보좌관이나 비서관으로 등록하지 않고 쌍용그룹 계열사에 적을 두고 일을 했다고 한다.[101]

안봉근은 이후 줄곧 박근혜의 수행비서 역할을 하며 박근혜의 그림자로 활동하기 시작했다. 안봉근은 1966년 경상북도 경산에서 태어나 진량고등학교와 대구대 중문과를 졸업했다. 해병대 출신으로 알려져 있다.

나중에 청와대 부속비서관을 맡는 정호성은 박근혜가 국회의원에 당선되자마자 의원실에 연설 담당 비서관으로 합류했다. 최순실에 의해 발탁됐다고 한다. 1998년 보궐선거 당시 박근혜 선거캠프에서 일한 한 관계자의 이야기다.

"정호성은 (1998년 보궐선거) 선거가 끝나고 합류했어요. 정호성이는 최순실이 추천했습니다. (추천한 사람은) 정윤회가 아니라 최순실입니다."

1969년 서울에서 태어난 정호성은 경기고와 고려대 노어노문학과를 졸업하고 외무고시를 준비하다 의원실에 합류한 것으로 알려졌다. 정호성도 안봉근과 마찬가지로 해병대 출신으로 전해진다.[102]

2012년 12월 제18대 대통령 선거 당시 박근혜의 강원도 유세를 수행하다 교통사고로 사망한 이춘상(1965~2012) 전 보좌관은 정호성이 합류한 이후 의원실에 합류했다. 1998년 보궐선거 당시 박근혜 선거캠프 관계자는 "이춘상이는 동해관광대(강원관광대학의 착각)인가에서 교수를 했는데, 정윤회가 그를 (채용)했다"고 기억했다.

1965년생인 이춘상은 대일고와 단국대 전자공학과를 졸업했다. 해병대 장교 출신으로 전해진다. 그는 전공을 살려 정보기술 분야 업무를 담당, 박근혜의 홈페이지 관리와 2007년 대선 경선 등을 기점으로 소셜네트워크서비스SNS 분야를 총괄했다. 그는 박근혜의 팬클럽, 후원단체 관리 등도 도맡았다. 이춘상은 문고리 4인방 가운데 가장 연배가 높아 최순실이나 정윤회, 박근혜의 지시를 나머지 3명에게 전달하는 역할을 했다.[103]

이재만은 상대적으로 늦게 합류했다. 그는 정호성 이후 박근혜 의원실에 합류해 1년간 정책보좌관으로 일했던 양 모 씨가 의원실을 그만두면서 그 자리를 메웠다. 당시 한양대 교수로, 박근혜의 조세정책 과외교사였던 나성린 전 새누리당 의원이 양 씨에 이어 이재만을 박근혜에게 소개시켰다고 한다. 양 씨는 "내가 나오고 나서 다시 나성린 교수가 추천을 해 이재만이 갔다"고 말했다.[104]

이재만은 1966년 경기도 화성에서 태어난 것으로 알려져 있다. 서울 구로고를 졸업하고 한양대에서 경영학을 전공하고 석사 및 박사 학위를 받았다. 이재만은 원로 정치인 예춘호 전 한국사회과학연구소 이사장의 아들 예종석 한양대 교수의 제자. 예종석 교수는 "답답할 정도로 원칙주의자"라고 이재만을 평가했다.[105]

이재만은 박근혜 의원실에서 정책과 인사, 재무를 담당하는 살림꾼 역할을 맡았다. 박근혜 수행을 맡았던 안봉근과 연설을 담당한 정호성에 비해 대외에 노출되는 일이 적었다. 이재만은 나중에 박지만·이재만·정윤회를 일컫는 '만만회' 중 한 명으로 거론되며 비선 실세로도 지목된다.

이재만의 합류로 '문고리 3인방' 체제가 완성된다. 이춘상이 사망하는 2012년 전까지 '비서 4인방', '보좌관 4인방'으로 불렸다. 이들은 박근혜를 수행·보좌하면서 공식 회의 이외에 올라오는 서면 보고나 의사소통 및 전달 경로를 완전히 장악해 '문고리 권력'으로 불렸다. 박근혜의 정치적 영향력이 커질수록 이들은 '환관 권력', '십상시十常侍'라는 비판에 직면한다.

문고리 인사들은 외견상 박근혜의 사람으로 보이지만 실질적으로는 최순실의 사람이었다는 지적이다. 심지어 일각에서는 문고리들이 '최순실의 종'이라고까지 표현했다. 운전기사 김 씨의 증언이다.

"그 사람들(최순실)의 종으로 보면 돼요. 박 의원(박근혜) 종이 아니라. 그렇게 알면 돼. 그 사람들이 뭐 시키는데 토를 달면 그날로 막바로 그만둬야 돼. … 야들(문고리들)은 거기에 일체 간섭을 못 해. 그저 순실이가 시켜서 하고. '순실이 종'이라고 보면 돼. (심지어) 죽으라면 죽어야 하고. 안 그러면, 반발하면 끝이야."[106]

나중에 이성한 전 재단법인 미르 사무총장도 언론 인터뷰에서 "청와대의 문고리 3인방은 사실 다들 최순실 씨의 심부름꾼에 지나지 않는다"며 문고리 3인방이 최순실의 사람임을 재확인했다.[107]

그렇다면 국회의원 박근혜를 위해 일하고 의원실에서 월급을 받는 이 문고리 인사들은 도대체 어떻게 '최순실의 사람'이 된 것일까. 첫째, 이들이 모두 최순실에 의해 처음 박근혜와 인연을 맺고 최순실을 매개로 관계를 이어가면서 최순실의 사람이 된 것으로 분석된다. 정윤회도 최순실과 임선이에 의해 박근혜를 보좌하게 됐고, 문고리들 역시 최순실이나 최순실과의 조율 속에 채용됐던 것이다. 최순실 17년 운전기사 김 씨는 "정호성, 안봉근이, 이재만이, 이춘상이 전부 순실이하고 정 실장(정윤회)이 뽑았던 사람"이라고 말했다. 실제 박근혜 의원실에서 1년간 근무했던 양 모 보좌관도 최순실의 면접을 거친 뒤에야 의원실에서 일할 수 있었다고 증언한다. 양 씨는 "(1998년)

보궐선거 후 나성린 의원 추천으로 서류를 넣고 나서 좀 있다가 한 여자에게서 전화가 왔다. 서울 강남의 라마다르네상스(호텔)로 나오라해 갔더니 최순실 씨였다. 최순실 씨가 내게 '아버지는 뭐 하냐, 어머니는 뭐 하냐'는 등 이것저것 묻고 '(사심이) 아무것도 없는 맑은 사람을 찾는다'고 말했다"고 기억했다. 양 씨는 최순실의 면접을 보고 며칠이 지나 국회 의원회관에서 박근혜를 만나 정책보좌관으로 채용됐다.108

둘째, 박근혜가 큰 비전은 물론 구체적인 플랜, 일상 업무를 주도적으로 제시하거나 지시하지 않는 반면에 최순실은 신속하면서도 구체적으로 지시하고 주도하는 내부 의사결정 구조의 특수성도 이들이 '최순실의 사람'이 된 것과 무관치 않다는 분석이다. 즉, 최순실이 내부 의사결정 과정을 주도하고 박근혜는 결정된 내용을 실행하는 구조였기에 자연스럽게 최순실을 따르게 됐다는 것이다. 최순실 17년 운전기사 김 씨는 "박근혜는 무슨 이야기를 안 하니까. 자기들(최순실과 정윤회)이 다 시키고, 연설문도 그렇다. 좋은 건 다 해 자기들이 보고"했다고 설명했다.109

아울러 최순실이 이들 문고리 인사들을 지속적으로 관리했고 이 과정에서 '용돈'을 챙겨주는 등 보스적 기질도 발휘했다는 분석도 있다. 즉, 각종 일상 경비를 내거나 생활비를 제공하면서 문고리들을 관리했다는 거다. 최순실 17년 운전기사 김 씨의 증언이다.

"순실이가 잘지는 않다. 한참 배고플 시간에 나하고 둘이 가다가 떡볶이 파는 데 있으면 둘이 먹고, '이것 좀 싸주세요' 해 한 4만~5만 원어치씩 사서 (직원들) 갖다 준다. 느닷없이 '가서 회식합시다'라고 해 (사람들을 데리고 가) 지(최 씨)가 (돈을) 다 낸다. 축구를 하러 간다든가 하면 그것도 자기가 전부 다 낸다. 서서히 엮이는 것이라 (빠져나올) 방법이 없다. (최 씨에게 한번 엮이면 벗어날 수 없다는 건가?) 그렇지. 그러니까 밖에서 (문고리 측근들이) 하나의 종으로 보면 되는데, 안(청와대)에 들어가서도 순실이가 그런 전횡을 저질렀을 거야."[110]

차세대 정치인으로 급부상

박근혜는 세간의 이목이 집중된 1998년 4월 2일 보궐선거에서 승리해 당선되자마자 당 부총재로 거론되며 단숨에 차세대 정치인으로 급부상했다. 초선 의원인 박근혜는 보궐선거 6일 뒤인 4월 10일 전당대회에서 단일성 집단지도체제로 개편하기로 하면서 곧장 여성 몫 부총재로 거론됐다.[111] 훗날 '선거의 여왕'으로 불리며 당 대표와 비상대책위원장을 거쳐 대통령에 당선되기까지의 정치 역정이 1998년 4월 시작된 셈이다.

박근혜는 6월 4일 제2회 지방동시선거를 거치면서 몸값이 더욱 솟구쳤다. 박근혜는 이회창 명예총재와 함께 전국 각지를 순회하며 지지 유세를 펼쳐 당의 상징적 존재로 자리매김했다. 특히 대구·경북 지역에서 가장 인기 있는 정치인으로 평가받았다. 6·4 지방선거를 앞둔 대구·경북 지역에서 박근혜의 인기가 어느 정도였는지를 가늠해볼 수 있는 기사의 일부다.

"요즈음 TK의 유세 현장에서 가장 인기가 있는 연사는 박근혜 한나라당 의원이다. 한나라당 이회창 명예총재나 김윤환(1932~2003) 부총재, 자민련의 박태준 총재나 박철언 부총재보다도 훨씬 반응이 좋고 적극적이다. 박 의원이 연단에 올라가는 모습만 보고도 손수건부터 꺼내는 중년 아줌마들의 모습이 심심치 않게 연출됐다. 기존 성당과 정치인들에게 극도의 냉소적 반응을 보이면서도 유독 박 의원에게만은 과도할 정도의 애정 표시를 하고 있는 까닭은 간단하다. 박정희 전 대통령에 대한 향수 때문이다. '15대 대선 이후 박정희 전 대통령에 대한 향수가 훨씬 짙어진 것 같다'는 것이 여야 관계자들의 한결같은 이야기다. 대선 패배로 인한 공허감, 대안 정당이나 인물을 찾지 못해 표류하고 있는 TK 표심이 더욱 강렬해진 '박정희 향수'로 표출되고 있는 셈이다."[112]

박근혜는 6·4 지방선거에 이어 7월 21일 재보궐선거까지 거치며 '엄청난 청중 동원력'을 바탕으로 단숨에 당내에서는 물론 전국적인 인물로 부상했다. 박근혜의 정치적 위상도 자연스레 부상했다. 8월 4일 제15대 국회 후반기 국회의장 선출을 위해 열린 국회 본회의에서 박근혜의 기세를 엿볼 수 있다. 당시 국무총리 서리이자 8선 의원인 김종필이 투표를 마친 뒤 한나라당 의석을 돌며 의원들에게 일일이 악수를 청하고 있었다. 박근혜는 김종필이 가까이 올 때까지 모른 체하고 있다가 김종필이 '박 의원' 하고 두 번 부르자 마지못해 자리에서 일어나 악수에 응했다. 당시 자민련 총재이던 박태준이 박근혜를 두고 '아버지를 모시던 사람들이 다 자민련에 있는데 근혜가 왜 한나라당에 가서 저러지' 하고 수차례 탄식을 했다는 언론보도를 두고 박근혜는 "김대중 대통령은 아버지가 하시던 일마다 반대하고 입장을 달리했던 분"이라며 "(자민련이) 아버지의 유지를 받든다는 말이나 안 하면 모를까, 말은 그렇게 하면서 어떻게 그쪽과 공조할 수 있느냐"고 되레 반발했다.[113]

박근혜는 11월 26일 한나라당 전국위원회에서 이회창 총재 체제의 여성 몫 부총재로 임명됐다. 이회창은 당시 부총재단을 당내 실세 의원들을 중심으로 꾸리려 했지만 대구·경북 맹주로 당의 한 축을 담당했던 김윤환이 부총재단에 불참하면서 박근혜가 대구·경북 출신의 유일한 부총재로 존재감을 키우게 됐다.[114]

국회에 입성하자마자 차세대 정치인으로 부상한 박근혜의 힘은 도대체 어디에서 비롯된 것일까. 많은 전문가들은 박근혜가 어머니 육영수를 떠올리게 하는 이미지를 통해 인기를 만들어냈고 이를 바탕으로 유력 정치인으로 성장할 수 있었다고 분석한다. 즉, 올림머리부터 옷차림, 슬픔이 묻어나는 듯한 애잔함까지 육영수를 빼닮은 이미지야말로 그의 힘의 원천이었다는 거다. 이런 점에서 박근혜는 가장 전략적으로 '이미지 정치'를 했다는 지적을 받기도 했다.[115]

한나라당 의원들은 12월 30일 국가안전기획부가 국회 본관 529호에 사무실을 차려놓고 국회의원들에 대한 동향 파악, 도청 및 감청 등 정치사찰을 벌여왔다고 주장했다. 이른바 '국회 529호 사태'가 벌어졌다. 한나라당은 12월 31일 국회 529호 출입문 잠금장치를 망치 등을 이용해 강제로 부수고 들어가 내부에 보관 중이던 자료를 확보하고 본격적 공세를 시작했다. 정부 여당은 국회 강제 진입과 기밀 문건 탈취라는 '형식'을 문제 삼았고, 한나라당은 문건에서 안기부 사찰을 확인했다고 맞서면서 여야 대치가 극한으로 치달았다.[116]

박근혜는 1999년 1월 3일 기자회견을 열고 "안기부 문건을 확인한 결과 '아무개 의원의 탈당 기미가 있으니 (안기부) 상부 접촉 요망'이라는 내용이 나왔다"며 안기부의 정치공작 의혹을 제기했다. 이를 두고 부총재로서 당내 문제에 적극적으로 나선 것이라는 평가가 나왔다. 새정치국민회의는 이에 1월 6일 논평에서 "어머니를 연상케 하는 외모이지만 정치 행태는 18년 장기 집권자의 검은 선글라스를 연상케 하다"고 박근혜를 비판했다.[117]

비선의 요람 '신사동 안가'

박근혜는 1998년 국회에 입성하자마자 이른바 '안가' 운영을 본격화
했다. 서울 여의도 국회 의원회관이나 당사 사무실 등 공적 공간이
아닌 최순실과 비선 세력이 주도하는 사무실이 박근혜가 당선된
1998년부터 서울 신사동에 차려진 것이다. 안가는 서울 강남구 신사
동 588번지 S빌딩에 위치한 한국문화재단 건물. 박근혜는 1980년부
터 한국문화재단 이사장을 지냈다. 최순실의 17년 운전기사 김 씨의
증언이다.

"(박근혜를) 대통령으로 만들기 위한 사무실이 있었지. (최)순실이
가 연구소장으로, 무슨 '정치문제연구소' 소장이었다. 실제 밖에서는
몰라 그렇지, (안가는) 대통령을 만들려고 준비해놓은 사무실이었다.
사무실은 60평이 넘었다."[118]

박근혜 의원실에서 1년간 정책보좌관으로 일한 양 모 씨도 서울
신사동 안가의 모습을 기억했다. 양 씨[119]에 따르면 박근혜 보좌진들
은 일주일에 3일 내외는 국회 의원회관으로, 나머지는 서울 강남구
신사동 '안가'로 출근했다. 문고리들은 이곳에서 거의 살다시피 했다
는 것이다. 최순실 17년 운전기사의 증언이다.

"안봉근, 정호성, 이재만, 이춘상 등이 이곳에서 거의 살다시피
했다. 연구소 사무실에 여섯 명인가 여덟 명이 앉는 회의 탁자가 있
는데, 항상 거기서 커피도 마시고 음식 시키면 먹고 그랬다."[120]

비서실장 정윤회는 서울 여의도 국회 의원실과 서울 강남구 신
사동 안가를 넘나들었지만, 최순실은 국회에는 나타나지 않고 서울
신사동 안가에만 나타났다.

최순실과 정윤회는 안가에서 거의 살다시피 했고, 국회의원 박

근혜도 안가에 자주 나타났던 것으로 분석된다. 이들은 안가에 설치된 유선전화기에 관련자들의 단축번호까지 적어두고 사용할 정도로 안가에서 많은 업무를 처리했던 것으로 보인다. 2016년 12월 초 서울 강남구 삼성동의 박근혜 집 근처에 버려진 쓰레기 더미에서 안가의 흔적 일단이 드러난다. 즉, 안가에서 사용한 것으로 보이는 유선전화기의 단축번호에 최순실과 정윤회, 박근혜가 등장한다. 유선전화기에 붙은 단축번호에는 '의원님 201, 202', '실장님(정윤회 추정) 203', '소장님(최순실 추정) 205', '안봉근 206', '이춘상 207', '이재만 208', '정호성 209', '이건하(전 청와대 비서관, 당시 경호원) 210', '권기병 211', '정경숙 212, 213'이라고 쓰여 있었다. 유선전화기 단축번호를 바탕으로 추정하면 최소 10명이 서울 신사동 안가에서 생활했고 박근혜를 정점으로 정윤회와 최순실이 다른 문고리들보다 더 가깝게 자리했음을 추정할 수 있다. 아울러 최순실은 '소장', 정윤회는 비서실장으로 활동했던 것으로 보인다.[121]

박근혜와 최순실은 서울 신사동 안가에서 무엇을 했을까. 박근혜와 최순실은 이곳 안가에서 국회 상임위원회 활동과 국정감사 준비, 선거를 위한 정책과 공약 개발, 당내 일정 및 대응 등 '국회의원 박근혜'와 관련한 자료 수집과 대응을 논의하고 준비했던 것으로 보인다. 2016년 12월 안가의 유선전화기와 함께 발견된 서류철 30여 개에는 이러한 흔적이 드러난다. 서류철에는 '99 대정부 질문', '2001 국정감사', '외교통상부 국정감사', '독일 경제', '4대개혁', '대우차 협력업체', '중소 기업청', '조세 개혁', '주요 경제수치', '지방교부세 제도', '재벌 개혁', '동북아', '북한 경협', '김대중 대통령 15대 대선공약', '한국경제 대선질의', '공약개발', '16대 총선공약', '후원회 축사', '2001 후원회', '숭모다례제전', '그린벨트' 능이 섞여 있나. 즉, 서류철에는 박근혜가 1999년 11월 1일 경제 분야 대정부 질문자로 나서 자신의 사촌 형부인 김종필 총리를 상대로 한 대정부 질문을 준비한 '(19)99(년 국회) 대정부 질문' 서류철을 포함한 각종 국회 관련 자료가 있었던 것으로 보인다. 즉, 이는 안가에서 박근혜의 의정 활동이나 당내 활동을 위한 검토와 논의를 벌인 정황으로 해석된다.[122]

실제 안가의 운영 상황이나 모습은 어땠을까. '소장님'이라고 불린 최순실은 이곳 서울 신사동 안가에서 각종 회의를 주도하며 내부 의사결정을 주도했다. 국회의원 박근혜의 정책보좌관을 역임한 양 씨는 "최순실은 당시 (서울) 박근혜 대통령의 '안가'에서 가장 목소리가 컸다. 내가 당시 의원실에 한 명뿐인 4급 보좌관이었지만 실질적 보좌관은 최순실이었다"고 회고했다. 최순실은 자연스럽게 박근혜 의원실의 각종 정책 논의에 깊이 관여했던 것으로 분석된다. 양 씨는 "당시 IMF 구제금융을 받을 때여서 기업 부채율이 200%에 육박했고 이걸 낮추는 강력한 정책을 준비했더니 최순실이 그걸 보고 감정적으로 반응했다"고 기억했다. 양 씨는 그래서 최순실이 돈이 많은 집의 딸이라고 생각했다. 양 씨는 "최순실이 서울 압구정에서 비싼 유치원을 한다고 해 거기도 몇 번 갔는데 사고방식이 달라요. 그걸 (최순실과) 맞췄으면 내가 (그만두지 않고) 그 안에 있었겠지요"라고 말했다. 그는 "박근혜 의원실은 모든 게 보안이었고, 가능하면 사람을 안 만나는 것을 원했다. 박 의원이 최순실 부부를 워낙 신뢰했고 다른 사람들과 박근혜 사이에 그들이 있었다"며 박근혜 의원실은 다른 의원실과 달랐다고 증언했다.[123]

최순실이 박근혜에게 직접 영향력을 행사하고 사실상 의원실 내부 의사결정을 주도하면서 문고리 인사들은 '최순실이 권력 서열 1위, 정윤회가 2위, 박근혜는 3위'로 인식했다. 문고리 인사들은 박근혜 의원 초기부터 이 같은 권력 서열론을 자주 언급했다고 한다. 최순실 17년 운전기사 김 씨의 기억이다.

"걔들(문고리 인사들) 말마따나 '(박근혜) 의원님 위에 정(윤회) 실장이고, 정 실장 위에 (최)순실이'야. 순실이가 대장이고 의원님이 꼴등이야. (최 씨가) 하라면 하라는 대로. (박관천 전 청와대 행정관이 말한 '권력 서열 1위 최순실, 2위 정윤회, 3위 박 대통령'이라는 이야기와 같다.) 맞지. 그때부터 계속 그랬어. 박근혜가 뭘 모른다니까(웃음). 순실이가 대장, 그다음은 정 실장, 박 의원은 꼴등."[124]

'권력 서열 1위는 최순실, 2위는 정윤회, 3위는 박근혜'라는 주장은 나중에 박관천 전 청와대 행정관이 보고한 「정윤회문건」의 초안 격인 「시중여론」에도 담겨 있고, 박관천이 검찰 수사 과정에서도 직접 거론해 적지 않는 파장을 일으켰다.

최순실은 어떻게 박근혜의 의정 활동을 비롯해 각종 대외 활동에서 자신의 의사를 관철시키고 권력 서열 1위가 됐을까. 우선 최순실은 각종 연설문이나 유세문 등 박근혜의 '입'과 '말'을 장악함으로써 박근혜를 움직였기 때문이다. 최순실은 박근혜가 국회의원이 되자마자 각종 연설문이나 유세 등의 최종 수정권자가 됐다. 즉, 정호성이 연설문이나 유세의 초안을 밤새 작성하면 정윤회가 1차 스크린을 하고 최종적으로 최순실이 수정·교열했다는 것이다. 즉, 연설문이나 유세문, 말씀자료의 열람 및 데스킹 권한이야말로 권력 서열을 만들어주는 원천이었다. 박근혜가 대통령이 된 후에는 'VIP 말씀'의 형태로 예산을 빼내는 통로가 되기도 했다. 최순실 17년 운전기사 김 씨의 이야기다.

"정호성, 이재만 등은 이것(연설문)을 쓸 때 보면 밤새도록 하는지 다음 날 못 나온다. 나중에 나를 보내 데리고 나오라고 한다. 그러면 (연설문을) 정(윤회) 실장이 보고 그다음에 (최)순실이가 보고 고칠 것 다 고쳤다. … (상식적으로 이해가 안 간다.) 이해가 안 가죠? 정 실장이 고치면 순실이가 '그건 안 돼' 하고 고쳐서 갖다 주면 (박근혜가) 그거 그대로 갖다가 앵무새로(처럼) 이야기하는 거지."[125]

최순실은 아울러 남성 비서관들이 쉽게 접근할 수 없는 '여성' 박근혜의 일상을 챙기는 역할을 하면서 영향력을 유지하고 강화했던 것으로 보인다. 특히 최순실은 박근혜가 국회의원이 되자 전문 의상 제작자를 활용해 박근혜의 의상이나 가방 등을 챙겼다. 즉, 최순실은 전문 의상 제작자에게 돈을 주고 박근혜의 의상을 제작받아 공급했다. 최순실은 의상제작비 등으로 매달 1000만~1500만 원을 넣은 봉투를 건넸다. 이 의상제작자는 박근혜가 대통령이 된 후에도 일정하게 의상을 제작했지만 2013년 8월 최순실과 관계가 틀어지면서 의상 제작을 그만뒀다.[126]

4 야당 지도자와 비선 체제
(1999~2007)

악마도 성경을 제 목적에 쓸 수 있네. 사악한 영혼이
성스러운 증거를 대는 건 웃는 얼굴 보이는 악한과
같은 건데 보기 좋은 사과가 그 속은 썩은 거지. 오,
허위의 겉모습은 얼마나 훌륭한가!

윌리엄 셰익스피어의 『베니스의 상인』(1605) 1막 3장 중에서
(『베니스의 상인』, 최종철 옮김, 민음사, 2010, 30쪽)

박정희기념관에 집착하는 박근혜

1999년 1월 4일, 유럽연합EU의 단일통화 '유로'가 출범했다. 유로는 유럽 경제통합의 상징으로서 세계 기축통화의 하나가 될 것이라는 기대를 모으며 화려하게 데뷔했다. 12월 20일, 무려 442년간 포르투갈의 식민지였던 마카오가 중국에 반환됐다. 12월 31일에는 파나마 운하가 96년간에 걸친 미국 지배에서 벗어나 파나마의 품으로 돌아갔다. 한반도에서는 6월 15일 서해 북방한계선NLL에서 북한이 남한 함정에 선제사격을 가하며 남북 해군 간 교전이 벌어졌다. 북측은 어뢰정 1척이 침몰되고 4척이 파손되는 등 큰 피해를 입었다.

박근혜에게 아버지 박정희는 삶의 준거이자 정치의 의미였다. 그는 국회의원이 돼서도 박정희와 관련된 일이라면 한 발짝도 물러서지 않았다. 1999년 5월 김대중 대통령은 '용서와 화해'를 화두로 박정희 기념사업에 대한 정부 차원의 지원을 약속했다. 박근혜는 이에 5월 14일 광주 방문으로 화답했다.[1]

하지만 김영삼 전 대통령은 5월 18일 대통령 퇴임 이후 처음으로 성명을 내고 "오늘의 독재자 김대중 대통령이 5·16 군사쿠데타를 일으켜 민주정부를 전복시킨 독재의 상징 인물인 박정희 씨를 찬양하는 것은 결코 용납할 수 없는 일"이라고 김대중 대통령을 강하게 비판했다.[2]

박근혜는 이에 곧장 국회에서 기자회견을 열고 "자신이 한 일은 옳고 남이 한 일은 모두 잘못됐다는 식의 자세는 반사회적이다. 이런 성격을 가진 사람은 정치인이나 정치지도자가 돼서는 안 된다"고 김영삼 전 대통령을 강하게 비판했다. 그러면서 "각종 여론조사에서 아버지는 도덕성이나 업적평가에서 1위를 차지한 데 반해 김영삼 전

대통령은 항상 꼴찌였다"고 역공했다.[3]

박근혜는 한 발 더 나아가 한나라당이 김영삼 전 대통령의 성명에 대해 무대응으로 일관하고 박정희기념관 건립사업에도 소극적인 태도를 보인다는 이유로 6·3 재선거 지원 활동을 전면 중단했다. 한나라당 단독 국회에도 불참하며 불편한 기색을 노골적으로 드러냈다. 박근혜는 "김(영삼) 전 대통령이 박(정희) 전 대통령을 비난했을 때 야당이 분명한 당론을 밝혔어야 한다"며 "박 전 대통령에 대한 일이 한 개인의 문제냐"고 당을 강하게 비판했다.[4]

박근혜는 더 나아가 6월 21일에는 한나라당이 박정희기념관 건립과 김영삼 전 대통령의 박정희 비난 발언에 대해 입장을 밝히지 않는다는 이유로 부총재직 사퇴서를 이회창 총재에게 제출했다. 박근혜는 기자들과 만나 "당이 계속 이런 입장을 고수할 경우 탈당도 검토할 수 있다"고 초강수를 던졌다. 이회창은 사퇴서를 반려했다. 김영삼 전 대통령이 이에 한나라당을 비판하며 갈등관계가 형성되자 박근혜는 이회창과 화해하고 당무에 복귀했다. 이를 통해 박근혜는 아버지 박정희를 지키기 위해 김영삼 전 대통령과 각을 세우고 부총재직 사퇴와 탈당 카드를 던지며 정치인으로서 승부사 기질을 보였다는 평가를 받았다.[5]

2000년 3월 26일 러시아에서 블라디미르 푸틴이 '강한 러시아'를 외치며 대통령에 당선됐다.

박근혜는 2000년 1월 어머니 육영수의 일생을 담은 책『나의 어머니 육영수』를 출판사 '사람과사람'에서 펴냈다. 책은 박근혜가 어머니를 회상하며 쓴 글(1장), 박목월이 쓴『육영수 전기』중 발췌한 부분(2, 3장), 육영수의 육필 원고와 박정희가 쓴 글(4장)로 구성된다. 박근혜는 책에서 자신의 힘이자 '채찍'은 '어머니 육영수의 뜻을 이어

다시 서는 것'이라고 적었다.

"어머니를 그리워하는 이들에게 제가 어머니의 뜻을 이어 다시 서는 것, 그것이 아버지를 위로하고, 저의 슬픔을 위로하고, 따뜻한 사랑의 마음을 지녔던 어머니를 잃은 국민들을 위로하는 길이라는 생각이 당시의 저에게는 가장 큰 힘이요 채찍이었습니다."[6]

박근혜는 4월 13일 치러진 제16대 총선에서 재선에 성공했다. 1998년 4·2 보궐선거에서 맞붙었던 엄삼탁 후보와 재대결을 펼쳐 61.4%(3만 7805표)의 득표율로 여유 있게 승리했다.

최순실, 기념관 건립 논의 주도

최순실은 박근혜가 희망했던 박정희기념관 건립을 위한 추진위원회 구성 문제를 의논하는 등 박정희기념관 건립을 적극 거들고 나섰다. 박정희기념관 건립은 박근혜가 국회의원이 되기 전부터, 국회의원이 돼서도 가장 중점을 뒀던 일 가운데 하나다. 최순실이 1999년 6월 박근혜와 관련 논의를 하는 녹취 파일이 언론에 공개되기도 했다. 박정희기념관 건립을 둘러싼 최순실과 박근혜 등의 대화 내용이다.[7]

> **최순실(이하 최)__** 근데 예산이 참 애매해요. 이 사람들이 어떻게 짠 거야. 100억, 200억, 뭐 300억 이렇게 한 걸 누가 예산 편성을 한 거야?
>
> **C 씨__** 지금 구미에서 예산을 700억 잡았는데 지금 정부에 예산이 300억 책정이 돼 있습니다.
>
> **최__** 구미에서 뭘 짓는 건데?

C 씨__ 구미에서 기념관 건립 예산 저번에 말씀드린···

최__ 그러면 구미에서는 생가를 이쪽에다 등록 안 하면 300억 들어갈 필요는 없잖아요.

C 씨__ 그렇죠. 그래서 이게 이제 어제 저희들이···

박근혜(이하 박)__ 그니까 정해지지 않았죠. 국민이 지금 전국적으로 이렇게 모으면···

최__ 구미 생가는 그 예산 편성되는 대로 아까 교수님들 얘기로 알아서 결정하고.

박__ 서울 시내에 어려우면 고양시나? 외곽순환 쪽에?

최__ 그럼 언제. 거기 부근이 어디죠?

C 씨__ 파주.

박__ 고양시나 용인까지나···

C 씨__ 그린벨트 내에서 건립할 수 있기 때문에 땅값이···

박__ 땅값에 돈이 다 들어가. 저기는 하면 안 돼.

최__ 용인이 지금 그린벨트 지역 아닙니까? 그쪽은 어떻죠? 전두환 씨가 연구소 차린 데가 어디죠? 거기도 그린벨트 많을 텐데? 국민 성금으로 이제 몇 단계 걸쳐서 해야지.

대화는 박정희 생가 복원과 기념관 건립을 중심으로 예산과 기념관 위치 문제를 논의하는 장면으로 보인다. 최순실은 여기에서 경북 구미의 생가 복원 문제와 관련, 즉석에서 예산이 되는 대로 교수들이 알아서 결정하라는 식으로 결론짓는 한편 박정희기념관 장소에 대해 그린벨트 내에 세울 수 있는지 등을 구체적으로 묻고 확인한다. 박근혜도 말은 하지만 핵심에서 비켜나 있고 의사결정 과정에서 소외돼 있는 듯하다. 이어지는 대화다.[8]

C 씨__ 성금은 150억 따로 잡혀 있습니다.

최__ 구미시에서 받은 게?

D 씨__ 이번 150억은 경북도에서만 하는…

C 씨__ 아닙니다. 그게 계획을 하고 있어…

최__ 그래가지고 구미에서 그걸 철회한다는 건 말이 안 되지. 있을 수가 없는 일이지. 누가 성금을 하겠어요? 지역 발전을 위해서. 어저께 박지원 씨도 11시에 인터뷰하는데 전혀 얘기가 없더라고요.

D 씨__ 그 양반은 뭐 위에서 이야기해야 하는 버릇이 돼가지고.

박__ 그렇죠. 대통령 입장 써야만 우리가 되고.

최__ 촉구를 좀 빨리 해야겠어요. 의원님이 그쪽 청와대 관계자를 만나서선 안 되겠고 전체적으로 경북이 심의위원회를 구성해야 하는데 그걸 받아들일 수 있었거든요?

박__ 적어도 나쁠 것 없어요. 왜냐하면, 지금 그게 완전히 흐트러져서 구심점이 없어요. 나라에. 그러면 많은 사람이 희망한다고 적게라도 해가지고 얼개를 만들어서 나라를 끌고 가야지 어떻게 지금 구심점이 있겠어요.

최순실은 대화에서 박근혜에게 김대중 대통령의 입장을 업고 가는 게 중요하다고 지적하는 한편 경북 심의위원회 구성 문제를 거론한다. 박근혜는 이에 맞장구를 치거나 안타까워하는 데 그친다.

전체적으로 대화를 보면 최순실은 박근혜의 발언을 수시로 중간에 끊고 의견도 끝까지 듣는 경우가 거의 없다. 호칭은 '의원님'이라고 하면서도 말투는 명령조이고 박근혜의 말을 듣지 않고 자신의 말만 하는 모습이다. 실무진들도 박근혜가 아닌 최순실과 주로 대화하는 듯하다. 30분의 대화 내용 중 박근혜가 이야기한 시간은 2분 50초 정도인 데 비해 최순실이 이야기한 시간은 6분 50초 정도다. 최순실이 주도권을 쥐고 대화를 이끌어가고 있음을 알 수 있다.[9]

음력 11월 20일이던 12월 27일쯤 최순실의 어머니 임선이의 팔순 잔치가 열렸다. 팔순 잔치가 열린 시기는 정윤회가 비서실장을 하던 2000년 직전이었다는 점에서 1999년으로 추정된다. 일각에서는 묘비에 기록된 날짜를 기준으로 임선이의 팔순 잔치가 2001년 1월 14일경 열렸을 것으로 추정하기도 한다. 아무튼 임선이 팔순 잔치에 박근혜가 참석했다. 유명 개그맨이 사회를 보는 가운데 박근혜는 노래까지 불렀다고 한다.[10]

박근혜가 2000년 제16대 총선에서 재선하는 과정에서도 최순실 일가의 자금 및 인력 지원이 있었다. 최순실은 1998년 4월 보궐선거와 같은 방식으로 2000년 총선에서도 가족들이 선거자금을 내도록 했다. 최순실 운전기사 김 씨의 증언이다.

"1998년과 똑같았다. 그때도 선거 하루 전인가 해서 내가 (돈 가방을) 싣고 (대구 달성에) 내려갔다. 그때는 (임선이가 돈과 관련한) 말을 안 하더라. 하지만 트렁크는 매한가지로 한가방이었다. 이 집(최순실 일가)은 밤색 가방, 삼성동 쪽(박근혜 측)은 청색 가방이었다. … (박근혜는 선거자금 지원에 대해 모르는 일이라고 하고 최 씨 측도 돈을 준 적 없다고 할 텐데.) (돈을) 배달한 사람이 있는데. (그 가방에) 옷 넣어 가지고 갔나?"[11]

특히 최순실은 박근혜의 비공식 선거자금 모금을 주도했던 듯하다. 즉, 언니 최순득이 돈이 없다고 하자 전화로 언니를 다그쳐 선거자금을 내게 했다는 것이다. 운전기사 김 씨의 이어지는 이야기다.

"선거가 임박하니까 1998년처럼 (최순실이 가족들에게) 돈을 내리고 했던 모양이다. 그런데 순득이가 현금이 없어 대출을 받아야 한다며 못 낸다는 식으로 얘기한 것 같았다. 그러니까 순실이가 차에서 순득이에게 전화해 '앞으로 나에게 부탁하지 마, 절대. 알아서 해'라고 말했다. 그러니까 언니가 '알았다'며 찍소리 못 하고 돈을 냈다."[12]

박근혜, 이회창과 맞서며 지도자로 부상

2000년 11월 실시된 대통령 선거에서 조지 W. 부시는 우여곡절 끝에 연방대법원의 판결로 선거 후 35일 만에 미국 대통령에 당선됐다. 한반도에서는 6월 15일 평양에서 남북정상회담이 열렸다. 한반도의 평화와 협력, 통일을 지향하는 6·15 공동선언이 발표됐다. 김대중 대통령은 12월 10일 노벨평화상을 받았다.

박근혜는 2000년 5월 31일 한나라당 전당대회 부총재 경선에 출마했다. 총재 경선은 이미 이회창 총재의 재선출이 기정사실화된 상황이어서 7명 선출에 14명이 출사표를 던진 부총재 경선에 이목이 집중됐다. 박근혜는 재선 여성 의원으로 여성 몫 부총재직 임명이 유력했지만 선출직 부총재에 출마했다.

박근혜가 부총재직 출마를 선언하자 당이 적지 않게 술렁였다. 어차피 여성 몫의 지명직 부총재로 임명될 수 있는데 무엇 때문에 선출직 부총재 경선에 나가느냐는 지적과 대구·경북의 후보를 단일화해야 한다는 주장이 있어서였다. 박근혜는 이에 여성 몫으로 부총재 자리 하나 만들어놓고 거기에 눌러앉으면 된다는 식의 발상을 받아들이기 어렵고 선출직 부총재와 지명직 부총재는 말의 힘이 다르다며 출마를 선언했다. 그는 "당당히 경쟁해 당원들에게 선택받아야 소

신 있게 내 목소리를 낼 수 있다"고 강조했다.[13]

박근혜는 전당대회에서 14명 부총재 후보 중 2위로 부총재직에 올랐다. 재선 의원이기는 하지만 1998년 4월 국회에 입성해 의원 경력이 2년에 불과한 박근혜로서는 엄청난 성과였다. 하지만 박근혜는 경선 결과 발표 이후 "자유 경선의 의미를 훼손하는 행태가 있었다"고 공개적으로 유감을 표시했다. 애초 1위로 예상됐던 경선 결과가 2위로 나타난 데 대한 불만이었다. 박근혜는 인터뷰에서 전당대회를 둘러싼 불만을 털어놨다.

"그동안 당 지도부가 저를 견제한다는 얘기가 간혹 나왔지만, 그것을 믿고 싶지 않았습니다. 그런데 경선을 3일 정도 앞둔 시점부터 굉장히 이상한 느낌을 받았습니다. 당에 특정인을 위한 무슨 그룹이 있는데, 거기에다 사람들을 모아놓고 저를 찍지 말라고 얘기하고, 제가 1위가 되면 나중에 탈당한다는 얘기도 한다는 겁니다. 이것은 실제로 그 자리에서 그러한 얘기를 들은 분들이 알려줘서 알게 된 겁니다. 또 일부 지역 대의원들에게는 저를 만나지 말라는 주문도 있었다고 합니다. 그런 얘기를 들으면서 '이것이 말로만 듣던 견제라는 것이구나' 하는 생각을 했고, 정견 발표 때 그 문제를 지적했던 겁니다. … (앞으로 이회창 총재와는 어떤 관계를 설정해가실 겁니까?) 그것은 이 총재 하기에 달려 있다고 봅니다. 관계 설정이라는 게 기본적으로 오고 가는 것이 있어야 가능하지, 일방적인 게 아니잖아요? 인간관계는 상호 신뢰를 바탕으로 서로 위해주는 데서 비롯되는데, 견제하고 누르기만 한다면 어떻게 일을 할 수 있겠어요."[14]

박근혜는 전당대회 3일 전 자신을 견제하려는 움직임이 있었고 이에 전당대회에서 이를 지적했다고 말했다. 그러면서 이회창 총재를 공개 거론하며 견제하려고만 하지 말고 상호 신뢰를 바탕으로 권계를 설정해야 한다고 주장했다. 이회창 총재와 각을 세우며 자신의 존재감을 부각하려는 전략으로 읽혔다.

2001년 9월 11일 미국. 민간 항공기 4대가 테러리스트에 납치된 뒤 동시다발적으로 충돌했다. 2대의 항공기는 뉴욕에 있는 세계무역센터에 충돌했다. 건물이 무너지면서 수천 명이 숨졌다. 세 번째 항공기는 워싱턴 DC에 있는 국방부청사 펜타곤을 공격했고, 네 번째 항공기는 펜실베이니아 주의 한 시골에 추락했다. 테러의 배후로 오사마 빈 라덴이 지목됐다. 미국은 미사일방어체계MD 구축을 위해 12월 탄도탄요격미사일ABM협정에서 탈퇴했다. 일본에서는 4월 26일 고이즈미 준이치로가 제87대 총리에 취임했고, 8월 13일 야스쿠니 신사를 참배했다.

박근혜는 2001년 각종 여론조사에서 한나라당 차기 대통령 후보 적합도에서 이회창 총재에 이어 2위를 차지했다. 박정희와 육영수 향수를 바탕으로 대구·경북의 확고한 지지와 함께 지도부와 각을 세우며 비주류 소장파의 이미지를 확실히 굳힌 것이 배경이었다. 박근혜가 이회창이 대권으로 가는 데 가장 큰 걸림돌로 지목되기도 했다. 영남권의 높은 지지를 받고 있는 박근혜가 탈당하며 이회창과 다른 길을 선택한다면 이회창은 물론 야권의 정권 교체 가능성도 낮아질 것이라는 우려가 나왔다.

박근혜도 언론 인터뷰 등을 통해 차기 대권 도전 가능성을 내비쳤다. 마거릿 대처 전 영국 총리를 거론하며 차기 여성 지도자로서의 이미지를 구축하려 했다.

"여성 정치인 중 가장 인상적인 분이라면 역시 영국의 대처 수상입니다. 정치인은 인기에 영합하거나 편하게 가고 싶은 유혹을 받기가 쉽거든요. 박수만 받고 싶지 비난받고 싶겠어요. 그러나 정말 조국을 사랑한다면 당대의 비난을 감수하는 거예요. 당시에는 욕을 먹더라도 나중에 평가받겠다는 자세가 필요해요. 조국을 살리겠다는 애국심에서 자기를 희생하는 거죠. 그 당시 영국이 재정 적자, 실업, 인플레 등으로 구조적인 경제문제가 심각했는데 대처 수상이 그때 욕을 많이 먹고 비난을 감수하면서도 원칙을 세우고 지속적으로 밀고 나가서 경제병을 치유해 오늘의 영국이 됐잖아요."[15]

이회창 대항마로서의 이미지를 굳혀가던 박근혜는 8월부터 본격적으로 대선 후보 경선 출마 가능성을 내비치기 시작했다. 박근혜는 8월 14일 강원도 원주에서 열린 한나라당 시국강연회에 앞서 기자들과 만나 "차기 대선 후보 선출을 위한 당내 경선에 나갈 가능성을 배제할 수는 없다"며 경선 출마 가능성을 시사했다. 이회창을 추대하자는 의견이 있다는 질문에 "그래도 경선은 해야 하는 것 아니냐"고 강조했다.[16]

박근혜는 그러면서 당내 주류 진영과 끊임없이 충돌했다. 일각에서는 한나라당 탈당 가능성과 함께 제3신당행이 거론되기도 했다. 박근혜는 12월 11일 국회 의원회관 사무실에서 기자회견을 열고 한나라당 인사로는 처음으로 대선 후보 경선 출마를 선언했다. 박근혜는 출마 회견에서 한나라당 개혁추진협의회 구성을 제안하고 협의회에서 향후 정치 일정과 공정한 대선 후보 경선 방식, 대선 후보와 총재직 분리 문제, 상향식 공천제도, 투명한 당 재정 운영 방안 등 개혁 의제에 대한 결론을 도출해야 한다고 강조했다. 대선 후보와 총재직 분리 주장은 이회창 총재가 대선 후보가 되려면 당권을 포기하라는 이야기였다. 경선 기간 총재대행 체제 도입을 검토하던 이회창 측을 직접 겨냥한 것으로 풀이됐다. 박근혜는 "공정한 룰에서 경선을 하면 절대 지지 않을 것"이라고 강조했다.[17]

박근혜의 출마 기자회견은 곧장 파문을 일으켰다. 이틀 뒤인 12월 13일 대구·경북 지역 당직자 송년회에서 일부 의원이 박근혜의 경선 출마 선언을 정권 교체 염원에 찬물을 끼얹을 수 있는 '돌출 행동'이라고 비난했다. 박근혜의 경선 출마에 대한 문제 제기였다. 당내에선 박근혜의 기자회견을 '도발적'인 기자회견이라며 불쾌감을 드러내기도 했다. 박근혜가 말한 당권과 대권 분리가 대선에서 불리하게 작용할 수 있는 '이적 행위'라는 비판까지 나왔다.[18]

박근혜는 강력히 반발했다. 그는 "이회창 총재 주변에서 나의 경선 출마에 대해 '당을 흔든다'는 등의 비난을 계속하고 있는데, 이는 결국 이 총재를 합의 추대하겠다는 것 아니냐"며 경선 출마를 포기할 수도 있다고 강력히 반발했다. 논란이 커지자 이회창은 "일부에서 박근혜 부총재에게 압박을 가했다는 얘기가 있는데, 있을 수도 없고 해서도 안 된다"고 진화에 나섰다. 그럼에도 박근혜의 경선 출마 선언을 둘러싸고 벌어진 논란은 역으로 박근혜가 당내 유력 대선 주자임을 확인시켜주는 것이었다.[19]

박근혜는 12월 19일 서울 중구에 위치한 프레스센터에서 외신 기자 간담회를 열었다. 그는 이 자리에서 "여성 지도자가 활약하는 것은 세계적 추세"라며 "대통령을 하는데 여성이라는 것이 문제가 안 되며, 한국은 여성 대통령을 맞을 준비가 돼 있다"고 여성 대통령론을 공개 피력했다.[20]

박근혜는 이즈음 영국에서 열린 한영협회 국제포럼에 참가, 영어로 연설을 했다. 박근혜는 이때 '나의 나라my country', '나의 국민my people' 등의 표현을 사용했고 그 모습은 마치 영국 여왕이 연설할 때와 비슷했다고 한 참석자는 기억했다. 이 참석자는 박근혜가 한 '중년 여성'과 함께 세미나에 왔다고 전했는데, 전여옥은 그 중년 여성

이 최순실이라고 추정했다.[21]

"한강으로 빠뜨려달라" 문고리들도 최순실 우려

최순실은 재선 시절에도 박근혜의 의정 활동에 깊숙이 개입했던 것으로 분석된다. 최순실이 임선이와 함께 박근혜의 많은 활동에 개입하고 나섰기에 안봉근과 정호성, 이재만은 박근혜가 대통령이 된다면 최순실이 국정을 좌지우지할 것을 예견했다. 최순실의 17년 운전기사 김 씨는 "그들은 '우리 의원님(박근혜)이 코드원(대통령을 의미)이 되면, (최 씨가) 나라를 들었다 놨다 할 것'이라고 말하곤 했다"고 기억했다.[22]

　문고리 인사들은 심지어 박근혜가 대통령이 되면 최순실이 반드시 국정농단을 할 것이라며 임선이와 최순실이 사라져주기를 원했다고 한다. 최순실의 17년 운전기사 김 씨의 이어진 증언이다.

　"언제 한번은 '과장님, (사무실에) 올라오라'고 하더라. 사무실에 올라가 보니 안봉근을 비롯해 여러 사람이 있었다. 누군가 '과장님이 국가와 국민을 위해 할매(임선이)하고 우리 소장님(최순실)을 데리고 한강으로 같이 들어가면 어떨까요'라고 하더라. 내가 할매하고 순실이하고 항상 태우고 다니는 사람이니, 그들을 죽여줬으면 하는 거였다. (그래서) '그럼 나도 죽는데'라고 그랬지. '그렇게 하면(해주면) 안돼요?'라고 해 '×× 내가 미쳤나, 그건 못 한다'고 말했다. (누가 왜 그런 말을 한 것인가?) 1999년 때부터 걔들이 그랬다. 오죽하면 그 소리를 했겠느냐."[23]

　정호성과 안봉근 등 문고리 인사들은 최순실이 박근혜의 의정 활동에 깊이 관여하는 모습을 보면서 박근혜의 미래를 우려했던 것이다. 이미 오래전부터 그들은 박근혜가 제대로 서기 위해서는, 실패하지 않기 위해서는 비선 권력 최순실이 사라져야 한다는 것을 알고 있었던 셈이다.

최순실은 2000년경부터 딸 정유라에게 승마를 가르치기 시작했다. 승마는 정유라뿐만 아니라 최순실의 운명조차 바꾸게 된다. 즉, 최순실은 정유라만을 위한 '공주 승마'를 위해 각종 특혜와 편법, 불법을 자행하면서 국정을 농단하게 되기 때문이다.

최순실은 아울러 2000년대 초반부터 서울의 대형 교회를 찾기 시작했다. 개인적인 종교 활동일 수도 있었지만, 일각에서는 박근혜 대통령 만들기 차원에서 종교적 지지층을 만들기 위한 사전 정지 작업으로 해석하기도 했다. 최순실의 언니 최순득의 친구는 언론 인터뷰에서 "2000년경부터 순실이와 순득이가 교회를 열심히 돌아다녔다. 강남순복음교회도 가고, 소망교회도 가고, 광림교회도 다녔다"고 말했다. 최순실의 지인도 "순실이가 주로 강남 대형 교회를 돌아다니다가 몇 년 전부터는 압구정동 A 교회에 주로 다녔다. 순실이가 목사와 엄청 친하게 붙어 다녔는데 몇천(만 원) 단위로 헌금했다고 하고, 교회를 리모델링해 주었다고 떠벌리곤 했다"고 말했다.[24]

특히 최순실이 대한예수교장로회 소속 서울 압구정동의 한 교회에 헌금을 내고 자신과 정윤회, 정유라, 최순득의 기원글을 낸 것이 교회 주보에 실리기도 했다. 이 교회 신도는 "최순실 자매는 이 교회 대표 신자였다. 목사님이 자주 이 집안을 위해 기도해주셨다. 몇 년 전까지는 최순실 씨와 정윤회 씨가 자주 모습을 보였다"고 말했다.[25]

최순실은 2001년 6월 4일 2건의 특허를 출원했다. 인터넷을 이용한 영재교육 방법에 관한 것(출원번호 10-2001-0031224)과 인터넷을 이용한 몬테소리 교육 방법에 관한 것(출원번호 10-2001-0031226)이었다. 두 특허 모두 사용자가 컴퓨터를 이용해 컴퓨터에 나온 영상을 프린트해 학습하는 것과 관련한 것이었다. 즉, 이 같은 방법을 하나는 영재교육에, 다른 하나는 몬테소리 교육에 사용하겠다는 의미다. 하지만 2건의 출원은 모두 거절됐다. 최순실이 특허를 출원하기 전에 이미 출원된 특허가 있었기 때문이다.

탈당과 미래연합 창당, 김정일과의 만남

2002년 11월 중국공산당 제16차 전국대표대회에서 후진타오가 13억 중국을 이끌 공산당 총서기에 선출됐다. 북한이 핵시설을 전면 재가동했다. 북한은 10월 초 제임스 켈리 미국 대통령 특사의 방북 당시 우라늄 농축 핵개발 프로그램을 시인했다. 미국은 핵 포기를 거듭 종용했지만 북한은 거절했다. 북한은 한반도에너지개발기구KEDO가 11월 14일 중유 공급 중단을 선언하자 12월 12일 핵시설 재가동을 선언하고 국제원자력기구IAEA 사찰단 추방과 폐연료봉 봉인 해제에 이어 2003년 1월 10일 핵확산금지조약NPT을 탈퇴했다. 앞서 2002 한일 월드컵 폐막 전날인 6월 29일에는 서해 북방한계선을 침범한 북한 경비정 1척이 우리 해군 고속정을 기습 공격해 장병 6명이 숨졌다. 북한 김정일은 9월 17일 일본 고이즈미 준이치로 총리와 정상회담을 가졌다.

박근혜는 2002년 1월 17일 한나라당 출입 기자들을 서울 삼성동 자택으로 초청해 만찬을 했다. 자택을 처음 언론에 공개한 것이다. 자택에는 박정희의 초상화와 박근혜가 가속 및 지인들과 찍은 사진 6점, 박정희가 그린 강원도 경포대 배경의 그림, 육영수 여사가 결혼 전에 수를 놓았다는 한반도 형태의 무궁화 자수 등이 있었다. 박근혜는 이날 기자들과 2시간 30분 동안 저녁을 함께 했다. 박근혜는 술이 차면 빠져나가도록 만든 계영배戒盈杯를 준비했는데, 계영배에 대해 "가득 참을 경계한다는 뜻으로 정도를 지키라는 의미"라고 강조했다. 박근혜는 이후 주변에 계영배를 선물하곤 했는데, 이를 두고 이회창을 겨냥한 것이라는 해석도 나왔다.[26]

한나라당은 2월 27일 중앙위원회를 열어 대선 후보 경선 방식 및 당 지도체제 변경과 관련한 당헌 개정안을 최종 확정했다. 박근혜가 요구해온 총재직 폐지 및 대선 후보와 총재 분리 등은 배제됐다. 박근혜는 반발했다.

박근혜는 한나라당 중앙위원회 회의 다음 날인 2월 28일 한나라당 탈당을 전격 선언했다. 그는 "당이 변하는 모습을 보이지 않은 채 국민에게 지지해달라고 하는 것은 결국 국민을 속이는 일이기 때문에 그렇게 할 수 없다"는 입장을 밝혔다. 당이 변화했다고 보여줄 수 있는 총재직 폐지와 당권과 대권을 분리하는 내용 등을 담은 집단지도체제 도입이 거부됐다는 이유에서였다. 이회창이 대선 후보 경선 선거인단 구성에서 일반 국민 참여 비율을 50%까지 상향 조정하는 내용의 타협안을 제시했지만 소용없었다. 박근혜는 탈당과 동시에 '영남후보론', '제3후보론', '반이회창세력 결집론' 등을 타고 또다시 정계의 핵심으로 부상했다.[27]

박근혜는 탈당 직후 《월간조선》과 인터뷰했다. 4월호에 실린 인터뷰에서 그는 최태민과 관련한 여러 곤혹스러운 질문에 맞닥뜨린다. 김연광 기자는 박근혜에게 최태민 의혹에 대해 집중적으로 질문했고, 박근혜는 "저의가 뭐냐"고 격앙된 반응을 보인 뒤 인터뷰를 중단했다. 박근혜는 당시 청와대에서 최태민의 위세가 대단했다는 질문에 "한마디로 말이 안 되죠"라면서 "최 목사가 큰소리쳐서 권력을 휘두르고 남의 재산을 탈취했다면, 벌써 '내가 이렇게 억울하게 당했다'고 얘기가 다 나왔을 겁니다. 최 목사에게 사기당했다고 주장하는 사람이 하나도 안 나오잖아요. 그것 하나가 백 마디 얘기를 다 해주는 것 아닌가요"라고 두둔했다. 중앙정보부가 작성한 최태민의 비리 의혹에 대해서도 "그러면 감옥에 보내든지 책임을 물었겠죠. 말도 많고 모함도 많았지만 증거가 없잖아요"라고 무시했다. 박근혜는 경호실 정보처에서 최태민을 다시 조사하려고 하니 박근혜가 밥을 먹지 않고 일주일간 두문불출해 조사를 포기했다는 질문에도 사실이 아니라고 말했다. 박근혜는 최태민의 육영재단 전횡, 최태민이 사이비 종교의 지도자였다는 것과 관련한 질문에 대해서도 모두 부인했다.[28]

박근혜는 신당 창당에 나섰다. 탈당 후 2개월여 뒤인 4월 26일 서울 여의도 63빌딩에서 '한국미래연합' 창당준비위원회를 발족했다. 박근혜가 창당준비위원장으로 추대되고, 정광모 한국소비자연맹 회장과 김수자 여성신문사 부사장 등 각계각층 인사 38명이 창당준비위원에 이름을 올렸다. 정치인 출신은 김한규 전 의원이 유일했다. 박근혜는 창당준비위 발족과 동시에 지구당 창당 작업에 착수해 5월 16일 창당대회와 6월 지방선거에 후보를 출마시키겠다는 포부를 밝혔다. 박근혜는 언론 인터뷰에서 "기존 정당은 중앙당이 너무 비대해 정치 비효율의 원인이 되고 있는 만큼 중앙당을 대폭 간소화한 '벤처 정당'을 추진할 것"이라고 정당 개혁 의지를 강조하기도 했다.[29]

신당 창당을 한창 준비하던 박근혜는 자신이 이사로 재임 중이던 '유럽-코리아재단'으로부터 북한에 방문하지 않겠느냐는 제안을 받았다. 박근혜는 5월 5일 서울 여의도 당사에서 기자회견을 열고 방북 계획을 발표했다. 그는 앞서 2000년 6·15 남북정상회담 당시에도 여권이 3당 대표급 인사를 참여시킨다는 방침을 세우면서 김대중 대통령과 함께 방북할 인사로 거론됐지만 이회창 총재가 '북측의 전략에 이용당할 수 있다'며 당 차원의 참여를 거부하면서 방북이 불발됐다. 박근혜는 이후 방북이 무산된 데 대해 안타까움을 토로하는 동시에 인터뷰 등을 통해 북한 김정일 국방위원장을 만날 용의가 있다는 뜻을 거듭 밝혀왔다. 박근혜에게 방북은 아버지 박정희의 '7·4 공동 성명'의 뜻을 잇는다는 의미도 있었다.[30]

박근혜는 나중에 자서전에서 북한으로부터 방북 제안을 받고 난 뒤의 소회를 적었다. 그는 어머니 육영수가 문세광에게 피격된 것과 김신조 등이 청와대 습격을 시도한 것을 거론한 뒤 "아픔을 겪은 나이기에 남북 관계를 가장 잘 풀어나갈 수 있다"는 생각에 북한을 가기로 결심했다고 회고했다.[31]

박근혜는 5월 10일부터 14일까지 3박 4일 일정으로 북한을 방문했다. 김정일은 박근혜를 위해 베이징 공항에 특별기를 보내고 2000년 김대중 대통령이 머물렀던 백화원 영빈관에 숙소를 내줬다. 5월 11일에는 박근혜를 위해 만수대예술극장에서 환영 만찬을 열고 5월 13일에는 백화원 영빈관을 직접 찾아와 박근혜와 1시간 동안 단독 면담을 했다. 김정일은 단독 면담에서 판문점을 통한 육로 귀국을 제안하기도 했다. 그 밖에도 김정일은 박근혜를 국회의원, 한국미래 연합 창당준비위원장으로 호칭하는 등 극진하게 예우했다. 평양 관영 매체들은 박근혜에 대해 김일성 일가의 여성들에게만 국한해 사용하던 '여사'라는 호칭을 사용하기도 했다.[32]

북한 김정일이 박근혜의 방북을 허용하고 단독 면담을 하는 등 극진한 예우를 한 것에 대해 여러 해석이 나왔다. 일각에서는 김정일이 1998년 내세운 '민족대단결' 방침을 부각시키고 당시 남한의 보수 세력에 일종의 메시지를 전달하려 한 것이라는 분석도 나왔다. 즉, 보수 진영이라도 북한에 비적대적이고 남북 협력 문제에 반대하지 않는다면 누구든지 받아들일 수 있다는 입장을 우회적으로 표시한 것이라는 해석이다.[33]

박근혜는 5월 14일 판문점을 통해 귀국한 뒤 기자들과 만나 방북 성과를 설명했다. 김정일이 적절한 시기에 답방을 하겠다고 밝힌 것과 자신이 "각종 남북회담 약속을 지켜야 신뢰 회복에 도움이 된다"고 지적해 김정일의 답변을 받아냈다는 것을 소개했다. 동해안 철도 연결 문제와 육로를 통한 이산가족 상설면회소 설치, 한국전쟁 당시 행방불명된 군인의 생사 확인, 붕괴설이 확산되던 금강산댐 공동 조사, 남북 철도 연결을 위한 러시아 등 유럽 국가와의 실무 협의기구 설치 등을 제안하고 긍정적 답변을 받았다고 밝혔다.[34]

박근혜는 방북 이후 남북 평화 정착과 남북 공동 발전의 필요성을 강조하는 동시에 동북아 물류기지를 한반도에 만드는 남북 경제 협력 방안까지 제시하며 또다시 '뉴스메이커'로 부상했다. 아울러 박근혜가 방북과 북한의 지도자 김정일과의 독대 등을 통해 '차세대 지도자'로서의 격을 높였다는 평가가 나왔다. 박근혜 자신도 방북에 큰 의미를 부여했다. 그는 자서전에서 "진심을 바탕으로 상호 신뢰를 쌓아야만 발전적인 협상과 약속을 기대할 수 있다"며 방북 이후 남북문제 해결의 실마리를 찾았다고 평가했다.[35]

박근혜가 방북을 3일 앞둔 5월 7일 한나라당에서 이회창이 당의 대통령 후보로 선출됐다. 이회창은 11차례 지역별 경선에서 전승을 거두면서 5월 9일 서울 지역 경선 결과와 관계없이 종합득표 1위를 확보했다.[36]

2002년 대선은 앞서 이인제가 새천년민주당 대선 후보 경선 도중 후보 사퇴를 선언하면서 일찌감치 후보로 확정된 노무현과는 달리 야권에서는 한나라당 이회창, 자민련 김종필, 무소속 박근혜 등을 축으로 한 새로운 정계 개편 가능성으로 요동쳤다.[37]

차기 대통령 선거의 '바로미터'로 불린 6·13 지방선거에서 한나라당이 전국 16개 시·도지사 선거 중 서울과 경기, 인천 등 수도권 3곳을 포함해 모두 11개 지역에서 승리했다. 이회창 한나라당 후보에게 힘이 쏠렸다. 박근혜의 한국미래연합은 광역단체장 후보 없이 10곳의 기초단체장과 8곳의 광역의원 후보를 공천했지만 18명 모두가 낙선하고 광역의원 비례대표 2석을 건지는 초라한 성적을 내며 체면을 구겼다. 결국 박근혜의 한국미래연합은 11월 19일 당대당 통합 형식으로 한나라당에 다시 복귀했다.

민주당 후보로 확정된 노무현은 '영남권 광역단체장을 한 명도 당선시키지 못할 경우 재신임을 받겠다'고 약속했고, 실제 6·13 지방선거에서 영남권 광역단체장을 당선시키지 못하며 재신임을 물었다. 민주당은 당무회의를 열고 만장일치로 재신임을 의결했지만, 당내 반노(반노무현) 의원들과 비노(비노무현) 세력들은 '노무현 흔들기'를 본격화했다.

노무현은 11월 24일 2002 한일월드컵 바람을 타고 부상한 정몽준과의 단일화 여론조사에서 승리하면서 반전의 기회를 잡았다. 박근혜는 한나라당 대통령 선거 선거대책위원회 의장으로 참여해 이회창의 대통령 선거를 지원했다. 12월 19일 진행된 제16대 대선에서 이회창은 1144만 3297표(46.58%)를 득표해 1201만 4277표(48.91%)를 얻은 노무현에게 패했다. 이회창은 12월 20일 정계은퇴를 선언했다.

2003년 3월 20일 미국과 영국은 사담 후세인이 대량살상 무기를 비축하고 있다며 정밀 폭격을 시작으로 이라크를 침공했다. 국내에서는 4월 17일부터 6월 25일까지 대북 송금 특별검사 수사가 이뤄졌고, 11월 11일에는 친親노무현 성향의 의원들이 열린우리당을 창당했다.

한나라당의 대선 패배와 이회창의 정계은퇴로 당 주류 세력이 퇴각하자 박근혜가 자연스럽게 차기 당권 주자로 거론되기 시작했다. 박근혜는 정치 및 정당 개혁의 기치를 들고 개혁 세력의 이미지를 구축하는 데 주력했다.

박근혜는 2003년 1월 30일 일찌감치 당 대표 경선 불출마 입장을 밝히며 기존 당 지도체제가 유지되는 상황에서 당권을 차지할 생각이 없음을 분명히 했다. 직에 연연하기보다 개혁 의지에 방점을 찍은 것으로 풀이된다. 박근혜는 당 쇄신 모임 등에 꾸준히 이름을 올리면서 당내 '신주류', '소장파' 의원으로 분류됐다.

한국미래연합 창당도 최순실의 그림자

최순실은 박근혜가 한나라당을 탈당하고 한국미래연합을 창당하는 과정에도 적극 개입하고 관여했던 것으로 보인다. 최순실이 미래연합 창당에 관여했다는 증언이 잇따랐다. 미래연합 창당에 참여했던 한 인사는 언론 인터뷰에서 "최 씨가 창당 준비 모임은 물론 창당 뒤에는 당사에도 나와 이른바 (고 이춘상 보좌관까지 포함해) '문고리 4인방'을 종 부리듯 했다"고 말했다. 이 인사는 최순실의 행동을 의아스럽게 여겨 보좌진에게 "대체 저 사람이 누구냐"고 물었더니 "삼성연구소 최순실 소장"이라는 팁을 들었다고 기억했다. '삼성연구소'는 서

울 신사동에 있던 안가를 의미했다.[38]

최순실은 신사동 안가에서 한국미래연합의 창당 발기인이나 지구당 조직책 선정, 정강 정책 마련, 당 관련 디자인 등 창당 및 신당 운영 전 과정을 검토하고 논의했던 것으로 추정된다. 실제 2016년 12월 신사동 안가의 유선전화기와 함께 발견된 서류철 30여 개 가운데에는 '창당발기인', '지구당 조직책', '여론조사', '정강 정책', '마케팅', '당 관련 디자인', '조직도 배치도 창당일정', '자원봉사', '북한 경협' 등 한국미래연합 창당 및 당 운영과 관련된 것으로 보이는 서류철이 대거 발견됐다.[39]

최순실의 남편 정윤회도 이 무렵 미래연합 총재이던 박근혜의 비서실장으로 맹활약했다. 최순실은 창당 직후 처음에는 미래연합 사무실에도 자주 나왔지만 당 관계자들 사이에 소문이 돌자 모습을 드러내지 않았다고 한다.[40]

최순실은 공개 석상에 모습을 잘 드러내지 않았지만 남편인 정윤회와 문고리 인사들을 통해 박근혜를 보좌했다. 특히 정윤회는 박근혜의 공식 활동이나 인터뷰 등에 배석하며 최순실과 박근혜의 가교 역할을 톡톡히 했던 것으로 보인다.

박근혜와 세 차례나 인터뷰를 했던 박영선 더불어민주당 의원은 2002년 한나라당에서 탈당하기 전 박근혜와의 인터뷰를 떠올리며 "그때 정윤회 비서실장이 있었다"고 회고했다. 박영선은 "정윤회 비서실장하고 제가 인터뷰 때문에 몇 번 연락도 하고 만나기도 하고 그랬는데 그 당시에 보면 정윤회 비서실장이 옆에서 박근혜 의원의 워딩을 굉장히 꼼꼼하게 챙기고 의논하고 하는 그런 것을 제가 옆에서 봤다"고 기억했다. 박영선은 박근혜가 최태민과 최순실, 정윤회에 대한 의지가 상당히 강한 것을 느꼈다고 말했다.[41]

최순실은 2002년 1월경 강남구 역삼동의 19가구와 16가구가 거주할 수 있는 다세대주택 '팜빌라'(역삼동 689-25, 26)를 매각했다. 판매 대금은 당시 28억~40억 원 선이었던 것으로 알려진다.[42]

최순실은 7월 24일 강원도 평창군 용평면 이목정리 무수정골 인근의 땅 1만 8713m²(5670평, 8필지)를 단독으로 사들였다. 이 땅의 공시지가는 2017년 1월 기준 3억 원 정도로 추정된다. 최순실은 2004년 6월에도 정윤회와 함께 평창 이목정리에서 3km 떨어진 용평면 도사리 일대 임야 11만 410m²(약 3만 3399평), 목장 용지 6만 8589m²(약 2만 748평)를 사들였다. 이곳의 지가는 2017년 1월 기준 7~10억 원 정도로 평가된다.

최순실이 이 시기에 강원도 평창 부동산을 대거 매입한 배경을 두고 다양한 분석이 나왔다. 최순실 가족이 말목장을 지으려 했다는 주장이 대표적이다. 실제 최순실·정윤회 부부는 2009년부터 2012년에 걸쳐 강원도 평창군 용평읍 도사리의 땅(23만 431m², 6만 9705평)에 말목장을 지으려 한 것으로 알려진다. 승마장 설계도까지 준비했지만 공사를 중단했다는 것이다. 지금도 공사 중단 흔적이 남아 있다.[43]

일각에서는 당시 평창올림픽 유치 노력이 한창이었다는 점을 감안해 투기 목적으로 사들인 것 아니냐는 의혹도 제기됐다. 2017년 1월 송기헌 더불어민주당 의원은 최순실이 7월 용평 이목정리 8필지를 사들인 때는 강원도가 동계올림픽 국내 개최지로 최종 확정된 5월 직후이고, 2004년 6월 용평 도사리 토지를 집중적으로 매입한 때는 강원도가 동계올림픽 유치 재도전을 하면서 지방비 1조 원을 들여 평창 알펜시아리조트 건설 계획을 발표한 직후라고 의혹을 제기했다. 다른 한편에서는 최순실이 박근혜가 대통령 퇴임 이후 살 집을 지으려 했냐는 의혹도 나왔다.[44]

임선이 사망과 '최순실 시대'

2003년 2월 6일, 최태민의 다섯 번째 부인이자 최순실의 어머니 임선이가 사망했다. 최태민 사망 이후 박근혜의 일상을 챙기며 후견인 역할을 톡톡히 해오던 그녀였다. 임선이의 빈소에는 650명 정도가 다녀갔다고 한다.[45]

국회의원 박근혜도 임선이의 빈소를 다녀간 것으로 파악된다. 박근혜는 영정 앞에 검은 상복을 입고 무릎을 꿇고 앉아 임선이의 죽음을 애도했다고 한다. 전여옥[46]에 따르면 전여옥의 지인인 한 기자가 2월 어느 늦은 밤 임선이의 장례식장을 찾았다. 그는 그곳에서 임선이의 영정 앞에서 검은 상복을 입고 무릎을 꿇고 앉아 있는 한 사람을 목격했다. 박근혜였다. 국회 상임위원회 차원에서 해외 출장 중이었지만, 출장까지 중단하고 급거 귀국해 상가를 지킨 것이었다. 박근혜는 당시 얼마나 울었는지 눈물범벅이 되고 얼굴이 퉁퉁 부어 있었다. 박근혜는 기자를 보고 도망치듯 자리를 벗어났다고 한다. 박근혜가 임선이의 장례식장을 찾았다는 증언은 또 있다. 최순실 17년 운전기사 김 씨도 "박근혜가 임선이의 상가를 다녀갔다"고 기억했다.[47]

임선이는 사후 은행에 무려 130여억 원의 돈을 남겼고 이 돈을 최순실 자매가 나눠 가졌다는 주장도 있다. 최순실 운전기사 김 씨의 이야기다.

"임 씨가 죽은 뒤 정확히는 모르지만 임 씨의 삼우제가 지난 뒤 옛날 돈을 가져왔던 가방을 가지고 (장례식장에) 들어갔다. 부조금이 (가방에) 들어갔다. 듣기로는 할매 돈이 은행에 130억 원 정도 있었다고 하더라. 그것을 딸들끼리 나눈 것으로 안다."[48]

임선이가 사망한 이후 박근혜에 대한 최순실의 영향력은 더욱 커졌다. 최순실은 임선이가 도맡아 처리해오던 박근혜의 일상과 서울 삼성동 자택 일도 처리했다. 박근혜의 여동생 박근령의 이야기다.

"최태민 씨의 부인(임선이)이 시장도 보고, 가정부도 데려다 놓았는데, 얼마 전(2003년)에 그분은 타계했어요. 그게 몇 년 됐습니다. 정확한 시점은 모르겠어요. 최(태민) 목사가 간 다음엔 부인(임선이)이, 그리고 뒤를 이어서 딸(최순실)들이 하는 거죠. (지금도?) 그럼요. 언니는 (최 씨 자매를) 가족같이 생각하고 있어요."[49]

최순실은 7월 서울 강남구 신사동 640-1번지 대지 위에 지하 2층과 지상 7층 규모의 미승빌딩을 완공했다. 1988년에 구매한 땅이었다. 최순실은 건물 신축 배경에 대해 "주위에 교육 환경을 저해하는 업소들이 들어오고 상업화해가기 시작해 유치원 운영을 더 이상 계속할 수 없었기 때문"이었다고 밝혔다.[50] 서울 강남구 역삼동 팜빌라에 살던 최순실은 2002년 3월부터 미승빌딩이 세워질 때까지 서울 압구정 현대아파트로 이사해 살았다. 최순실은 미승빌딩 건축 자금이 부족해 임선이에게서도 돈을 빌렸던 것으로 알려진다. 신축 비용으로 45억 원 정도가 소요됐을 것으로 추정된다. 최순실의 17년 운전기사 김 씨의 증언이다.

"(미승)빌딩을 짓기 위해 서울 강남구 역삼동 180평짜리 2필지 집(역삼동 689-25, 26의 팜빌라)을 28억 원 정도를 받고 팔았다. 할매(임선이)에게 10억 원을 받았다. 하지만 모두 38억 원밖에 안 됐다. 실제 (빌딩 신축에는) 45억 원이 넘는 돈이 들어가게 돼 돈이 모자랐다고 한다."[51]

필자가 만난 인근 부동산 업계 관계자들의 말을 종합하면 최순실의 미승빌딩은 지하 2층, 지상 7층, 건평 900평의 건물로 통상 지하층 공사의 단가가 높고, 엘리베이터가 있으며, 두 개 층은 자신의 거수를 위해 고급 자재로 마감했기에 평낭 500만 원가량의 공사비도 환산하면 실제 공사비는 45억 원에 근접할 것으로 추정됐다.

미승빌딩은 이후 최순실의 주요 자산이자 활동 근거지가 된다. 「정윤회문건」에도 미승빌딩이 최순실의 거주지로 등장했다. 즉, 문건에는 미승빌딩을 최순실이 소유하고 있는데 해당 건물의 일부 층을 주거용으로 쓰고 나머지는 임대로 쓰고 있다고 적혀 있다. 안봉근, 이재만, 정호성 등 문고리 인사들이 정윤회 등과 이른바 '십상시' 모임을 한 주요 장소로 꼽히는 서울 강남의 중식당 'JS가든'도 미승빌딩과 100m도 채 떨어지지 않은 곳에 위치한다.

최순실은 미승빌딩에서 막대한 임대료 수익을 거뒀다. 실제 필자가 근처 부동산 중개업자들을 탐문한 결과, 최순실 소유의 미승빌딩에서 나오는 월 임대 수익은 인근 부동산 시세를 감안하면 월 7200만 원에 달할 것으로 추정된다. 연간으로 환산하면 약 8억 6000만 원에 달하는 큰돈이다. 최순실은 2017년 재판 과정에서 자신의 직업을 부동산 임대업이라고 밝혔다.

최순실은 2003년 정유라를 사립초등학교인 경복초등학교에 진학시켰다. 정유라는 경복초등학교에서도 승마를 계속했다.

노무현 탄핵 역풍에 뜬 '박근혜 당 대표'

2004년 11월 2일 미국 대통령 선거에서 조지 W. 부시 대통령이 재선에 성공했다. 후진타오 중국공산당 총서기 겸 국가주석은 9월 중국공산당 제16기 중앙위원회 제4차 전체회의에서 장쩌민으로부터 군 통수기관인 중앙군사위 주석직마저 승계받으면서 본격적인 후진타오 시대를 열었다.

노무현 대통령은 2004년 제17대 총선을 앞둔 2월 24일 한국방송기자클럽 초청 특별회견에서 "국민들이 (열린우리당을) 압도적으로 지지해주기 바란다"고 열린우리당의 선전을 기원하는 듯한 발언을 했다. 야당인 새천년민주당과 한나라당은 노무현 대통령의 발언을 문제 삼아 탄핵 사유 검토에 들어갔다.

박근혜는 그사이 2월 26일 싸이월드 미니홈피를 개설했다. 박근혜는 이후 주요 정치국면에서 미니홈피를 통해 발언하며 '미니홈피 정치'라는 신조어를 낳았다. 개설 4년여 만에 방문객 800만 명을 넘겼고 싸이월드 서비스 운영이 중단된 2017년 초에도 약 1100만 명이 방문한 것으로 집계됐다.

중앙선거관리위원회는 노무현 대통령에게 '중립 의무 준수 요청'을 내렸다. 선관위 위원들은 6 대 2의 다수 의견으로 "텔레비전 및 라디오 생중계로 전 국민이 지켜보는 가운데 특정 정당을 거론하며 지지를 부탁함으로써 공무원의 선거 중립 의무를 위반했다"고 판단했다. 선거법 위반을 사실상 인정한 것이다.[52]

노무현 대통령은 이에 3월 3일 제주 지역 언론 합동회견에서 "그냥 묻는 말에 답한 것을 놓고 탄핵 운운하고 있다"고 맞섰다. 3월 8일 청와대 수석보좌관회의에서는 "탄핵 사유에 대해서는 굴복할 수 없고 원칙적으로 대응해나가야 한다"며 물러설 의지가 없음을 거듭 밝혔다.

한나라당과 새천년민주당은 3월 9일 소속 의원 159명의 서명을 받아 노무현 대통령에 대한 탄핵소추안을 발의했다. 3월 11일, 열린우리당의 물리적 저지로 탄핵소추안 국회 상정이 무산됐다. 박관용 국회의장은 3월 12일 질서유지권을 발동한 가운데 무기명 비밀투표로 탄핵안 표결을 진행했다. 표결 결과 새천년민주당과 한나라당, 자유민주연합의 주도하에 찬성 193표, 반대 2표로 노무현 대통령 탄핵 소추안이 가결됐다.

　김기춘은 이때 국회 법사위원장을 맡아 노무현 대통령에 대한 탄핵소추의견서를 작성해 헌법재판소에 제출했다. 그는 국회 측 탄핵소추 위원으로, 탄핵심판 사건의 '원고' 역할을 맡게 됐다. 김기춘은 언론 인터뷰에서 "대통령이 1년 만에 탄핵되는 사태가 온 것은 국회의 잘못이 아니라 대통령이 자초한 잘못"이라고 말했다. 노무현 대통령도 변호인단을 구성하고 문재인 전 청와대 민정수석을 '간사 변호인'에 내정, 법적 다툼을 대비했다.[53]

　노무현 대통령 탄핵소추안 가결에 대한 역풍이 거세게 불었다. 3월 12일 서울 여의도 국회 앞에서 노무현 대통령 지지 모임인 '노사모'를 포함한 대학생과 시민, 시민단체 회원 등 2만여 명이 탄핵 반대 촛불시위를 여는 등 전국적으로 탄핵 반대 집회가 열렸다. 3월 13일 서울 광화문광장 촛불집회에는 약 7만여 명이 참여했고, 3월 20일에는 전국적으로 35만 명이 촛불집회에 참석했다. 4월 15일 제17대 국회의원 선거일까지 탄핵 반대 집회는 계속됐다.

　여론조사에서도 탄핵 반대 여론이 고스란히 드러났다. ≪연합뉴스≫와 여론조사기관 월드리서치가 탄핵소추안 가결 당일인 3월 12일 전국 성인 남녀 1018명을 대상으로 한 긴급 전화 여론조사에서 대통령 탄핵안 가결이 '잘못한 일'이라는 답변은 74.9%로, '잘한 일'(24.6%)이라는 응답을 압도했다. 탄핵 사유의 정당성과 관련해서는 70.4%가 '정당하지 못하다'고 대답했고 27.9%만이 '정당하다'고 응답했다.[54]

　탄핵을 주도했던 한나라당은 탄핵 역풍으로 크게 휘청거렸다. 당내에서는 최병렬 대표가 당 개혁 실패 등에 대한 책임을 지고 물러나야 한다는 퇴진론이 비등했다. 박근혜는 3월 23일 열린 한나라당 임시 전당대회에서 최병렬 대표의 뒤를 이어 6월까지 당을 이끄는 '임시 당 대표'를 맡게 됐다. 4월 15일 예정된 제17대 총선을 20여 일 앞두고 구원투수로 나서게 된 셈이다. 박근혜는 대표 선출 뒤 "'신에 게는 아직도 열두 척의 배가 남아 있다'고 한 충무공의 비장한 각오 를 새기며 이 자리에 섰다. 부모님도 없고, 더 이상 얻을 것도 없는 사람"이라며 한나라당을 구하기 위해 자신의 모든 것을 던지겠다고 밝혔다.[55]

박근혜는 임시 당 대표를 맡은 첫날 서울 여의도에 위치한 당사 에서 한나라당 현판을 떼어내 여의도공원 건너편에 있는 500평 부지 에 설치한 '천막당사'로 걸어서 이동했다. 그리고 주요 당직자가 참여 하는 상임운영위원회를 천막당사에서 주재했다. 박근혜는 천막당사 입주식을 마친 뒤 국립현충원을 참배하고 박정희 전 대통령과 이승 만 전 대통령 묘역을 찾았다. '고해와 참회'를 강조하며 서울 명동성 당과 조계사, 영락교회를 잇따라 방문했다. 박근혜는 6월 16일까지 3개월 가까이 천막당사 생활을 했다. 박근혜는 나중에 "고생하는 당 원들을 볼 때마다 안쓰러운 마음이 들었지만, 변화와 쇄신의 고삐를 다잡아야 한다는 각오로 더더욱 채찍질을 가하곤 했다"고 당시를 회 고했다.[56]

4월 15일 제17대 총선에서 한나라당은 50석 안팎의 소수 정당 으로 전락할 것이라는 관측을 깨고 121석을 확보했다. 김기춘도 여 의도 귀환에 성공했다. 열린우리당은 당초 탄핵 역풍을 등에 업고 180석을 넘길 것이라는 기대가 나왔지만 152석을 얻는 데 그쳤다. 한나라당은 개헌 저지선을 확보하며 제1야당 자리를 차지했다. 기사 회생한 것이다. 이를 두고 '박풍'(박근혜 바람)이 적지 않은 영향을 미첬다는 분석이 쏟아졌다. 박근혜는 총선을 계기로 확실한 대선 주자로 자리매김했다.

한편 이를 놓고 박근혜의 선전보다는 열린우리당의 실책이 더 컸다는 분석도 적지 않았다. 즉, 탄핵 역풍으로 선거 승리가 예상되던 열린우리당의 안일한 선거 전략이 자충수가 됐다는 것이다. 대표적인 것이 정동영 열린우리당 의장의 노인 폄하 발언. 정동영은 3월 26일 언론 인터뷰에서 20~30대 젊은 층의 투표 참여를 독려하면서 "(이번 총선에서) 60대 이상 70대는 투표 안 해도 괜찮다. 그분들은 집에서 쉬셔도 된다"고 말한 것이 뒤늦게 알려지며 노인 폄하 논란이 일었다.[57]

헌법재판소는 5월 14일 노무현 대통령 탄핵소추안을 기각했다. 헌법재판소는 "공직에서 파면하는 결정을 선고하기 위해서는 모든 법 위반의 경우가 아니라 파면을 정당화할 정도로 중대하게 법을 위반한 경우"여야 한다며 법률 위반은 일부 인정되지만 대통령을 그만두게 할 만큼 중대한 사유라고 할 수 없다며 기각했다.

국회 한나라당 대표실에서 텔레비전을 통해 헌재 결정을 지켜본 박근혜는 "헌재의 결정을 존중하면서 그 결과를 겸허하게 받아들인다"며 "우리 모두 헌재의 결정을 승복함으로써 헌법준수 정신이 더욱 함양되고 대한민국의 절차적 민주주의가 뿌리내리는 계기가 되기를 희망한다"고 수용 의사를 밝혔다. 그는 "헌재의 결정이 내려진 이상 이 문제를 놓고 계속해 정치적 공방을 벌이는 것은 또 다른 혼란과 갈등을 낳을 뿐"이라고 덧붙였다.[58]

박근혜는 임시 당 대표로 선출된 뒤 23일 만에 열린 제17대 총선에서 당을 기적적으로 살려낸 데 이어 6월 5일 재보궐선거에서도 광역단체장 선거 4곳 중 전남지사 한 자리를 제외한 부산시장, 경남

지사, 제주지사 3곳을, 기초단체장 19곳 가운데 13곳에서 승리를 이끌어냈다.

박근혜는 7월 17일 한나라당 정기 전당대회에서 압도적인 지지를 받아 당 대표로 당선되면서, 100일짜리 임시 대표에서 명실상부한 2년 임기의 제1야당 당 대표로 자리매김했다.

한편 정윤회는 2004년 3월 박근혜가 한나라당 대표로 취임하자 비서실장을 그만뒀다. 박근혜가 정계에 뛰어들 때부터 박근혜를 지근거리에서 보좌해온 정윤회는 왜 갑자기 박근혜의 비서실장직을 그만뒀을까. 주요 정당 당 대표의 비서실장을 보통 현역 의원이 맡아왔다는 점에서 현실적으로 의원도 아닌 정윤회가 비서실장을 맡을 수 없었던 것으로 보인다. 아울러 박근혜가 대표직에 오르면서 언론의 관심이 집중되는 상황에서 정윤회가 계속 박근혜 주위에 있을 경우 최순실이나 최태민 연루 의혹이 불거질 가능성도 우려했을 것으로 관측된다. 정윤회는 이후 공직을 맡지 않았지만 보이지 않는 곳에서 문고리들과 관계를 맺으며 일정한 역할을 했던 것으로 추정된다.

최순실은 제17대 국회의원 총선거를 앞두고 장시호 등 조카들에게 '젊은 유권자를 끌어들일 만한 선거 전략을 생각해보라'고 지시했다. 장시호는 이에 싸이월드 미니홈피 운영을 제안했다. 당시는 국내에서 싸이월드의 미니홈피 운영이 20~30대를 중심으로 급속히 확산하던 시기였다. 최순실은 장시호에게 싸이월드 미니홈피 개설을 지시했고, 장시호는 박근혜의 주민등록번호를 이용해 2월 26일 싸이월드 미니홈피를 만들었다. 박근혜의 어린 시절 사진도 장시호가 올리며 초기 운영을 주도했다고 장시호 측은 전했다.[59]

당시 48세에 불과했던 최순실은 이때 무슨 이유인지는 몰라도 유언상 초안을 썼다. 최순실은 유언상에 "내 재산 70%는 삘 징유헌에게 주고 30%는 남편 정윤회에게 남기겠다"고 썼다. 최순실이 왜 갑자기 유언장을 썼는지 그 이유는 알려지지 않는다.[60]

전국선거 연속 승리 '선거의 여왕'으로

2005년 9월 19일 중국 댜오위타이에서 열린 북핵 6자회담 전체회의에서 6개국은 한반도 비핵화 원칙 등 6개 항의 공동성명을 채택했다. 하지만 이후 대북 금융 제재가 현안으로 돌출하면서 북미 간 대립의 골이 깊어졌다.

　4월 30일 재보궐선거에서 박근혜가 이끄는 한나라당은 국회의원 선거 6곳 중 5곳, 기초단체장 선거 7곳 중 5곳에서 승리를 거뒀다. 박근혜는 한나라당 텃밭으로 분류됐던 경북 영천에서 10% 이상의 열세를 만회하고 역전승을 이끌어내며 '선거의 여왕'이라는 말을 듣게 됐다. 경북 영천에 출마한 정희수 한나라당 후보는 사전 선거운동 시비와 공천 잡음으로 선거 초반 여론조사에서 여당인 열린우리당 후보에게 14~16% 격차로 뒤졌다. 열린우리당은 경북에서 교두보를 확보하기 위해 총력을 쏟았다. 한나라당 내에서는 '경북 영천을 포기하고 충남 아산을 사수하자'는 제안이 있었지만, 박근혜는 선거기간 13일 중 6일을 경북 영천에서 유세를 이어갔다. 경북 영천에 있는 당원의 집에서 이틀간 잠을 자며 선거운동을 했다. 박근혜는 자서전에서 경북 영천 선거에 대해 "한 지역을 최소 다섯 번 이상 샅샅이 훑고, 손바닥에 붕대며 종아리에 파스가 떠날 날이 없던 강행군"이었다고 회고했다.[61]

　한나라당 대표였던 박근혜는 7월 김기춘을 한나라당 싱크탱크인 여의도연구소 소장으로 발탁했다. 박근혜와 김기춘이 처음으로 공적 관계를 맺은 것이다. 김기춘은 2007년에는 박근혜 선거캠프에서 법률지원단장으로 활약했고 박근혜 정부 출범 이후 2013년에는 대통령 비서실장을 맡는다.

박근혜는 10월 9일 대구 팔공산 동화사에서 신라의 선덕여왕과 같은 선덕화善德華라는 법명을 받았다. 동화사 측은 "사람을 대할 때 배려하는 마음을 갖고 국토를 밝고 빛나게 하라는 뜻"이라고 설명했다. 박근혜는 "불명佛名에 걸맞게 좋은 나라를 만드는 데 최선을 다하겠다"고 감사의 뜻을 전했다. 박근혜는 성심여중 재학 시절인 1965년에 '율리아나St. Juliana'라는 세례명을 받은 바 있다.[62]

박근혜는 10월 30일 MBC 오락 프로그램 〈일요일 일요일 밤에〉에 출연해 서울 삼성동 자택 내부를 공개했다. 자택에는 20년 넘게 사용한 '금성' 에어컨과 35년간 사용했다는 카세트 녹음기 등 오래된 물건이 가득했다. 박근혜는 박정희가 준 원목 옷걸이와 박정희가 그린 유화를 애장품으로 소개했다. 박근혜는 이날 피아노를 쳤고 국선도 시범을 보이기도 했다. 사회자와 탁구 시합을 하기도 했다.[63]

박근혜는 11월 11일 '문화재보호기금법' 제정안을 발의했다. 박근혜가 대표로 발의한 1호 법안이었다. 법안은 문화재의 효율적인 보존·관리를 위해 5000억 원 규모의 문화재보호기금을 설치, 이를 문화재의 긴급 보수 및 문화재 관리를 위해 사용할 수 있게 하자는 내용이었다. 법안은 회기 안에 처리되지 못하고 자동 폐기됐다.

12월 9일 국회 본회의. 2년째 진통을 이어오던 '사립학교법' 개정안이 여야의 충돌 속에 통과됐다. 사학법 개정안은 사학의 투명성 강화를 위해 이사진 7명 중 2명 이상을 개방형 이사로 임명하고 개방형 이사는 학교운영위원회나 대학평의원회가 2배수를 추천하면 이

사회가 최종 선임하는 내용을 담고 있었다. 하지만 한나라당은 경영진에 외부인이 이사로 참여하는 것은 사학의 경영 자율성을 침해할 수 있다는 점을 들어 개방형 이사 도입에 반대하고 개방형 감사 1명을 두는 것으로 사학의 투명 경영이 충분하다고 맞섰다.

박근혜는 사학법 개정안이 처리되자 '원천 무효'라고 강하게 반발했다. 박근혜는 12월 13일 서울 명동과 서울역 광장에서 사학법 개정 무효 투쟁 거리집회를 열었다. 박근혜가 당 대표에 취임한 이후 1년 9개월 만의 첫 장외투쟁이었다. 박근혜는 보수당이 장외투쟁에 나서는 것이 부적절하다는 당내 반대와 당 지지율 하락에도 53일간 장외투쟁을 이어갔다.

2006년 7월 5일, 북한이 미국의 대북 제재에 반발하며 대포동 미사일을 비롯해 미사일 7발을 시험 발사한 데 이어 10월 9일 함경북도 길주군 풍계리에서 전격적으로 지하 핵실험을 강행했다. 이는 남북이 1992년 합의한 한반도 비핵화선언을 파기한 것이자 남북한 전력 균형을 일거에 무너뜨린 사건이었다.

2006년 1월 30일, 여야는 원내대표 회담을 통해 사학법 재개정 논의를 조건으로 한 국회 정상화에 전격 합의했다. 박근혜는 유정복 비서실장을 통해 "사학법 재개정을 논의한다는 내용을 담은 국회 정상화에 동의한다"는 입장을 밝혔다.

박근혜의 53일간의 장외투쟁을 놓고 평가가 엇갈렸다. 우선 '사립학교법' 개정안의 재개정을 이끌면서 '승부사'로서의 면모, 강력한 야당 지도자라는 이미지를 얻었다는 평가가 나왔다. 즉, 노무현 대통령과 대립각을 세우며 국회의 실력자로 부상했다는 것이다. 반면 합리적이고 온화한 이미지가 훼손됐다는 지적도 나왔다.[64] 박근혜는 나중에 자서전에서 "교육이야말로 우리의 미래를 결정하는 근본"이

라며 "내 선택을 결코 후회하지 않는다"고 밝혔다.[65]

5월 31일 전국지방선거를 열흘 앞둔 5월 20일 서울 서대문구 신촌사거리. 박근혜는 오세훈 서울시장 후보 지지 연설을 하기 위해 연단을 오르던 중이었다. 이때 누군가 다가와 손을 내미는 것 같았다. 오른쪽 뺨에 날카로운 통증이 스쳤다. 지충호가 문구용 커터칼을 휘둘렀다. 피습이었다. 박근혜는 오른쪽 귀에서 입 부위까지 길이 11cm, 깊이 1~3cm의 상처를 입었다. 침샘 부위와 턱 근육 일부가 손상돼 2주 동안 정상적인 언어생활이 불가능했던 것으로 알려졌다. 박근혜는 수술대에 오르자 총상으로 숨진 박정희와 육영수의 얼굴이 떠올랐다고 회상했다.[66]

수술을 마친 박근혜는 5월 22일 오후 서울 신촌 세브란스병원 병상에서 당에서 실시한 지방선거 여론조사 결과를 전해 받고는 "대전은요?"라고 물었다고 한다. 유정복 대표비서실장을 통해 이 사실이 전해지며 두고두고 회자됐다.[67]

박근혜는 5월 29일 병원에서 퇴원하자마자 승부처인 대전을 찾았고 투표일 전날에는 제주를 방문했다. 5월 31일 실시된 통합 지방선거에서 한나라당이 전국 16개 시·도지사 선거 중 수도권 3곳을 포함해 12곳에서 승리했다. 한나라당은 230개에 달하는 기초단체장 선거에서도 서울 25개 구청장을 석권하는 등 155곳(67.4%)에서 승리했다. 대전시장 지지도 여론조사에서 줄곧 염홍철 열린우리당 후보에게 뒤지던 박성효 한나라당 후보가 근소한 차이로 승리를 거두기도 했다. 박근혜는 2004년 제17대 국회의원 선거와 2006년 제4회 전국 동시 지방선거에서 승리한 데 이어 2012년 제19대 국회의원 선거도 승리로 이끌며 '선거의 여왕'으로 불렸다.

하지만 당내 일각에는 박근혜가 '공주', '영애' 의식을 갖고 소통이 아닌 권위주의적 리더십을 보였다는 비판적 시각도 없지 않았다. '친박 좌장'으로 불렸던 김무성 의원은 당시 기자들과 만나 박근혜의 공주 의식을 비판했다고 한다. 일화 가운데 하나다.

김무성__ 너거, 박근혜가 제일 잘 쓰는 말이 뭔지 아나?

기자__ 원칙, 신뢰, 약속 아닌가요?

김무성__ 하극상이다, 하극상! 박근혜가 재선으로 당 부총재를 했는데 선수도 많고 나이도 많은 의원들이 자기를 비판하니까 '하극상 아니냐'고 화를 내더라. 그만큼 서열에 대한 의식이 강하 다. 그다음으로 잘 쓰는 말이 '색출하세요!'다, 색출. 언론에 자기 얘기가 나가면 누가 발설했는지 색출하라는 말이다. 그다음이 '근절'이고. 하여간 영애 의식에서 아직 벗어나지 못했다.[68]

실제 박근혜 주변에서는 '박근혜를 대할 때에는 나는 머슴이라 고 생각하면 가장 편하다'는 말이 나오기도 했다. 친박계 손범규 전 국회의원의 이야기다.

"박근혜 대표를 대할 때 '나는 머슴이다'라고 생각하면 가장 편하 다. '아씨와 머슴'이라고 생각하면 나도 마음이 편하고, 박 대표도 편 하게 받아들인다. 김무성 의원이 박 대표와 안된 것은 '아씨와 장수', '공주와 왕자'로 가려고 하니까 그런 거다."[69]

박근혜는 또 어렵고 곤란한 상황에서는 침묵하며 상황을 넘겼 고, 회의하는 것을 즐거워하지 않았으며, 대면 보고가 아닌 서면 보 고를 주로 받았다. 전여옥은 박근혜에게 이런 침묵과 오만이야말로 무능과 불통에 대한 가장 효율적인 방어 수단이었다고 분석했다. 대 변인이던 전여옥은 박근혜가 응답을 하지 않는 '응답 없음'이 가장 큰

고충이었다고 회고했다.[70]

　박근혜는 아울러 저녁 일정을 잡는 것도 좋아하지 않았다. 그는 그 대신에 서울 삼성동 자택으로 퇴근해 혼자 식사를 했다. 정치인에게 식사는 매우 중요한 정치 행위이자 소통 행위라는 점에서 박근혜의 모습을 놓고 소통 부족의 한 단면이라는 비판도 있었다.[71]

　박근혜는 대선 후보 경선을 위해 6월 16일 당 대표직에서 물러났다. 그의 시선은 오래전부터 대통령 선거에 맞춰져 있었다.

박근혜 간호하는 최순실 일가

최순실은 2006년 5월 22일 박근혜가 피습을 당하자 언니 최순득과 함께 박근혜를 적극 간호한 것으로 알려졌다. 당시 병원에서 박근혜를 간호하는 최순실의 모습을 봤다는 목격담이 이어졌다. 한 친박 의원은 당시 서울 세브란스병원에서 "어떤 아주머니가 큰 가방을 들고 병실로 들어왔다"며 "나중에 알고 보니 최순실의 언니 최순득이었다"고 회상하기도 했다.[72]

　박근혜는 수술 이후 서울 강남구 도곡동 최순득의 집에서 일주일간 머물며 치료를 받았다. 최순실도 최순득의 집을 드나들며 박근혜를 도운 것으로 전해진다.[73]

　최순실은 9월 말 박근혜가 독일 프랑크푸르트에서 한나라당 대선 후보 경선 출마를 선언할 때에도 깊숙이 관여한 것으로 분석된다. 독일에서 사는 파독 광부 출신 윤남수 전 재독한인회장은 언론 인터뷰에서 "고걸(박근혜의 대선 후보 경선 출마 선언) 만든 게 최순실 씨가 밑에서 했으니까. 해다오. 그래서 오케이"라고 밝히며, 최순실이 독일에서 대선 후보 출마 선언을 기획했고 자신은 도왔다는 식으로 말했다. 그러면서 그는 박근혜가 프랑크푸르트 한식당에서 출마 선언을 할 때 대동한 사람이 정치인이 아닌 최순실과 정윤회뿐이었다고 회고했다.[74]

최순실은 이때 서울 강남구 신사동의 안가에서 박근혜의 대선 후보 경선 출마를 은밀하게 준비했던 것으로 알려진다. 그래서 한나라당 안팎에서는 최순실의 신사동팀이 당과 별도로 대선 후보 경선을 준비하고 있다는 소문이 회자되고 있었다.[75]

경복초등학교에 다니던 최순실의 딸 정유라는 이즈음 방송 프로그램에 초등학생 승마선수로 소개됐다. 정유라(개명 전 이름 정유연)는 7월 20일에 방송된 EBS〈톡! 톡! 보니하니〉(723회)에서 '말과 함께 꿈꾸는 초등학생 승마선수 정유연'으로 소개됐다. 정유라는 경복초등학교 재학 시절 성악과 승마를 동시에 교육받았다. 정유라는 이날 방송에서 서울 성동구 뚝섬승마장에서 흰색 티셔츠에 검정색 바지와 모자를 착용하고 말을 탄 모습으로 등장했다. 정유라는 올림픽에 나가 금메달을 따고 싶다는 포부를 밝혔다. 여기에 최순실도 잠시 등장했다. '샤넬' 로고가 찍힌 가방을 들고 있던 최순실이 마장마술대회에서 장려상을 받고 관람석으로 올라온 정유라에게서 상장을 받아 들고 "수고했어요"라고 말하는 장면이 잡혔다.[76]

최순실은 이때 이미 박원오 전 대한승마협회 전무와 협력 관계를 형성했던 것으로 보인다. 정유라는 박원오가 운영위원장이던 서울 뚝섬승마장을 다녔기 때문이다. 한 승마협회 관계자의 증언이다. "(박원오가) 뚝섬승마장을 리모델링한다면서 여러 사람에게 허가도 없이 회원권을 판매했다. 그때 (최순실이) 돈으로 (박원오를) 꿰었다. 돈을 빌린 것인지 회원권을 불법으로 준 것인지는 정확하지 않지만 (박원오가 최순실에게서 받은 돈이) 5000만 원 이상이라고 들었다."

최순득의 딸 장시호는 박근혜가 면도칼 테러를 당한 직후인 6월 서울 명동성당에서 결혼식을 올렸다. 박근혜도 장시호의 결혼식에 가족처럼 참석했다. 장시호는 승마를 하면서 국가대표가 되고 연세대에 입학하면서 최순실의 딸 정유라에게 적지 않은 영향을 미쳤다. 장시호는 정윤회를 무척 따랐다고 한다. 최순실 운전기사 김 씨의 이야기다.

"정(윤회) 실장이 장가왔는데 유진(장시호의 개명 전 이름)이가 중학생 이상 됐을 때 내가 기억나는 게 하나 있다. 정 실장이 내게 '애(유진)가 엇나가 요새 승마를 배우는데 많이 착해졌다'고 하더라. 유진이가 정 실장을 엄청 따랐다."[77]

한나라당 대선 후보 경선 출마

2006년 9월 26일, 고이즈미 준이치로 총리를 이어 '신보수'를 표방한 아베 신조가 제90대 일본 총리에 취임했다. 10월 14일 미국 뉴욕 유엔본부에서 열린 유엔총회에서 반기문 외교부 장관이 2007년 1월 임기가 시작되는 제8대 유엔사무총장에 당선됐다.

박근혜는 2006년 9월 23일 벨기에와 독일을 방문하기 위해 출국했다. 그의 출국에는 10개 언론사 취재진이 동행하며 유력 대선 주자로서의 무게감을 실감하게 했다. 박근혜는 9월 28일 독일 첫 여성 총리인 앙겔라 메르켈을 만나 30분간 회동했다. 집권에 성공한 메르켈 총리를 만남으로써 자신을 같은 여성 지도자로 부각하려는 의도가 깔린 것으로 해석됐다. 박근혜는 메르켈과의 면담을 마치고 "메르켈 총리의 개혁은 내가 당 대표로 있을 때 추구한 노선과 같다"며 "서로 생각하는 데 공통점이 많다는 것을 느낀 아주 유익한 대화였다"고 말했다.[78]

9월 30일 독일 프랑크푸르트의 한식당. 박근혜는 수행 기자단과 간담회를 열고 대선 후보 경선 출마를 선언했다. 박근혜는 "당 대표 때 내가 생각한 정당 개혁의 80% 이상을 실현했다"며 대선 후보 경선에 나서겠다고 밝혔다.[79]

2007년 세계 금융시장은 미국발 서브프라임 모기지 사태로 휘청거렸다. 미국 주택시장의 침체로 대출 회수가 제대로 이뤄지지 못하면서 모기지 업체들이 잇따라 도산하고 투자금융회사까지 큰 손실을 보면서 신용경색 위기로 연결됐다. 중국과 일본은 달 탐사위성 발사 경쟁을 벌였다. 일본이 9월 달 탐사 위성 '카구야'를 쏘아 올리자 중국도 10월 '창어 1호'를 달에 보냈다. 한국은 6월 30일 미국과 한미자유무역협정에 최종 서명했다.

여권의 부진 속에 한나라당 경선이 곧 대선 본선이나 다름없다는 평가가 쏟아졌다. 서울시장을 하는 동안 청계천 복원과 버스중앙차로제를 관철시키며 대중적 인기를 등에 업은 이명박 전 서울시장의 기세가 만만치 않았다. ≪조선일보≫와 한국갤럽이 실시한 새해 첫 여론조사에서 이명박 전 시장은 40.7%의 지지를 얻어 19.3%를 얻은 박근혜와 15.0%를 얻은 고건 전 국무총리를 가볍게 따돌렸다. 그 밖에 2007년 1월 주요 신년 여론조사에서 이 전 시장은 40% 안팎의 높은 지지율로 박근혜를 앞서며 1위를 고수했다.[80]

1월 9일, 노무현 대통령은 대국민 담화를 통해 대통령 임기를 5년 단임제에서 4년 연임제로 하는 개헌안을 제출한다고 밝혔다. 박근혜는 이에 "참 나쁜 대통령이다, 대통령 눈에는 선거밖에 안 보이느냐"고 강하게 비판했다. 노무현 대통령은 "나쁜 대통령은 자기를 위해 개헌하는 대통령이다. 이번 개헌은 나를 위한 게 아니라 차기 대통령을 위한 것"이라고 응수했다. 우상호 열린우리당 대변인은 브리핑에서 "자신이 주장하면 괜찮고 노무현 대통령이 주장하면 나쁜 것이냐"며 "3선 개헌을 무리하게 추진했거나 장기 집권을 위해 유신 헌법을 제정한 사람이 사실상 나쁜 사람"이라고 박근혜를 비판했다.

1월 16일, 여권 주자로 지지율 3위를 달리던 고건 전 총리가 대선 불출마 입장을 밝혔다. 여당에서는 고건 전 총리를 대체할 후보를 놓고 고민에 빠졌다. 고 전 총리의 대선 불출마로 한나라당 대선 주자들의 독주체제가 펼쳐졌다.

박근혜는 연초부터 이명박과 '후보 검증'을 놓고 강하게 맞붙었다. 각종 여론조사에서 이명박에게 뒤지던 상황에서 검증의 칼을 들이댄 것이다. 박근혜 측근이자 '정책 브레인'인 유승민 의원은 "이명박 전 시장에 대한 검증은 당연히 필요하고 우리가 직접 할 수도 있을 것"이라고 포문을 열었다.

박근혜 캠프 법률특보인 정인봉 변호사는 2월 '이명박 X파일' 공개를 예고했다. 정인봉은 특보직을 사퇴하고 X파일을 당 경선준비위원회에 제출했다. 경선준비위는 자료를 분석한 결과 기존의 신문 기사나 판결문을 스크랩한 수준으로 검증할 가치가 없는 것으로 결론을 냈다. 당 차원에서 정 변호사의 행위를 해당害黨 행위로 규정하고 징계에 나서자 오히려 박근혜가 진화에 나서야 했다. 또 이명박 전 서울시장의 김유찬 전 비서관은 2월 16일과 2월 19일 서울에서 두 차례 기자회견을 열고 이명박이 자신에게 선거법 위반 재판에서 위증을 하도록 교사하고 그 대가로 1억 2500만 원을 줬다고 폭로했다. 그는 이명박이 1996년 제15대 총선 당시 서울 종로에서 당선될 때

비서관이었다. 김유찬의 폭로는 진실 공방으로 번지며 진통을 겪었다. 한나라당 경선준비위원회가 '무혐의' 결론을 내리면서 한 달 가까이 이어지던 논란은 일단락됐다.

박근혜는 2월 11일부터 2월 19일까지 8박 9일 일정으로 미국을 방문했다. 박근혜는 하버드대 특강과 내셔널프레스클럽 연설, 콘돌리자 라이스 미국 국무장관 회동 등 다양한 일정을 소화했다. 손학규 전 경기지사가 3월 19일 한나라당 탈당을 선언하면서 한나라당 대선후보 경선은 3자 구도에서 이명박 대 박근혜 양자 구도로 재편됐다.

박근혜와 이명박은 경제 분야 공약으로 나란히 7% 성장을 내걸고 대선 행보를 시작했다. 이명박은 7% 성장률과 4만 달러 국민소득, 7대 경제강국의 꿈을 이루겠다는 이른바 '747 공약'을 내놓았다. 박근혜도 3월 27일 서강대 강연을 기점으로 '세금은 줄이고, 규제는 풀며, 법·원칙을 세우자'는 이른바 '줄푸세' 정책을 내놓았다. 줄푸세 정책을 꾸준히 추진하고 바른 지도력만 발휘하면 2%포인트 정도의 추가 성장으로 연 7% 성장은 가능하고 주장했다. 하지만 전문가들은 두 사람의 경제정책에 대해 구체적 방법론이 없는 '숫자놀음'에 불과하다고 비판했다.[81]

경선 열기가 고조되던 4월, 이른바 '박근혜 CD'가 정치권에 떠돌며 박근혜와 최태민의 관계가 주목받기 시작했다. 이명박 전 서울시장 캠프가 이 CD를 입수해 공개 여부를 검토한다는 소문이 퍼졌다. 해당 CD에는 박근혜와 최태민의 관계를 다룬 1990년대 초 일간지와 주간지 기사 17건이 담겨 있었던 것으로 확인됐다. 비선을 둘러싼 의혹이 터져 나오기 시작했다.

비선 의혹과 경선 패배, 이명박의 당선

2007년 6월 17일 서울 여의도 63빌딩. 김해호는 기자회견을 열고 최태민과 최순실의 육영재단 개입 의혹을 폭로했다. 김해호는 한나라당 당원으로 1997년과 2002년 대선 당시 이회창 전 총재를 지원한 '부국팀'에 몸담았다고 자신을 소개했다. 김해호는 그러면서 "최태민과 그의 딸이 육영재단에 개입한 1986년 이후 파행적 인사이동으로 어린이회관 관장이 세 번 바뀌었고, 이후 140명의 직원들이 최태민의 사람이 아니라는 이유로 사직당했다"고 폭로했다. 그러면서 직원들이 나간 자리는 최태민의 친인척과 하수인들로 채워졌다고 검증을 요구했다. 김해호는 최순실에 대해 1984년 20대 후반의 이혼녀가 서울 압구정동 중심 상가 지역에 수백 평대의 토지와 건물을 소지했는데, 수백억 원대 자금 출처와 부동산 취득 경위가 의심스럽다고 주장했다. 그는 "박근혜 전 대표와 관련된 재단들의 재산일 가능성이 있으므로 철저히 추적해 재산 형성 배경과 박 전 대표와의 관련성을 검증해달라"고 촉구했다. 김해호는 "박근혜는 육영재단 이사장이었지만 아무런 실권도 행사하지 못하고 최태민과 그의 딸의 꼭두각시에 불과했다"고도 말했다.[82]

박근혜 캠프 대변인 김재원은 김해호를 명예훼손 혐의로 형사고발했다. 최순실도 최태민에 대한 사자 명예훼손 등의 혐의로 김해호에게 1억 원의 손해배상을 청구하는 민사소송을 제기했다. 최순실은 "피고가 아무런 근거도 없이 위 부동산(서울 신사동 미승빌딩 등)을 망 최태민의 횡령 자금으로 취득한 것처럼 허위 사실을 적시해 망 최태민과 원고(최순실)의 명예를 훼손"했다고 주장했다.[83]

김해호는 7월 20일 공직선거법상 사전 선거운동 및 허위 사실

공표, 후보자 비방 등의 혐의로 구속됐다. 김해호 구속 이후 임현규 이명박 선거캠프 정책특보도 김해호의 기자회견문 작성을 도운 혐의로 구속됐다. 김해호는 1심에서 징역 1년의 실형을 선고받았지만 12월 항소심에서 징역 8월 및 집행유예 2년을 선고받고 풀려났다. 이 당시 박근혜 캠프의 법무총괄은 김기춘이었고 법률특보는 유영하, 손범규 변호사였다. 임현규는 나중에 박근혜와 최순실, 김기춘 등이 최태민 관련 의혹을 덮기 위해 자신을 구속한 것으로 해석했다.[84]

박근혜는 그 즈음 언론 인터뷰 등에서 최태민 및 최순실 일가와의 관계나 관련한 의혹에 대해 모른다거나 전면 부인으로 일관했다. 한 월간지와의 인터뷰 일부다.

질문자__ 고 최태민 씨의 자녀들 중 상당수는 박 후보 자택과 가까운 곳에 대부분 거주하고 있는데 특별한 이유라도 있는지요.

박근혜(이하 박)__ 자택이 어딘지 지금도 나는 모릅니다. 언론사에서 그렇다고 하니 그런가 생각했습니다.

…

질문자__ 임선이 씨와 임 씨의 전남편 아들인 조순제 씨를 영남투자금융 전무와 영남학원 이사로 선임하게 된 과정에 대해 설명해주시면 감사하겠습니다.

박__ 그분은 당시 이미 70대 할머니이자 평범한 가정주부로 평생을 살아온 분이었기에 '전무'로 일할 수 있는 분이 아니었습니다. 그분을 전무로 임명한 사실이 없습니다. 그리고 조순제 씨가 그런 가족관계(임선이 전남편의 아들)인지 여부는 잘 모르겠습니다."

질문자__ 박 후보의 현 거주지(서울 강남구 삼성동 42-6)에서 500m 떨어진 곳에 최태민 씨의 집(주유소 뒤편)이 있었는데, 후보의 거주지 이전이 최 목사와 관련이 있는지 여부에 대해 말씀해주시면 감사하겠습니다.

박__ 집이 거기였다는 것도 처음 듣는 얘기지만, 성심껏 답변을 드리면서도 '왜 이렇게까지 나오는지'를 생각하니 여간 불유쾌한 게 아닙니다.

질문자__ 고 최태민 씨는 박 후보께서 육영재단 이사장으로 취임하시면서부터 재단 운영에 관여했다는 게 당시 직원들의 주장입니다. 이 부분에 대한 후보님의 생각은 무엇인지요.

박__ 관여라는 게 무슨 뜻인지 되묻고 싶습니다. 무슨 명목으로든 돈이 지출됐을 리도, 결재를 했을 리도 없고, 육영재단과 관련해 무슨 업무를 맡은 적도 없는데 도대체 관여라는 게 무슨 뜻인지 모르겠습니다.[85]

박근혜는 최태민이나 조순제와 관련한 거의 모든 질문에 대해 "모른다", "사실이 아니다"라는 등 부인으로 일관했다. 하지만 박근혜가 최태민이나 최순득의 집에 다녀온 적이 있다는 점에서 최태민의 집이나 그의 자녀 집을 모른다는 대답은 거짓이었고, 조순제를 알지 못한다는 것도 이미 오래전에 조순제를 잘 알고 있었다는 점에서 사실이 아니며, 최태민이 육영재단의 운영에 관여하지 않았다는 말도 사실과 다르다는 분석이다. 사실상 최태민과 그 가족에 관해 거짓말을 한 셈이다.

7월 12일 서울 여의도 한나라당 당사. 박근혜가 당 대표일 때 대변인을 역임하며 '박근혜의 입'으로 불렸던 전여옥 의원이 기자회견을 열고 "이명박 전 시장을 돕는 길만이 정권 교체의 지름길이라 확신한다"며 이명박 후보 지지를 공개 선언했다. 그는 "박 전 대표와 함께 간다면 편할 수도 있었겠지만 5년 뒤 과연 국민이 어떤 평가를 내릴까를 생각했다"며 박근혜와 결별한 이유를 설명했다. 그는 앞서 4월 "박근혜 대표 주변 사람들은 무슨 종교집단 같다"고 발언, 결별을 예고했다. '박사모'(박근혜를 사랑하는 사람들의 모임)는 전여옥을 '표절과 배신의 여인'으로 규정하고 이듬해 총선에서 낙선운동을 벌였다.

7월 19일, TV로 생중계된 한나라당 대선 후보 검증 청문회가 열렸다. 한나라당은 안강민 전 서울지검장을 위원장으로 하는 검증위원회를 꾸려 검증 작업을 벌였다. 이명박 캠프에서는 박근혜가 최태민과 관련한 의혹으로 무릎을 꿇게 될 것이라고 장담했고, 박근혜 캠프는 투자운용사인 BBK 연루 의혹에 휩싸인 이명박 전 서울시장이 김경준 BBK 사장의 친동생 에리카 김에 의해 발목이 잡힐 것이라고 확신했다.[86] 하지만 수사권 등이 없는 검증위의 한계로 청문회는 의혹을 해소하기보다 해명하는 자리에 그친 것이 아니냐는 지적도 나왔다.[87]

이날 청문회에서 박근혜와 최태민의 관계, 최태민 일가와 관련한 의혹, 육영재단 등을 둘러싼 의혹이 집중 거론됐다. 특히 최순실의 이름이 전국에 생중계되기도 했다. 박근혜는 전두환 전 대통령으로부터 위로금 6억 원을 받았다는 사실은 인정했지만 최태민을 둘러싼 의혹은 전면 부인했다. 박근혜는 최태민과 남녀 관계라는 루머에 대해선 "천벌 받으려면 무슨 짓을 못 하느냐"고 강하게 부정했다. 주요 일문일답이다.

질문자__ 최태민 목사 관련 의혹을 제기하면 박 후보는 '천벌을 받을 짓'이라는 등 민감한 반응을 보인다.

박근혜(이하 박)__ 최 목사와 저를 연결해 주변 사람이 나쁘니 제가 무엇을 잘못했다는 식으로 공격해왔다. 나중에는 '애가 있다'는 등 차마 입에도 담지 못할 얘기까지 나왔다. 아무리 네거티브를 해도 이런 식으로 하는 것은 정말 천벌 받을 일 아닌가. 애가 있다면 애를 데리고 와도 좋다. DNA 검사도 해주겠다. 멀쩡한 애를 데리고 와서 맞느니 아니니 하면 그 아이나 어머니는 어떻게 되나. 천륜을 끊는 일인데. 옛말에 천벌 받으려면 무슨 짓을 못 해라는 말이 있는데 남을 음해하기 위해 이런 얘기까지 지어내는가. 정말 한탄스러운 일이다.

…

질문자__ 박 후보가 이후 육영재단 이사장을 퇴임한 이유와 관련, 최 목사와 딸 최순실이 박 후보와의 친분을 과시하고 전횡을 일삼아 직원들이 반발한 게 원인이라는 말도 있다.

박__ 어머니 기념사업을 육영재단에서 같이 했고, 당시 최 목사가 기념사업 일을 도왔다. 오해가 있어서 '최태민 물러가라'는 식으로 데모가 있었지만 최 목사나 딸이 결코 육영재단 일에 관여한 적이 없다.[88]

박근혜는 최태민과 최순실의 육영재단 개입 주장에 대해 '오해'라거나 '관여한 적이 없다'고 의혹을 전면 부인했다. 최태민과 최순실 스스로 인터뷰 등에서 육영재단의 업무에 직간접적으로 관여했다고 확인하고 있어 박근혜의 대답은 사실상 거짓인 것으로 분석된다.[89]

이명박 캠프는 청문회 이후 '전두환 6억 원 생계비 지원', '성북동 고급 주택 무상 수수 및 세금 탈루 의혹', '5·16은 구국혁명 발언' 등 박근혜와 관련한 의혹 및 역사 인식과 논란 발언을 집중 공격했다. 또 최태민의 국정농단 의혹도 제기했다. 이명박 캠프의 신수희 내면

인은 7월 23일 논평을 통해 "박정희 전 대통령은 물론 당시 비서실장, 중앙정보부, 대검 등 주요 국가기관이 모두 최태민 목사의 국정농단과 비리를 문제 삼고 있는데 유독 박근혜 전 대표만이 '아니다'며 그분을 감싼 이유는 무엇일까. 무슨 말 못 할 사연이라도 있느냐"고 공격했다.[90]

8월 20일 서울 올림픽체조경기장. 한나라당 대통령 후보를 뽑는 전당대회에서 이명박 전 서울시장이 박근혜를 꺾고 당 대선 후보로 선출됐다. 개표 집계 결과 이명박은 선거인단 투표에서는 박근혜와 치열한 경합 끝에 432표 뒤졌지만 일반 국민 상대 여론조사에서 8.5%포인트(표로 환산 시 2900여 표)가량 앞서며 승리했다. 박근혜는 "경선 패배를 인정한다. 경선 결과에 깨끗하게 승복한다"고 경선 승복을 밝혔다. 그는 이어 "오늘부터 저는 당원의 본분으로 돌아가 정권 교체를 위해 백의종군하겠다"고 말했다.[91]

박근혜는 당내 대선 후보 경선 과정에서도 김무성을 비롯한 동료 의원들과 수평적 동지 관계를 형성하지 못했던 것으로 보인다. 대선 후보 경선 과정에서 선거자금 문제를 놓고 박근혜와 김무성은 충돌하기도 했다. 동아일보 특별취재팀[92]에 따르면 2007년 한나라당 당내 대선 후보 경선 당시 경남 지역 언론사 편집 및 보도국장 초청 만찬에 박근혜가 1시간쯤 늦게 나타났다. '친박 좌장'으로 평가되던 김무성 의원은 이미 술이 올라 걸쭉하게 말을 꺼냈다.

"대표님, 돈이 다 떨어졌습니다."

박근혜는 아무 말도 하지 않았다. 김무성은 말을 이어갔다.

"(박근혜의 서울) 삼성동 집을 부동산에 알아보니까 한 20억쯤 간다고 합디다. 그거 팔고 아버지하고 살던 예전 (서울) 신당동 집으로 들어가십시오. 일주일이면 집을 고칠 수 있다고 하니…. 신당동에 들어가면 이미지에도 좋습니다. 당선되면 (집 문제는) 어떻게든 풀릴 겁니다. 떨어지면 내가 전셋돈 마련해주겠습니다."

박근혜는 점점 얼굴이 일그러지기 시작했다. 그러더니 마침내 김무성을 향해 버럭 고함을 질렀다.

"제가 언제 돈을 쓰라고 했어요? 돈 쓰지 마세요!"

멀찌감치 앉아 술을 마시던 김학송 의원이 깜짝 놀라 "무슨 일입니까?" 하며 달려왔다. 화가 난 김무성도 "그래, 됐습니다. 고마 치아삐리소!" 하고 자리를 털고 일어섰다.

10월 2~4일, 북한 평양에서 노무현 대통령과 김정일 국방위원장이 남북정상회담을 열고 '2007 남북정상선언'을 발표했다. 선언에는 한반도 종전終戰 선언을 위한 3~4자 정상회담, 서해평화협력 특별지대 설치와 함께 경제협력 방안 등이 포함됐다.

11월 28일, 서울 광진구 능동 육영재단에서 대규모 폭력사태가 발생했다. 박지만 측 행동대장으로 분류되던 박용철 등이 한센인과 폭력배로 보이는 이들을 대거 끌고 와 폭언과 폭력을 행사한 것으로 알려졌다. 폭력사태 이후 박근령은 육영재단 이사장에서 쫓겨났다.

12월 19일, 대통령 선거에서 이명박 한나라당 후보가 제17대 대통령에 당선됐다. 이명박은 1149만 표(48.7%)를 얻어 정동영 대통합민주신당 후보에게 531만 표 차로 압승했다. 10년 만에 보수 정권이 탄생한 것이다.

독일로 도망간 최순실

최순실은 2007년 한나라당 대선 후보 경선 시선까시 박근혜를 비공식적으로 적극 도왔던 것으로 분석된다. 최순실은 우선 박근혜의 방미 일정을 챙긴 것으로 보인다. 최순실의 출입국 기록에 따르면 최순실은 박근혜의 2월 11일부터 19일까지 방미 당시 박근혜보다 하루 먼저 미국으로 출발하고 순방 뒤 이틀 후 귀국한 것으로 나타났다. 박근혜의 방미는 당내 경선이 본격화하고 있어 국내외에서도 주목을 많이 받던 때였다는 점에서 어떤 식으로든지 박근혜와 방미 일정과 내용을 협의하고 논의했을 것으로 추정됐다.[93]

최순실은 한나라당 대선 후보 경선 과정에서 자신과 최태민 문제가 부각되자 독일로 급히 출국했다. 최순실의 출입국 기록에 따르면 최순실은 7월 8일 독일로 출국했다가 7월 24일 귀국했고 다시 7월 26일부터 8월 12일까지 독일에 체류했다.[94]

최순실은 왜 독일로 피했을까. 이명박 캠프와 김해호 등에 의해 아버지 최태민과 자신의 비리 의혹과 육영재단 관련 비리 의혹 등이 불거져 나오자 박근혜의 부담을 덜어주기 위해 독일행을 택한 것이라는 분석이 많다.

정윤회 역시 대선 후보 경선에 관여했다는 증언이 나왔다. 언론 인터뷰에서 '2007년 한나라당 경선에 정윤회 씨가 깊게 관여했느냐'는 물음에 대한 박근령의 대답이다.

"깊게 했다고 봐야죠. 그러니까 졸작이 나올 수밖에 없죠. (정윤회가 박근혜 대표의 정치적 행보에 어느 정도 관여를 하고 있습니까?) 아주 깊이 관여하고 있는데, 그 사람은 아니라고 생각합니다."[95]

하지만 전혀 엉뚱한 곳에서 새로운 파장을 예고하고 있었다. 7월 17일 TV를 통해 한나라당 대선 후보 검증 청문회를 보다가 피가 역류할 듯 분노한 사람이 있었다. 조순제였다. 그는 이미 4월 폐암 말기 판정을 받고 오래 살기 힘든 상태였다. 그를 분노케 한 것은 검증 청문회에서 이뤄진 강훈 변호사의 질의에 대한 박근혜의 대답이다.

강훈(이하 강)__ 재단 운영과 관련 영남투자금융 회장 김정욱 씨, 영남투자금융 전무 조순제 씨, 영남의료원 관리부원장 손윤호 씨, 영남대 사무부처장 곽완석 씨, 네 명을 다 아나?

박근혜(이하 박)__ 김정욱 씨만 안다.

강__ 조순제 씨는 최태민 목사의 전처의 아들이고, 손윤호 씨는 조순제 씨의 외삼촌이라고 한다. 후보와 개인적 연관이 없으면 영남대와 잘 연결이 안 되는 분들로 조사됐다. 국정감사에서 교수협의회장도 똑같이 말했다. 김기택 전 총장도 저희 위원회에 제출한 확인서에서 '이들 4인을 박 후보가 전부 임명했다'고 주장했다. 이들 4인을 박 후보가 임명한 것이 아닌가?

박__ 아니다. 저는 손윤호 씨가 누구인지 모르고, 조순제 씨가 제 비서 출신이 아니다. 유족들도 조순제 씨를 전혀 모른다고 한다. 그런데 손윤호 씨가 조순제 씨 외삼촌이라고 돼 있는데, 그러면 손 씨가 되어야 하는 것 아닌가. 어쨌든 제가 모르는 분이고, 이것은 전부 학교장이나 재단법인에서 이사장 또는 총장이 자신들의 필요에 의해서 하는 것이지, 저는 그것을 결재하고 임명하고 하는 연장선상에 있지 않았다.[96]

박근혜는 검증 청문회에서 조순제가 자신의 비서 출신이 아니고 유족들도 그를 전혀 모른다며 조순제를 알지 못한다고 부인했다. 조순제는 최태민과 박근혜와 연결됐던 자신의 고통스러운 과거와 존재가 전면 부정당했다는 느낌에 강한 분노를 느꼈다.

조순제는 이에 가족을 설득한 뒤 이명박 캠프 관계자를 만나 박근혜의 과거, 최태민과 최순실 일가와의 관계를 폭로했다. 그는 두 언론인과 만나 「조순제와의 대화 녹취록」, 이른바 「조순제 녹취록」을 남겼다. 조순제는 박근혜가 지속적으로 거짓말을 하면서도 자신이 거짓말을 하는 것조차 모른다며 무능력할 뿐만 아니라 잘못되면 책임은 지지 않는 등 무책임해 대통령의 자격이 전혀 없다고 생각했다. 조순제의 아들 조용래의 증언이다.

"기본적으로 거짓말이라는 부분인데요. 사람이 거짓말을 한다는 게, 거짓말을 하면 표가 나게 되어 있거든요. 그런데 전혀 표가 안 나고 자신조차도 진실이라고 믿고 하는 거짓말. (생전에 그렇게 표현하셨어요?) 네, 그런 지독한 거짓말을 하는 사람이 지도자가 되었을 때 불행한 나라, 비극의 나라가 될 거다, 그런 것에 대한 게 있으셨고 오랫동안 같이 일을 하면서 아버지가 겪은 박근혜 씨가 업무적으로 능력이 없음, 업무적인 능력이 없다는 것뿐만 아니라 무책임하다는 부분. 다시 말하면 뭔가 일이 잘못되고 나면 책임은 자기는 회피하고, 쏙 빠지고 다른 사람들이 대신 책임져야 되고."[97]

하지만 「조순제 녹취록」은 당시에는 공개되지 않았다. 이명박 캠프는 당내 경선에서 우위를 보이는 상황에서 경선 이후 협력이 필요한 박근혜를 무리하게 공격할 필요가 없다고 판단하고 공개하지 않았던 것이다.[98]

하지만 이명박이 박근혜와 비선 세력 간의 부적절한 관계를 알고 있었는데도 공개하지 않은 것은 결과적으로 박근혜의 대통령 당선을 돕고 최악의 국정농단을 허용하게 됐다는 점에서 적지 않은 비판이 제기될 수도 있는 부분이다. 아무튼 조순제는 제17대 대선이 치러지던 12월 19일 새벽 5시 진실을 채 다 밝히지 못하고 세상을 떠났다. 사인은 폐암.

    11월 28일 육영재단에서 벌어진 폭력사태는 외견상 박근혜의 동생 박근령과 박지만 남매가 재단의 운영권을 둘러싸고 벌인 분쟁으로 알려졌다. 하지만 최근에는 박근혜와 최순실이 박지만 세력과 연합해 재단 경영권을 장악하기 위해 벌인 일이었다는 증언도 나왔다. 즉, 최순실과 정윤회, 박근혜의 5촌 조카 박용철 등이 가담해 육영재단의 운영권을 회복하려 했다는 것이다. 특히 박근령의 남편 신동욱은 "육영재단 폭력사태 당시 최순실과 전남편 정윤회가 현장에 있는 것을 본 목격자가 있고, 증언자에 의하면 현장에 이춘상, 정호성, 이재만도 왔다고 돼 있다"고 말했다. 그러면서 "육영재단 폭력사태의 배후에 박근혜가 있고 이는 박근혜와 최순실 일가가 육영재단을 고리로 서로 긴밀히 연결돼 있음을 보여준다"고 주장했다.[99]

    최순실의 딸 정유라는 정식 승마선수로 데뷔했다. 정유라는 초등학교 5학년인 6월 '제39회 이용문장군배 전국승마대회'에서 마장마술경기 초등부 1위를 차지했다.

비　선
／
권　력

5 '여의도 대통령'과 비선 실세

(2008~2012)

너희는 너희 아비 마귀에게서 났으니
너희 아비의 욕심대로 너희도 행하고자 하느니라.
그는 처음부터 살인한 자요,
진리가 그 속에 없으므로 진리에 서지 못하고,
거짓을 말할 때마다 제 것으로 말하나니,
이는 그가 거짓말쟁이요 거짓의 아비가 되었음이라.

요한복음, 8장 44절
(『성경전서』, 대한성서공회 개역개정판).

18대 총선 거대 '친박계'의 탄생

2008년 주택 담보대출 서브프라임 모기지론 파산으로 촉발된 미국의 금융 위기가 절정에 이르렀다. 세계적인 투자은행 리먼브라더스가 부도나고 대형 보험사 AIG에 공적자금이 투입되기도 했다. 미국발 금융 위기가 유럽은 물론 아시아 경제에도 먹구름을 몰고 왔다.

2008년 이명박 정부가 출범하기도 전부터 친이(친이명박)계와 친박(친박근혜)계는 힘겨루기를 시작했다. 4월 9일 예정된 총선을 앞두고 공천 전쟁에 돌입한 것이다. 이명박 대통령의 당선으로 한나라당 내에서 이 대통령의 당선을 도운 이재오, 이방호 등이 주류로 부상했다. 이른바 친이계였다. 반면 박근혜와 그의 지지 세력은 비주류로 전락하며 친박계를 형성했다. 한나라당 내에서 친박계 의원은 세력 분포에서 소수였다.

이명박과 박근혜가 공천 문제를 놓고 선두에서 격돌했다. 이명박 당선자는 2008년 1월 1일 KBS와의 대담에서 "2월 임시국회에선 정부조직법도 바꿔야 하고, 총리 등 (새 각료들의 인사) 청문회도 해야 하는데, 그 기간에 공천 문제하고 겹치면 '내가 공천 안 됐다' 하는 국회의원이 국회에 나와서 일을 하겠느냐"며 2월 임시국회가 끝난 뒤로 공천을 미뤄야 한다고 주장했다. 그러자 박근혜는 1월 2일 대구의 한 호텔에서 열린 한나라당 대구·경북 지역 신년 하례회에 참석해 "정상적으로 모든 것을 해야 한다"며 "석연찮은 이유로 그렇게 뒤로 미루자는 건 다른 의도가 있는 것 아니냐. 결국 승자 쪽에서 마음대로 하는 게 법이 된다는 얘기 아니겠느냐"고 반박했다.[1] 박근혜는 이후 총선 때까지 공천의 시기와 방법, 낙천 대상과 기준 등을 놓고 끊임없이 이 대통령을 비롯한 친이계와 각을 세우면서 충돌하거나 갈

등을 빚었다.

박근혜는 1월 8일 이명박 대통령 당선인이 첫 국무총리 후보감을 놓고 막바지 압축 작업에 들어간 상황에서 이명박 정부의 초대 국무총리에 뜻이 없음을 분명히 했다.[2] 그는 그러면서 김무성을 비롯한 친박계 인사들의 새 정부 입각도 적극적으로 가로막았다. 동아일보 특별취재팀[3]에 따르면, 2008년 이명박 정부 출범 초기 김무성에게 특임장관 제안이 들어왔다. 김무성은 맹형규 정무수석으로부터 뜻을 전해 받자 박근혜에게 보고했다. 김무성은 자신의 입각이 박근혜 대통령 만들기에 도움을 될 것이라고 생각했지만 박근혜가 이를 가로막았다고 한다. 당시의 대화 요지다.

김무성(이하 김)__ (MB의 제안을 설명한 뒤) 받아들이는 게 좋겠습니다.

박근혜(이하 박)__ 제 생각은 달라요. 안 하시는 게 좋겠어요.

김__ 왜 (안 된다고) 그러십니까?

박__ 김 의원님은 친박의 좌장이시잖아요?

김__ 그래도 우리 것만 지키는 수비 위주보다는 외연을 넓혀나가는 게 친박 진영이나 대표님에게도 도움이 될 것입니다.

박__ (김무성을 빤히 쳐다보며) 그렇게 장관이 하고 싶으세요?

김무성은 친박계의 외연 확대를 위해 입각이 필요하다고 생각했지만, 박근혜는 김무성이 장관직 자체에 관심을 갖는 것으로 이해했던 셈이다. 결국 김무성은 입각하지 못했다.

친이계와 친박계에서는 총선 공천 작업을 본격화했다. 친이계인 이방호 사무총장이 공천심사위원회에서 핵심 역할을 했고, 이재오는 공심위 밖에서 청와대 의중을 반영하는 장수 역할을 했다. 진박계 의원들의 공천 탈락이 가시화하자 김무성 최고위원과 유승민 의원 등 친박계 인사 35명은 1월 30일 불공정 공천에 공동 행동을 결의하는 등 반발에 나섰다.[4]

2월 25일, 이명박 대통령은 취임식을 갖고 공식 집무를 시작했다. 이명박 정권은 '시장 원리에 입각한 경쟁과 자율'을 기본으로 하는 국정 철학을 내걸었다.

친박계의 반발에도 공천 결과 비주류인 친박계 인사들이 대거 탈락했다. 박근혜는 이에 3월 14일 서울 여의도 한 식당에서 서청원 전 한나라당 대표와 김무성 최고위원 등 계파 의원들과 함께 대책을 논의했고 이날 저녁 다시 서울 강남의 한 음식점에서 만났다. 한 의원은 박근혜가 전날 밤에도 탈락한 계파 의원들에게 전화해 "살아서 돌아와달라"고 말했다고 전했다.[5]

공천에서 탈락한 친박계 인사들은 서청원, 홍사덕 등 친박계 핵심 인사들의 주도로 3월 19일 대거 탈당한 뒤 4월 9일 '친박연대'를, 김무성 의원 등은 '친박무소속연대'를 잇따라 결성했다. 박근혜는 친박계와 함께 탈당을 하지는 않았지만 친이계의 밀실 공천을 강도 높게 비판하면서 당 밖 친박계를 간접 지원했다. 그는 3월 23일 국회에서 기자회견을 열고 "결국 저는 속았습니다. 국민도 속았습니다"며 강재섭 대표의 사퇴를 요구했다.[6]

4월 9일 치러진 제18대 총선에서 한나라당은 150석을 차지, 과반을 차지했다. 하지만 당내 상황은 미묘했다. 친이계 의원들이 많았지만 친이계 핵심인 이재오와 이방호 등이 낙선하며 구심점을 잃었다. 당 밖의 친박연대는 지역구 6석, 전국구 8석을 차지하는 성과를 올렸고, 친박무소속연대도 12석이나 차지했다. 당 밖의 친박연대와 친박무소속연대 의원까지 합칠 경우 박근혜를 중심으로 똘똘 뭉친 친박계 의원은 60여 명에 달해 막강한 세를 형성했다.

박근혜는 총선이 끝나자 친박계 인사들의 일괄 복당을 요구했다. 그는 4월 25일 서울 여의도 국회 의원회관 사무실에서 기자회견을 열고 "내가 7월 전당대회에 나가지 않을 테니 (당 밖으로) 나간 그분들을 전부 복당시켜주길 바란다"며 친박 인사들의 일괄 복당을 거듭 촉구했다.[7]

이명박 대통령과 강재섭 대표는 6월 2일 청와대에서 주례회동을 열어 "당 화합을 위해 한나라당에 입당하거나 복당을 원하는 의원들에게 최대한 문호를 개방한다"며 사실상 일괄 복당 방침을 확정했다. 친박 의원들의 복당 문제가 풀린 것이다.[8] 박근혜도 6월 3일 당내 친박 의원 20여 명을 잇따라 만나 "이번에 당도, 나라도, 대통령도 어려우니 (복당 문제는) 이런 정도로 마무리해 들어가는 것이 여러 사람의 바람인 것 같다"고 말하며 복당 문제를 매듭지었다. 박희태 신임 대표가 취임하면서 당 밖의 친박계 의원 전원이 복당했다. 한나라당 내 친박 의원 수는 60여 명에 이르게 됐다.

4월 미국산 쇠고기 수입 위생 조건 개정안 협상이 타결되면서 정부가 미국산 쇠고기 수입을 결정하자 국민이 크게 반발, 촛불시위로 번졌다. 박근혜는 5월 6일 미국산 쇠고기 수입 협상과 관련해 "재협상 밖에 해결 방법이 없고, 그렇게 해야만 된다면 재협상도 해야 한다"고 말했다.[9]

박근혜는 9월 15일 제18대 국회에서 보건복지위원회를 선택했다. 박근혜는 싸이월드 미니홈피에 "보건복지가족위원회를 선택한 이유는 가장 중요한 우리의 기초적인 삶에 대한 문제를 찾고 싶기 때문"이라고 적었다.[10]

박근혜는 11월 11일 김능규, 나경원, 이혜훈, 허원세 의원 등 21

명의 서명을 받아 5000억 원 규모의 문화재보호기금 설치를 골자로 한 문화재보호기금법 제정안 및 국가재정법, 조세특례제한법, 복권기금법 등 관련 부수법의 개정안을 일괄 제출했다. 박근혜는 17대 국회에서도 비슷한 내용의 문화재보호기금법을 발의했지만, 이는 시한 만료로 자동 폐기된 바 있다. 이 법안은 2008년 2월 남대문이 방화로 훼손된 것을 계기로 전문가 용역 등을 통해 내용을 일부 보완한 것이었다.[11]

박근혜의 여동생 박근령은 10월 13일 서울 여의도 KT컨벤션 웨딩홀에서 하객 400여 명이 참석한 가운데 14세 연하인 신동욱 백석문화대 겸임교수와 재혼했다. 박근혜와 남동생 박지만 씨는 이날 결혼식에 참석하지 않았다.[12]

최순실과 고영태의 위험한 만남

최순실은 2008년 2월 미승빌딩 맞은편에 있던 서울 강남구 신사동 639-11번지 661m²(200평) 규모의 건물과 부지를 85억 원을 받고 저축은행에 팔았다. 1985년에 구입했던 이 부동산에는 초이유치원이 입주하기도 했었다. 이 부동산은 최순실에게 큰 시세 차익을 안긴 것으로 추정된다. 최순실이 이 과정에서 이른바 '알박기'를 했다는 지적도 나왔다. 당시 거래를 잘 아는 서울 압구정동의 한 부동산 관계자의 증언이다.

"당시 건물을 크게 지으려던 동부저축은행 측에서는 최순실의 땅이 절실히 필요했다. 최순실은 이를 잘 이용해 높은 값을 불렀고 동부저축은행 측은 어쩔 수 없이 이를 받아들인 것으로 안다."

최순실은 당시 해당 부동산을 매입하려는 동부저축은행 측에 무려 100억 원을 불렀던 것으로 알려졌다. 최순실의 17년 운전기사 김모 씨의 증언이다.

"동부저축은행이 있는 곳의 세 개 필지 가운데 하나(서울 강남구 신사동 639-11번지)를 샀다. 나중에 순실이의 땅을 사지 않으면 큰 건물을 지을 수 없는 상황이 되자 순실이가 (매수자에게) 100억 원을 내라고 하더라. 그래서 매수자들이 울며 겨자 먹기로 85억 원을 주고 샀다고 한다."[13]

신사동 639-11번지 부동산을 매각해 막대한 시세 차익을 남긴 최순실은 대치동의 은마아파트 여러 채를 매입했다.[14] 최순실은 아울러 6월 경기도 하남시 신장동 254-1번지 땅과 건물을 34억 5000만 원에 매입했다. 그는 이후 하남 대형 쇼핑몰 등 개발 바람이 불자 2015년 4월 52억 원에 팔아 17억 5000만 원의 시세 차익을 올렸다. 최순실은 경기도 이천 백사면 임야 100만 m²를 샀다가 되팔기도 했다. 최순실은 이즈음 세무조사의 단초가 됐던 서울 강남구 역삼동 689-25번지 부동산을 임선이로부터 증여받았다.

최순실이 2008년쯤 서울 강남의 호스트바에서 '마담' 역할을 하던 고영태를 알게 됐다는 주장이 있다. 최순실의 조카 장시호가 서울 강남 호스트바에서 고영태를 만난 뒤 최순실에게 소개했다는 것이다. 고영태의 호스트바 전 동료는 이와 관련, 고영태가 최순실과 애인 사이로 발전한 뒤 최순실의 도움으로 사업을 시작한 것으로 추정된다고 말했다.[15] 즉, 고영태가 20년의 나이 차이에도 최순실에게 아무렇지 않게 반말을 할 정도로 흉허물 없는 사이가 된 건 두 사람이 호스트바에서 만난 특이한 인연 때문이라는 것이다.

하지만 고영태는 호스트바 인연설을 부인한다. 고영태는 2012

년쯤 가방 사업을 하면서 최순실과 우연히 알게 됐다고 말했다. 고영태에 따르면 그는 2012년 말 한 고객으로부터 '신상품을 가지고 오라'는 연락을 받고 가방과 지갑 등을 가지고 약속 장소에 갔다. 고영태는 그곳에서 악어가죽으로 만든 지갑 하나와 소가죽으로 만든 핸드백 하나를 최순실에게 팔았다. 고영태는 최순실이 이후 몇 번 더 가방을 주문했고 가방을 전달하는 과정에서 자연스럽게 친분이 형성됐다고 말했다. 특히 고영태는 2013년 초 우연히 인터넷을 보고 대통령이 자신이 최순실에게 판매한 가방을 사용하고 있다는 것을 알게 됐다. 한번은 최순실이 매우 급하게 가방 주문을 해 고영태가 "시간이 너무 촉박해 어렵다"고 대답하자 최순실이 "사실은 대통령이 순방할 때 입을 옷이 먼저 결정돼야 옷 색깔에 맞는 가방을 주문할 수밖에 없어 그렇게 됐다"고 말했다. 이때 고영태는 최순실에게 판 가방이 박근혜 대통령을 위한 것이었다는 사실을 확인했다고 한다.[16]

최순실과 고영태가 2008년 장시호의 소개로 처음 만난 것인지, 아니면 2012년 가방 사업 때문에 우연히 만나게 된 것인지는 말이 서로 달라 확정할 수 없지만, 두 사람의 만남은 나중에 파국적인 결말을 가져온다는 점에서 상당한 의미가 있다.

고영태는 1976년 3월 1일 광주민주화운동 때 계엄군의 총격으로 사망한 고규석과 이숙자 사이에서 태어났다. 아버지 고규석은 고은의 시집 『만인보』에 실린 「단상 3353-고규석」이라는 시의 주인공이다.

"… 딱 하나 몰랐던가/ 하필이면/ 5월 21일/ 광주에 볼일 보러 가/ 영 돌아올 줄 몰랐지/ … / 마누라 이숙자가/ 찾으러 나섰지/ … / 광주교도소 암매장터/ 썩은 주검으로/ 거기 있었지"[17]

고영태와 고영태의 어머니 이숙자 역시 『만인보』에 실린 시 「단상 3355-이숙자」에 등장한다.

"고규석의 마누라 살려고 나섰다/ ⋯ / 망월동 묘역 관리소 잡부로 채용되었다/ ⋯ / 막내놈 그놈은/ 펜싱 선수로/ 아시안 게임 금메달 걸고 돌아왔다"[18]

한국체대 출신인 고영태는 1998년 방콕아시안게임 때 펜싱 사브르 단체전 금메달과 개인전 은메달을 따낸 국가대표 펜싱 선수였다. 이후 고영태는 광주와 부산 등을 전전하다가 2006년 서울로 올라와 강남구 청담동에 있는 여성 전용 주점, 일명 '호스트바'에서 일한 것으로 알려졌다.[19]

고영태는 2008년 청담동에 가방과 핸드백, 지갑 등을 만들어 파는 '빌로밀로'라는 회사를 설립하고 서울 광진구 자양동에 소규모 공장을 운영했다. 그는 가게를 방문하는 손님에게 직접 물건을 팔았고 인터넷을 통한 주문 판매도 했다. 같은 해 그는 태국에서 향정신성의 약품을 사용하다 적발돼 마약류관리법 위반 혐의로 기소돼 이듬해 법원에서 벌금 1500만 원을 선고받았다. 고영태는 2014~2015년 사이 최순실이 주도한 고원기획(2014년 7~11월), 모스코스(2015년 2~11월), 코어플랜(2015년 8월) 등 세 법인의 설립에 참여했다. 특히 고원기획(고영태의 '고'와 최순실의 개명한 이름 최서원의 '원'을 합친 이름) 운영을 위해 평소 알고 지내던 CF 감독 차은택을 최순실에게 소개했다. 차은택이 등장하면서 고영태와 최순실의 관계는 급격히 멀어진 것으로 알려진다.

경복초등학교 6학년이던 정유라는 2008년 다섯 개 마장마술대회에서 1위를 차지했다. 다만 정유라가 1위를 한 다섯 개 대회 가운데 단독 출전이 무려 네 차례였고 나머지 한 개 대회는 경쟁자가 한 명에 불과했다. 이는 승마협회기 2008년 한 명만 출전해도 대회가 성립하도록 규정을 바꿨기 때문이다. 이전에는 세 명 이상이 출전해야만 대회로 인정받았다.[20] 정유라는 같은 시기 재단법인 국가보훈문화예술협회 주최 성악 부문 금상과 경복콩쿠르 성악 부문 금상을 수상했다. 경복초등학교 예술제 성악부 독창(유니버설아트센터)과 독창회(문호아트홀)를 통해 무대에 올랐다.

세종시 갈등과 신동욱의 반란

2009년 1월 20일 민주당의 버락 오바마가 제44대 미국 대통령에 취임했다. 오바마 대통령은 미국 건국 232년 이래 처음으로 탄생한 흑인 대통령이었다. 일본에서는 8월 30일 치러진 중의원 선거에서 하토야마 유키오가 이끄는 민주당이 480석 가운데 300석 이상을 확보해 자민당의 54년 장기 집권을 무너뜨렸다. 한편 미국발 금융 위기가 2009년 국내에도 본격적으로 영향을 미치기 시작했다.

2009년 1월 20일 새벽 서울시 용산구 남일당 건물에서 재개발 보상 대책에 반발하던 철거민과 경찰이 대치하던 중 화재가 발생, 철거민을 포함해 여섯 명이 숨진 '용산 참사'가 발생했다.

박근혜는 2월 5일 해외에 거주하는 약 240만 명의 대한민국 국민들에게 금지된 재외국민 참정권을 회복시키기 위해 '공직선거법 일부개정 법률안'과 '주민투표법 일부개정 법률안', '국민투표법 일부개정 법률안'에 찬성했다. 12월 29일에는 복수 국적을 제한적으로 허용하기 위해 발의한 '국적법 일부개정 법률안'의 수정 가결에 찬성했다.

박근혜는 5월 초 미국 샌프란시스코 스탠퍼드대 강연에서 '동북아 평화협력체' 구성을 제안하고 '원칙이 바로 선 자본주의'를 역설했다. 실리콘밸리를 방문해서는 '창조경제'를 이야기했다.

검찰 수사를 받던 노무현 전 대통령은 5월 23일 경남 김해 봉하 마을 부엉이바위에서 몸을 던져 생을 마감했다. 8월 18일에는 김대중 전 대통령이 운명했다.

6월 18일, 박근혜가 한때 이사장을 맡았던 영남대가 교육과학기술부 산하 사학분쟁조정위원회 전체회의 결정에 의해 정상화됐다. 사학분쟁조정위원회는 영남대 옛 재단 이사장이었던 박근혜가 추천한 이사 후보 네 명을 포함해 아홉 명의 이사를 최종 확정했다. 새 이사회는 이후 논란이 됐던 정관 속 표현 '교주 박정희'를 '설립자 박정희'로 고쳤고 '박정희정책새마을대학원'도 설립했다. 대학원장은 한국문화재단 이사인 최외출이 맡았다. 영남대 교수와 학생들은 "옛 박근혜 비리재단의 복귀"라며 반발했다.

이 시기 박근혜는 새마을운동에 대한 자부심을 드러낸다. 7월 11일 싸이월드 미니홈피에 쓴 감상이다.

"오래전 우리를 가난에서 벗어나게 했던 새마을운동을 지금 많은 나라에서 국가 발전 모델로 연구하고, 벤치마킹하고 있어 우리에게는 자부심이 아닐 수 없다. 몽골에서도 세계 최초로 현지인이 새마을지도자대회를 개최할 정도로 자발적인 참여와 열기가 높았고, 일부에서는 몽골 변화의 씨앗이 싹트고 있었다. 이번에 현장에 방문했을 때는 마침 수확을 하는 시기여서, 현지에서 재배된 풍성한 농작물을 맛볼 수 있는 기회도 가질 수 있었다. 어느 나라, 어느 민족의 미래도 결국은 국민들의 마음속에 달려 있다고 생각한다."[21]

박근혜는 9월 이명박 대통령 특사로 유럽연합과 헝가리, 덴마크를 순방했다. 이때 동행한 언론사는 2곳에 불과했다. 그는 아직은 확실한 자기 권력으로 인정받은 것이 아니었다. 그는 순방 이후 이 대통령을 만났다.

세종시 수정 문제가 불거지면서 박근혜와 친박계는 이명박 대통령 및 친이계와 다시 긴장 관계를 형성했다. 세종시 수정론은 9월 3일 정운찬 국무총리 후보자가 "세종시는 경제학자인 내 눈으로 볼 때 효율적인 모습은 아니다"며 세종시 수정 추진을 밝히며 공론화했다. 세종시 문제는 2005년 3월 12부 4처 2청을 충남 연기 공주로 이전하는 '행정중심 복합도시 건설특별법'이 국회를 통과하며 본격적으로 논의됐다.[22] 하지만 박근혜는 10월 23일 세종시 수정에 반대를 표명하고 "원안을 지키고 플러스알파를 해야 한다"며 이른바 '원안+α안'을 주장했다.

한나라당의 패배로 10월 28일 재보선이 끝나자 정국은 다시 세종시 수정안으로 들끓었다. 정운찬 총리가 세종시 수정 행보에 속도를 붙였다. 하지만 박근혜는 10월 31일 부산시 해운대에서 기자들과 만나 "세종시는 국회가 국민과 충청도민에게 한 약속"이라며 "세종시 문제를 개인적인 정치 신념으로 폄하해선 안 된다"고 세종시 수정안 반대를 분명히 했다. 이명박 대통령은 11월 27일 TV로 생중계된 '국민과의 대화'에서 세종시 원안 파기를 사과했다. 세종시안을 수정하겠다는 것이었다. 하지만 박근혜는 이날 "할 말을 이미 다 했고, 입장(원안+α)에 변함이 없다"며 기존 입장을 고수했다.

한편 박근혜의 제부이자 여동생 박근령의 남편 신동욱은 2009년 3월부터 5월까지 박근혜의 미니홈피에 수십 차례에 걸쳐 박근혜와 최태민 일가의 커넥션 의혹을 제기했다. 신동욱은 "(박근혜가) 고 최태민 목사의 친인척들과 여전히 관계를 유지하고 그의 친인척들을 통해 육영재단을 차지하기 위해 (2007년 발생한) 폭력 사건을 사주했다"고 주장했다.

박근혜는 이에 서울중앙지검에 신동욱을 명예훼손과 무고 등의 혐의로 고소했고, 검찰은 수사에 착수했다. 검찰은 신동욱을 명예훼손 혐의로 2010년 1월 불구속 기소했고, 2011년 9월 추가 기소했다. 검찰은 수사에서 박근혜가 2004년 이후 최태민 목사의 친인척들과 완전히 단절하고 전혀 연락을 취하고 있지 않다고 판단했다. 서울중앙지법도 2012년 "박근혜와 최 목사 일가 관계는 2004년 이후 끊어졌다"고 판결했고 11월 대법원도 신동욱의 상고를 기각했다.[23]

최순실은 이때 서울중앙지검에 참고인으로 출석해 관련 내용을 진술한 것으로 밝혀졌다. 하지만 아직까지 최순실이 검찰 수사에서 구체적으로 어떤 진술을 했는지 알려지지 않고 있다. 다만 재판부가 최순실의 검찰 진술조서 등을 증거로 했다는 점에서 박근혜와 자신의 일가가 2004년 이후 관계가 끊어졌다고 허위 진술했을 것으로 추정된다.

정유라는 2009년 경복초등학교를 졸업하고 선화예술중학교에 입학했다. 정유라는 선화예중 1학년 때 성악에 열심이었던 것으로 보인다. 정유라는 2009년 '더 뮤직 콩쿠르' 중등부 3등을 했고, 오페라 〈토스카〉에도 출연했다. 정유라는 2009년 선화예중 1학년 시절 205일 가운데 197일을 출석했다. 정유라가 2009년부터 2010년까지는 네 개 승마대회에 출전했음에도 출석부에는 '공결'이 아닌 '출석'으로 기록됐다.

세종시 수정안 부결과 '여의도 대통령'

2010년 그리스발 재정 위기로 유럽이 몸살을 앓았다. 유럽 재정 위기가 포르투갈, 이탈리아, 아일랜드, 스페인 등으로 확산되면서 그리스(5월)와 아일랜드(11월)가 유럽연합과 국제통화기금으로부터 차례로 구제금융을 받았다. 북한에서는 3대 권력 세습이 본격적으로 이뤄졌다. 28세의 김정은은 9월 27일 '인민군 대장' 칭호를 받았고 9월 28일 노동당 대표자회에서는 당 중앙군사위원회 부위원장에 올랐다. 앞서 3월 26일 서해 백령도 인근 해역에서 해군 제2함대사령부 소속 1200톤급 초계함 '천안함'이 침몰해 승조원 46명이 사망했고, 11월 23일 인천 연평도에선 북측의 포격을 받아 장병 두 명과 민간인 두 명이 숨졌다.

이명박 정부는 2010년 1월 11일 세종시에 정부 부처를 옮기지 않는 대신 4조 5000억 원 규모의 기업 투자를 유치하겠다는 내용의 세종시 수정안을 마련했다. 이명박 정부는 3월 23일 세종시 수정 관련 다섯 개 법안을 국회에 제출했다. 충청 출신의 정운찬 총리를 앞세워 경제적 유인책으로 세종시안을 수정하겠다는 전략이었다.[24]

하지만 박근혜는 세종시 수정안에 대해 타협할 의사가 없었다. 이에 이명박은 2월 9일 충청북도의 업무 보고를 받던 중, 반대론을 고집하는 박근혜를 이른바 '강도론'으로 비판했다. 이 대통령은 "잘되는 집안은 강도가 오면 싸우다가도 멈추고 강도를 물리치고 다시 싸운다. 강도가 왔는데도 너 죽고 나 죽자 하면 둘 다 피해를 입을 수밖에 없다"며 불만을 피력했다. 박근혜는 다음 날 "집안에 있는 한 사람이 마음이 변해가지고 갑자기 강도로 돌변하면 그때는 어떻게 하느냐"며 세종시 수정은 있을 수 없다고 맞받았다.

박근혜가 1년 전인 2009년 6월 발의한 '제대혈 관리 및 연구에 관한 법률안'이 2월 국회 본회의를 통과했다. 박근혜가 대표 발의한 2호 법안이었다. 법안은 제대혈의 적정한 품질과 안전성 확보를 위해 제대혈의 채취·검사·보관 및 공급 등 제대혈 관리와 관련한 법률적 근거를 마련하고 제대혈에 관한 포괄적인 관리 체계를 구축토록 하는 내용을 담고 있다. 법은 2011년 7월부터 시행됐다.[25]

세종시 수정안은 2010년 6월 22일 국회 국토해양위원회에서 친박계와 야당 의원들의 반대로 부결됐고 6월 29일 본회의에서도 부결됐다. 특히 박근혜는 이날 국회 본회의에서 세종시 수정안의 반대 토론자로 직접 나서기도 했다. 세종시로 행정부처를 옮기지 않고 세종시를 기업·대학·연구소 중심의 경제도시로 만들려던 정부의 수정 노력이 좌절된 것이다.[26]

세종시 수정안이 좌절되면서 후폭풍이 거세게 몰아쳤다. 이명박 대통령은 "유감스럽지만 국회 결정을 존중한다"고 밝혔다. 7월 16일 박재완 국정기획수석을 비롯해 이명박 대통령의 2기 참모들이 물러났다. 신임 임태희 비서실장 체제가 시작됐다. 정운찬도 세종시 수정 실패의 책임을 지고 8월 11일 총리직을 사임했다. 취임 10개월여 만이었다.

박근혜가 세종시 건설에 대한 지지 입장을 군건히 한 것은 국토 균형 발전에 대한 생각과 더불어 차기 대선에서 충청 표를 겨냥한 측면도 있었다는 분석이다. 실제 세종시 수정안 부결은 박근혜의 대권 가도에 적지 않은 기여를 했다. 즉, 세종시 논란 과정에서 보여준 일관된 자세 덕분에 충청권의 민심을 붙잡을 수 있었고, 이는 대선 승리의 밑거름이 됐다.[27] 전여옥은 한 발 더 나아가 박근혜가 세종시 수정안을 반대한 것이 국민과의 약속을 지킨다거나 지방분권을 위한 것이 아니라 오로지 '표' 때문이었다고 비판했다. '무슨 한이 있더라도 대통령이 꼭 되겠다는 무서운 권력 의지의 표현'이라는 것이다.[28]

이에 앞서 2010년 6월 2일 제5회 전국동시지방선거에서 야낭이 승리했다. 민주당을 비롯한 야권은 한나라당 텃밭인 경남·강원 지사 등 10석의 광역단체장을 확보한 반면, 한나라당은 서울·경기에서 겨우 승리하는 등 6석에 그쳤다. 전체 228개 기초단체장 선거에서도 야권은 146곳에서 승리, 82곳에 그친 한나라당을 앞섰다. 박근혜도 자신의 지역구인 대구시 달성군수로 출마한 이석원 후보를 적극 지원했지만, 이석원 후보는 무소속 김문호 후보에게 패했다. 박근혜는 "달성군민이 판단한 것도 존중한다"고 밝혔다. 줄곧 30%대 선두를 달리던 차기 대선 후보 지지율도 급락해 25%대로 추락했다. 대선 가도에 비상등이 켜졌다.

하지만 7월 28일 국회의원 재보선에서 한나라당이 민주당을 5대 3으로 이기면서 위기에서 벗어났다. 6·2 지방선거와 7·28 재보선 이후 한나라당과 민주당은 각각 전당대회를 열어 새 지도부를 출범시켰다.

박근혜는 8월 21일 청와대에서 이명박 대통령과 비공개 회동을 했다. 이날 회동은 이 대통령의 국정 운영은 물론 한나라당의 정권 재창출 전략에도 적지 않은 영향을 미쳤다고 분석된다. 박근혜의 대변인 역할을 해온 이정현 의원이 회동 결과를 브리핑했다.

"이명박 대통령과 박근혜 전 대표는 오늘 청와대에서 단독 오찬 회동을 갖고 한나라당의 정권 재창출을 위해 협력하기로…."

동아일보 특별취재팀[29]에 따르면 정진석은 이정현의 발표문을 듣는 순간 아차 싶어 이정현에게 전화해 항의했다. 정진석은 "'이명박 정부의 성공과 정권 재창출을 위해 협력한다'고 해야지 정권 재창출만 얘기하고 이명박 정부의 성공을 위해 협력한다는 말을 빼버리면 대통령은 뭐가 되느냐"고 이정현에게 따졌다. 발표문은 현장에서 즉각 수정됐다. 하지만 다음 날 조간신문에는 일제히 'MB(이명박 대통령)-박근혜 정권 재창출 함께 노력'이라는 제목으로 기사가 실렸다. 박근혜가 차기 정권 재창출의 주체가 되는 듯한 뉘앙스였다. 친박들은 환호했다. 친박들은 이후 의원총회에서 이 대통령을 격찬했고, 연말 예산 국회도 협력 모드로 바뀌었다.

박근혜는 9월 4일 국회 상임위원회를 보건복지위원회에서 기획재정위원회로 옮겼다. 박근혜는 9월 4일 싸이월드 미니홈피에 "상임위 활동을 통해, 국가 재정 운용과 관리 등을 잘 살펴서 나라의 재정이 더욱 투명해질 수 있도록 노력할 것을 다짐하면서"라고 적었다.[30]

박근혜는 하반기부터 대선 행보를 조기에 가동했다. 박근혜는 12월 20일 오후 국회 헌정기념관에서 열린 공청회에서 맞춤식 생활보장형 복지국가 방안을 제안했다. 그는 "서구 선진국들의 전통적 복지제도가 한계에 이르렀다"며 이같이 제안했다. 박근혜는 12월 27일 자신의 대선 구상을 다듬고 준비할 '국가미래연구원'을 출범시켰다.

차움의원으로 달려가는 최순실

최순실은 2010년 8월부터 서울 강남구 도산대로에 위치한 차병원그룹의 '차움의원'을 다니기 시작했다. 차움의원은 차병원이 운영하는 최고급 안티에이징 프리미엄 병원으로, 노화 방지에 필요한 건강·피부 관리, 운동·식품 처방 등을 제공했다. 서울 강남의 상류층을 주고객으로 둔 차움의원의 입회비는 1억 7000만 원, 연회비는 450만 원 선으로 알려져 있다. 진료는 그해 7월부터 이뤄졌다.[31]

최순실은 차움의원에서 각종 건강·미용 관리를 받았다. 최순실은 2010년 8월부터 2016년 8월까지 양방 458회, 한방 49회 등 차움의원을 총 507회 방문했고 주사제를 293회 처방받았다. 진료 비용으로 총 3715만여 원(대납 비용 약 113만 원 포함)을 지불했다. 최순실은 여기에서 나중에 '비선 진료' 의혹이 제기된 김상만 원장 등을 만나게 된다.[32]

1956년생인 최순실은 50대 후반이 되자 피부 미용 관리와 체력 관리에 나섰던 것으로 보인다. 이 과정에서 최순실은 정유라의 출산을 계기로 오랜 인연을 쌓아온 차병원 계열의 차움의원을 자연스럽게 찾은 것이 아닌가 추측된다.

박근혜와 최순실은 박근혜가 대표 발의한 '제대혈 관리 및 연구에 관한 법률안'이 제정된 전후 차움의원을 들락거리면서 줄기세포 주사 무상 시술 등을 받은 것으로 알려진다. 이에 법안을 발의하고 무료 줄기세포 주사를 받은 것이 뇌물수수가 아니냐는 의혹이 제기됐다. 참여연대는 이와 관련, 2016년 11월 29일 박근혜를 뇌물수수·업무상횡령·직권남용, 최순실을 박근혜와 뇌물수수 공범 또는 변호사법 위반, 김기춘 전 비서실장을 사후수뢰 혐의로 서울중앙지검에 각각 고발했다. 참여연대는 고발장에서 "2010년 박근혜와 최순실이 줄기세포 주사 무상 시술을 받고 제대혈 채취, 배양 등을 특별법으로 묶어 기존의 생물학 제제와 다른 특혜를 부여하고 제대혈 보관에 대한 신뢰성을 높여주며 제대혈 치료와 제대혈 은행이 운영될 수 있는 근거를 제공하는 '제대혈 관리 및 연구에 관한 법률'을 발의했다"며 "이를 종합하면 박근혜는 뇌물수수죄, 사후수뢰죄가 성립한다"고 주장했다. 참여연대는 최순실에 대해서도 "박근혜 대통령과 뇌물수수죄의 공범이거나 공무원이 취급하는 사무에 관해 청탁 목적으로 업체로부터 무상 줄기세포 주사를 제공받은 것에 대해 변호사법 제111조가 적용된다"고 덧붙였다.[33]

차움의원을 비롯해 차병원그룹은 나중에 박근혜가 대통령이 된 직후 2013년 대통령 업무 보고 장소로 선정됐고 체세포 복제 줄기세포 연구 등에서 특혜를 받은 것이 아니냐는 의혹에 휩싸이기도 했다. 경제정의실천시민연대는 "박근혜 대통령과 최순실 씨가 차움의원에서 여러 혜택을 받은 대가로 (차움의원을 운영하는) 성광의료재단에 의료정책 관련 특혜를 제공했다"고 주장했다. 경실련은 비영리법인인 병원이 영리자법인을 설립할 수 있도록 허용한 '제4차 투자 활성화 대책'(2013년 12월)의 최대 수혜자가 차병원그룹이었다고 지적했다. 아울러 차병원 계열 차의과학대학이 제출한 '체세포 복제 배아 연구 계획'을 복지부가 조건부 승인하는 등 차병원그룹이 각종 특혜를 받았다고 비판했다.[34]

차병원 오너 일가가 최순실의 언니 최순득 부부가 사는 서울 강남구 도곡동 힐데스하임 5층(전용면적 244.55m²)의 위아래층에 20년 가까이 거주해온 사실도 나중에 거론됐다.[35]

최순실은 2010년부터 정동춘이 원장으로 있는 스포츠마사지센터도 다니기 시작했다. 정동춘 원장은 나중에 최순실과의 인연으로 K스포츠재단 이사장을 맡게 된다.

정유라는 중학교 2학년 때인 2010년, 학교에 205일 중 170일을 출석했다. 정유라는 4월 20일에 열린 '선화음악영재아카데미 경찰교향악단 초청 제1회 정기연주회'에 참여했다.

박근혜, 다시 한나라당 구원투수로

중동 아프리카 지역에서 '아랍의 봄'으로 불리는 민주화 바람이 거세게 불었다. 2011년 1월 튀니지에서는 벤 알리 대통령이 망명했고, 2월 11일 이집트에서는 호스니 무바라크 대통령이 물러난 뒤 11월 27일 처음으로 민주적인 선거가 치러졌다. 리비아의 무아마르 알 카다피는 반군에게 비참하게 사살됐다. 일본에서는 3월 11일 동북부 해안 지역에서 진도 9.0의 대지진이 발생하고 이에 따른 거대한 쓰나미와 후쿠시마원전 방사능 누출 사고로 2만 명 이상이 목숨을 잃었다. 12월 17일에는 북한의 김정일 국방위원장이 69세의 나이로 사망했다. 1974년 후계자로 내정된 지 37년 만이었다.

2011년 동남권 신공항 문제로 이명박 대통령과 박근혜 사이에 새로운 갈등 전선이 형성됐다. 정부는 3월 동남권 신공항 건설을 백지화하겠다고 발표했다. 동남권 신공항 건설은 이명박 대통령의 대선 공약 가운데 하나였다. 하지만 박근혜는 3월 31일 대구를 방문한 자리에서 "국민과의 약속을 어긴 것"이라고 이명박을 비판했다. 동남권 신공항을 지어야 한다는 말이었다. 이 대통령은 이에 다음 날 기자회견에서 동남권 신공항 백지화에 대해 거듭 사과하면서 박근혜의 비판에 대해선 "선의로 보는 게 좋다. 지역구인 고향에 내려가서 그렇게 말할 수 있는 입장을 이해한다. 그러나 내 입장에서 보면 이렇게밖에 할 수 없었다는 것도 아마 이해할 것"이라고 말했다.[36]

박근혜는 4월 말 유럽 순방길에 올랐다. 포르투갈, 그리스, 네덜란드가 포함됐다. 동행 취재를 신청한 신문 방송사가 무려 24개였다. 앞서 2009년 9월 유럽연합 등을 방문할 때 겨우 언론사 2곳만 따라간 것과는 확연히 다른 분위기였다.[37]

7월 7일, 2018년 동계올림픽 개최지로 강원도 평창이 확정됐다. 한나라당 평창동계올림픽 유치특별위원회 고문을 맡았던 박근혜는 매우 기뻐했다. 그는 7월 7일 자 싸이월드 미니홈피에 "우리의 염원이 이뤄지던 날, 앞으로도 더 자랑스러운 대한민국의 새로운 꿈과 기적의 역사가 계속되기를 바라며"라고 적었다.[38]

8~9월 안철수 열풍이 기성 정치권을 강타했다. 안철수 당시 서울대 융합과학기술대학원장은 10월 26일 예정된 서울시장 보궐선거 출마를 검토했다. 그는 서울시장 출마를 선언하기도 전에 각종 여론조사에서 2위와 상당한 격차로 수위를 달렸다. 기성 정치권에 대한 강한 불신이 그 배경이었다.[39]

박근혜는 9월 7일 인천고용센터 방문 도중 '안철수의 지지율이 자신을 넘어섰는데 어떻게 생각하느냐'는 기자의 질문에 "병 걸리셨어요?"라며 신경질적인 반응을 보였다. 앞서 2011년 1월 23일 국회 헌정기념관 바자회에서도 그는 '복지를 돈으로만 보지 말고 사회적 관심이 중요하다고 했는데 무슨 의미냐'는 기자의 질문에 "한국말 못 알아들으세요?"라고 말해 논란이 일기도 했다. 박근혜는 발언이 문제가 되자 "지나가는 식으로 농담을 했는데, 표현이 부적절했던 것 같다"고 유감을 표했다. 조국 서울대 법학전문대학원 교수는 이에 "박근혜 전 대표는 불편한 질문과 비판을 참지 못한다. 영애 박근혜 님이 '평민'들과 겸허히 소통하는 법을 배우기 전까지 새로운 별호를 지어 올리고자 한다. '발끈해'"라고 조롱했다.[40]

서울시 무상급식 주민투표에서 투표율이 미달돼 오세훈 시장이 사퇴하자 10·26 서울시장 보궐선거가 치러졌다. 초반 안철수 대세론이 대두됐지만 안철수가 9월 6일 시민운동가 출신 박원순 변호사에게 서울시장 후보직을 양보하면서 박원순이 급부상했다. 박원순은 10월 3일 야권 통합 후보로 확정된 뒤 10월 26일 나경원 한나라당 후보를 꺾고 서울시장에 당선됐다. 박원순 시장은 취임 직후 무상급식안을 통과시켰다. 한나라당과 박근혜는 보선 패배로 나란히 심각한

위기를 맞게 됐다.[41]

11월 22일 한미 자유무역협정 비준안과 독점규제 및 공정거래법 등 한미 자유무역협정 이행에 필요한 14개 부수법안이 국회를 통과했다. 앞서 11월 10일 미국 의회도 한미 자유무역협정 비준안을 통과시켰다.

최구식 한나라당 의원의 비서가 서울시장 보궐선거 당시 중앙선관위원회 홈페이지에 대해 디도스DDos 공격을 가한 사실이 경찰 수사로 12월 2일 밝혀졌다.[42] 비판 여론이 들끓자 유승민 한나라당 최고위원이 사퇴했고 이어 남경필, 원희룡 최고위원도 사퇴하면서 한나라당 지도부가 와해됐다. 12월 9일 홍준표 한나라당 대표도 사퇴했다.

12월 19일 서울 영등포 타임스퀘어 아모리스홀에서 열린 한나라당 제14차 전국위원회. 박근혜는 한나라당 비상대책위원장으로 다시 선출됐다. 2004년에 이어 또다시 당의 '구원투수'로 재등판한 것이다. 박근혜는 수락 연설에서 "저 박근혜, 더 이상 잃을 것도 얻을 것도 없는 사람이다. 제가 가진 모든 것을 내려놓고 국민만 보고 가겠다"고 강조했다.[43]

박근혜는 김종인, 이상돈, 이준석 등 새로운 외부 인사를 대거 비대위에 끌어들여 당의 체질 변화를 시도하는 등 당 혁신 작업을 벌여가기 시작했다.

의문의 '박근혜 5촌 조카 살인 사건'

2011년 9월 6일 새벽 5시 40분 서울 수유동 북한산국립공원사무소의 수유분소. 박근혜의 5촌 조카 박용철이 숨진 채 발견됐다. 얼굴과 배에서 피가 흘렀고 내장 일부가 도로에 쏟아져 있었다. 시체 옆에는 망치 하나가 떨어져 있었다. 망치로 머리를 가격당해 두개골도 함몰돼 있었다. 4시간 후 박용철이 숨진 곳에서 약 3km쯤 떨어진 북한산 용문암 옆에서 사촌 간인 박용수가 목을 매 숨진 채 발견됐다. 이른바 '박근혜 5촌 조카 살인 사건'이었다. 박용철과 박용수는 박정희 전 대통령의 둘째 형인 박무희의 두 아들 박재석 씨와 박재호 씨의 아들이었다.

경찰 수사 결과 사촌 형 박용수와 동생 박용철은 9월 5일 밤 서울 강남구 신사동에서 함께 술을 마셨고, 술자리는 서울 왕십리로 이어졌다. 만취한 박용철이 귀가하려고 하자 종업원이 대리운전 기사를 불렀다. 대리운전 기사가 도착하자 두 사람은 함께 차를 타고 출발, 9월 6일 새벽 서울 수유동에 도착했다. 두 사람은 동틀 무렵 숨진 채 발견됐다. 경찰은 범행에 사용된 흉기와 박용수의 옷과 손에 묻은 피가 박용철 DNA와 일치한다며 사촌 형인 박용수가 동생 박용철을 계획적으로 살해한 후 스스로 목숨을 끊은 것으로 보고 수사를 종결했다. 서울 강북경찰서는 10월 7일 사건을 '불기소 의견'으로 서울북부지검에 송치했고 5일 후 '피의자 변사'로 내사 종결됐다.

하지만 2012년 주진우 ≪시사인≫ 기자가 이 사건에 대한 의혹을 제기하고, 박근혜의 남동생 박지만이 주진우 기자를 고소하면서 논란이 일었다. 주진우·김은지[44] 등에 따르면 숨진 박용철은 박지만 EG 회장의 최측근 인사였다. 박용철은 2007년 11월 발생한 육영재단 폭력사태의 주동자 가운데 한 명이었다. 그는 한센인 100여 명을 동원해 육영재단으로 쳐들어가 박근령 이사장을 강제로 쫓아냈다. 육영재단은 이후 박지만의 측근들이 주도권을 잡게 됐고, 박용철도 2008년 5월부터 9개월간 육영재단 내의 어린이회권 관장을 맡았다

박용철은 2007년 7월 박근령의 남편 신동욱 납치 의혹 사건에 관여하면서 신동욱과 갈등을 빚기도 했다. 신동욱은 이에 박지만 회장을 고소했고, 박지만도 신동욱을 무고 혐의로 맞고소했다. 박근혜도 자신의 미니홈피에 신동욱이 사실과 다른 글을 올렸다며 명예훼손 소송을 제기했다. 그런데 박용철이 2010년 7월 박지만이 정용희 비서실장을 통해 신동욱을 죽이라고 지시했다고 밝히면서 상황이 급변했다. 박용철은 2011년 9월 신동욱의 재판에 증인으로 나오기로 돼 있었다. 그런데 9월 6일 시체로 발견된 것이다. 주진우 등은 박용철의 몸에서 수면제가 검출됐고 박용철의 죽음으로 박근혜·박지만 남매가 반사이익을 보게 됐다며 의혹을 제기했다.

박근혜 5촌 조카 살인 사건은 나중에 2016~2017년 최순실 게이트와 탄핵 정국에서 재조명받기 시작했다. 즉, 박용철 유가족은 박용수와 박용철의 사이가 좋았고 특별한 금전 관계도 없어 살인의 동기가 없다고 주장했다. 당시 경찰 수사에서도 금전 거래 내용은 확인되지 않았던 것으로 전해진다. 특히 신동욱은 2008년 6월 6일쯤 박용철이 자신을 찾아와 "양심 고백을 하고 싶다. 괴롭다. 녹취록이 있으니 확인해보면 된다"고 심경을 고백했다며 계획적인 살인 가능성을 제기했다.[45]

의혹이 확산되자 이철성 경찰청장은 2016년 12월 19일 "의혹만 가지고 재수사를 할 수 없다. 당시에도, 지금도 종합적인 수사 결과와 진술을 보면 피의자가 살해하고 스스로 목숨을 끊었다는 결론에 변함이 없다"고 밝혔다.

최순실에 이어 2011년 1월부터는 박근혜도 서울 강남구 도산대로에 위치한 차병원그룹의 차움의원에 들락거리기 시작했다. 박근혜는 2014년 3월까지 약 3년간 차움의원에서 가명이나 차명으로 진료 또는 처방을 받았다.

　박근혜는 먼저 2011년 1월부터 그해 7월 중순까지 인기 TV드라마 〈시크릿가든〉의 여주인공 이름인 '길라임'이라는 이름으로 진료를 받았다. 나중에 청와대는 '길라임'이라는 이름은 박근혜가 쓴 이름이 아니라 차움의원 간호사가 편의상 쓴 것이라고 해명했다. 박근혜는 이어 2011년 7월 중순부터 2012년 6월까지 차움의원에서 자신의 본명으로 진료 또는 처방을 받았다. 이동모 차움의원 원장은 이와 관련해 "전임 차움의원 원장이 (길라임이라는 가명을 사용하는 것이) 문제가 있다는 인식을 하면서 실명으로 전환해 진료받도록 한 것으로 안다"고 말했다. 박근혜는 다시 2012년 6월 이후 최순실 또는 최순득의 이름으로 기록부 명의를 차명 전환했다. 박근혜가 대통령에 취임한 후에는 차움의원 내방 기록은 없고 최순득 이름으로 주사제를 처방받아 청와대에서 맞았다는 것이 보건복지부와 차움의원 측의 설명이다.[46]

　최순실은 2011년 1월 11일부터 2014년 10월 20일까지 총 12차례에 걸쳐 차움의원에 약 113만 원의 진료비를 납부했다. 여기에는 2013년 9월 2일 박근혜의 혈액검사 비용(29만 6660원)도 포함돼 있다.

　최순실과 박근혜는 2011년쯤 차움의원에서 의사 김상만을 만나게 된다. 김상만은 차움의원에서 근무하던 2011~2014년 가명 또는 최순실 및 최순득 자매 이름으로 박근혜의 주사제를 처방, 의원과 대통령 박근혜의 '차명 진료'를 맡았다. 김상만은 2013년 7월 청와대 자문의로 위촉됐고, 이후 청와대를 들락날락하며 '비선 진료'를 일삼았다는 지적을 받아왔다.[47]

　김상만은 2014년 2월 차움의원을 떠나 녹십자아이메드 원장으로 자리를 옮긴 이후에도 최순실과 대통령 박근혜를 진료했다. 김상만이 몸담은 녹십자의료재단은 2016년 5월 대통령의 이란 순방 내

경제사절단 236명의 이름이 적힌 명단에 이은희 녹십자의료재단 원장의 이름이 오병희 서울대병원 병원장(52번째)보다 앞선 10번째로 오르면서 국립병원인 서울대병원보다 높은 위상을 차지했다는 지적을 받기도 했다.[48]

2011년 최순실과 정윤회 부부 사이에 이상 신호가 감지됐다. 정윤회는 나중에 언론 인터뷰에서 "최순실과는 2011년부터 거의 남남으로 살았다"고 회고했다.[49] 실제 2011년 5월 정윤회의 강원도 평창군 용평면 도사리 땅(23만 431m², 6만 9705평) 지분이 딸 정유라에게 모두 증여된 것으로 나타나 정윤회의 주장을 뒷받침하는 듯하다. 즉, 정유라는 2011년 5월부터 7월까지 강원도 평창군 용평면 도사리 땅 지분의 절반을 부모로부터 물려받았다. 정윤회가 가진 지분 모두(전체 지분의 30%)와 최순실의 일부 지분(전체의 20%)이 정유라에게 넘어간 것이다. 당초 정윤회와 최순실은 각각 3 대 7의 비율로 소유했지만, 2011년 7월 이후에 정윤회의 지분은 사라지고 최순실과 정유라 모녀의 비율이 5 대 5가 됐다.[50] 2016년 말 현재 평창 도사리 땅의 공시지가는 약 5억 1000만 원. 등기부등본에 따르면 정유라는 2016년 12월 자신의 지분을 담보로 은행에서 대출을 받았다. 정유라가 대출한 돈은 약 25만 유로(한화 약 3억 원)였다.

그렇다면 최순실과 정윤회 부부는 왜 2011년부터 '거의 남남'으로 살기 시작했을까. 그 이유로 박근혜에 대한 입장이나 보좌하는 방식 차이가 거론되는가 하면 일각에서는 두 사람의 외도설 등을 거론하는 등 여러 이야기가 회자됐다. 하지만 두 사람이 정확히 내막을 밝히지 않으면서 그 진실을 알 수 없는 상태다.

정유라는 선화예술중학교 3학년이던 2011학년도에 수업일수 205일 가운데 86일만 출석했다. 질병 조퇴가 46일. 성악을 전공했던 정유라는 고교 진학을 앞둔 이때 체육 특기자가 됐다. 대한승마협회가 주최한 승마대회에 세 번 이상 출전했다는 이유로 체육 특기생이 된 것이다. 성악에서 승마로 특기를 전환하면서 승마 훈련과 대회 출전 등을 이유로 공결(출석 인정) 처리된 것은 42일이었다.[51]

한편 서울 강남의 청담고는 정유라가 입학하기 직전인 2011년 6월 7일 서울시교육청에 '체육특기학교' 지정을 신청했고, 11월 승마 특기 지정학교로 선정됐다. 청담고는 2012년 2월 체육 특기자 전·편입학에 관한 학칙을 "예체능 개인종목 체육 특기자에 한해 전·편입학이 가능하도록 하고 자격 요건을 국가대표급 경력 또는 전국대회 입상 경험이 있는 경우"로 하는 내용으로 개정했다. 성악에서 승마 특기자가 된 정유라는 2012년 3월 청담고에 체육 특기생으로 입학할 수 있었다.[52]

싱거운 당내 대선 후보 경선

2012년 유럽은 그리스와 스페인 등의 재정 위기로 다시 경제 위기를 겪었다. 스페인은 6월 유럽연합에 구제금융을 신청했고, 그리스는 유로존을 탈퇴할 것이라는 우려가 계속되다가 겨우 회생했다. 미국과 중국, 러시아, 일본 등 한반도 주변 4대 강국에서는 리더십이 재확립되거나 교체됐다. 버락 오바마 미국 대통령은 재선에 성공했고, 일본에서도 아베 신조 자민당 총재가 보수화에 편승해 다시 총리에 올랐다. 중국에서는 11월 공산당 제18차 당대회를 기점으로 '제5세대'로 분류되는 시진핑 시대가 열렸고, 러시아에서는 블라디미르 푸틴이 다시 대통령에 복귀했다.[53] 이명박 대통령이 8월 독도를 방문하고 과거사에 대해 일본 천황의 사죄를 촉구한 것을 게기로 한국과 일본이 대립했고, 9월에는 일본이 센카쿠(중국명 댜오위다오) 열도 국유화를 선언하면서 일본과 중국이 갈등했다. 북한에서는 김정은이 4월 11일 노동당 제1비서에, 4월 13일에는 국방위원회 제1위원장에 차례로 추대되며 후계 승계를 빠르게 진행했다.

박근혜는 2012년 1월 2일 SBS의 토크 프로그램 〈힐링 캠프〉에 출연했다. 인기 프로를 통해 대중적 인지도와 지지세를 확산하기 위한 차원이었다. 하지만 그는 방송에서 어머니 육영수 서거 당시 심정을 묻는 질문에 "바쁜 '벌꿀'은 슬퍼할 겨를도 없다"고 잘못 말해 구설에 올랐다. 영국의 시인 윌리엄 블레이크William Blake의 '바쁜 꿀벌은 슬퍼할 겨를도 없다'는 구절 속 단어 '꿀벌'을 잘못 말한 것이다.

박근혜의 말실수는 한두 번이 아니었다. 그는 10월 10일 새누리당 경기도당 선거대책위원회 출범식에서 '전화위복'을 "전화위기의 계기로 삼아"라고 잘못 말했고, 11월 25일 국회의원직 사퇴 기자회견에서는 "오늘로 지난 15년 동안 국민의 애환과 기쁨을 같이 나누어 왔던 '대통령직'을 사퇴하겠습니다"며 '국회의원'을 '대통령'으로 잘못 말했다.

박근혜는 비대위원장으로서 19대 총선 준비를 서둘렀다. 박근혜는 2월 13일 한나라당의 당명을 새누리당으로 변경했다. 상징색도 파란색에서 붉은색으로 바꿨다. 당헌, 당규도 개정했다.

한때 친박계 좌장으로 불리던 김무성은 3월 9일 총선 불출마를 선언했다. 2008년 제18대 총선에서 친박이라는 이유로 친이계에 의해 낙천됐던 그는 19대 총선에서는 박근혜 비상대책위원장에게 등을 돌렸다는 이유로 낙천이 기정사실화됐다.[54] 박근혜는 3월 20일 제19대 총선 중앙선거대책위원장에 추대됐다. 19대 총선 공천과 선거 본부 구성에서 당의 주류가 이명박계에서 박근혜계로 넘어간 것이다.

새누리당은 4월 11일 제19대 총선에서 152석을 획득해 제1당을 유지했다. 제1당을 차지할 것으로 관측되던 야당 민주통합당이 127석을 얻는 데 그치면서 선거는 사실상 여당의 승리로 평가됐다. 박근혜 자신도 비례대표로 국회의원이 됐다. 박근혜는 새누리당이 완전히 '박근혜당'으로 전환된 데다 비대위원장, 선거대책위원장으로서 총선을 주도한 덕분에 당내 대선 후보 경선에서 유리한 고지를 차지한 것으로 분석됐다. 대선으로 가는 꽃길이 열린 셈이다. 박근혜는 당 지도부가 새로 출범했지만 당내 영향력을 견고하게 유지했다.

박근혜는 19대 국회 초반 비례대표 후보 부정 경선 파문과 종북 논란에 휩싸인 통합진보당 이석기, 김재연 의원 등의 사퇴와 제명을 거론하면서 이념 대결을 주도했다. 그는 6월 1일 의원총회를 마친 뒤 이석기, 김재연 의원에 대해 "국회라는 것이 국가의 안위를 다루는 곳인데 기본적인 국가관을 의심받고 있고 국민들도 불안하게 느끼는 이런 사람들이 국회의원이 돼서는 안 된다"고 말했다. 그러면서 '제명에 대해서는 어떻게 생각하느냐'는 질문에 "사퇴하는 것이 옳다. 사퇴가 안 되면 제명으로 가야 한다"고 답했다.[55]

야당과 사회단체, 진보 언론은 강하게 반발했다. 국가관이 의심스럽다는 이유로 '종북'으로 몰아 의원직 제명을 하는 것은 비이성적인 행태, 매카시적 마녀사냥이라고 지적했다. 심지어 같은 새누리당 하태경 의원도 "공인으로서 사상을 밝히라는 요구를 할 수 있고, 이를 밝히지 않으면 비판할 수 있다. 하지만 생각이 다르다는 이유가 제명 사유가 돼선 안 된다. 제명은 객관적으로 명백하고 엄격한 기준이 적용돼야 하는데, 생각의 문제는 주관적·자의적 문제"라고 비판하기도 했다.[56]

7월 1일, 세종특별자치시가 국내 17번째 광역자치단체로 공식 출범했다. 정부기관 이전도 본격적으로 이뤄졌고, 2014년까지 총리실과 9부 2처 2청 등 36개 정부기관(공무원 1만 452명)이 이전하기로 했다.

박근혜는 당내 대선 후보 경선을 본격적으로 준비했다. 박근혜 측은 경선캠프 이름을 '국민행복캠프'로 정했다. 경선캠프 선대위원장으로 김종인을 임명했다. 김종인은 헌법 제119조 2항 '경제민주화'의 입안자로 알려져 있는 전 민주정의당 헌법개정위원. 김종인 임명을 놓고 언론 등은 박근혜가 사회 양극화 문제 해소에 적극적 의지를 보인 것으로 해석했다.[57]

박근혜는 당내 대통령 후보 선출 방식 등을 둘러싸고 김문수 경기도지사, 정몽준 전 대표, 이재오 의원 등과 날선 대립을 이어갔다. 완전국민경선을 주장한 정몽준 전 대표와 이재오 의원은 박근혜가 이를 수용하지 않자 7월 9일 각각 기자회견을 열고 대선 후보 경선 불출마를 선언했다. 박근혜는 유력 경쟁자들이 불출마를 선언한 가운데 7월 10일 서울 영등포 타임스퀘어 광장에서 제18대 대통령 선거 출마를 공식 선언했다.

박근혜는 5·16과 유신 등 역사 인식을 둘러싼 발언으로 논란을 야기했다. 박근혜는 7월 16일 한국신문방송편집인협회 초청 토론회에서 "5·16은 아버지로서는 불가피한 최선의 선택을 한 게 아닌가 생각한다. 다른 생각, 반대 의견을 가진 분도 있기 때문에 옳으니 그르니 하기보다는 국민과 역사의 판단에 맡겨야 한다"고 말했다. 하지만 이재오 새누리당 의원이 7월 17일 자신의 트위터(@JaeOhYi)에 "5·16 군사쿠테타가 불가피한 선택이라면 한일 병합과 6·25도 그들 후손들이 그때는 불가피한 최선의 선택이라고 한다면 우리는 무엇이라고 해야 할까"라며 "생각의 차이나 판단의 차이가 아니다. 역사 인식의 문제"라고 꼬집는 등 역풍이 일기 시작했다.

박근혜는 이에 8월 7일 새누리당 대통령 후보 경선 토론회에서도 "5·16이 정상적인 것은 아니지 않으냐. 아버지 자신도 다시는 나같이 불행한 군인이 없기를 바란다는 말씀을 하셨다"며 5·16은 '정상적인 것은 아닌 사건'이라고 말했다. 그러면서 박근혜는 8월 8일 새누리당 대통령 후보 경선 토론회에서 임태희 후보가 5·16에 대한 견해를 묻자 "과거에 묻혀 사시네요"라고 말하며 과거사 인식을 둘러싼 논란을 회피하려 했다.

박근혜는 8월 20일 새누리당 전당대회에서 압도적인 지지로 새누리당의 제18대 대선 후보로 선출됐다. 박근혜의 득표율은 전체 유효 투표의 83.97%인 8만 6589표로 압도적이었다. 2002년 경선 당시 이회창 후보가 얻은 68%(기존 최고 기록)를 경신했다.

이때 '박근혜 대통령 만들기'에 앞장선 친박 인사들은 박근혜의 무지나 무능, 무책임, 비선 개입 사실을 몰랐을까. 상당수 친박 인사들은 이미 박근혜가 대통령이 되기에는 자질과 역량, 책임성 등이 미흡하고 주변에 비선 인사들이 활동하고 있다는 점도 어느 정도 알고 있었다고 한다. 그럼에도 친박 인사들은 왜 박근혜 대통령 만들기에 나섰을까. 전여옥은 이와 관련해 친박 인사들은 '부족한 박근혜'를 메우면서 일정한 역할을 하겠다는, 즉 권력을 나누어 갖겠다는 생각으로 박근혜의 무지와 무능, 무책임, 비선의 존재 등을 덮었다고 분석했다.[58]

문재인 추격 허용한 초박빙 레이스

박근혜는 대선 후보로 확정된 다음 날인 2012년 8월 21일부터 통합 행보를 이어갔다. 고 노무현 전 대통령의 고향인 경남 김해 봉하마을을 방문했고, 김대중 전 대통령 부인인 이희호 여사를 만났다. 박근혜는 8월 28일 전태일재단을 방문하려고 했다. 하지만 유족과 노동자들의 거부와 반대로 무산됐다. 전태일의 여동생 전순옥은 전태일 정신을 생각한다면 쌍용차나 용산 참사 희생자 등 고통당하는 사람들을 먼저 찾았어야 했다고 지적했다. 박근혜는 "역사적인 사건의 인물들과 화해를 해야 하지 않느냐. 계속 역사적으로 갈등이 됐던 문제를 해결하려 할 것"이라고 말했다.

하지만 역사 인식과 발언이 박근혜의 발목을 계속 잡았다. 박근혜는 9월 10일 MBC 라디오 〈손석희의 시선집중〉에 출연해 유신에 대한 입장을 묻는 질문에 "몇십 년 전 역사라 지금도 논란이 있고 다양한 생각이 있다. 그런 부분에 대해서는 역사가 객관적인 판단을 해나가지 않겠는가. 역사의 몫이고 국민의 몫이라고 생각한다. 유신에 대해 당시 아버지가 '내 무덤에 침을 뱉어라' 그렇게까지 하면서 나라를 위해 노심초사했다. 그 말 속에 모든 것이 다 함축돼 있다고 생각한다"고 말했다. 그는 인혁당 사건과 관련해 역사적 판단에 맡기고 유족에 대한 추가적 사과나 입장 변화는 없다고 밝히며 "대법원 판결이 두 가지로 나오지 않았느냐. (인혁당 사건 유족에 대한 사과 부분에 대해서는) 앞으로의 (역사적) 판단에 맡겨야 되지 않겠느냐는 답을 한 번 한 적이 있다"고 말했다.

하지만 인혁당 사건의 경우 재심으로 유신 당시의 대법원 판결이 취소됐다는 점에서 박근혜가 말한 '두 가지 대법원 판결'이 잘못된 인식에 따른 것이라는 지적이 쏟아졌다. 즉, 재심 판정으로 인혁당 사건이 무죄라는 점은 그 누구도 부인할 수 없는 법적 사실이라는 것이었다. 한 언론의 사설이다.

"박근혜 새누리당 대통령 후보의 역사 인식이 다시 여론의 도마에 올랐다. 지난 7월 '10월 유신'에 대해 역사의 판단에 맡겨야 한다고 하더니 이번에는 인혁당 사건에 대해 두 개의 대법원 판결을 언급하며 거듭 역사의 판단에 미루었다. 우리는 앞서 10월 유신에 대한 그의 인식이 '박정희의 딸'이라는 개인 차원이라면 몰라도 대통령 후보에 마땅히 요구되는 공적 인식과는 동떨어진다고 지적했다. 그런데 그제와 어제의 인혁당 사건 관련 발언은 그의 역사 인식에 대한 의구심을 한층 짙게 했다. … 만에 하나 사실상의 헌법 중단 상태인 유신 치하의 원판결과 민주화 이후의 재심 판결에 똑같이 '정치 상황'이란 잣대를 들이댄 결과라면 실로 심각하다. 10월 유신에 대한 불투명한 인식이 그대로 연장된 것으로서 역사 인식 단계를 넘어 대한민국 사법적 절차, 나아가 헌정 질서에 대한 근본적 도전이기 때문이다."[59]

각계각층으로부터 비판이 쏟아졌다. 자연스럽게 박근혜의 과거사 문제는 대선의 최대 아킬레스건으로 떠올랐다. 박근혜는 이에 9월 24일 서울 여의도 당사에서 기자회견을 열고 5·16과 유신, 인혁당 사건 등 과거사에 대해 사과했다.

"5·16과 유신, 인혁당 등은 헌법 가치가 훼손되고 대한민국의 정치 발전을 지연시키는 결과를 가져왔다고 생각합니다. 이로 인해 상처와 피해를 입은 분들과 가족들에게 다시 한번 진심으로 사과드립니다. 저 역시 가족을 잃은 아픔이 얼마나 큰지 잘 알고 있습니다. 그 아픔과 고통을 치유하기 위해 저의 모든 노력을 다하겠습니다."[60]

이후에는 박근혜의 사과가 진정한 사과였는지를 두고 논란이 이어졌다. 상당수 전문가들은 박근혜의 과거사에 대한 사과가 진정한 사과가 아니라 지지율과 표를 겨냥한 '정치적 사과'였다고 지적했다. 김욱의 분석이다.

"그녀는 왜 사과했을까? 물론 지지율 때문이었다. 그간 무슨 일이 있어도 결코 흔들리지 않던 지지율 1위가 흔들렸던 것이다. 그 때문에 '당연히' 그녀 사과의 진정성을 의심하는 일이 벌어졌다."[61]

인혁당 피해자 유족단체인 4·9통일평화재단도 "박 후보가 지지율이 하락해 수세에 몰리게 되자 마음에 없는 말로 사과했다"며 박근혜의 사과가 정략적인 것이라고 평가했다. 사과의 진정성 논란에도 박근혜의 기자회견은 과거사 논란에서 탈출하는 전환점이 됐다는 평가를 받았다.[62]

2012년 10월 13일, 박근혜는 고 노무현 대통령이 2007년 북한 김정일과의 남북정상회담에서 북방한계선NLL을 포기한다고 발언한 대화록이 있다는 정문헌 새누리당 의원의 주장에 동조하면서 문재인 민주통합당 후보를 정면 겨냥했다. 그는 "(NLL과 관련된) 문제를 제일 잘 아는 사람들이 당시에 관계된 사람들 아니겠느냐. 관련된 사람들이 명백하게 밝힐 필요가 있다"고 말했다.

11월 23일, 무소속 안철수 후보가 문재인 후보 지지를 밝히며 사퇴, 야권 후보 단일화가 이뤄졌다. 안철수의 대선 출마 선언 66일 만이었다. 문재인의 지지율이 가파르게 상승하기 시작했다.

대선 향배를 가른 대선 후보 TV토론회가 시작됐다. 12월 4일 MBC 스튜디오에서 정치·외교·안보·통일을 주제로 중앙선관위 주최의 대통령 선거 후보자 1차 TV토론회가 열렸다. 토론회에는 한나라당 박근혜와 민주통합당 문재인, 통합진보당 이정희 후보가 참여해 치열한 공방을 주고받았다. 특히 이날 토론회에서 박근혜는 이정희 후보와 여러 차례 충돌했다. 이정희 후보는 "박근혜 후보를 떨어뜨리기 위해 나왔다"며 박근혜를 노골적으로 공격했다. 박근혜는 야권 주자 두 명의 협공에 대해 큰 실수 없이 비교적 선방했다는 평가를 받았다.[63]

12월 10일 열린 대선 후보 2차 TV토론회에서는 박근혜와 문재인 후보가 경제민주화와 복지 공약의 진정성을 놓고 양보 없는 설전을 벌였다. 박근혜는 문재인이 복지 재원 확보 방안을 묻자 "정부가 자의적으로 쓸 수 있는 재량 지출을 줄이고 세입 확대는 비과세 감면 제도를 정비한다거나 지하경제를 '활성화'(양성화를 잘못 말한 것)해 매년 27조, 5년간 135조 원을 마련할 것"이라고 말실수를 했다.[64]

안철수는 12월 7일부터 전국에서 문재인 후보의 지지 유세를 하기 시작했다. 지지율에 미묘한 변화가 감지됐지만 박근혜는 지지층 및 여론의 굳건한 지지를 받으며 가까스로 1위를 유지했다.

선거 막판 국정원의 대선개입 의혹 사건이 발생했다. 민주통합당은 12월 11일 국가정보원 심리정보국 소속 직원이 인터넷에 글을 올려 선거에 영향을 미치고 있다고 주장했다. 그러면서 직원 가운데 한 명을 지목했다. 해당 직원은 오피스텔에서 경찰과 대치하며 밖으로 나오지 않았고 자신이 국정원 직원임을 부인했다. 경찰은 수사에 착수했다. 국정원 직원은 12월 13일 경찰청에 자료를 제출했지만 휴대전화와 이동식 저장장치의 제출은 거부했다. 새누리당은 민주통합당이 거짓 의혹으로 국정원 여직원을 감금했다며 강하게 반발했다.

이정희가 12월 16일 오후 후보를 사퇴하면서 오후 8시에 열린 대선 후보 제3차 TV토론회는 박근혜와 문재인 간 양자 토론으로 바뀌었다. 두 사람은 국정원 대선개입 의혹과 반값 등록금, 과학기술 정책 등을 놓고 치열한 설전을 벌였다. 이 토론은 맞대결 방식으로

진행된 데다 재반론이 허용되는 자유 토론 형식이 도입되면서 집중도를 높였다는 평가를 받았다.[65]

12월 19일, 박근혜는 대통령 선거에서 51.6%(1577만 3128표)를 득표해 48.0%(1469만 2632표)를 득표한 문재인을 극적으로 꺾고 제18대 대통령에 당선됐다. 박근혜가 문재인에게 승리한 원인으로는 우선 박근혜가 이명박 정권과의 차별화에 성공했다는 점이 꼽혔다. 그럼으로써 선거 막판 '이명박근혜 공동정부 책임론' 공세의 피해를 줄였다는 분석이다. 세종시 수정안 부결이 대표적이다. 이내영 고려대 정치외교학과 교수의 분석이다.

"박 당선인의 승리 요인으로는 이명박 정부와의 차별화에 성공했다는 점을 꼽을 수 있다. 현 정권 내내 거리 두기를 했다는 점이 '이명박근혜 공동정부' 책임론을 들고 나온 야당의 공세가 먹힐 여지를 상당히 없앴다."[66]

이와 함께 박근혜가 보수가 취약했던 경제민주화 및 복지 분야 정책 공약을 선제적으로 제시하고 이슈화한 것도 승인으로 꼽혔다. 황태순 정치평론가의 지적이다.

"박 당선인이 지난 1년 동안 보수 정권의 취약 부분으로 지적된 경제민주화와 복지 등의 가치를 선점해 정책 대결에서 밀리지 않았다는 점이 승기를 잡는 동인이 됐다."[67]

반면 문재인은 후보 확정도 늦은 데다 안철수와의 단일화에 골몰하는 모습을 보이면서 자신만의 비전과 정책 공약을 이슈화하는 데 실패했다는 지적을 받았다. 이내영의 분석이다.

"상대적으로 문 후보는 후보 확정이 늦어졌고 안철수 전 후보와의 단일화에만 매몰되다 보니 뚜렷한 비전과 방향을 제시하지 못했다."[68]

최순실 일가에 둘러싸인 박근혜의 실체가 제대로 알려지거나 검증되지 못한 것도 선거 결과에 결정적인 영향을 미쳤다는 지적도 있다. 만약 박근혜와 최순실, 두 사람의 관계 등이 제대로 밝혀지고 검증됐다면 박근혜가 대통령이 될 수 없었을 것이라는 이야기다.

박근혜는 대통령 당선인 신분으로 12월 28일 오후 3시 청와대에서 이명박 대통령과 비공개로 독대했다.

최순실 전략과 메시지, 인사까지 관여

최순실은 2012년 새누리당 대선 후보 경선이나 제18대 대통령 선거 과정에서 공식 선거운동원으로 등록하지 않으면서도 박근혜와 직접 접촉하거나 문고리 인사들을 통해 깊숙이 개입했다. 박근혜 대선 후보의 각종 연설문이나 선거 유세문, 대선 TV토론 자료 및 홍보 동영상의 작성과 제작 등에 깊이 개입했던 것으로 보인다.

박근혜가 새누리당 대선 후보 수락 연설문을 발표하기 하루 전인 8월 19일, 최순실은 박근혜와 정호성 보좌관과 함께 한자리에 앉았다. 최순실은 이 자리에서 정호성에게 박근혜가 해야 할 연설 문구를 읊어줬다. 구체적으로, 정치쇄신특별기구를 만드는 방안, 권력 남용 문제와 공천 비리 문제를 근절하겠다는 의지와 다짐, 친인척 비리를 막기 위한 구체적인 제도를 만든다는 구상 등이었다.[69] 실제 박근혜는 다음 날인 8월 20일 대선 후보 수락 연설에서 최순실이 제안한 내용을 강조했다.

"첫 번째 조치로 당내에 정치쇄신특별기구를 구성하겠습니다. … 권력형 비리, 공천 비리, 반드시 뿌리 뽑겠습니다. 친인척과 권력형 비리에 대해서는 특별감찰관제를 도입해 사전에 강력하게 예방하 겠습니다."

박근혜는 대선 레이스가 한창이던 10월 21일 정수장학회 기자 회견에서 정수장학회의 정당성과 자신의 무관함을 주장, 물의를 빚 기도 했다. 당초 선거캠프 안팎과 정치권에서는 고 김지태 씨의 부일 장학회 등 기업인 재산을 강탈해 만든 정수장학회에 대한 전향적인 입장이 나올 것으로 예상했다. 예상을 빗나간 정수장학회 관련 기자 회견도 사실은 최순실이 박근혜와 함께 준비한 것으로 확인됐다. 나 중에 공개된 정호성의 통화 녹취록에서 최순실은 당시 황우여 새누 리당 공동선거대책위원장과 이정현 공보단장이 할 발언의 수위까지 함께 조율한 것으로 드러났다. 이정현 공보단장은 CBS 〈김현정의 뉴스쇼〉 인터뷰에서 "33년 전 돌아가신 아버지의 문제만 가지고 … 당시(정수장학회 설립 당시) 열 살이던 박 후보를 야당이 정치적으로 공 격한다"고 말했고, 황우여 위원장은 야당의 국정조사 요구에 대해 "정수장학회는 민간 법인이어서 국정조사 대상이 아니다"라며 박근 혜를 거들었다. 두 사람의 발언이 녹취록에서 논의된 내용과 일치하 는지는 확인되지 않았다.[70]

최순실은 심지어 새누리당 실세의 거취까지 관여했다는 의혹을 샀다. 즉, 최순실은 10월 서청원, 김무성 의원 등의 행보에도 개입한 정황이 드러났다. 나중에 검찰이 입수한 정호성의 휴대폰 녹취 내용 에 따르면 박근혜는 10월쯤 "서청원 대표는 국민대통합위원회 고문 으로 들어오시는 게 좋을지 그냥 지금처럼 백의종군하겠다고 하니까 그냥 계시는 게 좋을지"라고 묻자 최순실이 정호성에게 다른 자리를 찾아보라고 말했다. 서청원 의원은 앞서 9월 박근혜의 대선 승리를 위해 대선캠프에서 아무 자리도 맡지 않겠다며 백의종군을 선언한

바 있었다. 최순실은 또 김무성에 대해서는 대선캠프의 종합상황실에 들어가라고 역할을 지시했다.[71]

한편 11월 박근혜가 대선에서 제1공약으로 제시한 경제민주화 공약을 최순실이 사실상 무력화한 것이 아니냐는 의혹도 제기됐다. 김종인은 언론 인터뷰에서 최순실 사태로 확인했다며 "대선 때 최순실이 경제민주화 공약을 삭제했다"고 밝혔다. 김종인의 기억이다.

"그때 (대선 레이스 도중) 경제민주화 중에서도 얘기했던 것이 뭐냐면 '사전 출자' 해소 문제를 논의했었는데 그 자체가 갑작스럽게 사라져버렸어요. 그러니까 누가 보이지 않는 손이 잘못했을 거라고 하는 것을 그 당시에 생각을 했었는데. 주위에 어떤 비선 실세가 있어서 이 사람들이 외부 영향을 받아 작용을 했구나 이런 추측만 있었을 뿐인데 그게 누구라는 건 당시에는 몰랐죠."[72]

특히 최순실은 12월 10일 열린 대선 후보 2차 TV토론회에서 이정희 통합진보당 후보의 질문에 어떻게 대처할지와 구체적인 발언까지 정해준 것으로 확인됐다. 사실상 박근혜의 '네거티브 대응 전략'까지 주도한 셈이다. 검찰이 입수한 정호성의 휴대전화 녹취록에 따르면 최순실은 12월 10일 대선 후보 2차 TV토론을 앞두고 '박근혜 저격수'를 자처한 이정희 후보에 대한 대응 방안을 제시했다. 이정희 후보는 12월 4일 대선 후보 1차 TV토론회에서 박근혜가 10·26 사태 직후 전두환 전 대통령 측으로부터 생활비로 6억 원을 받은 일을 두고 "당시 (서울 대치동) 은마아파트 30채 값으로 지금 시가로 300억 원이다. 상속세와 증여세를 냈느냐"며 박근혜를 몰아세운 바 있다. 최순실은 박근혜에게 "이정희를 완전히 무시하고 동문서답하라"며 "이정희에게 '27억 원이나 먼저 토해내라'고 맞받아치자"고 제안했다. 즉, 이정희가 대선 후보로 등록해 국고보조금 27억 원을 받았지만 야권 후보 단일화를 위해 사퇴할 것으로 관측되면서 제기될 '먹튀 논란'을 파고들자는 취지였다. 박근혜는 실제로 12월 10일 대선 후보 2차 TV토론회에서 "(이 후보는) 문재인 후보와 단일화하겠다는 의지가 강한데 끝까지 갈 생각 없이 27억 원을 받으면 '먹튀법'에 해당하는 것 아니냐"고 역공했다.[73]

최순실은 나중에 검찰 조사에서 "(2012년) 대선 당시 선거운동을 도와드리며 말씀자료 등에서 대통령의 마음을 표현한 부분 위주로 이메일로 받아 수정한 뒤 메일로 보냈다. 평소 대통령 철학을 알기 때문에 의견을 낸 것"이라며 2012년 대선 당시 박근혜의 연설문을 고친 사실을 일부 인정했다.[74]

새누리당의 공식 대선캠프가 있는 상황에서 최순실이 어떻게 대통령 후보의 연설문과 유세 등 메시지와 대응을 좌지우지할 수 있었을까. 이에 대해서는 최순실이 박근혜에 대한 절대적인 신임을 바탕으로 박근혜와 수시로 접촉이 가능한 체제를 만들고 박근혜를 지근거리에서 보좌하는 문고리 인사를 철저히 관리하고 있었기에 가능했을 것으로 분석된다. 실제 최순실은 대포폰을 이용해 직접 또는 정호성을 비롯한 문고리들을 거쳐 박근혜와 수시로 연락을 주고받았다. 최순실은 이를 위해 2012년 11월부터 2016년 10월까지 최소 10대 이상의 대포폰을 사용했던 것으로 박영수 특별검사팀은 확인했다. 최순실과 박근혜는 대통령 선거를 비롯해 비밀리에 업무를 처리할 때는 대포폰 중에서도 명의자 확인이 불가능한 전화기를 활용한 것으로 알려진다.[75]

최순실은 이들 대포폰 등을 이용해 2012년 대통령 선거 때부터 2013년 11월까지 약 2년간 박근혜를 지근거리에서 보좌하는 정호성과 최소 2092차례 연락했다. 이 중 문자가 1197차례, 전화는 895차

레인 것으로 조사됐다.[76] 2017년 1월 19일 헌법재판소의 대통령 탄핵심판 7회 변론에서 정호성도 대포폰을 사용했고 이 전화기로 최순실과 2013년 2월부터 2014년 12월까지 하루에 세 번꼴로 연락했다는 사실을 인정했다.[77]

최순실은 아울러 데스크톱과 태블릿PC 등을 이용해 박근혜의 유세문이나 연설문을 수정하며 메시지 관리를 주도했던 것으로 추정된다. 이와 관련, 김한수 전 청와대 행정관은 2012년 6월 22일 자신이 대표로 있던 마레이컴퍼니 법인 명의로 태블릿PC를 구입해 개통했다. 최순실은 3일 뒤인 6월 25일 셀카를 찍는 등 태블릿PC를 사용했다. 최순실은 김한수 전 행정관이 개통한 태블릿PC를 2012년 6월부터 2014년 3월까지 21개월 동안 사용한 것으로 나타났다.

최순실 '대통령 박근혜'에 집착

최순실은 2012년 대선 막바지에 문재인 후보가 거세게 추격하면서 지지율이 초박빙을 이루자 매우 초조해했던 것으로 알려진다. 2012년 대선 직전을 비롯해 최순실을 서너 차례 만난 적이 있다는 한 언론인의 증언이다.

"대선 투표일 전 주말 서울 시내 한 결혼식장에서 최순실을 만났는데, 최순실이 문재인 후보가 거세게 추격하면서 박근혜가 선거에서 패할까 봐 걱정을 많이 하며 초조해했다. 그래서 '(대선이) 잘될 것'이라는 식으로 덕담을 건네자 아주 기뻐했다."

최순실은 박근혜가 제18대 대선에서 문재인 후보를 꺾고 대통령에 당선되자 자신의 일처럼 즐거워했다고 한다. 최순실의 밀 정유라

가 졸업한 경복초등학교의 학부형으로 대선 직후에 최순실을 만났다
는, 이종욱 KD코퍼레이션 대표의 부인 문화경 씨가 검찰에서 한 진
술이다.

"2012년 12월 대선이 끝났을 때, 그날 최순실 씨가 유독 업up돼
서 기분 좋아했다. 주변에서 저 언니 로또된 거 아니냐는 식으로 묻
기도 했다. 최 씨가 어디 회사에 (납품) 들어가고 싶냐? 말만 해라는
식으로 얘기도 했다."[78]

최순실은 박근혜가 당선인 신분으로 있던 대선 직후에도 새 정
부 준비를 위한 대통령 독대나 새 정부의 국정 과제를 제시하기도 했
다. 최순실은 박근혜가 대통령 당선인 시절인 12월 28일 오후 3시 이
명박 대통령과 독대하기에 앞서 만든 사전 시나리오를 독대 4시간
전인 오전 10시 58분쯤 받아보기도 했다. 해당 자료에는 한국 정부
가 북한 국방위원회와 세 차례 비밀 접촉했다는 민감한 사안 등이 포
함돼 있었다.[79]

최순실은 차기 정권 준비가 한창이던 12월 말에는 박근혜 정부
의 4대 국정 기조를 '경제부흥'으로 직접 정하고 정호성에게 반말로
지시했다. "재외공관하고 대사관, 공무원한테도 '다 이 기조로 해라'
이렇게 내려가야 돼. 1부속실에서 하는 게 그런 일이여."[80] 실제 당
선인 신분이던 박근혜는 2013년 1월 인수위원회 전체회의에서 "국민
의 안전과 경제부흥을 차기 정부 국정 운영의 중심축으로 삼겠다"고
발표했다.

최순실은 앞서 2012년 7월 5일 구 외환은행(현 하나은행) 압구정
중앙지점에서 서울 강남구 신사동 미승빌딩을 담보로 3억 원이 넘는
거액을 대출했다. 박근혜도 4월 17일 이 지점에서 서울 강남구 삼성
동 집을 담보로 1억 1000만 원가량의 주택담보대출을 받았다. 이 금

액은 곧 상환됐다.[81]

최순실 일가는 KEB하나은행을 자주 이용했다. 최순실 일가가 보유한 건물과 토지를 담보로 하나은행에서 받은 대출은 최소 11건으로, 전체 금액은 80억 원이 넘는 것으로 추정된다. 하나은행 압구정중앙지점은 2015년 최순실의 딸 정유라에게 주로 기업에 제공하는 외화지급보증서를 발급해줘 특혜 논란에 휘말리기도 했다.[82]

박근혜가 당 대표를 맡은 이후 공식 석상에서 사라진 정윤회도 2012년 대통령 선거에서 나름 역할을 했던 것으로 추정된다. 정윤회도 나중에 언론 인터뷰에서 제18대 대선에서 정권 창출에 기여했다는 식으로 발언했다.

"오로지 그냥 신념 갖고 잘 한번 해보자. 새로운 (정권) 교체 한번 해보자. 그 신념 갖고 일했을 뿐이야. 내가 아는 VIP는 옳게 하려고 하고, 나도 그랬고, 그러니까 여태까지 이렇게 문제없이 살고 있는 거지."[83]

정윤회의 이 같은 발언은 2012년 대선에서 자신이 모종의 역할을 했고 자신과 박근혜는 문제가 될 만한 일은 하지 않았다는 취지로 읽힌다. 아울러 정윤회가 대통령 선거 직후 박근혜로부터 감사 전화를 받은 것도 이와 무관치 않다는 지적이다.[84]

2007년 한나라당 대선 후보 경선 당시 박근혜에 대한 검증 요청서를 작성한 임현규[85] 등에 따르면 정윤회는 2012년 초에도 정호성을 비롯한 문고리 인사들과 활발히 접촉했다. 정호성은 당시 임현규를 찾아와 "정윤회 같은 사람이 없다"며 칭찬했고 "솔직히 말해 당신은 (정윤회와) 통화하죠?"라고 임현규가 묻자 "통화는 한다", "연락한다"고 답했다.

최순실의 딸 정유라는 2012년 대한승마협회와 재학 중인 청담

고에서 각종 특혜를 받았다. 서울시교육청에 따르면 청담고는 2012
학년도에 정유라가 각종 대회나 훈련을 이유로 무단 결석한 해외 출
국 기간 10일을 정상 출석한 것으로 처리했다. 아울러 청담고는 대한
승마협회 공문을 이유로 정유라에게 그해 7회에 걸쳐 전국대회 참가
를 승인했다. 이는 학생의 전국대회 참가를 연 4회로 제한하고 있는
'2012학년도 학교체육 업무 매뉴얼' 규정을 위반한 것이었다. 승마협
회도 정유라의 청담고 및 성적 관리를 위해 필요한 각종 서류를 발급
해줬다. 아울러 학교장의 승인 없이 출전한 대회 성적을 바탕으로 국
가대표에 선발하기도 했다.[86]

최순실은 이 과정에서 청담고 교사들에게 돈 봉투를 주거나 전
달하려 했다. 즉, 최순실은 2012년과 2014년 사이 세 차례 청담고를
찾아가 교장과 체육교사, 담임교사 등을 만나 돈 봉투를 전달하려고
했다. 특히 정유라가 입학할 당시 체육부장교사는 2012년 4월 정유
라가 출전한 과천 승마경기장에서 최순실로부터 30만 원을 받았다가
적발됐다.[87]

6 대통령 박근혜와 '십상시'

(2013~2014.10)

／

나를 거쳐서 길은 황량의 도시로
나를 거쳐서 길은 영원한 슬픔으로
나를 거쳐서 길은 버림받은 자들 사이로.
…

여기 들어오는 너희는 모든 희망을 버려라.

단테 알리기에리의 『신곡: 지옥편』 3곡 1~9행 중에서
(『신곡: 지옥편』, 박상진 옮김, 민음사, 2007, 26쪽)

박근혜 정부 출범과 어그러진 순방 외교

2013년 2월 12일 함경북도 길주군 풍계리의 지하 핵실험장에서 북한의 3차 핵실험이 이뤄졌다. 국방부는 북한 3차 핵실험의 파괴력을 핵폭탄으로 환산하면 6~7kt(킬로톤)이라고 추정했다. 이는 2006년 10월 1차 핵실험 때 1kt, 2009년 5월 2차 핵실험 때 2~6kt보다 커진 것이다. 유엔은 3월 7일 안전보장이사회 전체회의를 열어 북한 핵실험에 대한 제재 결의안 2094호를 채택했다. 북한은 이에 3월 8일 성명을 내고 남북 불가침 합의를 전면 폐기하겠다고 발표했다.

박근혜는 2013년 1월 15일 대통령직 인수위원회를 통해 경제부총리제를 부활하고 미래창조과학부와 해양수산부를 신설하는 것을 골자로 하는 정부 조직 개편안을 발표했다. 이어 2월 18일에는 국무총리에 정홍원, 경제부총리 및 기획재정부 장관에 현오석, 외교부 장관에 윤병세, 통일부 장관에 류길재, 법무부 장관에 황교안, 국방부 장관에 김병관, 보건복지부 장관에 진영 등 1기 내각 인선을 발표했다. 아울러 대통령 비서실장에 허태열 전 새누리당 의원, 국정기획수석에 유민봉 성균관대 교수, 민정수석에 곽상도 전 대구지검 서부지청장, 홍보수석에 이남기 전 SBS미디어홀딩스 사장, 정무수석에 이정현 의원, 외교안보수석에 주철기 유엔 글로벌콤팩트 한국협회 사무총장, 경제수석에 조원동 한국조세연구원장, 고용복지수석에 최성재 서울대 명예교수, 교육문화수석에 모철민 예술의전당 사장, 미래전략수석에 최순홍 전 유엔정보통신 기술국장 등 청와대 비서진도 잇따라 내정했다. 문고리 인사들인 정호성은 제1부속비서관에, 안봉근은 제2부속비서관에, 이재만은 총무비서관에 각각 임명됐다.

박근혜는 2월 25일 0시를 기해 이명박 대통령으로부터 군 통수권을 비롯해 대통령으로서 모든 법적 권한을 인수받았고, 오전 10시 23년간 지내온 서울 삼성동 집을 떠나 현충원을 참배한 뒤 취임식에 참석했다. 박근혜는 국회에서 열린 제18대 대통령 취임식에서 희망의 새 시대를 열겠다고 다짐했다.

"저는 오늘 대한민국의 제18대 대통령에 취임하면서 희망의 새 시대를 열겠다는 각오로 이 자리에 섰습니다. … 저는 대한민국의 대통령으로서 국민 여러분의 뜻에 부응해 경제부흥과 국민행복, 문화융성을 이뤄낼 것입니다. 부강하고, 국민 모두가 함께 행복한 대한민국을 만드는 데 저의 모든 것을 바치겠습니다."[1]

박근혜 정부는 북한의 3차 핵실험으로 유엔의 북한 제재가 이뤄지면서 개성공단 문제가 부각되자 공단 폐쇄를 결정했다. 류길재 통일부 장관은 4월 26일 개성공단 내의 잔류 인원에 대한 철수를 결정했다. 북한에 대한 단호한 대응으로 박근혜의 지지율은 상승했다.

박근혜는 5월 미국을 방문했다. 박근혜는 버락 오바마 미국 대통령과 한미정상회담을 갖고 북한에 대한 공동 대응을 논의했고 한미동맹을 글로벌 동맹으로 발전시키는 '한미동맹 60주년 선언' 등에도 합의했다. 하지만 당시 방미는 윤창중 청와대 대변인의 성추문 사건으로 빛이 바랬다. 윤창중은 5월 7일 밤 미국 현지에서 술을 마시고 주미 한국 대사관에 지원한 여성 인턴을 성추행했다는 의혹으로 미국 경찰에 신고당했다. 윤창중은 홀로 귀국한 뒤 해임됐고, 직속 상급자인 이남기 홍보수석은 사의를 표명했다.

검찰은 6월 14일 국정원 직원들이 대통령 선거와 관련된 댓글을 단 사실이 있다고 발표했다. 즉, 모두 1977개의 불법 정치 관여 글을 게시했고 지난해 대선과 관련해서는 73건의 비방 글을 올렸다는 것이다. 이는 국정원 직원이 대선과 관련한 댓글을 단 적이 없다는 경

찰의 발표와 완전히 다른 내용이었다. 더구나 지난해 대선 직전 서울
지방경찰청이 발표할 당시에 국정원 직원들이 대통령 선거와 관련된
댓글을 달았다는 사실을 경찰에서 이미 확인했다는 것도 드러났다.
논란이 확산되자 박근혜는 6월 24일 대변인을 통해 국정원이 어떤
도움을 주지도, 국정원으로부터 어떤 도움도 받지 않았다고 밝혔다.
경찰의 허위 수사 발표에 대해서는 언급하지 않았다.

　검찰 수사 과정에서 원세훈 전 국정원장에 대한 법리 적용과 신
병 처리 문제를 두고 검찰과 법무부 사이에 갈등이 불거졌고 황교안
법무부 장관의 수사 개입 논란도 일었다. 여권 일각에서는 국정원 댓
글 사건 수사를 주도한 채동욱 검찰총장에 대한 불만이 터져 나왔다.

　박근혜는 6월 27일부터 30일까지 4일간 중국을 국빈 방문했다.
양국은 수교 21주년을 맞아 미래 비전을 담은 공동성명을 채택했다.
정권 초기 보통 미국, 일본 순이던 대통령의 4대국 순방이 이번에는
미국, 중국 순으로 바뀐 것이다.

　박근혜 대통령은 취임 이후 공식 회의 이외에는 주로 서면으로
보고받고 전화로 지시하는 등 대면 보고를 최소화했다. 보고 서류는
대부분 정호성 제1부속비서관이 모아 정리한 다음 대통령에게 전달
했다. 서면 중심의 보고 및 지시 양식은 비선 세력의 국정개입과 밀
접하게 연관돼 있는 것으로 분석된다. 서면 커뮤니케이션은 정확성
이나 효율성, 창조성, 종합적 이해력, 공감, 대응력 등 여러 측면에서
대면 커뮤니케이션에 크게 미치지 못하지만 문서의 흐름이나 유통
과정을 장악할 경우 내용까지 상당 부분 관리와 통제가 가능하기 때
문이다. 즉, 서면 중심의 보고 및 지시 체계가 확립된다면 서면 커뮤
니케이션의 중심에 있는 정호성 부속비서관을 통한 국정 전반의 관
리 및 통제가 가능해지기 때문이다.

대통령은 특별한 경우가 아니면 청와대 본관 집무실이 아닌 관저의 주방에서 혼자 식사했다. 청와대 관저에는 작은 가족식당과 대식당이 있는데, 모두 TV가 설치돼 있다. 대통령은 혼자 TV를 보며 식사했다. 아침은 조리장들이 준비해놓은 식재료를 전통요리 대가 김막업 씨가 만들었고, 점심과 저녁은 관저 조리장들이 준비했다.[2]

박근혜 대통령은 거의 최순실이 제공하는 옷이나 한복만을 입었고 최순실이 제공하는 가방이나 액세서리를 주로 사용했다. 해외 순방할 때 입는 옷이나 가방 또한 거의 다 최순실이 준비했다. 최순실은 이를 위해 고영태나 의상전문가 등에게 의뢰하고 이들로부터 옷이나 가방 등을 제공받았다. 고영태는 "윤전추 행정관으로부터 대통령 신체 사이즈를 전해 받아 의상을 제작했다"며 최순실이 대통령 해외 순방표를 주면서 옷을 만들라고 지시했다고 기억했다. 최순실은 2013년부터 약 4년간 박근혜 대통령의 의상 제작 비용 등 3억 8000만 원을 대납해온 것으로 특별검사는 파악했다.

최순실 '대통령의 입' 장악, 외교 연설도 관여

최순실은 박근혜 대통령의 지시 또는 묵인하에 지속적으로 청와대 문건이나 자료를 받아 봤고, 대통령과 직접 접촉하면서 국정 운영에 개입하고 관여했다.[3]

최순실은 우선 대통령에게 보고되는 서류 중 인사에 관한 자료, 각종 현안과 정책 보고서, 연설문이나 각종 회의에서 필요한 말씀자료, 대통령의 공식 일정 등을 정호성 비서관으로부터 전달받았다. 최순실이 문고리 인사들을 통해 2013년에만 청와대 문건이나 자료를 최소 138건을 받아 봤다. 대통령의 일정표나 업무 보고서, 말씀자료는 물론 초대 장차관 및 감사원장 인선 자료와 인선 발표문, 심지어 외교상 관련 기밀 문건 등도 받아 봤다. 단순히 대통령의 연설 및 말씀자료만이 아니라 인사, 일정 등 청와대 문건과 자료를 광범위하게 들여다봤다는 이야기다. 구체적으로 일본 총리와의 통화 자료, 비공개 국무회의 부처별 지시 사항, 미국 국무장관 접견 문서 등이 포함됐다.[4] 2016년 12월 11일 노승권 서울중앙지검 1차장의 설명이다.

"첫째 초대 장차관과 감사원장 등 고위직에 대한 인선 자료와 인선 발표와 발표 전 가안, 그런 문건이다. 두 번째는 외교상 관련된 기밀 문건. 세 번째는 대통령 일정표, 국가 정책 추진 계획 등이 포함된 대통령 업무 보고서 및 말씀자료, 각 부처에서 업무 보고한 업무 보고서와 대통령 말씀자료다. 유출된 문건은 총 180건. 2012년 30건, 2013년 138건, 2014년 2건, 2015년 4건, 2016년 6건. 아무래도 2013년 정권 초기에 많이 했다. 2012년은 본격적인 업무 전이니까."[5]

최순실은 이후에도 최소한 2014년 2건, 2015년 4건, 2016년 6건 등의 청와대 문건을 정호성 비서관 등을 통해 받아 봤다. 최순실이 받은 문건과 자료 가운데 공무상 비밀을 담고 있는 문건이 47건에 이른 것으로 검찰은 파악했다.[6]

이 문건들은 최순실 주거지에 있던 외장하드(초대 장차관, 감사원장 고위직 인사 등이 담긴 119건), K스포츠재단 E 부장의 집(대통령 멕시코 순방 일정안 등 5개), 더블루K 직원 F 씨(대통령 해외 순방 문건), JTBC가 제출한 태블릿PC(연설문 등 50건), TV조선 제출(청와대 교육문화수석실 문건 등 5건) 등에서 나중에 발견됐다.[7]

최순실은 우선 정호성을 비롯해 문고리 인사들과 이메일 아이디와 비밀번호를 공유하는 식으로 청와대 자료나 문건을 받아 봤다. 최순실은 이어 정호성 등과 휴대폰을 통해 수시로 확인했다. 즉, 최순실은 2013년 6월부터 2014년 12월까지 정호성과 모두 895회 통화를 하고 문자는 1197차례나 주고받았다고 검찰은 밝혔다. 하루 7~8번 통화하거나 문자로 서로 연락한 셈이다. 정호성은 최순실을 '선생님'으로 불렀다.[8] 노승권 서울중앙지검 1차장의 이야기다.

"정호성 비서관은 최순실과 구글 지메일Gmail 계정 아이디와 비밀번호를 공유한다. 공유하면서 청와대 문건을 전송하고 확인한다는 취지로 휴대전화 문자로 '보냈습니다' 하면서 알려줬다. 2012년 11월 20일부터 2014년 12월 9일 약 2년 정도. 이 기간에 정호성은 최순실에게 이메일로 자료를 계속 보냈다. 자료를 보낸 다음에 '보냈습니다' 이렇게 알려줬다. 237회의 보냈다는 문자메시지가 발견돼 최소 237회 정도 문건을 보냈다는 것으로 추정된다."[9]

이러한 사실은 2017년 2월 16일 서울중앙지법에서 열린 재판에서 공개된 최순실과 정호성 간 문자메시지에서도 확인된다. 최순실이 "내일 자료 보냈다"고 정호성에게 문자를 보내면 정호성이 "확인했습니다"라고 답했다. 정호성은 최순실에게 "VIP(대통령)께서 선생님께 컨펌받았는지 물어보셔서 아직 못 받았다고 했는데 빨리 컨펌받으라는데 확인 바랍니다"라는 문자를 보내기도 했다.[10]

최순실은 이메일만이 아니라 정호성을 비롯한 청와대 인사들을 통해 직접 청와대 문건이나 자료를 전달받아 봤다. 즉, 정호성이 직접 최순실에게 문건과 자료 등을 건네거나 이영선 행정관을 통해 전달했다. 이영선은 2017년 1월 12일 헌법재판소의 대통령 탄핵심판 4차 변론에서 정호성에게 문건을 받아 최순실에 전달했음을 시인했다.[11]

최순실은 이에 거의 매일 서울 강남구 신사동의 모처에서 30cm 두께의 대통령 보고 자료를 건네받아 검토했다고 한다.[12] 최순실도

2013년 2월부터 독일로 도피하는 2016년 9월 3일까지 이메일이나 인편으로 청와대 자료를 받아 봤다는 사실은 인정했다. 즉, 그는 2017년 1월 16일 헌법재판소에 출석해 '대통령 취임 이후 2013년 2월부터 독일로 출국한 2016년 9월 3일까지 청와대 자료를 이메일 또는 인편으로 받았느냐'는 질문에 "그렇다"고 답했다.[13]

민간인이었던 최순실은 어떻게 박근혜의 거의 모든 자료나 연설문, 말씀자료 등을 볼 수 있었을까. 그것은 박근혜 대통령의 요청이 있었기 때문이었다. 박근혜는 일부 문건에 대해 정호성에게 최순실의 의견을 받았는지 확인하고 이를 반드시 반영하라고 지시하기도 했다.[14] 2017년 2월 16일 법정에서 공개된 정호성의 검찰 진술이다.

"박 대통령 취임 직후 (아래에서 올라온) 연설문과 말씀자료가 대통령 스타일에 맞지 않은 경우가 많자 대통령이 최순실 씨 의견도 참고해 반영하라고 했다. 박 대통령이 '개인적 일까지 맡길 사람은 최순실 씨뿐'이라며 의견을 들어보라고 했다. 박근혜 대통령이 최 씨의 의견을 들어 좋은 게 있으면 반영하라고 지시해 모든 연설문과 말씀자료가 최 씨를 거쳤다. 큰 틀에서 보면 최 씨가 국정에 관여했다고 볼 수 있다."[15]

하지만 박근혜는 헌법재판소의 대통령 탄핵심판에서 공무상 비밀누설 혐의에 대해서는 부인으로 일관했다. 그는 2017년 2월 27일 헌법재판소의 탄핵심판 최종변론에서 "제가 최순실에게 국가의 정책 사항이나 인사, 외교와 관련된 수많은 문건들을 전달해주고 최순실이 국정에 개입해 농단할 수 있도록 했다는 주장은 전혀 사실이 아니다"고 잡아뗐다.[16]

최순실은 특히 박 대통령의 연설문이나 말씀자료를 열람하고 수정하면서 대통령의 메시지를 상당 부분 장악했던 것으로 보인다. 실제 최순실은 2013년 6월 말 대통령의 방중 당시 칭화대 연설문에 중국어가 들어간 부분을 지시하는 등 정상외교에도 개입했다. 최순실은 정호성 비서관과 박근혜 대통령의 중국 칭화대 연설문 내용을 논의하는 과정에서 친근감을 드러내기 위해 연설문 마지막에 현지어인 중국어를 사용할 것을 주문한다. 최순실과 정호성의 전화 통화 내역이다.

> **최순실(이하 최)__** 맨 마지막에도 중국어로 하나 해야 될 것 같은데요.
> **정호성(이하 정)__** 제갈량 그, 그 구절을 그냥 그 부분을 중국어로 그, ××× 말씀하시면 어떨까 싶은데요. 이제 쭉 가다가 갑자기 맨 마지막에 중국말로 하면 조금 좀.
> **최__** 아니, 마지막으로.
> **정__** 예.
> **최__** 저기, 그, 중국과 한국의 젊은이들이 이제 미래를 끌고 갈 젊은이들이 앞으로 문화와 저기 인적 교류, 문화와 이, 저기, 임원 교류를 통해 더 넓은 확대와 가까워진 나라로 발전하기를 바란다. 여러분, 여러분의 미래가 밝아지길 기원한다. 그러고 감사합니다. 이렇게 해 쓰는 게 나을 것 같은데.
> **정__** 지금 선생님 말씀하신 그것들 마지막으로 이제 그렇게 중국어로 하신다고요?
> **최__** 어.[17]

정호성은 최순실의 지적에 전혀 토를 달지 못하고 그대로 수용하고, 실제 박근혜는 칭화대 연설에서 최순실이 지적한 부분을 그대로 중국어로 연설했다.

안방 드나들 듯 청와대 '프리 패스'

박근혜 대통령 취임 직후인 2013년 3월 어느 날, '보안 손님'을 태운 차량 한 대가 검문검색 없이 청와대 제11문을 지나 관저로 빠른 속도로 들어갔다. 차량 안에는 이영선 청와대 제2부속실 행정관과 여성이 동승하고 있었다. 최순실이었다. 원래 이곳은 장관들이 국무회의 때 관용차를 타고 와도 검문을 하는 곳이다. 이들은 검문검색도 받지 않고 이른바 '프리 패스'한 것이다. 최순실은 앞서 서울 강남구 신사동에서 자신의 차를 타고 출발한 뒤 서울 종로구 낙원상가 인근에서 청와대에서 나온 차량에 옮겨 탔다. 그는 이영선 행정관을 비롯해 청와대 직원이 이용하는 차량을 타고 그들과 함께 청와대에 들어가기에 검문검색도 받지 않았다. 그래서 아무런 기록도 남기지 않을 수 있었다. 최순실은 박근혜 정부가 출범한 2013년 3월부터 청와대를 제집 드나들 듯 드나들었다. 청와대 한 관계자의 증언이다.

"이(영선) 행정관은 청와대 소유의 차량을 몰고 최순실 씨의 집이나 사무실 등으로 가서 최 씨를 태우고 청와대로 들어왔다. 나갈 때도 이 행정관이 최 씨의 행선지까지 운전을 해줬다."[18]

2016년 검찰이 확인한 바에 따르면 최순실은 2013년 3월부터 11월 사이 청와대 행정관 차량을 이용해 검문검색 없이 비표도 받지 않은 채 최소 10여 회 정도 청와대를 출입했다. 노승권 서울중앙지검 1차장의 설명이다.

"최순실은 청와대에 들어가서 대통령을 몇 차례 만난 적이 있다고 한다. 정호성도 청와대 행정관이 최순실을 차로 출입시켰다고 하는데 횟수는 잘 기억이 안 나고. 각종 과학수사 기법을 동원해본 결과 2013년 3~11월 사이에 최순실이 청와대 행정관 차량을 이용해 비표 등 받고 이런 절차 생략하고 10여 회 정도 청와대 출입한 것으로 확인했다."[19]

최순실도 나중에 2017년 1월 16일 헌법재판소에 증인으로 출석해 정확한 횟수를 기억할 수는 없지만 "대통령의 개인 일을 도와드리기 위해 (청와대에) 출입한 적 있다"고 청와대 출입 사실을 인정했다.[20]

최순실은 청와대 관저를 안방처럼 드나들며 박근혜 대통령을 만나 사생활과 관련한 이야기는 물론 자연스럽게 국정 전반에 관해서도 논의했던 것으로 보인다. 그는 이를 위해 수시로 청와대를 '프리패스'한 것이다.

이것이 어떻게 가능했을까. 이에 대해서는 청와대 부속실에서 요청한 차량이 청와대 정문을 통과할 때 동승자에 대한 확인 절차를 거치지 않는 관행이 있어 가능했다고 분석된다. 즉, 부속실이 요청할 경우에는 검문검색 없이 통과가 가능하다는 이야기다. 이영석 대통령 경호실 차장도 2016년 11월 2일 국회 운영위원회 전체회의에서 "청와대 출입 시 본관 출입이 등재된 차량(청와대가 인가한 차량)이면 운전자만 체크하고 통과시켜준다"고 밝혔다. 최순실 등 비선 실세들이 청와대를 자유롭게 출입할 수 있었음을 시인한 셈이다.[21]

최순실이 특히 주말마다 청와대 관저에 들어와 문고리 3인방과 정기적으로 회의를 했다는 증언마저 나왔다. 한상훈 전 청와대 조리장[22]에 따르면 최순실은 매주 주말 오후 5시쯤 청와대 관저로 들어와 2시간가량 정호성 부속비서관, 이재만 총무비서관, 안봉근 국정홍보비서관 등과 함께 회의를 진행했다. 박 대통령은 같은 시각 관저에 있다가 오후 6시부터 혼자 식사를 했다. 최순실은 주로 일요일에 왔지만 내통령이나 문고리 3인방이 일요일에 일정이 있으면 토요일에 오기도 했다. 특히 대통령의 해외 순방 일정이 있으면 출국 하루 전 평일에도 최순실과 문고리 3인방이 회의를 했다. 최순실과 문고리 인사들의 청와대 관저 회의는 2016년 6월까지 열렸다고 한다. 한상훈 전 청와대 조리장의 기억이다.

"임기 초부터 이영선 전 청와대 제2부속실 행정관이 거의 매주 일요일마다 최 씨를 픽업해 프리 패스로 들어왔다. 최 씨가 온다고 하면 '문고리 3인방'이 관저에서 대기하고 있었다. 우리는 최 씨를 '그분'이라고 불렀다. '그분 오신다'고 하면 조리장도 세 명이 대기했다. 2014년 11월 말 「정윤회문건」 파동 당시 비선 실세 논란이 일었을 땐 최 씨가 한동안 관저를 찾지 않은 것 같다. 그러다가 그 이야기가 가라앉자 다시 드나들기 시작해 내가 청와대에서 나온 (2016년) 6월까지 왔었다. … 최 씨와 문고리 3인방이 배석해 회의를 연다. 박 대통령은 거의 동석하지 않았다."[23]

최순실은 주말 청와대 관저에서 문고리 3인방과 회의를 하고 문고리 3인방보다 먼저 식사를 한 뒤 이영선 행정관의 차를 타고 관저를 빠져 나갔다. 최순실은 일본식 전골 요리인 스키야키를 자주 먹었고 김밥을 싸달라고 부탁하곤 했다. 한상훈 전 청와대 조리장의 기억이다.

"다 함께 밥을 먹는 일은 없다. 최 씨가 오는 날 주방 상황은 이렇다. 오후 6시엔 평소처럼 대통령의 1인분 식사를 낸다. 그 후 가장 먼저 준비하는 게 이영선 행정관의 식사다. 회의가 끝난 최 씨를 데려다줘야 하는 게 이 행정관이기 때문이다. 그리고 최 씨의 밥을 준비한다. 최 씨는 늘 일본식 전골 요리인 스키야키를 먹었다. 최 씨 식사가 끝나면 문고리 3인방 차례다. 같이 먹으면 좋은데, 꼭 돌아가면 서 한 사람씩 먹었다. 문고리 3인방 식사로 고기까지 굽느라 일요일 에 더 바빴다. 그래서 모든 정리가 끝나면 오후 10시가 넘었다. (최 씨가 청와대에서 음식을 싸 가기도 했다는 보도가 있었다. 사실인 가?) 회의 때 출출하다며 김밥을 달라고 했다. 처음엔 몇 번 청와대 인근의 김밥 전문점에서 사다 줬는데, 나중엔 질린다며 주방에서 직 접 만들어달라고 했다. 그래서 시중에서 파는 김밥 속재료 제품을 사 다가 멸치, 고추 등과 함께 넣고 다양하게 만들어줬다. 회의를 마치 고 집에 갈 때도 김밥을 싸달라고 해 포일에 싸서 검은 봉지에 두세 줄씩 넣어줬다."[24]

그에 따르면 최순실은 청와대 관저에서 조리장 등에게 노출되는 것을 피하기 위해 내실로 이어지는 여러 통로를 제한하고 차단했던 것으로 보인다. 그만큼 보안에 신경 썼다는 이야기다. 한상훈 전 청 와대 조리장의 기억이다.

"관저에 있는 주방에서 화장실 가는 길에 (최순실을) 두 번 마주쳤 다. 처음엔 신문으로 얼굴을 가리더니 신경이 쓰였는지 나중엔 주방 에서 내실로 이어지는 통로를 막자고 한 것 같다. 그래서 화장실도 한참 돌아서 가야 했다."[25]

최순실은 문고리 3인방과 회의를 하며 대통령과 관련한 국정 전 반에 관여했던 것으로 추정된다. 심지어 최순실이 대통령 관저에서 박근혜를 만난 뒤 그곳에서 잠을 자기도 했다는 증언도 나왔다.[26]

한편 최순실의 딸 정유라는 4월 14일 상주국제승마장에서 개최 된 한국마사회컵 전국승마대회에서 준우승에 그쳤다. 최순실은 이에 심판들에게 강하게 항의했고, 나중에 정호성을 통해 이 문제를 언급 했던 것으로 보인다. 이는 새 파문을 예고했다. 헌법재판소[27] 등에 따르면 모철민 교육문화수석은 7월경 정호성에게서 문화체육관광부 담당 과장에게 대한승마협회의 박원오를 만나 협회 문제점을 확인하라는 말을 듣고 유진룡 문체부 장관에게 대한승마협회 비리를 조사하라고 전했다. 유진룡 장관은 이에 노태강 체육정책국장과 진재수 체육정책과장에게 대한승마협회 조사를 지시했다. 노태강과 진재수는 승마협회를 조사한 뒤 박원오파와 그 반대파 모두 문제가 있다는 보고서를 작성해 유진룡 장관과 모철민 수석을 거쳐 대통령에게 보고했다. 유진룡은 7월 23일 국무회의에서 '체육단체 운영 비리 및 개선 방안'을 보고했고, 문체부는 체육단체 운영 실태 전반에 대한 감사에 착수했다. 박근혜 대통령은 8월 정호성에게 체육계 비리 척결에 진척이 없는 이유를 파악하라고 지시했고, 정호성은 이를 공직기강비서관에게 전달했다. 홍경식 민정수석은 모철민 수석에게 공직기강비서관의 조사 결과를 알려주면서 '노태강과 진재수는 체육 개혁의지가 부족하고 공무원으로서 품위에 문제가 있다'는 취지로 말했다. 대통령은 그 뒤 모철민 수석을 통해 유진룡 장관에게 '대한승마협회를 포함한 체육계 비리에 대한 구체적 대책'을 주제로 대면 보고하라고 지시했고, 유진룡 장관은 8월 21일 모철민 수석이 배석한 자리에서 대통령에게 보고했다. 대통령은 이 자리에서 '나쁜 사람이라고 하더라'며 노태강과 진재수를 문책하라는 취지의 지시를 했다. 이에 유진룡 장관은 9월 2일 노태강과 진재수에 대해 문책성 인사를 했다. 대통령은 나중에 2016년 4월경 노태강이 국립중앙박물관 교육문화교류단장으로 근무 중인 사실을 확인하고 김상률 교육문화수석에게 노태강을 산하단체로 보내라는 취지로 지시했다. 노태강은 5월 31일 명예퇴직했다.

최순실이 정유라가 다니는 청담고에 찾아가 체육 특기 담당 교사에게 폭언을 한 것이 나중에 드러나기도 했다. 서울시교육청과 청담고 교사 등[28]에 따르면 체육 특기 담당 교사 G 씨는 그해 5월 정유라의 승마대회 출전 횟수가 교육청의 매뉴얼에 따라 연 4회로 제한됨에 따라 최순실에게 "정유라 학생의 경기 출전이 4회로 제한된다"고 전화로 안내했다. 최순실은 이에 "너 거기서 딱 기다려. 어디서 어린 게 학생을 가라 말아야"라고 폭언한 뒤 학교로 찾아왔다. 최순실은 강당에서 수업 중인 G 교사에게 "야, 너 나와봐"라고 반말을 했고 G 씨는 수업 중이니 기다려달라고 말했다. 최순실은 학생들이 보는 앞에서 "어린 것이 어디서 기다리라 말아야"라며 폭언하고 수업을 방해했다. 교사는 어쩔 수 없이 학생들을 돌려보낸 뒤 교무실로 안내했지만, 최순실은 영어 교사 등이 지켜보는 가운데 "너 잘라버리는 거 일도 아니다. 학생들의 꿈을 꺾는 것이 교사냐? 지금 당장 교육부 장관에게 가서 물어보겠다. 네까짓 게 감히 학생에게 학교를 오라 마라 하느냐?"고 폭언을 이어갔다고 한다.

확산되는 국정원 댓글 사건

2013년 하반기 동북아시아에서 방공식별구역ADIZ 설정 문제로 갈등이 고조됐다. 중국은 11월 23일 동중국해 상공에 방공식별구역을 선포했다. 중국의 방공식별구역은 센카쿠(중국명 댜오위다오)뿐만 아니라 한국의 이어도 상공도 포함해 한국을 비롯한 미국, 일본 등의 반발을 샀다. 한국도 이어도 상공을 포함하는 방공식별구역을 확대, 발표했다. 12월 12일 북한에서는 2인자로 통하던 장성택이 숙청되면서 김정은 유일 지배 체제가 공고화했다.

박근혜는 2013년 8월 5일 허태열 대통령 비서실장을 대신해 김기춘을 신임 비서실장으로 임명했다. 1974년 문세광 수사를 담당한 '고마운 은인' 김기춘이 대통령 비서실 살림을 장악하게 된 것이다. 김기춘은 청와대 우위의 수직적인 당청 관계를 주도하는 한편 청와대와 국정 운영 전반을 보수적으로 끌고 갔다. 그가 이 과정에서 최순실과 정윤회, 문고리 등 비선 세력의 파워를 실감하고 그들의 '지하경제의 양성화 창구' 역할을 하며 생존을 모색했다는 분석도 있다. 조응천의 비유적인 분석이다.

"내 생각에는 비유하자면 정윤회하고 문고리들이 '지하경제'인데, 이것들이 나오면 국세청이 덤벼들고 검찰이 덤벼들어 나올 수가 없다. 지하경제에서 만든 돈을 양성화시켜야 되잖아? 그 양성화 창구가 바로 김기춘이다."29

9월 6일 ≪조선일보≫에 채동욱 검찰총장의 혼외 아들 의혹이 보도됐다. 일각에서는 검찰의 국정원 대선개입 의혹 사건에 대한 불만에 따른 '찍어내기'가 아니냐는 분석이 나왔다. 채동욱은 버티기를 시도했지만 황교안 법무부 장관이 감찰을 지시하자 "검찰총장이 조사 대상자가 돼서는 정상적으로 검찰을 지휘할 수 없다"고 물러났다. 나중에 청와대 행정관이 채동욱 총장 관련 개인정보 불법 열람에 연루된 것으로 알려지면서 후폭풍이 일었다.

9월부터 문화예술계를 대상으로 박근혜 정부 내에서 블랙리스트가 만들어지기 시작했다. 김기춘 비서실장이 주도해 청와대와 행정부가 만든 사실이 밝혀졌다. 특별검사30 등에 따르면 김기춘은 2013년 9월부터 2016년 9월까지 조윤선 정무수석 주관하에 김상률 교육문화수석, 김소영 문화체육비서관, 김종덕 문화체육관광부 장관, 신동철 정무비서관, 정관주 국민소통비서관 등이 참여하는 '민간단체 보조금 TF'를 운영했다. 청와대는 이를 통해 정무수석실에서 지원을 배제할 단체와 개인 명단을 작성해 교육문화수석실을 통해 문화체육관광부에 내려보냈다. 문체부는 한국문화예술위원회, 영화진흥위원회, 한국출판문화산업진흥원으로부터 지원 신청을 취합해 교육문화수석실을 통해 정무수석실에 보내 지원 가능한 신청 건과 지원에서 배제할 명단을 받아 지원 배제 리스트를 계속 축적해 예술위, 영진위, 출판진흥원의 지원 심사 결정에 개입했다. 예술위는 책임심의위원 후보 가운데 19명을 위원 선정에서 배제했고, 예술위에서 해당 예술가들에 대한 공모 사업 등 325건의 지원이 배제되도록 했다. 영진위에서는 예술영화전용관 지원 등과 관련해 8건의 지원이 배제되도록 했고, 출판진흥원에서는 22개 도서가 '세종도서' 선정에서 배제되도록 했다. 실제 대표적인 문학 출판사 가운데 하나인 '문학동네'는 2014년 10월 각 분야 전문가들이 각자의 시선에서 세월호 참사를 바라본 『눈먼 자들의 국가』를 발간한 뒤 '좌편향' 출판사로 낙인찍히면서 2014년 25종의 출판물이 '세종도서'에 선정된 것과 달리 2015년에는 5종으로 확 줄었다. 문학동네가 발행하는 잡지 ≪문학동네≫ 등 문예지에 지원되던 10억 원 규모의 '우수 문예지 발간 지원 사업' 자체가 폐지되기도 했다. 특별검사는 김기춘이 이 과정에서 김종덕 문체부 장관과 함께 2014년 9월 문화예술계 지원 배제에 미온적인 태도를 보인다는 이유로 문체부 최규학, 김용삼, 신용언 실장에게 사직서를 제출하도록 강요하기도 했다고 파악했다. 청와대는 이듬해인 2014년 전국경제인연합회(이하 전경련) 등을 통해 박근혜 정권에 우호적인 우파 단체에 자금을 지원하도록 했다. 이른바 '화이트리스트'였다. 청와대 경제수석실 등은 전경련 임직원들에게 22개 단체에 단체별 지원금 액수를 지정해 활동비를 지원하도록 요구해 내기업으로부터 받은 자금과 전경련 자체 자금을 합해 24억 원을 지원했다. 2015년에는 '아스팔트 우파' 단체로 분류되는 '어버이연합'을 비롯해 31개 단체에 35억 원, 2016년에는 22개 단체에 약 9억 원을 지원했다.

국군사이버사령부의 대선개입 의혹도 확산됐다. 10월 14일 국회 국정감사에서 김광진 새정치민주연합 의원은 국군사이버사령부의 18대 대선개입 의혹을 제기했다. 김광진 의원과 김관진 국방부 장관 간의 질의응답이다.

김광진 의원(이하 광)__ 사이버사령부가 예산도 국정원에서 받아서 쓰고 계시지요?

국방부 장관 김관진(이하 관)__ 국정원 예산은 없는 걸로 알고 있습니다.

광__ 국정원 예산 없습니까? 어제 담당자가 와서 국정원 예산 받아서 사용하고 있다고 답변했습니다.

관__ 그것은 정확히 제가 파악을 하지 못하고 있는데…

광__ 이 예산 2000년부터도 계속 쓰고 있었던 예산입니다. 장관, 업무 파악이 안 됩니까?

관__ 그것은 아마 국방 정보 관련해가지고 그럴 수는 있다고 생각합니다.

광__ 그러면 사이버사령부 소속 직원들이 국내 사이트에 댓글을 단 것에 대해서는 보고받으셨습니까?

관__ 그 문제는 북한이 우리 대한민국 정부의 실체를 부정하고 선전, 모략, 선동을 하기 때문에 거기에 대응하기 위한 수단입니다.

광__ 그러면 지금 현재 댓글을 쓰고 있는 사람들이, 북한 사람들이 지금 오유나 일베나 이런 데에 글을 쓰고 있다고 국방부는 판

단하고 계신 겁니까? 그것에 대한 방어용으로 우리 군이 댓글을
달고 있다, 이렇게 주장하시는 겁니까?

권__ 그건 댓글이 아니고 거기에 대한 하나의 대응 차원입니다.
이것은 뭐냐 하면…31

10월 15일, 국방부는 자체 수사에 착수했고 이 과정에서 실제로
댓글 작업이 있었으며 심지어 평일 업무 시간대에도 댓글 작업이 이
뤄진 것을 확인했다.

10월 21일, 국회 법제사법위원회의 서울고등검찰청에 대한 국
정감사에서 국정원 대선개입 사건의 수사팀장이었던 윤석열 당시 여
주지청장은 수사 외압이 있었다고 폭로했다. 윤석열 지청장은 "이렇
게 된 마당에 사실대로 다 말씀을 드리겠다"며 그간 검찰 수뇌부의
집요한 수사 방해와 외압이 있었음을 폭로했다. 윤석열의 응답이다.

"일단 처음에 좀 격노를 하셨습니다. 그리고 '야당 도와줄 일 있
느냐? 야당이 이것을 가지고 정치적으로 얼마나 이용을 하겠느냐? 정
하려고 그러면 내가 사표 내면 해라. 그리고 우리 이 국정원 사건 수
사의 순수성이 얼마나 의심받겠느냐?' 이런 말씀을 하시기에 저는 '아,
검사장님 모시고 이 사건을 계속 끌고 나가기는 불가능하다'는 판단
을 했습니다."32

김한길 새정치민주연합 대표는 이에 10월 25일 국정원 대선개
입 사건에 대해 진상 규명과 관련자 문책 등을 청와대에 요구했다.
논란이 커지자 정홍원 국무총리는 10월 28일 취임 후 첫 대국민 담
화를 발표했다. 정 총리는 대통령이 지난 대선에서 국정원으로부터
어떤 도움도 받은 적이 없다며 "제기된 의혹들에 대해 철저히 조사해
잘못된 것에 대해서는 책임을 묻겠다"고 밝혔다.

박근혜는 10월 29일 한양대 스포츠산업학과 교수 김종을 문화체육관광부 제2차관으로 임명했다. 김종은 문체부 제2차관으로 임명된 뒤 문체부를 장악, '체육 대통령'으로 불렸다.

박근혜 대통령은 10월 31일 4주 만에 수석비서관회의를 연 뒤 11월 2일 6박 8일의 일정으로 서유럽 순방길에 올랐다.

총리 담화문 주도하는 최순실

박근혜는 비선 권력 최순실에게 상당히 의존적인 모습을 보였다. 박근혜는 2013년 10월 28일 예정된 정홍원 국무총리의 대국민 담화 발표를 하루 앞둔 10월 27일 "빨리 정리해야 되는데 어떡하죠. 내일 발표할 건데"라고 말하며 불안해했다. 이에 정호성 비서관이 "선생님(최순실)과 상의했다"고 하니까 "예, 예"라면서 그제야 안심하는 기색을 내비쳤다.[33]

최순실은 불안해하는 박근혜 대통령과 달리 대국민 담화나 수석비서관회의 발언 등을 정호성을 통해 과감하고 구체적으로 지시했다. 10월 27일에 최순실은 다음 날로 예정된 정홍원 국무총리의 취임 후 첫 대국민 담화와 관련해 담화 시간을 오전 10시로 하라고 정호성에게 지시했다.

정호성(이하 정)__ 내일 국회, 아니, 내일 그 국무총리 대국민 담화 발표가…
최순실(이하 최)__ 응, 응.
정__ 그 1안과 2안 오전 10시가 있고, 오후 2시가 있다…

최__ 오전에 하기로 했는데.

정__ 예, 그게 오전 10시에 하면 좋은데 오전 10시가 지금 국회 의장하고 약간 좀 ×××돼 있는데 고거를 몇 시에 한다고 이렇게 대통령님께서 확정 주시면.[34]

　실제 정홍원 국무총리는 최순실이 지시한 대로 10월 28일 오전 10시에 취임 후 첫 대국민 담화를 했다. 정홍원 총리가 최순실이 지시한 시간에 따라 담화문을 발표한 것을 보면 정호성이 최순실에게 일정 조정이 쉽지 않다며 대통령에게 말해 시간을 조정해달라는 식으로 부탁하고, 최순실이 이에 대통령과 조율해 정홍원 총리의 담화 시간을 최종 확정한 것으로 추정된다.

　최순실은 단순히 총리 담화 시간만 지정한 게 아니었다. 최순실은 국회 대응 방안으로 법안 처리 협조와 공직기강 확립을 언급할 것을 정호성에게 지시했다.

최__ 앞으로 그런 것이 좀 지켜질 수 있도록 국회나 그런 거를 좀 협조를 해야지. 그거 자체를 자꾸 그런 공격의 대상이나 그런 거를 삼으면 안 된다는 얘기를 좀 에둘러서 이제 공직기강을 잡아야 될 것 같아.

정__ 예.

최__ 그런 거를 하나 넣으세요, 좀.

정__ 예, 알겠습니다.

최__ 그거를 문구를 좀 해 갖고 나중에 보내주든지 해보세요.

정__ 예, 예.[35]

정홍원 총리는 10월 28일 대국민 담화에서 국정원의 대선개입 의혹 수사와 관련해 실체 규명을 다짐하는 한편 최순실이 정호성에게 지시한 대로 정치권의 신속한 법안 처리도 촉구했다.

　"정부의 노력만으로는 경제를 살리고 국민과의 약속을 지켜나가는 데 어려움이 많습니다. 무엇보다 정치권에서 힘을 모아주셔야 합니다. 지금 국회에 계류 중인 경제 활성화와 민생 경제 관련 법안들이 하루라도 빨리 처리될 수 있도록 국회와 정치권의 협력이 절대적으로 필요합니다. 당장 외국인투자촉진법안만 통과되어도 2조 3000억 원 규모의 합작공장 착공으로 총 1만 4000여 명 일자리가 창출될 것입니다. 관광진흥법안이 입법화되면 역시 약 2조 원 규모 호텔 건립 투자로 4만 7000여 개의 고용이 창출될 것입니다."

　물론 정 총리의 대국민 담화에는 박 대통령의 의견도 일부 반영됐다. 대통령은 정 총리의 담화에 주로 공기업 부채와 불량 식품에 대한 내용을 담으라고 정호성에게 지시한다.

　박근혜 대통령(이하 대)__ 여기 뭐, 예. 아주 국민들 속 터지는 것, 뭐, 그런 것, 부채 공기업 부채, 뭐.

　정호성(이하 정)__ 예, 예.

　대__ 이런 거 있잖아요, 또 그, 이제 다 할 필요는 없고, 불량 식품 뭐, 이런 거.

　정__ 예, 예.

　대__ 그, 그 무기 부실, 하긴 뭐, 하여튼 저기 큰, 하여튼 특히 공 공기관 방만한 운영.[36]

　박근혜 대통령이 정호성에게 총리 담화문에 담으라고 지시한 내용은 대체로 원론적이고 원칙적인 내용만 담고 있다. 아울러 처음 들으면 박 대통령이 무슨 말을 하는지 알 수 없을 정도로 내용이 불분명하다. 실제 정홍원 국무총리의 대국민 담화에는 대통령이 지시한 내용이 담겼다. 결국 대통령이 자기 생각이 뚜렷하지 않고 이를 제대로 전달하지 못하거나 불분명하게 지시하는 사이를 비집고 최순실이 구체적으로 지시하면서 국정에 개입할 수 있었던 것으로 추정된다.

수석회의 발언도 깨알 지시

최순실은 2013년 박근혜 대통령의 서유럽 순방 전에 해외로 놀러 다니는 것처럼 보이지 않게 하기 위해 수석비서관회의를 열라고 정호성 비서관에게 지시했다. 2013년 10월 27일 최순실과 정호성의 통화 내용이다.

최순실_ 요번에 떠나시기 전에 대통령이 이렇게 그, 기자회견이 아니라 이임 그런 식으로 얘기한 적이 있어요? 마지막 비서관회의를 그냥 하든가, 그러면 한번. 가시기 전에 잠깐. 국무회의를 하든가.

정호성_ 그, 어떤 식으로 한번 좀 말씀하실 수 있을지 한번 좀 논의를 해야.

최_ 확인해보세요. 왜냐하면 이게 그, 저기 복지부 장관도 이제 새로 선임됐고, 또 차관도 있으니까 당부의 말씀을 하고는 가서야지. 그냥 훌쩍 가는 건 아닌 것 같아, 외국만 돌아다니시는 것 같이.[37]

최순실은 수석비서관회의를 열라는 지시와 함께 수석비서관회의에서 대통령이 말할 내용을 지시하기도 했다. 즉, 최순실은 김한길 새정치민주연합 대표가 국정원 댓글 의혹 사건과 관련해 대통령의 사과와 국정원장 해임 등을 공식적으로 요구한 것에 대해 "너무 안 들어가도 좀 그렇다"며 최소한의 대응을 담으라고 지시했다. 그는 그러면서 "사과하라 해임하라 그 부분에 대해 우리가 법과 질서에 의해서 철저히 엄벌을 하라는 얘기를 분명히 해야 할 것 같고, 그다음에 이제 경제 부분에 대해 돕자, 이렇게 하는 부분에 대해 얘기를 하고, 뭐, 그 두 가지 핵심만"이라고 정호성에게 지시했다.

박근혜 대통령은 실제로 10월 31일 수석비서관회의에서 최순실이 정호성에게 지시한 대로 국정원 댓글 의혹 사건에 대해 원칙에 따라 밝혀갈 것이고 체감경기 개선에 역점을 둬달라고 발언했다.

"여러 의혹들에 대해서는 법과 원칙에 따라 확실히 밝혀나갈 것입니다. 사법부의 판단이 나오는 대로 불편부당한 필요한 조치를 취할 것이고 … 정치적인 의도로 끌고 가는 것은 바람직하지 않다고 생각합니다. 정책의 최우선을 체감경기 개선에 두고, 경기 회복의 온기가 국민 한 사람 한 사람에게 미칠 수 있도록…."

이유를 알 수 없지만 최순실은 정호성을 통해 외국인투자촉진법 개정안에 집착하는 듯한 모습을 보였다. 정홍원 총리 담화문을 통해서도 관련 법안 처리를 정치권에 촉구했던 최순실은 11월 17일 정호성에게 전화를 걸어 외국인투자촉진법을 통과시키면 어느 정도의 일자리와 경제 이득이 생기는지 자료를 뽑아달라고 지시한다. 당시 국회에서는 외국인투자촉진법 개정안이 계류 중이었다.

최순실이 정호성과 통화한 다음 날인 11월 18일, 박 대통령은 취임 첫 국회 시정 연설에서 외국인투자촉진법의 통과에 따른 일자리와 경제 이득 수치를 거론하며 법안 통과를 압박한다. 최순실이 정호성을 통해 얻은 자료를 다시 대통령의 시정 연설에 담은 것으로 추정되는 대목이다.

"외국인투자촉진법안이 통과되면 약 2조 3000억 원 규모의 투자와 1만 4000여 명의 일자리가 창출되고…."

최순실은 11월 20일에는 대통령이 일방적으로 지시만 한다는 언론보도가 난 것에 대한 대응 발언을 준비하라고 정호성에게 지시했다. 즉, 최순실은 "월요일에 수석비서관회의 있죠?"라고 정호성에게 묻고 "홍보가 그러는데 대수비(대통령 주재 수석비서관회의) 때 대통령이 일방적으로 지시만 한다는 보도가 났다. 각 수석들의 보고를 계속 보고, 서로 문제점을 상의하고 의논한 사항을 철저히 해달라"고 지시했다. 대통령은 이에 11월 25일 수석비서관회의에서 "각 부처들의 현안과 과제들을 분석해 수시로 보고하고 심도 있게 논의하고 토의를 해오셨다"며 "우리가 협의하고 지시했던 내용들을 잘 체크해달라"고 주문한다.[38]

최순실은 11월 22일 정부의 예산안 통과에 비협조적인 야당에 대한 대통령의 대응 지침을 정호성을 통해 지시하기도 했다. 즉, 12월 2일까지 예산이 풀리지 않으면 외국인투자촉진법을 활용 못 하게 된다며 야당이 발목을 잡고 있다는 취지로 비난할 것을 지시한다.

정호성_ 예. 근데 선생님, 한 가지. 원래 이제 법도 12월 2일까지 하기로 돼 있는데요. 지금 건국 이래 12월 2일까지 된 적이 한 번도 없습니다. 그러니까 이제 12월 30일 됐었는데요.
최순실_ 아니, 그렇더라도 12월까지 안 하면 우리가 외국인투자 ×××하니까, 항상 이런 게 이렇게 하는데 만날 그 야당에서는 뇌기서 그런 거 저기, 그 저기 뭐야. 공약을 지키지 않으면 못 지킨다고 그렇게 하면서도 전혀 협조를 안 해주니까 이거 대통령으로서 할 수 있는 일이 없고, 그리고 그게 민생을 붙잡고 이렇게 하면 안 된다는 거 하고, 그리고 마지막으로 이렇게 사회에서 그렇게 불공정한 사태가 나고, 이렇게 그, 저기, 난맥상을 나오고, 그 저기.[39]

최순실의 이런 지시는 외국인투자촉진법을 매개로 국정의 발목만 잡는 야당이라는 프레임을 짜려는 것으로, 그가 사실상 청와대와 여권의 대야 관계의 큰 틀 형성에 적지 않게 영향을 미쳤음을 보여주는 대목으로 해석되기도 한다.

최순실은 그러면서 박근혜 대통령이 사흘 후에 열릴 수석비서관회의에서 해야 할 발언에 대해 정호성에게 지시했다.

"적어보세요. (예, 예.) 대수비 때… 여야가 합의해 해달라고 내 (박근혜 대통령)가 요구했음에도 불구하고, 계속 이렇게 예산을 묶어둔 채 그런 쟁점을 이끌고 가는 거는 좀 바람직하지 못한 일이다. 국정을 계속 이렇게, 1년 동안 이렇게 하는 것이 야당한테 이게 진짜 국민을 위한 것인지 물어보고 싶다, 의도가 뭔지."[40]

박 대통령은 이에 11월 25일 열린 수석비서관회의에서 최순실이 정호성에게 지시한 내용이 반영된 발언을 했다.

"국민을 대변하고 국민의 위임을 받은 정치권에서도 국민의 생활과 직결된 예산과 법안에 대해 정파적으로 접근하지 마시고, 정말 국민을 위해 제때 통과시켜주서서 어려운 경제를 회생시킬 수 있는 선택을 해주시기를 부탁드린다."[41]

대통령의 압박이 이어지고 여당이 야당을 강하게 압박하면서 외국인투자촉진법 개정안은 2014년 1월 1일 새해 첫날 통과됐다. 최순실이 박근혜를 통해 국회를 압박하고 이를 통해 외국인투자촉진법 개정안 처리를 이끈 셈이다.

그렇다면 최순실은 왜 '대통령의 입'에 이렇게 집착했을까. 그것은 최순실이 대통령 박근혜의 입을 장악할 경우 자연스럽게 국정에 개입할 수 있는 기회를 갖게 되고, 문고리 인사들도 장악하고 관리할 수 있었기 때문으로 보인다. 아울러 'VIP(대통령) 말씀'이 정치권과 정부 등에 막강한 영향력을 행사할 수 있다는 점도 무시할 수 없었을 것이다. 즉, 대통령의 말이야말로 법안 처리나 예산에 곧바로 영향을 미치기 때문이다. 실제 정부 부처들은 'VIP 말씀'을 근거로 예산을 편성하고 집행하는 경우가 많았다. 정창수 등의 분석이다.

"대통령의 연설문은 곧 정책이고 예산이다. 따라서 최순실은 연설문을 써주는 글쓰기 봉사를 한 것이 아니다. 예산을 훔치기 위해 하는 중요한 기획 행위였다. 예산 사업 기획서를 써준 것이다. 예산을 훔치는 방식도 시스템을 활용한 것이다. 누군가(?) 기획하면 대통령이 공식 석상에서 그 내용을 발언한다. 그러면 관료들이 VIP 발언이라고 강조된 표시를 해서 예산을 올린다. 그러면 재정부가 예산을 깎기는커녕 오히려 늘려주기도 한다."[42]

특히 박근혜와 최순실이 관심을 갖고 주목한 정부 예산은 '문화' 분야 예산이었던 것으로 분석된다. 오래전부터 관심이 있었고 계량화하기 쉽지 않아 대통령의 말씀 영향력이 상대적으로 크게 미칠 수 있어 예산을 빼먹기가 수월한 점도 작용했을 것으로 추정된다. 정부의 예산안 사업 설명 자료에 나와 있는 대통령 발언을 보면 문화체육관광부와 미래창조과학부 예산에 관심이 많고, 여성부나 통일부 등은 별로 신경 쓰지 않은 게 확연히 드러난다. 정창수 등의 지적이다.

"예산안 사업 설명 자료를 분석하다 보니 대통령은 특정 부처 사업에만 관심을 가졌다는 사실이 드러났다. 여성가족부의 예산안에 기록된 대통령의 언급 횟수는 단 2회, 통일부에는 3회 그친다. 고용노동부도 5회에 불과하다. 박근혜 대통령은 여성가족부나 통일부, 고용노동부 예산 사업 관련해서는 거의 언급하지 않았다는 뜻이다. 한마디로 박근혜 대통령은 여성가족부와 통일부, 고용노동부의 구체적인 사업에는 별 관심이 없었다는 의미다. 그런데 문화체육관광부의 예산 안에는 87번, 미래창조과학부 예산안에는 대통령을 뜻하는 단어인 'VIP'가 90번이나 기록돼 있다. 문화체육관광부와 미래창조과학부는 구체적인 사업을 거론해가면서 하나하나 챙긴 사업이 많다는 의미다. 대통령이 특정 예산 사업을 지적하고 언급한 기록은 대통령의 국정의 방향성과 관심도를 잘 반영할 수 있다고 본다. 대통령은 문화체육관광부와 미래창조과학부가 수행하는 사업에 유달리 편애를 보였다고 해석이 가능하다."[43]

'VIP 말씀'이 예산 편성과 확보로 가는 '열려라 참깨'인 상황에서 대통령의 입을 확보한 최순실은 비선 권력을 완전히 장악한 이후 본격적으로 예산 사냥에 나서게 된다.

문체부 인사 좌우, 문고리들도 충성 경쟁

최순실은 2013년 10월 29일 문화체육관광부 제2차관으로 김종 한양대 교수가 임명되는 과정에도 개입했다. 즉, 최순실은 정호성 비서관을 통해 김종을 박근혜 대통령에게 추천했다. 최순실은 나중에 2017년 1월 16일 헌법재판소에 출석해 김종 문체부 제2차관에 대해 "이력서를 정호성에게 보낸 적은 있지만, 직접 하지는 않았다"며 사실상 인사개입을 인정했다.[44] 김종은 앞서 10월 하정희 순천향대 교수의 소개로 최순실을 만났다. 하정희는 2014년 최순실과 우병우 전 민정수석의 장모 김장자, 차은택, 고영태와 골프 회동을 한 것으로 알려진 인물. 최순실은 김종 라인을 만들면서 문체부에 막강한 영향력을 행사하게 됐다.[45]

최순실은 이후에도 김종덕 문체부 장관을 비롯해 문화체육 분야 주요 공직자 후보를 대통령에게 추천했다. 최순실의 추천으로 공직자가 된 인사들은 재단법인 미르와 재단법인 K스포츠가 최순실이 운영하는 회사에 사업과 용역이 수주되게 하는 방식으로 '보은'했다.[46]

최순실은 이때 '비선 진료' 의혹을 받은 김영재의원의 김영재 원장을 찾아 각종 의료 서비스를 받았다. 그는 10월부터 2016년 8월까지 136회에 걸쳐 김영재의원을 찾았다. 거의 일주일에 한 차례씩 진료를 받은 셈. 최순실은 김영재의원에 갈 때 '최보정'이라는 가명을 사용했다. 대신 김영재 원장은 최순실과의 인연을 바탕으로 2013년 12월경부터 2016년 9월까지 최소 14회가량 청와대 관저를 출입했다. 그는 2014년 5월부터 2016년 7월까지 최소 5회에 걸쳐 대통령을 상대로 보톡스를 비롯한 간단한 미용성형 시술 등을 했다. 그사이 김영재 원장의 가족 기업인 존제이콥스와 와이제이콥스메디칼은 대통령 해외 순방 경제사절단에 세 번이나 선정되는 특혜를 받았다. 안면 성형용 리프팅lifting(노화된 피부의 주름을 들어 올려서 팽팽하게 유지시켜주는 것) 실을 생산하는 와이제이콥스메디칼은 2015년 4월 중남미, 9월 중국, 지난 5월 프랑스 순방에 동행했고, 화장품 제조사인 존제이콥스는 프랑스 순방을 따라갔다. 김영재의 대통령 비선 진료나 가족 기업 특혜는 최순실과의 관계를 빼놓고 설명이 되지 않는다는 지적이 나

왔다.[47]

　박근혜와 최순실의 수족 역할을 해온 문고리 권력도 박근혜와 최순실의 신임을 바탕으로 인사 등에서 전횡을 했다는 지적이 쏟아졌다. 「정윤회문건」의 초안 성격인 「시중여론」에도 안봉근, 이재만 등의 인사 민원과 이들의 주변인이 벌이는 비리들에 대한 청와대 공직기강비서관실의 첩보 내용이 담겨 있다.

　먼저 안봉근은 경찰 인사에 깊숙이 관여했던 것으로 알려져 있다. 조응천 전 청와대 공직기강비서관에 따르면 조응천이 2013년 10월 강신명 치안비서관 후임 인사 검증과 관련해 부적절하다고 보고하자 안봉근이 크게 반발했다. 조응천의 기억이다.

　"작년 요맘(2013년 10월)때 강신명(치안비서관) 후임으로 허영범(당시 경찰청 수사기획관)이가 온다는 거야. 그래서 허영범이가 어떤 사람인지 알아봤다. 그러고 나서 '허영범은 죽어도 안 된다'고 (보고서를) 썼지. 그래서 난리가 났다. (안봉근이 전화를 걸어와) '책임질래?'라고 해 '책임진다'고 했다."[48]

　조응천은 안봉근이 밀던 인사에 대해 자신이 비판적으로 보고하자 안봉근이 인사 보복을 했다고 주장하기도 했다. 조응천은 "(허영범 청장 인사 반대 이후) 민정(비서관실)에 있는 경찰은 열 몇(11명)을 다 나가라고 하더라"며 "나가는 건 좋은데, 그 후임을 단수로 찍어서 보내왔다"고 말했다. 그러면서 "경찰 인사는 안봉근이 낸다고 하는 게 당시 이야기였다"며 "박근혜 대통령이 경찰 인사를 안봉근에게 시켰다고 하고, 안봉근이 (인사를) 했다고 경찰에 소문이 났다"고 덧붙였다.[49]

　문고리 권력의 인사농단이 민간기관이나 공공기관에도 미쳤을 가능성도 엿보인다. 실제 이재만이 한국마사회장 인사에 관여했던 정황도 나온다. 마사회는 최순실의 딸 정유라에게 승마 활동 편의를 제공한 의혹을 받던 기관 가운데 하나였다. 이재만이 통화에서 마사회장 인사가 공모를 거쳐야 한다고 말하자 정호성은 "실무적으로 처리하는 게 가장 좋다"고 대답한다.

이재만(이하 이)__ 정 과장님.

정호성(이하 정)__ 예, 예.

이__ 그 마사회 말이야.

정__ 예, 예.

이__ 공모 거치는 게 맞고.

정__ 제일 좋은 거는 그 사람 연락처 좋고, 자기네가 그냥 연락해가지고 우리의, 자기네가 그냥 실무적으로 처리하겠다.

이__ 좋지, 제일 좋지.

정__ 그리고 아니면, 아니면, 그다음에 일본에서 아니, 그, 그러니까.[50]

이재만과 정호성이 논의한 것처럼 한국마사회장은 이후 공모 절차가 진행됐고 현명관 창조와혁신 상임대표가 임명됐다. 현명관 마사회장은 나중에 이재만에게 '이 비서관님께'로 시작하는 편지를 수차례 보낸 정황이 특검에 포착됐다. 특히 2016년 1월 보낸 편지에는 "대통령께서 관심 갖고 계신 승마 활성화를 위해 추진하고 있는 주요 시책들"이라며 보고 내용과 함께 "앞으로도 더 열심히 하겠다"는 다짐도 적혀 있던 것으로 전해졌다.[51]

이춘상 보좌관 사후 문고리 3인방들의 충성 경쟁도 본격적으로 벌어졌던 것으로 분석된다. 즉, 이춘상 보좌관이 살아 있을 때에는 그가 3인방을 총괄하는 역할을 맡았기에 각자 자신들의 역할만 하면

됐지만 이춘상이 죽은 뒤에는 서로 충성 경쟁을 벌였다는 것이다. 청와대 사정에 밝은 소식통의 증언이다.

"대선 때 사고로 숨진 이춘상 보좌관이 있을 때는 그가 최순실 씨 밑에 있어 3인방의 역할이 뚜렷이 구분돼 관리가 됐지만 그가 죽은 이후에는 최 씨가 실세인 줄 아니까 서로 간 충성 경쟁이 벌어진 것이다."[52]

문고리 내부에서 서로 간 파워를 확인하려는 움직임도 있었다. 안봉근은 대통령에게 가는 보고서를 자신이 통제하고 인사 검증도 최종 확인을 받기 때문에 자신이 자연스럽게 권력을 행사한다고 과시했던 정황도 발견됐다. 비선의 국정개입 의혹을 제기한 「정윤회문건」 가운데 초안 격인 「시중여론」 일부에 기록된 안봉근의 언동이다.

"지금 청와대 들어오려면 나를 거치지 않으면 안 된다. 민정(수석실)에서 조응천 공직(기강비서관)이 검증한다고 해도 대장(박근혜 대통령)께 최종 확인은 내가 받는다. 각 수석들이 자기들이 올린 사람에 대해 나에게 '일찍 해달라'. '어떻게 돼가냐' 등을 물어보면서 내 앞에서는 눈치만 보고 슬슬 긴다. 내가 대장에게 한마디만 하면 수석 한둘쯤 날리는 건 일도 아니다. 말이 비서관이지 실장보다 내가 더 결정권이 있다. 대장 빼놓고는 나에게 지시할 수 있는 사람은 아무도 없다."[53]

안봉근은 어느 정도 술이 오른 상태에서 정호성 등의 이야기가 나오면 자신이야말로 대통령 최측근이라는 것을 과시하기 위해 "대장(박 대통령)은 나를 신뢰하기에 모든 것을 다 맡긴다"며 과시했다고 「시중여론」은 전한다.

세월호 침몰 사고 '대통령의 7시간'

2014년 2월 우크라이나에서 친서방 정권이 들어서자 이에 반발한 친러시아계 주민들이 주민투표를 통해 러시아 귀속을 결정했다. 러시아는 신속하게 합병조약 체결과 의회 비준을 거쳐 3월 21일 크림반도 병합안에 서명, 60년 만에 크림반도를 병합했다. 아시아 태평양에서는 미국과 중국 간 대립 구도가 심화했다. 버락 오바마 미국 대통령이 '아시아 재균형 정책Re-Balancing Asia'을 강화하고 미사일방어체계를 구축하려 했다. 아베 신조 일본 정부는 7월 1일 집단자위권 행사를 허용하는 새 헌법 해석을 채택했다. 한국과 중국은 11월 10일 자유무역협정에 합의했다.

박근혜 대통령은 2014년 1월 6일 신년 기자회견에서 평화통일 구축 방안을 묻자 "한마디로 '통일은 대박'이라고 생각한다"고 말했다. 박근혜는 3월 10일 청와대 수석비서관회의 마무리 발언에서 규제개혁을 이례적으로 강조했다.

"쓸데없는 규제는 아주 우리의 원수라고 생각을 하고, 우리 몸에 있는 우리 몸을 자꾸 죽여가는 암 덩어리라고 생각을 해 … 우리가 쳐부술 원수라고 생각을 하고 우리 몸에 제거하지 않으면 우리 몸이 죽는다는 암 덩어리로 생각을 하고 규제를 반드시 아주 겉핥기식이 아니라 확확 들어내는 데에 모든 역량을 집중했으면, 그렇게 생각을 합니다."

4월 8일 국회에서 박근혜 정권 출범 이후 처음으로 최순실 관련 의혹이 제기됐다. 안민석 새정치민주연합 의원은 대정부질의에서 "박근혜 대통령 최측근이라 불리는 정윤회 씨 딸의 승마 국가대표 선발 과정에서 특혜 의혹이 있으며, 마사회 훈련장 마방을 사용하는 특혜를 받았다"고 폭로했다. 정윤회가 연관돼 작성된 대한승마협회의 '살생부'가 청와대까지 전달돼 특별감사가 이뤄졌고 해당 인사들의 사퇴가 종용됐다는 주장이었다. 국회 내에서 정유라의 '공주 승마' 문제가 처음 제기된 것이다.

문화체육관광부는 '대한승마협회의 표적 감사 의혹은 사실무근'이라고 반박했다. 하지만 안민석은 4월 9일 국회에서 사퇴를 종용받은 강원, 전북, 전남 승마협회장 등과 함께 기자회견을 열어 비판을 이어갔다. 이에 이날 오후 신은철 대한승마협회장이 전격 사퇴하고 핵심 집행부(김효진 실무부회장, 전유헌 이사, 손영신 이사, 안중호 부회장)도 동반 퇴진했다.

안민석 의원은 다시 4월 11일 국회 교육문화위원회에서 정유라의 승마 특혜 의혹 제기를 이어갔다. 그는 "정유라는 마사회 선수만 이용할 수 있는 마장에서 훈련하고 있다"고 지적했다. 새누리당 의원들은 이날 이례적으로 일곱 명이 동시다발적으로 정유라 옹호 발언을 쏟아냈다. 김희정 새누리당 의원과 김종 문체부 제2차관 간의 질의응답이다.

김희정 새누리당 의원(이하 희)__ 그런데 이분들이 문제 제기했던 정유연 선수, 과연… 또 새로운 문제점이 뭐냐 하면 국가대표가 부당하게 됐다라는 건데, 저도 개인적으로 승마 쪽은 몰라서 한번 검색을 해봤습니다, 어떤지. (영상 자료를 보며) 그런데 인터넷에 기사가 나온 것을 쭉 봤더니 "승마 유망주, 청담고 정유연" 이런 식으로 인터뷰 기사가 2012년 6월 29일 ≪중앙일보≫에 아주 상세하게 있었고요. 계속해서 화면 보겠습니다. 그다음 기사도 마장마술 S-1 클래스 정유연 선수 고등부 우승한 기사를 상세하게 다루고 있는 것도 찾아볼 수 있었고요. 또 "전국 승마대회 3 관왕 정유연" 이런 기사도 있었고요. 또 "중·고등 부문 정유연 독주 시대 맞수 없어" 이런 기사도 있었습니다. 기사만 있는가 해서 사실은 제가 자료 요청까지 했습니다. 이 선수가 과거에 어떤 실적을 거둔 선수인지를 봤는데요. 2007년부터 2014년 3월까지 거의 모든 경기에서 1, 2위를 휩쓸다시피 한 선수더라고요.

김종 문화체육관광부 제2차관(이하 종)_ 예, 그렇습니다.

희_ 그러면 이렇게 훌륭한 선수인데 부당하게 됐다라고 할 때는 그것을 근거를 내밀어서 해야 되는데 단순하게 이 선수의 부모님이 누구이고 윗대 어른이 누구라는 이유로 이렇게 훌륭한 선수에 대해서 음해를 하는 것, 문체부가 두고 보고 있으면 될 일입니까, 아닙니까?

종_ 안 되겠습니다.[54]

여당 의원들은 정유라에 대해 "유망하고 전적이 뛰어"난데 사기를 꺾어놓으면 "장래를 어떻게 책임질 것"이냐고 힐난했다. '공주 승마' 의혹 제기를 사과하라는 요구였다. 정유라를 두둔한 김희정 의원과 강은희 의원은 각각 2014년 7월과 2016년 1월 여성가족부 장관에 차례로 입각했다. 김종 문체부 제2차관은 4월 14일 이례적으로 기자회견을 열고 "대한승마협회의 일부 관계자가 정치권 등을 통해 제기한 시·도 승마협회장 사퇴 압력과 특정 선수 특혜 논란은 근거 없는 의혹 제기"라며 정유라를 두둔했다.

4월 16일 오전 경기도 안산 단원고 학생을 비롯해 476명을 태우고 제주도를 향해 가던 청해진해운 소속 여객선 '세월호'가 진도 앞바다에서 침몰했다. 172명이 구조됐지만 이 사고로 295명이 목숨을 잃었다. 사고 발생 이후 해양경찰의 미숙한 대처와 구조로 인해 다수의 사망자가 발생, 박근혜 정권에 대한 비판 여론이 들끓었다.

박근혜는 4월 19일 실종자 가족들이 모여 있는 진도체육관을 방문해 구조 계획 등에 대해 설명했다. 박근혜는 사고 발생 후 10여 일이 지난 4월 하순 국무회의에서 첫 사과를 한 뒤 5월 19일 TV와 라디오로 생중계된 대국민 담화를 통해 거듭 사과했다. 박근혜는 "세월호 사고의 모든 책임은 대통령인 저에게 있다"며 재발 방지 대책으로 해양경찰청을 해체하고 안전정책 및 구조를 담당하는 국민안전처를 신설하는 등의 방안을 제시했다.

하지만 박근혜는 사고 당일인 4월 16일 오전 10시부터 오후 5시까지의 행적이 구체적으로 확인되지 않으면서 '세월호 7시간' 의혹에 시달리게 된다. 세월호 침몰 사고 직후 대통령의 얼굴에 나타난 미용 성형 시술 흔적 등을 근거로 비선 진료를 받느라 사고 수습을 위한 적절한 대응을 못 한 것이 아닌가 하는 의혹도 제기됐다.

박근혜는 이와 관련, 2017년 2월 27일 헌법재판소의 탄핵심판 최종변론에서 "세월호 침몰 사고 당일, 저는 관저의 집무실에서 국가안보실과 정무수석실로부터 사고 상황을 지속적으로 보고를 받았고, 국가안보실장과 해경청장에게 '생존자 구조에 최선을 다하고 인명 피해가 발생하지 않도록 하라'고 수회에 걸쳐 지시를 했다"며 "재난, 구조 전문가가 아닌 대통령이 현장 상황에 지나치게 개입할 경우 구조 작업에는 전혀 도움이 되지 않고 체계적인 구조 계획의 실행에 방해만 된다고 판단을 해 구조 상황에 대한 진척된 보고를 기다렸다"고 해명했다.[55]

박근혜는 미용 시술 의혹에 대해서도 헌법재판소 탄핵심판 최종변론에서 "일각에서, 당일 제가 관저에서 미용 시술을 받았다거나 의료 처치를 받았다고 주장하고 있으나 이는 전혀 사실이 아니다"며 부인했다. 특별검사는 비선 진료와 관계가 있는 정기양, 김영재, 김상만 등의 4월 16일 당일과 전후 행적을 확인한 결과 대통령에게 미용 시술을 했는지 확인하지 못했다고 밝혔다.[56]

박근혜는 이날 평소처럼 점심과 저녁에 혼자 식사를 한 것으로 알려졌다. 한상훈 전 청와대 조리장은 세월호 사고 당일 "관저에 딸린 주방에서 정오와 오후 6시에 각 1인분의 식사를 만들어 관저에 들어갔고 그릇이 비워져 나왔다"고 증언했다. 즉, 박 대통령이 평소처럼 식사를 했다는 이야기다.[57]

하지만 박근혜는 평소 오전에 머리 손질을 한 것과 달리 세월호 사고가 발생한 당일에는 오후에 머리 손질을 받았다. 대통령 머리 손질 및 화장을 했던 미용사 정송주는 4월 16일 오후 3시 20분 서울 안국동 사거리에 도착해 이영선과 함께 청와대에 들어갔다. 이영선 행정관으로부터 머리 손질을 해달라는 부탁을 받은 뒤였다. 정송주는 서울 강남구 청담동의 미용실을 운영하는 유명 미용사였다. 정송주가 청와대 관저 파우더룸에서 미용 도구를 펼치는 등 준비를 하고 있을 때 대통령이 급히 들어오면서 "오늘 빨리 좀 부탁드린다"고 말했다. 그래서 평소 40분 정도 걸리던 대통령의 머리 손질과 화장이 그날은 20~25분 만에 끝났다고 정송주는 2017년 2월 18일 특별검사에게 진술했다. 정송주는 특검 조사에서 "거의 매일 오전 8시 정기적으로 청와대에 들어가서 대통령의 머리를 손질했지만 2014년 4월 16일은 전날 '내일은 들어오지 않아도 된다'는 연락이 있었다"고 말했다. 정송주는 4월 16일 낮 12시쯤 "대통령의 머리를 손질해야 하니 급히 들어오라"며 청와대로부터 연락을 받았다. 정송주는 승용차로 1시간쯤 걸려 청와대에 도착, 대통령의 올림머리를 했다. 박근혜 대통령이 4월 15일 저녁부터 4월 16일 오전 10시까지 무엇을 했는지는 여전히 확인되지 않았다고 특별검사는 덧붙였다.[58]

김기춘은 대통령의 '세월호 7시간'에 대한 국회 차원의 진상 규명 시도에 대해 적극 방어했다. 하지만 그가 국회 운영위원회에 출석해 대통령이 세월호 사태의 심각성을 인지하고 있었다면서도 대통령이 있던 장소조차 특정하지 못해 되레 '세월호 7시간'에 대한 의혹을 증폭시켰다는 비판이 나왔다.[59]

4월 25일 서울 청와대. 박근혜 대통령은 버락 오바마 미국 대통령과의 공동 기자회견에서 취재기자의 질문을 잊고 엉뚱한 답변을 해 구설에 올랐다. 박 대통령은 '북한은 제재 조치가 가장 많이 가해진 국가인데 만일 또 추가 핵실험을 할 경우 어떤 조치를 취할 수 있을까'라는 미국 기자의 질문을 받고 한동안 대답을 하지 못했다. 한국 진행자가 '대통령님'이라고 부르고 오바마 대통령이 급기야 "불쌍한 대통령이 질문조차 기억하지 못한다The poor president doesn't even remember what the other question was"고 거들었다. 박근혜는 민망한 듯 웃다가 "아까 그, 아휴, 말씀을 오래 하셔 갖고, 허허, 질문이 그러니깐, 그, 저"라고 더듬다가 답변을 이어갔다. 박근혜는 1년 후에도 비슷한 실수를 반복하며 무능의 일단을 드러냈다는 지적을 받았다.

박근혜는 세월호 사고 수습 방안의 하나로 청와대와 내각의 인적쇄신을 단행했다. 하지만 후보자의 잇따른 낙마로 인해 '인사 파동'이 벌어졌다. 세월호 참사에 따른 국민적 분노로 4월 27일 정홍원 총리가 사의를 표명하자 청와대는 5월 22일 안대희 전 대법관을 후임 총리로 내정했다. 하지만 안대희 후보자는 과다 수임료 논란으로 일주일 만에 사퇴했고 6월 10일 내정한 문창극 국무총리 후보자도 부적절한 교회 강연 발언으로 2주일 만에 사퇴했다. 6월 13일 개각에서 내정한 일곱 명의 장관 내정자 중 두 명이 7월 국회 인사청문회에서 제기된 의혹으로 낙마했다. 박근혜는 사표를 제출한 정홍원 국무총리의 사표를 반려, 6월 28일 정 총리의 유임을 발표했다.

세월호 사고 이후 박근혜 대통령의 리더십이 바뀌었다는 증언도 있다. 즉, 김기춘 대통령 비서실장이 청와대에 들어온 2013년 8월과 세월호 사건이 터진 2014년 4월 16일 이후 변화가 있었다는 것이다. 2017년 1월 25일 헌법재판소 변론에서 유진룡 전 문화체육관광부 장관이 한 증언이다.

"김 실장(김기춘 대통령 비서실장)으로부터 직접 또는 모철민 전 청와대 교육문화수석으로부터 정부 비판 세력을 응징하거나 불이익을 요구하는 게 끊임없이 왔다. 그 과정에서 교문수석실과 문화체육관광부와 계속 갈등이 생겨 2014년 1월 29일 박 대통령 면담을 요청해 뵌 자리에서 '반대하는 쪽을 안고 가야 한다'고 다시 건의했다. 그랬더니 박 대통령은 '원래대로 하세요'라고 답했다. 그 후로는 세월호 참사가 있기 전까진 문체부 소신대로 일을 진행했지만 세월호 참사 이후 청와대에서 소위 '블랙리스트'를 내려보내는 등 다시 전횡이 시작됐다."[60]

유진룡 장관은 특히 세월호 사고 직후 대통령에게 정부 조직 개편에 대해 국무위원이나 정부에 비판적인 사람들의 의견을 들어야 한다고 건의했지만 대통령이 "그럼 대한민국 사람 모두의 의견을 내가 들어야 하느냐"며 역정을 내는 모습을 봤다고 2017년 1월 25일 헌재에서 증언했다.

세월호 사고의 후폭풍 속에 치러진 2014년 6월 4일 지방선거에서 여당 새누리당과 야당 새정치민주연합이 각각 8곳과 9곳의 광역단체장을 차지했다. 이어 7월 30일 재보선에서는 야당이 참패했다.

15곳의 국회의원 선거구 가운데 새누리당이 수도권 6곳 중 5곳, 충청권 3곳, 영남 2곳에다 전남 순천·곡성까지 모두 11곳에서 승리했다.

「정윤회문건」의 탄생과 최순실·정윤회의 이혼

2014년 1월 6일 청와대 비서동. 조응천 청와대 공직기강비서관은 이른바 「정윤회문건」을 김기춘 대통령 비서실장에게 정식으로 보고했다. 보고서에는 비선 실세 정윤회가 문고리 3인방과 정기적으로 모임을 갖고 국정을 농단하고 있다는 내용이 담겨 있었다. 보고를 마친 조응천 비서관은 보고서를 작성한 박관천 행정관과 함께 적절한 후속 조치가 있을 것으로 생각했지만, 비선 실세에 대한 조치를 비롯한 국정 정상화는 이뤄지지 않았다.

조응천 비서관과 박관천 행정관은 되레 청와대에서 경질됐다. 박관천 경정은 승진이나 최소 수평 이동도 아닌 서울에서 한직으로 통하는 도봉경찰서 정보과장으로 좌천됐다. 조응천도 후속 보직 없이 청와대를 나온 뒤 자신이 일했던 김앤장 법률사무소로도 돌아가지 못하고 '야인 생활'을 하게 됐다. 조응천과 박관천이 청와대에서 밀려나게 된 것을 놓고 김기춘이 비선 세력과 타협했기 때문이라는 분석도 나온다. 조응천의 기억이다.

"김(기춘) 실장은 세 명(문고리 3인방)하고는 게임이 안 된다. (처음에는 균형추 역할을 하지 않았나?) 난 그런 줄 알았고, 김 실장을 믿었다. 그런데 어느 날 갑자기 빵 소리가 나고 옆구리가 아파서 보니 피가 나더라. 그래서 뒤를 보니까 김기춘이더라. 그리고 난 죽었다. (애초부터 김 실장이 균형추 역할이 아니었다는 건가?) 끝까지 (아니었다). 예를 들어 정윤회 씨에 대한 얘기가 있고, (박지만 EG 회장에 대한) 오토바이 미행에 대해 알아봐라 했을 때, 내가 그것을 알아보고 보고서를 올렸다. 그것을 당신(김 실장)이 소화해서 VIP(대통령)에 올려야 되는데 그게 아니고 얘들(3인방)이나 정 씨한테 줬다더라. 그다음부터 공격이 시작이 된 거다."[61]

「정윤회문건」은 세상에 알려지지 않았지만 청와대는 발칵 뒤집어졌다. 비선 실세의 존재가 문서로 작성돼 보고되면서 비선 실세의 존재가 조금씩 알려지게 됐기 때문이다. 「정윤회문건」에는 최순실에 대해 정윤회의 부인으로만 기록됐지만 문건의 초안 격인 「시중여론」에는 문고리 사이에서 최순실이야말로 권력 서열 1위, 정윤회가 2위, 박근혜는 3위라는 말들이 오갔다는 내용이 담겨 있었다.

이후에도 최순실과 정윤회, 문고리 3인방 등과 관련한 정보를 취합하거나 보고서를 올렸다가 적지 않은 정보 당국 관계자들이 경질됐던 것으로 보인다. 남재준 국정원장이 5월 비선 권력을 알아보려다 발각돼 경질됐고, 이재수 기무사령관도 그해 10월 비선 권력과 관련한 보고서를 냈다가 이틀 만에 경질됐다고 박관천은 전했다.[62]

최순실은 문건이 보고된 지 1개월 뒤인 2월 13일에 자신의 이름을 최서원으로 바꿨다. 개명에 행정절차가 필요한 점을 감안하면 문건 보고 직후 개명에 나선 것으로 추정된다. 문건에 자신의 이름이 적시되면서 비선 존재가 드러날 가능성이 커졌기 때문에 노출을 최소화하기 위한 조치였을 것으로 해석된다.

아울러 「정윤회문건」이 작성된 직후 최순실 일가에 대한 1990년대 국세청 세무조사 자료도 갑자기 비공개 국가기록으로 지정됐다.[63] 서울지방국세청은 1997년 최순실·정윤회 일가와 최순실의 모친에 대해 조사를 벌였고, 그 결과 1999년 문건이 생산됐다. 보존 기간 30년 이상의 공공기록물은 생성 연도로부터 10년을 넘긴 시점에 국가기록원으로 이관하게 돼 있어 해당 문건은 2010년에 이관됐어야 했지만 4년이 지난 2014년 6월 갑자기 이관돼 비공개 기록물로 지정됐다. 「정윤회문건」이 보고된 뒤 6개월이 지난 때였다.

3월 25일 자 ≪시사저널≫에 '박지만 미행설' 관련 기사가 실렸다. 박지만이 2013년 말 정체불명의 사내로부터 한 달 이상 미행을 당했는데, 미행을 지시한 사람이 정윤회라는 내용이었다. ≪시사저널≫은 4월 9일 자에 '정윤회가 승마협회 좌지우지한다'고 보도했고, 6월 20일 자에는 '정윤회 씨 딸, 아시안게임 대표 선발 특혜 논란' 등을 보도했다.[64]

박관천 전 행정관은 앞서 1월 박근혜의 동생 박지만 EG 회장에게 '정윤회의 사주를 받은 남양주 카페 운영자가 오토바이를 타고 미행한다'고 보고했고, 박지만은 김기춘 대통령 비서실장에게 정윤회 쪽이 자신을 미행했는지 알아봐달라고 요청했다.[65]

최순실은 2014년 5월 두 번째 남편 정윤회와 이혼했다. 비선의 국정개입 의혹을 담은 「정윤회문건」이 보고된 지 4개월 뒤다. 이들의 이혼을 둘러싸고는 여러 분석과 해석이 나오고 있다. 우선 최순실이 「정윤회문건」으로 비선 실세로 부각된 정윤회와 연결될 경우 향후 비선 활동에 적지 않은 부담과 장애가 될 수 있을 것으로 보고 그 관련성을 제거하기 위해 이혼한 게 아니냐는 분석이 나온다. 이 과정에서 박근혜 대통령이 두 사람의 이혼을 권유해 이뤄진 것이라는 박근혜 지시설도 나왔다. 언론이 전한 최순실 씨 지인의 이야기다.

"그때 「정윤회문건」 사건 있을 때까지만 해도 (부부가) 같이 살고는 있었어요. 사이는 안 좋았지만. 그 후로 그 사람(정윤회)이 실세다 뭐다 하니까 이혼 딱 해버렸잖아요."[66]

일각에서는 최순실과 정윤회가 박근혜의 신임을 얻고자 경쟁하다가 갈등을 빚은 결과로 보기도 한다. 정윤회의 아버지 정관모는 언론 인터뷰에서 정윤회가 박근혜의 '힘을 많이 받'았지만 최순실이 대통령에게 좋지 않게 말하면서 대통령으로부터 멀어지게 됐고, 이 때문에 이혼으로 이어졌다는 취지로 이야기했다. 정관모의 이야기다.

"아비(정윤회)가 좀 힘을 많이 받았었나 봐요. 대통령이 믿고 하셨나 봐요, 아들한테. 그리고 얘는 너무 자신을 가졌었나 봐요. 유연(정유라)이 어미(최순실)가 보기에는 좀 불안했었나 봐요. 활동하는 것을 조금 억제했나 봐요. 우리 애가, 윤회가 거기서 실망을 한 거죠. 자기가 신임을 얻어서 한참 성장을 해가는데 왜 나를 도리어 대통령한테 그렇게 뭐를 하느냐 이런 식으로. … 자기 대통령한테 신임, 인정하는 능력의 한계를 인식하게 대통령으로 하여금 인식하게 만들어준 것이 유연이 어미가 아닌가 생각해요. 그렇다고 해요. 대통령이 (정윤회를) 인정을 안 하게끔 아주 그렇게 아마 어미가 이야기했나 봐요. '유연이 어머니가 대통령에게 진언을 한 것이다' 이렇게 생각하나 봐요."[67]

최순실과 정윤회가 박근혜를 보좌하는 철학과 방식, 스타일의 차이를 보인 것도 이혼에 영향을 미쳤다는 분석도 있다. 정윤회의 이야기다.

"서로 좋은데도 헤어졌다면 거짓말이고. 이혼 당시 여러 복합적인 이유가 있었다. (박 대통령을 모시는 데 이견이 있었던 게 이혼 사유가 됐다는 얘기가 있다.) 그런 이유도 있었다. 그분을 보좌하는 스타일이 (최순실과는) 많이 달랐다. (박 대통령으로부터 신뢰받는 모습을 보고는 최순실이 질투했다는 소문은 사실인가?) 그런 것도 있었다. 초창기 때부터 '거기'에 몸담고 있을 때는, 뭐 하여튼… 나를 질투하긴 했다. 그런데 결국 나중에 판명되지 않았나? 내가 옳았다는 게.

몸담고 있었을 때는 누가 옳은지 드러나지 않는다. 내가 옳았는지 간신이 옳았는지."[68]

정윤회는 인터뷰에서 자신의 보좌 방식과 '간신'의 방식을 대비했다. 정윤회는 그러면서 "충신과 간신은 종이 한 장 차이다. 살다 보면 기본을 잃어버릴 때가 있다. 기본에 충실하면 크게 실패할 일이 없다"고도 말했다. 맥락에 따라서는 정윤회가 최순실을 '기본을 잃어버린 간신'이라는 식으로 이해했던 것으로 볼 수 있다.[69]

정윤회는 한 발 더 나아가 자신이 박근혜 근처에 있을 때는 시스템적으로나 구조적으로 최순실의 개입이 상대적으로 제한적이었다고 판단한다. 즉, 정윤회가 최순실과 박근혜 사이에 존재하면서 최순실의 개입 수위와 범위, 방식 등을 어느 정도 제어할 수 있었다는 것이다. 정윤회가 "내 앞에서는 그런 일을 구조상 벌일 수 없었다"고 말한 것도 같은 맥락으로 해석된다.[70]

특히 정윤회는 최순실과 근본적으로 다른 철학과 원칙으로 박근혜를 보좌했다고 주장한다. 정윤회는 최순실에 비해 '법적인 잡음'이 없도록 하고 이를 위해 직언도 마다하지 않았다는 것이다. 이는 역으로 최순실은 법의식이 없었고 하는 일이 합법적이지 않는 경우도 있었다는 식으로 해석되기도 한다. 정윤회의 분석이다.

"나는 적어도 일할 때는 박(근혜) 대통령께 직언했다. 그래서 주변에 있던 직원들이 그 상황(박 대통령에게 정 씨가 직언하는 모습)을 굉장히 어려워했다. 그 정도로 아닌 건 아니라고 말씀드리고 정직하게 일했다. … 내가 보좌했을 때는 박 대통령께도 아무 문제가 없었고 승승장구하셨다. 한 번도 법적인 잡음이라든지 지금처럼 나락으로 떨어진 적도 없으셨다. 언제나 최고의 자리에 계셨다. (본인만의 노하우가 있었을 텐데.) 내가 그분을 모시기 전에 대한항공에서 10년간 일했지만 그때도 문제가 없었다. 그 비결이 뭔 줄 아나? 바로 내가 하는 일에 있어서만은 실수하지 않으려고 부단히 노력했다. 특히 박 대통령을 모셨을 때는 두말할 것도 없었다. 지금도 불면증 때문에 잠을 못 잔다. 과거에는 새벽 3시 전에 자본 적이 없다. 실수나 잡음이 나지 않도록 항상 새벽까지 고민했다."[71]

정윤회는 최순실과 공식 이혼하면서 비선 그룹에서 사실상 배제됐던 것으로 보인다. 정윤회가 언제까지 박근혜 옆에서 역할을 했는지는 정확히 밝혀진 적이 없지만, 그가 비선 그룹에서 배제된 것은 큰 의미가 있다. 그의 부재는 최순실의 국정개입 전면화를 의미하는 것이기 때문이다.

최순실은 정윤회와 이혼하자마자 2004년 작성했던 유언장 내용을 "딸 정유라에게 전 재산을 준다"고 고쳤다. 정윤회는 최순실과 재산을 나누지 못했고 이혼 뒤 재산 분할 청구 소송을 냈다가 국정농단 사태가 불거지면서 소를 취하했다.[72]

≪산케이신문≫의 비선 보도

최경환 경제부총리가 2014년 7월 중순 취임했다. 최경환 부총리는 취임 직후부터 금융 완화, 부동산 규제 완화, 가계소득 증대 및 적극적인 재정 투입을 통해 세월호 사고로 침체된 경제를 회복시키겠다고 발표했다. 그의 적극적인 경제정책은 '초이노믹스'로 불렸다. 실제 최경환 부총리는 8월 1일 총부채상환비율DTI: Debt To Income ratio, 담보인정비율LTV: Loan To Value ratio 등 부동산 규제를 완화했다. 그는 9월 1일 관계 부처 합동으로 적극적인 부동산 경기 활성화 정책을, 기획

재정부는 10월 말 5조 원 규모의 추가 경기 부양책을 발표했다.

하반기에는 소위 '세월호 특별법'을 둘러싼 갈등이 고조됐다. 이 과정에서 여야 간 극심한 정쟁 및 세월호 사고 유가족의 집회, 단식 농성 등이 이어졌다. 갈등은 8월 14일부터 18일까지 프란치스코 교황의 방문과 '유민 아빠' 김영오 씨의 장기 단식으로 절정에 치달았다. 10월 말 세월호 특별법과 정부조직법, 범죄은닉재산 환수법 등이 가까스로 국회를 통과하면서 세월호 특별법 파동은 끝났다.

가토 다쓰야 일본 ≪산케이신문≫ 서울지국장은 8월 3일 세월호 침몰 사고 당시 7시간 동안 박근혜 대통령의 행적이 오리무중이었다며 오랜 비서였던 정윤회와 남녀 관계가 있었다는 의혹을 인터넷판 기사로 제기했다. 이는 상당 부분 ≪조선일보≫ 7월 18일 자 최보식의 칼럼을 근거로 한 기사였다. 가토의 ≪산케이신문≫ 온라인판 8월 3일 자 기사의 일부다.

"증권가 관계자에 의하면, 그것은 박 대통령과 남성의 관계에 관한 것이다. 상대는 대통령의 모체, 새누리당의 전 측근으로서 당시는 유부남이었다고 한다. … 증권가 관계자가 말하는 바로는, 박 대통령의 '비선'은 정 씨를 염두에 둔 것으로 보인다. 그러나 '박 씨와의 긴밀한 관계가 소문난 것은, 정 씨가 아니라 그의 장인 최(태민) 목사 쪽이다'라고 밝힌 정계의 소식통도 있어, 이야기는 단순하지 않다."[73]

청와대는 박 대통령의 '세월호 7시간'을 둘러싼 ≪산케이신문≫의 의혹 제기에 강력히 반발했다. 김기춘 비서실장은 8월 7일 ≪산케이신문≫의 보도에 대해 응징해야 한다고 강조하고 가토 다쓰야 특파원의 교체도 거론한 것으로 김영한(1957~2016) 전 청와대 민정수석의 업무수첩(이하 '김영한 업무수첩')에 기록돼 있다.

"케이스 바이 케이스로 할 것이 아니라 ex 산케이 잊으면 안 된다 - 응징해줘야 List 만들어보고, 추적하여 처단토록 정보 수집 경찰 국정원 팀 구성토록."(2014. 8. 7)

"산케이 특파원 교체. 출입국 비자 담당관."(2014. 8. 9)

김기춘은 8월 10일 청와대 회의에서 이번 사안에 대해 외교 문제가 아닌 기자 개인의 범죄행위로 접근하되 국가원수에 대한 모독이라는 점을 강조하고자 했던 것으로 보인다.

"산케이 - 대통령 계셨고, 볼 일도 없고 만난 일도 없다. 경호관 1명 지명. 자국민 관심 표명, 외교문제 ×, 특정 기자의 범죄행위에 대한 대응(法), 언론 자유 이름으로 국가원수 모독은 용납될 수 없다."(2014. 8. 10)

10월 5일 김영한 수석이 참여한 청와대 회의에서는 가토 지국장에 대해 정상 참작 사유가 없다고 지적하고 국내외의 언론이 주시하고 있어 '사대주의적 법 집행'은 불가하다는 내용이 거론됐던 것으로 분석된다. 단호하게 대응하라는 주문인 셈이다.

"법무부 장관 - 산케이 지국장 정상참작 사유 무 / 내외의 언론 주시, 사대주의적 법 집행은 불가 / 동경 특파원 천황 모욕 경우 원칙대로 처리."(2014. 10. 5)

특히 10월 6일 박근혜 대통령이 주재한 수석비서관회의에서 가토 산케이신문 지국장 건의 처리 이후 대책이 집중 논의됐다. 외교부나 문화체육관광부, 외교안보수석이 역할을 분담해 대응하는 방안이 논의됐던 것으로 추정된다.

"◎ 산케이 처리 후 후속 대비
- 이슈화 예상, 위안부 문제 고지 선점, 일 정부 반전 기도 예상, 언론사회 반발 - 국내외, 기소 일관된 논리로 설명, 일본 및 주변국 및 언론단체 설명 - 논리(외교)

- 법과 원칙 〈 언론 자유. 이 이슈 외의 다른 이슈와 묶어서 보도 예상. 언론단체 성명(문체)
- 불가피성 설명, 주요 공관에 설명, 언론단체 설명(외교수석?)
- 당사의 태도 설명 파장 최소화"(2014. 10. 6)

실제 '김영한 업무수첩'에 나온 대로 정부 당국과 관련 조직이 움직였는지는 확인되지 않았지만, 가토 지국장과 관련한 대응이 지속적이고 조직적으로 이뤄진 것은 분명해 보인다. 결국 시민단체에 의한 명예훼손 고발장이 접수되면서 한국 검찰은 수사에 나서 10월 8일 가토 지국장을 기소했다. 하지만 서울중앙지법은 2015년 12월 명예훼손 혐의는 인정되지만 비방의 목적이 없다며 가토를 무죄 방면했다.

김종덕 홍익대 교수는 2014년 8월 문화체육관광부 장관에 취임했다. 영상제작자 차은택은 8월 문화융성위원회 위원으로 위촉됐고 이어 11월 김종덕 문체부 장관의 추천으로 '2014년 한·아세안 특별 정상회담 만찬 및 문화행사' 총괄감독으로 임명됐다. 김상률 숙명여대 교수는 11월 18일 대통령 비서실 교육문화수석으로 임명됐다. 광고대행사 '제일기획' 출신인 송성각은 차은택의 추천으로 12월 23일 한국콘텐츠진흥원장으로 취임했다. 차은택은 2015년 4월에는 민관합동 창조경제추진단 단장과 문화창조융합본부 본부장으로 취임한다. 차은택을 중심으로 끈끈하게 엮인 이른바 '차은택 사단'이 등장한 것이다. 차은택 사단은 2015년 10월 재단법인 미르 설립과 2016년 1월 재단법인 K스포츠 설립 및 이후 두 재단에 문화융복합 예산 등이 집중되도록 했다. 2000년대 초반 드라마 형식 뮤직 비디오로 최고의 감독으로 인정받았지만 이후 내리막길을 걷던 차은택이 최순실을 만나면서 극적으로 부활했다는 지적이 있다.[74]

최순실과 고영태의 파국적 불화

2014년 10월 서울 강남구 삼성동 고영태의 집. 최순실은 고영태와 크게 싸웠다. 고영태는 최순실이 자신에게 애완견을 맡겼는데 제대로 돌보지 않자 욕설을 하고 명품 시계와 돈 1억 원을 가져간 뒤 '자기 것'이라고 해 갈등이 생겼다고 2016년 12월 국회 국정조사특별위원회 청문회에서 밝혔다. 차은택 역시 두 사람이 심하게 싸웠으며 싸운 뒤 자신에게 따로따로 연락을 했다고 같은 청문회에서 증언했다.

"최순실과 고영태가 2014년 말에 싸운 뒤 양쪽에서 각자 저에게 따로 연락이 왔다. 최순실 씨가 고영태 씨 집에 찾아갔다고 들었다. (최순실 씨가) 고영태 집에 찾아가서 물건과 돈을 가지고 나왔고 서로 그 돈이 본인 돈이라면서 싸움이 생겼다고 들었다."

필자가 2016년 11월에 만난 서울 강남구 삼성동의 한 부동산중개소 공인중개사도 다음과 같이 비슷한 취지의 증언을 했다.

"당시 고영태의 거주지 보증금을 최순실이 내줬는데 무슨 일인지 갑자기 최순실이 찾아와 보증금 반환은 자신에게 하고 고영태에겐 주지 말라고 해 한참 실랑이를 벌였다는 얘기를 들었다."

오래전부터 함께 일해온 두 사람 간 갈등이 폭발하면서 새로운 파장을 예고하고 있었다. 고영태는 최순실과 싸우고 틀어진 뒤 10월 어느 날 김수현 고원기획 대표의 소개로 이진동 TV조선 기자를 찾아가 최순실의 국정개입 실상을 제보했다. 이진동이 2016년 7월 최순실의 국정개입 관련 의혹을 제기하면서 박근혜와 최순실은 돌이킬 수 없는 파국을 맞게 된다. 많은 파국이 내부의 불화에서 비롯된 것처럼.[75]

이즈음 최순실의 딸 정유라는 9월 아시안게임에서 딴 금메달을 앞세워 이화여대에 합격했다. 즉, 정유라는 9월 이화여대 체육학과 수시모집에 입시 원서를 제출한 뒤 9월 20일 2014 인천아시안게임 마장마술 단체전에서 금메달을 받았고 이를 앞세워 이화여대 수시모집에 합격했다. 하지만 정유라의 이화여대 수시 합격은 최순실의 청탁과 최경희 총장을 비롯한 이화여대 고위 간부들의 연루가 있었기에 가능한 것이었다. 특별검사[76] 등에 따르면 최순실은 9월 정유라의 이화여대 입시 원서를 내면서 김경숙 체육과학대학장에게 정유라의 합격을 직접 부탁하는 한편 김종 문화체육관광부 제2차관을 통해서도 거듭 요청했다. 최경희 이화여대 총장은 이에 10월 김경숙 학장과 남궁곤 입학처장 등과 함께 정유라가 대학 면접고사장에 아시안게임 금메달을 지참하도록 하고 면접위원들에게 정유라를 뽑도록 했다. 김경숙 학장은 9월 김종 문체부 제2차관을 통해 최순실의 부탁을 받고 정유라가 면접고사장에 아시안게임 금메달을 지참하도록 했고, 남궁곤 처장은 면접고사 당일 면접위원들에게 손나팔을 만들어 "금메달입니다, 금메달"이라고 소리쳤다. 정유라가 금메달을 지참하도록 이례적으로 허용, 면접위원들에게 정유라의 합격을 사실상 지시한 셈이다. 정유라는 보란 듯이 이화여대에 합격했다.[77]

정유라는 아시안게임 금메달을 앞세워 이화여대 수시에 합격한 것을 두고 일각에서 특혜 의혹이 일자 12월 3일 페이스북에 감정적인 글을 올렸다.

"능력 없으면 니네 부모를 원망해. 있는 우리 부모 가지고 감 놔라 배 놔라 하지 말고. 돈도 실력이야. 불만이면 종목을 갈아타야지. 남 욕하기 바쁘니 아무리 다른 거 한들 어디 성공하겠니?"

정유라가 입학 특혜 의혹에 대해 '돈도 실력'이라며 반박한 이 글은 2년 후 세상에 알려지면서 공정함을 바라는 많은 이의 분노를 촉발, 최순실의 학사농단 파문을 키우는 기름이 된다.

최순실은 9월 정유라에 대한 체계적인 지원을 위해 대한승마협회 회장사를 한화에서 삼성으로 바꾸기로 결심했다. 그는 9월쯤 박근혜 대통령에게 "대한승마협회 회장사를 맡고 있는 한화그룹이 승마선수인 딸 정유라에 대한 경제적 지원에 소극적이니 회장사를 삼성그룹으로 바꾸자"고 요청했다. 박근혜는 이에 9월 15일 대구 창조경제혁신센터 개소식에서 이재용 삼성전자 부회장을 단독 면담하면서 "승마협회 회장사를 삼성그룹이 맡아주고 승마 유망주들이 올림픽에 참가할 수 있도록 좋은 말도 사주는 등 적극 지원해달라"고 요구했다. 이재용은 삼성이 승마협회 회장사를 맡기로 약속했다. 이 과정에서 이재용이 중간금융지주회사 도입과 삼성SDS 및 제일모직 상장 심사 등 승계 작업의 당면 과제들에 대한 도움을 기대했던 것으로 특별검사는 파악했다.[78]

최순실의 인사개입은 이 시기에도 이어졌다. 광고제작사를 운영하던 차은택이 정부 문화융성위원으로 위촉되고 다시 2015년 4월 창조경제추진단 단장과 문화창조융합본부 본부장으로 취임할 때에도 최순실이 결정적인 역할을 했다. 최순실은 정호성에게 차은택의 이력서를 보내 대통령에게 소개한 것이다. 최순실도 나중에 2017년 1월 16일 헌법재판소에 출석해 '대통령에게 차은택을 소개했느냐'는 물음에 "정호성에게 (차은택의) 이력서를 줬다"고 인정했다. 차은택은 이후 자신의 지인을 최순실에게 재단법인 미르 임원으로 추천했고, 차은택의 추천으로 재단법인 미르 임원이 된 인사들은 최순실의 사익 추구에 적극 협력했다. 최순실은 김종덕 문체부 장관과 김상률 청와대 교육문화수석 역시 대통령에게 추천했다.[79]

비선 세력의 사익 추구

최순실은 자신과 박근혜의 비선 진료를 해온 김영재 원장과 그의 부인 박채윤을 대통령과 안종범 경제수석, 정호성 부속비서관 등을 활용해 챙겼다. 박영수 특별검사[80]에 따르면 최순실은 2014년 2월 정호성에게 김영재의원의 해외 진출 필요성을 이야기했고, 정호성은 이를 대통령에게 보고했다. 대통령은 지원하라고 지시했고, 안종범은 6월 대통령 특사 자격으로 아랍에미리트UAE를 방문하면서 김영재, 박채윤 부부를 비공식적으로 데려갔다. 안종범은 그곳에서 보건청 및 국부펀드 관계자 등을 상대로 한 영업 활동을 지원했다. 김영재의 부인 박채윤은 이에 8월부터 2015년 8월까지 여섯 차례에 걸쳐 안종범에게 1800만 원 상당의 무료 미용성형 시술 및 금품을 제공했다. 박채윤은 아울러 2015년 2월부터 2016년 5월까지 3100만 원 상당의 스카프와 양주, 가방, 현금, 무료 미용성형 서비스 등을 안종범에게 제공한 혐의로 나중에 기소됐다.

최순실은 2014년 10월부터 딸 정유라의 경복초등학교 동창 학부형이 운영하는 회사 'KD코퍼레이션'에 도움을 주기 위해 대통령을 움직이기도 했다. 이 과정에서 금품을 챙기기는 등 사익을 추구하는 모습도 포착된다. 검찰 특별수사본부[81] 등에 따르면 최순실은 10월 딸 정유라가 졸업한 초등학교 학부형으로 친분이 있던 문화경 씨로부터 남편 이종욱이 운영하는 KD코퍼레이션의 흡착제를 현대차에 납품할 수 있도록 도와달라는 부탁을 받았다. 최순실은 이에 정호성을 통해 KD코퍼레이션 사업 소개서를 박근혜에게 전달했다. 박근혜는 이에 11월 27일 안종범에게 "KD코퍼레이션은 흡착제 관련 기술을 갖고 있는 훌륭한 회사인데 외국 기업으로부터 부당한 대우를 받고 있으니 현대자동차에서 그 기술을 채택할 수 있는지 알아보라"고 지시했다. 안종범은 서울 종로구 삼청동 안가에서 박근혜와 단독 면담을 한 정몽구 현대차그룹 회장, 김용환 부회장에게 KD코퍼레이션의 흡착제가 활용이 가능하면 채택해주었으면 좋겠다고 부탁했다. 김용환 부회장은 12월 2일 안종범에게 KD코퍼레이션 대표 이름과 연락처를 다시 확인한 다음 현대차 구매 담당 부사장에게 납품 계약을 추진하라고 지시했다. 현대차와 기아차는 2015년 2월 3일 수의계약으로 KD코퍼레이션의 흡착제 납품 계약을 체결하고 2016년 9월까지 10억 원 상당의 제품을 납품받았다. 2013년 12월 이종욱 KD코퍼레이션 대표로부터 1162만 원 상당의 샤넬백 한 개를 받았던 최순실은 2015년 2월과 이듬해 2월 각각 현금 2000만 원씩 모두 5162만 원 상당의 금품을 받은 것으로 드러났다. 박 대통령은 나중에 헌법재판소의 탄핵심판 최종변론에서 KD코퍼레이션 특혜와 관련해 "최순실이 제게 소개했던 KD코퍼레이션이라는 회사의 자료도 중소기업의 애로사항을 도와주려고 했던 연장선에서 판로를 알아봐 주라고 관련 수석에게 전달을 하였던 것이며, 위 회사가 최순실의 지인이 경영하는 회사이고 최순실이 이와 관련해 금품을 받은 사실은 전혀 알지도 못했으며 상상조차 하지 못했다"고 해명했다.[82]

최순실 인맥들도 곳곳에서 사익 추구에 나섰다. 최순실이 대통령에게 추천해 '문화계의 황태자'로 부상한 차은택은 11월 '2014년 한·아세안 특별정상회담 만찬 및 문화행사' 총괄감독으로 임명된 직후 광고대행업체 HSAD에 다니는 전 모 씨에게 "HSAD가 2014년 한·아세안 특별정상회담 만찬 및 문화행사의 행사대행 용역업체로 선정되도록 해줄 테니 용역 중 영상물 제작 부문을 '엔박스에디트'에서 수행하도록 해달라"고 제안했고 전 씨는 이에 응했다. 엔박스에디트는 차은택이 실소유주인 회사였다. HSAD는 차은택의 추천으로 한·아세안 특별정상회담 행사 용역을 맡았고 엔박스에디트에 영상물 제작을 의뢰, 2015년 1~4월까지 제작 용역비 명목으로 2억 8000만 원을 지급했다.[83]

'차은택 사단'으로 분류되는 송성각 한국콘텐츠진흥원장도 원장 취임 전이던 11월 하순 서울 강남구 봉은사로에 위치한 광고영상 제작업체 '머큐리포스트' 사무실에서 조 모 대표에게 "(한국콘텐츠진흥)원장으로 (12월 23일) 취임한 이후에도 머큐리포스트의 영업에 도움을 줄 테니 법인카드를 계속 사용하게 해달라"고 부탁했고, 조 대표는 송성각에게 법인카드를 교부했다. 송성각은 이에 2015년 3월경 서울 강남구 논현로 한국콘텐츠진흥원 역삼분원 내 원장실로 조 대표를 불러 "이번에 한국콘텐츠진흥원이 주관하는 과제가 여러 개 나왔는데, 머큐리포스트에서 할 만한 과제가 있는지 살펴보라"며 연구 과제 내역을 제시했고, 조 대표는 "빙상경기장 빙판 디스플레이 기술 개발, 딱 하나 있네요"라고 대답했다. 송성각은 해당 과제를 준비해 지원해보라고 말했고, 조 대표는 컨소시엄을 구성한 뒤 응모해 2015년 5월경 수행업체로 선정됐다. 송성각은 머큐리포스트 법인카드로 모두 3억 7000만 원을 사용했다.[84]

한편 4월과 7월 대통령 비서실 행정관들의 비리 및 '솜방망이' 징계 문제를 보도한 조현일 ≪세계일보≫ 기자는 이즈음 「정윤회문건」을 입수하고 주말마다 관련 취재를 계속하고 있었다. 자료와 사람 취재가 무르익었을 무렵 조현일은 문건을 작성하고 보고한 조응천 전 공직기강비서관과 박관천 전 행정관을 만나 마지막 퍼즐을 맞춰가고 있었다.

7 「정윤회문건」 파동
(2014.11~2015.1)

우릴 조종하는 *끄나풀*을 쥔 것은 악마인지고!
지겨운 물건에서도 우리는 입맛을 느끼고,
날마다 한 걸음씩 악취 풍기는 어둠을 가로질러
혐오도 없이 지옥으로 내려가는구나.

샤를 보들레르의 『악의 꽃』(1861)에 실린 「독자에게」 중에서
(『악의 꽃』, 김붕구 옮김, 민음사, 1994, 12쪽)

비선 실세의 국정개입 의혹 첫 보도

은행나무에 노랑 은행잎이 힘겹게 붙어 있던 2014년 11월 24일. 서울 광화문 일대 신문 가판대에는 "靑 정윤회 감찰 돌연 중단 의혹"이라는 제하의 기사가 실린 ≪세계일보≫가 깔렸다.

"청와대가 올해 초 정윤회 씨의 비위 의혹에 대해 감찰 조사를 벌였던 것으로 확인됐다. 현 정부의 '비선 실세'로 불리는 정 씨에 대해 청와대가 '요주의' 인물로 간주하고 감찰한 사실이 확인된 것은 이번이 처음이다. 청와대 감찰은 그러나 관련 의혹을 조사하던 경찰 출신 행정관이 갑작스레 원대 복귀하면서 사실상 중단된 것으로 밝혀져 외압 의혹이 제기되고 있다."[1]

기사는 청와대가 2014년 초 박근혜 대통령의 비선 실세로 알려진 정윤회의 비위 의혹을 감찰했고 정윤회와 관련한 비위 의혹을 조사하던 경찰 출신 행정관이 갑자기 복귀하면서 감찰이 중단됐다는 내용이었다. 보도는 박근혜의 비선 실세로 알려진 정윤회를 공론의 장으로 끌어냈다.

청와대는 사실이 아니라고 보도 내용을 공식 부인했다. ≪세계일보≫는 이에 "문건을 갖고 있으니 민정수석실이 직접 설명하라"고 청와대 측에 요구했다. 하지만 청와대는 끝내 답이 없었다.

유기홍 새정치민주연합 수석대변인은 이날 국회 브리핑에서 "정윤회의 '정' 자만 나와도 청와대까지 벌벌 떠는 것을 보며 국민의 의혹은 깊어만 간다"며 "정 씨에 대한 감찰과 관련, 도대체 무슨 일이 있었는지 청와대는 한 점 의혹 없이 밝혀야 하며 의혹의 전모에 대한 검찰의 즉각적 수사가 이뤄져야 한다"고 촉구했다.[2]

≪세계일보≫는 다음 날인 11월 25일 자에 정윤회의 감찰을 주

도한 조응천 전 청와대 공직기강비서관의 돌연한 경질 의혹을 후속 보도했다. 이날은 통합진보당 해산에 대한 헌법재판소의 최종변론이 있던 날이기도 했다. 기사의 일부다.

"정윤회 씨의 공직자 인사개입 의혹을 감찰했던 청와대 실무자가 사실상 좌천성 인사 조치를 당한 데 이어 감찰을 지시했던 비서관도 두 달 뒤 사표를 내고 나간 것으로 확인됐다. 청와대는 당시 '개인 신상'을 이유로 설명했지만, 정 씨 감찰에 깊숙이 관여했던 공직기강비서관실 인사 2명이 잇달아 청와대를 떠난 배경에 대해 의혹이 제기되고 있다."[3]

≪세계일보≫는 이어 11월 28일 자에 청와대 공직기강비서관실이 작성해 보고한 문건「靑 비서실장 교체설 등 VIP측근(정윤회) 동향」, 이른바「정윤회문건」을 토대로 한 1면 기사 "정윤회 '국정개입'은 사실"을 보도했다. 즉, 시중에 떠도는 '김기춘 대통령 비서실장 교체설'은 정윤회가 자신의 비선 라인을 활용해 퍼트린 루머였고 이 과정에서 청와대 안팎의 인사 10여 명이 관여한 것으로 청와대 공직기강비서관실 문건에 기록돼 있다고 전했다.

"2013년 말과 2014년 초 사이 속칭 '증권가 찌라시'에 떠돌던 '김기춘 대통령 비서실장 교체설'은 정윤회 씨가 자신의 비선 라인을 활용해 퍼트린 루머였던 것으로 확인됐다. 이 과정에 박근혜 대통령 핵심 측근으로 불리는 '문고리 권력' 3인방이 포함된 청와대 안팎 인사 10명이 관여한 것으로 드러났다. 이 같은 사실은 청와대 민정수석실 산하 공직기강비서관실 감찰 결과 확인됐다. 27일 본지가 단독 입수한 청와대 내부 문건에 따르면 공직기강비서관실은 올 1월 6일「靑 비서실장 교체설 등 VIP측근(정윤회) 동향」이라는 제목의 동향 감찰 보고서를 작성했다. 이 보고서는 당시 서울 여의도 정치권에서 떠돌던 '김 실장 중병설', '김 실장 교체설'과 같은 루머의 진앙이 어디인지를 감찰한 결과를 담고 있다."4

그러면서 정윤회가 문고리 3인방을 비롯해 청와대 인사들과 정기적으로 만나 청와대와 정부 안팎의 동향을 보고받는 한편 인사 문제에 대해 안봉근 등을 통해 지시를 내리기도 했다는 내용이 문건에 담겨 있다고 보도했다.

"청와대 감찰 보고서에 따르면 정 씨와 이재만 총무비서관과 정호성 제1부속비서관, 안봉근 제2부속비서관 등 청와대 핵심 비서관 3인을 비롯한 10인은 지난해 10월부터 매달 두 차례씩 정기적으로 만났다. 모임 장소와 시간에 대한 연락과 준비는 이 모임의 막내인 K 청와대 행정관이 맡았다. 날짜가 정해지면 강원도 홍천 인근에 머물던 정 씨는 모임 날짜에 맞춰 상경했다. 이들 모임은 대개 안봉근 청와대 제2부속비서관과 K행정관이 청와대 내부 사정과 현 정부 인사 동향을 보고하는 식으로 시작됐다. 정 씨는 정부 고위 관료 인사와 청와대 내부 인력 조정에 대한 자신의 생각을 말했으며, 안 비서관 등을 통해 상당히 구체적인 지시를 내리기도 했다고 감찰 보고서는 기록하고 있다. 청와대 감찰을 불러온 김기춘 비서실장 교체설이 나온 과정도 비슷한 방식으로 진행됐다. 정 씨와 비선 세력들은 자신들의 의도가 탄로 나지 않기 위해 속칭 '찌라시'로 불리는 정보지를 이용했다. 서울 여의도 정치권발로 분위기를 일단 조성해놓은 뒤 적당한 시점에 교체를 시도하겠다는 의도로 풀이된다."5

「정윤회문건」은 공식적으로 선출 또는 임명되지 않은 민간인에 불과한 정윤회가 청와대 핵심 인사들과 정기적으로 교류하면서 국정 전반에 대해 보고를 받거나 인사를 포함해 이런저런 지시를 하는 등 국정에 개입하고 있다는 내용을 담고 있었다. 이는 비선 세력의 국정개입 의혹을 전면적으로 드러낸 것으로, 실로 충격적인 내용이었다.

비선의 폭주 담은 「정윤회문건」

집권 2년 차에 불과한 박근혜 정권을 뒤흔든 이른바 「정윤회문건」은 김기춘 대통령 비서실장의 지시로 만들어진 것으로 분석된다. 「정윤회문건」을 보고한 조응천 전 청와대 공직기강비서관은 김기춘 비서실장이 자신의 퇴진설이 흘러나오자 이를 알아보라고 지시하면서 만들게 됐다고 밝혔다. 그는 2015년 5월 18일 법정에서도 "김기춘 전 비서실장의 지시로 문건을 작성했다"고 말했다. 조응천은 이에 2013년 말 공직기강비서관실 직원들에게 "알아보라"고 지시를 내렸고 직원들은 관련 내용을 파기 시작했다. 조응천의 이야기다.

"김기춘 비서실장이 취임(2013년 8월)한 지 4개월쯤 됐나? 김 실장이 사표 낸다는 얘기가 시중에 돌고 보도도 나왔다. 김 실장이 들어온 지 얼마 되지도 않았고 내가 보기에 그게 전혀 아닌데 왜 그런 얘기가 나오는지 이상했다. 실장이나 수석이 시킨 것인지 기억나진 않지만 내가 우리 방에 알아보라고 했다."6

하지만 김기춘 대통령 비서실장은 자신은 조응천 공직기강비서관에게 관련 조사를 지시한 사실이 전혀 없었다고 부인했다. 상식적으로 직속상관인 김기춘의 지시 없이 김기춘과 관련한 보고서를 작성하고 보고하기 쉽지 않은 데다가 김기춘이 국회 등에서 여러 차례 위증을 했다는 점에서 김기춘의 해명은 신뢰하기 어려워 보인다.

박관천 전 청와대 행정관(경정)은 이에 정윤회와 문고리 인사들이 은밀히 만나 국정을 논의한 정황을 포착하고 구체적인 정보를 보고했다. 「정윤회문건」은 비선과 문고리 인사들의 회합과 모임에서 이뤄진 발언 내용을 토대를 작성된 것이었다.[7] 조응천의 설명이다.

"(문건) 내용이 실제 (정 씨와 십상시들의) 모임에 참석해 그 얘기를 듣지 않았으면 말할 수 없을 정도로 자세한 것이었다. 나는 그 모임에 참석했던 사람으로부터 그 이야기가 나왔다고 보고를 받았다."[8]

「정윤회문건」의 정보를 입수해 조응천에게 보고한 박관천 경정은 대구 출신으로 경찰 간부후보 41기로 경찰에 입문했다. 경찰청 지능범죄수사대장으로 근무하며 김광준 전 서울고등검찰청 부장검사 뇌물수수 사건과 조희팔 도주 사건, 국세청 직원들의 뇌물 사건 등을 맡아 성과를 올렸다. 박근혜 정권 출범 후에는 2013년 4월 청와대 민정수석실 산하 공직기강비서관실 행정관으로 파견됐지만 2014년 3월 돌연 경찰로 복귀했다. 나중에 청와대에서 「정윤회문건」 유출자로 지목돼 곤욕을 치렀다.

문건 대상인 정윤회는 박근혜 대통령이 한나라당에 복당해 당대표를 맡은 2004년 이후 공식적인 자리 없이 자취를 감춘, 최순실의 전남편이었다. 박근혜 정부 들어서도 정윤회의 행적은 거의 알려져 있지 않았지만 주간지 등을 중심으로 정윤회가 현직에서 물러난 뒤에도 "비선 라인을 통해 여전히 영향력을 행사하고 있다"거나 "박근혜의 남동생 박지만을 미행했다"는 등의 의혹 보도가 있었다. 8월 13일에는 독도에서 열린 콘서트 '보고 싶다 강치야 독도콘서트'에 CJ그룹 실세와 함께 참석한 사실이 알려져 물밑에서 여전히 활동해왔음을 짐작케 하는 에피소드로 거론됐다.[9]

조응천은 박관천의 첩보 내용을 바탕으로 「정윤회문건」을 작성, 2014년 1월 6일 김기춘 대통령 비서실장과 홍경식 민정수석에게 한 부씩 보고했다. 조응천은 이때 박지만 EG 회장에게 문건 내용을 전달하라는 지시를 받았다고 기억했다.

그렇다면 ≪세계일보≫ 기자들은 「정윤회문건」을 언제 어떻게 입수했을까. 문건을 입수한 시기나 전달 주체는 아직까지 정확히 알려지지 않았다. 당시 취재팀의 기록이다.

"(2014년) 4월 '靑 행정관은 비리 면책특권', 7월 '비리혐의 청와대 비서관 1년째 내사 감감' 보도를 통해 청와대 안의 징계 시스템 부재와 비위 불감증을 지속적으로 고발했다. 취재팀은 이런 일련의 과정에서 이른바 「정윤회문건」을 확보했다."[10]

기사를 바탕으로 합리적인 추정을 한다면, 조현일 ≪세계일보≫ 기자 등은 2014년 4월과 7월 청와대 내 징계 시스템과 비위 불감증 문제를 고발하는 과정에서 문건을 확보했다고 밝힌 것으로 미뤄보아 2014년 7월 이후 문건을 입수한 것으로 보인다.

문건을 건넬 당시의 정황은 좀 더 드러난다. 즉, 문건 제보자는 "≪세계일보≫는 쓸 것은 쓰는 언론"이라는 판단에 따라 조현일에게 문건을 건넸고 "이게 나라냐"라고 한탄했다고 한다. 2017년 1월 12일 이뤄진 조현일의 헌법재판소 증언이다.

"진보 언론은 과하게 보도할 것 같고 메이저 언론은 보도가 아닌 사익 추구의 수단으로 활용할 것 같다는 게 취재원의 말이었다. ≪세계일보≫가 쓸 것은 쓰는 곳이라는 게 우리 판단이라고 했던 말이 기억난다. 취재원이 걱정이 돼 정말 문건을 보도해도 되느냐고 하자 취재원이 '이게 나라냐. 나라가 이 지경인 걸 국민이 알아야 한다'고 말했다."[11]

문건 제보자는 문건을 조현일에게 건넬 당시 "이게 나라냐"라고 탄식했다는 점에 미뤄 상당한 애국심이 있었던 것으로 추정된다. 조현일은 「정윤회문건」을 입수한 뒤 회사로 곧바로 보고하지 않았다고 회고한다. 보고에 따른 여러 위험과 부작용을 우려했기 때문이다. 조현일의 이야기다.

"회사 보고는 미뤘다. 내용도 그렇거니와 청와대 민정수석실 문건이 세상에 나온 적이 없었기 때문이다. 국가의 정보 수집 능력이나 보도 방해 압력은 가늠할 길이 없었다(아니나 다를까 김영한 전 민정수석 업무수첩에는 문건 보도 6개월 전부터 기자를 주시한 흔적이 등장한다). 비밀을 접한 사람의 과시 본성도 걱정이었다. '노출 = 실패'라는 강박증이 있었다."12

조현일은 일상 업무를 하면서도 비공식적으로 취재를 병행해야 하는 어려운 여건 때문에 취재가 더뎠다고 회고했다. 그래서 자료가 모아지고 외곽 2차 취재원 취재가 어느 정도 이뤄진 뒤 1차 핵심 취재원으로 직격하는 '정공법'을 택했다.

"문제는 더딘 취재 속도. 비공식이라 본 업무를 병행하며 휴무 때 짬을 냈다. '문건을 입수하고도 시간을 끈 배경이 석연치 않다'는 일부의 의혹 제기엔 허망하지만 그런 사정이 있었다. 대신 외곽 취재를 접고 정공법을 택했다."13

조현일과 동료 기자들은 청와대 공식 문건이라는 그 자체로 상당한 공신력이 담보됐다고 판단했지만 문건의 진위를 확인하기 위해 핵심 취재원들을 설득해가며 취재를 이어갔다. 수개월에 걸친 지난한 과정이었다. 구체적으로, 청와대가 생산한 공식 문건인지, 문건은 어느 선까지 보고됐는지, 문건 내용은 사실인지, 이런 문건이 생산된 청와대 상황은 무엇인지 등을 취재했다. 나아가 당사자의 반론권 보장을 위해 정윤회의 법률대리인, 청와대 고위 관계자 등을 통해 반론을 요청하는 등 확인 작업을 거쳤다.14

「정윤회문건」을 최초로 작성한 박관천 전 청와대 행정관은 ≪세계일보≫의 비선 국정개입 의혹 보도 직전 조현일을 만나 보도를 적극 만류했다. 비선 권력이 박근혜 정권의 아킬레스건이었기에 엄청난 반격과 탄압이 따를 것을 걱정했다. 박관천은 비선 권력에 대해 삼한시대 천신에게 제사를 지내는 성역이던 '소도蘇塗'라고 빗대 표현했다. 2014년 11월 보도 직전 이뤄진 조현일과 박관천의 대화다.

조현일 기자(이하 조)＿ 우리가 비선 문제를 제기해보겠다.

박관천 전 청와대 행정관(이하 박)＿ ≪세계일보≫가 만약 정윤회 등 비선 문제를 쓰면 곧바로 '골'로 간다. 정(윤회)은 보통 사람이 아니다. 정에 대한 것은 소도다, 소도. 정(윤회)이란 말을 꺼내는 순간 청와대 전체와 싸우게 된다.

…

조＿ 봉인이 풀리면 타사가 따라오지 않겠느냐.

박＿ (타사가) 따라오는 속도보다 ≪세계일보≫가 맞는 속도가 더 빠를 것이다. 정(윤회)이 터지면 민정과 정무, 홍보, 경제 등 청와대가 달려들 것이다. 검찰, 국세청도 다 동원하겠지. ≪세계일보≫를 압수수색하고, 국세청도 (≪세계일보≫ 관련) 자료가 많은 걸로 안다. 대표적인 보수 언론 A, B사도 자료를 많이 가지고 있는 걸로 알지만 안 쓰고 있질 않느냐.

조＿ 왜 소도인지 알려야 하지 않느냐. 나라가 잘못되면 안 된다. 비정상을 정상으로 돌려놓자.

박＿ 알리면 뭐 하느냐. 지금 상당히 위험한 생각을 하고 있다. '왜 소도를 보느냐'고 곧바로 반격이 들어올 거다. ≪세계일보≫가 쓰면 (재단인) 통일교에도 손댄다. 옛날에는 종교에 손을 안 대는 게 불문율이었지만 이 정부는 그게 없다. 막가버리니까. 왜 소

도에 창을 들고 들어가 군주랑 싸우려 하느냐. 왜 ≪세계일보≫
가 총대를 메려 하느냐.[15]

박관천의 거센 만류에도 ≪세계일보≫와 조현일은 비선 실세의
국정개입 의혹을 처음으로 본격적으로 보도하고 제기했다. 비선 권
력의 기반을 흔든 '제1파'였다.

청와대의 은폐와 ≪세계일보≫ 공격

청와대는 비선 실세 의혹에 대한 청와대 감찰 중단 보도가 나온 2014
년 11월 24일 공식 대응은 삼갔지만 내부적으론 긴박하게 움직였다.
즉, 김기춘 대통령 비서실장을 중심으로 청와대는 이날 회의를 열고
≪세계일보≫ 보도에 따른 구체적인 언론 대응 방향과 함께 청와대
내부 입장을 정리했다. 회의에 참석한 김영한 당시 민정수석의 업무
수첩, 이른바 '김영한 업무수첩'의 11월 24일 자 기록이다.
　"① 행정관(박관천 경정) 인사 시기 – 정함이 없음, 필요에 따라 수
시 인사. ② 정(윤회) 전 실장 특감(특별감찰) – 동인은 공직감찰반 소속
으로 해당 위치에 잊지 않았음. ③ 문건 제시 – 정체불명의 문건임.
④ 더 이상의 사항은 확인해드릴 수 없음."
　이 내용을 분석하면 청와대는 이날 회의에서, 박관천의 경질과
관련한 의혹은 필요에 따른 수시 인사이기에 문제가 없으며, 정윤회
특별감찰은 박관천이 공직감찰반 소속으로 특별감찰할 위치가 아니
기에 사실과 다르다는 식으로 대응하기로 입장을 정리했던 것으로
보인다. 아울러 「정윤회문건」이 공개될 경우 '정체불명의 문건'이라

고 하라는 입장도 정했던 것으로 추정된다.

특히 청와대는 ≪세계일보≫가 「정윤회문건」을 공개하기 4일 전에 이미 '권력 서열 1위는 최순실, 2위는 정윤회', '안봉근 비서관의 국정원 인사개입 의혹' 등을 담은 문건의 초안 성격인 「시중여론」 내용까지 파악했던 것으로 보인다. 즉, '김영한 업무수첩'의 11월 24일자 기록에는 십상시 명단이나 '박동열 전 국세청 지방청장 건－안봉근', '무속인 이세민', '고일현 전 국장(국정원)' 등이 적시돼 있었다. 「정윤회문건」의 초안 격인 「시중여론」에 거론된 내용을 이미 파악하고 있었던 셈이다.[16]

청와대는 ≪세계일보≫가 비선의 국정개입 의혹을 처음 제기한 11월 24일부터 국회 운영위원회가 열린 2015년 1월 9일까지 최소 33회에 걸쳐 관련 대응을 논의한 것으로 분석됐다. 이 기간 '김영한 업무수첩'에 기록된 44회 회의 가운데 무려 33회에 걸쳐 대통령 주재 수석비서관회의(이른바 '대수비')나 비서실장 주재 수석비서관회의(이른바 '실수비') 등에서 「정윤회문건」 관련 보고나 대응을 논의했던 것으로 기록돼 있기 때문이다. 33회에 걸친 청와대 회의 중 「정윤회문건」 대응을 중점적으로 논의한 회의는 모두 17회였다. 박근혜 대통령이 회의를 1회 주재한 반면, 김기춘 대통령 비서실장은 무려 12회 주재한 것으로 드러나 김기춘이 「정윤회문건」 대응을 주도했던 것으로 분석된다.[17]

김기춘은 11월 25일 수석비서관회의에서 ≪세계일보≫ 이외의 다른 언론이 비선 실세의 국정개입 의혹을 보도하는 것을 막기 위해 ≪세계일보≫에 정정보도를 청구할 것을 검토했던 정황이 드러난다. '김영한 업무수첩'에는 이날 "세계일보 보도 관련－타사 보도 관련 조치 필요, 일단 정정보도 청구 검토"라고 기록돼 있다. 내용이 틀려서가 아니라 타사 보도를 막기 위해 정정보도를 검토했다는 점에서 명백한 '언론의 자유' 침해였다.

청와대는 11월 26일 김기춘 주재로 수석비서관회의를 열고 ≪세계일보≫에 대한 세무조사도 검토했던 것으로 분석된다. '김영한 업무수첩'에는 "≪세계일보≫ 세무조사 중(?)"이라는 메모가 적혀 있다. 즉, ≪세계일보≫에 대한 세무조사를 검토하다가 마침 세무조사가 진행 중이라는 사실을 알게 된 것으로 해석된다. 실제 「정윤회문건」 보도 직전 이뤄지던 ≪세계일보≫ 재단인 통일그룹 계열사에 대한 정기세무조사는 이후 특별세무조사로 전환됐다.

청와대는 이날 「정윤회문건」을 작성한 것으로 알려진 박관천에 대한 다양한 조치도 검토했던 것으로 분석된다. '김영한 업무수첩'에는 "세계일보 보도 관련 박관천에 대한 조치 방향 - 처우 방향 연구, 형사 징계는 입증 곤란, 좌천 승진 가능 보직 선정"이라고 적혀 있다. 청와대가 박관천을 회유하려고 했다는 정황으로 해석되기도 한다.

「정윤회문건」이 공개된 11월 28일 청와대는 발칵 뒤집혔다. 청와대는 이날 「정윤회문건」과 관련해 최소 두 차례 이상 회의를 열었다. 먼저 첫 번째 회의에서는 상황 파악과 함께 ≪세계일보≫ 공격 방안이 거론됐다. 즉, 2014년 11월 28일 자 '김영한 업무수첩'에는 "◎ 문건 - 유사한 것 보유 중 - 풍문 구두 보고, 유사한 문건이 무엇인지 - 복구 × → 문제의 문건은 찾고 있는 중. ◎ 박관천 등 문서 유출 관련자. ◎ 해당 식당 확인을 촉구. ① 검찰 수사, ② 세월호 진상조사위 17명 - 부위원장 겸 사무총장 (정치지망생 好) ※ 세계일보 공격 방안" 등이라고 적혀 있다.

청와대는 이어진 '후속 회의'에서 「정윤회문건」 보도 대응을 심도 깊게 논의한다. '김영한 업무수첩'에는 "◎ 악화일로 양상 - 종편.

◎ 해명 방책 별무. ◎ 엉터리 권력 투쟁, 비서관·행정관별 언론 접촉 - 최선, 백방 쿨다운(진정) 노력. ◎ 권한과 책임을 다하고 있음/ 꿋꿋이 버티는 노력 → 홍보수석 조력. ◎ 수사 상황으로 전환: 국정조사 부당. ◎ 식당 CCTV 분석(JS가든 2). ◎ 보도의 양상 → 별건 보도 가능성. ◎ 언론사 상층부 상대 해명 요"라고 적혀 있다. 내용을 분석하면 청와대는 회의에서 언론보도가 악화일로라며 해명 방책도 없다고 상황을 진단하고 청와대 비서관 및 행정관별로 언론을 접촉하는 등 진정 노력을 논의한 것으로 보인다. 아울러 사건을 검찰 수사로 신속히 전환, 진화하는 방안을 검토했던 것으로 추정된다. 특히 문고리 인사들이 출입한 것으로 알려진 서울 강남 중식당에 대한 CCTV 분석을 최우선적으로 해야 한다고 의견을 모았던 것으로 보인다.

실제 청와대의 이후 대응이나 검찰 수사, 여권의 움직임 등은 '김영한 업무수첩'에서 논의된 내용과 거의 일치했다. 먼저 민경욱 청와대 대변인은 이날 브리핑에서 기자들의 쏟아지는 질문에 대해 회의에서 검토된 대로 "문건은 근거 없는 풍설을 모은 이른바 '찌라시'에 불과하다"며 박관천을 문건 유출 혐의로 고소할 것이라고 밝혔다. 이어 오후 5시 55분쯤에는 정윤회와 만난 인사로 지목된 이재만 총무비서관과 정호성 제1부속비서관, 안봉근 제2부속비서관을 비롯한 청와대 비서관 및 행정관 등이 대리인을 통해 ≪세계일보≫ 조한규 사장과 황정미 편집국장, 취재기자 등 6명을 '출판물에 의한 명예 훼손' 혐의로 서울중앙지검에 고소했다. 이들은 1년 8개월 뒤인 2016년 7월 14일에 고소를 취하했고 고소 사건은 '공소권 없음'으로 종결됐다.

≪세계일보≫에 대한 광고 탄압도 이뤄졌다. 「정윤회문건」 보도 직후 청와대의 압박과 지시에 의해 국민건강보험공단(이하 건보공

단)을 비롯한 일부 정부 부처와 산하 공공기관이 ≪세계일보≫에 대한 광고를 중단한 것이다. 건보공단은 「정윤회문건」이 처음 공개된 11월 28일 자 ≪세계일보≫ 5면에 치매 노인을 위한 장기요양보험 치매특별등급 신설 내용을 담은 광고를 게재했다. 청와대 측은 이날 ≪세계일보≫에 건보공단 광고가 게재된 것을 보고 공단 관계자들을 질책했고, 건보공단은 이후 1년간 ≪세계일보≫에 광고를 싣지 않았다. 필자와 만난 건보공단 관계자의 증언이다.

"문건 보도 당일 우리(건보공단의) 광고가 ≪세계일보≫에 나간 것을 보고 청와대 고용복지수석실에서 난리가 났다. 우리 공단이 엄청 깨졌고, 이후 한동안 ≪세계일보≫에 광고를 집행하지 못했다."

일부 정부 부처와 산하 공공기관도 청와대의 압박과 강경 분위기에 따라 상당 기간 광고를 중단하거나 축소했다. 보건복지부 산하 또 다른 공공기관의 ≪세계일보≫ 광고는 전년과 비교해 70%나 줄었다. 한 광고업계 관계자는 필자와의 통화에서 "당시 업계에는 ≪세계일보≫에 광고를 주지 말라는 보이지 않는 손이 있다는 설이 파다했다"며 "실제 한 공공기관 관계자는 '우리도 죽겠다, 위(청와대)에서 ≪세계일보≫에 광고하지 말라고 하는데 어떻게 하느냐'고 귀띔하더라"고 전했다.

아울러 ≪세계일보≫ 본사에 대한 압수수색이 검토됐고 재단과 관계 기업에 대한 특별 세무조사가 실시되는 등 전방위적인 ≪세계일보≫ 공격이 이뤄졌다. 이러한 내용은 '김영한 업무수첩' 등으로 그 정황이 확인됐다.

청와대는 파문이 확산하고 언론보도가 줄을 잇자 언론에 대한 대응을 줄이는 대신 신속한 검찰 수사를 통해 사건을 해결하는 전략으로 바꾼다. 즉, 검찰 수사를 통해 비선의 실체 규명이 아닌 문건 유출 프레임으로 전환을 시도하려고 했다.

청와대는 11월 29일 김기춘이 주재한 수석비서관회의에서 검찰 수사를 서두르는 한편 《세계일보》를 고소한 청와대 8인에 대해 언론 대응 방법을 지도하는 방안을 검토했던 것으로 보인다. 11월 29일 자 '김영한 업무수첩'에는 "검찰 수사 촉진 – 수사로 진상 규명. 고소 8인 언론 대응 방법 – 지도할 것"이라고 기록돼 있다.

김기춘은 11월 30일 청와대 수석비서관회의를 주재하면서 서울중앙지검으로 언론 창구를 일원화할 것을 주문하는 한편 공직자의 비밀누설이나 문서 유출을 적폐로 규정하며 강도 높게 비판, 문건 유출 프레임을 본격적으로 짜기 시작했다. 즉, 11월 30일 자 '김영한 업무수첩'에는 김기춘이 "중앙지검 – 언론창구 일원화: 주의", "공직자 직무 취득 비밀누설, 작성 보유 문서 유출 → 적폐, BH는 있어서는 안 될 일, 척결 → 공직기강비서관실 모든 수석실은 유사 사례 있을 듯"이라고 지시하거나 강조한 정황이 기록돼 있다.

비선 의혹에 발칵 뒤집힌 정치권

비선 세력의 국정개입 의혹을 담은 청와대 문건이 공개되자 파문은 걷잡을 수 없이 커졌다. 정치권은 비선 실세의 국정개입 의혹을 둘러싸고 날선 공방을 벌이기 시작했다.

야당인 새정치민주연합은 문건이 공개된 2014년 11월 28일 확대간부회의 직후 문희상 비상대책위원장 주재로 긴급 비공개회의를 열었다. 새정치민주연합은 이번 사건을 '국정농단 사건'으로 규정하고 청와대 소관 상임위원회인 국회 운영위원회를 소집해 진상조사

결과에 따라 국정조사까지 요구하기로 했다.[18]

여당인 새누리당은 야당의 공세를 차단하면서도 국민 여론을 의식해 사법 당국의 철저한 진실 규명을 촉구했다. 비선 실체 규명이 아닌 문건 유출을 부각하며 문건 유출 프레임으로 전환을 겨냥한 시도였다. 이장우 원내대변인은 11월 29일 브리핑에서 "새정치연합이 유언비어에 풍문 수준의 조잡한 문건을 갖고 부화뇌동하는 것은 국정을 흔들어보려는 불온한 속셈"이라고 비판했다. 김재원 원내수석부대표는 야당의 공격을 비판하면서도 "공직기강을 담당하는 민정비서관실에서 내부 문건이 유출되는 것에 경악을 금치 못한다"며 검찰 수사를 통한 관련자 문책을 요구했다.[19]

청와대의 「정윤회문건」이 공개되자 여러 언론들은 청와대의 부인에도 본격적으로 비선 실세의 국정개입 의혹을 다루기 시작했다. 대체로 박근혜 정부 집권 2년 만에 비선 국정개입의 꼬리가 잡힌 것이 아니냐며 정윤회 관련 기사를 쏟아내기 시작했다. ≪한겨레≫의 기사 가운데 일부다.

"현 정부의 숨은 실세로 거론됐던 정윤회 씨가 청와대 측근 3인방 등과 정기적으로 만나면서 국정에 개입했다는 내용이 담긴 청와대 내부 보고서 문건이 28일 드러나면서, 박근혜 정부 출범 이후 끊임없이 제기됐던 '비선 정치'의 윤곽이 드러날지 주목된다. 청와대는 '보도 내용은 근거 없는 풍설을 모은 이른바 찌라시에 불과하다'며 이날 저녁 서울중앙지검에 해당 언론사 기자 등을 고소했지만, 야당은 '국회 차원의 진상조사가 불가피하다'며 진상 규명을 촉구하고 나섰다. 정윤회 씨는 박 대통령의 젊은 시절 멘토로 불렸던 고 최태민 목사의 사위로 대통령과 인연을 맺은 뒤, 박 대통령의 정계 입문 이후 약 10년 동안 박 대통령을 보좌했던 인물이다. 2007년 이후 공식적인 직함을 맡은 적은 없지만, 정부 출범 이후 정치권에서는 그를 '그림자 실세'로 지목하는 말들이 끊이지 않았다."[20]

일부 언론은 문건 내용을 소개하면서 정윤회와 문고리 인사들을 다뤘다. 정윤회가 2013년 송년 모임에서 김기춘 사퇴설을 조성하라고 지시했다는 내용이 담겨져 있다고 전하기도 했다. ≪한국일보≫의 기사다.

"「靑 비서실장 교체설 등 관련 VIP측근(정윤회) 동향」이라는 제목의 문건에는 정 씨가 국정 전반을 좌지우지할 힘을 가진 실력자로 묘사돼 있다. 문건은 정 씨가 2013년 10월부터 매달 두 차례씩 서울 강남의 식당에서 '십상시 멤버'들을 만나 청와대 내부 상황과 국정 운영 등을 점검했다고 적시했다. 십상시는 박 대통령의 핵심 측근인 이재만·정호성·안봉근 등 청와대 비서관 3인방과 새누리당 당직자 및 국회의원 보좌관 출신의 대선캠프 실무진 등을 가리킨다. 정 씨가 같은 모임의 2013년 송년 회동에서 김기춘 청와대 비서실장을 2014년 초·중순에 그만두게 할 생각을 갖고 있다는 생각을 밝히고 언론과 정보지를 통한 여론 조성을 지시했다는 내용도 들어 있다."[21]

언론들이 일제히 「정윤회문건」을 바탕으로 비선 실세의 국정개입 의혹을 보도하자 정치권의 공방도 점점 거세졌다. 야당은 언론보도를 근거로 비선의 국정개입 의혹에 대한 철저한 수사와 함께 국회 차원의 진상조사가 필요하다고 목청을 높였다. 한정애 새정치민주연합 대변인은 11월 30일 "정 씨와 '문고리 권력' 3인방 등 이른바 십상시들의 국정개입 농단에 대해 박근혜 대통령은 내일 청와대 수석비서관회의에서 분명한 입장과 엄정한 처벌 대책을 밝혀야 한다"고 주장했다. 서영교 새정치민주연합 원내대변인도 "'정윤회 게이트'라고 명명하겠다"며 "의혹이 없으려면 여낭이 국회 운영위 소집에 응해야 한다"고 국회 운영위의 조속한 개최를 요구했다. 야당은 이와 별도로 당내에 '비선 실세 국정농단 진상조사단'을 구성해 관련 의혹을 파헤치기로 했다. 여당은 비선 실세의 국정개입은 사실이 아니라며 문건의 신빙성에 의문을 제기하고 방어막을 쳤다. 대신 문건 유출 문제의 심각성을 제기했다.

하지만 파문이 확산하면서 새누리당 비주류인 비박계(비박근혜계)를 중심으로 청와대의 불통 등을 지적하는 목소리가 조심스럽게 나오기 시작했다. 정병국 의원은 12월 3일 "역대 정권마다 비선 실세 문제가 발생한 원인은 국정 운영이 투명하지 못하고, 공조직 기능이 제대로 작동하지 않았기 때문"이라고 진단했다. 이어 "장관이 비서실을 통해 대통령과 접근하는 체제가 존속하는 한 비선 실세 문제가 지속될 수밖에 없다"고 지적했다. 원유철 의원도 "검찰 수사와 별개로 청와대는 내부 보안 시스템을 재정비하고, 인사와 검증 시스템을 철저하게 점검해야 한다"고 조언했다.

언론이 비선의 국정개입 의혹을 보도하고 정치권에서 이를 둘러싸고 공방을 벌이면서 비선 국정개입 의혹은 연말 각종 이슈를 빨아들이는 블랙홀로 급격히 변해갔다. 박근혜 정부 집권 2년 만에 물밑에 있던 비선들의 국정개입 의혹이 정국의 핵으로 떠오른 것이다.

이런 가운데 청와대의 문건 유출 문제를 다룬 기사가 일부 언론에 보도되기 시작했다. ≪조선일보≫는 11월 29일 자 1면 톱기사로 "현 정권 초부터 지난 2월까지 청와대 민정수석실 소속 감찰반에서 작성한 각종 공직자 비위 감찰 및 동향 보고 문건 두 개 박스 분량을 박관천 경정이 지난 2월 외부로 무단 반출했다"며 문건 유출 문제를 부각했다.[22]

문건 챙겨 도망간 최순실, 방어막 치는 정윤회

이미 2014년 5월 정윤회와 법적으로 이혼한 최순실은 「정윤회문건」이 공개되자마자 각종 문건과 자료를 챙겨 집에서 가지고 나와 몸을 숨겼다. 즉, 최순실은 파동이 터지자 자택인 서울 강남구 신사동 미승빌딩에서 나와 급히 언니 최순득의 서울 도곡동 집으로 몸을 숨겼던 것으로 전해진다. 이화여대를 합격한 고교 3학년생이던 딸 정유라도 동행했다고 한다. 이미 오래전부터 대통령의 연설문이나 말씀자료를 비롯해 각종 청와대 자료를 열람해오던 최순실은 도피 순간 자신이 가지고 있던 대통령 연설문을 비롯한 청와대 문건들을 가방에 챙겼던 것으로 보인다. 수사당국의 자택 압수수색에 대비한 조치였다. 최순실 지인은 언론 인터뷰에서 "최순실이하고 유라, 순득이네 집으로 왔었는데… 자기 들고 다니는 가방에 중요한 서류가 들어 있었어요"라고 전했다.[23]

최순실은 언니 최순득의 집으로 몸을 숨긴 뒤에도 한동안 불안감을 떨쳐내지 못했고 서울 강남구 청담동의 피엔폴루스 오피스텔에 집을 얻어 다시 몸을 피한 것으로 전해졌다.

아울러 최순실은 제집처럼 드나들던 청와대 관저 출입을 문건 파동 이후 잠시 중단했다. 한상훈 전 청와대 조리장은 「정윤회문건」파동이 터진 2014년 11월부터 1~2개월간 최순실의 모습을 보지 못했다고 밝혔다. 청와대 출입 사실이 드러날까 몸을 사린 것으로 풀이된다.[24]

또한 최순실은 기존에 사용하던 대포폰을 전면 폐기하는 등 증거인멸을 시도했다. 최순실은 박근혜 대통령 취임 초기에는 두세 달 간격으로 대포폰을 바꾸는 등 조심했지만 2014년에는 문 모 씨 명의의 대포폰 한 대를 줄곧 사용해왔다. 최순실이 갑자기 사용하던 대포폰을 폐기한 것은 수사당국의 압수수색 및 통화 내역 조회 등에 대비한 조치로 분석됐다. 최순실은 아울러 자신의 존재가 노출될 것을 우려해 광고회사 인수와 커피 프랜차이즈 사업도 추진하다가 덮었다고 한다.[25]

최순실이 집에서 급히 자료를 챙겨 도피하고 대통령 및 정호성 등과 연락하는 데 사용해온 대포폰을 급히 폐기하는 등 몸조심을 한 것은 「정윤회문건」이 공개되면서 비선 실세로서 자신의 국정개입이 드러날까 우려했기 때문으로 풀이된다. 당시는 최순실이 대통령 말씀자료, 외교자료 등을 받아 수정 및 구두 지시를 하고 있던 때였다.

문건을 루머, 찌라시로 폄훼했던 박근혜 대통령도 정작 「정윤회문건」 파동 직후 최순실에게 청와대와 정부 문건을 보내는 것을 그만두라고 정호성 부속비서관에게 지시했다. 정호성은 2016년 검찰 조사에서 "2014년 말경 소위 「정윤회문건」 파동 이후 최순실로부터 자문받는 것을 그만두는 게 좋겠다고 대통령에게 건의했고, 박 대통령이 그만두라고 했다"고 진술한 것으로 전해진다. 이런 사실은 2017년 2월 16일 서울중앙지법 형사22부 심리로 열린 정호성에 대한 형사재판에서도 확인됐다.[26]

이는 박근혜가 공식적으로는 문건을 '루머'라고 뭉개버리면서도 청와대 참모들을 동원해 정윤회에서 최순실로 이어지는 비선 실세 실체 규명의 진로를 차단하는 동시에 물밑에서 최순실의 존재를 어떻게든 숨기려고 했던 정황으로 해석된다. 정윤회가 알려짐으로써 진짜 실세인 최순실이 외부에 드러날까 봐 몸조심을 시켰다는 것이다.[27]

최순실이 '36계 줄행랑'을 택했다면, 국정개입 의혹의 당사자로 지목된 정윤회는 언론 인터뷰를 통해 사실과 다르다고 의혹을 전면 부인했다. 그러면서 문건 유출 문제를 강도 높게 비판하며 문건 유출 프레임 짜기를 거들었다.

정윤회는 12월 1일에 보도된 인터뷰에서 "모든 걸 조사하라. 하나라도 잘못이 있으면 감방에 가겠다"고 국정개입 의혹을 전면 부인했다. 그는 "대통령은 물론 3인 측근 비서관들과는 아무런 연락이 없다. 10인이 회동해 국정을 논의하고 내가 인사 등에 개입했다는 것은 완전한 낭설이자 소설"이라고 덧붙였다. 그러면서 "문건은 증권가 정보 '찌라시'를 모아놓은 수준이다. 이런 문건이 어떻게 작성·보고·유출됐는지 검찰이 진상을 규명해야 한다"고 되레 목청을 높였다.[28]

문고리 3인방 가운데 한 명인 정호성 제1부속비서관도 11월 30일 자 언론 인터뷰를 통해 "(보도된 문건 내용은) 단 1%도 사실인 게 없다. 어떻게 이런 수준의 문건을 만들 수 있는지 안타까울 정도다. 어떻게 단 하나의 팩트도 체크하지 않고 보도할 수 있는지 황당하다"고 문건과 언론보도 내용을 모두 부인했다. 그는 "(회합 장소로 거론된 서울 강남) 중식당 이름을 처음 들었다, 단 한 번도 정윤회 씨를 만난 적이 없다"며 청와대에 들어온 후 정윤회를 만난 적이 없다고 부인했다.[29]

정윤회는 다시 12월 2일 YTN과 한 인터뷰에서 문고리 3인방에게 적극적인 대응을 주문했다. 그는 "이번 사건 터지고는 제가 (이재만 비서관과) 통화했다"며 "(≪시사저널≫ 문제에 이어) 두 번째이니 나도 내 입장을 얘기해야겠다. 그쪽에서도 좀 철저하게 조사해야지 않겠냐고 확실하게 통보했다"고 말했다. 그는 그러면서 "나는 법적 조치하고, 내가 언론 접촉 다 할 것이다. 그쪽은 그쪽대로 조치를 취해달라, 제가 그렇게 확실하게 얘기를 했다"며 "나는 이번에는 참지 못하겠다. 이제는 나는 나대로 할 테니까, 그쪽 3인방도 이제 3인방이 할 수 있는 걸 해라, 이렇게 얘기를 했다"고 전했다. 자신도 걸거치 대응

할 테니 문고리 인사들도 ≪세계일보≫ 보도에 대해 강력히 대응하라는 것이었다.[30]

정윤회는 실제로 12월 3일 대리인 이경재 변호사를 통해 ≪세계일보≫ 기자들을 '출판물에 의한 명예훼손 및 정보통신망 이용촉진 및 정보보호 등에 관한 법률' 위반 혐의로 서울중앙지검에 고소했다. 정윤회는 고소장에서 "≪세계일보≫의 보도 내용이 고소인의 명예를 실추시키고 사회적 존립을 곤란하게 해 말할 수 없는 고통을 당하고 있다"고 주장했다.

김기춘 '기획', 박근혜 '가이드라인'

박근혜 대통령은 2014년 12월 1일 청와대 수석비서관회의를 주재한 자리에서 청와대 문건을 외부로 유출한 것을 '국기 및 공직기강 문란'으로 규정하고 강도 높게 비판했다. 박근혜의 이야기다.

"최근에 있을 수도 없고 있어서도 안 되는 일이 일어났습니다. 청와대에는 국정과 관련한 여러 사항들뿐만 아니라 시중에 떠도는 수많은 루머들과 각종 민원들이 많이 들어옵니다. 그러나 그것들이 다 현실에 맞는 것도 아니고 사실이 아닌 것도 많이 있습니다. 만약 그런 사항들을 기초적인 사실 확인조차 하지 않은 채 내부에서 그대로 외부로 유출시킨다면 나라가 큰 혼란에 빠지고 사회에 갈등이 일어나게 됩니다. 이번에 문건을 외부로 유출한 것도 어떤 의도인지 모르지만 결코 있을 수 없는 국기문란 행위입니다. 이런 공직기강의 문란도 반드시 바로잡아야 할 적폐 중 하나입니다."

박 대통령은 그러면서 확인조차 하지 않고 비선이나 숨은 실세가 있는 것처럼 보도하는 것은 문제라며 비선 실세는 없다고 말했다. 이어지는 이야기다.

"조금만 확인해보면 금방 사실 여부를 알 수 있는 것을 관련자들에게 확인조차 하지 않은 채 비선이니 숨은 실세가 있는 것같이 보도를 하면서 의혹이 있는 것같이 몰아가고 있는 자체가 문제라고 생각합니다. 이제 선진국을 바라보는 대한민국에는 이런 근거 없는 일로 나라를 흔드는 일은 없어져야 한다고 생각합니다."

'비선이나 비선 실세가 없다'는 박근혜 대통령의 발언은 나중에 최순실 국정농단이 드러나면서 모두 거짓말로 밝혀졌다. 그럼에도 박 대통령의 이날 발언은 구체적인 수사 방법과 기간, 수사의 결론까지 못박아버린 것으로 해석됐다. 즉, 문건 내용을 '기초적인 사실조차 확인되지 않은 떠도는 루머와 시중의 민원'으로 단정하는 대신, 문건 유출에 대해서는 '국기문란, 적폐' 등으로 규정해 초강력 경고를 보냈다. 이를 놓고 대통령이 검찰을 향해 문건 유출을 집중적으로 수사하라는 식으로 가이드라인을 제시한 것이라는 비판이 쏟아졌다. 관련 기사 중 일부다.

"박 대통령이 청와대 공직기강비서관실에서 공식적으로 작성, 보고한 문건을 '루머' 수준으로 규정하고 문서 유출 문제를 강도 높게 비판한 것은 검찰 수사의 가이드라인을 제시한 것이라는 논란이 일고 있다. 박 대통령이 청와대 공식 문건을 단정적으로 '루머'로 규정한 상황에서 검찰이 문건 내용의 실체를 밝히는 데 한계가 있지 않겠느냐는 우려가 제기되고 있다."[31]

김기춘 비서실장은 대통령의 발언 이후 대통령의 뜻을 검찰총장에게 전달해 문건 진위와 문건 유출이라는 투 트랙으로 수사하되 속전속결로 처리하라고 지시했던 것으로 보인다. 12월 1일 자 '심상한 업무수첩'에는 김기춘이 "領(대통령) 뜻 총장(검찰총장) 진딜 – 속선속결, 투 트랙"이라고 말한 것으로 적혀 있다. 아울러 ≪세계일보≫에 대한 압수수색도 검토됐던 것으로 보인다. 같은 날 '김영한 업무수첩'에는 "압수수색 장소 – 세계일보사"라고 적혀 있다.

특히 청와대는 이날 조응천의 재임 시절 공직기강비서관실에 있던 오창유 행정관을 상대로 특별감찰을 벌인 것으로 알려졌다. 청와대는 그러면서 "「정윤회문건」의 작성과 유출을 모두 조 전 비서관이 주도했지 않느냐"며 답변과 진술서 서명을 요구했다고 전해졌다. 오창유 행정관은 조응천이 유출을 주도했다는 내용에 대해 인정도, 서명도 하지 않은 뒤 12월 4일 사표를 제출했다. 청와대는 오 행정관 등의 특별감찰을 통해 「정윤회문건」의 유출 경로로 '7인회', '양천회' 등을 지목한 것으로 알려져 있다.[32]

이와 관련, '김영한 업무수첩'에는 12월 1일 회의에서 "오창유 행정관 – 이창수"라는 기록이 있고 12월 6일 자에는 "오창유 행정관 사표 – 이석중, 두절"이라는 내용이 적혀 있다. 오창유는 청와대가 주장한 '7인회설'의 근거였다는 점에서 청와대가 '7인회설'을 퍼뜨렸다는 추정이 나오는 대목이다.

청와대는 12월 2일 회의에서 검찰 수사에 대해 집중적으로 논의했다. 구체적으로 검찰의 수사 성격 규정에서부터 압수수색의 대상과 기간, 조사 및 소환 대상과 범위 등을 논의했던 것으로 분석된다. 12월 2일 자 '김영한 업무수첩'에는 "◎ 검찰 수사가 알파 & 오메가. ◎ 검찰 수사의 신뢰성 보존이 키. ◎ 검찰의 수사상 필요와 요구에 대한 구체적 대응 조절. … ◎ 휴대폰, 이메일 통신 내역 – 범위 기간. ◎ 압수수색. … ◎ 정윤회 고소(?). … ◎ 수사의 템포, 범위, 순서가 모든 것 → 수사 결과" 등이 기록돼 있다. 즉, 검찰 수사 전반에 대해 검토하고 대응책을 논의했을 뿐만 아니라 검찰의 수사 템포나 범위, 순서 등이 거론됐던 것으로 보인다.

「정윤회문건」 파동 초기에는 문건의 진위와 생산 경로, 문건 유출 경로 등이 주로 논의됐지만 김기춘이 문건 유출 프레임으로 전환을 시도하고 대통령이 가이드라인성 발언을 하면서 사건은 비선 실세의 국정개입 의혹에서 문건 유출 프레임으로 흐르게 됐다.

검찰은 대통령이 가이드라인을 제시한 12월 1일 「정윤회문건」 보도와 관련해 명예훼손 사건은 형사1부에, 문건 유출 사건은 특수2부에 배당했다. 형사부는 일반적인 수사 부서인 반면 특수부는 보통 권력형 비리나 대기업 비리를 수사한다는 점에서 검찰 수사의 무게중심이 문건 유출에 있음을 보여준다는 지적이 나왔다. 언론들은 이번 사건의 핵심이 비선 실세의 국정농단이라며 검찰 수사가 문건 유출에 집중된다면 '청부 수사'로 오해받을 수밖에 없다고 경계했다. 언론보도의 일부다.

"(검찰) 수사는 보고서 내용의 진위 여부와 유출 경로를 동시에 쫓는 '투 트랙'이 될 것으로 보인다. 둘 중에서 정치적 의미와 여론의 관심이 큰 것은 '비선 실세의 국정농단' 여부다. 검찰이 이 대목보다 유출 문제에 더 치중한다면 '청부 수사'라는 비난에 직면할 수 있다."[33]

검찰은 문건 유출 부분에 대해서는 수사를 전광석화처럼 빠르게 진행했다. 검찰은 12월 3일 박관천의 서울 노원구 하계동 자택과 그가 근무하는 서울 도봉경찰서 및 서울지방경찰청 정보1분실 등을 압수수색했다. 청와대가 추정하는 '조응천 비서관 및 박관천 행정관 → 서울경찰청 정보관 → ≪세계일보≫'로 이어지는 문건 유출 경로가 사실일 것으로 보고 집중 수사에 나선 것이다. 검찰은 이와 함께 서울지방경찰청 정보분실 소속 최경락 경위와 한일 경위를 임의동행

형식으로 조사했다. 이에 박관천과 서울시경 정보분실 직원들이 '문건 유출'에 연루됐다는 보도가 쏟아졌다.

검찰은 이어 12월 4일 박관천을 다시 피의자 신분으로 소환해 조사했다. 박관천은 청와대 공직기강비서관실에 근무하던 2014년 2월 「정윤회문건」 등 자신이 작성한 청와대 문건 100여 쪽을 청와대 밖으로 빼낸 혐의를 받았다. 이와 함께 김춘식 청와대 기획비서관실 행정관을 고소인 신분으로 소환해 조사했다.

검찰은 12월 5일에는 조응천 전 청와대 공직기강비서관을 참고인 신분으로 소환해 조사했다. 청와대의 강경 기류 속에 12월 5일 오후 한때 검찰이 ≪세계일보≫ 본사를 압수수색할 것이라는 소문이 돌기도 했다. 실제 '김영한 업무수첩'에는 12월 1일 회의에서 ≪세계일보≫ 본사에 대한 압수수색이 거론됐던 것으로 기록돼 있다. 한국기자협회는 성명을 내고 "검찰은 청와대 비서실부터 압수수색하라"며 "검찰의 ≪세계일보≫에 대한 압수수색 시도는 언론 자유에 대한 중대한 도발"이라고 규탄했다.

검찰은 문건 유출 부분과 달리 비선의 실체 규명과 관련해서는 상대적으로 더디고 소극적으로 수사했다는 지적을 받았다. 즉, 비선 실세의 국정개입 문제를 다룬 문건의 진위나 비선의 실체를 십상시 회동 여부로 제한해 수사했다는 것이다. 검찰은 "문건의 진위 여부는 비선 라인 모임이 진짜 있었는지가 핵심"이라며 십상시 회동 여부로 비선 실세의 국정개입 의혹을 담은 문건의 진위를 판단하겠다는 의도를 드러냈다. 검찰은 그래서 12월 4일에야 십상시 회동 장소로 지목된 서울 강남의 중식당 등을 압수수색하고 식당 사장도 불러 사실관계를 조사했다. '김영한 업무수첩'에 따르면 청와대에서 이미 11월 24일, 28일에 해당 식당과 함께 CCTV 확보 문제가 논의됐고 미리 파악됐을 가능성도 없지 않다는 점에서, 검찰 수사는 매우 늦었다는 비판을 받았다.

쏟아지는 비선 국정개입 사례

박근혜 대통령이 '문건 내용은 루머이고 문건 유출이야말로 국기문란'이라는 가이드라인을 제시하고 검찰이 문건 유출 수사를 신속하게 벌이면서 사건은 비선의 국정개입 의혹이 아닌 문건 유출 프레임으로 흘러갔다. 이에 「정윤회문건」을 보고한 조응천 전 청와대 공직기강비서관은 언론 인터뷰 등을 통해 강하게 반발했다. 조응천은 12월 2일 자 ≪조선일보≫와의 인터뷰를 통해 박 대통령 취임 이후 문고리들과 접촉한 적이 없다는 정윤회가 지난 4월 '문고리 3인방' 중한 명인 이재만 총무비서관과 연락한 사실을 폭로했다. 조응천의 이야기다.

"(2014년) 4월 10~11일 이틀에 걸쳐 청와대 공용 휴대폰으로 전화가 왔는데 모르는 번호여서 받지 않았다. 그 직후 '정윤회입니다. 통화를 좀 하고 싶습니다'라는 문자가 왔다. 당시 '정윤회 씨가 박지만 EG 회장을 미행했다'는 ≪시사저널≫ 보도로 정 씨가 소송을 제기하는 등 화가 나 있는 상황이어서 순간적으로 고민하다가 받지 않았다. 4월 11일 퇴근길에 이재만 총무비서관이 내게 전화를 걸어와 '(정윤회 씨의) 전화를 좀 받으시죠'라고 했다. 이 비서관에게 '좀 생각을 해보고요'라고 답변했지만 정 씨와 통화는 하지 않았다."[34]

조응천은 그러면서 문건 내용의 신빙성에 대해서는 "6할 이상이라고 본다. 나는 워치도그watch dog다. (첩보가 맞을 가능성이) 6~ / 알끔

되면 상부 보고 대상이 되는 것"이라고 말했다.[35]

조응천은 ≪중앙일보≫ 12월 3일 자 인터뷰에서도 "우리가 조사한 사안들은 민정수석과 비서실장까지 보고가 됐다. 아무 근거 없이 찌라시 내용만으로 어떻게 보고할 수 있겠느냐"면서 문건은 상당한 근거가 있다고 지적했다. 이미 한 차례 문건 유출에 대한 수사를 받고 혐의가 없음이 입증됐다고도 했다.[36]

조응천은 1962년에 대구에서 태어나 서울대 법대를 졸업하고 1986년 제28회 사법시험에 합격해 검사로 임관했다. 그는 1993년 박지만 EG 회장의 마약 사건을 담당하며 박지만을 알게 됐고, 2006년 법무부 장관 정책보좌관을 지낸 뒤 법무법인 '김앤장'에서 잠시 변호사를 했다. 조응천은 2008년 이명박 정부 당시 국가정보원장 특별보좌관으로 활동했고, 2011년 박근혜 캠프에 합류해 네거티브 대응을 맡으며 박근혜와 인연을 맺었다. 박근혜 대통령 당선 후 인수위원회를 거쳐 공직기강비서관에 올랐다가 2014년 4월 경질됐다.

비선 세력이 문화관광체육부의 노태강 국장과 전재수 과장 해임에도 직접 관여했다는 보도가 나오면서 비선 국정개입 의혹은 더욱 확산됐다. 즉, 비선 입김으로 박근혜 대통령이 유진룡 문체부 장관을 불러 "나쁜 사람이라고 하더라"라며 문체부 간부의 경질을 요구해 경질이 이뤄졌다는 내용이었다. ≪한겨레≫ 기사의 일부다.

"현 정부의 '숨은 실세'로 알려진 정윤회 씨 부부가 정부 부처의 감사 활동과 인사에 개입한 구체적인 정황이 드러났다. 이 과정에서 박근혜 대통령이 해당 부처의 세부 인사 내용을 직접 챙겼다는 증언도 나왔다. ≪한겨레≫가 2일 문화체육관광부와 승마협회 전·현직 관계자 등을 취재한 결과를 종합하면, 정 씨 부부는 승마선수인 딸의 전국대회 및 국가대표 선발전 등을 둘러싸고 특혜 시비 등이 일자 청와대와 문화체육관광부 등을 통해 승마협회에 상당한 영향력을 행사했다고 다수의 승마협회 관계자들이 주장했다. 특히 문화체육관광부는 지난해 5월부터 청와대의 지시로 지금껏 전례가 없던 승마협회 조사·감사에 직접 나섰다. 정 씨 부부는 문화체육관광부 조사가 원하는 방향으로 흘러가지 않자 그해 9월 조사의 주무를 맡았던 문화체육관광부 담당 국장과 과장에 대한 좌천성 인사가 이뤄지는 데 개입했고, 이 좌천 인사를 박 대통령이 직접 챙겼다고 한다."[37]

≪조선일보≫는 12월 5일 자 기사에서 박근혜 대통령이 문화체육관광부의 노태강 국장과 전재수 과장을 '나쁜 사람'이라고 지적하고 인사를 요구했다는 ≪한겨레≫ 보도와 관련, 유진룡 전 문체부 장관의 인터뷰를 실으며 "박 대통령이 직접 지시한 게 맞다"며 비선 세력의 문화체육관광부 인사개입을 확인했다.[38]

일부 언론은 정윤회와 함께 최순실을 거론하며 정유라의 승마를 위해 체육계에 외압을 행사했다는 의혹도 조심스럽게 보도하기 시작했다. 즉, 익명을 요구한 승마계 인사의 전언을 통해 "최(순실) 씨 남편이 박근혜 정부의 숨은 실세로 불리는 상황에서 최 씨의 측근들이 최 씨와의 친밀도를 과시할 정도로 최 씨에게 힘이 있었다"며 "최 씨의 치맛바람이 대단했다"고 말했다고 보도했다.[39]

≪동아일보≫는 12월 8일 자 1면 기사 "김기춘, 교체설 조사 직접 지시했다"에서 「정윤회문건」은 '비서실장 교체설'의 진원지를 파악하라는 김기춘의 지시에 따라 공식적으로 만들어진 것으로 알려졌다고 보도했다. 김기춘은 이에 ≪동아일보≫ 기자를 명예훼손 혐의로 검찰에 고소했다.

정윤회 파문이 이어지자 야권은 공세 수위를 한껏 높였다. 새정치민주연합은 12월 5일 국정난맥의 몸통으로 청와대를 지목하고 대

통령의 대국민 사과를 촉구하는 등 총공세를 폈다. 문회상 비상대책
위원장은 이날 국회 비상대책위원회·특위 연석회의에서 "(박근혜 대통
령의) 남은 임기가 걱정스럽다"고 말했다. 박지원 비대위원은 "임기 2
년이 지나가기도 전에 대통령 최측근과 친동생 사이에, 전·현직 비
서들 간에 난타전이 벌어지고 있다. 전대미문의 '궁중암투'에 국민은
허탈하고 분노한다"며 대통령의 대국민 사과를 촉구했다. 유기홍 수
석대변인은 국회 브리핑에서 "박 대통령의 '나쁜 사람 인사 지시'에
대해 청와대는 진실을 국민 앞에 밝혀야 한다"고 거들었다.[40]

　비선 실세의 국정개입 논란에 박근혜 대통령의 지지율은 뚝 떨
어졌다. 여론조사 전문기관 한국갤럽이 12월 2~4일 조사해 12월 5일
발표한 주간 여론조사 결과 대통령의 직무 수행에 대해 "잘하고 있
다"는 긍정 평가는 일주일 전보다 2%포인트 하락해 42%를 기록했
다. 반면 "잘못하고 있다"는 부정 평가는 3%포인트 상승해 48%로 나
타났다.

"문건은 찌라시" 박근혜 또 가이드라인

청와대는 「정윤회문건」 파문이 확산되는 것에 당혹하면서 조응천 인
터뷰에 맞서는 인터뷰를 검토했던 것으로 분석된다. 2014년 12월 3
일 자 '김영한 업무수첩'에 따르면 윤두현 홍보수석은 "「정윤회문건」
의 신빙성은 60% 이상"이라는 조응천의 언론 인터뷰에 대해 홍경식
민정수석의 반론이 필요하다고 거론했던 것으로 기록돼 있다. 「정윤
회문건」의 신빙성을 떨어뜨리기 위한 시도로 읽혔다. 김기춘은 이날
회의에서 "대통령 사람의 불만 토로, 누설은 쓰레기 같은 짓"이라고

조응천을 강하게 비판한 것으로 기록돼 있다.

청와대는 12월 5일 정유라 승마 특혜 및 문체부 인사의 '찍어내기' 문제가 거론될 것으로 관측되던 국회 교육문화체육위원회 대응을 논의했던 것으로 보인다. 12월 5일 자 '김영한 업무수첩'에는 "국회 교문위 - 국 과장, 승마"라고 적혀 있다. 김기춘은 이날 회의에서 "체육계 전반 감사 수사한 것임 - 과정 사례 왜곡 보도 방지"라고 말했던 것으로 기록돼 있다.

12월 5일 야당의 요구로 국회 운영위원회가 소집됐지만 여당 위원들이 모두 불참하면서 파행했다. 국회 운영위가 파행하면서 다른 상임위의 법안 처리에도 우려가 제기됐다.

박근혜 대통령은 「정윤회문건」을 '근거 없는 풍설을 모은 찌라시'라고 규정하고 비선 실세의 국정개입 의혹을 거듭 부인했다. 대통령은 12월 7일 청와대에서 김무성 새누리당 대표와 이완구 원내대표 등 당 지도부 및 당 소속 예산결산특위 위원들과의 오찬 자리에서 "우리 경제가 한시가 급한 상황인데 소모적인 의혹 제기와 논란으로 국정이 발목 잡히는 일이 없도록 여당에서 중심을 잘 잡아주셨으면 한다"며 "찌라시에나 나오는 그런 이야기들에 나라 전체가 흔들린다는 것은 정말 대한민국이 부끄러운 일"이라고 말했다. 박 대통령은 "정 씨는 연락도 끊긴 사람"이라며 "한 언론이 제대로 확인도 하지 않고 보도한 후에 여러 곳에서 터무니없는 얘기들이 계속 나오고 있는데 이런 일방적인 주장에 흔들리지 말고 검찰의 수사 결과를 지켜봐주셨으면 한다"고 당부했다. 여당인 새누리당이 「정윤회문건」을 둘러싼 야당의 의혹 제기에는 적극적으로 대응하되 검찰 수사 결과가 나올 때끼지 지켜봐 달라는 주문이었다.[41]

청와대는 문건의 신빙성을 떨어뜨리고자 다양한 시도를 하는 한편, 관련 보도가 최소화할 수 있도록 안간힘을 썼던 것으로 분석된다. '김영한 업무수첩'을 보면 청와대는 12월 6일 회의에서 "「정윤회문건」 내용이 허위임을 입증하는 자료"를 확보해 "15일 이전에 근거 없음이 알려지도록" 하는 방안을 거론한 것으로 나타난다. 문건의 신뢰성을 최대한 떨어뜨리려고 안간힘을 썼음이 드러나는 대목 가운데 하나다.

아울러 김기춘은 12월 7일 청와대 회의에서 「정윤회문건」 관련 보도가 최소화하도록 기자들에게 다른 기삿거리를 풍부히 제공하라고 지시했던 것으로 보인다. '김영한 업무수첩'에는 "12/2 예산 통과로 국회 기사 별무 → 문건 사건 보도 빈발 우려 → 기삿거리 풍부히 제공토록"이라는 내용이 적혀 있다. 12월 9일 자 '김영한 업무수첩'에는 청와대가 "거론 인물별 사실 아닌 보도 정리", "나중에 언론 제소·고소 등 시정 조치 필요", "언론보도 행태 정상화" 등을 논의했던 것으로 돼 있다. 김기춘은 이날 회의에서 "언론의 무책임 보도, 황색지적인 행태 개별적 정리와 시정 요구하며 계도토록 해야 한다"고 말한 것으로 기록돼 있다.

아울러 청와대가 정윤회와 박지만 간 파워게임식으로 몰아가려 했던 정황도 드러났다. 즉, 조응천이 박지만과 인연이 있다고 강조하고 박지만이 조응천을 활용해 정윤회를 비롯한 비선 세력을 공격하려 했다는 식으로 몰아가려 했다. 실제 민경욱 청와대 대변인은 12월 11일 브리핑에서 "(유출된 문건 100장) '이것을 누구로부터 받았느냐'라는 것을 (자체) 조사를 했는데, 조(응천) 전 비서관의 이름이 나왔다. 거기까지는 확인되는 것 같다"고 밝혔다. 청와대는 아울러 조응천이 포함된 '7인회'가 「정윤회문건」 작성과 유출을 주도했다는 결론을 내리고 감찰 자료를 검찰에 넘겼다. 7인회는 조응천, 박관천을 비롯해 오창유 청와대 행정관과 최 모 전 행정관, 전직 국정원 고모 국장, 박지만 EG 회장 측근인 전 모 씨, 언론사 간부인 김 모 씨 등이다. 이에 일부 언론에서 '7인회' 관련 기사가 실리기도 했다. 조응천은 이에 "저들(청와대)이 말씀하시는 거 다 사실이 아닙니다. 참 기가 막히네요"라며 "(7인회는) 없다"고 반박했다.[42]

김기춘은 언론보도가 소강상태에 접어들자 국회 대응에 본격적으로 나섰다. 김기춘은 12월 11일 수석비서관회의에서 국회 운영위원회 소집을 주장하는 야당의 주장과 관련해 '정치 공세'라며 국회 운영위를 열지 못하도록 지시했던 것으로 분석된다. 12월 11일 자 '김영한 업무수첩'에는 "국회 운영위 소집 주장은 2류적 / 검찰 수사 결과 무관하게 아무런 회동 관련 근거 없는데 정치 공세라 무대응"이라는 내용이 적혀 있다. 김기춘은 그러면서 "조직, 인간 됨됨이 안된 자들이 큰 피해 야기. 과거를 보면 미래를 알 수 있으니 위태로운 자, 인간쓰레기 솎아내는 일 점진적으로 추진토록 → 나라와 領(대통령) 위하는 일"이라고 말한 것으로 기록돼 있다.

「정윤회문건」보도가 줄어들고 사건의 프레임이 '문건 유출'로 짜이자 김기춘은 검찰 수사를 빨리 종결시키라고 지시했던 것으로 보인다. 12월 13일 자 '김영한 업무수첩'에 따르면 김기춘은 청와대 회의에서 "문건 유출 사건 막바지 - 금주 초 조기종결토록 지도"하라고 지시한 것으로 기록돼 있다. 그는 "과거에는 모두 이권 개입, 부정부패 사례 없음. 부정부패와는 무관. 안보 관련 비밀 유출 사례도 아님. 기강해이이긴 하나 개인일탈적 성격. 온 나라가 들끓을 사안이 아님. 황색지의 작태에 지나치게 반응하는 것임. 개인적 책임론은 수긍. 언론 포함 대외 대응에 당당히 의연히 대응 바람. 박동열 - 지탄받는 자"라고 강조한 것으로 적혀 있다.

문건 유출 과속 수사에 최경락 죽음

박근혜 대통령이 '가이드라인'성 발언을 하고, 김기춘이 신속한 수사를 지시하면서 검찰은 문건 유출 수사에 가속 페달을 밟았다. 문건 유출의 큰 흐름을 '조응천 전 청와대 공직기강비서관 및 박관천 전 행정관 → 서울시경 정보분실 정보관 → ≪세계일보≫ 기자'로 이어지는 것으로 보고, 이를 확인하는 데 수사력을 집중했다. 특히 검찰은 박관천과 ≪세계일보≫ 기자 사이의 중간 문건 전달자를 확정하기 위해 서울시경 정보분실 정보관들에 대해 강도 높은 수사를 벌였다.

검찰은 먼저 12월 8일 문건을 작성한 박관천을 재소환하는 한편 박관천에게 문건 내용을 제보한 것으로 알려진 박동열 전 대전지방국세청장을 소환해 조사했다. 검찰은 이어 12월 9일 서울시경 정보분실의 최경락, 한일 경위를 체포했고, 12월 10일 박관천이 청와대에서 가지고 나온 문건들을 유출한 혐의로 두 사람에 대한 구속영장을 신청했다.[43]

두 사람의 구속영장은 12월 11일 자정 모두 기각됐다. 청와대 핵심부는 이때 한일 경위에게 문건 유출을 자백할 경우 불기소를 약속하며 회유를 시도했던 것으로 드러났다. 한일[44] 등에 따르면 검찰 조사를 받은 뒤 풀려난 그는 12월 8일 오후 3~4시쯤 청와대 민정비서관실 산하의 특별감찰반 박 모 경감으로부터 전화를 받았다. 박 경감은 "형님, 좋은 일도 나쁜 일도 아니다. 꼭 만나야 한다"고 말했고, 한일은 이날 오후 5시쯤 서울 남영동의 선배 사무실에서 박 경감을 만났다. 두 사람은 커피숍으로 옮겨가며 이야기를 계속했다. 박 경감은 이 자리에서 청와대 측의 제안을 전했다.

"형님, 녹취록이 있다면서요. 거기서 다 밝혀졌으니 지금 가서

자백하세요. 그러면 자진 출두한 걸로 되고 불기소로 편의를 봐줄 수
있대요."

"누가 나를 보호한다고 약속한 것인지, 어떤 위치인지 알아야 하
지 않느냐."

한일은 자신에게 누가 불기소를 약속하고 담보하는지를 물었다.
불기소 약속을 해줄 만한 위치의 인물인지 확인해야 했다. 박 경감은
'민정비서관 쪽'이라고 답했다. 한일은 이에 우병우 민정비서관이라
고 생각했다. 한일은 선배 최경락에게 전화를 걸어 청와대의 회유 내
용을 전했다.

"형님, 민정(비서관실)에서 왔는데 이렇게 해준대요."

"회유에 넘어가면 안 된다. 그쪽을 믿지 마라."

최경락은 한일에게 청와대의 회유에 넘어가지 말라고 말했다.
한일은 이에 청와대의 제안을 거부했고 다음 날 새벽 교회에 가려고
집을 나서려다가 검찰에 긴급 체포됐다. 최경락도 검찰에 체포됐다.

검찰은 이와 함께 12월 10일 국정개입 의혹이 제기된 정윤회를
불러 조사하기도 했다. 정윤회는 이날 서울중앙지검에 출석하면서
"이런 엄청난 불장난을 누가 했는지, 불장난에 춤춘 사람들이 누구인
지 다 밝혀지리라고 생각한다"고 억울함을 호소했다. 그는 문화체육
관광부 인사개입 등 의혹에 대해 사실이 아니라고 부인했고 '박근혜
대통령과 통화한 적이 있느냐'는 질문에는 묵묵부답하다가 "없다"고
짧게 답했다. 검찰은 이날 박동열 전 대전지방국세청장 자택 및 사무
실 등을 압수수색했다.

검찰은 12월 11일에는 「정윤회문건」을 입수하고 주도적으로 보
도한 조현일 ≪세계일보≫ 기자를 참고인 신분으로 소환해 조사했
다. 검찰은 문건 유출에만 초점을 맞춰 신문을 이어갔다. 소현일은

"유출 진원지로 검찰이 지목한 인물이 맞는지 취재원을 묻고 또 물었다"며 "취재원 보호를 이유로 완강하게 묵비권을 행사했다"고 당시를 회고했다. 그러면서 "마지막 검찰 조사를 마치고 새벽녘 서울중앙지검 청사를 빠져나갈 때까지도 담당 검사가 나와 자기들이 생각한 유출 경로가 맞는지 확인을 거듭 요청했다"고 기억했다. 그는 "검찰도 유출에 초점을 맞춘 수사가 사건의 진실을 외면하는 것 아니냐는 내 문제 제기에 수긍하기도 했지만 자신들도 어쩔 수 없으니 이해해달라는 분위기가 강했다"고 덧붙였다.

검찰이 문건 유출 수사로 급하게 몰아가는 과정에서 청와대 문건 유출 혐의를 받던 최경락 경위가 스스로 목숨을 끊는 안타까운 일이 벌어졌다. 최경락은 12월 13일 오후 2시 30분쯤 경기도 이천시 장천리의 한 빈집 앞마당에 주차된 승용차 안에서 다 탄 번개탄과 함께 숨진 채 발견됐다. 그의 손목에서는 자해 흔적도 남아 있었다. 12월 3일 검찰에 불려 가 조사를 받은 그는 12월 9일 새벽 자택에서 다시 검찰에 체포된 뒤 12월 10일 구속영장이 청구됐다가 12월 11일 자정 영장 기각으로 풀려났다. 최경락은 박관천이 2014년 2월 청와대에서 경찰로 원대 복귀하면서 서울청 정보분실로 옮겨놓은 청와대 문건을 무단 복사한 뒤 언론사와 기업 등에 넘겨준 혐의를 받았다. 최경락은 총 14쪽 분량의 유서를 남겼다. 최경락은 유서에서 "힘없는 (경찰) 조직의 일원으로 이번 일을 겪으면서 많은 회한이 들기도 했다"며 최근 검찰 수사에 따른 심경을 내비쳤다. 이어 자신과 함께 문건을 몰래 빼돌린 혐의를 받던 동료 한일을 거론하며 "너무 힘들어하지 마라. 너를 이해한다"고 말했다. 최경락은 "민정비서관실에서 너에게 그런 제의가 들어오면 당연히 흔들리는 것은 나도 마찬가지일 것"이라고 밝혀 '청와대 회유설'을 거론했다. 최경락은 "이번 사태에서 'BH(청와대)의 국정농단'은 저와 상관없고 저를 문건 유출의 주범으로 몰아가 너무 힘들게 됐다"고 말했다.[45] 유족들은 청와대 하명에 따른 검찰의 토끼몰이식 문건 유출 수사가 결국 최경락을 극단적 선택으로 몰고 갔다고 비판했다.

최경락의 자살과 청와대 회유설 제기에 청와대와 검찰은 당황했다. 청와대는 한일을 회유한 적 없다며 전면 부인했고 한일도 그런 내용의 인터뷰를 한 적이 없다고 밝히면서 논란은 흐지부지 수그러들었다.[46]

청와대와 검찰은 왜 최경락이 극단적인 선택을 할 정도로 몰아붙였을까. 왜 한일에게 반발감이 생길 정도로 회유를 시도하려 했을까. 그것은 최경락과 한일이 청와대와 검찰이 구상한 문건 유출 사건으로 몰아가는 데 핵심 인물이었기 때문으로 풀이된다. 즉, 청와대와 검찰은 두 사람을 청와대의 조응천 및 박관천과 조현일 ≪세계일보≫ 기자 사이의 연결고리로 파악, 반드시 공략해야 하는 관문으로 봤던 것이다. 만약 한일 또는 최경락으로부터 문건 유출과 관련한 자백을 확보한다면 문건 유출 수사가 일거에 급물살을 탈 수 있었기 때문이다. 결과적으로 최경락의 죽음은 비선의 국정개입 실체 규명이 아닌 문건 유출에 대한 수사로 사태의 프레임을 몰아가려 한 김기춘의 청와대와 검찰의 범죄적 대응과 일탈이 빚은 비극이었다.[47]

국회 대응에 주력하는 김기춘

청와대와 김기춘은 사건 초기 검찰의 수사 대응에 힘을 쏟다가 검찰 수사가 문건 유출로 어느 정도 가닥이 잡히자 국회 대응 및 수사 신뢰도 제고로 방향을 선회했다. 즉, '문건은 실체가 없는 허구'라며 문건 유출 경로를 집중적으로 파헤친 검찰 수사 발표(2015년 1월 5일) 전후에는 수사의 신뢰를 높이고 국회의 특별검사 및 국정조사 논의를 막기 위해 대응했던 것으로 분석된다.[48]

'김영한 업무수첩'과 청와대 및 검찰 관계자들에 따르면 김기춘은 12월 14일 청와대 회의에서 12월 15~16일 열리는 국회 긴급현안질의와 관련해 "특검 주장 단호히 차단 등 철저히 대응"할 것을 주문했던 것으로 보인다. 12월 18일 청와대 회의에서는 특검은 안 된다는 입장이 재확인되고 12월 22일 회의에서는 "특검 국조 필요 여론 → 49% vs 41% → 내주 초 중간발표 시 특검 불가피론이 확산 우려" 등이 거론된 것으로 보인다. 즉, 국회에서 「정윤회문건」 파동에 대한 특별검사 여론을 피하려고 안간힘을 썼던 것으로 추정된다.

'김영한 업무수첩'에는 청와대가 12월 17일 수석비서관회의에서 검찰 수사 결과에 대한 신뢰도 문제를 처음 거론했고 12월 21일 회의에서는 "문건 수사 - 신뢰성 - 당정청 합심, 대언론 대응" 등을 논의한 것으로 적혀 있다. 이는 수사의 신뢰성을 높이고 특별검사와 국정조사 여론을 차단하기 위해 당정청이 합심해 대응하는 방안을 논의한 정황으로 해석된다.

청와대는 2015년 1월 9일로 예정된 국회 운영위원회에 맞춰 「정윤회문건」과 관련한 질의응답을 준비하기 시작했다. 김기춘은 12월 24일 청와대 회의에서 국회 운영위에 대비한 질문을 잘 만들어야 한다고 강조했다. 즉, '김영한 업무수첩'에는 김기춘이 회의에서 "질문을 잘 만들어야"라고 말하고 "인지, 조치, 회수 안 한 이유, 수사 의뢰한 이유, 박관천 교체, 이유, 조응천 시사저널, 일요신문 조치, 체육부 국과장 교체 이유, 보고" 등 사건과 관련한 주요 이슈와 키워드를 거론한 것으로 기록돼 있다. 그러면서 "국회 운영위 문건 유출 관련 질의응답, (12월) 27일 실수비(비서실장 주재 수석비서관회의) 질문 리뷰(검토)"를 하기로 했다고 기록돼 있다. 내용을 분석하면 국회 운영위 국정감사에 대비한 예상 질문지를 만들어 12월 27일에 리허설을 하겠다는 의미로 풀이된다. 12월 26일 회의에서는 국회 "운영위 답변 준비 – 검찰 수사 결과 발표 vs VIP 신년 회견, 민정수석실 – 일지. 수석이 직접 답변한다는 생각으로 준비할 것"을 지시한 것으로 '김영한 업무수첩'에 기록돼 있다. 즉, 김기춘은 김영한 민정수석에게 국회 운영위에서 응답하라는 식으로 지시했던 것으로 추정된다.

하지만 '김영한 업무수첩'에는 12월 27일의 기록이 보이지 않았다. 김영한은 청와대의 조직적인 은폐에 가담하지 않기 위해 이날 실시된 국회 운영위원회에 대비한 사전 리허설에 불참했던 것으로 추정된다. 결국 김영한은 2015년 1월 9일 국회 운영위 회의 출석을 거부하고 사의를 표명했다. 업무수첩의 내용을 면밀히 살펴보면 그는 대통령과 김기춘이 주도하는 조직적인 은폐에 가담하고 싶지 않았던 것으로 분석된다. 그가 생전에 했던 언론 인터뷰에서 "비서실장에 항명해 사퇴한 게 아니다. 원칙을 지키기 위해 사퇴했다"고 말한 것도 이와 무관치 않다.[49]

청와대는 이어 2015년 1월 5일 회의에서는 검찰의 수사 발표 내용에 맞춰 국회 운영위원회 질의응답의 수정이 필요하다고 지적하고, 1월 6일 회의에서는 "(1월) 9일 운영위 준비 – 풀리지 않는 의혹. 별도 비선, 문화체육관광부 인사개입, 회수 노력" 등을 논의한 것으로 '김영한 업무수첩'에 기록돼 있다.

김기춘 등은 검찰의 중간 수사 발표의 큰 틀도 구체적으로 논의했던 것으로 보인다. '김영한 업무수첩'에는 2015년 1월 4일 청와대

회의에서 "검찰 수사 결과 발표 시 유의사항. (홍보) – 의문 해소, 설득력 제고" 등이, 1월 5일 회의에서는 "문건 수사 중간발표 관련 대응 자료 Pass (정무) → 코멘트 자제. ※ 발표의 중간성을 분명히 해야 – 비종결성" 등이 논의되고 검토된 것으로 나와 있다.

한편 박근혜 대통령 당선 2주년을 맞은 2014년 12월 19일 국정 지지도가 「정윤회문건」 파동의 여파로 처음으로 30%대로 떨어지면서 취임 후 최저치를 기록했다. 한국갤럽이 12월 16일부터 18일까지 전국 성인 남녀 1006명을 대상으로 전화 조사한 결과(신뢰수준 95%, 표본오차 ±3.1%포인트) 박근혜의 지지율이 37%로 집계됐다. 박근혜가 국정 수행을 '잘하고 있다'는 응답은 일주일 전(41%)에 비해 4%포인트 떨어졌다. '잘못하고 있다'는 응답은 일주일 전(48%)에 비해 4%포인트 오른 52%로 절반을 넘어섰다.

비선 실체 규명이 빠진 검찰 수사

검찰은 2014년 12월 14일 이재만 청와대 총무비서관을 고소인 자격으로 불러 조사했다. 이는 앞서 12월 12일까지 검찰이 정윤회와 이재만 등 「정윤회문건」에서 '십상시'로 지목된 청와대 비서진들의 통화 기록, 기지국 사용 내역 등에 대한 분석 작업을 마친 뒤였다. 이재만은 "≪세계일보≫에 보도된 문건 내용은 전혀 사실이 아니다"라고 문건 내용을 부인했다.

검찰은 12월 15일 박근혜의 동생 박지만 EG 회장을 참고인 자격으로 불러 조사했다. 박지만은 12월 16일 새벽 1시 5분 조사를 마치고 귀가하며 "검찰 조사에서 다 얘기했다"고 말을 아꼈다. 검찰은 박지만을 상대로 《시사저널》이 지난 3월 보도한 "정윤회 씨의 박 회장 미행설" 기사와 관련한 내용을 물었다. 또 박지만이 조현일로부터 2014년 5월 측근 인사 관련 동향 문건을 받았는지, 그리고 조응천 중심의 '7인회'와 어떤 관련이 있는지 등을 조사한 것으로 알려졌다. 박지만은 "이른바「정윤회문건」과 나는 아무 관계가 없다. 7인회란 모임에 관해 들어본 적이 없다"고 말했다.[50]

박관천은 12월 16일 오후 검찰에 전격 체포됐다. 검찰은 박지만 미행설 문건을 확보해 박관천 등을 상대로 문건 작성과 관련한 조사를 벌였다. 검찰은 박관천이 문건을 청와대에서 반출한 것에 대해 대통령기록물법 위반 혐의를, 서울지방경찰청 정보1분실에 보관한 것에 대해서는 공용서류 은닉 등 혐의를 적용했다.[51] 박관천은 12월 19일 구속됐다. 박관천은 검찰 조사 과정에서 "우리나라 권력 1순위 최순실, 2순위 정윤회, 3순위가 박근혜 대통령"이라고 말하며 '권력 서열론'을 꺼냈다. 비선 권력 문제가 심각하다는 것을 거론한 것이지만, 검찰은 비선 권력에 대한 실체 규명을 하지 않았다.[52]

검찰은 12월 17일 문건 유출 경로와 관련해 청와대가 보고서 유출의 배후로 봤던 '7인회'와 특별한 관계가 없다고 밝혔다. 박지만의 법률대리인 조용호 변호사는 "박 회장이 조응천 전 비서관이나 박관천 경정한테서 청와대 문건이나 동향에 관해 설명을 들은 바 없다"고 말했다.[53]

검찰은 조응천 전 공직기강비서관이「정윤회문건」을 포함한 청와대 문건 17건을 박지만에게 건넸다며 구속영장을 청구했다. 대통령기록물관리법 위반 및 공무상 비밀누설 혐의였다. 하지만 조응천의 구속영장은 기각됐다. 엄상필 서울중앙지법 영장전담 부장판사는 12월 31일 "범죄 혐의 사실의 내용, 수사 진행 경과 등을 종합해볼

때 구속수사의 필요성과 상당성을 인정하기 어렵다"며 기각 사유를 밝혔다.[54]

검찰은 2015년 1월 5일 「정윤회문건」의 유출로 촉발된 비선 실세의 국정개입 의혹 사건의 중간 수사 결과를 발표했다. 유상범 서울 중앙지검 제3차장은 이날 정윤회와 이른바 '십상시'의 정기회동설, 정윤회의 박지만 EG 회장 미행설 등은 모두 '사실무근'이라고 밝혔다. 그러면서 조응천을 공무상비밀누설, 대통령기록물관리법 위반 혐의로 불구속 기소했다. 조응천이 박관천과 공모해 「정윤회문건」과 박지만 EG 회장 부부 동향 문건 등 17건의 대통령기록물을 유출했다는 혐의였다. 서울경찰청 정보1분실 한일 경위도 박관천이 반출해 보관 중이던 청와대 문건 14건을 무단 복사한 뒤 숨진 최경락 경위에게 건네준 혐의로 불구속 기소다. 검찰은 "최경락 경위가 ≪세계일보≫ 기자에게 문건을 넘겨준 것"이라며 '공소권 없음' 처분을 내렸다. 유상범 3차장은 "조 전 비서관 등이 2013년 12월~2014년 1월 집중적으로 정윤회에 대한 비방 문건을 작성해 박지만 회장에게 전달한 점과 두 사람의 언론 인터뷰를 종합하면 박 회장을 이용해 자신들의 입지를 강화하려는 의도로 판단된다"고 범행 동기를 설명했다.

검찰의 중간 수사 결과가 발표되자 대통령의 '가이드라인'에 충실한 수사라는 비판적 평가가 쏟아졌다. 먼저 검찰은 「정윤회문건」 가운데 '2013년 말에 십상시가 정기적으로 모여 김기춘 청와대 비서실장 교체 필요성 등을 논의했다'는 비선 실세의 국정개입 의혹을 서울 강남의 중식당에서 실제 그런 모임이 있었는지를 확인하는 것으로 대체, 핵심인 비선 실세의 국정개입 여부는 전혀 파헤치지 않았다. 서울 강남 중식당의 회동 여부로 비선의 국정개입 여부에 대한 판단을 갈음한 셈이다. 대신 문건의 진위나 실체 규명이 아닌 문건

유출 수사만 강도 높게 진행됐고, 이것이 결국 최경락의 극단적인 선택으로 귀결됐다는 평가다.[55]

이동관 전 청와대 홍보수석은 검찰 수사가 국민들이 알고 싶어한 비선의 실체는 규명하지 않은 채 대통령이 말한 대로 결과가 나왔기에 '가이드라인'이라는 지적이 나왔다고 꼬집었다.

"대통령이 말한 대로 수사 결과가 나오니 가이드라인 의혹이 나오는 것 아닌가요? 대통령이 수사 결과를 근거로 '3인방 문제없다'고 말하는 건 국민 정서와는 거리가 있는 것 같아요. '격화소양隔靴搔癢'이라고, 국민은 발이 간지럽다고 하는데 대통령은 신발을 긁는 셈이죠. 저도 들은 이야기가 많지만, 진실은 또 언젠가 드러날 수 있어요. 대형 스캔들은 통상 의혹이 불거졌다 가라앉았다 다시 불거지는 식으로도 진행되죠."[56]

검찰 수사 결과 발표 다음 날인 1월 6일. 새정치민주연합의 이상민 국회 법제사법위원장을 비롯한 야권 법사위원들은 국회에서 기자회견을 열고 검찰의 중간 수사 결과에 대해 "범죄 혐의 기본인 동기조차 제대로 밝히지 못한 수사"라며 "지록위마指鹿爲馬의 전형"이라고 비판했다. 이들은 "이른바 문고리 3인방과 비선 실세는 이번 수사를 통해 면죄부를 받았고, 국정농단 의혹은 없던 것으로 치부됐다"며 특별검사를 통한 재수사와 법사위 소집을 촉구했다.

김기춘의 거짓말과 새누리당의 비선 가리기

2014년 12월 19일 통합진보당이 해산됐다. 헌법재판소는 통합진보당에 대한 위헌정당 해산 심판청구에서 재판관 8(인용) 대 1(기각)의 의견으로 인용했다. 통합진보당은 선고 즉시 해산됐고, 소속 의원 다섯 명 역시 의원직이 박탈됐다.

국회는 앞서 12월 18일 법제사법위원회와 교육문화체육관광위원회를 열고 계류 법안 등을 처리할 계획이었지만 운영위원회를 둘러싼 여야 공방으로 결국 무산됐다. 여당은 검찰 수사 발표 이전에 국회 운영위 소집을 한사코 거부했다. 문건 유출에 집중한 검찰 수사 결과를 바탕으로 야당의 비선 국정개입 공세를 차단하기 위해서였다. 결국 여야는 12월 23일 원내지도부 회동에서 정윤회 국정개입 의혹을 다루기 위한 국회 운영위를 검찰 수사 결과 발표 후인 2015년 1월 9일 소집하기로 합의했다.[57]

2015년 1월 9일 국회 운영위원회가 열렸다. 청와대와 새누리당의 조직적인 반대로 「정윤회문건」 보도 이후 한 달을 넘긴 뒤다. 이때 청와대와 여당에게는 문건은 허위이고 '국기문란'이라는 문건 유출 정황이 상세히 담긴 검찰 수사 결과가 들려 있었다. 청와대는 비선 실세의 국정개입은 없다며 일관되게 거짓말을 했고, 여당인 새누리당은 검찰 수사 결과를 바탕으로 문건 유출에 초점을 맞추면서 문건 내용을 허위로 몰아갔다.

김기춘은 이날 국회 운영위원회 회의에서 비선 실세의 국정개입 의혹을 담은 문건에 대해 '허위'라고 일관되게 진술했다. 그는 「정윤회문건」에 대해 "소위 (2014년) 1월 6일 자 문건 내용은 실장인 내가 볼 때 전부가 허위라고 확신을 했다. 그렇기 때문에 특별히 조치할 사항이 없었다"고 강조했다. 김기춘은 검찰 수사 결과를 토대로 "문건에 나와 있는 어떤 모임, 거기에 있는 농단했다는 사람들 이건 전혀 사실이 아니다"며 "모임이 없었으니까 거기에서 왔다 갔다 하는 얘기도 없었고 따라서 국정농단은 없었다 하는 것을 분명히 말씀드릴 수가 있다"고 주장했다. 김기춘은 '우리나라 권력 1순위 최순실, 2 순위 정윤회, 3순위가 박근혜 대통령'이라는 박관천 경정의 이야기에 대해 "박관천이라는 사람은 허위 문서를 쓰는 데 아주 그거 한 분"이 라며 "그런 얘기를 저희들이 전혀 귀담아듣지 않는다"고 말했다. '윤 전추 행정관을 추천한 인물이 최순실 씨라는 의혹이 있다'는 질문에 도 "아는 바 없다"고 일축했다.[58]

비선 세력의 실체는 물론 그들의 국정개입이나 국정농단을 전면 부인한 김기춘의 이날 국회 운영위원회 대답은 나중에 최순실을 비 롯한 비선 권력의 국정농단이 드러나면서 결과적으로 거짓말이었다 고 평가된다. 최순실은 대통령 취임 때부터 이미 문고리들과 함께 어 울리고 지속적으로 접촉 중이었으며 국정 전반에 광범위하게 개입하 고 있었다.

김기춘은 이날 국회 운영위원회에서 최순실과 결탁해 국정을 농 단한 의혹을 받는 정호성, 안봉근, 이재만 비서관 등 이른바 '문고리 3인방'에 대해서도 부인으로 일관했다. 김기춘은 '3인방이나 문고리 권력'이라고 하는 주장에 대해 "지금 세 분 비서관들은 그야말로 비 서일 뿐이다. 아무런 권한이 없다"고 강조했다.

이재만 총무비서관도 국회 운영위원회에서 '최순실하고는 연락 하거나 만난 적 있느냐'는 질문에 "정윤회 씨가 비서실장 역할을 할 당시에 인사를 나눈 적이 있다"며 '그 이후에 연락하거나 만난 적이 있느냐'는 질문에는 "기억이 나지 않는다"고 답했다. 기억이 나지 않 을 수는 있겠지만, 최순실과 지속적으로 접촉을 해왔다는 점에서 역 시 거짓말이었다.[59]

새누리당 의원들은 박근혜 대통령과 청와대가 제시한 가이드라 인을 토대로 「정윤회문건」 진위에 대해 '찌라시', '막장 드라마', '뜬

문', '허구'라고 깎아내리고, 문건 유출에 대해서는 '개인의 일탈', '해 프닝'이라고 청와대를 비호했다. 윤영석 새누리당 의원은 "이번 문건 사건은 일부 인사들의 경거망동으로 초래된 완전히 허위의 어떤 조작극이라고 볼 수밖에 없다"고 했고, 이장우 의원도 "물고기 한 마리가 흙탕물을 만든다고 그랬다. 그런데 조응천, 박관천 이 '양천', 그런 것을 한문으로 일어탁수—魚濁水라고 하는데 한마디로 표현하면 '양천 탁수'"라고 문건 보고 및 작성자를 비난했다.[60]

언론 탄압으로 숨긴 비선 국정개입

2015년 1월 6일 서울중앙지법은 청와대 문건 유출 사건을 형사합의 28부에 배당했다. 1월 22일에 열린 첫 재판에서 조응천은 "문건 유출 지시를 안 했다"고 주장했다. 수사 과정에서 "「정윤회문건」은 허위" 라고 주장해왔던 검찰은 9월 14일 재판에서는 "허위로 볼 수 없다"고 이율배반적인 주장을 펴기도 했다. 검찰은 이날 "「정윤회문건」 내용 전부를 허위로 볼 수 없다"며 "(「정윤회문건」은) 범죄첩보를 담은 공무 상 비밀 문건"이라고 말했다.[61]

　　법원은 10월 15일 1심에서 조응천에게는 무죄를, 박관천에게는 징역 7년과 추징금 4300만 원을 선고했다. 박관천은 문건 유출 사건 과는 무관하게 국무총리실 소속으로 근무했던 2007년 룸살롱 업주에게서 경찰 단속·수사를 무마해주는 대가로 골드바 여섯 개를 받은 혐의로 1심에서 실형을 선고받았다.

　　1심의 주요 쟁점은 박관천이 박근혜의 동생 박지만 EG 회장에 게 전달한 청와대 공직기강비서관실 첩보 문건 17개를 '대통령기록물'로 볼 수 있는지 여부였다. 재판부는 박관천이 전달한 문건들이 모두 원본을 추가로 출력하거나 복사한 '사본'이므로 대통령기록물에 해당하지 않는다고 판단했다. 재판부는 "사본을 모두 대통령기록물로 본다면 다수의 문서를 전부 보존·관리해야 하고, 유출이나 분실 등을 형사처벌해야 하므로 불합리하다"고 설명했다. 결국 문건 유출에 대해서는 무죄가 나온 셈이다.

서울고등법원은 2016년 4월 29일 조응천에 대해 1심과 같이 무죄를, 박관천에 대해서는 징역 8월에 집행유예 2년을 각각 선고했다. 재판부는 박관천이 박지만에게 전달한 공직기강비서관실 문건들은 사본인 만큼 대통령기록물로 볼 수 없다는 1심 판단을 유지했다. 청와대는 2016년 7월 「정윤회문건」 보도와 관련해 ≪세계일보≫를 상대로 제기한 고소를 취하했다.[62]

≪세계일보≫는 비선의 존재와 국정개입 의혹을 처음 공론화했지만 대통령과 청와대가 각종 공권력과 검찰 수사 등을 총동원한 프레임 바꿔치기와 무지막지한 언론 탄압으로 막아서면서 그 전모를 다 밝히지 못했다. 박근혜와 비선 권력은 정권의 사활을 걸고 실체 규명을 가로막았던 것이다. 박근혜와 비선 세력은 한 차례 전투에서 이길 수 있었지만, 그것은 승리가 아닌 파멸로 가는 지름길이었다. 다만 2년의 시간이 필요했을 뿐이다. 「정윤회문건」을 취재했던 박현준의 지적이다.

"권력은 영원하지 않고 시간은 진실의 편이라고 믿는다. 진실의 순간은 도둑같이 올 것이다. ≪세계일보≫ 취재팀을 격려한 많은 이들도 그렇게 믿고 있다. 그 순간이 멀지 않기를 바랄 뿐이다."[63]

만약 박근혜 정권이 이때 비선 권력의 국정개입 문제의 심각성을 깨닫고 일대 재정비에 나섰다면 최악의 국정농단과 내통령 탄해을 피할 수 있었을지도 모른다. 하지만 박근혜와 비선 권력은 그렇게 하지 않았다. 그들은 세상에 대해 부도덕했고 스스로에게는 무능했다. 결국 거짓과 허위가 더 큰 거짓과 허위를 낳는 악의 궤도로, 파멸의 궤도에 올라타게 됐다. 2017년 3월 헌법재판소도 ≪세계일보≫의 「정윤회문건」 보도와 관련해 대통령이 비선의 국정개입 의혹은 거짓이라고 하면서 대외적으로 최순실을 철저히 숨기고 국정개입을 허용해 견제나 감시가 제대로 이뤄지지 못하게 한 것은 대의민주제 원리와 법치주의 정신의 훼손이자 공익실현 의무의 중대한 위반이라며 대통령의 파면 근거로 제시했다. 비선 문제를 처음 제기한 ≪세계일보≫에 대한 박근혜와 비선 권력의 거짓과 폭력이야말로 박근혜의 탄핵을 가져온 근원인 셈이었다. 「헌법재판소 결정」의 일부다.

"2014년 11월 ≪세계일보≫가 「정윤회문건」을 보도했을 때에도 피청구인(박근혜)은 비선의 국정개입 의혹은 거짓이고 청와대 문건 유출이 국기문란 행위라고 비판했다. 이와 같이 피청구인이 대외적으로는 최순실의 존재 자체를 철저히 숨기면서 그의 국정개입을 허용했기 때문에 권력분립 원리에 따른 국회 등 헌법기관에 의한 견제나 언론 등 민간에 의한 감시 장치가 제대로 작동될 수 없었다. 국회와 언론의 지적에도 피청구인은 잘못을 시정하지 않고 오히려 사실을 은폐하고 관련자를 단속하였기 때문에 … 피청구인이 최순실의 국정개입을 허용하고 국민으로부터 위임받은 권한을 남용해 최순실 등의 사익 추구를 도와주는 한편 이러한 사실을 철저히 은폐한 것은 대의민주제의 원리와 법치주의 정신을 훼손한 행위로서 대통령으로서의 공익실현 의무를 중대하게 위반한 것이다."[64]

비록 박근혜 대통령과 비선 세력은 전투에서 승리했지만, 비선 문제가 한 번 제기됐다는 점에서 비선 실세의 국정개입 의혹이 한 번 더 제기될 경우 그것은 종말적 파국을 예고하는 것이었다. 견고한 듯하지만 순간에 무너지고 마는 것이 거짓과 허위의 운명이다. 이동관 전 청와대 홍보수석의 분석이다.

"정윤회 씨 아는 분, 최순실 씨 아는 분이 생각보다 많더라고요. 그분들이 (자신에게 어떤 불이익이 올까 봐) 기자에겐 이야기를 안 해요. 지진 때도 P파, S파가 있잖아요. 1차 충격파가 오고 잠잠해집니다. 하지만 2차 충격파가 오면, 그땐 상황이 커집니다. 그런 게 오지 않기를, 문건 내용이 사실이 아니기를 바랄 뿐이죠."[65]

물론 비선 세력 내부적으론 비선 권력의 한 축이었던 정윤회와 그의 주변 세력이 「정윤회문건」 파동으로 몰락하거나 축출되면서 최순실 단독 체제가 완성된 것으로 보인다. 즉, 비선 세력 내 견제 세력이 완전히 사라지면서 바야흐로 '최순실의 독주 시대'가 열리고 있었다. 그것은 파국 직전의 마지막 축제 같은 것이기도 했다.

비　선
／
권　력

8 '박순실', 그들의 시대

(2015~2016.6)

우유가 즉시 굳어지지 않는 것처럼 지은 악행도 즉시
나타나지 않는다. 재 속에 덮인 불처럼 이글거리면서
어리석은 자를 쫓는다.

『법구경』 중에서
(『(빠알리어 직역) 담마빠다: 법구경』, 일아 옮김, 불광출판사, 2014, 41쪽)

3년 차 친정 체제 강화와 사정 드라이브

새해의 여운이 채 가시기도 전인 2015년 1월 25일, 그리스에서는 긴축재정에 반대한 알렉시스 치프라스Alexis Tsipras의 급진 좌파연합이 총선에서 승리하면서 그리스의 채무불이행 위기가 드리웠다. 7월 중순 치프라스 총리가 유럽연합의 긴축안을 받아들이면서 다행히 위기는 진정됐다.

「정윤회문건」 파동을 넘긴 박근혜 대통령은 집권 3년 차에 이르러 내각과 청와대 개편을 단행했다. 박 대통령은 2015년 1월 23일 새 국무총리 후보로 이완구 새누리당 원내대표를 지명했다. 이완구 총리 인준 뒤인 2월 17일에는 4개 부처 장관(급)에 대한 개각도 이뤄졌다. 통일부 장관에 홍용표 대통령 비서실 통일비서관을 발탁했고, 국토교통부 장관에는 유일호 새누리당 의원을, 해양수산부 장관에는 유기준 새누리당 의원을, 장관급 금융위원장에는 임종룡 농협금융지주 회장을 각각 내정했다. 친박계 장관 두 명과 청와대 비서관 출신을 내려보내 친정 체제를 구축한 것으로 풀이됐다.

당시 청와대 개편에서 수석비서관은 열 명 중에 세 명만 바뀌었다. 국정기획수석실을 개편한 정책조정수석에 현정택 전 한국개발연구원KDI 원장이, 미래전략수석에는 조신 연세대 교수가 각각 내정됐다. 김영한 전 수석의 항명 사퇴로 공석이던 민정수석에는 우병우 민정비서관이 승진 발탁됐다. 아울러 민정특보에는 이명재 전 검찰총장, 안보특보에는 임종인 고려대 정보보호대학원장, 홍보특보에는 신성호 전 중앙일보 수석논설위원, 사회문화특보에는 김성우 SBS기획본부장이 각각 내정됐다.

하지만 「정윤회문건」 파동을 겪으며 인적쇄신의 핵심으로 지목돼온 문고리 3인방은 일부 업무 조정만 이뤄졌다. 정호성 제1부속비서관은 유임됐고, 이재만 총무비서관도 인사위원회 배석이 금지될 뿐 이동은 없었다. 안봉근 제2부속비서관만 제2부속실 폐지에 따라 국정홍보비서관으로 수평 이동했다. 문고리들은 「정윤회문건」 파동 후에도 건재를 과시했다. 그들은 음지의 비선 권력과 대통령을 잇는 연결고리이자 대통령의 '피부'였고 비선 권력의 '수족'이었다.[1]

우병우 민정수석의 부상도 관심을 모았다. 우병우는 문건 파동을 성공적으로 처리한 공을 인정받아 민정수석으로 발탁된 경우로 해석됐다. 우병우는 검찰과 정보사정 라인을 장악, 권력의 중심부로 들어갔다. 2013년 김기춘이 대통령 비서실장으로 입성한 이후 박근혜 정권의 검찰 의존증이 점점 심해지는 상황에서 우병우의 존재는 박근혜와 최순실에게도 큰 힘이 됐을 것으로 분석된다. 왜냐하면 우병우를 통해 검찰 및 정보사정 라인을 완전히 장악할 수 있게 됐기 때문이다. 이와 함께 공안통인 황교안 법무부 장관은 2014년 12월 통합진보당 해산을 주도하면서 또 다른 핵심 권력으로 부상하고 있었다.

2015년 2월 2일, 63번째 생일을 맞은 박근혜 대통령의 마음은 그다지 편치 않았으리라. 우선 지지율이 취임 후 최저치인 29%까지 떨어졌고 여당인 새누리당 원내대표 경선에서 친박 후보가 떨어지고 비박계 유승민이 당선됐기 때문이다. 먼저 '콘크리트 지지율'이라던 그의 40% 지지율이 속절없이 무너졌다. 2014년 11월 이후 불거진 「정윤회문건」 파동이 원인이었다. 파동으로 각계에서 인적쇄신 요구가 거셌지만 박근혜는 '마이웨이 인사'를 함으로써 지지율 추락의 폭을 키웠다.[2] 아울러 여당인 새누리당 원내대표 경선에서 비주류 3선인 유승민 의원이 친박인 원유철 의원을 꺾고 새 원내대표가 됐다.

유승민의 완승은 수직적 당청 관계에서 수평적 당청 관계로의 전환을 요구하는 당내 목소리가 반영된 것으로 풀이됐다.[3]

지지율이 하락하고 여당 내 원내 주도권이 비박계로 넘어가자 정권은 정보 및 사정 기관으로 눈길을 돌렸다. 청와대와 법무부는 2월 6일 단행한 검찰 인사에서 수뇌부에 대구·경북 출신들을 전진 배치했다. 우병우와 가까운 대구 출신 김수남 서울중앙지검장(16기)을 대검 차장에, 경북 청도 출신인 박성재 대구고검장(17기)을 서울중앙지검장으로 임명하는 등 검찰 고위 간부 46명에 대한 인사를 단행했다. 「정윤회문건」 파문을 계기로 검찰의 힘을 확인한 정권은 남은 임기를 확실하게 뒷받침할 수 있도록 TK 출신들을 전면에 내세운 것으로 해석됐다. 특히 검찰 인사를 우병우가 주도한 것으로 분석되면서 검찰 안팎에서는 '우병우의, 우병우에 의한, 우병우를 위한 인사'라는 말이 터져 나왔다.[4] 내각과 청와대의 진용이 재정비되자 2월 28일 김기춘 대통령 비서실장이 18개월 만에 청와대를 떠났다. 비서실장 바통은 이병기 국가정보원장이 넘겨받았다.

3월 5일 오전 7시 40분쯤 서울 세종문화회관에서 열린 민족화해협력범국민협의회 주최 조찬 강연회. 마크 리퍼트Mark W. Lippert 주한 미국 대사가 김기종 우리마당독도지킴이 대표로부터 흉기 피습을 당했다. 리퍼트 대사는 수술 후 4시간 만에 "한미동맹 진전을 위해 최대한 빨리 돌아오겠다. 같이 갑시다"라고 트위터에 글을 올려 동맹 약화 우려를 일거에 잠재웠다.

3월 12일, 이완구 신임 국무총리는 취임 후 첫 대국민 담화를 통해 "당면한 경제 살리기와 개혁을 성공시키기 위해서는 무엇보다 먼저 '부패'를 척결하고 국가기강을 바로 세우지 않으면 안 된다는 절박감에 이 자리에 섰다"고 말하며 부패 척결을 내세웠다. 박 대통령도

5일 후인 3월 17일 청와대에서 국무회의를 주재하고 "국방 분야뿐
아니라 우리 사회 각 부문에서 켜켜이 쌓여온 고질적인 부정부패에
대해 단호한 조치가 필요하다"며 "새로운 대한민국을 만드는 데 가장
중요한 것 중 하나가 바로 오랫동안 쌓여온 부정부패 등 각종 적폐를
청산하는 것"이라고 강조했다.[5]

새 총리와 대통령이 부정부패 척결을 합창함으로써 강력한 사정
드라이브가 가시화하는 분위기였다. 포스코건설에 대한 검찰의 압수
수색이 시작되자 정·재계는 급속히 사정 한파에 휩싸이기 시작했다.
정치권과 법조계 안팎에서는 이완구 총리의 '사정 드라이브' 이면에
우병우의 그림자가 어른거린다는 분석이 나오기도 했다.[6]

대통령은 3월 1일 오후 쿠웨이트와 사우디아라비아, 아랍에미리
트, 카타르 등 중동 4개국을 순방하기 위해 전용기 편으로 출국했다.
순방은 7박 9일 일정으로 진행됐고, 박 대통령은 3월 9일 오전 귀국
했다.

포레카 강탈 시도와 KT 인사개입

2015년 1월 검찰의 수사로 「정윤회문건」 파동이 문건 유출 문제로
프레임이 바뀌면서 진정되자 최순실은 다시 청와대에 출입하기 시작
했다.[7] 이후 최순실의 국정농단은 한층 노골화했다. 최순실을 견제
할 브레이크도 사라졌기 때문이다. 대통령 박근혜도 최순실의 농단
에 적극 관여하고 참여했다.

최순실은 여전히 정부 인사에 개입했던 것으로 분석된다. 최순
실이 2015년 1월 청와대 홍보수석으로 내정된 심성우를 추천, 청와

대에 입성시켰다는 증언이 나왔다. 2017년 1월 23일 박근혜 대통령 탄핵심판 8차 변론기일 때 나온 차은택의 증언이다.

"2014년 말이나 2015년 초쯤에 최순실 씨가 김성우 씨를 보여주며 아느냐고 물었다. 잘 기억은 나지 않지만 최순실이 김성우 씨 성향을 알아보라고 지시는 했다. 송성각을 통해 김성우 씨를 만나 최순실이 시킨 일을 했다. 이후 김성우 씨가 홍보수석으로 임명되자 최순실이 정부나 청와대 조직 인사에 영향력을 발휘하고 있다고 생각했다."[8]

최순실은 이권 사업에도 적극적으로 나섰다. 최순실은 광고회사를 세워 기업들로부터 광고 계약을 따내는 구상을 했다. 최순실은 이를 위해 1월경 차은택, 김홍탁, 김경태 등과 함께 광고 기획과 문화 콘텐츠 제작 등을 목적으로 하는 주식회사 '모스코스'를 설립했고, 10월에는 광고대행사 '플레이그라운드'를 차례로 설립했다. 차은택은 2016년 12월 7일 국회 국정조사특위 2차 청문회에서 "플레이그라운드 등 회사의 실소유주가 최순실이었다"며 "저는 최순실이 추천해달라는 인물에 대해 최순실에게 추천했을 뿐, 대통령과는 관계가 없다"고 밝혔다. 검찰 특별수사본부[9] 등에 따르면 최순실은 기업들로부터 광고 계약을 주문받을 방안을 모색했고, 포스코 계열사인 광고대행사 '포레카'의 매각 작업을 진행 중인 것을 확인하고 포레카 인수를 추진했다. 하지만 '모스코스'는 신생 회사로 실적이 없어 인수 자격을 충족하지 못했다. 최순실은 이에 우선협상대상자 가운데 광고회사 '컴투게더'의 운영자인 한상규 씨로부터 포레카 지분을 강제로 넘겨받기로 마음먹고 안종범 경제수석을 통해 김영수 포레카 대표이사에게 "모스코스가 포레카를 인수할 수 있도록 하라"고 요구했다.

박근혜도 적극적으로 거들었다. 검찰 특별수사본부[10] 등에 따르면 박근혜는 2월 17일 안종범 경제수석에게 "포레카가 대기업에 넘어가지 않도록 포스코 회장 등을 통해 매각 절차를 살펴보라"고 지시했다. 안종범은 이에 포스코 회장에게 전화해 "포레카 매각 절차가 진행 중인데 모스코스가 포레카를 인수할 수 있도록 협조해달라"고 요구했고, 3월 5일경 김영수 포레카 대표에게 전화해 같은 내용을 요구했다. 차은택의 지시를 받은 김영수와 김경태, 김홍탁 등은 3월 5일 서울 강남구 삼성동 그랜드인터콘티넨탈호텔 커피숍에서 한상규 컴투게더 운영자를 만나 "포스코 최고위층과 청와대 어르신의 지시사항인데 컴투게더가 포레카를 인수하면 우리가 지분의 80%를 가져가겠다. 대표는 김홍탁이 할 것이고 한 사장님은 2년간 월급 사장을 하기로 얘기가 됐다"고 협박했다. 5월경 주식회사 '엠허브'가 입찰을 포기하면서 컴투게더의 단독 입찰이 확정됐고, 6월 11일 컴투게더가 포레카 인수자로 최종 결정됐다. 최순실은 한상규 씨가 지분을 넘겨주지 않자 차은택에게 "한 씨가 이렇게 나오면 세무조사 등을 통해 컴투게더를 없애버릴 것이라고 전하라"고 말했다. 차은택의 말을 전해 들은 송성각 한국콘텐츠진흥원장은 6월 15일 서울 강남구 역삼동 카페에서 한상규 씨를 불러내 최순실의 말을 전달했다. "저쪽에서 막말로 묻어버리라는 얘기도 나오고 컴투게더에 세무조사를 해 없애라고까지 한다. 이대로 가면 컴투게더도 없어지고 한 사장 자체가 위험해진다"고 협박하면서 포레카의 지분 80%를 넘겨줄 것을 요구했다. 하지만 한상규 씨가 이에 응하지 않고 8월 31일 포레카 인수 대금을 단독으로 내면서 포레카 인수는 미수에 그쳤다.

최순실은 이와 함께 측근 인사들을 대기업의 광고 업무 책임자로 채용시켜 자신이 주도하는 광고회사 '모스코스'와 '플레이그라운드'를 위해 영업할 계획을 세웠던 것으로 보인다. 최순실은 2015년 1~7월 사이 차은택 등으로부터 광고 전문가 이농수와 김영수 포레카 대표의 부인 신혜성 씨를 추천받았다. 검찰은 최순실이 이들을 대기업 광고 업무 책임자로 채용시키려 계획했다고 분석했다.

이 과정에서 박근혜도 안종범 경제수석을 통해 KT의 인사에 개입한 의혹을 샀다. 검찰 특별수사본부[11] 등에 따르면 박근혜는 2015년 1~8월 사이 안종범에게 "이동수라는 홍보 전문가가 있으니 KT에 채용될 수 있도록 KT 회장에게 연락하고, 신혜성도 이동수와 호흡을 맞출 수 있도록 하면 좋겠다"고 지시했다. 안종범은 이에 황창규 KT 회장에게 연락해 "윗선의 관심 사항인데, 이동수는 유명한 홍보 전문가이니 KT에서 채용하면 좋겠다. 신혜성은 이동수 밑에서 같이 호흡을 맞추면 좋을 것 같으니 함께 채용해달라"고 요구했다. 황창규 회장은 이에 비서실장에게 지시해 2월 16일 이동수를 전무급인 '브랜드지원센터장'으로, 12월 초순 신혜성을 'IMC본부그룹브랜드지원담당'으로 채용했다. 안종범은 2015년 10월과 2016년 2월 대통령으로부터 다시 "이동수, 신혜성의 보직을 KT의 광고 업무를 총괄하거나 담당하는 직책으로 변경해줘라"는 지시를 받았다. 안종범은 이에 황창규에게 연락해 이동수를 KT의 IMC 본부장으로, 신혜성을 IMC 본부 상무보로 인사 발령을 내줄 것을 요구했다. 황창규는 안종범의 요구대로 이동수와 신혜성의 보직을 변경해줬다. 안종범은 2016년 2월 박근혜로부터 "플레이그라운드가 KT의 광고대행사로 선정될 수 있도록 하라"는 지시를 받고 황창규와 이동수에게 전화를 걸어 플레이그라운드를 KT의 신규 광고대행사로 선정하라고 요구했다. 황창규는 이에 광고대행사 심사 기준에서 '직전 연도 공중파TV·CATV 광고 실적' 항목을 삭제해 3월 30일 플레이그라운드를 KT의 신규 대행사로 최종 선정했다. 이후 플레이그라운드는 KT로부터 광고 7건을 주문받아 5억 원이 넘는 수익을 올렸다.

박근혜는 왜 KT의 인사에 개입했을까. 박근혜가 인맥이 넓지 않고 이동수와 신혜성을 잘 모른다는 점에서 최순실의 요청에 따라 이동수와 신혜성의 KT 입사와 승진 등에 관여했을 가능성이 커 보인다. 박근혜는 나중에 2017년 2월 27일 헌법재판소의 탄핵심판 최종 변론에서 "사기업의 인사에 관여했다는 부분에 있어서도, 제가 추천을 했다는 사람 중 일부는 전혀 알지도 못하며, 제가 도움을 주려고 했던 일부 인사들은 능력이 뛰어난데 이를 발휘할 기회를 찾지 못하고 있다고 해 능력을 펼칠 기회를 알아봐 주라고 이야기했던 것일 뿐, 특정 기업의 특정 부서에 취업을 시키라고 지시한 사실은 없다"고 해명했다.[12]

한편 김종 문화체육관광부 제2차관은 이때 박근혜로부터 최순실의 딸 정유라를 키워야 한다며 정유라의 지원에 적극 나서라는 지시를 받았다. 즉, 박근혜는 1월 9일 김종덕 문화체육관광부 장관과 김종 제2차관이 함께 있는 자리에서 "정유라 같은 승마선수를 키워 줘야 한다"고 이야기했다.[13] 2017년 1월 23일 헌법재판소의 대통령 탄핵심판 8차 변론에서 김종은 다음과 같이 증언했다.

"2015년 1월쯤 박(근혜) 대통령을 한 차례 만났다. 당시 (박 대통령이) 정유라를 이야기해 큰 충격을 받았다. 박 대통령이 (2014년 당시) 정치권에서 '공주 승마'로 정유라 이야기가 나온다, (정유라는) 아시안게임에서 금메달 딴 선수인데 이런 선수를 부정적으로 이야기하는 게 안타깝다, 정유라처럼 끼가 있고 능력 있고 재능 있는 선수를 위해 (체육) 영재 프로그램을 잘 만들었으면 좋겠다고 했다."[14]

삼성전자의 박상진 사장은 2015년 3월 25일 승마협회 회장으로 선출됐다. 최순실은 이에 정유라의 '공주 승마'를 위해 분주히 움직였다. 최순실은 4월 대한승마협회에 정유라에 대한 지원을 요청했다.

김종도 정유라를 지원하는 일을 적극 거들었다. 김종은 박상진 삼성 전자 사장과 주기적으로 연락하며 정유라 지원을 논의했다. 이에 김 모 대한승마협회 전무는 6월경 삼성이 후원하는 '대한승마협회 중장 기 로드맵' 작성을 지시했고 박원오 전 승마협회 전무가 건넨 초안을 토대로 승마협회와 마사회, 승마진흥원이 보완했다. 로드맵은 1단계 최대 505억 원의 예산이 들어가는 대형 사업이었지만 승마협회 이사 회 의결 등 타당성 검토는 없었다. 삼성은 국가대표 해외 전지훈련에 파견할 선수와 준비단장 등을 추천해달라고 승마협회에 요청했고, 승마협회는 마장마술·장애물 각 열 명 남짓 되는 선수를 추천했다. 마장마술 선수 명단에는 정유라가 포함돼 있었다.[15]

최순실의 단골 성형외과 '김영재의원'의 김영재 원장 부부는 2015년 3월 1일부터 3월 9일까지 박근혜의 중동 4개국 순방에 동행 했다. 특히 김영재의 부인 박채윤이 운영하는 (주)와이제이콥스메디 칼은 3월 3일 사우디아라비아 현지에서 박근혜의 지시를 받은 안종 범의 주선으로 현지 대형 병원 등과 미팅을 했다.[16]

성완종 게이트와 황교안의 등장

2015년 4월 9일 서울 북한산에서 성완종 전 경남기업 회장이 숨진 채 발견됐다. 해외 자원 개발 비리 혐의로 검찰 수사를 받던 성완종 전 회장은 정권의 핵심 인사들을 대상으로 구명을 시도했지만 실패 하자 스스로 목숨을 끊은 것이다. 그는 그러면서 자신의 바지 속에 '허태열 7억, 유정복 3억, 홍문종 2억, 홍준표 1억, (서병수) 부산시장 2억, 김기춘 10만 불, 이병기, 이완구' 등이 적힌 메모, 이른바 '성완종 리스트'를 남겼다. 메모 속 인물들은 현직 총리(이완구), 전·현직 대통령 비서실장(허태열, 김기춘, 이병기), 유정복·홍문종·서병수 등 이른바 친박 핵심들이었다. 아울러 그는 자살하기 직전 ≪경향신문≫과의 전화 인터뷰에서 이들에게 건넨 돈이 박근혜 대통령의 대선 불법자금으로 쓰였다고 말했다.

정치권은 들썩였다. 문재인 새정치민주연합 대표가 4월 12일 '선先조사 후後특검' 입장을 밝혔지만 당내에서는 '검찰을 믿지 못하겠다'며 특검 도입을 촉구하는 목소리가 커졌다. 청와대는 세월호 참사와 「정윤회문건」 파동을 겪으며 국정 운영의 고비를 맞았던 악몽이 떠오르는 듯 곤혹스러워하는 분위기였다.[17]

4월 13일 검찰은 특별수사팀을 꾸렸지만 3개월에 걸친 수사 끝에 이완구 총리와 홍준표 경남지사만 '정치자금법' 위반 혐의로 불구속 기소했다. 나머지 여섯 명은 '증거 부족' 또는 '공소시효 만료'로 불기소처분을 받았다.[18]

검찰 수사 와중에 여론이 악화하면서 이완구 총리가 낙마했다. 성완종은 인터뷰에서 2013년 4월 보궐선거에서 이완구 총리에게 '비타500' 상자 속에 3000만 원을 넣어 건넸다고 말했지만, 이완구 총리는 이를 부인하다 거짓말 논란에 휩싸이면서 4월 27일 사임했다.[19]

박근혜 대통령은 4월 16일 세월호 참사 1주기를 맞아 전남 진도 팽목항을 방문했다. 박근혜 대통령은 세월호 선체 인양과 관련해 "필요한 절차를 신속하게 진행해 가능한 한 빠른 시일 내에 선체 인양에 나서도록 하겠다"고 말했다. 하지만 조속한 세월호 선체 인양 약속은 자신이 탄핵될 때까지 지켜지지 못했다.[20]

문화융성위원이던 차은택은 4월 박근혜 정부의 핵심 국정 과제 중 하나인 '창조경제' 추진과 관련해 창조경제추진단 년징 겸 문화창

조율합본부 본부장을 맡게 됐다. 한국관광공사는 같은 달 K스타일허브K-Style Hub 구축 사업에 차은택이 총괄하는 '문화창조벤처단지' 조성 사업을 추가했다. K스타일허브 구축 사업은 서울 청계천에 있는 사옥을 한류 문화 확산과 관광 활성화의 거점으로 만들자는 사업이었는데, 예산이 26억 원에 불과했던 이 사업은 문화창조벤처단지 조성 사업이 추가되면서 6월과 9월 두 차례에 걸쳐 증액돼, 이전보다 145억 원이 늘어난 171억 원짜리 사업으로 확대됐다.[21]

5월 20일 중동호흡기증후군(메르스) 환자가 국내에서 처음으로 발생했다. 초기 대응에 실패하며 메르스 환자가 급속히 늘어났다. 박근혜 대통령은 방미 일정을 연기하면서 메르스 총력 대응에 나섰지만, 큰 효과를 거두지 못하자 여론의 질타가 쏟아졌다.

5월 이완구 총리의 뒤를 이어 황교안 법무부 장관이 국무총리 후보자로 지명된 뒤 국회 인사청문회를 거쳐 6월 18일 총리에 취임했다. 황교안은 1981년 사법시험에 합격해 1982년 12월 춘천지방검찰청 검사시보를 시작으로 2013년 제63대 법무부 장관이 됐다. 그는 법무부 장관으로 재직하던 시절 이석기 사건 수사와 통합진보당 해산 과정에서 주도적인 역할을 했다.

여야는 5월 28일 공무원연금 개혁안을 논의하는 과정에서 정부 시행령에 국회가 수정·변경을 '요구'할 수 있는 내용을 담은 '국회법 개정안'을 연계 처리하기로 합의했다. 국회법 개정안은 대통령령·총리령·부령 등 행정입법이 법률의 취지 또는 내용에 합치되지 않는다고 판단되는 경우 그 수정 및 변경을 요구할 수 있도록 한다는 내용을 담고 있었다. 여야는 이날 곧바로 국회 본회의를 열어 관련 법안을 논의했고 5월 29일 새벽 국회법 개정안을 가결 처리했다.

하지만 박근혜 대통령은 6월 25일 청와대에서 열린 국무회의에서 "정치적으로 선거 수단으로 삼아서 당선된 후에 신뢰를 어기는 배신의 정치는 결국 패권주의와 줄 세우기 정치를 양산하는 것으로, 반드시 선거에서 국민들이 심판해주셔야 할 것"이라며 국회법 개정안에 대해 거부권을 행사했다. 그러면서 "여당 원내 사령탑도 경제 살리기에 어떤 국회의 협조를 구했는지 의문"이라며 유승민 새누리당 원내대표를 정면으로 비판했다. 새누리당은 대통령의 뜻에 따라 국회에서 '국회법 개정안 재의再議'를 보이콧하고 의원총회에서 유승민 원내대표에게 '사퇴'를 요구하는 촌극을 연출했다. 유승민 원내대표는 결국 7월 8일 '대한민국은 민주공화국'이라는 말을 남기고 원내대표직에서 물러났다. 이른바 '유승민 파동'이었다.[22]

한편 정유라는 5월 8일 제주도 모 병원에서 아이를 낳았다. 신주평의 아이였다. 정유라와 신주평은 고교 3학년이던 2013년 9월 지인의 소개로 처음 만났고, 2014년 12월부터 동거를 시작했다. 최순실은 정유라와 신주평의 결합을 반대했고 언니 최순득과 조카 장시호를 동원해 두 사람에게 헤어지라고 요구했다. 이 과정에서 정유라는 상속을 포기하는 각서를, 신주평은 손을 벌리지 않고 아이를 키우겠다는 각서를 쓴 것으로 알려진다. 정유라와 신주평은 2016년 4월 결별했다.[23]

대통령의 이상한 대기업 독대

아베 신조 일본 정부는 2015년 9월 19일 집단자위권을 행사할 수 있는 법안을 표결 처리, 자위대를 해외로 파병할 수 있는 길을 텄다. 1년 전인 2014년 7월 집단자위권을 행사할 수 있는 '새 헌법 해석'을 채택한 것에 이은 조치였다.

4대 국정 기조 중 하나로 '문화융성'을 주창했던 박근혜 대통령은 2015년 7월 한류 확산과 스포츠 인재 양성 등 문화·스포츠 사업을 목적으로 재단법인 미르 설립을 추진하고 나섰다. 박근혜 대통령은 앞서 2월경 안종범 경제수석에게 문화와 체육 관련 재단법인을 설립하는 방안을 검토하라고 지시했다. 이에 안종범은 대기업이 출연해 비영리법인을 설립하고, 정부 예산이 투입되는 사업을 해당 법인이 시행한다는 취지의 간략한 보고서를 작성해 보고했다. 대통령은 2월 24일 한국메세나협회 창립 20주년을 기념하는 오찬에서 대기업 회장들에게 문화와 체육 분야에 적극적으로 투자해줄 것을 요청했다.[24]

대통령은 7월 13일 청와대 수석비서관회의에서 "지금 국민들 삶에 어려움이 많은데 광복 70주년의 의미를 살리고 국가 발전과 국민 대통합을 이루기 위해 사면을 실시할 필요가 있다"고 말하며 8·15 특별사면을 공식화했다. 당시 재계 오너들 중에는 수감 중이거나 복권되지 못한 이들이 있어 특별사면에 촉각을 곤두세우고 있었다. 박근혜는 우병우 민정수석에게 "광복 70주년 사면에 대해 필요한 범위와 대상을 검토해달라"고 주문했다.[25]

박근혜는 특별사면 방침을 밝힌 일주일 후인 7월 20일 안종범에게 "10대 그룹 중심으로 대기업 회장들과 단독 면담을 할 예정이니 그룹 회장들에게 연락해 일정을 잡으라"고 지시했다. 검찰 특별수사본부[26] 등에 따르면 박근혜는 7월 24~25일 이틀에 걸쳐 서울 종로구 삼청동 안가에서 연장자인 정몽구 현대자동차그룹 회장을 시작으로 대기업 총수들을 차례로 단독 면담했다. 박근혜는 7월 24일 정몽구 회장을 시작으로 김용환 현대자동차그룹 부회장, 손경식 CJ그룹 회장, 김창근 SK이노베이션 회장을, 7월 25일에는 이재용 삼성전자 부회장, 구본무 LG그룹 회장, 김승연 한화그룹 회장, 조양호 한진그룹 회장 등을 독대했다. 박근혜는 대기업 회장들과의 독대에서 법인 설립을 지원해달라고 요청했다. 박근혜는 개별 면담을 마친 뒤 안종범에게 10개 대기업들이 30억 원씩 출연하면 300억 원 규모의 문화재단과 체육재단을 설립할 수 있을 것이라고 언급하며 재단 설립을 지시했다.[27] 이에 안종범은 7월 하순부터 8월 초순 사이에 이승철 전경련 상근부회장에게 전화를 걸어 재단 설립을 추진하라고 지시했다. 하지만 대기업들이 추가로 구체적인 요구 사항을 받지 못해 재단 설립은 바로 추진되지 않았다.

8월 4일 경기도 파주 인근 비무장지대DMZ에서 북한의 목함지뢰에 의해 우리 군 장병 두 명이 큰 부상을 입었다. 군은 8월 10일 대북 확성기 방송을 재개했다. 북한은 8월 20일 서부 전선에서 포격 도발을 했고, 우리 군도 대응 사격과 함께 최고 경계 태세(진돗개 하나)를 발령했다. 남북은 8월 25일 새벽 각각 김관진 대통령 비서실 국가안보실장과 황병서 인민군 총정치국장을 대표로 하여 접촉해 군사적 대치 상황을 종결했으며, 남북 확성기 방송 중단, 준전시 상태 해제, 이산가족 상봉, 당국 회담 개최 등에 전격 합의했다.

박근혜 대통령은 9월 3일 중국 베이징 천안문 성루에서 시진핑 국가주석과 나란히 서서 중국군의 전승절 열병식을 참관했다. 이에 미국 조야에서는 박근혜 정권의 '중국경사傾斜론'이 나오기 시작했다.

9월 국회 국정감사에서 체육계 실세로 불리던 김종 제2차관의 독주 행태가 거론됐다. 김종 제2차관이 2014년 8월 21일부터 2015년 7월 31일까지 업무추진비 1833만 원을 사용했는데, 이것이 같은 기간 930만 원을 사용한 김종덕 문체부 장관의 두 배에 육박하는 것이라는 지적이었다.[28]

청와대와 검찰은 사정 드라이브를 이어갔다. 서울중앙지검 특수 1부는 9월 15일 국민체육진흥공단과 한국스포츠개발원, 연구·개발 R&D 업체 네다섯 곳을 압수수색하는 등 대통령이 지시한 체육계 비리 수사에 박차를 가했다. 이런 가운데 검찰이 「정윤회문건」 파동과 직간접적으로 연루된 이들에 대해 입막음용 또는 보복성 수사를 하는 것이 아니냐는 지적도 나왔다. 즉, 서울중앙지검 강력부는 9월 중순 박동열 전 대전지방국세청장의 세무법인 사무실 등을 압수수색했다. 박동열은 정윤회와 청와대 문고리 권력의 유착 문제를 청와대 공직기강비서관실의 박관천에게 제보한 인물로 지목됐었다. 2014년 4월 16일 세월호 참사 당일 정윤회와 만난 것으로 알려진 한학자漢學者 이세민 씨도 9월 사기 혐의로 피소돼 서울중앙지검 형사8부에서 수사를 받은 뒤 기소됐다. 아울러 서울 상수원보호구역인 팔당호 인근에 위치한 유명 B 카페의 대표도 불법 시설물을 짓고 영업을 해온 혐의로 실형을 받았다. 이 카페는 「정윤회문건」에 등장한 곳이다.[29]

우병우 민정수석을 중심으로 사정 드라이브가 이어지면서 10월 정가에서는 청와대 내에서 강경파에 휘둘려 온건파가 밀렸다는 말이 나돌기 시작했다. 즉, 소통을 중시하는 '온건파' 이병기 대통령 비서실장이 '문고리 3인방'은 물론 몇몇 강경파 수석들과 불화를 겪으면서 입지가 작아졌다는 것이다. 정치권에 대한 대규모 사정을 예고한 것과 맞물려 우병우 민정수석의 공간이 넓어지고 있다는 관측도 나왔다.[30]

삼성의 정유라 지원 체제

박근혜는 2015년 7월경부터 공식 라인에서는 안종범 경제수석을, 비선에서는 최순실을 통해 재단 설립 작업을 진행했다. 최순실은 이 무렵 박근혜로부터 "전경련 산하 기업체들로부터 금원을 갹출해 문화재단을 만들려고 하는데 재단의 운영을 살펴봐 달라"는 취지의 요청을 받았다. 최순실과 안종범이 서로 모르는 사이라고 주장하고 있고 서로 연락한 흔적이 발견되지 않는 상황에서, 최순실이 재단 설립 사실을 미리 알고 여러 준비를 한 것은 대통령이 그런 계획을 미리 알려줬음을 방증하는 것이라는 분석이 나왔다.[31]

박근혜는 7월 25일 이재용 부회장과 독대에서 "내 임기 안에 경영권 승계가 해결되기를 희망한다"고 말하며 "지난번 얘기한 승마 관련 지원이 많이 부족한 것 같다. 도대체 지금까지 무엇을 한 것이냐. 삼성이 한화보다도 못하다"고 질책한 것으로 알려진다. 삼성물산 합병을 도왔음에도 삼성이 정유라에 대한 지원 계획을 제대로 이행하지 않고 있다는 불만을 토로한 것이었다. 박근혜는 이 자리에서 최순실이 조카 장시호를 통해 만든 한국동계스포츠영재센터에 대한 삼성의 지원, 재단법인 미르와 K스포츠에 대한 출연을 요구하기도 했다.[32]

최순실은 대통령이 재단법인 미르와 K스포츠 설립에 본격적으로 나서는 것을 활용해 정유라의 '공주 승마'를 지원하기 위해 삼성과의 협조 체제 구축에 나선다. 대통령과 이재용 부회장의 독대 직전 최순실과 삼성 측은 각자 분주히 움직였다. 먼저 최순실은 대통령과 이재용 부회장이 7월 25일에 독대한다는 사실을 정호성 비서관으로부터 이메일을 통해 통보받고 7월 23일 독일에서 급거 귀국해 독대를 준비했다. 최순실의 조카 장시호는 "독대 하루 전 최순실 집에서 독대 일정표를 봤다"며 "독대 자리에 보낼 문건을 함께 작성했다"고 나중에 특별검사에게 진술했다. 독대와 관련한 '대통령 말씀자료'에는 삼성의 경영권 승계 해결이 거론된 것으로 전해졌다.[33]

박상진 삼성전자 사장도 대통령과 이재용 부회장과의 면담 직전인 7월 중순 김종 제2차관을 만나 정유라 지원 문제를 사전에 논의했던 것으로 분석된다. 삼성그룹 미래전략실의 최지성 실장(부회장)과 장충기 차장(사장), 박상진 사장이 긴밀하게 움직이며 대통령과 이재용 부회장 사이의 '빅딜'을 성사시키려 한 정황들이 이들이 주고받은 휴대전화 문자 내역에 고스란히 담겨 있던 것으로 알려졌다.[34]

박근혜는 이재용과의 독대 이후 안종범 경제수석 등에게 삼성물산과 제일모직 합병에 도움을 줄 것을 지시했고, 이에 안종범은 캐스팅보트를 쥔 국민연금공단이 찬성표를 던지도록 압력을 행사했다.[35] 특별검사[36] 등에 따르면 문형표 보건복지부 장관은 6월 말 안종범 경제수석, 최원영 고용복지수석, 김진수 보건복지비서관을 통해 "삼성물산과 제일모직 간 합병이 성사될 수 있도록 잘 챙겨보라"는 대통령의 지시를 받았다. 문형표는 이에 보건복지부 연금정책국장 등을 통해 홍완선 국민연금공단 기금운용본부장에게 7월 10일 내부 '투자위원회'에서 합병 찬성 결정을 하도록 한 뒤, 7월 17일 국민연금공단이 삼성물산 임시주주총회에서 합병 찬성 의결권을 행사하도록 했다. 이 과정에서 홍완선은 7월 10일 오후 3시 국민연금공단 강남 사옥에서 내부 임직원들로만 구성된 '투자위원회'를 개최하고 정회 시간에 투자위원회 위원들에게 "투자위원회에서 합병에 반대해 합병이 무산되면 연금(국민연금공단)을 이완용으로 몰아세울 것 같다. 잘 결정해줬으면 좋겠다"며 개인마다 접촉해 안건 찬성을 유도했다. 결국 투자위원회는 합병에 찬성하는 결정을 했다.

이재용도 대통령과의 독대 직후 최지성 실장과 장충기 차장 등에게 "대통령이 원하는 사항을 모두 충실히 이행할 것"을 지시했다. 삼성그룹 미래전략실은 독대 이틀 후인 7월 27일 미래전략실 소속 임원이 아닌 박상진 대외협력담당 사장이 참석한 가운데 이재용 부회장 주재로 회의를 열었다. 박상진 사장은 회의가 끝난 뒤 곧바로 최순실의 딸 정유라가 있는 독일로 출국했다. 박상진 사장은 7월 29일 독일에서 최순실 측과 접촉해 구체적인 요구 사항을 확인했다.[37]

최순실도 이에 맞춰 8월 독일에서 현지법인 코레스포츠('비덱스포츠'의 전신)를 설립했다. 코레스포츠는 나중에 삼성의 자금 지원 창구가 된다. 박상진 사장은 8월 26일 다시 독일로 날아가 최순실이 세운 코레스포츠와 213억 원대 컨설팅 계약을 체결했다. 실제로는 존재하지 않는 삼성전자 승마단의 해외 전지훈련 관련 용역 계약을 체결하는 형식이었다.

삼성전자는 9월부터 10월 사이 최순실의 코레스포츠에 35억 원가량을 송금했다. 35억 원 가운데 10억 원 넘는 돈이 대회 우승마 '비타나V'를 사는 데 들어갔다. 이 말을 타고 독일에서 훈련한 유망주는 단 한 명, 정유라뿐이었다. 35억 원이라는 거액이 사실상 정유라 한 사람을 위해 지원됐다는 지적이 나오는 이유다.[38] 최순실은 10월 삼성이 정유라에게 7억 원을 들여 사준 말 '살시도'가 삼성 명의로 돼 있는 것을 알고 "삼성을 내가 합치(합병하)도록 도와줬는데 은혜도 모른다"고 화를 낸 것으로 알려졌다.

최순실은 조카 장시호가 운영하는 한국동계스포츠영재센터를 통해 삼성전자로부터 거액의 후원금을 받았다. 최순실은 먼저 평창동계올림픽을 겨냥한 정부 지원금이나 공공 및 민간 기업으로부터 후원금을 받기 위해 조카 장시호에게 한국동계스포츠영재센터를 설립하도록 했고, 2월경 장시호를 김종 문체부 제2차관과 연결해줬다. 장시호는 이에 7월경 한국동계스포츠영재센터를 설립했다. 최순실은 승마선수였던 조카 장시호의 체육계 인맥을 활용해 한국동계스포츠영재센터를 설립해 이를 통해 실속을 챙기려 했던 것으로 분석된다. 정창수 등의 지적이다.

"평창올림픽은 최순실 일당의 포기할 수 없는 먹잇감이었다. 비인기 종목인 동계 스포츠를 육성하기 위해 정부와 재단의 지원이 절대적으로 필요했다. 동계 스포츠 육성을 명분으로 최순실 일당의 진격은 시작됐다."[39]

검찰 특별수사본부[40] 등에 따르면 최순실은 7~8월 김종 제2차관에게 "한국동계스포츠영재센터를 후원할 수 있는 곳이 있다면 알아봐달라"는 뜻을 전했다. 최순실은 8월경 김종으로부터 "내가 설득해서 삼성에서 관심을 보이고 있다. 평창올림픽과 연계해 한국동계스포츠영재센터를 후원할 것 같다"는 연락을 받고 "사업 계획서를 잘 준비했다가 삼성에서 연락이 오면 만나서 도움을 받으라"고 지시했다. 김종은 8월 18일쯤 한국동계스포츠영재센터 전무로부터 사업 관련 문건을 받은 뒤 8월 20일 제일기획에 전달했다. 9월 하순 삼성전자는 영재센터에 대한 후원을 결정했고 10월 2일 영재센터에 5억 5000만 원을 지급했다. 최순실은 또 삼성전자로부터 5억여 원을 받은 직후 장시호에게 "스키와 스케이트를 별도로 해 해외 전지훈련 사업 계획서를 만들라"고 지시했고, 장시호는 사업 계획서를 작성해 최순실에게 전달했다. 김종은 2016년 1월 5일 제일기획 대표를 만나 "영재센터는 BH(청와대) 관심사다. 잘 도와주라"고 요구했다. 삼성전자는 2016년 3월 3일 한국동계스포츠영재센터에 후원금 명목으로 10억 원을 지급했다. 한국동계스포츠영재센터는 국가로부터 보조금

7억여 원을 받기도 했다. 장시호는 2015년 9월 4일 '2018 평창동계 올림픽 성공 개최 기원 제1회 동계스포츠영재캠프' 사업 추진을 위해 문체부에 지원을 요청해 9월 24일 4000만 원을 받았다. 장시호는 이와 같은 방식으로 3회에 걸쳐 7억여 원을 받았다.

한편 최순실은 2015년 7월부터 11월까지 태블릿PC를 사용했던 것으로 보인다. 나중에 특별검사에 의해 확보된 이 태블릿PC 안에서 독일 코레스포츠 설립 과정은 물론 삼성으로부터 지원금을 수수한 정황이 담긴 이메일 다수와 10월 13일 박근혜 대통령 주재 수석비서관회의의 말씀자료 중간수정본 등이 발견됐다. 특별검사 대변인 이규철 특검보는 기자 브리핑에서 "제출자는 최순실이 2015년 7월경부터 2015년 11월경까지 사용한 것이라고 특검에서 진술하고 있다"며 "특검에서 확인한 결과 태블릿PC에서 사용된 이메일 계정, 사용자 이름 정보 및 연락처 등록 정보 등을 고려할 때 (태블릿)PC는 최순실 소유라고 확인됐다"고 밝혔다. 최순실은 10월 12일 직접 태블릿PC를 가지고 대리점을 찾아가 휴대전화 번호를 개통한 것으로 알려졌다.[41]

재단법인 미르 설립과 국정교과서 총력전

미국 연방준비제도Fed는 2015년 12월 16일 9년 만에 기준금리를 인상했다. 유럽과 중국 일본 등이 경기 부양에 나서는 상황에서 미국이나 홀로 금리를 인상함으로써 세계경제의 불확실성이 커졌다.

박근혜 대통령은 2015년 10월 13~16일 미국을 순방했다. 박근혜는 미국 국방부에서 한국 대통령 중 처음으로 미국 의장대의 공식 사열을 받는 등 '중국경사론' 불식을 시도했다. 박근혜는 특히 10월

16일 미국 워싱턴 D.C. 백악관에서 버락 오바마 대통령과 정상회담을 갖고 북핵·북한 문제에 대한 공동성명을 채택했다. 한미 양국은 전략적 협력 방안을 포괄적으로 규정한 '한미관계현황 공동설명서 Joint Fact Sheet'를 채택하기도 했다. 이날 미국 백악관에서 박근혜는 오바마 대통령과 한미 공동 기자회견에서 기자의 질문을 다시 까먹는 실수를 범했다. 박근혜 대통령은 미국 기자로부터 "중국을 방문해 시진핑 주석과 러시아 정상과 함께했다. 이 방문으로 (한국이) 미국에 주려는 메시지는 무엇이냐"는 질문을 받았다. 박근혜는 중국 열병식에 참여한 의도가 무엇인지를 묻는 기자의 질문을 받고 오바마 대통령의 얼굴만 쳐다봤다. "(오바마 대통령이) 하도 길게 말씀하셔갖고 질문을 잊어버렸어요. 허허허, 말씀 듣다가…"라고 말한 뒤 "아, 맞다, 저기, 그…"라고 웃으며 핵심을 비켜간 답변을 내놓기도 했다.

박근혜는 10월 19일 안종범 경제수석에게 10월 말 중국의 리커창 총리 방한에 맞춰 재단법인 설립을 서두르라고 지시했다. 10월 21일에 다시 "재단 명칭은 용龍의 순수어로, 신비롭고 영향력이 있다는 뜻을 가진 '미르'라고 하라"며 재단 이름과 재단 이사장을 비롯해 임원진 명단과 이력서, 재단 로고 등을 전달했다. 사무실은 서울 강남에 두라고 지시하기도 했다.[42]

문화 한류를 지원하기 위한 재단법인 미르가 10월 27일 서울 강남구 학동로에 위치한 사무국에서 현판식을 치르고 본격적인 업무를 시작했다. 재단법인 미르는 삼성, 현대자동차, SK, LG 등 국내 주요 그룹이 486억 원을 출연해 설립됐다.[43]

16개 그룹 대표 및 담당 임원들은 2015년 11월부터 12월까지 출연 약정에 따라 재단법인 미르에 출연금 486억 원을 납부했다. 이들 그룹들은 "요구에 불응할 경우 세무조사를 당하거나 인허가에 어려움이 생기는 등 기업 활동 전반에 걸쳐 직간접적으로 불이익을 받게 될 것을 두려워했다"고 나중에 검찰 조사에서 밝혔다.[44]

대통령은 10월 30일 차기 검찰총장 후보로 대구·경북 출신인 김수남 대검 차장을 내정했다. 청와대 사정 라인인 우병우 민정수석과 이명재 민정특보도 인접한 경북 출신이었다. 여기에 임환수 국세청장과 '경제 검찰'로 불리는 정재찬 공정거래위원장도 대구 출신이라 사정 라인이 TK 출신으로 채워졌다는 비판이 나왔다. 강신명 경찰청장도 경남 출신이었다. 특히 김수남은 국회 인사청문회를 앞두고 우병우 민정수석과의 관계가 도마에 오르기도 했다. 이종걸 새정치민주연합 원내대표는 "박근혜 정권은 김 후보자를 포함해 사정 라인에 TK 만리장성을 쌓았다"며 "이들이 레임덕을 만들 것"이라고 예고했다. 그러면서 "최소한의 견제와 균형을 무너뜨린 지역 편중 인사다. 만리장성으로도 진나라가 쇠락을 피하지 못했던 것처럼 TK 만리장성은 종이성"이라고 지적했다. 사정 라인의 지역 편중 문제를 지적한 이종걸의 예언은 1년 만에 비극적으로 실현된다.[45]

김수남 검찰총장은 노골적인 TK 인사 편중 문제에 대한 비판 여론을 의식해 서울중앙지검장과 대검찰청 차장 등 핵심 요직에 비非 TK 인사들을 앉혔다. 서울중앙지검의 수장을 맡은 이영렬 지검장은 서울 출신으로, 서울중앙지검장에 비TK 인사가 임명된 것은 2011년 8월 한상대 지검장 이후 4년 4개월 만이었다.[46]

박근혜 대통령은 11월 2일 오전 10시 청와대에서 아베 신조 일본 총리와 단독 및 확대 정상회담을 가졌다. 아베 총리가 '국빈 방문' 과 '공식 방문'보다 격이 낮은 '실무 방문'으로 한국을 찾았지만 두 사람은 오찬도 함께 하지 않았다.

교육부는 11월 3일 국민의 반대에도 역사 교과서를 국정화하는 확정 고시를 처리했다. 여야 사이의 공방이 격해지고 다툼에 시민 사회, 교육계까지 가세하면서 한국 사회는 거센 역사 전쟁의 소용돌이에 빠져들었다. 박근혜는 11월 10일 국무회의에서 역사 교과서 국정화와 관련해 "자기 나라 역사를 모르면 혼이 없고, 잘못 배우면 혼이 비정상이 될 수밖에 없다"고 강조했다. 박근혜는 앞서 10월 13일 수석비서관회의에서 "확고한 역사관과 자긍심을 심어주는 노력을 우리가 하지 않으면 우리는 문화적으로나 역사적으로 다른 나라의 지배를 받을 수도 있다"고 말했다.

박근혜는 앞서 2008년 5월 26일 서울 세종문화회관에서 열린 뉴라이트 교과서 『대안교과서 한국 근·현대사』(교과서포럼 지음, 기파랑, 2008) 출판기념회에 참석해 "뜻있는 이들이 현행 교과서의 문제점을 지적하며 청소년들이 잘못된 역사관을 키우는 것을 크게 걱정했는데, 이제 걱정을 덜게 됐다"고 축사를 하기도 했다.

12월 13일, 안철수 전 새정치민주연합 공동대표가 탈당을 선언했다. 안철수는 "정권 교체를 이룰 수 있는 정치 세력을 만들겠다"며 신당 창당 취지를 밝혔다. 제1야당 분당의 신호이자 새로운 다당 체제 출발을 예고했다.

12월 28일, 박근혜 정부와 일본 정부는 한일 외교장관회담을 열고 일본군 위안부 피해자 문제의 해결 방안에 관해 합의했다. 윤병세 외교부 장관과 기시다 후미오 일본 외무상은 이날 오후 서울 세종로 정부서울청사 별관에서 한일 외교장관회담을 연 뒤 공동 기자회견을 통해 합의 사항을 발표했다. 합의 사항에는 아베 총리가 총리 자격으로 일본군 위안부 피해자들에게 사죄와 반성을 표시하고, 한국 정부는 위안부 지원 재단을 설립하며, 그 자금은 일본 정부의 예산으로 충당하고, 일본이 관련 조치를 착실히 이행하면 위안부 문제는 최종

적 및 불가역적으로 해결된 것으로 한다는 내용 등을 담았다. 위안부 피해자 할머니들은 피해자들의 의견을 묻지 않은 채 양국 정부가 졸속으로 진행한 합의라며 강하게 반발했다.

재단법인 미르 설립 주도한 최순실

재단 설립과 관련한 박근혜의 구체적인 지시들은 물밑에서 재단 설립을 지휘한 최순실의 기획에서 출발했던 것으로 추정된다. 최순실은 2015년 9월 말부터 10월 초까지 재단에서 일할 임직원 후보들에 대해 면접을 보고 이들을 재단 임원진으로 선정했다. 최순실은 임원진 명단과 조직표, 정관 등도 마련했고 문화재단의 명칭을 '미르'라고 정했다. 최순실은 앞서 8월경 차은택에게 문화계 사람들 중에서 믿을 만한 사람을 소개해달라고 부탁했고, 이에 차은택은 최순실에게 김홍탁을 포함해 여러 사람을 소개했다. 최순실은 다시 얼마 뒤 차은택에게 재단 이사진을 추천해달라고 요청, 차은택으로부터 여러 사람을 추천받았다.[47]

이와 관련해 김성현 재단법인 미르 사무부총장은 재단의 설립과 운영 전반을 최순실이 관장했다고 증언했다. 김성현은 2017년 1월 31일 최순실과 안종범에 대한 8차 공판에 증인으로 출석해 미르는 최순실이 지배했다고 진술했다. 김성현은 차은택이 '중요한 사람을 소개해줄 테니 만나자'고 제안해 김홍탁 플레이그라운드 대표 등과 함께 2015년 10월 초 서울의 한 호텔 커피숍에서 최순실을 함께 만났고, 최순실은 이 자리에서 '문화산업 발전을 위해 문화재단을 곧 만들 텐데 다들 노력해달라'는 취지로 이야기했다고 증언했다.[48]

최순실은 기업체들이 자금 출연을 서두르지 않는 등 재단 설립이 더디게 진행되자 10월 하순 중국의 리커창 총리 방한을 계기로 재단 설립을 가속화할 것을 계획했다. 검찰 특별수사본부[49] 등에 따르면 최순실은 10월 중순 리커창 총리가 10월 하순에 한국을 방문한다는 사실을 알고 정호성 비서관에게 이렇게 말했다.

　　"리커창 중국 총리가 곧 방한할 예정이고 대통령이 지난번 중국 방문 당시 문화 교류를 활발히 하자고 하셨는데 구체적인 방안으로 양국 문화재단 간 양해 각서를 체결하는 것이 좋을 것 같다. 이를 위해서는 문화재단 설립을 서둘러야 한다."

　　정호성은 최순실에게 들은 내용을 박근혜 대통령에게 보고했고, 대통령은 10월 19일과 10월 21일 등 최소 두 차례 이상 안종범 경제수석에게 재단 설립을 지시함으로써 급물살을 타게 된다. 안종범은 10월 19일 이승철 전경련 부회장에게 전화해 "급하게 재단을 설립해야 하니 전경련 직원을 청와대 회의에 참석시켜라"라고 지시하고, 최상목 경제금융비서관에게도 "300억 원 규모의 문화재단을 설립하라"라고 지시했다.

　　최상목 비서관은 10월 21일 서울 종로구 삼청동 안가에서 청와대와 전경련이 참석한 1차 청와대 회의를 열어 문화재단 설립 계획을 알리고 재단에 출연할 기업을 지정했다. 전경련 측 인사는 재단 설립 절차 확인과 함께 9개 그룹에 대한 출연금 분배 방안 등을 준비했다. 최상목은 10월 22일 문화체육비서관실 행정관과 문체부 직원 등이 참석한 2차 청와대 회의에서 10월 27일 재단 현판식에 맞춰 재단이 설립돼야 한다고 지시하고, 전경련이 보고한 9개 그룹의 분배 금액을 조정해 확정했다. 전경련은 이에 10월 23일 아침 서울 여의도 전경련회관에서 4대 그룹(삼성, 현대자동차, SK, LG) 조찬을, 오전에는 5대 그룹(GS, 한화, 한진, 두산, CJ) 임원 회의를 잇따라 개최해 각 그룹별 출연금 할당액을 전달했다.

최상목 비서관은 다시 10월 23일 문화체육비서관 등이 참석한 3차 청와대 회의를 열고 "아직까지도 출연금 약정서를 내지 않은 그룹이 있느냐, 그 명단을 달라"며 모금을 독촉하고 재단 명칭과 주요 임원진 명단을 전경련 측에 전달했다. 전경련은 10월 23일 9개 그룹으로부터 출연금 출연 동의를 받았고 정관과 창립총회 회의록 작성을 마무리했다.

최상목은 10월 24일 최순실이 내정한 재단 이사장과 전경련 관계자 등이 참석한 4차 청와대 회의를 열어 재단 설립 진행 경과를 점검했다. 안종범은 이날 오후 전경련에 전화해 이렇게 지시했다.

"재단법인 미르의 출연금 규모를 300억 원에서 500억 원으로 증액하라. 출연 기업에 KT, 금호아시아나, 신세계그룹, 아모레퍼시픽은 반드시 포함시키고 현대중공업과 포스코에도 연락해 추가할 만한 그룹이 더 있는지도 알아보라."

전경련은 이에 기존 9개 그룹에는 출연금 증액을, 그리고 추가로 선정한 9개 기업에는 출연을 요청했다. 자금 출연 요청을 받은 18개 기업 가운데 현대중공업과 신세계그룹을 제외한 16개 그룹이 출연을 결정했다.

전경련은 10월 26일 서울 서초구 팔레스호텔에서 재단법인 미르의 이사로 내정된 사람들을 대상으로 상견례를 했다. 전경련 관계자들은 재단에 출연하는 각 그룹사 관계자들을 불러 재산출연증서 등 서류를 받았다. 전경련은 준비한 재단법인 미르 정관 및 창립총회 회의록에 해당 기업들의 법인 인감을 찍도록 했다.

안종범은 이때 최상목 비서관을 통해 전경련 측에 "재단법인 미르의 기본재산과 보통재산 비율을 기존 '9 대 1'에서 '2 대 8'로 조정하라"고 지시했고, 전경련은 정관과 창립총회 회의록에서 기본재산과 보통재산 비율 부분을 안종범의 지시대로 수정한 후 회원사 관계자들에게 연락해 날인을 다시 받았다. 이 과정에서 발기인으로 참여한 법인 19개 중 SK하이닉스로부터 날인을 받지 못했다.

전경련은 시간이 촉박해 하윤진 문체부 대중문화산업과장에게 연락해 법인 설립에 필요한 허가 신청 서류를 서울에서 제출할 수 있도록 협조해달라고 요청했다. 세종시 소재 문체부 대중문화산업과 사무실에 있던 하윤진은 서울에 출장 중이던 소속 주무관에게 전경련으로부터 신청 서류를 접수할 것을 지시했다. 문체부 직원은 10월 26일 오후 8시경 재단법인 미르의 설립 허가 기안을 했고 문체부는 10월 27일 오전 9시 36분경 내부 결재를 마쳐 설립 허가를 내줬다.[50]

최순실은 이 시기에도 정부 인사에 개입했던 것으로 보인다. 즉, 1·2급 고위 공무원인 관세청 차장과 인사국장(기획조정관), 인천본부세관장 등 관세청 핵심 간부들에 대한 인사에 개입했다는 의혹이 불거졌다. 박영수 특별검사의 수사 결과에 따르면 최순실은 2015년 12월 고영태에게 "인천세관장에 적합한 인물을 알아보라"고 지시했다. 고영태는 이에 김대섭 전 대구세관장을 추천했고 그의 이력서를 최순실에게 전달했다. 김대섭은 2016년 1월 18일 인천세관장에 임명됐다. 훗날 고영태는 검찰에서 김대섭이 인천세관장에 임명된 직후인 2016년 초 서울 강남 식당에서 자신을 만나 '인사 대가'로 상품권을 건넸고, 자신은 이를 최순실에게 전달했다고 밝혔다.[51]

역사 교과서 국정화 정국에서 대통령이 대응 논리를 마련하는데 최순실이 개입했다는 정황이 드러나기도 했다. 박영수 특별검사는 2017년 1월 장시호가 제출한 최순실 소유 태블릿PC 속에서 2015

년 10월 13일 대통령 주재 수석비서관회의 말씀자료의 중간수정본을 발견했다. 여기에서 대통령은 확고한 역사관이나 세계관이 없으면 다른 나라의 지배를 받을 수도 있다고 언급하며 역사 교과서의 국정화를 강조했다. 이규철 특별검사보는 "(정호성은) 최순실에게 그 전날인 2015년 10월 12일에 위 말씀자료 초안을 보내준 사실이 있고 이를 수정한 것이 맞다고 진술했으며 '유난히 수정 사항이 많아 특별히 기억하고 있다'고 진술했다"라고 밝혔다.[52]

재단법인 K스포츠도 설립

2016년 1월 17일 핵무기 개발로 37년간 국제사회 무대에 설 수 없었던 이란에 대한 경제제재가 풀렸다. 온건파 하산 로하니 이란 대통령이 2013년부터 미국과의 핵협상에 힘써온 결과다. 한반도에서는 긴장감이 오히려 고조됐다. 북한 김정은은 1월 6일과 9월 9일 두 차례 핵실험을 하고 24차례나 각종 탄도미사일을 발사하며 핵무기 실전배치가 성큼 다가섰음을 시위했다. 한국 정부는 2월 10일 개성공단 가동을 전면 중단했다. 이와 함께 사드THAAD(고고도 미사일 방어 체계) 배치를 결정했다. 사드 배치 결정은 한류 콘텐츠를 규제하는 '한한령 限韓令'을 선포할 정도로 중국의 강력한 반발을 불러왔다.

　　최순실은 재단법인 미르의 출연금이 기업들로부터 순조롭게 걷히자 이번에는 스포츠재단(재단법인 K스포츠) 만들기에 나섰다. 미르 설립 때처럼 최순실이 구상한 뒤 정호성 비서관을 메신저로 삼아 대통령에게 보고하면 대통령이 공식 라인인 안종범 경제수석에게 지시하는 패턴이었다. 검찰 특별수사본부[53] 능에 따르면 최순실은 2015

년 12월 초 스포츠재단에 대한 사업 계획서를 작성하고 재단에서 일할 임직원들을 면접한 후 이사장과 사무총장 등 임원을 선정했다. 그렇게 작성한 임원진 명단을 정호성에게 보냈다. 2017년 1월 16일 최순실은 헌법재판소에 출석해 '재단법인 K스포츠 임직원 명단을 정호성에게 보낸 적 있느냐'는 질문에 "있다"고 인정했다.[54]

박근혜는 2015년 12월 11일과 12월 20일 안종범에게 "정동춘 이사장, 김○○ 사무총장 등을 임원진으로 정하고 사무실은 강남 부근으로 알아봐라"라고 지시하고 재단의 정관과 조직도를 전달했다. 안종범은 이에 12월 중순 이승철 전경련 부회장에게 "예전에 말한 대로 300억 원 규모의 체육재단도 설립해야 하니 미르 때처럼 진행하라"는 취지로 지시했다. 이승철은 전경련 직원들을 통해 그룹 명단과 출연금 규모를 할당하고 각 그룹 담당 임원들에게 출연금 납부를 요구했다. 전경련 직원들은 12월 21일 청와대 측으로부터 재단의 정관, 주요 임원진 명단과 이력서를 팩스로 받고 미르 설립 때처럼 창립총회 회의록을 작성했다. 전경련은 2016년 1월 12일 전경련 회관에서 해당 기업 관계자들을 불러 재산출연증서 등 서류를 받고 창립총회 회의록에 날인을 받았다.

2016년 1월 13일 스포츠 한류를 지원하기 위한 재단법인 K스포츠가 설립됐다. 재단법인 K스포츠는 대외적으로는 "스포츠라는 매개를 통해 건강한 사회, 하나 되는 사회를 실현하며 '국민의 행복이 곧 국가 발전'으로 이어진다는 비전을 목표로 대한민국 스포츠를 전 세계에 알려 그 위상을 드높이고 창조문화와 경제에도 기여할 수 있도록 하는 스포츠 문화 토대 마련을"을 목적으로 설립됐다고 밝혔다.

재단법인 K스포츠를 지원하기 위한 각종 법 제도 정비와 정부 지원책도 결정됐다. 2016년 2월 3일 '스포츠산업 진흥법'이 개정돼

공표됐다. 박근혜 대통령은 2월 17일 제9차 무역투자진흥회의를 주재하고 '스포츠 산업'을 신산업 육성 중점 과제로 발표하고 재계에 스포츠 사업 지원을 다시 요청했다. 박 대통령은 이날 전후로 이재용 삼성전자 부회장, 정몽구 현대자동차그룹 회장, 최태원 SK그룹 회장, 구본무 LG그룹 회장, 신동빈 롯데그룹 회장과 독대했다. 외견상 "취임 3주년을 맞아 정부의 경제정책 등을 설명하고 논의하는 자리"로 알려졌지만, 기업들에 대한 추가 지원 요청이 잇따랐다. 곧이어 재단법인 K스포츠가 등장해 SK와 롯데, 포스코, 부영 등에 추가 지원금을 요청했다. 대기업들은 8월까지 총 288억 원을 재단에 출연금으로 냈다.[55]

박근혜 대통령은 2017년 2월 27일 헌법재판소의 대통령 탄핵심판 최후 변론에서 재단법인 미르와 K스포츠의 설립·모금에 대해 "기업인들도 '한류가 세계에 널리 전파되면 기업의 해외 진출이나 사업에 도움이 된다'며 저의 정책 방향에 공감해주셨고, 그래서 저는 전경련 주도로 문화재단과 체육재단이 만들어진다는 소식을 관련 수석으로부터 처음 들었을 때 기업들이 저와 뜻에 공감을 한다는 생각에 고마움을 느꼈고, 정부가 도와줄 수 있는 방안이 있으면 적극적으로 도와주라고 지시를 하였던 것"이라고 변명했다.[56]

박근혜 대통령은 특히 2월 15일 서울 종로구 삼청동 안가에서 이재용 삼성전자 부회장과 세 번째 독대를 하고 "정유라를 잘 지원해 줘 고맙다. 앞으로도 계속 잘 지원해달라"고 말했다. 삼성은 이미 정유라와 재단법인 미르, 재단법인 K스포츠 등에 200억 원이 넘는 지원을 한 상태였다. 이재용은 이때 대통령에게 "현재 금융위원회가 검토 중인 삼성생명의 금융지주회사 전환 계획이 승인될 수 있도록 해달라", "삼성바이오로직스 상장 후 환경 규제를 완화하고 투자 유치

지원을 받도록 도와달라"고 청탁한 것으로 알려졌다.[57]

박영수 특별검사는 훗날 안종범 경제수석의 업무수첩, 이른바 '안종범 업무수첩'에 이재용 부회장이 대통령에게 구체적인 요구 사항을 전달한 단서가 적혀 있었다고 밝혔다. 즉, 순환출자 고리를 해소하기 위해 삼성SDI가 처분해야 하는 삼성물산 주식 규모를 1000만 주에서 500만 주로 변경한 공정거래위원회의 조치, 삼성그룹 지주회사 전환에 유리한 중간금융지주회사 도입, 삼성바이오로직스 상장 등 시기마다 이재용 부회장에게 필요했던 정부 특혜가 단어 형식으로 적혀 있었다는 것이다.[58]

박 대통령은 2월경 김상률 교육문화수석에게 스포츠클럽 관련 예산이 방만하게 운용되는 것 같다며 예산의 효율적 집행을 강조하면서 전국에 산재한 소형 스포츠클럽을 5~6개 광역 거점 스포츠클럽, 이른바 'K스포츠클럽'으로 개편하는 방안을 강구하라고 지시했다. 아울러 컨트롤타워 운영에 재단법인 K스포츠가 관여하는 방안을 마련해 시행하라고 지시했다. 'K스포츠클럽'은 문화체육관광부가 지역 스포츠 시설을 거점으로 전국 26개소에서 운영하던 '종합형 스포츠클럽' 사업을 전면 개편해 '중앙지원센터'를 설립하고, 그 운영 권한을 외부 민간법인에 위탁하려던 사업이다. 김상률은 이에 김종 제2차관에게 검토 지시를 내렸고, 김종은 문체부 내부 검토를 거쳐 각 지역 스포츠클럽의 운영을 지원하는 광역 거점 스포츠클럽을 새롭게 설치하는 방안을 시행하고 운영 주체를 공모해 재단법인 K스포츠가 참여할 수 있게 조치했다.[59] 송성각이 원장으로 있는 콘텐츠진흥원의 2016년 예산 총액은 2015년(157억 원)보다 39.4%나 늘어난 3007억 원으로 급증했다.

한편 정윤회는 2016년 2월 서울가정법원에 전처 최순실을 상대로 재산 분할 소송을 서울가정법원에 냈다. 최순실과 정윤회는 2014년 5월 이혼했다. 재산 분할 소송은 이혼한 날로부터 2년 안에 해야 한다. 정윤회의 소송은 가사23단독 이현경 판사가 맡았지만 청구 금액이 1억 원이 넘는 까닭에 합의부인 가사4부에 재배당돼 심리됐다. '최순실 게이트'가 본격화하자 정윤회는 소를 취하했다.

'최순실 재단'과 대통령 활용한 이권 사업

박근혜와 최순실은 왜 재단법인 미르를 비롯해 재단 설립에 열심이었을까. 그것은 아마 대통령 권력을 활용해 만든 재단이 대기업으로부터 후원을 받기 쉽고 정부 예산이 쉽게 들고날 수 있는 합법적인 통로가 될 것으로 생각했기 때문으로 보인다. 즉, 그러한 재단을 예산을 빼먹기 위한 항구적인 파이프라인으로 여겼다는 의미다. 정창수 등의 설명이다.

"대한민국 정부 금고에 파이프라인을 설치하고 박근혜 정부 이후에도 지속적인 이익을 취하고자 했다. 가장 큰 파이프라인이 그 유명한 미르와 K스포츠다. 지난 2015년부터 2017년까지 두 재단을 통해 배정된 최순실 관련 예산은 총 1조 4000억 원이다. 물론 이 예산 중 대부분은 재단법인 미르로 흘러갈 터였다."[60]

최순실은 재단법인 K스포츠를 활용해 이권을 챙기기 위해 2016년 1월 12일 서울 강남구 신사동에 스포츠매니지먼트 회사인 '더블루K'를 설립했다. 재단법인 K스포츠가 설립되기 하루 전이다. 더블루K이 명목상 대표는 조성민, 사내이사는 고영태였다. 하지만 조성민 대표는 주식포기각서를 최순실에게 제출한 뒤 매일 최순실에게 결산 보고를 했다. 최순실은 더블루K 대표와 직원들의 채용 및 급여 지급, 자금 지출 등을 결정하고 사업에 대해 구체적으로 지시하는 등 더블루K를 실질적으로 운영했던 것으로 보인다. 최순실은 자신이 선발해 채용한 K스포츠의 노승일 부장과 박헌영 과장에게 더블루K 관련 업무를 수행하도록 지시했다. 이에 노승일과 박헌영은 매주 적게는 2~3일, 많게는 매일 더블루K 사무실로 출근해 용역 제안서 작성을 비롯해 더블루K 업무를 수행했다. 최순실은 더블루K 사무실에서 수시로 회의를 주재하면서 더블루K 사업뿐 아니라 K스포츠 업무에 관해 논의하는 한편, 재단법인 K스포츠와 더블루K가 함께 추진하는 사업에 관해서도 의견을 조율했다. 최순실은 3월 10일 더블루K와 재단법인 K스포츠 간 업무협약을 체결해 재단법인 K스포츠가 수행하는 사업 운영까지 자신의 영향력을 미칠 수 있는 근거를 마련했다.[61]

실제 최순실은 재단법인 K스포츠가 설립되자 연구 용역비를 횡령하려고 시도하기도 했다. 검찰 특별수사본부[62] 등에 따르면 최순실은 2016년 2월경 재단법인 K스포츠에서 근무하는 박헌영에게 연구 용역비 4억 원 규모짜리 연구 용역 제안서 「시각장애인 스포츠의 수준 향상과 저변 확대를 위한 가이드러너 육성 방안에 대한 연구」, 연구 용역비 3억 원 규모짜리 연구 용역 제안서 「전국 5대 거점 지역별 각 종목 인재 양성 및 지역별 스포츠클럽 지원 사업 개선 방안 연구」를 더블루K 명의로 작성하게 했다. 하지만 정현식 재단법인 K스포츠 사무총장이 연구 용역 제안서가 타당성과 현실성이 없다는 이유로 반대하는 바람에 미수에 그쳤다.

최순실은 더블루K 설립 이후 스포츠매니지먼트를 핑계로 대기업들의 목을 비틀며 돈을 모으기 시작했다. 이 과정에서 최순실은 대통령을 적극적으로 활용했다. 먼저 최순실은 2016년 1월부터 한국관광공사 자회사인 그랜드코리아레저GKL에 대해 스포츠매니지먼트 계약을 강요했다. 검찰 특별수사본부63 등에 따르면 최순실은 1월 중순 노승일 K스포츠 부장과 박헌영 과장에게 스포츠단 매니지먼트 용역 계약 제안서를 작성하도록 했다. 최순실은 이어 1월 20일 정호성에게 "대통령께 GKL과 더블루K 간 스포츠팀 창단 및 운영 관련 업무를 대행할 용역 계약의 체결을 주선해줄 것을 요청해달라"고 지시했다. 박근혜는 1월 23일 안종범 경제수석에게 "GKL에서 장애인스포츠단을 설립하는데, 컨설팅을 해줄 기업으로 더블루K가 있다. GKL에 더블루K라는 회사를 소개해줘라. GKL의 대표 이기우와 더블루K 대표 조성민을 서로 연결해줘라"는 내용의 지시와 함께 조성민의 연락처를 전했다. 안종범은 이에 1월 24일 이기우 GKL 대표에게 전화해 조성민의 전화번호를 알려주며 스포츠팀 창단 및 운영에 관한 업무대행 용역 계약을 체결하기 위해 조성민과 협상할 것을 지시했다. 안종범은 이즈음 대통령으로부터 "K스포츠가 체육 인재를 양성하고자 하는 기관이니 사무총장을 김종 제2차관에게 소개해줘라"는 지시를 받았다. 안종범은 1월 26일 서울 중구 모처에서 김종을 정현식 재단법인 K스포츠 사무총장과 조성민 더블루K 대표에게 소개해줬다. 김종은 그 자리에서 더블루K의 향후 사업 등에 대해 조언해줬고 지원을 약속했다.

최순실은 1월 28일 서울 강남구 모처에서 더블루K의 조성민과 고영태를 통해 이기우 GKL 대표에게 GKL에서 배드민턴 및 펜싱 선수단을 창단하고 더블루K와 업무대행 용역 계약을 체결할 것을 요구했다. 김종은 2월 25일 용역 계약이 너무 커 협상이 지지부진하자 계약 금액을 줄인 조정안을 제시했다. 5월 1일 더블루K가 선수 에이전트의 권한을 갖는 GKL·선수·더블루K 3사 간 깅에인 펜싱 실업팀 선수 위촉 계약을 체결했다. GKL은 5월 24일 계약에 따라 선수 세 명에 대한 전속계약금 명목으로 6000만 원을 지급했고 더블루K는 그중 3000만 원을 에이전트 비용 명목으로 받았다.

최순실은 스포츠매니지먼트 계약을 따내기 위해 포스코를 압박했다. 검찰 특별수사본부[64] 등에 따르면 최순실은 2월 박헌영 과장에게 "포스코를 상대로 배드민턴팀을 창단하도록 하고, 더블루K가 그 선수단의 매니지먼트를 담당한다"는 내용의 기획안을 마련하게 했다. 대통령은 2월 22일 서울 종로구 삼청동 안가에서 권오준 포스코 그룹 회장과 단독 면담하는 자리에서 "포스코에서 여자 배드민턴팀을 창단해주면 좋겠다. 더블루K가 거기에 조언을 해줄 수 있을 것"이라고 요청한 것으로 알려졌다. 안종범 경제수석은 대통령과 면담을 마치고 나온 권오준 회장에게 미리 준비한 더블루K 대표의 연락처를 전달하면서 만나보라고 했다. 권오준 회장은 황은연 포스코 경영지원본부장(사장)에게 대통령의 요청 사항을 전달했다. 황은연은 2월 24일 조성민에게 연락해 2월 25일 서울 강남구에서 조성민, 고영태, 노승일을 만났지만 어려운 경영 여건으로 요청을 받아들이는 것이 부담스럽다는 의사를 표시했다.

최순실은 조성민, 노승일로부터 제의가 거절됐다는 소식을 듣고 다음 날인 2월 26일 정동춘 재단법인 K스포츠 이사장을 만났다. 그는 이 자리에서 정동춘에게 안종범을 만나 "황은연 사장이 더블루K의 요구를 고압적이고 비웃는 듯한 자세로 거절하고 더블루K 직원들을 잡상인 취급했다"고 보고하라고 시켰다. 그 말을 들은 안종범은 "VIP께는 보고하지 말아달라"고 정동춘에게 말한 다음 황은연에게 전화해 "더블루K 측에서 불쾌하게 여기고 있으니 오해를 푸는 것이 좋겠다. 여러 종목을 모아 스포츠단을 창단하는 대안도 생각해보라"

고 말했다. 황은연은 이에 조성민에게 전화해 사과하고 통합 스포츠단 창단 방안을 검토하기 시작했다. 최순실은 3월 초순 박헌영에게 포스코가 가진 5개 종목에 3개를 추가해 8개 종목 체육팀을 포함한 통합 스포츠단을 창단하고 더블루K가 매니지먼트를 담당하는 방안을 준비하도록 지시해 포스코 측에 전달했다. 포스코 측은 과도한 비용을 이유로 들어 제안을 받아들이기 어렵다고 판단, 3월 15일 포스코 상무 등이 고영태 등에게 통합 스포츠단 창단 대신 계열사인 포스코P&S 산하에 창단 비용 16억 원을 들여 펜싱팀을 2017년에 만들자고 제안했다. 더블루K가 매니지먼트를 담당하는 것으로 합의했다.

평창동계올림픽 이권에도 눈독

최순실은 2016년 전국 각지에 산재해 있는 각종 스포츠클럽의 운영과 관리를 총괄하는 K스포츠클럽을 만들어 이권을 챙기는 방안도 모색했다. 최순실은 김종 제2차관으로부터 문건 「종합형 스포츠클럽 운영 현황 및 개선 방안 보고」를 건네받은 뒤 이를 박헌영에게 주면서 「한국형 선진 스포츠클럽 문화 정착을 위한 K스포츠클럽 활성화 방안 제안서」를 작성하게 했다. 박헌영은 문체부 문건을 참고해 '종합형 스포츠클럽 지원 사업'에 문제가 있으므로 컨트롤타워를 새로 만들어 각 지역 스포츠클럽 운영과 관리를 총괄하도록 하는 개선 방안을 담은 제안서를 작성했다.

최순실은 이를 바탕으로 롯데그룹에 스포츠클럽 건립과 매니지먼트 계약을 강요했다. 이 과정에서 역시 대통령을 적극적으로 활용했다. 검찰 특별수사본부[65] 등에 따르면 최순실은 2016년 2월 선국 5

대 거점 지역에 체육 시설을 건립하고 긴립 자금은 기업으로부터 조달하는 사업 계획을 정호성을 통해 박근혜에게 전달했다. 3월 14일 서울 종로구 삼청동 안가에서 신동빈 회장과 단독 면담을 마친 안종범은 대통령으로부터 경기도 하남시 체육 시설 건립과 관련해 롯데가 75억 원을 부담하기로 했으니 챙겨보라는 지시를 받았다. 신동빈 회장은 3월 14일 회사로 복귀해 이인원 부회장에게 자금 지원 요청 건을 처리하라고 지시했다. 최순실은 3월 중순경 박헌영, 고영태 등에게 "이미 롯데그룹과 이야기가 다 됐으니 롯데그룹 관계자를 만나 지원 협조를 요청하면 돈을 줄 것"이라고 지시했다. 고영태 등은 3월 17일과 22일 두 차례 롯데그룹 관계자를 만나 75억 원을 요구했다. 롯데그룹 관계자는 재단법인 미르와 K스포츠에 이미 많이 출연했고 사업 계획도 구체성이 떨어진다는 이유로 35억 원만 출연하겠다고 의견을 제시했지만 이인원 부회장은 "기왕에 그쪽에서 요구하는 금액이 75억 원이니 괜히 욕 얻어먹지 말고 전부 출연해주는 것이 좋겠다"라며 재단법인 K스포츠에 75억 원을 교부해주라고 지시했다. 롯데그룹은 6개 계열사를 동원해 5월 25~31일 재단법인 K스포츠에 70억 원을 송금했다.

최순실은 평창동계올림픽과 관련한 이권 사업도 지속적으로 펼쳤다. 한국동계스포츠영재센터는 GKL로부터 지원금 2억 원을 받기도 했다. 최순실은 2016년 1월 김종 제2차관에게 "GKL이 영재센터를 후원하게 해달라"고 부탁했고 김종은 이기우 GKL 대표에게 연락해 "GKL이 영재센터에 2억 원을 후원하는 방안을 검토해달라"고 요구했다. 최순실은 장시호에게 이기우의 연락처를 알려주면서 "이기우에게 연락해 GKL이 영재센터를 후원하도록 협의하라"고 지시했고 장시호는 한국동계스포츠영재센터 전무에게 이기우에게 연락해보라고 지시했다. GKL은 4월 8일경 5000만 원, 6월 8일 1억 5000만 원을 영재센터에 후원금 명목으로 지급했다.[66]

최순실이 해외 유명 기업 누슬리Nussli를 앞세워 평창동계올림픽을 겨냥한 이권 사업에 착수하려던 정황도 포착됐다. 박근혜는 3월 6일 안종범에게 "세계적으로 유명한 누슬리라는 회사가 있는데 체육 시설 조립·해체 기술을 갖고 있어 매우 유용하다"며 "평창올림픽 때 활용될 수 있도록 하라"고 지시했다. 실제 당일 '안종범 업무수첩'에는 "누슬리, 스포츠 시설 건축 회사, 평창 모듈화"라는 문구가 적혀 있었다. 안종범은 3월 8일 서울 중구 프라자호텔에서 열린 더블루K와 누슬리의 업무 협약 체결장에 김종 제2차관과 함께 참석했다.[67]

광고대행사 플레이그라운드를 설립한 최순실은 2016년 2월 대통령과 안종범을 동원해 현대자동차로부터 광고를 따내기도 했다. 검찰 특별수사본부[68] 등에 따르면 최순실은 2015년 10월부터 2016년 1월 초까지 김성현에게 플레이그라운드의 회사 소개 자료를 작성하게 했다. 안종범은 2016년 2월 15일 박근혜로부터 플레이그라운드 회사 소개 자료를 건네받고, 현대자동차에 전달하라는 지시를 받았다. 안종범은 대통령 독대를 마친 정몽구 회장과 함께 나오는 김용환 부회장에게 플레이그라운드 회사 소개 자료를 전달하고, 현대자동차의 광고를 수주할 수 있도록 해달라고 부탁했다. 안종범은 2월 15~22일에 진행된 박근혜와 8개 그룹 회장과의 단독 면담 이후 "플레이그라운드는 아주 유능한 회사로, 기업 총수들에게 협조를 요청했으니 잘 살펴보라"는 대통령의 지시를 받았다. 김용환 부회장은 2월 18일 현대자동차 김 모 부사장에게 플레이그라운드가 현대자동차와 기아자동차 광고를 할 수 있게 해보라고 지시했다. 현대자동차는 4월부터 5월까지 플레이그라운드가 광고 5건을 수주해 9억 원의 수익을 올리게 했다.

최순실은 박근혜와 함께 민간은행인 하나은행의 인사에도 개입했다. 2016년 1월 안종범 경제수석, 금융위원회 부위원장 등을 통해 김정태 하나금융그룹 회장에게 이상화 KEB하나은행 프랑크푸르트 지점장을 글로벌영업2본부장으로 승진 임명하도록 강요한 것이 그 것이다.[69]

20대 총선 패배와 여소야대

2016년 4월 13일 실시된 20대 총선에서 여당인 새누리당이 패배하면서 여소야대 국회가 탄생했다. 122석을 얻는 데 그친 여당 새누리당은 과반의석을 잃은 것은 물론 원내 1당의 지위까지 더불어민주당에 내줬다. 더불어민주당은 123석을 획득했다. 안철수가 탈당해 만든 국민의당은 호남을 기반으로 38석을 거머쥐며 제3당으로 뛰어올랐다. 「정윤회문건」 파동과 연루돼 면직된 조응천은 경기도 남양주갑 선거구에서 더불어민주당 간판을 내걸고 당선됐다. 인사청문회부터 국정조사, 특별검사 임명 등 입법부의 주요 의사 결정 과정에서 여당인 새누리당의 입지는 급격히 좁아졌다. 안정적인 다수 여당의 부재는 청와대 중심의 일방통행식 국정 운영을 해온 박근혜 대통령에게는 치명타였다.

4월 12일 서울구치소에서 원정도박 혐의로 구속된 정운호 전 네이처리퍼블릭 대표가 부장판사 출신 최유정 변호사와 수임료 문제로 다퉜다. 정운호가 "수임료 20억 원 중 10억 원을 돌려달라"고 요구하면서 최유정과 말다툼을 벌였고 정운호가 최유정의 손목을 비트는 등

폭행을 가했다. 최유정은 전치 3주짜리 손목 관절 부상을 입고 3일 뒤 감금폭행치상 혐의로 서울강남경찰서에 정운호를 고소했다. 하지만 사건은 최유정이 재판부를 상대로 로비를 펼쳤고 그 과정에서 정운호로부터 거액의 수임료를 받아 챙겼다는 의혹으로 번졌다. 검찰은 정운호와 이숨투자자문의 실질적인 대표인 송 모 씨로부터 재판부와의 교제나 청탁 등을 명목으로 100억 원대 부당한 수임료를 받은 혐의로 최유정을 구속 기소했다. 정운호의 청탁을 들어주는 대가로 현직 부장판사와 전직 검사장이 거액의 금품을 받은 혐의가 수사 과정에서 포착되면서 법관들의 전관예우 논란이 촉발됐다. 급기야 사건은 진경준 검사장의 넥슨 주식 투자 의혹으로 번졌고, 진경준 검사장의 검증을 맡았던 우병우 민정수석의 책임론이 불거졌다.[70]

4월, '아스팔트 보수'로 알려진 어버이연합이 돈으로 1200명이나 되는 아르바이트생을 동원해 2014년 4월부터 11월까지 세월호 집회를 방해하는 반대 집회를 열었던 것이 밝혀졌다. 이와 함께 전경련이 2014년 9월부터 12월까지 1억 원이 넘는 돈을 한 기독교 선교복지재단 명의로 된 계좌를 통해 여러 번 나눠 어버이연합의 차명계좌에 입금했다는 사실도 드러나기 시작했다. 경실련은 서울중앙지검에 전경련이 특정 단체에 자금을 지원했다는 의혹을 제기하고 정식으로 수사를 의뢰했다. 이른바 '화이트리스트' 의혹이 불거지기 시작했다. 5월 10일 더불어민주당이 '어버이연합 등 불법자금 지원 의혹 규명 진상조사 TF' 3차 회의를 개최하는 등 파문이 확산되기 시작했다.

박근혜 대통령은 5월 18일 청와대에서 5차 규제개혁 장관회의 및 민관합동 규제개혁 점검회의를 열었다. 식품의약품안전처는 알츠하이머 치료제에 대해 3상phase 임상시험 없이 조건부 허가를 해준다는 내용을 담은 '바이오헬스케어 규제혁신안'을 발표했다. 치매 치료,

제 임상시험에 대한 규제를 완화하겠다는 것이었다.

박 대통령은 6월 8일 청와대 비서진 추가 인사를 단행했다. 안종범 경제수석은 정책조정수석으로 자리를 옮겼다. 하지만 '교체설'이 끊이지 않았던 우병우 민정수석은 인사 대상에서 제외됐다. 이 인사로 안종범과 우병우의 입지가 오히려 더 굳건해졌다는 분석이 흘러나왔다.[71]

우병우가 청와대 개편에서 살아남으면서 검찰의 칼날이 다시 날카로워지기 시작했다. 6월 초부터 검찰의 대대적인 수사가 연일 터져 나왔다. 6월 2일 서울중앙지검 방위사업수사부가 100여 명을 동원해 호텔롯데 면세점사업부 등을 압수수색한 것이 대표적이었다.[72]

이화여대 학사농단과 ODA 노리는 최순실

최순실은 2016년 4월에도 박근혜와 매일 평균 3회 정도 통화하면서 일상부터 국정 전반까지 다양한 이야기를 나누고 협의했다. 박영수 특별검사가 차명폰 통화 내역을 분석한 결과 두 사람은 4월 18일부터 10월 26일까지 총 573회 통화한 것으로 드러났다.[73]

이화여대에 입학한 정유라에 대한 학사 특혜는 2016년도에 본격화했다. 최순실은 이화여대 고위 간부와 만나 정유라의 학사에 편의를 봐달라고 부탁하고 협의했던 것으로 보인다. 특별검사[74] 등에 따르면 최순실은 최경희 이화여대 총장, 김경숙 체육과학대학장 등과 공모해 2016년 1학기와 여름 계절학기에 정유라가 수강 신청한 8과목 20학점의 강의에 대해 출석하지 않고 과제물을 제출하지 않았는데도 학점을 취득할 수 있게 했다. 최경희 총장은 6월경 이인성 이화여대 의류산업학과 교수 등과 공모해 1학기 '컬러플래닝과 디자인' 과목에서 정유라에게 부정하게 학점을 주도록 했다. 8월에는 여름 계절학기에서도 '글로벌 융합 문화 체험 및 디자인 연구', '기초의류학' 등의 과목에서 부정하게 학점을 주도록 했다. 김경숙 학장 역시 6월경 류철균 교수 등과 공모해 '운동생리학', '글로벌 체육 봉사', '퍼스널트레이닝', '영화스토리텔링의 이해'(K-MOOC) 등의 과목에서 정유라가 부정하게 학점을 받도록 영향력을 행사했다.

최순실은 이즈음 공적개발원조ODA 예산에도 눈독을 들이기 시작했다. 최순실은 2016년 2월쯤 ODA 문건을 건네며 측근 인사들에게 이익을 챙길 방법을 알아보라고 지시했다. 박헌영 과장의 증언이다.

"특정 ODA 딱 하나를 보여주는 게 아니고 여러 나라들과 관련된 것들이었고, 한 프로젝트당 예산이 2억 달러, 1억 달러… 이런 식으로 적혀 있었어요. 다 합치면 6000~7000억 원쯤 되는 거란 말이에요. 그런 구상안에 미얀마도 들어 있고. (최순실의 지시는) 그런 거에 맞춰서 뭔가 사업을 응용해 예산을 이용할 수 있는 방법을 찾아봐라, 그런 거였죠."[75]

최순실은 ODA 이권을 챙기기 위해 주미얀마 대사와 코이카 KOICA(한국국제협력단) 이사장 인사에도 개입했다. 박영수 특별검사[76] 등에 따르면 최순실은 2016년 2월경 주미얀마 대사와 코이카 이사장의 교체를 대통령에게 요청했다. 최순실은 이어 3월 류상영 더블루K 과장과 고영태를 통해 인호섭 MITS코리아 대표를 만났다. MITS코리아는 미얀마 'K타운 프로젝트'를 대행된다. 인호섭의 이야기다.

"고영태 씨가 저한테 2016년 3월 (박근혜) 대통령이 미얀마 순방을 하는데 그때 '경제특사로 가시면 되겠네요'라고 하는 거예요. 그걸 누가 믿겠어요. 그런데 안종범 경제수석 같은 고위 공무원한테 연락이 오고 직접 만나게 되고 하면서 믿게 된 거죠. 고영태가 저한테 코이카 이사장도 그렇고 주미얀마 대사도 그렇고 자기가 다 앉혔다는 식으로 말했거든요. 돌이켜보면 최순실의 힘인 거죠."[77]

박근혜 대통령도 3월 27일 ODA 사업에 재단법인 미르와 K스포츠재단을 참여시키라고 안종범에게 지시했다. 안종범은 이에 자신의 업무수첩에 '미얀마: 지적재산권 달러, - 삼성 아그레망' 등을 적었다.[78] 안종범은 나중에 특검 조사에서 이 메모에 대해 "박 대통령이 삼성 출신 임원을 주미얀마 대사로 보내라는 지시를 적었다"고 진술했다. 실제 5월경 최순실의 추천을 바탕으로 삼성전기 임원 출신인 유재경이 주미얀마 대사로, 코트라 임원 출신인 김인식이 코이카 이사장으로 각각 임명됐다. 최순실은 이들이 공직에 임명될 무렵 유재경과는 두 번, 김인식과는 한 번 저녁 식사를 했다. 유재경은 2014년 말 삼성전기 글로벌마케팅실장을 끝으로 현직에서 물러난 뒤 같은 회사의 자문역으로 근무 중이었다.[79]

최순실은 2016년 6월경 MITS코리아 운영자로부터 MITS코리아 주식 15.3%(총 3060주)를 조카 장시호의 명의로 취득한 것으로 나중에 특별검사 조사 결과 밝혀졌다. 미얀마 'K타운 프로젝트' 사업 과정에서 미얀마 현지 사업에서 수익을 낼 수 있도록 대통령 등에게 영향력을 행사해준 대가였다.

최순실은 5월 대통령의 아프리카 순방을 앞두고 한국형 원조사업인 '코리아에이드 사업'을 통해 또다시 나랏돈을 챙기려고 시도했던 것으로 보인다. 코리아에이드 사업은 피원조 소외 지역의 주민들을 직접 찾아가는 '이동형 보건 서비스'를 제공하는 사업이다. 최순실은 대통령의 아프리카 순방을 앞두고 청와대 주도로 개최한 코리아에이드 사업 TF 회의에 재단법인 미르 측 관계자를 일곱 차례나 참석시켰다. 최순실도 동아프리카 3개국 순방을 위한 '정부합동사전조사단'에 동행했다. 코리아에이드 사업의 기획 단계 때부터 재단법인 미르가 참여한 셈이다. 코리아에이드 사업의 핵심 사업 중 하나였던 보건 사업의 보건 교육 영상물 제작은 실소유주가 차은택으로 알려진 '더플레이그라운드 커뮤니케이션'과 수의계약을 맺어 진행했다. 더플레이그라운드 커뮤니케이션은 '2016 케이에이드K-Aid 아프리카 3개국 출범 및 문화 교류 행사'의 사업비로 국고보조금 11억 원을 신청하기도 했다. 코리아에이드 사업은 정부의 공식 ODA 사업 주체와 관계없이 재단법인 미르와 K스포츠, 차은택이 개입해 주도했다는 점에서 각종 의혹이 제기됐다. 정창수 등[80]은 "원조 효과성 등 어디에도 ODA의 원칙과 규범에 부합하지 않을 뿐만 아니라 절차와 내용도 졸속으로 이루어진 이벤트성 사업"이라고 평가했다.

그렇다면 최순실은 왜 ODA 예산을 노렸을까. ODA는 기본적으로 해외에서 사용되는 자금이며, 정부 기관의 산하 단체나 현지 파트너사를 거쳐 집행되기 때문에 예산의 감시와 추적이 쉽지 않다. 2016년 전체 ODA 예산이 2조 원이 넘을 정도로 규모가 크다는 점도 배경으로 작용했을 것으로 분석된다.

비　　선

／

권　　력

9

드러난 비선과 촛불 혁명

(2016.7~12.9)

괴물과 싸우는 사람은 자신이 이 과정에서 괴물이
되지 않도록 조심해야 한다. 만일 네가 오랫동안
심연을 들여다보고 있으면, 심연도 네 안으로 들어가
너를 들여다본다.

프리드리히 니체의 『선악의 저편』(1886) 중에서
(『선악의 저편·도덕의 계보』, 김정현 옮김, 책세상, 2002, 125쪽)

재단법인 미르, 재단법인 K스포츠 첫 보도

2016년 7월 12일 헤이그상설중재재판소PCA가 남중국해에 대한 중국의 영유권을 인정하지 않는 판결을 내리면서 남중국해 패권을 놓고 미국과 중국 간 대립이 더 첨예해졌다. 11월 8일 미국에서는 도널드 트럼프가 미국의 45대 대통령에 당선됐다. 국내에서는 8월 말 국내 1위 원양선사 한진해운이 기업회생절차(법정관리)를 신청하며 해운업계를 충격에 빠뜨렸고, 9월 12일 오후 8시 33분쯤 경북 경주시 남남서쪽 8.7km 지점에서 규모 5.8의 지진이 발생해 한반도가 더 이상 지진 안전지대가 아니라는 점을 일깨웠다.

"문화재단 미르라고 들어보셨습니까? 국가브랜드를 높이자는 취지로 만들어진 민간 문화재단입니다. 설립 두 달 만에 대기업에서 500억 원 가까운 돈을 모았는데, 안종범 대통령 비서실 정책조정수석이 설립과 모금 과정에 깊숙이 개입한 정황이 드러났습니다."[1]

7월 26일 최순실의 국정농단을 알리는 단초가 되는 첫 보도가 이뤄졌다. TV조선은 "靑 안종범 수석, 500억 모금 개입 의혹" 제하의 기사를 통해 삼성과 현대, SK 등 국내 16개 그룹 30개 기업이 재단법인 미르 설립 두 달 만에 486억 원을 냈고, 재단의 설립과 모금 과정에 안종범 수석이 개입한 정황이 있다고 보도했으며, 이어서 "미르재단, 보이지 않는 손 있다"라고 보도했다. TV조선은 7월 27일 '문화계 황태자 차은택 미르재단 좌우'라는 제하로 재단 설립에 차은택 감독이 개입한 의혹이 있다고 보도한 뒤, 8월 2일에는 재단법인 K스포츠에도 대기업들이 380억 원 이상 출연금을 냈다며 두 재단에 '쌍둥이 의혹'이 있다고 보도했다. 이어 8월 3일에는 두 재단의 창립총회 회의록을 비교해 조직 구성과 모금액이 거의 같다는 점을 들어 동일한 배후를 추정했고, 8월 5일에는 재단법인 미르와 K스포츠가 과거 대통령 해외 순방 행사에 참여했다고 보도하는 등 8월 18일까지 두 재단 관련 보도를 집요하게 이어갔다. 최순실의 국정농단 사태를 세상에 알리는 서막을 연 것이다.

TV조선 보도를 주도했던 이진동 당시 사회부장은 연세대를 졸업하고 1992년 ≪한국일보≫에 입사한 뒤 ≪조선일보≫로 옮겼다. 한때 정치권에 뛰어들어 새누리당 소속으로 국회의원 선거에 출마했지만 낙선한 뒤 TV조선으로 돌아왔다. 2005년에는 국가정보원의 불법 도청 실태를 파헤친, 이른바 'X파일 미림팀 도청공작'을 보도한 바 있다.

이진동이 비선 실세 최순실을 알게 된 시점은 「정윤회문건」 파동과 관련한 보도가 나오기 전인 2014년 10월쯤이었다. 이진동의 기억이다.

"내가 미르와 K스포츠의 존재를 알았던 게 올해(2016년) 5월이라는 얘기고 고영태를 만난 것은 2014년 10월쯤이었어요. … (고영태가 어떻게 찾아왔는데?) 2014년 10월쯤, 아는 사람이 가보라고 했다면서 다른 친구 한 명과 왔습니다. 점심을 먹으면서 이야기하는데 '제 집에서 명품 시계와 돈 1억 원이 사라졌습니다'라고 이야기하는 겁니다. (그래서요?) 누가 가져갔냐고 하니까 '최순실'이라는 겁니다."[2]

한때 최순실의 조력자이기도 했던 고영태는 왜 TV조선 기자 이진동을 찾아갔을까. 최순실에게 차은택을 소개했던 고영태가 차은택이 자신을 제치고 최순실을 배경으로 승승장구하는 것에 깊은 배신감을 느꼈기 때문이라는 지적도 있다. 이진동의 설명이다.

"차은택에 대해 극도의 배신감을 느낀 것은 사실입니다. 차은택이 처음에는 자기를 통해 최순실과 접촉했는데 시간이 흐르면서 자기는 배제되고 차은택과 최순실이 직거래를 했으니 열 받을 만하지요. '왕따' 당한 기분, 뭐 그런 걸 겁니다. 거기에 차은택이 자기와 최순실 사이를 이간질한다는 의심도 들었다고 합니다."[3]

고영태는 2016년 12월 7일 국회 국정조사특위 청문회에서 최순실과 헤어지게 된 이유를 설명했다. 그는 최순실이 자신에게 애완견을 맡겼는데 잘 돌보지 않자 최순실로부터 욕설을 듣게 됐으며 명품 시계와 돈 1억 원을 가져간 뒤 '자기 것'이라고 해 갈등이 생겼다는 취지로 설명했다. 반면 정규재 ≪한국경제신문≫ 주필을 비롯한 일부 우익 인사들은 고영태가 재단법인 K스포츠를 장악하기 위해 사실을 왜곡하고 부풀려 기획 폭로를 한 것이라고 주장했다. 이진동은 처음에는 고영태의 증언에 대해 반신반의했다고 한다.

"최순실이 누군지는 알고 있었지만 '최순실의 말이라면 팥으로 메주를 쑨다 해도 대통령이 믿는다'는 그의 이야기가 처음엔 믿기지 않았다. 그런데 고영태가 가져온 문건에 나온 내용대로 문화융성사업이 1년여에 걸쳐 차근차근 정부 정책으로 이어지고, 예산이 반영되는 걸 보면서 점차 큰일이구나 하고 생각했다. 지난해 초 문화창조융합벨트가 출범하고 차은택 씨 행사마다 대통령이 참석하면서 '간단치가 않다'고 생각했다."[4]

이진동은 2014년 12월 서울 강남의 모처에서 찍힌, 최순실이 박근혜 대통령의 의상을 살펴보고 이영선 행정관이 휴대전화 액정 화면을 와이셔츠에다 닦은 뒤 건네주는 장면이 담긴 동영상을 확보했다. 이진동의 이야기다.

"그것도 2014년 말쯤이었습니다. 자세한 내용은 밝힐 수 없지만 고영태가 건물 계약자라서 CCTV를 설치해도 아무런 법적인 문제가 없었어요. 그런데 12월 3일에 그 CCTV를 떼야 할 일이 생겼습니다.

(그럼 그 영상은 그때 촬영된 거고?) 그렇죠. 제가 수시로 '(CCTV) 잘 돌고 있냐'고 확인했거든요. (그런데 무슨 일 때문에 CCTV를 철거해야 했지?) 2014년 11월 28일 정윤회 게이트가 터진 거예요. 난리가 났지요. 순간적으로 이런 생각이 들었습니다. 최순실이 분명 긴장할 텐데, 그렇다면 사무실을 점검할 수도 있고. 그러다 CCTV가 발견될 수도 있다는… (문제의 동영상을 입수한 것은 언제지?) 제 손에 들어온 것이 2014년 12월부터 1월 사이였던 걸로 기억합니다."[5]

이진동은 비선 실세 최순실이 등장하지 않는 상황에서 그의 국정개입 사실을 보도하기 위해 차근차근 단계를 밟아갔다. 즉, 곧바로 비선 실세 최순실을 드러내는 것이 아니라 비선의 존재에 따라 곳곳에서 발생하는 비정상적인 주변부 문제를 차례차례 건드려갔다. 이진동의 설명이다.

"박태환을 계기로 김종 차관의 인사 전횡 문제를 썼고(2016년 7월 7일), 손혜원 더불어민주당 의원이 국가브랜드 표절 논란을 꺼냈을 때 국가브랜드가 어떻게 엉망이 돼갔는지를 파헤쳤다. 처음 시작하는 입장에서 워낙 방대한 의혹들이라 이런 것들을 하나하나 들추면서 한 발 한 발 앞으로 나가는 게 어려운 부분이었다. (TV조선이 그린 큰 그림은 무엇인가?) 7월 초에 김종 차관, 국가브랜드, 늘품체조 건을 썼다. 그리고 7월 중순에 미르·K스포츠재단을 썼다. 그다음으로 준비하고 있던 게 이화여대 건이었다. 하이라이트는 문화융성사업이라고 봤다. 그 많은 예산을 최순실이 짜고 그게 실제로 반영되고 집행됐기 때문이다. 국가를 흔드는 문제라고 봤다. 그래서 뒤쪽에 배치했다. 마지막에 최순실을 꺼내려고 했다."[6]

TV소신은 7월 17일 서울 청담동 피엔폴루스 오피스텔의 지하에서 '뻗치기'(취재 상대방이 나타날 때까지 한없이 기다리는 것)를 한 끝에 최순실을 카메라에 담을 수 있었다. 이진동의 기억이다.

"한 가지 이상한 생각이 들었어요. 고영태가 (서울) 강남에서 만나면 꼭 차움빌딩 근처로 절 불렀습니다. 바로 근처에 유명 브랜드 커피숍이 있거든요. 다시 인터넷으로 차움빌딩 근처를 살펴보니 주거용 레지던스가 있었습니다. 속으로 '아하! 저기가 최순실이 사는 데구나' 하고 직감했습니다. 최순실이 타고 다니는 벤츠 승용차 차량 번호야 이미 알고 있었으니까. 평일부터 '뻗치기'를 시킬 순 없고 토요일과 일요일 저녁 7시부터 12시까지만 촬영팀에게 뻗쳐보라고 했습니다. 그런데 7월 17일 기다리던 전화가 왔어요. 요즘 여러분이 많이 본, 최순실이 방송 카메라를 밀치는 영상이 그때 잡은 영상입니다. (처음 보도가 됐을 때는 문화체육관광부의 반격도 만만치 않았을 텐데?) 난리가 났지요. 심지어 광고나 협찬을 안 해줘서 그러느냐는 말까지 들었습니다. 최순실 영상을 포착한 후 속으로 긴장했습니다. 최순실에게 TV조선이 취재한다는 사실을 드러냈으니 최순실이 가만히 있었겠습니까? 박근혜 대통령에게도 알렸겠지요. '빨리 (최순실이 관련됐다는 사실을) 써야겠다'고 마음먹었습니다."[7]

하지만 TV조선은 최순실 국정개입 보도를 곧바로 내보내지 못했다. 사연은 복잡하다. TV조선의 모태인 《조선일보》도 이에 앞서 7월 18일 우병우 민정수석 처가와 김정주 넥슨 창업주 간 부동산 거래가 있었고 이 과정에서 진경준 검사장이 연루됐다는 의혹을 제기했다. 즉, 우병우가 진경준 검사장의 주선으로 처가의 부동산을 2011년 넥슨에 1326억 원에 매각했다는 내용이다. 해당 부동산은 팔리지 않아 애를 먹이던 매물이었다. 이 보도는 비선 실세 최순실을 직접 겨냥한 것은 아니었지만, 이를 통해 《조선일보》가 박근혜 정권과 결별하게 된다는 점에서 의미가 있었다. 우병우 민정수석은 첫 보도가 나온 7월 18일 입장 자료를 냈다. "(넥슨 창업주) 김정주를 모르고 진경준에게 부탁하지 않았다"고 반박한 우병우는 정상적인 부동산 거래였다고 해명하면서 ≪조선일보≫와 해당 기사를 보도한 기자들을 명예훼손으로 고소하고 손해배상을 청구했다.

이석수 대통령 직속 특별감찰관이 우병우 민정수석의 비위 의혹에 대한 감찰에 착수했다는 사실이 7월 25일 알려졌다. 주요한 감찰 대상은 우병우 아들의 의경 보직 특혜 의혹과 처가의 가족회사를 이용한 재산 축소 신고 의혹이었다. '특별감찰관법'에 따라 감찰 대상이 '현 직책에 임명된 이후의 비리'로 제한돼 있어 2011년 우병우 처가의 넥슨 땅 거래 의혹은 감찰 대상에서 제외됐다.[8]

보수 성향인 ≪조선일보≫ 그룹이 보수 정권을 자처하는 박근혜 정권의 권력 비리 의혹을 본격적으로 제기하고 나선 것을 놓고 여러 해석이 나왔다. 보수 정권과 재벌, 보수 언론 간의 삼각동맹이 깨졌기 때문이라는 구조적인 분석도 나왔다.[9]

정권의 역공과 '조선의 회군'

2016년 7월 21일 청와대에서 열린 국가안전보장회의NSC에서 박근혜 대통령은 "여기 계신 여러분도 소명의 시간까지 의로운 일에는 비난을 피해 가지 마시고, 고난을 벗 삼아 당당히 소신을 지키시기 바란다"고 말했다. 야당은 물론 여권 일각에서는 사퇴 요구를 받고 있는 우병우 민정수석 감싸기로 해석하기도 했다. 하지만 정연국 청와대 대변인은 다음 날인 7월 22일 춘추관에서 "어제 자리가 NSC 아닌가. 그것(대통령의 전날 발언)은 국가안보를 지켜야 한다는 소명이지 수석

에 대한 소명이 아니다"고 해명했다.[10]

여권은 우병우에 대한 감찰에 나선 이석수 특별감찰관과 ≪조선일보≫를 공격하기 시작했다. 먼저, 이석수 특별감찰관이 ≪조선일보≫ 기자에게 우병우 민정수석에 대한 감찰 내용의 일부를 누설했다는 보도가 8월 16일에 나왔다. MBC는 〈뉴스데스크〉의 리포트 "이석수 특별감찰관, 감찰 상황 누설 정황 포착"에서 "특별감찰관이 특정 언론에 감찰 진행 상황을 누설해온 정황이 담긴 SNS를 입수했다"며 "현행법 위반"이라고 폭로했다.

"우병우 민정수석에 대한 감찰을 진행 중인 이석수 특별감찰관이 특정 언론사 기자에게 감찰 진행 상황을 누설해온 정황을 담은 SNS가 입수됐습니다. 감찰 내용 누설은 현행법 위반이라 논란이 예상됩니다."[11]

MBC는 8월 17일에는 이석수 특별감찰관이 특정 언론사 기자와 나눈 대화가 담긴 문건을 입수했다고 주장하며 해당 문건을 공개하기도 했다. ≪조선일보≫ 기자가 이석수 특별감찰관과의 전화 통화 내용을 회사에 보고한 것이 SNS를 통해 외부로 유출됐고, 이 문건은 그것을 옮겨놓은 것이라고 설명했다.[12]

이석수 특별감찰관은 이에 8월 17일 "SNS를 통해 기자와 연락하거나 기밀을 유출한 사실이 없다"고 밝혔고 8월 18일 검찰에 우병우에 대해 직권남용·횡령 등의 혐의로 수사를 의뢰했다.

이석수 특별감찰관이 기밀 유출을 부인함에 따라 MBC가 이석수와 기자의 통화 내용을 어떻게 입수했는지를 둘러싸고 의혹이 제기됐다. 즉, MBC는 이석수 감찰관과 통화한 언론사 기자가 회사에 보고한 통화 내용이 SNS를 통해 외부로 유출됐고 자신들이 그것을 입수했다고 밝혔지만, 이석수 감찰관이나 기자로부터 직접 제공받았거나 기자가 회사에 보고하는 과정에서 언론사 내부에 흘린 것이 아닌 이상 이 통화 내용을 입수할 방법이 없기 때문이다.[13]

청와대는 특히 우병우를 겨냥한 잇따른 의혹 제기를 '우병우 죽이기'로 규정하고 그 본질은 집권 후반기 대통령과 정권을 흔들어 식물정부를 만들려는 의도라고 해석했다. 청와대는 그러면서 ≪조선일보≫를 '부패 기득권 세력'으로 규정했다. 언론에 보도된 청와대 관계자의 발언이다.

"지난 7월 18일 우 수석 관련 첫 의혹 보도 이후 이를 입증할 결정적 증거가 나온 게 없다. 우 수석 가족에게까지 의혹을 전방위로 확산시켜 '우병우 때리기'를 이어가는 것은 임기 후반기 식물정부를 만들겠다는 의도다. 힘 있고 재산이 많은 사람은 무조건 검은 구석이 있거나 위법·탈법을 했을 것이라는 국민 정서에 터를 잡아 청와대를 공격하는 것이다. 우 수석에 대한 첫 의혹 보도가 나온 뒤로 일부 언론 등 부패 기득권 세력과 좌파 세력이 우병우 죽이기에 나섰지만, 현재까지 우 수석 의혹에 대해 입증된 것이 없다."[14]

정권은 이에 따라 ≪조선일보≫ 그룹에 대한 공격을 본격화했다. 김진태 새누리당 의원은 8월 26일 국회 정론관에서 항공편 탑승 기록을 제시하면서 ≪조선일보≫ 간부가 대우조선해양과 사장 연임 로비 창구로 지목된 어느 홍보대행사 대표로부터 초호화 전세기를 이용한 향응을 받았다고 폭로했다.

"대우조선해양은 2011년 9월 6일 이탈리아 나폴리에서 그리스 산토리니까지 영국 TAG항공사 소속 전세 비행기를 이용했다. 탑승객 명단을 보면 승무원을 제외한 탑승객 총 일곱 명에서 남상태 사장을 비롯한 대우조선해양 임직원을 빼면 민간인은 딱 두 명이었다. 한 명이 박수찬 대표고, 또 다른 한 명이 모 유력 언론사 논설주간이었다."15

≪조선일보≫가 "통상적인 출장이었다"며 김진태 의원의 회견 내용을 반박하자 김진태는 8월 29일 국회 정론관에서 다시 기자회견을 열고 2011년 9월 초호화 전세기와 요트를 이용한 사람은 ≪조선일보≫의 송희영 주필이라고 실명을 공개했다. 그러면서 대우조선해양으로부터 초호화 관광 등 2억 원 상당의 향응을 받았다고 추가 폭로했다.

송희영 주필은 자신의 이름이 폭로되자 8월 29일 오후 회사 측에 사의를 표명했다. ≪조선일보≫는 8월 30일 송희영의 사표를 수리했고, 8월 31일 자 1면에 사과문 "독자 여러분께 사과드립니다"를 게재했다.

"본사는 (8월) 30일 송희영 전 주필 겸 편집인이 제출한 사표를 수리했습니다. 송 전 주필은 2011년 대우조선해양 초청 해외 출장 과정에서 부적절한 처신이 있었음을 인정하고 사의를 표명했습니다. ≪조선일보≫를 대표하는 언론인의 일탈 행위로 인해 독자 여러분께 실망감을 안겨드린 데 대해 진심으로 사과드립니다."16

방상훈 ≪조선일보≫ 사장도 2016년 9월 3일 자 사보를 통해 "송희영 전 주필과 관련한 불미스러운 일들로 인해 조선일보 독자 여러분께 충격과 실망을 드린 데 대해 송구스럽게 생각한다"고 공식적으로 사과했다.

박근혜와 비선 권력은 보수지 조선일보 그룹과 대립하면서까지 왜 '우병우 카드'를 버리지 않았을까. 이에 대해서는 우병우가 바로 대통령과 비선 권력이 지향하는 일을 제도적으로 보장하고 걸림돌을 제거해주는 등 '악역'을 도맡았기 때문이라는 분석도 나온다. 2017년 박영수 특별검사팀은 우병우가 박근혜 정권 안에서 '말을 안 듣는 공무원을 매질'하는 역할을 했던 것으로 파악했다. 즉, 우병우가 삼성 합병에 따른 순환출자 고리 해소를 위해 삼성SDS가 처분해야 할 주식의 규모를 줄이려고 했고, 이를 공정위원회 실무진이 반대하자 2015년 10~12월 김재중 공정위원회 서울사무소장을 표적 감찰해 공정위를 길들이려 했다. 또 2016년 상반기 문화예술계 블랙리스트 실행에 소극적인 문체부 공무원 다섯 명을 김종덕 문체부 장관을 통해 인사 조치했던 것으로 파악했다.[17]

검찰도 수사에 나섰다. 검찰은 8월 23일 우병우 민정수석과 이석수 특별감찰관 두 사람의 의혹을 함께 수사하는 특별수사팀을 설치했다. 이어 8월 29일 우병우의 가족회사 '정강'과 서울지방경찰청 차장실, 그리고 이석수 특별감찰관 사무실 등 여덟 곳을 압수수색했다. 이석수 특별감찰관은 검찰이 수사에 착수하자 8월 29일 사표를 냈고, 우병우는 7~10월 김수남 검찰총장과 수시로 통화했다.

이석수 특별감찰관의 감찰 내용 유출 의혹과 송희영 주필의 개인 비리 문제가 불거지면서 ≪조선일보≫와 TV조선의 재단법인 미르 및 재단법인 K스포츠 관련 보도와 우병우 관련 보도는 눈에 띄게 줄었다. 실제 TV조선은 8월 18일까지 재단과 관련한 보도를 이어오다가 이후 한 달 넘게 보도를 하지 않았다. 많은 이가 정권의 공세에 ≪조선일보≫가 후퇴한 것이 아니냐고 분석했다. '조선(일보)의 회군'이라는 말까지 나왔다. TV조선은 '조선일보와 청와대 간 대결'이라는 프레임에 말려들지 않기 위한 숨고르기를 했을 뿐이라고 해명했다. 이진동의 설명이다.

"그렇다고(청와대의 외압이 상당했다고) 들었다. 직접적인 외압보다는 청와대에서 '조선일보 대 청와대' 프레임을 만든 것이 외압이라고 생각한다. 그 프레임에 가둬서 더 이상 보도를 못 하게 하는 것이나.

8월 초 이후에 숨 고르기에 들어갔던 이유도 이 프레임에 말려들지 않기 위해서였다. 그리고 처음엔 청와대에서 전화도 받고 어느 정도 취재가 됐지만 시간이 지나면서 전화도 잘 안 받는 등 취재에 어려움이 있었다. (프레임에 휘말리지 않기 위한 것이라고 했지만 송희영 주필 건 때문에 잠잠했다는 의혹이 있다.) 그런 의혹도 청와대와 조선일보의 싸움이라는 프레임에 갇힌 것이다. 추정이긴 하지만 청와대가 그런 프레임을 짠 것이라고 생각한다. 본질은 그게 아닌데 송 주필 이후 보도를 더 내보내면 그 프레임을 더 강화하게 되는 것이라고 생각했다."[18]

9월 8일 국회 운영위원회는 우병우 민정수석을, 법사위원회는 이석수 특별감찰관을 각각 국정감사 기관증인으로 채택했다. 경기도 화성시는 9월 13일 우병우 처가가 토지를 차명으로 보유한 의혹에 대해 경찰 수사를 의뢰했다.

최순실의 은폐 시도 "미르는 차은택 책임"

2016년 7월 16일 오후 서울 강남구 청담동 피엔폴루스 오피스텔 지하주차장. 옆에 차움의원이 있는 이 오피스텔은 서울에서 가장 비싼 최고급 오피스텔 가운데 하나로 꼽혔다. 최순실은 이날 TV조선 취재진과 갑작스럽게 맞닥뜨렸다. TV조선 기자가 마이크를 들고 다가왔다. "김종 차관을 혹시 잘 아십니까?" 최순실은 안경을 고쳐 쓰면서 싸늘하게 대답했다. "모르는데요."

최순실은 갑작스럽게 질문을 받았지만 본능적으로 진실을 부인했다. 최순실은 그러면서 "이런 거 찍지 마세요"라고 말하며 카메라

렌즈 쪽으로 손을 뻗어 촬영을 막으려고 했다. 최순실은 더 이상 응대하지 않고 종종걸음으로 다급하게 건물 안으로 들어갔다. 최순실은 8월 이성한 전 재단법인 미르 사무총장을 만나 당시를 회고했다.

"내가 눈이 나쁘잖아. 그날따라 안경을 안 꼈잖아. 인사를 하더라고. 관리인인가 싶었어. 딱 가더니, 이놈들이 한 명은 (카메라로) 찍었나 봐. 그게 아차 싶더라고. 그 새끼들이 결정타에서 어디다 내려고…"19

최순실은 TV조선 취재진과 맞닥뜨린 직후 옷가지와 에르메스 가방 등을 챙겨 조카 장시호의 집으로 급히 몸을 피했다. 장시호는 이때 최순실이 잠시 자리를 비우자 최순실의 가방 안에서 청와대 민정수석실이 보내온 인사 자료를 보게 된다.

최순실은 TV조선 보도 직후에도 미얀마의 'K타운 프로젝트'에 공을 들였던 것으로 보인다. K타운은 2016년 코이카가 ODA 예산 760억 원가량을 지원해 한류를 홍보하는 컨벤션센터를 미얀마에 짓는다는 계획이었다. 최순실은 8월 초 'K타운 프로젝트'를 위해 고영태와 함께 이상화 KEB하나은행 글로벌영업2본부장과 인호섭 MITS코리아 대표 등을 데리고 미얀마 현지를 다녀왔다. 이상화는 하나은행 독일법인장으로 근무할 때 최순실의 부동산 구입 등 개인 사업을 도와준 인사였다.20

박 대통령은 앞서 7월 4일 청와대에서 탄 민Than Myint 미얀마 상무부 장관을 접견했다. 미얀마 측은 다음 날인 7월 5일 한국과 미얀마 통상장관 회담에서 컨벤션센터 건립을 요청했다. 정부는 미얀마의 요청에 대해 국가 예산이 들어가는 원조사업으로 진행하는 방안을 추진했다고 설명했다. 당시 대통령은 'K타운'과 관련해 구체적인 회사 이름을 거론했던 것으로 보인다. 안종범 수석은 7월 10일 자 업무수첩에 "7-10-16 VIP 2. 미얀마, KOTRA, LH 배제, MITS KOICA"라고 기록했다.[21]

하지만 코이카는 이 사업의 타당성이 없다고 부적합 의견을 담아 보고서를 냈다. 청와대 측은 회의를 열어 사업이 가능한 쪽으로 방법을 찾아보라고 지시했다. K타운 프로젝트에 포함된 컨벤션센터를 짓기 위해 ODA 시행 기관이 된 코이카는 9월 미얀마 상무부와 함께 예비 타당성 조사를 실시했다. 예비 타당성 조사 결과 역시 사업성이 없는 것으로 결론 났고, 사업은 중단됐다.

대행사 대표였던 인호섭은 최순실이 K타운 프로젝트를 통해 이익을 챙기려 한 것은 맞지만 760억 원에 달하는 사업비 전부를 챙기려고 한 것은 아니었다고 언론 인터뷰에서 해명했다.

"최순실이 이익을 실현하려고 한 건 맞지만 액수가 너무 크게 알려졌어요. 760억 원을 다 꿀꺽할 수가 없어요. 우리는 준비 과정에서 조금만 먹으려고 했는데… 최순실은 컨벤션보다 건물이 지어진 후의 주변 개발 사업에 더 큰 관심이 있었어요."[22]

최순실은 7월 TV조선 카메라에 자신의 모습이 찍힌 뒤, 재단법인 미르 및 재단법인 K스포츠의 대기업 강제 모금 의혹이 잇따라 보도되자 사건 은폐에 적극적으로 나섰던 것으로 보인다. 이진동의 증언이다.

"최순실이 거의 발광을 했다고 들었습니다. '어떤 새끼가 내 집 주소를 가르쳐줬느냐'며 펄펄 뛰었다고 합니다. 그런데 어떤 간신이 '고영태가 그랬답니다'라고 밀고했대요. 고영태가 잡아뗐지만 결국 하던 일이 강제 스톱됐습니다."[23]

최순실은 특히 재단의 강제 모금 의혹이 제기된 직후 박근혜 대통령과 전화로 대책을 논의했던 것으로 관측된다. 김영수 전 포레카 대표는 2016년 검찰 특별수사본부 조사에서 자신의 차량으로 최순실을 태워 이동하던 중 뒷자리에 있는 최순실의 통화를 들었다고 말했다. 김영수는 박근혜 정부 출범 후 최순실 조카의 소개로 포스코 계열 광고회사 포레카 대표가 된 인물이다. 김영수는 10월 24일 독일에 직접 건너가 어느 호텔에 도피 중인 최순실을 만나 인터넷전화기 2대와 휴대전화 1대를 전달했고, 최순실의 지시에 따라 귀국해 컴퓨터를 폐기하는 등 증거인멸에 나서기도 했다. 김영수의 이야기다.

"(2016년 7월) 최순실이 전화 통화 상대방에게 '차은택 쪽 라인 때문에 일이 조금 생긴 것 같다. 그리고 차은택과 연락이 되지 않는다'라면서 '이 일과 관련해 ○○○ 회장에게 연락해야 할 것 같다'고 말했다. 내가 1년 반 동안 최순실을 봐왔지만 평소와 다르게 공손한 태도와 차분한 목소리로 전화를 받는 모습이 의외였다. 최순실이 높은 사람으로 생각할 사람은 대통령밖에 생각나지 않았다."[24]

최순실은 재단법인 미르와 관련한 책임을 차은택에게 넘기는 한편, 이번 사건을 차은택과 이성한 전 재단법인 미르 사무총장 간의 싸움에서 비롯된 것이라는 식으로 몰아가려 했던 것으로 분석된다.

8월 19일 저녁 서울 한강시민공원 근처 승용차 안. 최순실은 고영태를 따라 들어온 이성한 전 사무총장과 이야기를 나눴다. 이성한은 부동산 개발 및 기획 업자로, 노량진수산시장 현대화 사업에도 관여한 것으로 알려졌다. 2014년 차은택의 제안을 받고 최순실 사업에 참여했지만 2016년 초부터 최순실과 척진 뒤 6월 말 사무총장직에서 해임됐다.[25] 이성한에 따르면 최순실은 이날 차 속 대화에서 재단 이사진 구성이 차은택의 소개로 이루어졌다는 점을 강조하며 차은택의 역할을 부각하라는 식으로 유도하려고 했다. 즉, 최순실은 "쟁점은 이사진들이 어떻게 구성이 돼 있나 이거야. ㄱ서를 다 깔이버려. 이

사장이 차 감독이 소개했다고 했잖아"라고 말했다.[26] 최순실은 그러
면서 이성한을 물러나도록 한 것도 자신이 아닌 차은택의 짓이라며
이번 사건이 차은택과 이성한의 싸움에서 비롯된 것처럼 몰아가려
했다. 최순실의 이야기다.

"차(은택) 감독이 뒤로 물러나 있으면서 자신은 선량한 사람인 척
유도를 하고 결국 이(성한) 총장님이 다 한 것처럼 이야기한 거잖아.
(이번 사건은) 둘의 싸움이잖아."[27]

최순실은 결국 재단과 관련한 모든 책임을 차은택에게 떠넘기고
이성한이 사무총장에 임명된 것도 정동춘 이사장을 통한 것이었다는
식으로 이성한에게 회유를 시도했다는 것이다. 2017년 2월 6일 이뤄
진 법정 진술(9차 공판)에서 이성한은 "한강공원에 가니 녹음할 위험
이 있다고 해 내 휴대폰을 고영태에게 주고 최순실이 있는 차에 타서
이야기를 했다"고 말한 뒤, "차 안에서 최순실은 미르재단 관련해서
는 전부 차은택에게 책임을 떠넘기고, 사무총장에 임명된 것은 이사
장을 통해서였다고 이야기해야 언론에서 문제 삼지 못한다고 회유했
나?"라는 검찰의 질문에 "맞다"고 답했다.[28]

두 재단의 비리가 외부에 노출되며 자신의 국정개입 의혹이 제기
될 조짐이 보이는 데다 고영태 더블루K 이사와 이성한 사무총장 등
일부 인사의 이탈 가능성이 엿보이자 9월 3일 최순실은 딸 정유라와
회사 일부 직원을 이끌고 조용히 독일로 출국했다. 사실상 도피였다.

베일 벗은 비선 실세 '최순실'

언론에서 사라지는 듯하던 재단법인 미르, 재단법인 K스포츠 관련

보도와 비선 권력의 국정개입 의혹은 그로부터 1개월 뒤 다시 거론되기 시작했다. 비선 권력 최순실의 이름도 본격적으로 터져 나왔다. ≪한겨레≫는 9월 20일 자 1면 기사 "K스포츠 이사장은 최순실 단골 마사지 센터장" 제하의 기사를 통해 최순실이 두 재단 설립·운영에 개입한 정황이 드러났다고 보도했다.

"여기 '의문의 재단' 두 곳이 있다. 재단법인 미르와 재단법인 K스포츠다. 두 재단은 지난해 10월과 올해 1월 재벌들이 800억 원 가까운 거금을 내 만든 것이다. 그런데 두 재단은 설립 이후 별 성과가 없다. '개점휴업' 상태다. 그래도 재벌들은 재단이 뭘 하는지 모르고 알려고조차 하지 않는다. 재단 설립은 신청한 지 하루 만에 허가가 떨어졌다. 대놓고 가짜 서류를 제출하고 그나마도 서로 베낀 것인데 문화체육관광부는 재까닥 도장을 찍어줬다. 도대체 두 재단의 배후에는 누가 있는 것일까? 19일 ≪한겨레≫ 취재 결과, 박근혜 대통령의 비선 실세인 최순실 씨가 재단 설립과 운영에 깊숙이 개입한 정황이 드러났다. K스포츠재단 이사장 자리에 자신이 단골로 드나들던 스포츠마사지센터 원장을 앉힌 것이다."[29]

≪한겨레≫는 전·현직 청와대 관계자들의 증언을 전하며 "권력의 핵심 실세는 정윤회가 아니라 최순실이다. 정윤회는 그저 데릴사위 같은 역할을 했을 뿐"이라거나 "문고리 3인방은 생살이고, 최순실은 오장육부다. 생살은 피가 나도 도려낼 수 있지만 오장육부에는 목숨이 달려 있다"고 소개했다.[30]

≪한겨레≫는 9월 21일 자 1면 기사 "K스포츠, 총회 회의록도 정관도 위조했다"에서 해외 출장 중인 정동구가 마치 총회 회의에 참석한 것으로 회의록을 꾸며 재단을 설립했다고 보도했다.[31] 이어 9월 23일 자 1면 기사 "최순실, K스포츠 설립 수개월 선 기획 단계부터

주도"에서는 재단이 공식적으로 발족하기 몇 개월 전부터 최순실이 주변 사람들에게 재단 설립의 취지를 설명하고 참여를 권유했다며 최순실이 사실상 재단의 설립 주체였다고 알렸다.[32] ≪한겨레≫는 또 9월 26일 자 1면 기사 "딸 지도교수까지 바꾼 최순실의 힘"에서 최순실의 딸 정유라가 승마 핑계로 2학기 동안 학교에 나가지 않자 지도교수가 제적을 경고했는데 최순실이 찾아가 지도교수를 교체했다며 이화여대가 정유라에게 학사 특혜를 줬다고 보도했다.[33]

비선 권력으로서 최순실이라는 이름 석 자가 언론의 전면에 부상한 것이다. ≪한겨레≫는 어떻게 최순실의 이름을 전면에 끄집어낼 수 있었을까. 특별취재팀장 김의겸은 두 재단과 관련한 TV조선의 선행 보도에 자극받았기 때문이었다고 고백했다. 김의겸[34] 등에 따르면 그는 8월 말 당시 논란이 거셌던 우병우 민정수석을 소재로 칼럼을 쓰려고 몇 군데 전화를 돌렸다. 그런데 통화를 하던 한 사정 당국 관계자는 다른 이야기를 꺼냈다.

"괜히 헛다리 긁지 말아요. 우병우가 아니라 미르재단이 본질입니다." 미르재단이 본질? 김의겸은 처음 듣는 이야기였다. 그는 물었다. "미르재단이 뭐죠?" "허허, 기자 맞아요?"

김의겸은 사정 당국 관계자와 통화를 끝낸 뒤 인터넷을 검색했다. 재단과 관련한 여러 의혹을 이미 TV조선이 자세히 보도한 것을 알게 됐다. 그는 얼굴이 화끈거렸다. '여당 성향의 조선도 이토록 치열한데 난 뭐하고 있었나, 선임기자랍시고 뒷짐 진 채 거들먹거리기나 했구나.'

김의겸은 백기철 편집국장에게 취재팀을 꾸리자고 요청했다. 9월 1일 김의겸을 팀장으로 한 특별취재팀이 꾸려졌다. ≪한겨레≫ 특별취재팀을 이끈 김의겸은 경북 칠곡에서 태어났고 고려대 법대 재학 시절인 1985년 민정당 연수원 점거 사건으로 2년 반을 복역했다. 1988년 ≪한겨레≫에 입사했고 강기훈 유서 대필 사건을 취재한 바 있다.

최순실이 자신의 단골 스포츠마사지센터 원장을 재단 이사장에 앉혔다는 ≪한겨레≫ 9월 20일 자 첫 보도는 최순실의 딸 정유라가 다닌 유아스포츠센터를 운영했던 이 모 씨의 인터뷰가 있었기에 가능했다. 이 씨는 자신의 이야기가 보도된다는 사실에 '나쁜 사람'이라고 기자에게 화를 냈다고 한다. 류이근의 설명이다.

"이 씨는 최순실 씨 딸 정유라 씨가 다닌 유아스포츠센터를 운영했던 인물이다. 최 씨 단골 스포츠마사지센터의 투자자이기도 했다. 그는 몽땅 털어놓지는 않았지만, 그렇다고 일부러 꽁꽁 숨기지도 않았다. 자신의 발언이 어떤 파문을 불러올지 모르는 눈치였다. 수차례 통화와 만남 끝에 나올 수 있었던 첫 기사는 값비싼 희생을 요구했다. 보도한다는 사실을 미리 들은 그는 방(준호) 기자에게 '정말 나쁜 사람'이라고 말했다. 그는 기자가 사온 마카롱을 집어던졌다. 희대의 사건을 알리는 첫 신호탄은 기자와 취재원 둘 다 아프게 시작됐다. 방 기자는 이 씨를 다시 만나지 못했다."[35]

≪한겨레≫의 초기 보도에서 큰 그림과 줄기를 잡아준 사람은 이성한 전 사무총장이었던 것으로 분석된다. ≪한겨레≫ 취재팀은 첫 보도가 이뤄지기 2주 전인 9월 7일 이성한과 접촉을 시작했고, 9월 18일 강원도 춘천에서 6시간의 인터뷰를 통해 재단법인 미르를 통한 최순실과 비선 세력의 국정농단 윤곽을 파악했던 것으로 보인다. 류이근의 이야기다.

"9월 18일 그를 만났다. 세 번째 만남이었다. 6시간 동안이나 이어진 대화는 깊은 밤이 되어서야 끝이 났다. 강원도 춘천에서 서울로 돌아오는 길에, 망치로 머리를 한 대 맞은 느낌이었다. 자신이 보고 들은 사실만을 얘기하겠다는 그의 '각주'가 있었는데도, 쉽게 믿기지 않았다. 진실은 보이는 것보다 훨씬 크다는 생각이 들었다. '빙산의 일각'이라는 상투적 표현을 써온 기자가, 빙산의 크기를 가늠하고는 놀란 격이었다."[36]

국회 국정감사가 다가오면서 최순실과 두 재단 관련 문제가 점점 뜨거운 감자로 부상하기 시작했다. 9월 20일 국회 교육문화체육관광위원회와 법제사법위원회, 정무위원회, 운영위원회 등을 중심으로 야당 의원들은 관련 증인을 요구했다.

여권의 방어벽과 데드락

언론에서 비선 권력 최순실의 국정개입 의혹을 아직 전면적으로 다루지 않는 가운데 박근혜 대통령은 선두에서 최순실을 둘러싼 의혹을 부인하고 나섰다. 여당인 새누리당은 친박계 의원들을 중심으로 방어막을 쳤고, 전경련은 재빠르게 재단 관련 문제를 정리하기 시작했다.

박 대통령은 9월 22일 청와대에서 수석비서관회의를 주재하면서 언론과 야권이 재단과 최순실 비리에 관해 의혹을 제기하는 것에 대해 정면으로 비판했다. 그는 "국민들의 단결과 정치권의 합심으로 이 위기를 극복해내지 않으면 복합적인 현재의 위기를 극복해나가기 어려울 것"이라며 "비상시국에 난무하는 비방과 확인되지 않은 폭로성 발언들은 우리 사회를 뒤흔들고 혼란을 가중시키는 결과를 초래하게 될 것"이라고 말했다.

대통령은 9월 23일에는 우병우에 대한 감찰을 주도한 이석수 특별감찰관의 사표를 수리했다. 이석수가 사표를 제출한 지 25일이 지난 뒤였다. 사표가 수리됨으로써 이석수 특별감찰관이 일주일 앞으로 예정된 국회 법사위원회의 기관증인 출석이 불가능해지면서 일각에서는 청와대가 이석수의 입을 막기 위해 사표를 처리한 것이라는 비판이 나왔다.[37]

야당은 9월 24일 국회 본회의장에서 새누리당 의원들이 퇴장한 가운데 김재수 농림축산식품부 장관에 대한 해임건의안을 강행 처리했다. 새누리당은 이에 야당이 해임건의 요건에 해당하지 않는 사안임에도 수적 우세를 토대로 강행했다고 반발하며 국정감사 일정 중단을 선언했다. 대통령은 9월 24일 "유감스럽다"며 김재수 장관에 대한 해임건의안을 거부했다. 법인재단 미르 및 K스포츠를 둘러싼 최순실 의혹과 관련해서는 "대통령직을 수행하면서 한시도 개인적인 사사로운 일에 시간을 할애하지 않았다"고 의혹에 선을 그었다.

국회 국정감사가 9월 26일 시작됐지만 여당인 새누리당은 김재수 장관 해임건의안 처리를 이유로 국정감사를 보이콧했다. 이날 예정돼 있던 12개 국회 상임위원회의 대정부 국정감사가 곳곳에서 파행을 빚었다. 여당 의원들은 심지어 9월 27일 국방위원회를 열어야 한다는 여당 소속 김영우 국방위원장을 국방위원장실에 감금하기도 했다. 이정현 새누리당 대표는 골방 단식을 시작했다.

새누리당 의원들은 국정감사에 불참하면서도 최순실 사건과 관련한 증인 채택을 한사코 막아섰다. 즉, 새누리당 교문위원들은 최경희 이화여대 총장에 대한 증인 채택이 임박하자 증인 협상 자체를 막았다. 야당 측 위원들만 참석해 반쪽으로 진행된 일부 상임위에서는 여당의 공백을 메우기 위해 질의 시간과 질문 수를 애초 예정된 것보다 많이 늘려 배정해야 했다. 야당은 두 재단의 의혹을 비롯해 청와대를 겨냥한 파상 공세를 펼쳤다.

9월 28일, 낡은 접대 문화를 바꾸기 위한 '부정청탁 및 금품등 수수의 금지에 관한 법률', 이른바 '김영란법'이 시행됐다. 지나치게 포괄적이고 광범위한 적용 대상 등으로 수정하고 보완해야 한다는 여론도 있었지만, 접대 문화 변화에 대한 긍정적인 기대도 쏟아졌다.

전경련은 이 사이 재단법인 미르와 K스포츠의 해산을 결정하며 증거인멸을 시도했다. 전경련은 9월 30일 두 재단 간 공통 부문이 많다며 해산한 뒤 통합문화체육재단을 다시 구성하겠다고 밝혔다. 대통령과 새누리당이 야당과 강경하게 대치하면서 최순실 관련 의혹은 정치 공방 양상으로 변화했다. 교착 국면이 전개됐다.

이에 김의겸은 ≪한겨레≫ 9월 29일 자 칼럼 "조선일보 방상훈 사장님께"에서 자신이 취재에 나서게 된 것은 TV조선의 선행 취재가 계기가 됐다고 소개하면서 조선일보 그룹도 청와대와 권력의 압박에 굴복하지 말고 함께 권력의 비리를 보도하자고 요청했다. 김의겸의 글이다.

"언제부턴가 조선이 침묵하기 시작했습니다. 송희영 주필 사건 이후 처신하기 어려워졌겠죠. 게다가 내년 3월에는 종편 재허가를 받아야 하니 청와대의 눈치를 볼 수밖에 없을 겁니다. 하지만 못내 아쉬운 건 조선이 취재해놓고 내보내지 못한 내용입니다. 저희가 조선의 뒤를 좇아보니 '잃어버린 고리'가 두세 개 존재한다는 걸 알게 됐습니다. 사건의 전체 모자이크를 끼워 맞출 수 있는 '결정타'들이죠. 조선이 물증을 확보한 듯한데 보도는 실종됐습니다. 기사는 언제 햇빛을 보게 될까요. 나중에 박근혜 대통령이 힘 빠졌을 때라면 가치가 있을까요?"[38]

국회 국정감사 보이콧을 이어온 새누리당은 따가운 여론을 감안해 10월 4일 국정감사에 복귀했다. 하지만 새누리당 의원들은 도마에 오른 두 재단의 증인 채택을 강력히 막아섰다. 야당 의원들은 재단법인 미르 의혹 등을 집중적으로 제기했다.

시민단체인 투기자본감시센터는 9월 29일 두 재단의 의혹과 관련해 최순실과 안종범 경제수석 등을 고발했다. 검찰은 10월 5일 이 고발 사건을 서울중앙지검 형사8부에 배당하고 우병우 민정수석의 아들 의경 보직 특혜 의혹과 관련해 이상철 서울지방경찰청 차장을 소환해 조사했다. 검찰은 10월 10일에는 우병우 민정수석 처가의 부동산 거래 의혹을 보도한 이명진 ≪조선일보≫ 기자를, 10월 20일에는 문화체육관광부 국장급 간부 두 명을, 10월 21일에는 정동구 재단법인 K스포츠 초대 이사장과 재단법인 미르 실무자 두 명을, 10월 22일에는 전경련 직원 두 명과 문화체육관광부 관계자 한 명을, 10월 23일에는 김형수 재단법인 미르 초대 이사장과 김필승 재단법인 K스포츠 이사, 문화체육관광부 과장급 공무원을, 10월 24일에는 박헌영 재단법인 K스포츠 과장을, 10월 25일에는 이용우 전경련 사회본부장, 권 모 팀장, 노승일 재단법인 K스포츠 부장 등을 차례로 소환해 조사했다. 시민단체는 10월 23일 이대 입학 특혜 및 학사 특혜 의혹과 관련해 최순실 모녀 등도 검찰에 고발했다.

독일 도피 중에도 대통령과 통화

최순실은 2016년 9월 3일 독일로 출국하기 직전 국내 은행에서 거액을 인출했다. 일각에서는 도피 자금을 마련한 것 아니냐는 지적도 나왔다. 윤소하 정의당 의원이 금융감독원으로부터 제출받은 최순실의 주거래 은행 세 곳의 은행 거래내역을 보면, 최순실은 출국 직전인 9월 2일 자신의 주거래 은행이던 H 은행과 I 은행에서 각각 정기예금 2개와 4개를 해지해 모두 15억 3000여 만 원을 찾아갔다. 그는 H 은행 압구정동지점에서 개설한 정기예금 2개를 해지해 각각 1억 2000여 만 원, 2억 7000여 만 원을 인출했다. I 은행에서는 압구정중앙지점에서 개설한 정기예금 4개를 해지해 각각 2억 3000여 만 원, 2억여 원, 5억여 원, 2억여 원을 찾았다. 윤소하의 설명이다.

"최순실이 도피 자금 마련을 목적으로 거액을 찾아간 것으로 추측할 수 있는 대목이다. 다만, 금융감독원이 제출한 자료는 국내에 보유한 최순실의 모든 은행계좌가 아닌 최순실이 주로 거래한 것으로 추측되는 H 은행 압구정동지점과 봉은사로지점, I 은행 압구정중앙지점의 거래내역으로, 다른 은행의 거래내역까지는 확인되지 않는다는 점에서 다른 은행에 이 돈을 입금했는지는 확인이 필요하다."[39]

박영수 특별검사의 분석에 따르면 최순실은 9월 3일 독일로 출국해 10월 30일 한국에 입국하기 전까지 박근혜 대통령과 무려 127회나 차명폰으로 통화했다. 하루 평균 2.4회꼴로 통화한 셈으로 대단히 긴밀하게 연락해왔다는 이야기다. 최순실 변호인 이경재 변호사는 "박 대통령 취임 이후 (최순실과의) 전화 통화는 열 차례에 불과하다"고 반박했지만 특별검사는 두 사람이 차명폰으로 최소 수백 회이상 통화했다고 밝혔다.[40]

최순실은 독일 출국 전후 재단법인 K스포츠 관련 의혹에 대해 고영태 더블루K 이사를 희생양으로 삼아 사태를 무마하려고 했던 것으로 분석된다. 즉, 9월 초 류상영 더블루K 부장의 휴대전화로 노승일 부장에게 연락한 최순실은 고영태 부모를 압박하라고 지시했다.

노승일의 기억이다.

"(고영태) 부모님한테 가서 '아들이 마약도 했고, 호스트바도 다녔고, 도박도 했다. 만약에 고영태가 이상한 행동을 하고 다니면 이런 소문이 다 세상에 밝혀질 것'이라고 전하라."[41]

노승일은 잔인한 지시라고 생각했지만 일단 그 자리에서는 "알겠다"고만 짧게 대답했다. 그러자 통화 자리에 함께 있던 김수현 고원기획 대표가 "언제 갈 것이냐"고 따져 물었다. 이에 노승일은 9월 10일 김수현과 함께 고속버스를 타고 고영태의 본가가 있는 광주로 갔다. 노승일은 그곳에서 고영태의 부모와 친형을 만났다. 노승일은 고영태 부모를 만나서 최순실이 지시한 내용을 말하지 않고 "출장 왔다가 들렀다"고만 말한 뒤 선물을 주고 나왔다. 김수현은 광주까지는 함께 내려갔지만 노승일이 고영태의 가족을 만나는 장소에는 동행하지 않았다. 노승일은 김수현이 이동 경로마다 최순실에게 "노 부장을 만났습니다", "휴게소에 들렀습니다"고 보고했다고 기억했다.[42]

최순실은 그러면서 9월 독일 현지에서 정유라의 승마를 지원해온 박상진 삼성전자 사장을 만나 대책을 협의했다. 최순실은 이 자리에서 "정권만 바뀌지 않으면 상관없다. 들키지 않게 잘해보자"는 취지로 말하며 비덱스포츠WIDEC SPORTS GmbH에 대한 자금 지원을 거듭 요청한 것으로 알려졌다.[43]

하지만 9월 27일 독일 현지법인 코레스포츠('비덱스포츠'의 전신)와 삼성전자 사이에 체결된 컨설팅 계약은 해지되고 만다. 삼성은 최순실을 둘러싼 상황이 심상치 않다고 판단하고 8월부터 최순실의 추가 지원 요구를 거절했고 국내 언론이 관련 의혹을 대대적으로 보도하고 검찰이 수사에 나서자 계약 해지를 요구했던 것으로 추정된다. 당초 계약은 삼성전자가 2015년 8월 26일부터 2018년 12월 31일까시

40개월 동안 코레스포츠를 통해 승마선수를 지원하고 말을 구입하기로 약정하고 지원금 200억 원과 코레스포츠의 컨설팅 명목 비용 20억 원 등 모두 220억 원을 지원하기로 했다. 삼성전자가 실제 코레스포츠로 보낸 돈은 용역비 37억여 원인 것으로 추정된다.[44]

그럼에도 최순실은 귀국 전인 10월 말까지 독일 현지에서 삼성 측에 추가 지원을 지속적으로 요구했던 것으로 알려졌다. 최순실은 삼성의 지원이 중단된 8월부터 대한승마협회 부회장인 황성수 삼성전자 전무에게 이메일과 문자메시지, 전화 통화 등을 통해 추가 지원을 지속적으로 독촉했다. 일각에서는 최순실이 삼성도 같이 죽을 수 있다는 취지로 자금 지원을 강하게 압박했다는 증언도 있다. 즉, 최순실은 독일에서 삼성 관계자들을 만나 "앞으로 돈이 제대로 지원되지 않으면 회사 직원들을 통제할 수 없다. 그렇게 되면 삼성도 같이 죽는 것 아니냐"고 말했다는 것이다.[45]

최순실·정유라 모녀는 9월 하순부터 독일에서 덴마크로 은둔하기 위해 말을 파는 등 조용히 움직였다. 독일로 시선을 보내기 시작하는 언론의 추적을 피하기 위한 조치였다. 독일에서 승마 코치를 맡았던 크리스티안 캄플라데Christian Kamplade가 선발대로 덴마크로 건너가 덴마크 올보르 헬그스트란 승마장의 선임 매니저 마즈 롬의 도움을 받아 렌트하우스를 계약했다. 덴마크에 은신처가 마련된 뒤 특정 시점에 정유라와 그의 아들, 보모, 마필 관리사 등이 덴마크로 건너간 것으로 보인다.[46]

박근혜가 이끄는 청와대는 최순실의 재단 연루 의혹이 불거진 이후 비선 실세 관련 부분을 인정하자는 건의가 나왔지만 인정하지 않기로 결정했다. 즉, 2017년 1월 16일 헌재의 탄핵심판 5회 변론기일에 안종범이 증언한 바에 따르면, 청와대 회의에서 "재단법인 미르와 재단법인 K스포츠 설립과 관련해 의혹이 많으니 비선 실세와 관련해 일부만 인정하자"고 건의를 했으나 대통령이 이를 받아들이지 않았다는 것이다. 안종범은 "박 대통령이 이후 재단 모금은 재계가 함께 한 것이고 임원진 인사도 청와대는 추천한 것에 불과하다는 입장을 지시했다"며 대통령이 사건 은폐를 지시했다고 말했다.[47]

'첫 승리' 이화여대의 반란

청와대와 여권의 방어막에도 SNS를 중심으로 최순실 관련 의혹은 급격히 확산됐다. 김형민 SBS CNBC PD는 2016년 10월 7일 오전 8시 34분 자신의 페이스북에서 모든 포스팅 밑에 해시태그 '그런데 최순실은'을 붙이자고 제안했고, 이 제안은 적지 않은 반향을 일으켰다. 그의 제안은 페이스북 친구들을 타고 삽시간에 SNS에 퍼져갔고, 많은 사람이 포스팅 밑에 해시태그를 붙이기 시작했다. 이를 두고 언론과 SNS의 연합이 이뤄졌다는 분석이 나왔다.[48]

그런데 최순실 파문은 뜻하지 않는 곳에서 불이 붙었다. 최순실의 딸 정유라가 재학 중이던 이화여대에서 폭발적으로 점화한 것이다. 이화여대의 평생교육 단과대학 '미래라이프대학' 사업으로 촉발된 학내 갈등이 정유라의 학사 특혜 및 입학 비리 의혹이 더해지면서 폭발했다.

이화여대는 앞서 2016년 7월 15일 고졸 취업자와 30세 이상 성인을 대상으로 미래라이프대학을 설립해 운영하는 방안을 세웠다. 하지만 재학생과 졸업생은 학교 측이 소통이나 협의 없이 일방적으로 '학위장사'를 벌이고 있다며 7월 28일부터 본관 점거를 시작했다.

7월 30일 학교의 요청으로 경찰 병력 1000여 명이 투입되자 대립은 물러설 수 없는 전투로 변해갔다. 이화여대는 결국 미래라이프대학 사업을 백지화하기로 했지만, 학생들은 최경희 총장의 사퇴를 주장하며 농성을 이어갔다.

여기에 최순실의 딸 정유라를 둘러싼 학사 특혜 및 입학 비리 의혹이 터져 나왔다. 야당은 9월 28일 교육부에 정유라의 학사 특혜 관련 특별감사를 요구했다. 9월 29일에는 최순실이 이화여대를 두 차례 방문한 뒤 정유라의 지도교수가 교체되고 정유라의 학점을 위해 학칙까지 개정됐다는 의혹이 제기됐다.

이화여대 재학생과 졸업생 800여 명은 10월 7일 최경희 총장의 퇴진을 요구하는 3차 대규모 시위를 열었고 장명수 이사회 이사장도 이사회에서 "학내의 불신과 갈등을 초래한 부분에 대해 총장이 고민하고 책임져야 한다"고 최 총장을 압박했다. 정유라가 의류산업학과 계절학기에서 학점 특혜를 받은 의혹, 재학 중인 체육과학부 소속 교수로부터 비정상적으로 높임말을 듣는 배려를 받았다는 의혹 등이 연이어 나왔다. 이와 함께 최순실과 정유라 모녀가 독일 프랑크푸르트 인근에서 10여 명과 함께 도피 중이라는 독일발 보도가 나오기 시작했다.

이화여대는 쏟아지는 의혹 속에서 10월 17일 학내 구성원을 상대로 '정유라 의혹'과 관련한 비공개 설명회를 열었다. 학교 측은 학사관리에 부실이 있었던 것은 사실이지만 의도적인 특혜는 없었다고 밝히고 부실한 부분은 자체 진상조사를 통해 해결하겠다고 해명했다. 이화여대 교수협의회는 "학교 해명이 오히려 의혹을 증폭시켰다"며 총장의 사퇴를 요구하는 교수 시위를 진행하겠다고 반발했다.

이 와중에 정유라가 2014년 12월 자신의 페이스북에 올린 글이 알려지면서 많은 네티즌이 공분했다. 정유라는 페이스북에서 "능력 없으면 니네 부모를 원망해. 있는 우리 부모 가지고 감 놔라 배 놔라 하지 말고. 돈도 실력이야"라고 적어 불평등과 공정公正의 문제를 우리 사회에 전면으로 부각시켰다.[49]

결국 최경희 총장은 10월 19일 교수들의 시위 1시간여를 앞두고 "이화가 더 이상 분열의 길에 서지 않고 다시 화합과 신뢰로 아름다운 이화정신을 이어가자는 취지에서 총장직 사임을 결정하게 됐다"고 밝힌 뒤 총장직에서 물러났다. 학생과 시민의 승리였다. 시민들은 박근혜와 비선 권력, 기득권 체제가 집요하게 형성한 1차 저지선을 뚫고 유의미한 첫 승리를 거둠으로써 지루한 교착 국면을 넘어설 수 있는 기반을 마련했다. 이화여대 사태를 지나면서 비로소 시민들은 이 문제가 멀리 있는 권력 다툼이나 부조리가 아니라 우리 자신들의 문제라고 여기기 시작했다.

전격적인 개헌 선언: 프레임 전환 시도

청와대와 여당은 최순실 모녀를 둘러싸고 들끓는 비판 여론을 잠재우기 위해 프레임 전환을 시도했다. 2016년 10월 14일부터 새누리당은 노무현 정부 시절인 2007년 UN의 '북한인권결의안' 표결을 앞두고 청와대가 북한 측의 의견을 물었다는 내용이 담긴 송민순 전 외교통상부 장관의 회고록을 바탕으로 공세를 펼쳤다. 새누리당은 당시 대통령 비서실장을 지낸 문재인 전 더불어민주당 대표를 공격했다. 이정현 새누리당 대표는 10월 15일 "답이 뻔히 정해져 있는 내용을 가지고 북에 묻는다고 하는 것은 한마디로 말해 내통 노의"라고 말히며 '내통'이라는 극단적인 표현까지 사용했다.

박근혜 대통령도 새누리당의 북풍 공세로 새로운 저지선이 형성되자 10월 20일 오후 청와대에서 수석비서관회의 모두발언을 통해 최순실 및 두 재단 의혹과 관련해 "어느 누구라도 재단과 관련해 자금 유용 등 불법 행위를 저질렀다면 엄정한 처벌을 받을 것"이라고 말했다.

"요즘 각종 의혹이 확산되고 논란이 계속되는 것은 지금 우리가 처한 위기를 극복하는 데 도움이 되지 않고 오히려 위기를 가중시킬 수 있습니다. 심지어 재단들이 저의 퇴임 후를 대비해 만들어졌다는데 그럴 이유도 없고, 사실도 아닙니다."50

대통령의 말은 수사에 대한 강한 의지를 피력하는 듯했지만 실제로는 해명에 포인트를 두는 발언이었다. 대통령은 이어 10월 24일 국회에서 2017년 예산안 관련 국회 시정 연설을 통해 개헌 추진을 전격 선언했다.

"이제는 1987년 체제를 극복하고 대한민국을 새롭게 도약시킬 2017년 체제를 구상하고 만들어야 할 때입니다. 저는 오늘부터 개헌을 주장하는 국민과 국회의 요구를 국정 과제로 받아들이고, 개헌을 위한 실무적인 준비를 해나가겠습니다. 임기 내에 헌법 개정을 완수하기 위해 정부 내에 헌법 개정을 위한 조직을 설치해 국민의 여망을 담은 개헌안을 마련하도록 하겠습니다."

박 대통령의 개헌 카드는 갑작스럽고도 전격적인 것이었다. 그는 앞서 4월 26일 언론사 편집보도국장 오찬간담회 때만 해도 경제의 어려움을 이유로 개헌에 난색을 표하는 등 개헌에 부정적이었기 때문이다. 박근혜가 전격적인 '개헌 카드'를 꺼내면서까지 반격에 서두른 이유는 최순실의 태블릿PC를 JTBC가 확보했다는 정보를 대통령이 입수했기 때문이라는 의혹도 나왔다. 즉, 청와대는 JTBC의 태블릿PC 보도를 백방으로 막으려 했지만 여의치 않자 개헌 카드로 프레임 전환을 시도하려 했다는 것이다. 과거 정권에서도 악재를 더 큰 뉴스로 덮으려 했던 경우가 적지 않았다.[51]

JTBC는 이에 앞서 10월 20일 자 방송에서 '최순실이 제일 좋아하는 건 박근혜 대통령의 연설문 고치는 일'이라는 고영태의 증언을 보도하며 최순실의 대통령 연설문 수정 보도를 예고했다. 방송 보도의 일부다.

"고영태 씨는 최순실 씨를 '회장'이라고 불렀습니다. 고 씨에게 최순실 씨에 대해 묻자 먼저 박근혜 대통령과의 관계를 언급했습니다. 고 씨는 '회장이 제일 좋아하는 건 연설문 고치는 일'이라고 말했습니다. 그러면서 '연설문을 고쳐놓고 문제가 생기면 애먼 사람을 불러다 혼낸다'고도 했습니다. 고 씨는 최순실 씨의 이름이나 청와대를 직접 언급하지는 않았습니다. 하지만 이 자리에서 함께 이야기를 나눴던 재단법인 미르 전 핵심 관계자 이 모 씨는 고영태 씨가 자리를 뜨자 '회장은 최순실이고 대통령의 연설문을 일일이 고친다는 뜻'이라고 부연 설명을 했습니다."[52]

이원종 대통령 비서실장은 10월 21일 국회 운영위원회의 청와대 국정감사에서 '최순실이 대통령 연설문을 고친다'는 보도와 관련해 "시스템적으로 성립 자체가 안 되는 얘기"라고 일축했다. 그는 '재단 사업의 목적과 조직도 등과 관련한 문서를 작성해 차은택에게 건네면 최순실을 통해 고스란히 청와대 공식 문서의 형태로 다시 받았다'는 이성한 전 재단법인 미르 사무총장의 증언에 대해서도 "아니, 봉건시대에도 있을 수 없는 얘기가, 어떻게 그런 것이 밖으로 활자화되는지 정말 개탄스럽다. 그것은 사실 입에 올리기도 싫은, 성립이 안 되는 얘기"라고 전면 부인했다.[53] 이원종의 '봉건시대에도 있을 수 없는 얘기'라는 표현은 장안에 회자됐고, 얼마 뒤 최순실의 국정 개입이 드러나면서 그의 퇴진을 앞당기는 족쇄가 된다.

계속되는 최순실의 은폐 행각: 고영태 도피 시도

독일에 도피 중이던 최순실은 지인을 통해 지속적으로 사건 은폐를 시도했다. 최순실은 10월 초 조카 장시호에게 연락해 서울 강남구 신사동 미승빌딩에 있는 집에서 짐을 챙기라고 지시했다. 장시호는 이에 최순실의 집으로 가 태블릿PC와 청와대 기념품, 화장품 등을 꺼내왔고, 이 장면은 고스란히 CCTV에 잡혔다. 장시호는 나중에 변호인을 통해 '제2의 최순실 태블릿PC'를 제출하게 된다.[54]

한편 최순실은 10월 18일 독일 현지에서 비덱스포츠와 더블루K 지분을 현지인 크리스티안 캄플라데에게 넘겼다. 회사를 넘기고 투자 자금을 현금화하려 했던 것으로 해석됐다.

최순실은 10월 20일 JTBC에서 대통령의 연설문 수정 관련 보도가 나오자 노승일을 시켜 고영태를 해외로 급히 도피시키기도 했다. 최순실은 10월 20일 '최순실이 제일 좋아하는 건 박근혜 대통령의 연설문 고치는 일'이라는 고영태의 증언이 JTBC를 통해 나오자, 노승일에게 전화해 "고(영태) 상무가 연락이 되느냐. 애가 사고를 쳤다. 한국에 있으면 죽는다. 외국으로 내보내라"고 지시했다.[55]

노승일은 10월 20일 새벽 서울 강남에서 고영태를 만나 그를 태국으로 출국시켰다. 하지만 노승일은 10월 25일 검찰에 자신이 아는 사실을 털어놓은 뒤 10월 26일 새벽 귀갓길에 고영태에게 연락해 한

국에 돌아와 사실을 말하라고 권유했다. 고영태는 이에 10월 27일 귀국했다.[56]

최순실은 10월 중순 언론보도가 부쩍 늘어나자 언론과 검찰의 추적을 피하기 위해 인터넷전화인 카카오톡의 '보이스톡'으로 측근들과 연락했다. 최순실은 조카 이 모 씨와 보이스톡으로 연락해 "지금 독일에 있다. 바로 한국에 들어갈 상황이 안 된다. 한국에 있는 옷과 약을 챙겨 보내달라"고 말했다.[57] 하지만 조카 이 씨는 사정이 생겨 독일에 가지 못하고 김영수 포레카 대표가 대신 독일에 들어갔다. 김영수는 서울 강남구 신사동에 있는 최순실 소유 빌딩 경비실에 맡겨 놓은 짐을 받아 출국을 준비했다. 짐 꾸러미에는 옷과 약 말고도 휴대전화와 인터넷전화기 여러 대가 담겨 있었다. 김영수는 10월 22일 스위스 취리히에서 하룻밤을 잔 뒤 렌터카를 타고 독일 뮌헨으로 넘어가 10월 24일 한 호텔에서 최순실을 만났다고 한다.[58] 그는 옷가지와 의약품, 돈 등을 전달하면서 최순실에게 이렇게 물었다고 한다.[59]

"회장님, 한국 상황이 심각하게 돌아가고 있습니다. 가능하면 한국에 와서 수습하는 게 좋으실 것 같습니다. 혹시 뉴스에서 나온 게 사실입니까? 뭐 받은 거 있으세요?"

최순실은 "삼성에서 5억 원 받은 것밖에 없다"고 말하면서 "위에서 그랬는데, 한국이 정리되고 조용해지면 들어오라고 했다"고 말했다. 최순실이 말한 '삼성 5억 원'은 최순실의 조카 장시호가 운영한 한국동계스포츠영재센터에 삼성이 1차 후원금으로 건넨 돈을 말한 것으로, 최순실이 말한 '위'는 대통령을 암시한 것으로 각각 추정됐다. 김영수는 나중에 검찰에서 이와 같이 진술했고, 김영수의 진술은 2017년 3월 14일 서울중앙지법 재판에서 공개됐다.

대통령의 부당한 지시를 성실히 수행해온 안종범도 사건 은폐글 위해 분주히 움직였다. 안종범은 10월 중순 검찰 조사를 앞둔 이승철 전경련 부회장에게 전화를 걸어 "자신(안종범)은 미르 및 K스포츠 재단의 설립, 모금과 무관하다는 취지로 허위 진술을 하라"고 지시했고 이승철의 휴대전화를 폐기할 것을 종용했다. 이승철은 이에 직원을 시켜 10월 20일경 서울 영등포구에 있는 통신대리점에서 휴대전화를 새로 개통하고 기존 휴대전화를 폐기했다. 안종범은 10월 중순에는 김건훈 보좌관을 통해 김필승 재단법인 K스포츠 이사의 휴대전화를 폐기하고 관련 이메일을 삭제하게 했다.[60] 안종범이 검찰의 소환 통보를 받은 김형수 교수에게 위증을 부탁했다는 증언도 나왔다. 재단법인 미르의 이사진 일부를 청와대가 아닌 김 교수가 채용한 것으로 진술해달라는 것이었다. 재단 등에 대한 청와대의 개입 의혹을 차단하려는 시도였다. 김형수는 2017년 2월 7일 법정 진술에서 "2016년 10월 20일 검찰의 소환 통보를 받은 이후 안종범과 안종범의 보좌관 김건훈으로부터 미르재단 설립과 운영에 청와대가 개입한 사실이 없다고 진술하라는 요구를 받았느냐"는 질문에 대해 "그렇다"고 답했다. 또, "김형수의 통화 내역을 보여주겠다. 10월 21일 김건훈이 전화를 하고, 10월 22일 안종범과 6분간 통화를 했다. 미르재단 이사진 중 몇을 증인이 채용한 것으로 해달라고 한 것 맞나?", "안종범과 김건훈이 압박을 하고 통화 내역을 조심하라고 주의를 받아서 휴대폰을 공장초기화했는데 첫 검찰 조사 당시 이 사실을 들키지 않기 위해 휴대폰 없이 출석한 것 아닌가?"라는 질문에 대해서도 모두 "맞다"고 답했다.[61]

정국 바꾼 '최순실 태블릿PC' 보도

박근혜 대통령은 전격적인 개헌 카드로 국면 전환을 시도했지만 성공하지 못했다. 최순실이 사용한 것으로 보이는 태블릿PC에서 대통령의 연설문과 각종 국가기밀이 대거 발견됐기 때문이다. JTBC는 2016년 10월 24일 저녁 〈뉴스룸〉에서 이른바 '최순실 태블릿PC'에서 '드레스덴 선언'을 비롯한 각종 대통령 연설문 44개를 발견했고 그 시점이 연설문 발표 전이었다고 보도했다. 법적으로 민간인에 불과한 최순실이 44개에 달하는 대통령 연설문을 미리 받아 봤다는 것이다. 보도의 일부다.

"최순실 씨 사무실에 있던 PC에 저장된 파일들입니다. 각종 문서로 가득합니다. 파일은 모두 200여 개에 이릅니다. 그런데 최 씨가 보관 중인 파일의 대부분이 청와대와 관련된 내용이었습니다. 취재팀은 특히 '최 씨가 대통령 연설문을 수정했다'는 최 씨의 측근 고영태 씨의 진술과 관련해 연설문에 주목했습니다. 최 씨가 갖고 있던 연설문 또는 공식 발언 형태의 파일은 모두 44개였습니다. 대선 후보 시절 박 대통령의 유세문을 비롯해 대통령 취임 후 연설문들이 들어 있었습니다. 그런데 최 씨가 이 문건을 받아 열어본 시점은 대통령이 실제 발언했던 것보다 길게는 사흘이나 앞섰습니다. 상당수 대통령 연설문이 사전에 청와대 내부에서도 공유되지 않는다는 점을 감안하면, 청와대와 무관한 최 씨에게 연설문이 사전에 전달됐다는 사실은 이른바 '비선 실세' 논란과 관련해 큰 파장을 낳을 것으로 보입니다."[62]

최순실이 대통령 연설문을 사전 열람했을 뿐만 아니라 연설문을 수정한 정황도 있다고 보도했다. 실제 일부 연설문에는 빨간 글자로 내용이 수정된 모습이 드러났다.

"'제21차 수석비서관회의'라는 제목의 문건입니다. '어려운 국정 상황에도 흔들림 없이 민생 해결에 전념'이라는 부제도 달려 있습니다. 곳곳에 밑줄이 쳐져 있고, 내용 순서를 바꾸는 등 수정 흔적이 역력합니다. '마무리 말씀'으로 소개된 창조경제의 경우 '미래수석 보고 사항'이라고 언급하기도 합니다. 해당 문건이 마지막으로 수정된 건 2013년 10월 31일 오전 8시 19분. 실제 대통령 서유럽 순방을 앞두고 개최된 수석비서관회의가 열린 시각은 오전 10시로, 문서가 수정된 직후입니다. 회의가 열리기 전에 수정된 겁니다. 해당 문서의 정보에 따르면 문건이 작성된 PC의 아이디는 '유연'입니다. 최순실 씨 딸 정유라 씨의 개명 전 이름으로 정 씨는 자신의 페이스북 이름도 '유연'을 썼습니다. 최 씨 측이 수정한 파일을 받은 누군가가 다시 최 씨에게 보낸 겁니다. 누가 이 파일을 수정했는지 수정된 파일은 어떻게 이용했는지에 관심이 모아집니다."63

민간인에 불과한 최순실이 사실상 대통령의 연설문을 비롯한 각종 청와대 자료와 문건을 미리 받아 봤고 일부 연설문이나 말씀자료를 수정해왔다는 보도였다. 비선 권력 최순실의 국정농단 큰 줄기가 드러나기 시작한 것이다.

박 대통령은 JTBC가 '최순실 태블릿PC'를 보도하자 다음 날인 10월 25일 오후 청와대 춘추관을 예고 없이 찾아 '국민께 드리는 말씀'을 발표하고 "이유 여하를 막론하고 국민 여러분께 깊이 사과드린다"고 말하며 최순실 사건과 관련해 처음으로 국민에게 고개를 숙였다. 이것이 박근혜가 국정농단 사태와 관련해 국민에게 놓은 첫 번째 담화였다. 1차 대국민 담화의 일부다.

"아시다시피 선거 때는 다양한 사람들의 의견을 많이 듣습니다. 최순실 씨는 과거 제가 어려움을 겪을 때 도와준 인연으로 지난 대선 때 주로 연설이나 홍보 등의 분야에서 저의 선거운동이 국민들에게 어떻게 전달되는지에 대해 개인적인 의견이나 소감을 전달해주는 역할을 했습니다. 일부 연설문이나 홍보물도 같은 맥락에서 표현 등에서 도움을 받은 적이 있습니다. 취임 후에도 일정 기간 동안은 일부 자료들에 대해 의견을 들은 적도 있으나 청와대의 보좌 체계가 완비된 이후에는 그만두었습니다."

박근혜 대통령이 연설문 유출 및 최순실의 수정 사실을 인정하면서 최순실 국정농단 사태는 일거에 빅이슈가 됐다. 물론 박근혜의 1차 대국민 담화의 내용 중 대부분이 거짓과 허위였다는 분석이 지배적이다. 박근혜는 우선 최순실과의 관계를 '오랫동안 개인적으로 도움을 받은 사적인 사이' 등으로 규정했다. 최순실이 벌인 재단 출연금 모금 활동이나 운영 등에 대해 모른다는 취지였다. 하지만 검찰이나 특별검사의 수사 결과 박근혜와 최순실은 서로 협의하에 재단법인 미르 및 K스포츠를 설립하고 운영했던 것으로 드러났다.

또 연설문이나 말씀자료가 아닌 인사에 관한 자료나 정책 보고서 등 다른 문건은 최순실에게 전달하도록 지시한 적이 없다고 주장했지만 이것도 사실과 다르다. 헌법재판소는 대통령이 보고를 받은 재단 설립 관련 정보가 최순실에게 전달된 사실이 인정되고, 감사원장이나 국가정보원 2차장·기획조정실장 인사안 등 인사 관련 문건이나 민정수석실 보고서 등이 최순실에게 전달되는 등 "인사 자료나 정책 보고서 등 말씀자료가 아닌 문건을 최순실에게 전달하도록 지시한 적이 없다는 피청구인(대통령)의 주장도 믿기 어렵다"고 판단했다.[64]

대통령은 또 최순실에게 각종 자문이나 조언을 받은 것을 "청와대 보좌 체계가 완비된 이후에는 그만뒀다"고 주장했지만 검찰과 특별검사의 수사 결과 2015년 10월 13일 대통령 주재 수석비서관회의의 말씀자료 중간수정본이 최순실에게 유출되는 등 오랫동안 최순실의 입김이 작용한 것으로 드러났다. 헌법재판소도 "취임 후 2년이 넘어서까지 최순실에게 연설문 등 문건을 전달하고 그 의견을 들은 사실이 인정된다. 그렇다면 청와대 보좌 체계가 완비될 때까지만 최순실의 의견을 들었다는 피청구인(대통령)의 주장은 객관적인 사실과 부합하지 않는다"고 지적했다.[65]

대통령이 개헌 카드를 꺼내자 JTBC는 자칫 최순실 태블릿PC 보도가 주목받지 못할 가능성에 대해 잠시 고민했다고 한다. 취재 보도에 참여했던 손용석의 증언이다.

"우리는 다음 주 월요일(10월 24일) '대통령 연설문 수정'과 화요일(10월 25일) '국가기밀 사전 입수' 순서로 보도를 준비했다. 일요일(10월 23일) 저녁엔 전(진배) 부장이 진행하는 〈뉴스룸〉에 서복현이 출연해 연설문 수정에 대한 정황을 갖고 있다고 말하며 내일 뉴스를 암시했다. 하지만 월요일 오전 대통령이 갑자기 '개헌'이라는 엄청난 카드를 제시했다. '과연 우리 보도가 개헌을 넘을 수 있을까'라는 고민도 잠시, 보도국 회의를 다녀온 전 부장이 말했다. '그대로 준비합시다.'"[66]

JTBC는 어떻게 최순실의 태블릿PC를 입수했을까. 입수 경위와 과정을 놓고 여러 이야기가 나오고 일각에서는 의혹을 제기한다. JTBC는 "누군가 일부러 줬다"는 일각의 주장에 대해 "전혀 사실이 아니다"며 첫 보도 6일 전인 10월 18일 오전 서울 강남구 신사동 더블루K 사무실에서 처음 발견했다고 공개했다. 심수미의 설명이다.

"(10월) 18일 한 신문에 최순실의 독일 법인 비덱스포츠에 대기업의 돈이 들어간 정황이 보도가 됐는데요. 저희는 비덱과 더블루K가 뭔가 연관이 더 있을 거라고 판단을 하고 독일의 유료 기업 공개사이트를 확인해봤습니다. 역시나 비덱과 더블루K의 주소지가 같았습니

다. 최순실 씨와 또 그 딸 정유라 씨가 (더블루K의) 주주로 올라와 있
는 것도 확인이 됐습니다. 그 길로 더블루K 강남 사무실로 취재기자
(김필준)가 달려간 겁니다. 사무실은 이미 이사를 가고 텅 비어 있었
습니다. 책상 하나만 덩그러니 놓여 있었는데요. 지금 보시는 이 책
상입니다. 당시 건물 관리인(노광일)은 다른 언론사에서 찾아온 기자
가 한 명도 없었다고 밝혔습니다. 저희는 건물 관리인의 허가를 받고
빈 사무실에 들어갔습니다. 취재진은 지난 9월 초까지도 거의 매일
최순실 씨가 이곳에 출퇴근했다는 증언과 정황을 확보한 상태였습니
다. 역시 고영태 씨도 마찬가지입니다. 따라서 최 씨와 고 씨가 황급
히 떠나면서 놓고 간 집기, 자료, 이런 부분들은 매우 의미가 크다고
봤었는데요. 책상에 태블릿 PC가 있었습니다."[67]

　　검찰도 이와 관련해 김필준 JTBC 기자가 10월 18일 오전과 오후
두 차례, 이틀 뒤인 10월 20일 오후 한 차례 등 모두 세 차례에 걸쳐 더
블루K 사무실을 찾은 사실을 해당 건물 CCTV를 통해 확인했다.[68]

　　최순실의 국정농단 사태를 정국의 전면으로 끌어내는 데 큰 역
할을 한 JTBC 보도의 중심에는 손석희 사장이 있었다는 평가가 있
다. JTBC는 2013년 5월 인지도가 높은 손석희를 사장으로 영입하며
변신을 시도했다. 손석희는 2013년 9월 16일 메인뉴스 앵커로 출격
한 이후 JTBC의 변화를 주도했다. JTBC는 손석희의 지휘 아래 '선택
과 집중 전략'으로 핵심 이슈를 집중 보도했다.

　　일각에서는 진보 성향의 ≪한겨레≫와 보수 성향의 TV조선,
JTBC 등이 초기 최순실 국정농단 보도를 주도하자 '언론 국공합작'이
라는 말도 나왔다. 1989년 ≪한겨레≫의 등장과 1999년 김대중 정권
등장 이후 언론 역시 보수와 진보로 확연히 갈렸다는 점에서 이러한
'합작'은 한국 언론 지형의 새 현상으로 해석되기도 했다.[69]

최순실을 찾아 나선 언론들

박근혜 대통령의 사과로 최순실의 국정농단이 공식 확인되자 많은 언론사가 특별취재팀이나 전담팀을 구성해 최순실 관련 보도를 쏟아 내기 시작했다. TV조선은 2016년 10월 25일 최순실이 서울 강남의 모처에서 대통령의 옷을 손수 고르고 있는 '샘플실 영상'을 보도했다. 이미 2014년 12월쯤 고영태로부터 입수한 영상이었다. 이진동은 영상을 뒤늦게 보도한 이유에 대해 최순실의 국정농단 전모를 보여줄 수 있는 시간을 기다렸던 것뿐이라고 설명한다.

"지금은 최순실 이름이 공개됐기 때문에 의혹을 제기하거나, 기사로 다루는 게 쉽다. 하지만 시작이 어려운 법이다. 그래서 TV조선을 '퍼스트 펭귄first penguin'이라고 했다. 대통령 옷을 만들고 이런 영상을 보여주면 관심은 있겠지만 '그래서 어쨌다는 거냐' 식으로 되면 곤란하다고 생각했다. '국정농단' 전체를 보여줄 수 없다고 판단했다. 그래서 밑그림을 그려 순차적으로 보도한 것이다."[70]

≪한겨레≫는 2016년 10월 26일 자 1면 기사 "최순실, 정호성이 매일 가져온 대통령 자료로 비선모임"에서 이성한 전 재단법인 미르 사무총장과의 인터뷰를 싣고 최순실이 거의 매일 서울 강남구 신사동의 모처에서 정호성으로부터 30cm 두께의 대통령 보고 자료를 건네받았고 차은택 등과 비선모임을 열었다고 보도했다. 그 기사의 일부다.

"최 씨는 주로 자신의 논현동 사무실에서 각계의 다양한 전문가를 만나 대통령의 향후 스케줄이나 국가적 정책 사안을 논의했다. 자료는 주로 청와대 수석들이 대통령한테 보고한 것들로 거의 매일 밤 청와대의 정호성 제1부속실장이 사무실로 들고 왔다. 최순실 씨는 모임에서 별다른 설명 없이 이 자료를 던져주고 읽어보게 하고는 '이건 이렇게, 저건 저렇게 하라'고 지시를 내렸다. 최 씨의 말을 듣고 우리가 사업 계획서를 작성해 올리면 그게 나중에 토씨 하나 바뀌지 않고 그대로 청와대 문건이 돼 거꾸로 우리한테 전달됐다."[71]

최순실의 국정농단 의혹이 쏟아지면서 모든 언론의 시선은 최순실로 모아졌다. 언론사들은 최순실이 잠적한 것으로 알려진 독일로 특파원이나 기자를 급파했다. 치열한 경쟁 속에서 ≪세계일보≫는 10월 27일 자 1면 톱기사로 "박 대통령 당선 직후 이메일로 연설문 받아 봤다" 제하의 최순실 단독 인터뷰를 보도했다. 독일 현지에서 이뤄진 인터뷰였다. 최순실은 독일 헤센 주 프랑크푸르트 외곽에 있는 한 호텔에서 가진 인터뷰에서 대통령 연설문 등을 받아 수정했다는 사실을 처음으로 인정하면서 "정말 잘못된 일이고 죄송하다"고 밝혔다. 인터뷰의 일부다.

"박(근혜) 대통령이 사과까지 했다. 나라만 생각한 분이 혼자 해보려고 하는데 안 돼 너무 가슴 아프다. 대통령이 훌륭한 분이고, 나라만 위하는 분인데, 그런 분에게 심적으로 물의를 끼쳐드려 사과드리고 싶다. 정말 잘못된 일이다. 죄송하다. (구체적으로 대통령 연설문의 무엇을 어떻게 수정한 것인가?) 대선 당시인지 그 전인가 했다. 대통령을 오래 봐왔으니 심정 표현을 도와달라고 해 도와드리게 됐다. (박 대통령의) 마음을 잘 아니까 심경 고백에 대해 도움을 줬다. 그게 큰 문제가 된다고 생각하지 않았다. 국가기밀인지도 몰랐다. (문제가 된다는 걸) 알았다면 손이나 댔겠느냐. (지금 잘못했다고 생각하는지.) 왜 그런 것을 가지고 사회 물의를 일으켰는지 박 대통령에게 머리를 숙이고, 죽고 싶은 심정이다. 국민 여러분들의 가슴을 아프게해 정말 죄송하다. 제가 신의信義로 뭔가 도와주고 싶었고, 세기 무슨 국회의원이 되거나 권력을 잡고 싶은 게 아니었다."[72]

　최순실은 인터뷰에서 사과를 표명하기는 했지만 태블릿PC 소유나 사용을 부인했고 자신의 인사개입 및 국정개입 의혹 등 거의 모든 의혹도 부인했다. 그는 다가올 사법적 절차에 대비하는 듯했다. 각종 의혹에 대한 최순실의 전면 부인은 오히려 많은 국민을 격동시켜 '최순실을 당장 독일에서 귀국시키라'는 여론을 폭발시켰다.

　≪세계일보≫는 어떻게 독일에 잠적 중인 최순실과 인터뷰를 하게 된 것일까. 그것은 20여 년 전 취재원과 기자로 만난 우연한 인연에서 비롯됐다. 취재를 주도한 류영현의 설명이다.

　"전국부에 근무하던 1994년으로 기억된다. 38세의 젊은 여성이 어느 날 제보할 게 있다며 출입처인 서울시청을 찾아왔다. 국정농단 의혹으로 현재 전 국민의 지탄을 받고 있는 최순실이었다. 그는 교육 관련 비리를 제보하는 서류 뭉치를 들고 와 카랑카랑한 목소리로 내용을 조목조목 설명했다. 기자는 제보 내용을 데스크에 보고했고, 회사 논의를 거쳐 당시 교육부 출입기자가 관련 기사를 게재했다. 22년이 흐른 뒤 최 씨는 박근혜 정부의 최고 '비선 실세'로 미디어의 중심인물이 됐다."[73]

　류영현은 오래된 기억을 되살리며 '그와 인터뷰를 할 수 없을까' 하는 생각을 했다. 제기되고 있는 온갖 의혹에 대한 입장을 그에게 직접 듣고 싶었다고 한다.

　"그즈음 최 씨가 독일 프랑크푸르트 인근 슈미텐Schmitten에 기거하고 있다는 기사를 접했다. 최 씨의 행방을 추적하는 기자들의 독일행도 러시를 이뤘다. … 나는 그동안 알고 지내던 교민들에게 '선이 닿으면 최 씨를 만나게 해달라'고 여러 차례 부탁을 했다. 그와 동시에 최 씨와 관련된 뉴스를 스크랩하기도 했다. 지난 (2016년 10월) 23

일 밤 휴일 근무를 마치고 귀가하자마자 한 독일 교민에게서 연락이 왔다. '잘하면 최 씨를 대면할 수도 있을 것 같다'는 내용이었다. 이번 인터뷰를 하지 못한다면 평생 후회로 남을 것만 같았다. … 이튿날인 (10월) 24일 오전 회사는 이전에 독일 관련 책을 낸 적이 있는 김용출 기자와 동행하는 출장을 정식으로 허락했다. 급하게 항공권을 예매하고 당직 근무 등을 조정한 뒤 인천국제공항에서 독일행 비행기에 올랐다. 오랜 기다림 끝에 (10월) 26일 '국정농단 의혹'을 받고 있는 최 씨와 책상 하나를 사이에 두고 마주 앉게 됐다."[74]

국민 여론이 폭발하자 특별검사 도입에 난색을 표하던 새누리당도 10월 26일 국회에서 긴급 의원총회를 열고 야당에서 요구한 '최순실 특별검사' 도입을 수용하기로 했다. 진상 규명을 촉구하는 국민 여론을 더는 외면하기 어려웠다.

야권에서는 박근혜 대통령을 탄핵해야 한다는 주장이 나오기 시작했다. 심상정 정의당 대표와 더불어민주당 일부 의원이 탄핵을 주장하기 시작했다. 정치권에서 대통령 탄핵 주장이 처음 거론된 것은 2016년 10월 21일. 노회찬 정의당 원내대표는 이날 국회 운영위원회 전체회의에서 "대통령이 법을 어긴 정도가 현저하면 탄핵소추도 할 수 있다"고 말했다. 하지만 당시 정치권은 이렇다 할 반응을 보이지 않았다.[75] 제1야당인 더불어민주당 지도부는 대통령 탄핵 주장에 대해 '무책임한 발언'이라며 탄핵 논의로 확대되는 것을 경계했다. 박지원 국민의당 원내대표도 10월 27일 "일부 흥분한 국민처럼 탄핵을 요구하고 하야를 요구해선 안 된다"고 말했다. 이때까지 정치권의 논의는 대통령의 2선 후퇴 수준에 머물러 있었다.

박근혜 대통령의 사과와 최순실의 인터뷰로 국정농단이 사실로 확인된 첫 주말인 10월 29일 서울 광화문광장에서 첫 촛불집회가 널렸다. 국정농단 사태에 분노한 시민들이 대거 몰렸다. 주최 측 추산 3만여 명(경찰 측 추산 1만 2000여 명)의 참가자들은 이날 최순실에 대한 처벌과 박근혜 대통령의 퇴진을 요구했다. 집회는 밤 11시쯤 끝났다. 이렇게 시작된 촛불집회는 수많은 시민이 자발적으로 참여하면서 한국 사회를 바꾸게 된다.

최순실의 끝없는 은폐 행각

최순실이 국정에 깊숙이 개입했음을 보여주는 '태블릿PC 보도'가 나오면서 최순실은 더욱 바빠졌다. 최순실은 태블릿PC 보도 직후 박근혜 대통령과 차명폰을 이용한 통화를 빈번히 했다. 최순실과 박근혜 대통령은 2016년 10월 24일부터 다음 날인 25일 새벽까지 차명폰을 이용해 무려 십여 차례나 통화한 것으로 나중에 특별검사는 파악했다. 두 사람은 통화에서 최순실의 국정개입 의혹에 대한 대응을 논의한 것으로 추정된다. 실제 대통령은 보도 다음 날인 10월 25일 오후 4시 "최순실은 과거 제가 어려움을 겪을 때 도와준 인연으로 일부 연설문이나 홍보물도 같은 맥락에서 표현 등에서 도움을 받은 적이 있다"고 대국민 사과를 했다. 박범계 더불어민주당 의원은 이에 대해 "태블릿PC가 까지니까. 누구보다 태블릿PC를 잘 아는 사람이 자기니까. 적어도 25일, 26일 통화는 증거인멸과 매우 유관성이 높다"고 분석했다.[76]

다만 JTBC의 태블릿PC 보도가 나간 이틀 후인 10월 26일 최순실과 박근혜 간 잠깐 차명폰 연결이 되지 않은 시기도 있었던 것으로 분석된다. 최순실은 이때 대통령의 차명폰과 연결이 되지 않자 윤전추 청와대 행정관의 차명폰을 통해 대통령과 접촉했다. 즉, 최순실은 조카 장시호를 시켜 언니 최순득에게 윤전추에게 연락하도록 했고, 최순득은 이에 윤전추의 차명폰을 통해 대통령과 통화했다는 것이다. 대통령이 이때 최순득에게 "동생(최순실)이 귀국하면 어떻겠느냐"고 말했고 장시호가 이를 최순실에게 전달했다고 특검은 밝혔다.[77]

최순실은 이때도 끊임없이 사건을 은폐하려고 시도했고 증거인멸을 교사했다. 검찰 특별수사본부[78]에 따르면 최순실은 10월 25일경 독일에서 김영수 포레카 대표와 조카 장시호에게 "더블루K에서 가져온 컴퓨터 다섯 대를 모두 폐기하라"고 전화로 지시했다. 이에 신혜성과 소 모 씨는 장시호와 함께 컴퓨터 다섯 대를 반출한 뒤 경기도 구리시에 있는 소 씨의 거주지에 은닉했고, 소 씨는 10월 25일 오후 11시경 자신의 후배를 통해 컴퓨터 다섯 대를 망치로 내리쳐 파괴했다.[79]

최순실은 10월 27일 태블릿PC 보도와 관련해 사건을 은폐하기 위해 노승일 부장과 입을 맞췄다. 2017년 1월 24일 재판에서 공개된 최순실과 노승일의 통화 내역이다.

> **최순실(이하 최)**_ 음, 그 태블릿을 지금 그, 우리 블루K가 그 사무실에 나, 있잖아.
>
> **노승일(이하 노)**_ 예, 예.
>
> **최**_ 책상이 거기에 남아 있잖아. 거기다가 애가 올렸다고, 음. 얘기를 할, 하는 것 같더라고. 그러니까…
>
> **노**_ 예.
>
> **최**_ 그런 일은 있을, 있을 수도 없고…
>
> **노**_ 그럼요.

최__ 말이 안 된다…

노__ 예, 예.

최__ 내 타블렛이… 그렇게 얘기를 해야 되는데, 요 새끼가 그걸 갖다 놓고서 그렇게 JTBC랑 짜갖고 그렇게 하려고 그러는 것 같아.

노__ 예.

최__ 아(한숨), 다 잡아 넣으려고 그러는 거야 지금, 그러니까 그거를 고(영태)가 정신을 바짝 차리고…

노__ 예.

최__ 이성한이 지금 배신했기 때문에 그 얘기를 잘해야 될 것 같아요.[80]

최순실이 노승일과의 통화에서 자신이 먼저 "태블릿이 지금 우리 (더)블루K 사무실에 있잖아"라며 언급하고 "내 태블릿"이라는 표현도 사용한 것으로 미뤄보면 이미 태블릿PC를 사용했고 그것을 보관한 장소도 정확히 알고 있었던 것으로 추정된다. 왜냐하면 노승일이 태블릿PC를 먼저 말하지 않았고 당시 JTBC는 태블릿PC를 발견한 장소(서울 강남의 더블루K 사무실)를 아직 공개하지 않았기 때문에 스스로 알지 못하는 한 먼저 거론할 수 없는 상황이었기 때문이다.[81] 이어지는 통화 내용이다.

노승일(이하 노)__ 그니까 이 기사가 지금 TV조선에서 나왔거든요. 그 기사가. 그럼 김수현이 작품이라고 볼 수밖에 없습니다.

최순실(이하 최)__ 에휴. 내려 앉히려고 지금 그러니 큰일 났네. 그러니까.

노_ 예.

최_ 고한테 정신 바짝 차리고 개네들이 이게 완전히 그 조작품이고 애네들이 이거를, 그 저기 이걸 훔쳐가지고 이렇게 했다는 걸로 몰아야 되고, 이성한이도 아주 그 계획적으로 하고 돈도 요구하고 이렇게 했던 걸로 해.

노_ 네, 네.

최_ 이걸 이제 하지 않으면… 분리를 안 시키면 다 죽어.

노_ 예, 예.

최_ 분리를 다 해놓으세요.[82]

최순실은 태블릿PC 보도와 관련해 고영태를 비롯한 관계자들이 검찰에서 허위 진술을 해야 한다고 노승일에게 말한다. 즉, 관련 사실은 모두 조작이고 태블릿PC를 훔친 것으로 몰아가라는 취지다.

최순실(이하 최)_ 정신 바짝 차리라 그러고 어차피 나도 검찰에 불려 가서 구속될지 몰라. 그러니까…

노승일(이하 노)_ 예, 예, 예.

최_ 그렇게 일단은 하고…

노_ 네, 네.

최_ 내가 직접 돈을 대고 이렇게 했다는 거는 말고 거기에서 왜 찾아서 이렇게 이렇게 계속 그거를 한 거기 때문에 뭔가 좀 해볼라 그래서 한 거지, 그분이 적극적으로 뭐 개입돼서 이걸 할라 그랬던 의도도 없었다.

노_ 네, 네.

최_ '되지도 않았고 그래서 이렇게 이렇게 한 서나' 그리고 치

(차은택)를 뭐 소개했냐, 이 부분에서는 '뭐 좀 알긴 했어도 내가 무슨 그런 게 있냐' 뭐 이렇게 얘기를 해야 될 것 같아. 얘네들이 그런 얘기까지 한 것 같아.

노_ 예, 알겠습니다.

최_ 나도 각오는 하고 있어요.

노_ 네, 네.

최_ 한국에 들어갈 것 같아.

노_ 예, 알겠습니다. 예.[83]

최순실은 재단법인 미르 등에 자신이 돈을 댄 것이 아니고 적극적으로 개입한 것이 아닌 재단에서 찾아 조금 관여했을 뿐이라는 식으로 말하라고 지시한다. 즉, 재단 내 자신의 역할을 축소하는 진술을 하라는 것이었다.

최순실은 10월 31일 귀국 전후 대여금고나 시중 은행에서 보관 또는 예금 중이던 거액의 자금을 찾았던 것으로 보인다. 특검에서 장시호는 최순실이 대통령에게서 '귀국하라'는 말을 들은 그날 먼저 맹준호 변호사를 통해 10억 원을 국내 은행의 대여금고에서 빼냈다고 진술했다. 맹 변호사는 검찰 소환 당시 최순실과 동행하며 존재가 드러났고 선임계는 내지 않고 돕고 있는 것으로 알려져 왔다. 나중에 맹준호 변호사 사무실에서 사법부와 핵심 사정기관 후보자 19명의 세부 경력과 이전 정부와의 관계, 세간에 떠도는 인물평 등이 망라된 자료(2013년 1월 작성)가 발견돼 최순실이 사법부 인사에도 개입한 의혹이 제기됐다.[84] 최순실은 10월 31일 귀국 직후 검찰에 출석하기 전까지 31시간 동안 은행에서 계좌 네 개를 해약해 5억여 원을 인출하기도 했다. 최순실은 다음 달 17일 이경재 변호사가 대표로 있는 법

무법인 동북아로 6000여 만 원을 송금했다.[85]

2개월 가까이 독일과 덴마크에서 도피 생활을 했던 최순실이 검찰에 출석했던 10월 31일 이영선 행정관에 의해 개통된 차명폰들이 대거 해지됐다. 이영선은 지인이 운영하는 대리점에서 차명폰 70여 대를 개통해 최순실을 비롯해 대통령과 정호성 비서관, 윤전추 행정관 등 청와대 관계자들에게 나눠줬다. 이영선은 많게는 하루에 14대를 한꺼번에 개통해 이들에게 제공하기도 했다. 아울러 2014년 「정윤회문건」이 불거지고 검찰 수사가 이뤄질 당시에도 차명폰 여러 대를 한꺼번에 해지해 폐기했다고 특검은 밝혔다.[86]

검찰의 대선회: "대통령을 쏴라"

권력의 향배를 주목하며 더디게 나아가던 검찰은 박근혜 대통령이 1차 대국민 담화문을 발표하고 최순실이 인터뷰를 통해 관련 혐의 일부를 인정하자 본격적인 수사에 나섰다. 김수남 검찰총장은 2016년 10월 27일 최순실 관련 의혹 수사를 위해 이영렬 서울중앙지검장을 본부장으로 하는 특별수사본부를 설치하라고 지시했다. 이영렬 본부장은 이날 오후 기자간담회를 갖고 "의혹이 굉장히 증폭된 만큼 최선을 다해 성역 없이 지위 고하를 막론하고 수사해 (진실) 규명에 힘쓰겠다"고 밝혔다. 검찰 특별수사본부에는 재단법인 미르 및 재단법인 K스포츠 의혹 수사를 담당하던 기존 인력에 특수1부 검사 다섯 명이 추가돼 검사만 13명가량 투입됐다.

검찰이 특별수사본부를 구성해 최순실 수사에 본격적으로 나선 것은 언론을 중심으로 대통령과 최순실의 국정농단 의혹이 쏟아지면서 국민적인 비판 여론이 고조된 상황을 더는 외면하고 방치하기 어려웠기 때문이다. 더구나 최순실 국정농단과 관련한 특별검사 도입이 예정된 상황에서 더 머뭇거렸다가는 검찰 조직 자체가 와해될 수 있는 상황이었다.

검찰 특별수사본부는 이날 세종시 문화체육관광부 국장급 사무실과 창조경제추진단 사무실 등 모두 일곱 곳을 동시다발적으로 압수수색했다. 이에 앞서 10월 26일에는 이승철 전경련 부회장 사무실과 재단법인 미르 및 재단법인 K스포츠, 더블루K, 최순실 자택, 차은택 자택 등 총 아홉 곳을 압수수색하며 강공 선회를 예고했다. 검찰은 이와 함께 최순실 관련 비리를 언론사에 제보한 고영태 더블루K 이사와 정현식 전 재단법인 K스포츠 사무총장을 소환해 조사했다. 검찰은 10월 28일 정동춘 전 재단법인 K스포츠 이사장, 김필승 이사 등 관계자 여덟 명의 주거지를 압수수색했다. 검찰은 이승철 부회장과 이성한 전 사무총장, 조인근 전 청와대 연설기록비서관을 각각 소환해 조사했다. 이석수 전 특별감찰관도 소환해 조사했다.

검찰은 10월 29일 청와대에 대한 압수수색을 시도했다. 하지만 청와대는 압수수색 불승인 사유서를 제출하며 완강히 거부했다. 검찰 수사팀은 압수수색을 못 하고 복귀했다. 검찰은 이날 안종범 수석, 정호성 비서관, 김한수 행정관, 김종 제2차관의 사무실 및 자택, 그리고 윤전추 행정관, 이영선 행정관, 조인근 전 연설기록비서관 자택을 일제히 압수수색했다. 검찰은 최순실의 청와대 출입을 돕고 각종 심부름을 한 것으로 알려진 이영선 행정관을 소환해 조사했다. 김한수 행정관은 자진 출석해 조사를 받았다.

검찰은 10월 30일 청와대에 대한 2차 압수수색을 시도, 임의제출 형식으로 박스 7개 분량의 자료를 받았다. 검찰은 이날 고영태와 정동춘 전 재단법인 K스포츠 이사장, 정동구 초대 이사장, 정현식 전 사무총장을 2차 소환 조사했다. 재단 기금 출연과 관련해서는 롯데의 이석환 상무와 소진세 사장을 조사했다.

최순실은 10월 30일 오전 7시 30분 영국에서 출발한 비행기를 타고 인천국제공항에 귀국했다. 최순실이 귀국한 것은 진상 규명을 요구하는 국민의 거센 여론의 힘이 압력으로 작용했기 때문이라는 것이 대체적인 분석이다. 최순실은 입국 전 정치권의 움직임이나 검찰 수사 및 법적 대응 등을 치밀하게 분석하고 준비했던 것으로 추정된다. 최순실은 이미 10월 13일쯤 이경재 변호사를 법률대리인으로 위촉했다. 이 변호사는 2014년 「정윤회문건」 보도 당시 최순실의 전남편 정윤회의 변호를 맡기도 했다. 최순실은 귀국 이틀 전인 10월 28일 오후 서울 서초동에서 이경재 변호사를 통해 언론에 메시지를 전했다. 이경재는 "검찰에서 소환하면 출석해 사실대로 진술하려고 한다. 현재까지 검찰로부터 출석 통보를 받지 못했다"고 전했다. 이 변호사는 "최 씨가 사회적·도덕적 질책 역시 깊이 가슴에 새기고 있으며, 실정법상 위법이나 범죄 행위가 있으면 달게 받고자 하는 각오"라고 전했다.[87]

검찰 특별수사본부는 10월 31일 오후 3시 최순실을 피의자 신분으로 소환 조사했다. 귀국 후 31시간 만이다. 최순실은 서울중앙지검 조사실로 들어서며 울먹이는 목소리로 말했다.

"죄송합니다. 죽을죄를 지었습니다."

최순실은 이날 모자와 목도리로 얼굴을 가린 채 울먹이는 표정으로 고개를 들지 않고 검찰 수사관들에게 둘러싸여 이동했다. 이 과정에서 취재진과 시위대가 뒤엉켜 포토라인이 무너졌고 최순실은 잠시 넘어졌지만 수사관들의 부축을 받아 청사 안으로 늘어섰다. 최순실의 검은색 '프라다' 구두 한 짝이 남겨져 주목을 끌기도 했다.

하지만 최순실은 검찰에서 대통령과의 관계와 청와대 문건을 입수한 경위 등을 물어도 답변하지 않거나 부인으로 일관했다. 이에 검찰은 이날 밤 11시 57분쯤 "최순실이 조사 과정에서 모든 혐의를 부인해 증거를 없앨 우려가 있다"며 최순실을 긴급 체포했다.[88]

검찰은 10월 31일 차은택 전 창조경제추진단장이 운영한 '아프리카픽처스', '엔박스에디트', '플레이그라운드' 등을 압수수색했다. 이와 함께 안종범 수석과 정호성 비서관에 대해 출국 금지 조치를 취했다.

구속되는 최순실과 대통령의 사람들

박근혜 대통령은 여론 악화에 흔들리는 여권을 다잡기 위해 인적쇄신 카드를 꺼냈다. 대통령은 2016년 10월 30일 최순실의 국정농단과 관련해 이원종 대통령 비서실장을 비롯해 안종범, 김재원, 우병우, 김성우 수석 등을 교체하는 인적쇄신을 단행했다. 안봉근 국정홍보비서관, 이재만 총무비서관, 정호성 부속비서관 등 이른바 문고리 3인방의 사표도 수리했다. 이와 함께 최재경 민정수석, 배성례 홍보수석을 각각 내정했다.

대통령은 11월 2일 신임 국무총리에 참여정부 정책실장을 지낸 김병준 국민대 교수를 내정했다. 신임 경제부총리에는 임종룡 금융위원장을 발탁했고, 국민안전처 장관에는 참여정부 시절 여성가족부 차관을 지낸 박승주 한국시민자원봉사회 이사장을 내정했다.

하지만 야권은 아무런 논의 없이 진행된 개각을 받아들일 수 없다며 일제히 반발했다. 추미애 더불어민주당 대표는 국회에서 열린 의원총회에서 "최순실 내각 정리하라고 했더니 제2차 최순실 내각을 만든 느낌"이라고 대통령을 강하게 비판했다. 박지원 국민의당 비상대책위원장도 "책임총리와 거국내각을 거론하다가 야당에 한마디 상의 없는 개편을 했다. 좌시하지 않을 것"이라고 거들었다.

박 대통령은 이어 11월 3일에는 대통령 비서실장과 정무수석에 한광옥 국민대통합위원장과 허원제 전 국회의원을 각각 내정했다. 한광옥 신임 비서실장은 4선 국회의원 출신으로 김대중 대통령 비서실장과 새천년민주당 대표, 노사정위원장 등을 역임했다.

최순실은 11월 2일 직권남용, 권리행사방해, 사기미수 등의 혐의로 구속영장이 청구된 뒤 다음 날인 11월 3일 영장 실질심사를 받고 구속됐다. 고발 사건 배당 이후 29일 만이었다.

안종범 전 경제수석은 11월 2일 재단법인 미르, 재단법인 K스포츠 설립 과정에서 대기업들에 자금 출연을 압박한 혐의를 받고 소환조사를 받다가 오후 11시 40분쯤 직권남용 및 권리행사방해 혐의로 긴급 체포됐다. 안종범은 최순실과 함께 기업에 영향력을 행사해 양재단의 설립 기금을 모금한 혐의를 받았고, 차은택이 포스코그룹 계열 광고회사 포레카를 강탈하는 과정에 개입한 혐의도 받았다.

정호성 전 부속비서관도 11월 3일 오후 11시 30분쯤 공무상 비밀누설죄 등의 혐의로 전격 체포됐다가 11월 6일 안종범과 함께 구속됐다. 정호성은 최순실이 대통령 연설문이나 청와대 기밀문서 등을 사전에 받아보도록 도왔다는 문건 유출 의혹을 받았다.

대통령은 자신의 측근과 참모들이 각종 비리로 하나둘 체포돼 구속되자 11월 4일 오전 10시 30분 2차 대국민 담화를 발표했다. 박근혜는 2차 대국민 담화에서 "필요하다면 검찰 조사에 성실하게 입하고, 특별검사 조사도 수용하겠다"고 밝혔다.

"저는 이번 일의 진상과 책임을 규명하는 데 있어서 최대한 협조하겠습니다. 이미 대통령 비서실과 대통령 경호실에도 검찰의 수사에 적극 협조하도록 지시했습니다. 필요하다면 저 역시 검찰의 수사에 성실히 임할 각오이며 특별검사에 의한 수사까지도 수용하겠습니다."

박근혜는 '검찰과 특별검사의 수사에 적극 협조하겠다'고 약속했지만 이런저런 이유로 불응하고 청와대에 대한 압수수색도 거부하면서 2차 대국민 담화에서 언급한 약속도 지키지 않았다. 10월 25일 1차 대국민 담화도 진정성이 없는 것으로 드러난 데다 2차 대국민 담화에서 한 약속마저 지키지 않은 것은 나중에 헌법재판소의 탄핵 인용의 논거가 된다. 헌법재판소는 "피청구인은 자신의 헌법과 법률 위배 행위에 대해 국민의 신뢰를 회복하고자 하는 노력을 하는 대신 국민을 상대로 진실성 없는 사과를 하고 국민에게 한 약속도 지키지 않았다"며 "피청구인의 이러한 언행을 보면 피청구인의 헌법수호 의지가 분명하게 드러나지 않는다"고 지적했다.[89]

박근혜 대통령의 연이은 사과와 읍소에도 정치권은 냉담했다. 윤관석 더불어민주당 수석대변인은 이날 구두논평을 통해 "2차 기자회견(담화)의 수위는 1차 기자회견(담화)에서 부족했던 진솔한 사과와 수사를 받겠다는 정보가 추가됐을 뿐"이라고 꼬집었다. 박지원 국민의당 비상대책위원장도 "저 정도를 가지고 국민의 마음을 풀어줄 수 있을까 하는 데 대해선 의구심이 생긴다"고 저평가했다.

민심은 더욱 싸늘했다. 여론조사 전문 기관 한국갤럽이 11월 4일 발표한 11월 첫째 주(1~3일) '대통령 직무수행 평가' 결과 박 대통령의 직무수행에 대한 긍정적 평가는 겨우 5%에 그쳤다. 김영삼 전 대통령이 IMF 구제금융 사태를 맞은 5년 차 4분기에 기록한 6%보다

낮은 역대 최저 대통령 지지도였다. 언론은 "통치불능 단계에 진입했다"고 보도했다.[90]

11월 5일 서울을 비롯해 전국 각지에서 2차 촛불집회가 열렸다. 서울에서만 주최 측 추산 20만여 명(경찰 측 추산 4만 5000여 명), 전국에서 30만여 명이 모였다. 1차 촛불집회 때의 3만 명보다 10배 가까이 불어난 것이다. 참가자들은 박근혜 대통령의 퇴진을 요구했다.

우병우 전 민정수석도 11월 6일 횡령 및 직권남용 혐의로 검찰에 소환돼 조사를 받았다. 우병우는 다음 날인 11월 7일 팔짱을 낀 채 조사를 받는 장면이 언론에 보도돼 거센 비판을 받기도 했다. 검찰은 우병우에 대해 출국금지 조치했다.

송성각 전 한국콘텐츠진흥원장은 11월 7일 오후 9시 40분 특정범죄가중처벌법상 뇌물 및 공동강요 등의 혐의로 주거지에서 체포된 뒤 11월 10일 뇌물 및 공동강요 혐의로 구속됐다. 송성각은 포스코그룹 계열 광고사인 포레카를 인수한 회사 '컴투게더'에 지분을 넘기라고 압박했다는 의혹을 받았다.

거센 퇴진 요구에 박 대통령은 11월 8일 오전 부랴부랴 국회를 찾았다. 그는 정세균 국회의장을 13분간 만나 "국회에서 여야 합의로 총리에 좋은 분을 추천해주신다면 그분을 총리로 임명해 실질적으로 내각을 통할해나가도록 하겠다"고 말했다. 지난 11월 2일 과거 참여정부 시절 핵심 인사였던 김병준 전 대통령 비서실 정책실장을 총리로 내정한 지 6일 만에 국회 추천의 책임총리 카드를 공식화했다. 하지만 3개 야당은 국회의 총리 추천권 제안에 대해 "일고의 가치도 없다"고 거부하고 11월 12일 촛불집회에 적극 참여할 것이라고 신언했다.

검찰은 11월 8일 삼성전자 미래협력단과 삼성그룹 미래전략실,

박상진 삼성전자 사장 사무실 및 자택, 대한승마협회, 한국마사회 등 아홉 곳을 압수수색했다. 검찰이 삼성그룹 미래전략실과 미래협력단을 압수수색한 것은 삼성그룹이 재단법인 미르 및 재단법인 K스포츠에 204억 원이라는 가장 많은 돈을 냈기 때문이기도 했지만, 그와 별도로 삼성 계열사들이 최순실이 독일 현지에 설립한 코레스포츠로 2015년 9~10월 280만 유로(약 35억 원)을 송금한 경위를 수사하기 위해서였다.

최순실을 등에 업고 문화계 황태자로 불리며 영향력을 행사해온 차은택 전 창조경제추진단장도 11월 8일 오후 9시 50분쯤 중국에서 이륙한 비행기를 타고 귀국했다. 이날 밤 10시 10분쯤 검찰에 체포된 뒤 11월 11일 공동강요 및 횡령, 직권남용, 알선수재 등의 혐의로 구속됐다.

불붙은 촛불, '한국판 명예혁명'

2016년 11월 12일, 서울 광화문광장을 비롯한 전국 각지에서 박근혜 대통령 퇴진을 촉구하는 3차 촛불집회가 열렸다. 서울에서만 주최 측 추산 100만 명이 몰려나와 대통령 퇴진을 외쳤다. 이 같은 규모는 2008년 6월 10일 광우병 촛불집회(70만 명)나 2004년 3월 노무현 전 대통령 탄핵 규탄 촛불시위(20만 명) 참가 인원을 넘어선 것이다. 사람들은 1987년 6·10 항쟁 규모 수준으로 평가하기까지 했다. 외신들도 주목했다. ≪워싱턴 포스트≫는 3차 촛불집회 소식을 전하며 "박 대통령이 임기 중 최악의 위기에 빠졌다"고 보도했고, CNN은 "박 대통령이 이미 두 차례나 사과했지만 배신감을 느끼는 한국인들의 분노를 잠재우기에는 턱없이 부족하다"고 지적했다.

특히 100만 명이 참여한 대규모 집회였는데도 참가자들이 평화 시위를 견지하면서 성숙한 시민의식을 보여줬다는 평가가 이어졌다. 광장에서 다채로운 방식으로 평화롭게 의견을 표출하는 시위문화도 주목을 끌었다. 법원은 이날 촛불집회 참가자들의 청와대 인근 행진을 허용하기도 했다.

국정농단의 진실이 한 꺼풀씩 벗겨질수록 분노한 시민들이 대거 참여, 촛불집회는 회를 거듭할수록 규모가 커졌다. 11월 19일 서울을 비롯한 전국 각지에서 4차 촛불집회가 열렸다. 지방에서도 촛불집회가 본격적으로 점화한 가운데 이날 전국에서 주최 측 추산 95만여 명(서울 60만여 명, 서울을 제외한 전국 35만여 명)이 참여한 것으로 집계됐다. 대학수학능력시험이 치러진 직후라 수험생과 학부모도 대거 가세해 대통령 퇴진을 요구했다. 경찰 차벽에 평화를 상징하는 '꽃스티커'들이 붙었고 집회가 마무리된 시각에 시민들은 "나중에 의경들이 떼려면 고생할 것"이라며 스티커를 스스로 떼기도 했다.

11월 26일, 전국 각지에서 5차 촛불집회가 열렸다. 추운 날씨로 참가 인원이 줄어들 것이라는 우려와 달리 전국에 190만 명이 운집하며 한 달여 만에 촛불의 규모는 2만여 명에서 190만 명으로 95배가량 늘어났다. ≪뉴욕 타임스≫는 "첫눈이 내린 추운 날씨에도 수많은 인파가 서울 중심가를 메웠다"며 "매우 평화로웠고 거의 축제 같았다"고 보도했다. AP통신은 이날 서울 광화문 일대에서 열린 집회에 참석한 인원이 "주최 측 추산 150만 명, 경찰 측 추산 27만 명으로 수십 년 만에 가장 큰 거리 시위 물결이었다"고 전했다.

검찰이 중간 수사 결과 발표에서 대통령을 공범으로 적시하면서 대통령의 퇴진을 요구하는 목소리는 더욱 커졌다. 김진태 새누리낭

의원이 "촛불은 촛불일 뿐이다. 결국 바람이 불면 다 꺼지게 돼 있다"고 한 발언도 촛불민심을 더 자극했다. 청와대와 200m 조금 더 떨어진 서울 종로구 청운동주민센터까지 거리 행진을 하며 청와대를 향한 압박 수위를 높였다. 시민들이 자발적이고 평화적으로 모여 합리적인 의견을 표출함으로써 기성 정치권을 견인했고 이를 통해 한국사회에 거대한 변화를 이끌어낸 '시민혁명'으로 평가하는 시각도 적지 않다.

정치권은 시민들의 촛불집회에 민감하게 반응했다. 야당은 촛불집회 현장에 당력을 총동원해 촛불민심에 호응했다. 촛불은 탄핵소추안 가결의 키를 쥐고 있던 새누리당 비박계를 흔들었다. 새누리당 비박계 내에서도 대통령을 탄핵해야 한다는 여론이 힘을 얻기 시작했다.

3차 촛불집회 직후인 11월 13일 김무성 새누리당 전 대표는 여권에서는 처음으로 대통령 탄핵을 공개적으로 주장했다. 더불어민주당 내부에서도 '탄핵'을 주장하는 의원의 수가 급격히 늘기 시작했다. 앞서 11월 7일 천정배 국민의당 전 공동대표가 당내 회의에서 "당장 탄핵소추 논의를 시작하자"고 제안할 당시만 해도 정치권에서는 탄핵 회의론이 적지 않았다. 탄핵소추안의 국회 가결을 위해서는 찬성표 200표가 필요한데, 야3당과 야권 성향 무소속 의원을 모두 합쳐도 171표에 불과했기 때문이다.[91]

촛불민심 앞에 정치권은 특별검사 임명과 국회 국정조사에도 합의했다. 여야 3당은 11월 14일 원내 수석부대표 회동을 통해 최순실 국정농단 의혹 사건에 대한 별도의 특별검사법안 '박근혜 정부의 최순실 등 민간인에 의한 국정농단 의혹 사건 규명을 위한 특별검사의 임명 등에 관한 법률안'에 합의했다. 여야 3당은 아울러 여야 각 아홉 명씩 참여해 최장 90일 동안 활동하는 국정조사 계획에도 합의했다. 위원회의 공식 명칭은 '박근혜 정부의 최순실 등 민간인에 의한 국정 농단 의혹 사건 진상규명을 위한 국정조사 특별위원회'(이하 '국회 국정 조사특위')로 하기로 했다.

여야는 11월 16일 최순실 국정농단 의혹 사건을 파헤칠 국회 국 정조사를 위한 특별위원회 구성을 완료했다. 위원장에는 새누리당 내 비주류이자 김무성 전 대표의 측근으로 꼽히는 김성태 의원이 선 임됐다. 나머지 위원은 여야 각 아홉 명씩 선임됐다. 국회는 11월 17 일 본회의를 열고 여야 3당이 합의했던 원안대로 특별검사 법안과 국정조사 계획서를 처리했다.

'피의자 박근혜'

검찰 특별수사본부는 2016년 11월 13일 특별검사의 출범을 앞두고 수사를 마무리해야 하는 만큼 11월 16일이나 17일 박근혜 대통령을 참고인 신분으로 조사하겠다는 방침을 청와대에 전달했다.

대통령은 검찰 수사에 대비하는 듯 11월 15일 유영하 변호사를 변호인으로 선임했다. 유 변호사는 창원지검과 인천지검, 서울중앙 지검 북부지청 검사를 거쳐 2010년 한나라당 최고위원이던 박근혜 의 법률특보를 지냈다. 2004년부터 2012년까지 경기도 군포에서 세 차례 총선에 나섰다가 낙선했던 그는 20대 총선에서 서울 송파구(을) 에 단수 추천됐지만 당 공천관리위원회의 의결을 받지 못해 출마 자 체가 무산됐다. 유영하 변호사는 이날 오후 선임계를 내면서 "갑자기 변호인으로 선임됐기에 검토할 시간이 필요하다"는 입장을 섬실에 전했다. 그는 취재진과 만나 "검찰 수사가 완결되지 않았고, 의혹이 쏟아지고 있는 상황으로 변호인으로서는 기본적인 의혹 사항을 정리하고 법리 검토를 하는 등 변론 준비에도 최소한의 시간이 필요하다"고 말했다. 사실상 검찰이 요구하는 11월 16일 조사가 불가하다고 답한 셈이다. 유영하는 "대통령 이전에 여성으로서의 사생활도 있다는 점을 고려해달라"고 밝혀 논란이 일기도 했다.[92]

검찰은 11월 16일 청와대에 다시 '11월 18일까지는 대통령의 대면조사가 가능하다'는 입장을 전달했다. 주말 조사는 물리적으로 어렵고 최순실이 11월 20일 구속 기한이 만료되면 재판에 넘겨야 하기 때문에 11월 18일이 대면조사의 마지노선이라고 압박했다.

유 변호사는 11월 17일 오후 입장 자료를 발표하고 "최대한 서둘러 변론 준비를 마친 뒤 내주에는 대통령에 대한 조사가 이뤄질 수 있도록 협조하겠다"고 밝혔다. 이는 늦어도 11월 18일까지는 대통령 조사가 이뤄져야 한다는 검찰의 최후통첩을 거부한 것이었다.

그 대신 박근혜 대통령은 대사 임명장을 수여하는 등 공식 업무를 재개했다. 대통령은 11월 18일 오후 청와대에서 정종휴 주교황청 대사를 비롯해 신임 대사 다섯 명에게 신임장을, 조태열 주유엔 대사에게 임명장을 수여했다. 이어 한광옥 비서실장을 비롯해 허원제 정무수석, 배성례 홍보수석, 최재경 민정수석 등 신임 참모진과 박준성 중앙노동위원장, 안총기 외교부 제2차관, 유동훈 문화체육관광부 제2차관 등 정무직 공직자 열 명에게 각각 임명장을 수여했다. 대통령이 공식 일정을 재개한 것은 8일 만이다. 박근혜는 앞서 이틀 전인 11월 16일에는 부산 엘시티LCT 비리 사건과 관련해 "가능한 수사 역량을 총동원해 진상을 명명백백하게 규명해 연루자는 지위 고하를 막론하고 엄단할 것"을 김현웅 법무부 장관에게 지시하기도 했다. 엘시티 비리 사건은 이영복 청안건설 회장이 사업 과정에서 천문학적인 액수의 비자금을 조성해 여야 정치인들과 공직자들에게 뇌물을 제공했다는 의혹이 제기돼 검찰이 수사 중인 사안이었다.

추미애 더불어민주당 대표는 이날 최고위원회의에서 대통령의 공식 업무 재개와 관련, "대통령이 국민과 싸우기로 작정한 모양"이라고 비판하고 "오는 (11월) 19일 대규모 촛불집회 이후 후속 법적 조치도 계획하고 있다는 것을 미리 예고한다"고 탄핵 추진 가능성을 시사했다.

대통령은 검찰의 칼날을 피하기 위해 노골적으로 움직였지만, 범죄 혐의 피의자로 검찰에 입건되는 것을 막을 수는 없었다. 검찰 특별수사본부는 11월 20일 최순실, 안종범, 정호성 세 명을 구속 기소하며 이들의 공소장에 대통령을 '공범'으로 적시했다. 서울중앙지검장인 이영렬 특별수사본부장의 회견 내용이다.

"특별수사본부는 대통령에 대해 현재까지 확보된 제반 증거자료를 근거로 피고인 최순실, 안종범, 정호성의 범죄 사실과 관련해 상당 부분이 공모 관계에 있는 것으로 판단했습니다. 그러나 헌법 제84조에 규정된 현직 대통령의 불소추 특권 때문에 기소할 수 없습니다. 특별수사본부는 위와 같은 판단에 따라 대통령에 대한 수사를 계속 진행하겠습니다."

검찰의 수사 결과 재단법인 미르와 K스포츠 설립을 대통령이 주도했고 안종범은 재정 모금을 담당했으며 최순실이 사무처 인사를 맡은 것으로 파악됐다. 대통령은 이재용 삼성전자 부회장 등 7대 그룹 총수와의 비공개 면담에서 모금 협조를 직접 요청했고, 안종범은 대통령 지시에 따라 기업별로 출연금 액수를 분배했다. 대통령은 정호성의 청와대 문건 유출에 관여한 혐의도 받았다. 정호성이 빼돌려

최순실 측에게 건넨 청와대 문건 180건 중 47건이 국가기밀로 확인
됐다.

이에 따라 검찰은 대통령의 범죄 혐의를 특정해 피의자로 정식
입건했다. 현직 대통령이 피의자로 입건되는 것은 헌정사상 처음이
었다. 중간 수사 결과 발표 직후 노승권 서울중앙지검 1차장은 백그
라운드 브리핑을 갖고 "대통령을 정식 피의자로 입건했다. 앞으로는
피의자 신분으로 조사를 받게 될 것"이라고 밝혔다. 노승권 1차장과
의 주요 일문일답이다.

질문자__ 대통령과의 공모 관계가 인정이 됐다는 것인가?
노승권(이하 노)__ 그렇다. 공소장에 보면 나와 있다.
질문자__ 대통령이 피의자로 인지됐는가.
노__ 금일 수사 결과를 발표하기 전 공모 관계가 인정되는 부분
에 대해서는 인지 절차를 거쳐서 정식 피의자로 입건했다. 앞으
로는 피의자 신분으로 조사를 받게 될 것이다.
질문자__ 검찰이 기소한 최순실과 안 전 수석 관련 혐의에 대통
령이 모두 공범인가.
노__ 공모 관계가 상당 부분 인정된다고 말씀드렸다. 최순실의
단독 사기미수 범행과 포레카 관련 강요미수 혐의에 대해서는
대통령이 빠지게 된다.[93]

박근혜 대통령의 여러 지시를 받아 실행에 옮겼던 안종범은 나
중에 12월 26일 서울남부구치소에서 열린 국회 국정조사특별위원회
의 이른바 '감방 청문회'에서 대통령이 모든 범죄에 연루돼 있으며 모
든 범죄의 시발점이었다는 식으로 진술했다.[94] 박근혜 대통령은 11

월 20일 검찰의 중간 수사 결과 발표에 이어 11월 27일 차은택과 송성각을 구속 기소하는 과정에서도 피의자로 입건됐다.

박근혜 대통령은 검찰이 자신을 '범죄 피의자'로 입건한 것에 강하게 반발했다. 변호인인 유영하 변호사는 "상상과 추측을 거듭한 뒤 자신들이 바라는 환상의 집을 지었다"며 인정할 수 없다고 맹비난했다. 유영하는 "(박 대통령은) 검찰 조사에 일절 응하지 않고 중립적인 특검 수사에 대비하겠다"며 검찰의 대면조사에 불응하겠다고도 했다. 청와대도 이날 춘추관 브리핑에서 "수사팀의 편향된 주장에만 근거해 부당한 정치적 공세가 이어진다면 국정 혼란이 가중되고 그 피해는 결국 우리 모두에게 돌아갈 수밖에 없다"고 비난했다.

검찰이 수사를 통해 '대통령이 공모했다'며 대통령을 '피의자'로 발표하자, 정치권에서는 탄핵 목소리가 급속히 커지기 시작했다. 야권의 차기 대선 주자 여덟 명과 새누리당 비주류 비상시국회의가 탄핵 추진을 주장하기 시작했다.

김현웅 법무부 장관은 다음 날인 11월 21일 임명권자인 대통령에게 사의를 표명했다. 현직 대통령이 피의자로 입건되고 검찰 조사에 응하지 않는 상황에 대한 책임과 부담 때문으로 풀이됐다. 최재경 민정수석도 사의를 표명했다.

김종 전 차관과 장시호도 11월 21일 구속됐고, 12월 8일 조원동 전 경제수석과 함께 기소됐다. 김종은 2015년부터 삼성그룹에 한국동계스포츠영재센터에 16억여 원을 후원하도록 강요한 혐의를, 장시호는 2015년 6월 이 재단을 설립해 삼성으로부터 받은 자금 중 일부를 유용한 혐의 등을 받았다.

시동 걸린 탄핵 열차

검찰이 박근혜 대통령을 '피의자'로 공식 입건하자 정치권의 입장은 대통령 탄핵으로 급격히 기울기 시작했다. 더불어민주당, 국민의당, 정의당 등 야3당은 2016년 11월 21일 대통령 탄핵 추진을 당론으로 정하고 공동으로 탄핵소추안을 작성해 제출하기로 합의했다. 김무성 새누리당 전 대표는 11월 23일 오전 국회에서 긴급 기자회견을 열고 대선 불출마와 함께 비박계 의원 중심의 비상시국회의 주도로 대통령 탄핵안을 발의하겠다고 밝혔다. 김무성은 기자회견 후 "헌법을 위반한 대통령은 탄핵을 받아야 한다. 새누리당 내에서 탄핵 발의를 앞장서기로 했다"고 말했다. 김무성의 설명이다.

"박근혜 대통령은 국민을 배신했다. 우리 새누리당도 배신했다. 헌법을 심대하게 위반했다. 국가는 법으로 운영돼야 한다. 헌법을 위반한 대통령은 탄핵을 받아야 한다. 지금 야당이 탄핵에 대해 갖가지 잔머리를 굴리며 주저하고 있는데 새로운 보수를 만들고 국민에 대한 책임을 지는 그런 논의에서 우리 새누리당 내에서 탄핵 발의를 앞장서기로 했다."[95]

전직 국회의장과 국무총리 등 원로들은 11월 27일 서울 시내 한 호텔에서 회동해 박근혜 대통령에게 2017년 4월에 하야할 것을 촉구했다. 원로들은 당면한 국가 위기를 해소하기 위해서는 대통령이 빨리 사퇴 계획을 밝혀야 한다며 이와 같이 주장했다. 이날 회동에는 박관용 전 국회의장을 비롯해 김수한·김형오·강창희·정의화·박희태·김원기·임채정 전 국회의장과 이홍구 전 국무총리, 권노갑 전 민주당 상임고문, 정대철 국민의당 상임고문, 김덕룡 전 민족화해협력범국민협의회 상임의장, 송월주 스님 등이 참석했다.[96]

검찰 특별수사본부는 11월 27일 차은택과 그의 측근 송성각을 구속 기소하고, 김홍탁 대표 등 세 명은 불구속 기소했다. 검찰은 KT 에 최순실과 차은택 소유 회사에 일감을 몰아주게 했다는 혐의에 대해 이번에도 역시 대통령을 공범으로 적시했다.[97]

검찰은 특검 출범을 앞두고 대통령에 대한 대면조사도 서둘렀다. 검찰은 11월 23일 유영하 변호사를 통해 대통령에게 '11월 29일까지 대통령에 대한 대면조사를 요청한다'는 취지의 요청서를 보냈다. 세 번째 요청서였다. 대통령과 대기업 총수들이 독대한 자리에서 부정 청탁이 있었는지 등을 밝히기 위해서는 대면조사가 불가피했기 때문이다.

하지만 박 대통령은 검찰의 대면조사를 끝내 거부했다. 유영하 변호사는 11월 28일 검찰에서 요청한 11월 29일 대면조사를 받을 수 없다고 입장을 발표했다. 유영하는 "대통령은 급박하게 돌아가는 시국에 대한 수습 방안을 마련하고 내일까지 특검을 임명해야 하는 등 일정상 어려움으로 조사를 받을 수 없다"고 밝혔다. 그러자 안철수 국민의당 전 대표는 페이스북에 "박근혜 대통령이 변호인을 통해 내일로 예정된 검찰의 대면조사를 또 거부했다. 이는 헌법을 파괴한 대통령이 검찰의 정당한 법적 절차마저 무시한 폭거이자 대국민 담화에서 이야기한 수사 협조 약속 위반"이라고 비판했다.

박근혜 대통령은 국회의 탄핵소추안 저지를 위한 마지막 반전 카드를 꺼냈다. 11월 29일 3차 대국민 담화를 발표하고 자신의 진퇴 문제를 국회 결정에 맡기겠다고 밝혔다. 자신의 진퇴를 자신이 아닌 합의가 난망한 국회에 공을 던진 것으로, 탄핵소추안 처리를 앞둔 마지막 승부수였다.

"저는 제 대통령직 임기 단축을 포함한 진퇴 문제를 국회의 결정에 맡기겠습니다. 여야 정치권이 논의해 국정의 혼란과 공백을 최소화하고 안정되게 정권을 이양할 수 있는 방안을 만들어주시면 그 일정과 법 절차에 따라 대통령직에서 물러나겠습니다."

'대통령 진퇴를 국회에 맡기겠다'는 대통령의 반전 카드에 국회는 다시 흔들렸다. "대통령의 술책에 넘어가면 안 된다"는 주장도 많았지만, 탄핵에 앞장서기로 한 새누리당 비주류가 흔들렸다. 새누리당 비주류 좌장인 김무성 전 대표는 12월 1일 "대통령이 스스로 물러나기로 했으니 탄핵은 필요 없는 것 아니냐"고 말했다. 새누리당은 이날 '박근혜 대통령 2017년 4월 퇴진, 6월 조기 대통령 선거'를 당론으로 채택했다. 야당과 새누리당 비주류 간 '탄핵 연대'가 흔들린 셈이다.

새누리당 비주류를 제외하고 야3당과 무소속 의원 등 국회의원 171명은 12월 3일 헌법과 법률 위반을 이유로 '대통령(박근혜) 탄핵소추안'을 국회에 제출했다. 탄핵소추안이 발의된 것이다. 탄핵소추안에 명시된 내용 일부다.

"박근혜 대통령의 위와 같은 위헌, 위법 행위는 헌법수호의 관점에서 볼 때 대한민국 헌법질서의 본질적 요소인 자유민주적 기본질서를 위협하는 행위로서 기본적 인권의 존중, 권력분립, 사법권의 독립을 기본요소로 하는 법치주의 원리 및 의회제도, 복수정당제도, 선거제도 등을 기본요소로 하는 민주주의 원리에 대한 적극적인 위반임과 동시에 선거를 통해 국민이 부여한 민주적 정당성과 신임에 대한 배신으로서 탄핵에 의한 파면결정을 정당화하는 사유에 해당한다. 이에 박근혜를 파면함으로써 헌법을 수호하고 손상된 헌법질서를 다시 회복하기 위해 탄핵소추안을 발의한다."[98]

다음은 탄핵소추안에 적시된 박 대통령의 주요 헌법 및 법률 위반 목록이다. 주로 검찰의 수사 결과와 주요 인물들의 공소장, 그동안 나온 언론보도 등을 종합한 내용이다.

헌법 위배 행위

가. 국민주권주의(헌법 제1조), 대의민주주의(헌법 제67조 제1항), 국무회의에 관한 규정(헌법 제88조, 제89조), 대통령의 헌법수호 및 헌법준수 의무(헌법 제66조 제2항, 제69조) 조항 위배

나. 직업공무원 제도(헌법 제7조), 대통령의 공무원 임면권(헌법 제78조), 평등원칙(헌법 제11조) 조항 위배

다. 재산권 보장(헌법 제23조 제1항), 직업선택의 자유(헌법 제15조), 기본적 인권보장 의무(헌법 제10조), 시장경제질서(헌법 제119조 제1항), 대통령의 헌법수호 및 헌법준수 의무(헌법 제66조 2항, 제69조) 조항 위배

라. 언론의 자유(헌법 제21조 제1항), 직업선택의 자유(헌법 제15조) 조항 위배

마. 생명권 보장(헌법 제10조) 조항 위배

법률 위배 행위

가. 재단법인 미르, 재단법인 K스포츠 설립 모금 관련 범죄

나. 롯데그룹 추가 출연금 관련 범죄

다. 최순실 등에 대한 특혜 제공 관련 범죄

(1) KD코퍼레이션 관련 특정범죄 가중처벌 등에 관한 법률 위반(뇌물)죄, 직권남용권리행사방해죄, 강요죄

(2) 플레이그라운드 관련 직권남용권리행사방해죄, 강요죄

(3) 주식회사 포스코 관련 직권남용권리행사방해죄, 깅요괴

(4) 주식회사 KT 관련 직권남용권리행사방해죄, 강요죄

(5) 그랜드코리아레저 관련 직권남용권리행사방해죄, 강요죄

라. 문서 유출 및 공무상 취득한 비밀 누설 관련 범죄

국회 탄핵소추안 가결, "국민이 이겼다"

정치권이 탄핵 앞에서 주춤거리자 거대한 촛불민심이 타올랐다. 12월 3일 서울과 지방 곳곳에서 6차 촛불집회가 열렸다. 사상 최대 인원인 232만 명(주최 측 추산)이 참여했다. 이날 집회 참가자들은 청와대로부터 불과 100m 떨어진 서울 종로구 효자치안센터까지 행진하며 박근혜 대통령의 즉각 퇴진을 외쳤다. 촛불집회에 이렇게 많은 인원이 모인 것은 3차 대국민 담화에서 자신의 진퇴 문제를 국회로 떠넘긴 대통령과 탄핵소추안 발의에 주춤거리는 정치권의 태도 등에 대한 국민의 분노가 겹쳤기 때문이었다.

거대한 촛불민심에 놀란 새누리당 비주류가 다시 탄핵 열차에 올라탔다. 새누리당 비상시국회의는 12월 4일 대통령이 자신의 퇴진 시점을 공개적으로 밝히더라도 조건 없이 탄핵소추안 표결에 참여하기로 결정했다. 새누리당은 탄핵소추안 표결에 당론을 정하지 않고 소속 의원들의 자유의사에 맡기기로 했다.

다급해진 박근혜 대통령은 12월 6일 오후 2시 30분 새누리당의 이정현 대표와 정진석 원내대표를 청와대로 불러 약 55분간 회동했다. 정진석 원내대표가 탄핵소추안에 대한 '자유 투표 방침'을 전하자 대통령은 탄핵소추안이 가결되면 결과를 수용하겠다고 말했다. 그러면서 탄핵소추안이 가결되더라도 헌법재판소의 탄핵심판 결정이 내

려질 때까지 물러나지 않겠다고 분명히 했다.

탄핵 열차에 올라탄 새누리당 비상시국회의는 12월 7일 만약 국회에서 탄핵소추안이 부결되면 문재인 전 더불어민주당 대표가 정계에서 은퇴할 것을 요구했다. 더불어민주당과 국민의당 소속 의원 전원은 12월 8일 탄핵소추안이 부결되면 의원직을 사퇴하겠다는 결의서를 제출했다. 대통령에 대한 탄핵소추안은 12월 8일 오후 2시 45분 국회 본회의에 보고됐다. 국회법상 탄핵소추안은 발의 후 첫 본회의에서 보고하고 24시간 후 72시간 이내에 표결해야 한다.

12월 9일 오후 2시 50분 서울 여의도 국회 본회의장. 더불어민주당 의원들이 속속 안으로 들어오기 시작했다. 이어 국민의당과 새누리당 의원들도 들어왔다. 본회의장 4층 방청석은 이미 취재진과 세월호 유가족 등 방청객으로 가득 차 있었다.

오후 3시 2분, 정세균 국회의장이 개의를 선언했고 곧이어 "의사일정 제1항 대통령 박근혜 탄핵소추안을 상정한다"고 선언했다. 김관영 국민의당 원내수석부대표가 약 17분간 대통령 탄핵소추안 제안 설명을 했다. 정 의장은 이후 감표의원 여덟 명을 발표했고, 국회 의사국장은 투표 방법을 안내했다.

오후 3시 24분, 투표가 시작됐다. 추미애 더불어민주당 대표가 가장 먼저 투표를 마쳤다. 이정현 대표 등 새누리당 지도부는 거의 마지막에 자리에서 일어섰다.

오후 3시 53분, 정 의장은 개표 시작을 선언했다. 오후 4시 7분. 일부 더불어민주당 감표위원들이 자당 의원들을 향해 고개를 끄덕였다. 방청석에서는 환호성이 터져 나왔고 의원들도 웅성거렸다.

오후 4시 10분, 정세균 의장이 엄숙한 표정으로 선언했다.

"299표 중 가可 234표, 부否 56표, 기권 2표, 무효 /표로 대통령 탄핵소추안은 가결됐음을 선포합니다."

정세균 의장이 탄핵소추안이 가결됐음을 밝히는 사이 방청석에서는 "국민이 이겼다", "만세" 등의 환호성과 박수가 터져 나왔다.[99]

같은 날 오후 5시, 대통령 관저에서 TV로 탄핵소추안 표결을 지켜본 박근혜 대통령은 청와대에서 국무위원 및 부처장관 간담회를 열었다. 그는 "앞으로 헌법과 법률이 정한 절차에 따라서 헌법재판소의 탄핵심판과 특검 수사에 차분하고 담담한 마음가짐으로 대응해나갈 것"이라고 밝혔다.

오후 7시 3분, 국회의 탄핵소추 의결서가 청와대 총무비서관을 통해 송달되면서 헌법상 대통령 권한과 직무 행사가 정지됐다. 취임 1384일(3년 9개월여) 만이었다. 같은 시각, 황교안 국무총리가 대통령 권한대행이 됐다.

대통령은 직무가 정지되기 직전 최재경 민정수석의 사표를 수리하고 후임자로 조대환 변호사를 임명했다. 세월호특별조사위원회에서 새누리당 추천 부위원장을 지낸 조대환 변호사의 전력을 두고 대통령의 '세월호 7시간 의혹'에 대한 특별검사 수사를 대비한 것이라는 분석이 나왔다.

10 농성전과 탄핵
(2016.12.9~2017.3.10)

법은 신분이 귀한 자에게 아부하지 않고, 먹줄은 굽은
모양에 따라 구부려 사용하지 않습니다. … 군주가
법을 버리고 사사로움을 가지고 처리한다면 군주와
신하는 구별이 없어지게 될 것입니다.

『한비자』 중에서
(『한비자』, 김원중 옮김, 휴머니스트, 2016, 107~107쪽)

헌재 탄핵심판 및 특검 수사 준비

2016년 12월 9일 오후 5시 57분, 대통령 탄핵소추안 의결서가 서울 종로구 재동 헌법재판소에 전달되면서 탄핵심판의 막이 올랐다. 박근혜 대통령 탄핵심판 사건 번호는 '2016헌나1'. 헌법재판소는 이날 탄핵소추서를 받자마자 피청구인, 즉 대통령 측에 12월 16일까지 답변을 제출하라는 답변 요구서를 인편으로 보냈다. 또 탄핵심판 사건의 주심으로 강일원 재판관을 선정했다. 헌재 심판은 사건을 접수한 날부터 최대 180일 이내에 선고해야 하고, 탄핵심판의 경우 재판관 중 여섯 명 이상이 찬성해야 인용된다.

헌법재판소는 12월 12일 오전 10시 첫 전체 재판관회의를 열고 향후 탄핵심판 절차와 기일 지정, 진행 방법 등을 논의했다. 헌재는 이날 회의에서 탄핵소추안의 근거로 제시된 13가지 사유를 모두 심리하겠다고 밝혔다. 즉, 13가지 사유 중 몇 가지만 확실한 탄핵 사유로 인정되더라도 그것만 가지고 결론을 내리지 않고 모두 들여다보겠다는 이야기였다. 법리와 심리 절차를 집중 연구할 전담팀도 구성했다.

12월 14일, 박한철 헌법재판소 소장은 재판관회의에서 이정미 재판관을 포함해 주심인 강일원 재판관과 이진성 재판관을 탄핵심판의 준비 절차를 이끌어가는 '수명受命 재판관'으로 지정했다. 수명 재판관이란 준비 절차를 주재하면서 사건 당사자의 주장과 증거, 사건 쟁점을 정리하는 역할을 하는 재판관을 의미한다. 페루를 출장 중이던 김이수 재판관이 12월 15일 복귀하면서 헌재는 비로소 9인 재판관 체제를 갖추게 됐다. 헌재는 박영수 특별검사 및 서울중앙지검에 '최순실 게이트' 관련 수사 자료의 제출을 요청했다.

박근혜 대통령은 12월 16일 오후 법률대리인 이중환, 손범규, 채명성 변호사를 통해 탄핵 사유를 부인하는 답변서를 헌재에 제출했다. 대통령 측은 "헌법 법률 위배 행위는 모두 사실이 아니고 입증된 바 없다"며 "탄핵 사유가 없다"고 주장했다. 이중환 변호사는 답변서 제출 직후 "헌재에서 탄핵소추안에 담긴 사실관계와 법리적인 부분 모두를 다툴 것"이라고 밝혔다.[1]

헌재는 12월 20일 오전 전체 재판관 회의를 열고 탄핵심판 첫 준비절차기일을 12월 22일 오후로 지정했다. '준비절차기일'이란 정식 변론을 하기 전에 당사자 대리인이 모여 쟁점과 증거, 증인 등을 정리하는 것이다.

박영수 특별검사도 핵심 수사 인력을 구성하면서 수사 준비를 서둘렀다. 12월 1일 임명된 박영수 특검은 12월 5일에는 박충근, 이용복, 양재식, 이규철 특별검사보를 임명했고 12월 6일 윤석열 검사를 비롯한 1차 파견검사 10명도 확정됐다. 12월 6일에는 검찰로부터 3만 5000쪽에 이르는, 전체 무게만 자그마치 1t에 이르는 수사 기록 자료를 넘겨받아 수사를 준비했다. 박영수 특검은 다시 12월 9일 법무부로부터 특검팀 파견이 확정된 검사 10명의 명단을 추가로 공개했다. 이어 대한변호사협회 등에 추천을 의뢰한 특별수사관 40명에 대한 인선도 서둘렀다.[2]

특별검사 박영수는 서울대 철학과를 졸업했으며 강력·특수통 검사 출신이다. 김대중 정부 때 청와대 사정비서관으로 근무한 이후 특수수사로 전공을 바꿔 서울중앙지검 2차장으로 재직 중 2002년 SK 분식회계 사건을 수사해 최태원 회장을, 대검 중앙수사부장으로 있는 동안에는 2005년 현대자동차그룹 비자금 사건을 수사해 정몽구 회장을 각각 구속 기소하면서 '기업의 저승사자'로 불렸다.[3] 수시

팀장으로 합류한 윤석열 검사는 2013년 4월 국정원 정치 및 선거 개입 사건 특별수사팀장으로 이른바 '국정원 댓글 사건'을 수사했다. 그는 2013년 6월 원세훈 전 국정원장에게 '공직선거법' 및 '국가정보원법' 위반 혐의를 적용해 구속영장을 청구하려 했지만 황교안 당시 법무부 장관이 막아서면서 불구속 기소에 그쳤다. 그러다 그해 10월 돌연 직무에서 배제돼 논란이 됐다.

대통령 탄핵소추안이 가결된 다음 날인 12월 10일 오후 서울과 전국 곳곳에서 '박근혜정권퇴진비상국민행동'(이하 '퇴진행동') 주최로 7차 촛불집회가 열렸다. 주최 측 집계에 의하면 서울 광화문 일대 80만 명(경찰 측 추산 12만 명), 지방 24만 명을 합쳐 전국적으로 104만 명이 집결했다. 참가자들은 탄핵소추안이 가결된 뒤여서 청와대 앞에서 폭죽을 터트리는 등 자축 분위기 속에서 집회를 즐겼다. 시민들은 이날 '탄핵안 가결은 끝이 아닌 시작'이라며 엄정한 국회 국정조사와 특검 수사를 촉구했다.

앞서 이날 오전 11시 서울 광화문광장 인근에서 보수 단체 회원 1만여 명이 '탄핵소추 무효', '탄핵 기각' 등을 주장하며 맞불집회를 열었다. '박근혜를 사랑하는 사람들의 모임', 즉 '박사모'를 비롯한 223개 보수 단체 회원 1만 5000명(경찰 측 추산)은 집회를 열고 대통령 탄핵소추안을 가결한 국회를 비판했다. 이들은 "울지 마세요, 슬퍼하지 마세요, 당당하세요"라며 대통령을 위로했다. 탄핵안이 가결된 후 보수 단체의 집회 규모는 점점 커지기 시작했다.[4]

막 오른 국정조사 청문회

국회에서는 국정조사특위가 빠르게 움직이기 시작했다. 특위는 11월 30일 1차 기관보고를, 12월 5일 2차 기관보고를 잇따라 받았다. 이어 12월 6일 서울 여의도 국회에서 이재용 삼성전자 부회장을 포함한 대기업 총수 아홉 명이 증인으로 참석한 가운데 1차 청문회를 열었다. 이재용 부회장, 정몽구 현대자동차그룹 회장, 구본무 LG그룹 회장, 최태원 SK그룹 회장, 김승연 한화그룹 회장, 손경식 CJ그룹 회장, 조양호 한진그룹 회장, 신동빈 롯데그룹 회장이 나란히 증인석에 앉았다. 1988년 '일해재단'의 대기업 강제 모금 사건 이후 28년 만에 재벌 총수들이 모두 나온 청문회였다.

　　국회 국정조사특위 청문회 회의록[5] 등에 따르면 국정조사특위 위원들은 이날 대기업 총수들을 대상으로 재단법인 미르 및 재단법인 K스포츠에 거액을 출연한 배경과 의도, 외압, 특혜 의혹 등을 집중 추궁했다. 특히 기업 가운데 가장 많은 액수인 204억 원을 낸 삼성의 이재용 부회장에게 질문이 집중됐다. 이재용은 이날 "잘 기억이 나지 않는다"거나 "제가 부족했다, 앞으로 열심히 하겠다"는 말을 연발했다.

손혜원 위원(이하 손)＿ 다시 한번 묻겠습니다. K스포츠·미르 204억, 최순실한테 80억, 장시호 16억 그리고 말馬이 있습니다. 모르셨습니까? 이 돈이 나가는 것 모르셨습니까?

증인 이재용(이하 이)＿ 당시에는 몰랐습니다.

손＿ 삼성이 이런 조직입니까? 최지성 사장과 김종중 사장과 거의 매일 아침마다 보시면서 이런 것 보고 안 합니까?

이_ 제가 앞으로는 정말 더 철저히 챙기겠습니다.

손_ 그분들이 돈을 빼돌린 겁니까, 이렇게 큰돈을? 정말 모르셨습니까?

이_ 위원님, 앞으로는 정말…

손_ 그러면 그분들이 증인을 왕따시킨 겁니다. 그분들이 반란을 일으켰다고 볼 수도 있습니다. 수백억의 돈을 아침마다 만나는 분한테 얘기를 안 하고 그분들이 자의로 그 돈을 집행했습니까? 그리고 사후 보고했습니까? 증인, 모르셨습니까?

이_ 예, 몰랐습니다.

손_ 그런데 왜 그렇게 사죄하십니까? 왜 그렇게 잘못했다고 말씀하십니까? 뭘 잘못하셨습니까?

이_ 승마협회 부분에 대해 나중에 얘기를 들으니까 그것은 제가 봐도 적절치 못했습니다.

손_ 승마협회 말고 K스포츠, 미르재단은 아셨습니까?

이_ 그 부분은 제가 설명을 들어보니 아까도 말씀드렸지만 전경련 회비 내듯이 그냥 저희한테 할당이 돼 으레 관례상 내는 것으로 그냥 나간 것인데 어쨌든 앞으로는…

손_ 그 큰돈을 관례상 내셨습니까? 그것은 그러면 사전에 보고받고 결재를 해서 낸 겁니까?

이_ 저한테는 위원님…

손_ 미르재단, K스포츠에 돈이 204억이 나갔는데 그것을 보고를 안 했습니까?

이_ 예.[6]

이재용 부회장은 최순실을 언제부터 알았느냐는 질문에는 "(박근혜 대통령을 독대한) 2015년 7월에는 최순실의 존재를 몰랐다"고 답했다. 그는 "2016년 2월쯤 최순실의 존재를 알았느냐"는 질문에 "그쯤 되는 것 같다"고 모호한 답변을 내놨다. 박영선 더불어민주당 의원은 삼성물산과 제일모직의 합병 과정에서 국민연금공단과의 커넥션 여부를 추궁하기도 했다.

12월 7일, 김기춘 전 대통령 비서실장과 차은택 전 창조경제본부장, 고영태 더블루K 이사 등이 참석한 가운데 국회 국정조사특위의 2차 청문회가 열렸다. 전체 증인 27명 가운데 최순실을 비롯해 대통령 비서실의 안봉근 전 국정홍보비서관, 이재만 전 총무비서관, 정호성 전 부속비서관, 우병우 전 민정수석 등 핵심 증인들이 대거 빠진 채였다. 국회 국정조사특위 청문회 회의록7 등에 따르면 김기춘 전 대통령 비서실장은 이날 거듭된 추궁에도 "최순실을 알지도 못한다"거나 "최순실이라는 이름을 최근에야 알았다", "최순실을 알았다면 뭔가 연락을 하거나 한 통화라도 하지 않았겠냐. 검찰에서 조사하면 알 것"이라고 최순실과의 관계를 일관해 부인했다. 하지만 김기춘은 박영선 더불어민주당 의원이 최순실의 이름이 거론된 「정윤회문건」과 2007년 한나라당 대선 후보 경선 당시의 영상을 보여주자 그제야 "죄송합니다. 나이가 들어서"라며 "최순실의 이름을 못 들었다고 말하기는 어렵다"고 막판에야 최순실을 알고 있었다고 인정했다. 김기춘은 이날 '문화예술계 블랙리스트'의 작성 및 관리 의혹도 완강히 부인했다.

도종환 위원(이하 도)__ 2014년 8월 8일 역시 이 비망록(김영한 업무수첩)에 따르면 '홍성담 배제 노력, 제재 조치 강구', 10월 2일에는 '문화예술계 좌파 책동에 투쟁적으로 대응할 것' 이런 지시를 내렸다고 하는데, 이런 지시를 내린 적 있습니까?

증인 김기춘(이하 김)__ 그런 기억이 없고요. 문화계라는 것은 우리 교육문화수석 소관입니다. 그것을 민정수석에게 제가 그런 지시를 한 것 같지 않고요.

도__ 이런 지시가 내려간 뒤부터 블랙리스트가 김기춘 실장으로부터 시작돼서 그다음에 정무수석을 거쳐서 문화부로 내려왔다는 것이 문화부 전직 공무원의 증언인데, 사실입니까?

김__ 저희들 블랙리스트 만든 일 없습니다.

도__ 유진룡 전 장관도 내려온 블랙리스트를 보고 시행을 할까 어쩔까 하다가 그냥 그만두고 말았다는 이야기를 들은 적 있는데, 모르시는 일입니까?

김__ 예, 저는 유진룡 장관에게 그런 것을 드린 일 없습니다.[8]

차은택 전 창조경제추진단장은 박근혜 정권에서 차지하는 최순실의 지위나 역할과 관련해 "최순실과 박근혜 대통령은 동급에 있는 게 아닌가 생각했다"고 말했고, '공동정부 또는 공동정권'이라는 생각을 묻는 질문에는 "최근에 와서 그렇게 생각했다"고 대답했다. 고영태 전 더블루K 이사도 최순실에 대해 "대통령과 급이 같은 권력 서열 1위였다"고 말해 국정농단의 실력자라고 증언했다. 그는 최순실과 남녀 관계가 절대 아니라고 말하고 "2년 정도 전부터 좀 모욕적인 말과 밑의 직원들을 좀 사람 취급을 안 하는 행위를 많이 해 그때부터 멀어졌다"고 말했다.

최순실의 조카 장시호는 한국동계스포츠영재센터에 대해 "최순실 이모의 아이디어"라며 "최순실 이모가 만들라고 해 지원서를 만들어 드렸고, 그 계획서를 김종 문체부 차관에게 냈다"고 말했다. 그는

"나는 최순실 씨가 지시하면 따라야 하는 입장이고 이모라서 거스를 수는 없었다"고 덧붙였다.

2016년 12월 14일 국회 국정조사특위는 3차 청문회를 열었다. 여야 위원들은 최순실이 자주 다녔던 성형외과 김영재의원의 김영재 원장을 비롯, 전직 대통령 주치의, 김장수 전 청와대 국가안보실장, 차광렬 차병원그룹 총괄회장 등을 상대로 2014년 4월 16일 세월호 사고 당시 대통령의 '세월호 7시간 의혹' 등을 집중 추궁했다. 국회 국정조사특위 청문회 회의록9 등에 따르면 김장수 전 청와대 국가안 보실장은 "세월호 당일 오전 10시쯤 (관저와 집무실에) 서면으로 보고를 했다"고 답했고, 대통령이 관저에 있었는지 확인을 했느냐는 질문에 대해서는 "저는 확인하지도 않았고, 관저가 아니면 거기(집무실)에 계실 것이라고 추정했다"고 답변했다. 그는 '어디에 있는지 확인이 안 돼 (서면 보고를) 양쪽에 보낸 것 아니냐'는 질문에 "맞다"고 말했다.

3차 청문회에서는 박영선 더불어민주당 의원에 의해 녹취록이 공개됐다. 최순실이 비리 의혹을 이성한 전 재단법인 미르 사무총장에게 뒤집어씌우려고 한 정황이 담긴 녹취록이었다. 녹취록에서 최순실은 "이성한이 아주 계획적으로 하고 돈도 요구했던 걸로 해"라고 말했으며, 태블릿PC에 대해서는 "큰일 났네. 그러니까 고(고영태)한테 정신 바짝 차리고 걔네들이 이게 완전히 조작품이고 얘네들이 이거를 훔쳐가지고 이렇게 했다는 걸로 몰아야 된다"고 말했다.

12월 15일 4차 청문회가 열렸다. 조한규 전 ≪세계일보≫ 사장은 이날 청문회에 증인으로 나와 현 정권이 양승태 대법원장 등 사법부를 사찰했다는 내용의 문건을 공개했다. 그는 문건에 대해 "양승태 대법원장의 대단한 비위에 대한 사찰이 아니고 등산 등 일과를 낱낱이 사찰해 청와대에 보고한 내용"이라고 설명했다. 대법원은 이에

"만일 법관에 대한 일상적인 사찰이 실제로 이뤄졌다면, 이는 사법부를 감시하고 통제함으로써 정당한 사법권 행사를 방해하려는 불순한 발상에서 기인한 것으로 밖에는 볼 수 없다"고 지적하며 중대한 반헌법적 사태라고 반발했다.

이화여대의 최경희 전 총장과 김경숙 전 체육과학대학장, 남궁곤 전 입학처장 등은 최순실의 딸 정유라의 입시 비리 의혹을 전면 부인했다. 안민석 의원과 김경숙 전 학장 간의 질의응답이다.

> **안민석 의원(이하 안)__** 자, 김경숙 증인, 역시 그러면 남궁곤 처장에게 정유라가 지원했다 이야기한 것…
>
> **증인 김경숙(이하 김)__** 없습니다.
>
> **안__** 적절했다고 봅니까?
>
> **김__** 없습니다.
>
> **안__** 아예 그냥 거짓말 자체를, 거짓말을 그냥 아주 하기로 작정을 했군요.
>
> **김__** 아닙니다, 위원님. 제가…
>
> **안__** 정말 학생들에게 부끄러운 줄 아세요. 그래도 두 분에 비해서는 이대 학생들은 불의에 항거해서 그 더운 여름날 땡볕에서 투쟁을 해서 그나마 이대의 자존심이 살려진 겁니다. 두 분 같은 교수들 때문에 이대가 지금 짓밟혀지고 있는데 거짓말까지 하고 말이에요.
>
> **김__** 아니, 위원님…
>
> **안__** 그러니까 보세요.
>
> **김__** 제가 그런 말씀을 진짜 전한 적이 없습니다.[10]

하지만 이화여대 고위 간부나 교수들은 청문회에서 거짓말을 한 것으로 드러났다. 최경희와 김경숙 등은 정유라를 승마 특기생으로 부정 입학시켰고 입학 후에는 과제물을 제출하지 않아도 부정하게 학점을 준 것이 드러나 국회 위증죄 등으로 얼마 뒤 특별검사에 의해 기소됐다. 이날 청문회에서는 최순실이 귀국 전 검찰 수사 진행 상황을 파악하고 수습을 위해 사전에 모의한 정황이 담긴 녹취록도 추가로 공개됐다.

박영수 특검 1호 구속 '문형표'

2016년 12월 21일 박영수 특별검사는 서울 대치동에서 현판식을 갖고 공식 수사에 착수했다. 특별검사는 앞서 12월 12일 이곳 사무실에 입주했다. 특검은 이 건물의 17층(검사실), 18층(특검 및 특검보), 19층(검사실) 등 3개 층을 사용했다. 특검은 현판식과 함께 국민연금공단 기금운용본부를 비롯해 10여 곳을 일제히 압수수색하며 수사 착수를 선언했다. 이와 함께 최순실의 딸 정유라를 기소 중지 조치하고 지명수배했다.

박영수 특별검사는 수사에 임하면서 최순실을 둘러싼 의혹을 크게 두 가지 축으로 이해했다고 한다. 2017년 3월 3일 출입기자 오찬 간담회에서 밝힌 박영수 특별검사의 이야기다.

"최순실 사건은 두개의 고리가 있다. 첫째, 박근혜 대통령과의 친분을 이용해 국정을 농단한 것. 둘째, 정경유착이다. 최 씨는 우리 사회 정경유착을 활용해 자신의 이권을 챙겼다. 자본주의 국가에서 정경유착의 고리가 얼마나 위험한 것인가. 기업들의 술헌 행위를 축소해서 보는 시각이 있는데, 최 씨의 위세에 눌려 기업들이 돈을 낸 것이 아니다."[11]

특검은 12월 24일 오전 10시 공식 수사에 착수한 후 첫 공개 소환자로 김종 전 문화체육관광부 제2차관을 피의자 신분으로 불러 조사했다. 김종 제2차관은 대통령과 최순실, 안종범 전 경제수석과 함께 2016년 5월경 한국관광공사 산하 공기업 그랜드코리아레저에 압력을 행사해 장애인 펜싱팀을 창단하도록 하고 최순실이 운영하는 회사 더블루K와 에이전트 계약을 맺도록 강요한 혐의를 받았다. 그는 아울러 최순실과 그의 조카 장시호와 함께 2015년 10월부터 2016년 3월까지 한국동계스포츠영재센터에 삼성전자가 16억 원을 내도록 강요한 혐의도 받았다. 특검은 이날 오후 2시 최순실을 피의자 신분으로 공개 소환해 조사했다. 특검팀은 지금까지 드러난 범죄 혐의와 여러 의혹에 대한 최순실의 입장을 확인하는 차원이라고 말했다.

특검은 이후 정호성 전 비서관(12월 25일), 문형표 국민연금공단 이사장, 안종범 전 수석, 정관주 전 문화체육관광부 제1차관(12월 27일), 김상률 전 대통령 비서실 교육문화수석, 신동철 전 대통령 비서실 정무비서관(12월 28일), 김재열 제일기획 사장, 모철민 전 대통령 비서실 교육문화수석(12월 29일) 등을 차례로 소환해 조사했다.

특검은 이와 함께 증거자료를 확보하기 위해 12월 26일에 김기춘 전 대통령 비서실장과 조윤선 전 문화체육관광부 장관 자택 등 10여 곳과 문형표 전 이사장과 김진수 대통령 비서실 보건복지비서관 자택, 12월 28일에 김영재 원장 자택과 사무실 및 서울대병원, 12월 29일에 이화여대와 대한승마협회 등을 압수수색했다. 12월 27일에는 정유라에게 적색 수배를 내릴 것을 인터폴에 요청했다.

특검은 수사 초반부터 삼성과 대통령의 뇌물수수 혐의에 수사력을 집중했던 것으로 분석된다. 2015년 삼성물산·제일모직의 합병과 삼성전자의 최순실 일가에 대한 특혜성 지원 사이에 대가성이 있는 것으로 판단했기 때문이다. 특별검사는 12월 28일 새벽 문형표 전 이사장을 불러 조사하던 중 긴급 체포했다. 문형표는 보건복지부 장관 시절 국민연금공단에 합병에 찬성하라고 압력을 넣었다는 사실을 인정했다. 당시 소액 주주들은 합병을 반대했지만 대주주인 국민연금공단이 찬성하면서 삼성물산과 제일모직은 합병에 성공했다. 국민연금공단은 수천억 원대의 손해를 입었지만 이재용 삼성전자 부회장은 싼값에 경영권을 승계했다는 평가를 받았다. 특검은 12월 31일 문형표를 직권남용 및 위증 혐의 등으로 구속했다. 특검 출범 이후 첫 구속이었다.

특검은 이 과정에서 이 부회장이 대통령에게 삼성물산과 제일모직의 합병을 도와달라고 청탁했고 대통령이 문형표를 통해 이를 들어준 것으로 봤다. 특검팀은 홍완선 전 국민연금공단 기금운용본부장으로부터 "문 이사장이 (삼성물산과 제일모직의 합병을) 찬성하라고 압력을 가했다"는 취지의 진술을 확보한 바 있다. 문형표 이사장의 구속으로 삼성이 합병의 대가로 대통령과 최순실에게 뇌물을 건넸다는 주장에 점점 힘이 실리기 시작했다.

헌재 탄핵심판 1~3차 준비절차기일

2016년 12월 22일 오후 2시 서울 종로구 재동 헌법재판소의 소심판정. 헌법재판소는 박근혜 대통령 탄핵심판에 대한 1차 준비절차기일을 열고 대통령과 국회 소추위원 측이 제출한 증서와 증인 목록 등을 토대로 사건의 쟁점을 정리했다.

헌법재판소는 먼저 탄핵소추의 사유를 ① 최순실 등 비선조직에 의한 인치주의로 국민주권주의와 법치주의 위반, ② 대통령의 권한 남용, ③ 언론의 자유 침해, ④ 생명권 보호 의무 위반, ⑤ 뇌물수수 등 형사법 위반 등 다섯 가지 유형으로 제안했고, 양측 대리인은 동의했다.[12]

국회 탄핵소추위원단 측은 이날 최순실과 안종범 등 주요 피고인들의 공소장과 검찰 특별수사본부의 수사 결과 발표, 국회 국정조사 조사록, 대통령 대국민 담화문, 신문 기사 등 총 49개의 서면 증거를 제출했다. 아직 입수하지 못한 증거는 헌재의 심판 규칙에 따라 헌재에 문서 송부 촉탁을 해줄 것을 신청했다. 대통령 측도 대통령 말씀자료 등 총 3개의 증거를 제출했고, 헌재는 이를 모두 증거로 채택했다. 양측은 이와 함께 최순실, 김기춘, 우병우, 안종범, 차은택 등 대통령의 파면 사유를 증명할 증인 28명을 신청했고, 헌재는 모두 채택했다. 준비 절차는 본격적인 변론을 하는 자리가 아닌 주요 쟁점과 증거를 정리하고 일정을 조율하는 절차이기에 심리는 40여 분 만에 끝났다. 이진성 재판관은 이날 대통령의 세월호 참사 당일 7시간 행적에 대해 "남김없이 밝혀달라"며 대통령의 '세월호 7시간'을 시간대별로 구체적으로 밝혀달라고 요구했다.[13]

헌재는 12월 23일 대통령 관련 수사 기록을 검찰과 법원에 요청했고, 법무부는 12월 24일 "국회의 대통령 탄핵소추 발의 및 의결이 요건을 충족했고 적법한 소추의결서 정본이 헌재에 제출됐다"며 "대통령 탄핵심판이 절차상 적법하다"는 의견서를 헌재에 제출했다.[14] 헌재는 12월 26일 서울중앙지검으로부터 최순실 게이트 수사자료를 제출받아 대통령 수사 기록을 확보했다.

헌재는 12월 27일 오후 2시 헌재의 소심판정에서 2차 준비 절차 기일을 열었다. 헌재는 한 차례 더 준비절차기일을 갖기로 했고 첫 변론 날짜를 2017년 1월 3일로 정했다. 이날 2차 준비절차기일에 국회 측과 대통령 측 대리인단은 탄핵심판과 관련한 기관 사실 조회와 증거 채택 여부 등을 놓고 신경전을 벌였다. 대통령 측은 문화체육관광부와 국민연금공단, 삼성, 전국경제인연합회, 재단법인 미르와 재단법인 K스포츠 출연 기업 등 16곳에 대해 사실 조회를 요청했다. 특히 기업을 상대로 한 사실 조회에서는 전경련으로부터 출연 요구를 받았는지, 아니면 자유로운 의사에 따라 출연을 한 것인지, 그리고 출연을 거부한 데 따른 불이익이 있었는지 등을 조회해달라고 했다. 국회 소추위원단은 이에 "사실 조회가 객관적 사실이 아닌 이유나 동기 등 의견을 묻는 절차로 변질돼 해당 기관에 압박감을 줄 수 있다"고 반발했다. 반면 대통령 대리인단은 검찰이 헌재에 제출한 관련자들의 수사 기록을 탄핵심판 증거로 채택하는 데 반대했다. 대통령 측은 "검찰 수사 기록 중 일부는 선입관 때문에 사실과 다른 부분이 있을 수 있다"고 강조했다. 대통령 대리인단은 아울러 '세월호 7시간 의혹'과 관련한 소명 자료 제출에 좀 더 시간을 달라고 요청하기도 했다.

헌재는 12월 30일 3차 준비절차기일을 열고 탄핵심판 심리 기간을 단축하기 위해 사실 조회 대상을 최소화하고 최순실 등에 대한 1심 판결을 기다리지 않겠다고 결정했다. 헌재는 이날 재단법인 미르 및 K스포츠, 법무부, 문화체육관광부, 미래창조과학부, 관세청, ≪세계일보≫ 등 7곳에 대한 사실 조회 신청을 채택했다. 대통령 측 대리인단이 12월 27일 2차 준비절차기일 때 사실 조회를 요구한 16곳 가운데 절반 정도를 수용한 셈이다.

헌재의 박한철 소장은 12월 30일 신년사를 통해 최대한 이른 시일 내에 탄핵심판 결정을 내리겠다는 의지를 밝혔다. 박한철 소장의 신년사 일부다.

"헌법을 지키고 그 참뜻을 구현하는 방안에 대해 고심하고 또 고심하면서, 국민 여러분의 믿음에 부응해 헌법재판소가 맡은 역할을 책임 있게 수행하도록 최선을 다하겠습니다. 헌법을 수호하는 최고의 기관으로서 헌법재판소는 오직 헌법에 따라, 그리고 국민이 납득할 수 있는 투명한 법 절차에 따라, 사안을 철저히 심사해, 공정하고 신속하게 결론을 내리겠습니다."[15]

5~7차 청문회: 거짓말 퍼레이드

2016년 12월 22일 서울 여의도 국회에서 국회 국정조사특위 5차 청문회가 열렸다. 우병우 전 민정수석이 이날 출석했지만, 그는 모르쇠로 일관했다. 우병우는 최순실에 대해 "현재도 모른다. 언론에서 봤다"고 했고 최순실과 관련된 혐의도 전면 부인했다. 노승일 전 재단법인 K스포츠 부장은 '들은 이야기'라고 전제한 뒤 "차은택의 법적 조력자가 김기동(대검찰청 부패범죄특별수사단장)이라는 얘기를 들었고, 김기동을 누가 소개해줬느냐고 하니 '우병우가 소개해줬다'고 들었다"고 밝혔다. 우병우는 "말이 안 된다"고 부인한 뒤 "차은택이든 김기동이든 불러서 확인하면 좋겠다"고 말했다. 최순실은 또 청문회에 출석하지 않았다.[16]

12월 26일 서울구치소와 서울 남부구치소에서 최순실, 안종범, 정호성에 대한 국회 국정조사특위 6차 청문회가 열렸다. 이른바 '구치소 청문회'였다. 당사자인 세 사람 모두 청문회장에 출석하지 않자 국정조사특위 위원들은 2개 조로 나눠 최순실이 수용돼 있는 서울구치소 내 수감동과 안종범과 정호성이 있는 서울남부구치소를 각각 찾아간 것이다. 의원들은 1시간 30분 동안 서울구치소 측과 최순실 접견을 놓고 줄다리기한 끝에 2시간 30분 동안 최순실에게 질의할 수 있었다. 위원들의 전언을 종합하면 최순실은 "나라에 혼란을 끼쳐서 죄송하다. 나라가 바로 섰으면 좋겠다"고 말하면서도 자신이 어떤 잘못을 했고 어떤 혼란을 끼쳤는지 구체적으로 밝히지는 않았다. 최순실은 대통령이 자신을 '최 원장'이라고 불렀고 자신은 대통령을 '의원님', '대통령님'이라고 불렀다고 밝혔다. 김기춘과 우병우, 안종범에 대해서도 전혀 모른다고 답했으며, 우병우의 장모 김장자 등에 대해서도 똑같이 답변했다. 최순실은 검찰의 공소 사실을 완전히 부인했다. 최순실은 손혜원 더불어민주당 의원이 "딸이 걱정되느냐, 손자가 걱정되느냐"고 묻자 답변을 하지 못하고 눈물을 흘린 것으로 알려졌다. 최순실은 김한정 더불어민주당 의원이 '국정의 1%도 관여를 안 했고 시녀 정도 수준이었다'는 대통령의 해명을 전하자 김 의원을 쳐다보며 "그런 소리를 했어요?"라고 되물었다.[17]

안종범은 서울남부구치소에서 대통령이 최순실과 공모 관계일 뿐만 아니라 시발점이었다는 식으로 증언했다. 박범계 더불어민주당 의원과 안종범 간의 질의응답이다.

박범계 위원(이하 박)__ 포괄적으로 대통령 지시를 받았고 모른다고 했는데, 대통령·최순실과의 공모 관계에 있어 모든 일의 시발점이 대통령이라는 것인지?
안종범 전 경제수석(이하 안)__ 인정한다.

박＿ 대통령의 지시로 모든 일이 이행된 것인지?

안＿ 그러하다.[18]

　정호성은 최순실과 자주 전화 통화를 했고, 그때마다 최순실을 '선생님'으로 불렀다고 대답했다. 최순실은 정호성을 '정 비서관'이라고 호칭, 하대했음을 사실상 인정했다.[19]

　국회 국정조사특위는 12월 30일 우병우 전 민정수석 등을 청문회 위증 혐의로, 불출석 증인들에 대해서는 국회증언·감정법상 국회모욕죄·위증죄 등의 혐의로 특검에 고발했다.

　해가 바뀌어 2017년 1월 9일 국회 국정조사특위 7차 청문회가 열렸다. 증인 20명을 채택했지만, 이날 참석한 증인은 단 네 명이었다. 청문회에서 이용주 국민의당 의원은 조윤선 전 문화체육관광부 장관에게 '문화계 블랙리스트가 존재하느냐'는 한 가지 질문만 4분 넘게 반복해 물었다. 조윤선은 계속되는 추궁에 "예술인들의 지원을 배제할 명단이 있었던 것으로 판단이 되고 있다"며 결국 블랙리스트의 존재를 인정했다. 이용주 의원과 조윤선 간의 '역사적인' 질의응답이다.

　이용주 위원(이하 이)＿ 그렇다고 한다면 지금 시점과 11월 30일 시점이 똑같습니까? 증인이 아는 게 똑같은 상황만 알아요? 그 당시에는 블랙리스트를 모른다고 했는데 지금도 블랙리스트가 없다고 생각하십니까?

　증인 조윤선(이하 조)＿ 위원님, 직원들이 특검에 가서 조사를 받은 다음에는…

　이＿ 물어보는 건 이거예요. 지금도 블랙리스트가 없다고 생각하느냐는 거예요.

조__ 위원님, 직원들이 특검에 가서…

이__ 지금도 블랙리스트가 없다고 생각하느냐고 물어봤습니다.

조__ 위원님, 저는 그렇게 생각하지 않습니다.

이__ 블랙리스트가 있는 것 맞지요?

조__ 위원님, 직원들이 특검에…

이__ 증인, 블랙리스트가 있는 것 맞지요?

조__ 지금 그렇게 특검에서 조사를 하고 있고 그 전모가 곧 밝혀질 것이라고 저도 믿고 있습니다.

이__ 증인, 그것만 대답하세요. 그것부터 대답하세요. 블랙리스트가 있는 것 맞지요, 존재하는 것 맞지요?

조__ 위원님, 제가 아까 말씀드린 것과 마찬가지로…

이__ 증인! 블랙리스트가 존재하는 것은 맞지요?

조__ 제가 그 부분에 관해서 지난번 11월 30일에…

이__ 조윤선 증인! 다시 묻겠습니다. 조윤선 이름이라는 것에 명예를 걸고 대답을 하세요. 블랙리스트가 존재하는 게 맞습니까, 안 맞습니까?

조__ (침묵)

이__ 누가 만들었는지 누가 폐기했는지 모르지만 블랙리스트가 존재했던 게 맞아요, 안 맞아요?

조__ 지금 특검에서 조사를 하고 있는 내용이…

이__ 특검 말하지 마시고 증인이 알고 있는 걸 말을 하세요. 블랙리스트가 존재하는 게 맞아요, 안 맞아요?

조__ 지금 특검에서 조사를 하고 있는 그런 내용이 언론에…

이__ 조윤선 증인, 조윤선 증인! 제가 어려운 말 물어보는 것 아니에요. 하나만 물어볼 거에요. 블랙리스트가 존재하는 게 맞아요, 안 맞아요?

조__ 정치적인 성향이나 이념에 따라서 예술가들이 지원에서 배제됐었던 그런 사례가 있는 것으로 지금 드러나고 있고⋯

이__ 사례가 아니라, 다시 말할게요. 문서로 된 블랙리스트가 존재하는 게 맞아요, 안 맞아요?

조__ 조사 과정에서 그런 문서가 있었다는 그런 진술은 있었던 것으로 알고 있습니다.

이__ 증인, 솔직하게 말하세요. 블랙리스트가 존재한다는 게 맞아요, 안 맞아요?

조__ (침묵)

김경진 위원__ 얘기하세요! 지금에 와서 그런 것 갖고⋯

이__ 조윤선 증인, 블랙리스트가 존재하는 게 맞아요, 안 맞아요? 그게 없으면 저희들이 물어볼 필요가 없잖아요.

조__ 특정 예술인들을 지원에서 배제했었던 사례가 있었던 것으로 파악이 되고 있고⋯

이__ 사례를 물어보는 게 아니라 리스트를 물어보는 거잖아요!

조__ 그런 것이 어떤 내용으로 어떻게 작동되었는지에 대해서는 지금 조사가 진행 중이고 아직 완료는 되지 않은 것으로 알고 있습니다.

이__ 조윤선 증인, 그 조사 진행은 저도 알고, 그걸 물어보는 게 아니에요. 블랙리스트, 문건으로 되어 있는 블랙리스트, 존재하는 게 맞아요, 안 맞아요?

조__ 지금 그, 여러, 여러 가지 정황으로 봤을 때⋯

이__ 조윤선 증인, 조윤선 증인! 어려운 말 물어보는 게 아니잖아요. 문건으로 된 블랙리스트가 존재하는 게 맞아요, 안 맞아요?

조_ 예술인의 지원을 배제할 명단이 있었던 것은, 있었던 것으로 여러 가지 이런 사실에 의해서 밝혀지고 있는 것 같습니다.[20]

　1월 9일 7차 청문회를 끝으로 막을 내린 국회 국정조사특위 청문회는 그간 이재용 부회장 등 주요 재벌그룹 총수들과 김기춘 전 대통령 비서실장, 우병우 전 민정수석, 고영태 더블루K 이사, 차은택 전 창조경제추진단장 등 핵심인물들이 출석하면서 국민들의 뜨거운 관심 속에서 진행됐다. 이 과정에서 대통령과 최순실, 비선 권력이 지난 4년간 벌인 행적과 의혹의 일부가 확인됐다. 하지만 최순실이나 정호성 등 핵심 증인이 불출석하고 많은 증인이 위증을 반복함으로써 진실 규명에는 한계가 많았다는 지적이 나왔다. 결국 나중에 박영수 특별검사에 의해 기소된 30명 가운데 이재용 부회장, 문형표 전 이사장, 김기춘 전 실장, 조윤선 전 장관 등 13명은 국회증언·감정법상 국회모욕죄·위증죄가 추가돼 기소됐다. 심지어 이임순 순천향대 교수와 정기양 세브란스병원 교수 등 두 명은 위증 혐의만으로 불구속 기소될 정도였다.[21]

박근혜, 국정농단 전면 부인

박근혜 대통령은 헌법재판소 첫 변론기일을 불과 이틀 앞둔 2017년 1월 1일 청와대에서 열린 출입기자단 신년 간담회에서 국회의 탄핵소추 사유를 전면 부인하고 반박했다. 이날 간담회는 예정에 없었지만 배성례 홍보수석이 오후 1시 떡국 오찬을 하겠다고 삽삭스럽게 일정을 공지하며 이뤄졌다.

　박근혜는 이날 오후 1시 23분쯤 청와대 내 상춘재에 도착해 10여 분간 출입기자들과 일일이 악수한 뒤 과거를 회상하며 간담회를 시작했다. 대통령은 "국민께 미안한 생각으로 무거운 마음으로 지내고 있다"면서도 주요 의혹에 대해서는 전면 부인했다. 그는 삼성물산과 제일모직의 합병 과정을 놓고 뇌물수수 의혹이 불거진 것과 관련, "이 회사를 도와줘라, 그렇게 지시한 적은 없어요. 그것은 분명하기 때문에 그래서 아까 말씀대로 (나를) 엮어가지고…"라며 "누구를 봐줄 생각은 손톱만큼도 없었고 제 머릿속에서도 없었다"고 부인했다. '세월호 7시간 의혹'에 대해서는 "그날 사건이 터졌다는 것을 정상적으로 계속 보고를 받으면서 체크하고 있었다"며 "그날 일정이 없어서 관저에서 일을 챙기고 있었다"고 말했다. 최순실이 국정을 농단했다는 의혹에 대해서도 "대통령의 직무와 판단이 있는데 어떻게 지인이 모든 것을 다 한다고 엮을 수 있느냐"고 반박했고 문화예술계 블랙리스트 의혹에 관련해서는 "저는 전혀 모르는 일"이라고 부인했다.[22]

　대통령의 신년 간담회 내용은 자신의 잘못을 인정하고 국민에게 사과하던 2016년 10월 이후 1~3차 담화문과 달리 법적 결백을 주장하는 방향으로 선회했다. 대통령의 이날 해명이나 반박을 놓고 상당 부분 거짓말이거나 진실이 아니라는 비판이 쏟아졌다. 구체적으로 박 대통령은 삼성물산과 제일모직 합병을 도와주라는 지시를 내렸다는 의혹에 대해 "(자신을) 완전히 엮은 것"이라고 부인했지만, 특별검사 수사 결과 이는 사실이 아닌 것으로 드러났다. 즉, 대통령은 이재용 삼성전자 부회장과 세 차례 독대하면서 최순실의 딸 정유라와 재단법인 미르 및 재단법인 K스포츠에 대한 지원을 부탁하고 삼성그룹의 경영권 승계 작업을 돕겠다는 취지의 말을 했다는 증언도 나왔고,

문형표 전 이사장도 2015년 6월 말 안종범 전 경제수석 등으로부터 "삼성물산과 제일모직 간 합병이 성사될 수 있도록 잘 챙겨보라"는 대통령의 지시를 받았다고 진술했다.[23]

박 대통령은 앞서 12월 29일 탄핵심판 대리인단 전원을 청와대로 불러 사건 전반의 개요를 설명하고 탄핵심판 변론 준비에 박차를 가했다. 대통령은 최순실의 국정농단 사태에 대해 '억울하다', '사실과 다르다'는 취지의 언급을 한 것으로 알려졌다.

한편 2017년 1월 2일 덴마크 북부 올보르 외곽의 주택에서 최순실의 딸 정유라가 덴마크 경찰에 의해 불법체류 혐의로 체포됐다. 정유라는 불구속 수사 보장을 전제로 자진 귀국하겠다는 의사를 밝혔지만, 특별검사는 범죄 혐의자와 협상은 없다며 정유라 송환을 추진했다. 정유라는 이날 덴마크 법원에서 영장 실질심사 직전 한국 기자들과 인터뷰했다. 정유라는 자신의 재산 도피 의혹을 부인하고 어머니 최순실과 관련한 일은 모른다고 선을 그었다.

"저는 회사 일 같은 건 아예 모르는 게, 항상 저희 어머니가 이런 거 하시는 분이 따로 계시잖아요, 일하시는 분이. 포스트, 이렇게 종이가 있으면 포스트잇을 딱딱딱 붙여놓고 사인할 것만 사인만 하게 하셔가지고, 저는 아예 내용 안의 것은 모르고, 처음에 제가 여기 와서 '머리 식히려고 말 타지 않을래?'라고 해서 여기에 왔는데, 갑자기 박원오 전무님께서 '삼성 선수 여섯 명을 뽑아서 말을 지원을 해준다더라. 타보지 않겠냐'라고 해서, 그래서 여섯 명 지원을 하면은 그냥 타야겠다고 생각하고 말을 탔는데…"[24]

덴마크에서의 정유라 인터뷰는 대체로 자신의 역할을 축소함으로써 자신과 어머니 최순실의 국정농단의 문제를 분리하려 했던 것으로 분석됐다.

막 오른 헌재의 탄핵심판 변론

헌재 박한철 소장은 2017년 1월 2일 오전 10시 서울 종로구 재동 헌법재판소 대강당에서 열린 시무식에서 "재판의 공정성에 의심을 살여지가 추호라도 있으면 안 되는 헌법적 비상 상황임을 명심해야 한다"고 강조했다. 그러면서 "엄중한 절차를 통해 공정하고 신속한 결론을 도출하길 기다리며 모든 국민이 우리를 지켜보고 있다"고 공정하고 신속하게 탄핵심판을 진행하겠다는 의지를 내비쳤다.[25]

　1월 3일 오후, 헌법재판소는 박근혜 대통령 탄핵심판 첫 공개변론을 열었다. 하지만 피청구인 대통령이 불출석하면서 개정 9분 만에 종료됐다.

　헌법재판소는 1월 5일 헌재 대심판정에서 2차 변론을 열었다. 국회 법제사법위원장 권성동 소추위원은 이날 2차 변론에서 "대통령의 헌법 위반 사항과 법률 위반 사항은 대통령에 대한 파면 결정이 정당화될 수 있을 정도의 중요한 법 위반 행위"라고 탄핵 인용 결정을 촉구했다. 대통령 대리인 이중환 변호사는 탄핵소추 사유로 제시된 개별 의혹이 사실인지 여부가 입증되지 않았고 대통령이 뇌물수수에 연루됐다는 의혹은 사실이 아니라고 맞섰다. 이날 변론에는 안봉근 전 국정홍보비서관, 이재만 전 총무비서관, 이영선·윤전추 행정관이 나오기로 돼 있었지만, 윤전추 행정관만 모습을 드러냈다. 윤전추는 이날 2차 변론에서 "세월호 사건 당일 박 대통령이 정상 근무했다"는 취지로 진술했다.

　대통령 대리인인 서석구 변호사는 이날 "촛불집회를 주동하는 세력은 민주노총으로 김일성 주체사상을 따르고 태극기를 부정하는 이석기의 석방을 요구하며 거리 행진을 한다"며 촛불민심은 국민의 뜻이 아니라고 돌발 발언했다. 서석구는 "소크라테스는 사형 선고를 받고 예수는 십자가를 졌다. 박근혜 대통령은 여론의 모함으로 사형장에 가는 소크라테스와 같다"며 대통령을 예수와 소크라테스에 비유해 논란이 됐다.

헌법재판소는 1월 10일 3차 변론을 열었다. 자료 제출을 미뤄오던 대통령 대리인단은 이날 '세월호 7시간'에 대한 답변서를 제출했다. 대리인단은 "그날 공식 일정이 없었고 신체 컨디션도 좋지 않아 관저 집무실에서 근무하기로 해 집무실에서 밀린 보고서를 검토했다"며 "대통령이 당일 오전 10시 국가안보실로부터 세월호 사고 상황 및 조치 현황 1보 보고를 받고 처음 인지했다"고 밝혔다. 헌법재판소는 "(자료에) 대통령이 세월호 침몰을 처음 안 시점이 언제인지도 나와 있지 않다"며 대통령 측이 제출한 세월호 7시간 소명 자료와 당일 행적을 보완하라고 주문했다. 최순실과 안종범, 정호성 등은 모두 불출석했고 변론은 1시간 만에 끝났다.

헌법재판소는 1월 12일 대통령 탄핵심판 4차 변론을 열었다. 청와대 제2부속실 소속이었던 이영선 행정관이 출석했다. 국회 탄핵소추위원단 측 변호인은 "정호성 전 부속비서관은 자신이 청와대 기밀문서를 증인(이영선)을 통해 최순실에게 줬고, 최순실도 검찰 조사에서 청와대 전달 서류를 증인을 통해 정호성에게 전달했다고 진술했다"고 말을 꺼내며 기밀문서 실제 전달 여부를 물었다. 이영선은 "문건을…"이라고 말하며 잠시 망설이다가 "전달한 적이 있다"고 인정했다. 하지만 이영선은 최순실의 청와대 출입 여부를 묻는 질문에 대해서는 국가기밀이라는 이유로 증언하기를 한사코 거부했다.

이에 주심 강일원 재판관은 "그분의 청와대 출입이 국가기밀이냐"고 물었다. 강일원 재판관은 이영선 행정관이 대통령이 최순실에게 옷값 명목으로 돈 심부름을 시킨 정황에 대해 봉투의 색깔과 질감까지 자세히 표현하며 언급하자, "제 생각은 대통령이 돈 봉투를 외부에 전달한 게 더 큰 기밀인 것 같다"고 말해 방청석에서 웃음이 새어나왔다. 이날 4차 변론에는 2014년 「정윤회문건」 파동을 보도한 조현일 ≪세계일보≫ 기자도 증인으로 출석했다. 그는 "해당 문건의 보도를 앞두고 박관천 전 청와대 행정관 등 접촉한 취재원 대부분이 보도를 만류했다"고 증언했다. 조현일은 문건 보도 이후 자신이 미행을 당했으며, ≪세계일보≫는 정부 광고가 줄어들었고 통일교 재단의 한 계열사는 세무조사가 착수됐다는 점 등을 들어 청와대 보복이 있었다고 말했다.[26]

드러나는 이화여대 비리, '특검 도우미' 장시호

박영수 특별검사는 최순실의 딸 정유라의 이화여대 입시 및 학사 비리 연루자들을 잇따라 구속하며 이화여대 비리 수사에서 성과를 거두기 시작했다. 박영수 특별검사[27] 등에 따르면 특별검사는 이대 비리 수사를 위해 2016년 12월 29일 이화여대를 비롯해 11곳에 대한 압수수색을 실시했다. 박영수 특검은 12월 31일 필명 '이인화'로 유명한 류철균 이화여대 교수를 긴급 체포한 뒤 2017년 1월 3일 업무방해 혐의 등으로 구속했다. 류철균은 2016년 1학기에 독일에 체류하고 있어 한국에 있지도 않은 정유라에게 자신의 수업 '영화 스토리텔링의 이해'의 학점을 주는 등 특혜를 줘 업무를 방해한 혐의 등을 받았다.

특별검사는 이어 2017년 1월 11일 남궁곤 전 이화여대 입학처장을 업무방해와 위증 등의 혐의로 구속했다. 남궁곤은 2015학년도 체육특기자 선발 과정에서 정유라에게 특혜를 줘 합격시킨 혐의를 받았다. 교육부 감사 결과에서도 남궁곤은 면접 당시 평가위원 교수들에게 "수험생 중 아시안게임 금메달리스트가 있으니 뽑으라"고 강조한 것으로 드러났다.

특별검사는 1월 6일에는 김종 제2차관을 참고인으로 조사했고, 1월 16일 하정희 순천향대 교수 연구실 등 두 곳을 압수수색했다. 특별검사는 이어 1월 18일 김경숙 전 학장을 업무방해와 위증 등의 혐의로 구속했다. 김경숙은 2015학년도 이화여대 체육특기자 선발 과정에서 정유라에게 특혜를 준 장본인으로 지목돼왔고, 정유라가 입학한 이후에는 수업 불참과 부실한 과제 제출을 반복했음에도 비교적 좋은 학점을 주는 등 특혜를 제공한 의혹을 받았다. 특별검사는 1월 21일 새벽 이인성 이화여대 의류산업학과 교수를 업무방해 등의 혐의로 구속했다. 이인성은 2016년 1학기 정유라가 수강한 세 과목과 관련해 부당하게 성적 특혜를 준 혐의를 받았다.

1월 22일, 특별검사가 최경희 전 총장을 업무방해 등의 혐의로 구속영장을 청구하며 이화여대 비리 수사는 정점을 치달았다. 최경희는 남궁곤에게 정유라를 뽑으라고 지시하고 이인성 교수에게 정유라의 학사 특혜를 지시한 혐의를 받았다. 최경희에 대한 구속영장은 1월 25일 기각됐지만 특별검사가 증거자료를 추가로 제출해 2월 15일 구속됐다.

특별검사의 수사 기간이 2월 28일 종료되면서 시간 제약으로 이화여대 비리 사건의 수혜 당사자인 정유라에 대한 직접 조사나 최경희 전 총장의 윗선 지시가 있었는지에 대한 수사가 이뤄지지 못한 점은 아쉬움으로 지적됐다.[28]

특별검사의 수사는 최순실의 조카 장시호가 수사에 적극 협력하면서 많은 진전이 있었다. 우선 특검은 2017년 1월 5일 장시호의 변호인으로부터 최순실 소유의 태블릿PC(제2의 태블릿PC)를 입수했다. 대통령과 이재용 삼성전자 부회장이 독대한 2015년 7월부터 11월까지 최순실이 사용한 기기였다. 장시호가 2016년 10월 귀국 직전 최순실의 부탁으로 짐을 옮기다 이를 발견한 것으로 알려졌다. 특별검사가 이 태블릿PC를 최순실의 소유라고 판단한 근거는 태블릿PC 연락처 이름이 최순실 개명 후 이름인 '최서원'으로 된 점, 사용자 이메일 계정이 최순실이 예전부터 사용해온 지메일Gmail 계정인 점, 태블릿PC의 잠금 패턴이 최순실 소유의 휴대전화와 일치하는 알파벳 'L'자 모양인 점 등이었다.

태블릿PC에서는 독일 코레스포츠 설립 과정에서 삼성의 지원금을 수수하며 주고받은 이메일 다수와 2015년 10월 13일 자 대통령 주재 수석비서관회의 말씀자료 중간수정본 등이 발견됐다. 특검이 최순실이 소유했던 '제2의 태블릿PC'를 확보하면서 삼성과 최순실 간 거래 관련 수사의 물꼬를 튼 것으로 분석된다. 즉, 태블릿PC에서 발견된 이메일은 이재용 삼성전자 부회장 구속에도 물증으로 활용됐다.

장시호는 또 최순실이 청와대 민정수석실로부터 이철성 경찰청장의 이력서와 KT&G 사장, 우리은행장 관련 자료 등의 인사 파일도 받아 봤다는 것을 제보하기도 했다. 지난 2016년 7월 최순실이 TV조선 기자를 마주친 뒤 장시호의 집으로 몸을 피하면서 에르메스 가방과 옷가지 등을 급하게 챙겨왔을 때 최순실의 가방 안에 들어 있던 청와대 민정수석실의 인사 검증 자료 등을 봤다고 진술한 것이다.[29] 인사 검증 자료에는 이철성 경찰청장의 이력서 등 주요 인사 파일이 포함돼 있었고, '민정수석실'이라고 적힌 포스트잇도 붙어 있었다. 장시호는 이 자료를 휴대전화 카메라로 찍었고 이 파일을 한국동계스포츠영재센터의 자금 담당 직원 김 모 씨에게 보냈다. 김 씨는 2017년 2월 24일 서울중앙지법 공판에서 2016년 7월쯤 이 사진 파일을 장시호로부터 넘겨받았다고 진술했다. 김 씨는 "(장시호가 사진 파일을) 출력해달라고 했다"고 전했다. 그는 나중에 이 사진 파일을 저장했던 외장하드와 개인용 컴퓨터를 수사당국에 제출했다. 김 씨는 "(파일을) 지워서 확인을 못 했는데 특검에서 복구했다"고 전했다.[30]

특별검사는 장시호로부터 최순실과 대통령의 차명폰 번호를 확보하기도 했다. 장시호는 2016년 7월 최순실이 자신의 집으로 도피해올 때 최순실의 가방에서 대포폰도 발견하고 그 대포폰에 저장된 번호 3개를 기록해놨고, 나중에 검찰에 구속된 이후 특검에 해당 전화번호들을 제출했다. 특별검사[31] 등에 따르면 장시호는 2017년 1월 17일 조사에서 "2016년 10월 26일 최순실의 요청으로 어머니 최순득이 윤전추 행정관의 차명폰을 통해 대통령과 최순실의 입국 여부에 대해 협의한 적이 있다"고 진술했다.

특검은 최순득 명의의 휴대전화 통화 내역 분석을 통해 윤전추의 차명폰 번호를 확인하고 윤전추 차명폰 통화 내역 분석을 통해 대통령과 최순실, 문고리 3인방 등이 서로 주고받은 차명폰 번호를 확보했다. 즉, 특검의 수사 결과 전화번호의 주인공은 안봉근 국정홍보비서관과 윤전추 행정관, 그리고 '이모'라는 이름의 대통령이었다. 윤전추 차명폰 통화 상대방 중에서 가장 통화 횟수가 많은 전화는 '010-9420-○○○○'이었다. 최순실의 차명폰 번호였다. 특별검사는 이 번호의 통화 내역을 분석했다. 주요 발신처는 최순실의 실제 거주지인 서울 강남구 청담동 피엔폴루스 오피스텔 인근이고, 2016년 9월 5일부터는 유럽 통신사의 서비스를 이용하는 등 최순실의 출국 일사와 해외 로밍 서비스 사용 내역이 정확히 일치한다는 점을 밝혀냈다. 검찰은 해당 차명폰 번호를 최순실의 차명폰으로 특정했다.

'최순실 차명폰' 통화 상대방 중 가장 통화 횟수가 많은 전화는 '010-3180-○○○○'이었다. 대통령의 차명폰 번호였다. 통화 내역을 분석한 결과, 발신 기지국은 모두 청와대 관저였고 해외 로밍 서비스 이용 시기 등이 대통령의 해외 순방 일정 등과 정확히 일치한 점을 바탕으로 대통령의 차명폰으로 확정했다. 특검은 해당 휴대전화의 수신 및 발신 내역을 추적했고, 최순실과 대통령이 이 대포폰을 통해 570여 회 정도 통화했음을 밝혀냈다.[32] 장시호는 이 밖에도 최순실의 비밀금고 위치, 최순실의 집사 역할을 한 맹준호 변호사, 미얀마 'K타운 프로젝트'의 실체 등을 파악하는 데 적지 않은 기여를 했다.

탄핵심판 5~7차 변론: 잡아떼는 최순실

2017년 1월 16일 서울 종로구 재동 헌법재판소 대심판정. 대통령 탄핵심판 5차 변론이 열렸다. 최순실은 이날 헌법재판소에 출석했지만 대부분의 질문이나 의혹에 대해 "모르겠다", "잘 기억나지 않는다"는 말만 되풀이했다. 국회 탄핵소추위원과 최순실 간 질의응답이다.

국회 탄핵소추위원(이하 위원)__ 증인은 청와대 출입한 적 있나?

최순실(이하 최)__ 출입한 적 있다.

위원__ 어느 정도 자주 출입했나?

최__ 그건 기억이 안 난다.

위원__ 2013년 4월부터 7월까지 청와대를 13회 방문했다고 되어 있는데.

최__ 기억이 잘 안 난다.

…

위원__ 서울 강남구 소재 의상실에서 찍힌 CCTV를 본 적 있나?

최__ 뭐 여기(한국) 들어와서 잠깐 봤는데, 확실히는 못 봤다.

위원 본 걸로 하고 질문하겠다. 이영선으로부터 전화기를 받아 통화하는 장면이 있다. 누구와 통화를 했나?

최__ 전혀 기억이 안 난다.

위원__ 그 전화기는 누구의 것인가?

최__ 잘 모르겠는데…33

최순실은 재단법인 미르 관련 비리는 차은택이, 재단법인 K스포츠 관련 비리는 고영태가 주도했다는 점을 적극 부각하려 했다.

위원__ 미르재단 임원 명단 등을 대통령에게 전해줬나?

최__ 확실히 기억나지 않는다. 차은택이 주도했기 때문에 그쪽에서 알아서 했다.

…

위원__ 증인이 여기에 공모했고 이득을 취했다, 이런 구조를 만든 것 관련, 고영태가 했는지 증인이 했는지를 물어보지 않았다. 사업구조가 이렇게 형성된 게 맞느냐고 물어보는 거다.

최__ 그건 모르겠다. 구조는 여러 형태로 만들 수 있고, 어디든 회사가 만들어지면 그렇지 않나. 안 될 수도 있고, 막힐 수도 있다, 그걸 나에게 재차 물어보는 것은 책임 전가하려는 것 아닌가. 나는 돈을 먹을 생각도 없었다.

위원__ 그럼 고영태가 그렇게 짰나.

최__ 그렇다. 고영태 등이 그렇게 했다고 생각한다.[34]

최순실은 검찰과 특검 수사에 대해 "검찰과 특검 수사가 너무 강압적이고 압박적이라 제가 대한민국의 검사들이 제대로 수사를 하고 있는지 의문이 든다. 그 강압 수사로 인해 제가 거의 죽을 지경"이라고 불만을 토로했다.[35]

반면 안종범 전 경제수석은 "대통령이 미리 SK에 최태원 회장 사면을 알려주라고 했다"고 증언하는 등 대통령이 재단 문제와 삼성 승계, SK 회장 사면 등에 전방위적으로 관여했다는 점을 인정했다. 헌재는 이날 기일이 공전을 거듭하자 예정에 없던 특별기일을 잡는 등 일정 지연에 대해 좌시하지 않겠다는 의지를 표명했다.

헌재는 1월 17일 대통령 탄핵심판 6차 변론을 열었지만 신문이 예정된 증인 네 명이 모두 출석하지 않으면서 증거 조사만 이뤄진 채 싱겁게 마무리됐다. 헌재는 이날 검찰 조사 과정에서 영상 녹화가 진행된 진술조서와 변호인 입회하에 진술이 이뤄진 피의자 신문조서에 대해서는 증거로 채택하기로 결정, 50여 명의 검찰 진술조서를 증거로 채택했다. 최순실의 진술조서는 최순실 측 변호인의 부동의를 이유로 증거 채택이 불발됐다. 안종범의 업무수첩 사본은 1월 16일 5차 변론에 출석해 인정한 부분에 대해서만 증거 채택이 이뤄졌고, 태블릿PC의 내용은 증거로 채택하지 않기로 했다.[36]

헌재는 1월 19일 대통령 탄핵심판 7차 변론을 열고 대통령 비서실의 정호성과 김상률에 대한 증인 신문을 했다. 정호성은 국회 탄핵소추위원단 측이 "최순실이 정부 인사 관련 의견을 얘기하면 피청구인(박근혜 대통령)한테 전달하지 않았느냐"는 취지의 질문을 하자 "의

건을 듣자고 보낸 게 아니라 이렇게 발표된다고 알리려 했다"고 대답했다. 국회 측이 "왜 최 씨한테 알려주느냐"고 묻자 "대선 때도 쭉 같이 해왔고 최순실은 저희 입장에서는 대외적으로 없는 사람으로 그냥 뒤에서 아무도 모르게 도와주는 사람이었다. 안타깝게도 지금 이 상황까지 오게 된 게 이분이 밖으로 등장하면서 일이 이렇게 꼬인 것 같다"고 말했다. 국회 측은 그게 바로 비선 실세라고 지적했다. 대통령 측 이중환 변호사는 이에 "최순실, 비선은 맞는 것 같고 실세임을 인정하느냐"고 물었다. 정호성은 "최 씨는 뒤에서 대통령을 돕는 사람이기 때문에 기본적으로 '없는 사람'"이라고 답했다. "피청구인(박대통령)은 차명폰을 갖고 있느냐"는 국회 소추위원 측 질문에 정호성은 "그렇다"고 대답했다.[37]

이재용 구속 기각과 김기춘의 구속

2017년 1월 19일 새벽 이재용 삼성전자 부회장에 대한 구속영장이 기각됐다. 조의연 영장판사는 이날 "현 단계에서 구속의 사유와 필요성, 상당성을 인정하기 어렵다"고 구속영장을 기각했다. 박영수 특별검사는 이에 앞서 1월 16일 "무조건 영장이 나온다"는 자신감으로 이재용 부회장에 대해 뇌물공여와 횡령, 국회에서의 증언·감정에 관한 법률 위반 등의 혐의로 구속영장을 청구했다. 이날 서울구치소에서 나온 이재용은 곧장 서울 서초동 사옥으로 향했다.

박영수 특별검사팀의 이규철 특검보는 직후 "법원의 구속영장 기각 결정은 매우 유감이나 필요한 조치를 고려해 흔들림 없이 수사를 진행할 예정"이라고 밝혔다. 하지만 내부적으로는 이재용에 내란

구속영장이 기각되면서 크게 흔들렸다고 한다. 특검은 구속영장 기각 직후 오전 7시 곧바로 회의를 열었다. "이제 어떻게 수사를 해나갈 것이냐", "바로 기소하자" 등 의견이 쏟아졌지만 1시간여 회의에도 마땅한 결론에 이르지 못한 채 주말을 맞았다. 수사팀은 이후 "완전히 새롭게 수사해야 한다"며 의지를 불태웠다. 법조계 안팎에서도 이재용에 대한 구속영장 기각으로 특검의 수사가 급격히 동력을 잃고 표류하는 것이 아니냐는 관측이 나오기도 했다.[38]

하지만 특별검사는 이재용 삼성전자 부회장의 구속영장 기각으로 위기에 내몰린 상황에서 문화계 블랙리스트와 관련해 김기춘 전 대통령 비서실장을 구속시킴으로써 분위기 반전에 성공했다. 특검은 앞서 1월 11일 김종덕 전 문화체육관광부 장관과 정관주 전 제1차관, 신동철 전 대통령 비서실 정무비서관을 직권남용 등 혐의로 구속했다. 김종덕은 2014년 8월부터 2016년 9월까지 문체부 장관으로 재직하며 블랙리스트 관리에 관여한 혐의를 받았다. 정관주 전 차관과 신동철 전 비서관은 비슷한 시기 청와대 정무수석실 비서관으로 재직하며 리스트 작성에 관여한 혐의를 받았다. 김상률 전 교육문화수석의 구속영장 청구는 기각됐다. 김상률은 교육문화수석이던 2014년 12월부터 2016년 6월까지 리스트를 소관 부처인 문체부로 전달한 혐의를 받았다.

블랙리스트와 관련해 세 명을 구속한 특검은 김기춘과 조윤선을 정조준했다. 특검은 1월 21일 김기춘과 조윤선을 '좌파' 문화예술계 인사들을 정부 지원에서 배제할 의도로 만든 블랙리스트의 작성을 지시하고 관리한 혐의 등으로 구속했다. 김기춘은 2013년 8월부터 2015년 2월까지 대통령 비서실장으로 재직하며 블랙리스트 작성과 관리에 주도적으로 관여한 혐의 등을 받았다. 조윤선도 대통령 비서실 정무수석이던 2014년 6월부터 2015년 5월까지 블랙리스트 작성·관리에 관여한 혐의를 받았다. 조윤선은 2016년 9월 문체부 장관 취임 이후에는 블랙리스트의 존재를 알고도 묵인한 혐의도 받았다. 특검은 앞서 1월 17일 김기춘과 조윤선을 불러 각각 15시간과 20시간 조사한 뒤 1월 18일 사전 구속영장을 청구했다.

특검은 김기춘을 구속하기 위해 '김영한 업무수첩'을 적극적으로 활용한 것으로 알려졌다. 즉, '김영한 업무수첩'의 증거 능력 확보를 위해 유족을 통해 원본을 입수하고 수사를 통해 블랙리스트 문건이 실재했음을 밝혔다. 아울러 한국문화예술위원회와 영화진흥위원회, 한국출판문화산업진흥원에 문화정책예산 지원 배제 요구 등 압력이 가해져 사실상 문화예술 관련 전 분야에 걸쳐 검열 및 지원 배제가 이뤄졌음을 확인했다. 이 과정에서 김기춘은 특검팀의 압수수색 실시 이틀 전 아들과 딸의 집으로 짐을 빼돌린 것이 포착되기도 했다. 박영수 특별검사의 회고다.

"특검팀이 김 전 실장 집에 압수수색을 갔을 때 이미 짐을 다 옮겨났더라. 동네 CCTV를 일주일가량 분석해보니 인근에 사는 딸과 아들 집에 드나든 흔적이 나왔다. 김 전 실장 아들이 몸이 굉장히 안 좋다. 고민 끝에 압수물을 가지러 갔다. 그 대신 가족 분들이 마음 상하지 않게 예의를 최대한 갖춰 진행했다."[39]

특검은 두 사람을 구속시킴으로써 의혹으로만 떠돌던 블랙리스트의 실체를 확인하고 블랙리스트의 구상부터 실행에 이르기까지 주요 과정을 규명하는 데 성공했다는 평가를 받았다. 이는 헌재의 탄핵 심판에도 영향을 미치는 내용이기도 했다.

탄핵심판 8~9차 변론: 지연작전

2017년 1월 23일 대통령 탄핵심판 8차 변론이 열렸다. 김종 전 제2차관은 김기춘 전 비서실장이 "대통령이 체육계에 관심이 많으니 관련자를 만나 체육계 비리를 척결하고 깨끗한 체육계 만들라"고 지시해 최순실을 만났다고 말했다. 차은택 전 창조경제본부장은 '최순실 본인이 대통령과 친하다고 직접 말했느냐'는 질문에 "눈으로 많이 봤다"며 "최순실 씨가 국무회의 기록을 컴퓨터로 작업하는 것을 봤다"고 말했다. 그러면서 "최순실에게 전한 문장이 대통령 수석비서관회의 발언으로 토씨 하나 안 빼놓고 똑같이 나와 굉장히 민망했던 기억이 있다"고도 했다.

대통령 대리인단은 이때부터 본격적으로 '지연전략'에 힘을 쏟았다. 대리인단은 헌재가 검찰 수사 기록을 확보한 과정에 이의를 제기했고 대규모 사실 조회 신청과 무더기 증인 신청을 쏟아냈다. 대통령 측은 이날 우병우 전 민정수석 등 39명을 더 심문하게 해달라고 증인 39명을 무더기로 추가 신청했다.

헌재는 심리가 길어지지 않도록 노력했다. 하루에 증인을 네 명씩 신문하고, 증인이 출석하지 않을 경우 직권으로 채택을 취소하기도 했다. 헌재가 5만 쪽에 달하는 검찰 수사 기록을 증거로 채택하며 심리 기간을 상당히 단축했다는 평가도 나온다.

헌재는 1월 25일 탄핵심판 9차 변론을 열었다. 이날 변론에는 유진룡 전 문화체육관광부 장관이 증인으로 출석해 블랙리스트의 존재를 밝혔다. 유 전 장관은 "2014년 6월 조윤선(정무수석)이 명단 하나를 가져왔다. 소위 '블랙리스트' 첫 버전이었다"고 말했다. 그는 그러면서 "김기춘 대통령 비서실장 부임 이후 문화예술계에 대한 정부 비판 세력에 불이익을 주라는 지시가 있었다"며 "거기에 응하지 않은 문화체육관광부 간부들을 인사 조치한 것이라 믿고 있다"고 덧붙였다. 김기춘은 앞서 2014년 김희범 문체부 차관을 통해 "1급 실·국장 여섯 명의 일괄 사표를 받으라"고 지시, 이들 중 세 명이 공직을 떠났다. 유진룡은 문체부의 노태강 국장과 진재수 과장의 경질과 관련해서는 "박근혜 대통령이 (보고를 받은 후) 자신의 수첩을 들여다보더니 두 사람을 정확하게 거론하며 이 사람들은 '참 나쁜 사람'이라고 지적했다"고 말하며 "인사 문제는 장관인 저한테 맡겨주는 게 좋겠다고 제안했지만, 대통령께서는 다시 역정을 내면서 '인사 조치 하세요'라고 지시했다"고 증언했다.

헌재는 이날 대통령 측이 8차 변론에서 추가로 요구한 증인 39명 가운데 29명에 대해 기각 결정을 내렸다. 10명만 추가된 것이다. 박한철 소장은 이날 "재판관 1인이 추가 공석이 될 경우 이는 단지 한 사람의 공석을 넘어 막대한 지장을 줄 가능성이 크다"며 "헌재 구성에 큰 문제가 발생하기 전에 늦어도 3월 13일까지는 최종 결정이 선고돼야 할 것"이라고 밝혔다. 즉, 자신의 1월 31일 퇴임에 이어 이정미 재판관마저 3월 13일 퇴임하면 헌재는 '7인 체제'가 되는데, 이럴 경우 심리에 지장을 초래하기 때문에 '8인 체제'인 3월 13일까지 탄핵심판이 선고돼야 한다는 이야기였다.

대통령 측 이중환 변호사는 이에 "헌재 소장은 탄핵소추 결정을 3월 13일 이전에 선고할 것처럼 말했는데, 권성동 탄핵소추 위원도 언론과 인터뷰에서 3월 초에 탄핵소추 결정이 마무리된다고 이야기했다"며 "심판 절차의 공정성을 의심할 수밖에 없다"고 강하게 반발했다. 박한철 소장은 "우리는 피청구인 측을 최대한 배려하고 원칙을 지키면서 하고 있다"며 그런 발언은 "재판부에 대한 모독"이라고 대통령 대리인단을 질타했다.

　박한철 헌재소장이 1월 31일 퇴임하면서 헌재는 '8인 체제'가 됐다. 박 소장이 퇴임함에 따라 이정미 재판관이 소장 권한대행을 맡게 됐다.

최순실과 박근혜의 막판 저항: 보수와 진보 편 가르기

2017년 1월 25일 특별검사 사무실 입구. 체포영장 집행으로 서울구치소에서 특검 사무실이 있는 서울 대치빌딩에 도착한 최순실은 호송차에서 내리자마자 취재 중인 기자들을 향해 소리치기 시작했다.

　"여기는 더 이상 민주주의 특검이 아닙니다. 어린애와 손자까지 멸망시키겠다고 그리고 이 땅에서 죄를 짓고… 자유민주주의특검이 아닙니다! 그리고 박 대통령과 공동 책임을 밝히라고 자백을 강요하고 있어요. 이것은 너무 억울해요. 우리 애들까지 다, 어린 손자까지 이렇게 하는 것은…"

　이는 최순실이 특별검사의 강제구인에 항의하는 것으로, 마치 독재 시절 민주화운동을 하던 민주투사의 모습을 연상하게 했다. 최순실이 이렇게 고함을 치며 엘리베이터 쪽으로 향하자 최순실을 향해 "염병하네"라는 말이 세 번 울려 퍼졌다. 특검 사무실을 청소하는 임애순 씨였다. 임애순 씨는 2016년 12월 10일부터 특별검사 사무실과 기자실을 청소해왔다.

　국정농단의 장본인인 최순실이 "민주주의 특검이 아니다", "어린 아이와 손자까지 멸망시키겠다고 한다", "자백을 강요하고 있다", "억울하다" 등의 일방적인 주장을 펼치며 특검을 공격한 것은 특검의 수사를 흠집 내려는 시도로 해석됐다. 아울러 자신이 먼저 최선두에서 특검에 거세게 저항하는 것을 신호로 박근혜와 다른 공범들의 동조 저항을 이끌어내고 나아가 보수 지지층에게 결집할 수 있는 명분을 제공하려는 행동이었다는 분석도 나왔다. 즉, '범죄와 그에 따른 처벌'이라는 국민 대다수의 인식과 달리 '보수와 진보'라는 이념 구도와 프레임을 짜려는 시도로 읽혔다.

최순실이 특별검사를 거세게 공격한 날 박근혜 대통령도 공개적으로 인터뷰를 하고 자신의 억울함을 호소했다. 박근혜는 이날 청와대 상춘재에서 인터넷 팟캐스트 '정규재TV'의 정규재 ≪한국경제신문≫ 주필과 탄핵소추안 가결 이후 처음으로 언론 인터뷰를 했다. 박근혜는 인터뷰에서 "대통령을 끌어내리고 탄핵시키기 위해 그토록 어마어마한 거짓말을 만들어내야만 했다고 한다면 탄핵 근거가 얼마나 취약한 건가, 그런 생각을 했다"며 자신의 탄핵은 근거가 없는 '정치 탄핵'이라고 주장했다. 대통령은 자신과 최순실이 '경제 공동체'라는 특별검사의 논리도 부인했다.

"그러니까, 그것도, (혹시 은행계좌를 같이 쓰신다든지?) 아이, 하하하. 아이, 그런 거 없다. 그 자체도 또 말도 안 되는 거짓말이다. 그래서 어떻게 희한하게 경제 공동체라는 말을 만들어냈는데 그거는 엮어도 너무 어거지로 엮은 거고. 또 그 경제 공동체라는 말은 암만 생각해도 이상하니까 특검에서도 철회를 했다. 그럴 정도로 말이 안 되는 얘기들이다."[40]

대통령은 그러면서 최순실 국정농단 사태에 대해 "뭔가 오래전부터 기획된 것이 아니냐는 생각을 지울 수 없다"고 기획 폭로 음모론까지 제기했다. 박근혜는 이날 "(특검) 조사에 임하려 한다. 일정이나 여러 부분을 조율 중"이라고 밝혔지만, 자신의 약속을 지키지 않았다. 대통령은 특검 조사를 받지 않았다.

대통령은 '정규재TV'와의 인터뷰에서 기존에 제기된 탄핵 사유와 형사사건 혐의를 전면 부인하는 한편 탄핵심판에 대해 '정치적 탄핵'이라는 점을 적극 부각하려 했다. 최순실과 마찬가지로 자신에게 호의적인 보수 지지층의 결집을 노린 것으로 해석됐다.

대통령은 앞서 특별검사의 수사 내용을 파악하기 위해 조용히 움직였던 것으로 분석된다. 즉, 특검의 수사가 진행되던 2017년 1월 최원영 전 고용복지수석이 특검 조사를 받은 다음 날 김현숙 수석에게 전화를 걸어 최원영 전 수석이 특검에서 무슨 발언을 했는지 알아보라고 했다고, 김진수 보건복지비서관이 3월 15일 서울중앙지법 공판에서 진술했다. 하지만 김현숙 수석은 관련 사실을 부인했다.[41]

박근혜는 1월 23일에는 박정희 전 대통령과 육영수 여사의 묘소가 있는 서울 현충원을 찾아 성묘했다. 박근혜는 이날 오후 1시 45분경 현충원에 도착해 10여 분 머물렀다. 청와대는 언론에 사진을 배포, 국민의 시야에서 멀어지고 있는 대통령의 모습을 전했다. 역시 보수층의 결집을 염두에 둔 행동으로 풀이됐다.

실제 최순실이 특별검사의 강압 수사 의혹을 제기하고 대통령도 인터뷰를 통해 자신의 혐의를 전면 부인하면서 보수 지지층이 본격적으로 결집하기 시작했다. 대통령의 육성이 공개된 이후 이른바 '태극기 집회' 참가 인원이 눈에 띌 정도로 불어났다. 진보와 보수, 좌파와 우파의 싸움이라며 탄핵 반대를 공개적으로 외치는 정치인들도 늘어났다.

이와 함께 대통령은 박영수 특별검사팀의 청와대 압수수색을 막아섰다. 특검은 2월 3일 오전 10시 특검보 두 명과 특별수사관 등 20여 명을 보내 청와대 경내 압수수색을 시도했지만 청와대의 완강한 거부로 물러섰다. 청와대 측은 '군사상 비밀을 요하는 장소는 그 책임자의 승낙 없이는 압수 또는 수색할 수 없다'고 규정된 '형사소송법' 조항을 근거로 특검의 경내 진입을 제지했다. 특검은 이에 2월 10일 서울행정법원에 청와대의 압수수색 불승인 처분에 대해 취소를 신청했지만 2월 16일 각하됐다. 박영수 특별검사는 나중에 청와대를 압수수색했다면 우병우 전 민정수석의 직권남용 혐의를 충분히 밝혀낼 수 있었을 것이라고 아쉬워했다.[42]

대통령의 대면조사도 특검과 청와대 사이에 대면조사 일정과 장소, 조사의 비공개 여부 등 모든 쟁점에서 이견을 보여 이뤄지지 못했다. 특별검사 조사에 성실히 응하겠다는 자신의 약속을 지키지 않은 셈이다.

대통령 측 '고영태 기획 폭로설' 제기

대통령 측은 2월부터 '박근혜와 최순실 국정농단'이라는 사건의 본질을 '최순실과 불륜을 벌이다 틀어진 고영태의 악의적 기획 폭로극'으로 몰아가려 시도했다.

대통령 변호인단은 2017년 2월 1일 이정미 권한대행이 이끄는 8인 재판관 체제로 진행된 대통령 탄핵심판 10차 변론에서 고영태를 매개로 공세를 강화했다. 대통령 측은 이날 증인 신문에 앞서 '3월 13일 이전에 결론을 내려야 한다'는 움직임에 대해 "신속성을 강조하다 공정성을 잃으면 세계적 비웃음을 살 것"이라며 반발했다. 아울러 고영태가 최순실과 대통령의 관계를 알고 사익을 추구하려다 실패하자 이를 제보한 것에서 모든 문제가 비롯됐다는 '고영태 기획 폭로설'

을 제기하며 고영태를 비롯해 증인 15명을 무더기로 신청했다. 이정미 권한대행은 이에 "심판 과정에서 절차의 공정성, 엄격성이 담보돼야만 심판 결과의 정당성도 확보될 것"이라며 "앞으로 신문이 예정된 증인들이 불출석하는 경우에는 원칙적으로 재소환하지 않겠다", "국정 공백과 사회적 혼란이 두 달 이상 계속되는 상황에서 1년이고 2년이고 재판할 수 없다"며 대통령 측의 지연작전을 차단했다.

국회 탄핵소추위원단 측은 이날 제출한 준비서면을 통해 소추 사유 가운데 뇌물수수 등 각종 형사법 위반 행위 부문을 최순실의 국정개입 및 대통령의 권한남용 행위에 포함시켜 쟁점을 단순화했다. 이에 따라 소추 사유를 ① 최순실 등 비선조직에 의한 국정농단에 따른 국민주권주의와 법치주의 위반, ② 대통령의 권한남용, ③ 언론의 자유 침해, ④ 생명권 보호 의무와 직책 성실 수행 의무 위반 등 네 가지 유형으로 다시 정리했다.[43]

헌재는 2월 7일 대통령 탄핵심판 11차 변론을 진행했다. 정현식 전 재단법인 K스포츠 사무총장은 이날 증인으로 출석해 "최순실 씨가 업무를 지시하면 시차를 두고 같은 내용으로 안종범 전 경제수석에게서 연락이 왔다"며 재단 자금은 전경련이 출자했지만 운영은 청와대가 했다고 증언했다. 김종덕 전 장관은 "차은택 전 단장이 나를 추천한 것에 대해 당시에는 몰랐으나 이후에 알게 됐다"고 답했다. 헌재는 이날 대통령 측 변호인단이 추가로 신청한 15명의 증인 중 여덟 명을 채택했다. 헌재의 추가 증인 채택 결정으로 변론기일이 2월 22일까지 연장되면서 사실상 '2월 내 탄핵심판 선고는 물 건너갔다'는 분석이 쏟아졌다.

대통령 측의 지연작전과 막무가내식 변론 방식은 헌재 안팎에서 비판을 불러왔다. 오히려 헌재를 더 단단하게 뭉치게 하는 반작용을 불러왔다는 분석도 나왔다. 이정미 권한대행은 이날 대통령 측 대리인이 증인을 상대로 중복 질문을 하거나 불필요한 질문을 할 때마다 "신문이 비효율적"이라고 말을 끊었다. 강일원 재판관 역시 웃음기 없는 얼굴로 "왜 수사 기록을 다 확인하고 계시느냐. 왜 그러는지 이해가 안 된다"고 지적했다.

2월 9일 열린 박근혜 대통령 탄핵심판 12차 변론에서 주요 증인들은 대통령 측이 제기하는 이른바 '고영태 기획 폭로설'은 사실과 다르다고 증언했다. 박헌영 재단법인 K스포츠 과장은 대통령 측이 "더블루K는 사실상 고영태가 운영한 것 아니냐"고 묻자 "사실상 최순실이 운영한 것"이라고 답했다. 박헌영은 대통령 측 변호인이 "고영태 씨가 자기들이 마음에 안 드는 사람 내보냈다고 녹취록에서 얘기했다"고 고영태 주도설을 제기하자 "상식적으로 그분들이 얘기한다고 임원을 내보낼 수 있다는 게 앞뒤가 맞지 않는 것 같다"고 답했다. 노승일 부장도 "더블루K 설립은 누구의 아이디어냐"는 변호인의 질문에 "최순실 씨의 아이디어다. 나중에 알고 보니 (최 씨가 실질 소유한 회사 중 하나인) 플레이그라운드가 미르를 지배하고 더블루K가…"라고 답변했다. 조성민 전 더블루K 대표도 "고영태가 업무 관련 사익을 추구하지 않았느냐"는 질문에 "아니다"고 답했다.

헌재는 2월 14일 탄핵심판 13차 변론에서 고영태와 김수현 고원기획 대표 등의 대화 내용이 담긴 녹음 파일, 이른바 '김수현 녹음 파일' 가운데 일부를 문서 형태로 정리한 녹취록 29건을 증거로 채택했다. 김수현 녹음 파일이란 김수현이 2014년 5월부터 2016년 8월까지 고영태, 노승일, 박헌영, 류상영 등과 통화하거나 대화한 내용을 녹음한 것이다.

이정미 권한대행은 불출석한 대통령 측 증인을 직권으로도 취소하고 추가 증인도 받아들이지 않았다. 대통령 측 대리인단 중 한 사람인 서석구 변호사는 이날 재판 시작 전 엉뚱하게도 가방에서 태극기를 꺼내 방청객에게 펼쳐 보였다가 헌재 직원의 제지를 받았다.

검찰은 앞서 2월 10일 대통령 측의 요청에 따라 고영태의 음성이 담긴 녹음 파일 2000여 개를 헌재에 제출했다. 녹취 파일에는 고영태가 "내가 재단에 부사무총장으로 들어가야 할 것 같다", "이렇게 틀을 딱딱 몇 개 짜놓은 다음에 빵 터져서 날아가면 이게 다 우리 것이니까 난 그 그림을 짜고 있는 거지" 등 재단법인 K스포츠를 장악해 사익을 추구하려는 의도를 유추할 수 있는 발언이 일부 담겨 있었다.

헌법재판소는 2월 16일 탄핵심판 14차 변론에서 오는 2월 24일 탄핵심판의 최종변론을 진행하기로 했다. 대통령 측 변호인들은 "최소한 조사를 하고 최종변론을 할 수 있는 시간 여유는 줘야 한다"고 반발했다. 정동춘 전 이사장은 이날 증인으로 출석해 최순실이 청와대 관계자의 위임을 받아 재단 업무에 개입한 것으로 생각했다고 증언했다. 정동춘은 고영태 일당이 재단을 장악하는 바람에 전임 정동구 전 이사장이 스스로 사직했다고 주장했다.

한편 최순실의 법률대리인 이경재 변호사는 앞서 2월 6일 서울중앙지방법원 417호 법정에서 "검찰이 제출한 '김수현 녹음 파일' 3개를 오늘 이 법정에서 들으면서 고영태 증인을 심문하고자 한다"며 '김수현 녹음 파일'의 존재를 알렸다. 검찰은 이날 "녹음 파일 2000여 개 중 절반은 김수현의 사적인 통화 내용이고 이 사건과 관련된 것은 100개 미만"이라며 "29개만 녹취록이 작성돼 있으므로 추후 증거로 제출하겠다"고 답했다.

이재용 부회장 구속과 우병우의 벽

2017년 2월 14일, 박영수 특별검사는 이재용 삼성전자 부회장에 대한 구속영장을 다시 청구했다. 1월 19일 구속영장이 기각된 이후 26일째였다. 2015~2016년 삼성그룹 경영권 승계에 대한 지원을 받는 대가로 최순실의 독일 현지법인 비덱스포츠와 맺은 컨설팅 계약액 213억 원, 한국동계스포츠영재센터 후원금 16억 2800만 원, 재단법인 미르와 재단법인 K스포츠에 낸 출연금 204억 원 등 430억 원의 금품을 박근혜 정권에 제공하고 이를 위해 삼성전자 자금을 빼돌려 국외로 반출했다는 혐의였다. 특검은 영장청구서에 "기업이 더 이상 대통령이나 주변 권력자에게 돈을 주거나 청탁을 하지 않고도 공정하게 이윤 추구를 할 수 있도록 해야 한다"고 적시했다. 특검은 이재용 부회장과 함께 박상진 삼성전자 사장에 대해서도 사전 구속영장을 청구했다.

박영수 특별검사는 지난 1월 19일 이재용에 대한 구속영장이 법원에서 기각된 뒤 삼성이 대통령과 최순실 측을 지원한 배경을 파헤치는 데 주력했다. 특검은 이 과정에서 2015년 7월 삼성물산과 제일모직 합병 이후를 주목했다. 삼성은 두 회사 합병에 따라 삼성SDI가 보유 중이던 삼성물산 주식을 최소 1000만 주 정도를 처분해야만 했는데, 이 과정에서 청와대 지시로 처분 규모를 절반으로 축소한 것으로 특검은 판단했다. 이규철 특별검사보는 2월 17일 브리핑에서 "삼성물산과 제일모직의 합병뿐만 아니라 삼성의 경영권 승계 과정과 대가의 관계가 관련돼 있는 것으로 파악됐다"고 밝혔다. 아울러 대통령과 이재용이 큰 틀에서 교감하고, 안종범과 장충기 삼성그룹 미래전략실 차장, 김종과 박상진 삼성전자 사장이 각각 싹을 이뤄 실무를 진행한 것으로 판단했다.

특검은 이를 입증하기 위해 영장 기각 다음 날인 1월 20일 대한 승마협회 부회장인 황성수 삼성전자 전무를 불러 조사하는 등 관련자들을 잇따라 조사했다. 2월 3일에는 공정거래위원회와 금융위원회를 압수수색했고 전·현직 고위 관계자들도 조사했다. 특검은 안종범 전 경제수석의 업무수첩(총 39권)을 1월 26일 추가로 입수했다. 안전 수석이 측근을 시켜 청와대에 은밀히 보관해온 것이었다. 추가로 확보한 업무수첩에는 대통령과 이재용이 독대한 직후 작성된 메모 등이 포함돼 있었다. 2월 12일에는 김상조 경제개혁연대 소장을 참고인 신분으로 불러 삼성그룹의 순환출자 방식에 대한 사실관계를 확인했다.

혐의를 입증할 증언과 자료가 쌓이자 특검은 2월 13일 이재용 부회장을 다시 특검으로 불렀다. 이 부회장은 "오늘도 모든 진실을 특검에서 성심껏 말씀드리겠다"고 말했다.

2월 17일, 대통령과 최순실 측에 430억 원대의 뇌물을 제공한 혐의 등을 받은 이재용 부회장이 구속 수감됐다. 한정석 서울중앙지법 영장판사는 "새롭게 구성된 범죄 혐의 사실과 추가로 수집된 증거자료 등을 종합할 때 구속의 사유와 필요성이 인정된다"고 영장 발부 사유를 밝혔다. 쉽게 말해 이재용이 최순실과 대통령 측에 뇌물을 준 혐의가 소명됐다는 것이었다. 이재용 삼성전자 부회장의 구속은 엄청난 파장을 몰고 왔다. 우리 사회에서 대기업 오너도 법 앞에서 예외가 있지 않다는 점을 분명히 한 상징적인 사건으로 자리하게 됐다.

박영수 특별검사는 2월 18일 오전 우병우를 피의자로 소환해 이틀날인 2월 19일 새벽 4시 40분쯤까지 약 19시간 동안 조사했다. 우병우는 이때 13시간 40분의 긴 조사를 받고도 바로 귀가하지 않고

약 5시간에 걸쳐 자신의 조서 내용을 꼼꼼히 살펴보고 법리를 준비했던 것으로 알려졌다.[44]

특별검사는 2월 19일 우병우 전 수석에 대해 직권남용과 직무유기, 특별감찰관 감찰 방해, 국회증언 불출석 등 네 가지 범죄 혐의를 적용해 사전 구속영장을 청구했다. 특검은 우병우에게 공정거래위원회와 문화체육관광부 등 공무원 인사에 개입한 혐의와 민정비서관과 민정수석 재임 중 최순실의 국정농단 비리를 방조한 혐의를 적용했다. 아울러 우병우가 2016년 7월 하순부터 8월 중순까지 민정수석실 직원 등에게 지시해 특별감찰관실이 자신의 비위를 감찰하지 못하도록 방해한 혐의 등도 적용했다. 하지만 2월 22일 새벽 우병우에 대한 특별검사의 영장은 기각됐다. 오민석 서울중앙지법 영장전담 부장판사는 "영장 청구 범죄 사실에 대한 소명의 정도와 그 법률적 평가에 관한 다툼의 여지 등에 비추어 구속의 사유와 필요성을 인정하기 어렵다"고 기각 이유를 밝혔다.

탄핵심판 15~16차 변론: 김평우의 헌재 공격

헌재는 2017년 2월 20일 대통령 탄핵심판 15차 변론에서 대통령 측 법률대리인단이 요청한 고영태 더블루K 이사의 증인 재신청과 '김수현 녹음 파일' 재생 신청을 모두 기각했다. 강일원 주심 재판관은 "녹취록과 녹음 파일을 모두 살펴봤는데 둘은 중복 증거"라며 "이들의 내용 역시 탄핵심판 쟁점과는 관련이 없다"고 지적했다. 이정미 권한대행은 이날 김기춘 증인 채택 문제와 관련, "두 번이나 증인 신문을 할 기회를 줬는데 출석하지 않았다"며 "대통령 측에서 불출석할 경우

증인 신청을 철회하겠다고 이미 약속했고, 핵심 증인도 아니"라고 직권으로 취소했다.[45]

대통령 측 김평우 변호사는 이날 변론이 종료될 무렵 갑자기 자리에서 일어나 막무가내로 변론을 이어가려다 재판관의 제지를 받기도 했다. 언론에 보도된 당시 상황이다.

이정미 재판관(이하 이)__ 어떤 내용입니까.

김평우 변호사(이하 김)__ 시간이 12시가 넘었는데요, 사실 제가 조금 당뇨가 있습니다. 그래서 시간을 조금 주시면…

이__ 어떤 내용에 대해 말씀하실…

김__ 잠깐만요, 제가 말씀드릴게요. 제가 조금 어지럼증이 있어서 음식을 조금 먹어야 하겠는데 그럴 시간을 좀 주실 수 있는지 좀 물어보겠습니다.

이__ 그러시다면 그 부분은 다음번에 하시는 것으로 하시고 오늘 변론은…

김__ 아닙니다. 저는 오늘 하겠습니다.

이__ 오늘 꼭 하셔야 하는 이유는 뭔가요?

김__ 제가 오늘 하겠습니다. 준비를 해왔으니까, 그러면 제가 점심을 못 먹더라도 지금부터 변론을 하겠습니다.

이__ (잠시 기다리다) 그러면 저희 재판부에서는 다음번에 변론을, 김 변호사님, 재판 진행은 저희가 하는 겁니다. 저희가 다음번에 충분히 기회 드릴 테니까 오늘 변론은 이것으로 마치도록 하겠습니다.

김__ 다음 변론은 언제입니까.

이__ 22일입니다.

김_ 저는 오늘 하겠습니다. (서석구 변호사 등이 말렸지만 자리에서 일어나 연단으로 걸어감)

이_ 기일은 저희가 정하는 것입니다. 그러면 오늘 변론은 이것으로 마치겠습니다.

김_ 아니, 지금 하겠다는데 왜 변론을 막으십니까?

이_ 다음 기일에 충분히 기회를 드립니다. 굳이 오늘 하셔야 하는 것 아니고요. 2월 22일 수요일 오전 10시에 이곳 대심판정에서 속행하도록 하겠습니다. 다음 변론기일에는 오전에⋯

김_ 제가 준비를 다 해왔는데⋯

이_ 지금 12시가 다 되지 않았습니까.

김_ (소리를 지르며) 지금까지 12시 변론을 꼭 끝내야 한다는 법칙 있습니까. 그럴 거면 왜 헌법재판관씩이나 해요. 함부로 재판을 진행해요?[46]

헌법재판소는 2월 22일 대통령 탄핵심판 16차 변론에서 당초 2월 24일로 예정됐던 최종변론을 2월 27일로 연기했다. 이정미 권한대행은 이날 "대통령 측 대리인들께서 준비 시간이 부족하다고 말씀을 해 재판부에서도 여러 차례 회의를 거듭했다"고 말했다. 대통령 대리인단 측은 이날 변경된 탄핵소추안으로 재판을 불공정하게 진행했다는 이유로 강일원 재판관에 대해 기피 신청을 냈지만, 헌재는 "심판 지연이 목적"이라며 기각했다. 대통령 측은 애초 이날 대통령의 최종변론에 출석할지 여부를 밝히기로 했지만 "아직 결정되지 않았다"고 답했다. 변론은 오전 10시 안종범에 대한 증인 신문으로 시작해 큰 쟁점 없이 끝났다.

하지만 오후 2시 변론이 재개되자 대통령 측 변호인단은 재판부와 국회 측에 대한 비난을 쏟아냈다. 김평우 변호사는 주심인 강일원 재판관을 겨냥해 "국회의 탄핵소추 사유를 다섯 가지로 정리하라고 했는데 권성동 (탄핵소추) 위원에게 코치를 하신 건지. … 헌재가 국회 편을 들고 있다. 헌재가 자멸하는 길"이라며 포문을 열었다. 또 "법관이 아닌 청구인(국회)의 수석 대리인"이라고 공격하기도 했다. 이정미 권한대행이 "재판부에 대한 모욕적 언사다. 지나치다"고 제지했지만, 김평우는 "뭐가 지나친가"라며 물러서지 않았다. 김평우는 국회도 공격했다. 그는 국회가 대통령 탄핵소추안을 가결한 것을 가리켜 "국회가 동서고금에 없는 섞어찌개 (탄핵 사유) 13가지를 만든 것"이라고 말하며 "북한식 정치 탄압이다. 국회가 야쿠자냐"라고 막말했다. 그는 "헌재가 (공정한 심리를) 안 해주면 시가전이 생기고 아스팔트가 피로 덮일 것"이라며 내란을 운운했다. 김평우는 오후 2시 9분쯤부터 3시 55분까지 100분 넘게 발언을 이어갔다.[47]

　　대통령 대리인단이 제기한 '소추 사유가 특정되지 않고 국회 측의 소추 사유 정리가 위법하다'는 주장과 관련해 헌법재판소는 2017년 3월 10일 대통령 탄핵심판 결정에서 "소추 사유를 확정하는 데 어려움이 없고 이미 변론 준비기일에 양 당사자가 소추 사유의 유형별 정리에 합의하고 이미 15차례 이상 변론을 진행해온 점 등에 비춰볼 때 소추 사유가 특정되지 않았다는 주장은 받아들일 수 없다"고 결정했다. 아울러 '탄핵 사유의 내용과 그에 적용된 헌법 위반 또는 법률 위반 조항이 모두 복합적으로 나열돼 있어 과연 각 소추 사유가 무슨 법령 위반인지 특정할 수 없으므로 부적합하다'는 주장에 대해서도 "헌재는 원칙적으로 국회의 탄핵소추안 의결서에 기재된 소추 사유에 의해 구속을 받고 의결서에 기재되지 아니한 소추 사유를 판단의 대상으로 삼을 순 없지만, 국회의 의결서에 분류된 소추 사유의 체계에 구속되는 것은 않으므로 소추 사유를 어떤 연관 관계에서 법적으로 고려할 것인가 하는 것은 전적으로 헌법재판소의 판단에 달려 있다"며 대통령 측의 주장을 수용하지 않았다.[48]

대통령 측 대리인단의 모습은 헌법 재판을 통해 '기각 결정'을 기대하기 어렵다는 판단에 따라, '태극기 집회'라는 지지층을 등에 업고 '불공정 프레임'으로 몰고 가 헌재 결정에 대한 불복을 하려는 "계산된 행동"이라는 분석도 나왔다.[49]

박근혜 "사익 없어" vs. 특검 "재단 통해 뇌물"

2017년 2월 27일 박근혜 대통령 탄핵심판의 최후 변론에서 국회 탄핵소추위원단과 대통령 측 대리인단은 마지막까지 법리 다툼을 벌였다. 5시간 남짓 '마라톤 변론'을 이어간 대통령 측 변론을 포함해 모두 6시간 40여 분이 지나서야 마무리됐다.

국회 탄핵소추위원단 측은 1시간 14분 동안 "'대통령은 결코 법위에 있지 않다'는 법치의 대원칙을 분명하게 선언해달라"며 재판부에 대통령 파면을 촉구했다. 권성동 탄핵소추위원의 최후 변론 중 일부다.

"국민이 만들어온 대한민국을 민주주의의 적들로부터 지켜주십시오. 실망한 국민들이 다시 털고 일어나 '우리나라가 살 만한 나라'라는 희망과 자신감을 회복하고, 함께 힘을 모아 통합의 길을 가도록 해주십시오. 피청구인에 대한 파면을 통해 정의를 갈망하는 국민이 승리하였음을 소리 높여 선언해주시기 바랍니다."[50]

이동흡 전 헌법재판관을 필두로 한 박근혜 대통령 측 변호사 15

명은 5시간에 걸친 마라톤 변론으로 탄핵 사유를 부인하거나 헌새의 8인 체제가 부당하다고 호소했다. 박근혜 대통령의 최후진술은 이동흡 변호사가 대독했다. 박근혜는 "지금껏 제가 해온 수많은 일 가운데 저의 사익을 위한 것은 단 하나도 없었으며, 저 개인이나 측근을 위해 대통령으로서의 권한을 행사하거나 남용한 사실은 결코 없었다"고 변론했다.

헌법재판소의 변론이 모두 끝났다. 헌재는 2월 27일 변론이 종결될 때까지 세 차례의 변론 준비기일과 17차례의 변론기일을 진행했다. 이 기간 국회와 대통령이 함께 청구한 증인 3명, 국회가 신청한 증인 9명, 대통령 측이 청구한 증인 14명 등에 대한 증인 신문을 실시했다. 모두 17건의 사실 조회를 실시, 70개 기관과 기업으로부터 답변을 받았다. 형사재판을 받고 있는 최순실 등 핵심 증인들을 위해 특별기일까지 지정해가며 주 3회 재판을 열기도 했다.[51] 헌재는 최종변론 다음 날부터 결론 도출을 위한 재판관 평의에 들어갔다.

한편 특별검사의 1차 수사 기간 만료 하루 전인 2월 27일 황교안 대통령 권한대행은 홍권희 공보실장을 통해 "오랜 고심 끝에 승인하지 않기로 결정했다"고 특별검사의 수사 기간 연장 요청을 거부했다.

특별검사는 2월 28일 특별검사 수사 기간이 종료됐지만 수사 결과를 국회와 청와대에 보고, 발표하지 못했다. 1차 수사 기간 만료일 1일 전에 불승인 결정이 나오면서 핵심인물의 기소 절차를 마무리하고 검찰에 이관해야 하는 기록의 작성 등 업무량이 많아 기간 만료일에 맞춰 수사 결과를 발표하는 게 물리적으로 불가능했기 때문이다.

박영수 특별검사는 자신을 포함해 특검보 네 명과 재판 업무를 맡는 공소유지팀을 꾸렸다. 잔류하지 않는 파견검사는 3월 6일부터 검찰로 복귀하고 변호사 출신 특별수사관들도 현업으로 돌아갔다.

3월 6일 오후 2시 서울 서초구 대치동 특별검사 기자실. 박영수 특별검사는 마이크를 잡고 최종 수사 결과를 발표했다. 먼저 수사 결과 보고가 지연된 상황에 대한 설명을 한 뒤 간단한 소회를 밝혔다.

"저희 특검 팀원 전원은 국민의 명령과 기대에 부응하고자 뜨거운 의지와 일관된 투지로 수사에 임했습니다. 하지만 한정된 수사 기간과 주요 수사 대상의 비협조 등으로 인해 특검 수사는 절반에 그쳤습니다."[52]

박영수 특검은 이번 수사의 핵심을 "국가 권력이 사적 이익을 위해 남용된 국정농단과 우리 사회의 고질적 부패 고리인 정경유착"이라고 규정한 뒤 수사 결과를 발표했다. 박영수는 삼성전자 이재용 부회장 뇌물공여 등 사건, 국민연금공단의 삼성물산 합병 관련 직권남용 및 배임 사건, 문화계 블랙리스트 사건, 정유라 입시 및 학사 비리 사건, 최순실 민관 인사 및 이권 사업 개입 사건, 비선 진료 및 특혜 의혹 사건, 청와대 행정관 차명폰 개통 사건 등 7개 사건에 대한 구체적인 수사 결과를 공개했다.

핵심 요지는 이재용 삼성전자 부회장이 삼성그룹 미래전략실 최지성 실장 등과 공모해 자신의 경영권 승계에 도움을 받을 목적으로 회사 자금을 횡령해 대통령과 최순실에게 뇌물을 공여한 사건으로 규정했다. 즉, 박근혜와 최순실이 이재용에게 경영권 승계의 도움을 주고 삼성그룹으로부터 재단법인 미르, 재단법인 K스포츠, 한국동계스포츠영재센터 등을 통해 430억 원대의 뇌물을 받았다고 밝힌 것이다. 박근혜와 최순실의 주장이 모두 거짓이라고 말한 셈이다.

특검은 최순실 일가의 재산 형성 및 은닉 의혹과 세월호 침몰 사고 당일 대통령의 행적 관련 의혹 등 두 가지 의혹 사항 조사 결과도 밝혔다. 즉, 최순실 일가의 재산 형성 및 은닉 의혹 관련해서는 "현재

재산 보유 상황과 도출된 관련 의혹 사항에 대해 상당한 진척은 있었지만 재산 형성의 불법 사항과 은닉 사항에 대한 조사가 완료되지 못했다"고 말했다. 세월호 침몰 사고 당일 대통령 행적과 관련한 의혹에 대해서도 "2013년 3월부터 8월 사이에 피부과 자문의로부터 약 3회에 걸쳐 필러 보톡스 시술을 받은 사실, 2014년 5월부터 2016년 7월 사이에 김영재로부터 다섯 차례 보톡스 및 더모톡신 등 시술을 받은 사실은 인정되나 세월호 침몰 당일이나 전날에 비선 진료나 시술을 받았는지 여부는 확인할 수 없었다"고 밝혔다.

특검 수사가 적지 않은 성과를 거뒀지만 아쉬움이 없는 것은 아니었다. SK, 롯데, CJ 등 삼성 이외의 대기업에 대해서는 사실상 수사가 이뤄지지 못했고, 우병우 전 민정수석에 대한 수사도 제대로 이뤄지지 못했다. 아울러 '세월호 7시간' 등 여러 의혹에 대해서도 의미 있는 결과를 도출하지 못한 채 막을 내리게 된 점도 아쉬움으로 꼽혔다. 박영수 특검의 이야기다.

"국민들한테 미안한 마음이 든다. 솔직히 우 전 수석, CJ, SK, 롯데까지 수사했어야 특검으로서 최소한의 소임은 다했다고 할 텐데 그런 것들을 하지 못해 국민들에게 참 죄송하다. 우리가 시간을 못 맞춘 측면도 있다."[53]

"주문, 피청구인 대통령 박근혜를 파면한다"

봄기운이 완연했던 3월 10일 오전 11시, 이정미 권한대행과 주심인 강일원 재판관 등 재판관 여덟 명이 서울 종로구 재동에 위치한 헌법재판소 대심판정에 차례로 입정했다. 오전 10시 40분부터 국회 탄핵소추위원단과 대통령 측 법률대리인단이 차례대로 심판정에 들어선 뒤였다.

이정미 권한대행은 "지금부터 2016헌나1 대통령 박근혜 탄핵 사건에 대한 선고를 시작하겠다"고 선언했다. 이 권한대행은 진행 경과를 설명한 뒤 "대한민국 국민 모두 아시다시피, 헌법은 대통령을 포함한 모든 국가기관의 존립 근거이고, 국민은 그러한 헌법을 만들어내는 힘의 원천"이라며 선고의 심정을 밝혔다.

11시 3분, 이정미 권한대행은 "지금부터 선고를 시작하겠다"며 결정문 낭독을 시작했다. 대통령 대리인단이 국회 탄핵소추 의결 과정의 하자를 주장한 것 등과 관련해 "국회의 탄핵소추 가결 절차에 헌법이나 법률을 위배한 위법이 없으며, 다른 적법 요건에 어떠한 흠결도 없다"고 설명했다.

11시 8분, 이정미 권한대행이 탄핵소추 사유의 판단 결과를 본격적으로 언급하기 시작했다. 공무원 임면권 남용, 언론의 자유 침해, 세월호 참사에 대한 국민 보호 의무 위반 등에 대해서는 대통령의 헌법과 법률 위배가 인정되지 않는다고 밝혔다. 탄핵소추위원단 측 참석자들의 표정이 굳어졌다.

11시 12분, 대통령과 최순실의 국정농단 공모가 언급되기 시작했다. 청와대 문건이 수시로 최순실에게 전달된 문제가 지적됐고 재단법인 미르와 재단법인 K스포츠를 둘러싸고 벌어졌던 대통령의 행위가 헌법과 법률에 위반되는지를 판단하는 내용이었다. 대통령의 위헌·위법 행위와 그 사례가 줄을 이었다.

"피청구인의 행위는 최서원(최순실의 개명)의 이익을 위해 대통령의 지위와 권한을 남용한 것으로서 공정한 직무 수행이라고 할 수 없으며, 헌법, 국가공무원법, 공직자윤리법 등을 위배한 것이다. 노안,

재단법인 미르와 재단법인 K스포츠의 설립, 최서원의 이권 개입에 직간접적으로 도움을 준 피청구인의 행위는 기업의 재산권을 침해하였을 뿐만 아니라, 기업 경영의 자유를 침해한 것이다. 그리고 피청구인의 지시 또는 방치에 따라 직무상 비밀에 해당하는 많은 문건이 최서원에게 유출된 점은 국가공무원법의 비밀 엄수 의무를 위배한 것이다."

이어서 이 권한대행은 지금까지 살펴본 대통령의 법 위반 행위가 대통령을 파면할 만큼 중대한 것인지에 관해 논의한 내용을 공개했다. 이정미의 목소리는 점점 단호해졌다.

"피청구인은 최서원의 국정개입 사실을 철저히 숨겼고, 그에 관한 의혹이 제기될 때마다 이를 부인하며 오히려 의혹 제기를 비난했다. 이로 인해 국회 등 헌법기관에 의한 견제나 언론에 의한 감시 장치가 제대로 작동될 수 없었다. 또한, 피청구인은 미르와 K스포츠 설립, 플레이그라운드와 더블루K 및 KD코퍼레이션 지원 등과 같은 최서원의 사익 추구에 관여하고 지원했다. 피청구인의 헌법과 법률 위배 행위는 재임 기간 전반에 걸쳐 지속적으로 이루어졌고, 국회와 언론의 지적에도 오히려 사실을 은폐하고 관련자를 단속해왔다. 그 결과 피청구인의 지시에 따른 안종범, 김종, 정호성 등이 부패범죄 혐의로 구속 기소되는 중대한 사태에 이르렀다. 이러한 피청구인의 위헌·위법 행위는 대의민주제 원리와 법치주의 정신을 훼손한 것이다. 한편 피청구인은 대국민 담화에서 진상 규명에 최대한 협조하겠다고 하였으나 정작 검찰과 특별검사의 조사에 응하지 않았고, 청와대에 대한 압수수색도 거부했다. 이 사건 소추 사유와 관련한 피청구인의 일련의 언행을 보면, 법 위배 행위가 반복되지 않도록 할 헌법수호 의지가 드러나지 않았다. 결국 피청구인의 위헌·위법 행위는 국민의 신임을 배반한 것으로 헌법수호의 관점에서 용납될 수 없는 중대한 법 위배 행위라고 봐야 한다. 피청구인의 법 위배 행위가 헌법 질서에 미치는 부정적 영향과 파급 효과가 중대하므로, 피청구인을 파면함으로써 얻는 헌법수호의 이익이 압도적으로 크다고 할 것이다."

11시 21분, 이정미 헌법재판소장 권한대행은 "재판관 전원의 일치된 의견으로 주문主文을 선고한다"며 망설임 없이 말을 이었다.

"주문, 피청구인 대통령 박근혜를 파면한다."

박근혜 대통령의 파면이 결정된 것이다. 이정미 권한대행은 이어 세월호 참사와 관련한 두 재판관의 보충 의견과 이 탄핵심판의 성격에 대한 보충 의견을 차례로 공개했다.

이정미 권한대행은 낭독을 시작한 지 22분 만에 "이것으로 선고를 마친다"고 말하고 자리에서 일어섰다. 이정미를 포함해 재판관 여덟 명이 퇴정하자 국회 탄핵소추위원단 측 변호사들은 악수하며 서로를 격려했고, 대통령 측 변호사들은 얼굴이 붉게 상기된 채 아무말 없이 대심판정을 빠져나갔다.[54]

박근혜는 헌법재판소의 탄핵 인용에 대해 공식적인 반응을 내지 않았다. 청와대는 "(박근혜 전 대통령이) 오늘(3월 10일)은 관저에 머물 것"이라며 메시지나 입장 발표는 따로 없다고 밝혔다. 서울중앙지법에서 7차 공판을 받던 최순실은 이날 점심시간에 검찰청사로 이동해 혼자 있을 때 울음을 터트린 것으로 전해졌다. 조카 장시호는 이날 서울지법 재판정에서 증인 신분으로 "조금 전 이모(최순실)가 대통령이 탄핵된 것을 알고 대성통곡"했다고 전했다.[55]

TV를 통해 박근혜 대통령 탄핵을 인용하는 헌법재판소의 결정이 나오자 집이나 사무실, 광장 등 전국 곳곳에서 박수와 환호성이 터져 나왔다. 수많은 시민이 그날 서울 광화문광장에서 아무나 붙잡고 박근혜와 최순실, 최순실과 박근혜 시대의 종언을 노래했다. 하지만 진정한 민주공화국의 도래인지는 아직 확신할 수 없었다. 거짓과 허위가 무너진 자리에 무엇이 찾아올지는 누구도 아닌 시민들 스스로 결정해야 하기 때문이다. 다만 2017년 3월 10일 그날, 민주공화국으로 갈 수 있는 의미 있는 한 발을 내디뎠다는 점만은 분명해 보였다.

다시 함께 가자, 민주공화국으로

최순실로 상징되는 비선 권력은 '선출 및 임명 절차와 체계를 거치지 않은 음지의 권력'이라고 보면 크게 틀리지 않을 것이다. 비선 권력은 동서양을 막론하고 역사 속에서 면면히 이어져 왔다. 비선 권력은 역사 속에서 빈번히 출몰했고 각종 인사와 이권에 개입해 국정을 망치면서 스스로를 파괴한 일이 허다했다.

중국에서는 은주殷周 시대부터 황제나 황후의 친인척, 환관 등 비선이 국정에 개입하거나 권력을 휘두른 사례가 적지 않았다. 한나라 영제靈帝 시절에는 10여 명의 환관, 이른바 '십상시十常侍'가 정권을 쥐고 조정을 농락했다. 십상시는 영제가 어린 나이로 황제로 즉위하자 하진의 누이를 통해 주색에 빠지도록 한 뒤 돈을 받고 관직을 파는 등 국정을 농단했다. 이들은 하진이 불러들인 조조와 원술에게 몰살됐다.

유럽 역사에서도 비선 권력은 심심치 않게 등장했다. 로마노프 러시아 왕조의 수도승 그리고리 라스푸틴이 특히 잘 알려져 있다. 그는 떠돌이 수도자였다가 황제 니콜라이 2세의 아들 알렉세이 니콜라예비치 로마노프 황태자의 혈우병을 고친 일을 계기로 황후의 신임을 얻어 국정에 개입했다. 황제의 조카인 이리나 공주의 남편 펠릭스 유스포프 대공 등에 의해 처형됐다.

우리나라에서도 비선의 역사는 오래됐다. 신라의 51대 왕인 진성여왕은 경문왕의 동생이자 숙부인 위홍과 사랑에 빠졌고 위홍은 진성여왕의 총애를 바탕으로 국정에 개입해 파란을 일으켰다. 고려 공민왕 때의 신돈(?~1371)이나 조선 연산군 시절의 장녹수(?~1506) 등이 대표적인 비선으로 꼽힌다.

현대사에서도 비선 권력은 여전히 존재했다. 미국의 로널드 레이건 대통령은 점성술사 조앤 퀴글리Joan Quigley의 국정개입을 허용해 논란이 됐다. 퀴글리는 1981년 발생한 레이건 암살 미수 사건 당일 '레이건에게 오늘 좋지 않을 일이 일어날 것'이라고 영부인에게 예언한 것을 계기로 국정에 개입한 것으로 알려진다. 그녀는 자서전에서 자신이 "대통령의 각종 회담과 연두교서, 출장과 대선 토론 일정을 짜는 총책임자였다"며 "미·소 핵감축 협상에도 관여했다"고 회고했다. 1988년 대통령 비서실장이었던 도널드 리건Donald Regan(1918~2003)에 의해 국정개입이 폭로돼 파문이 일었다.

한국 현대사에서는 '6공화국의 황태자'라 불린 박철언 씨를 비롯해 '소통령'으로 꼽힌 김영삼 대통령의 차남 현철 씨, '홍삼弘三 트리오'라 불린 김대중 대통령의 세 아들, '봉하대군'으로 풍자된 노무현 대통령의 형 건평 씨, '만사형통'으로 불린 이명박 대통령의 형 상득 씨 등이 대표적인 비선 권력으로 꼽혔다. 이들 모두 각종 비리에 연루된 혐의로 실형에 처해졌다.

역사 속의 비선 권력은 지혜나 매력, 영적인 능력 등을 바탕으로 최고 권력자와의 관계 속에서 권력을 획득하곤 했다. 종교를 이용하거나 남녀 및 애정 관계를 통해 권력을 얻는 경우도 적지 않았다. 비선들은 측근이나 친인척 등을 요직에 앉혀 힘을 강화하려 했고 인사나 이권에 개입해 치부致富했다. 말로末路는 대체로 비극적이었다. 권력자의 지지나 총애를 잃는 것에 그치지 않고 극형에 처해지거나 다음 권력자에게 처단되기도 했다.

부조리한 대통령 박근혜와 비선 권력 최순실 세력이 초래한 대한민국의 이번 국정농단 사태도 비선 권력의 역사에서 드러나는 여러 보편적인 현상과 특징을 잘 보여준다. 아울러 2대에 걸쳐 오랜 시간 비선 권력을 탄생시키고 발전시킨 점, 대통령을 정점으로 문고리·법비法匪·친위정당이라는 3각 동맹 및 광범위한 부역 체제를 구축한 점, 현대사회에 맞게 대통령의 '말' 중심으로 벌인 국정농단 등은 새롭고 특이한 양태라고 할 수 있을 것이다.

그렇다면 왜 수없이 경계하고 비판함에도 비선 권력은 역사에서 반복해 출몰하는 것일까. 하나는 권력 자체의 문제에서 기인한 것으로 보인다. 즉, 권력자가 무능하거나 불안해함에도 막대한 권력과 권한이 있기 때문일 것이다. 다른 하나는 비선 권력이 나올 수밖에 없는 시스템 문제가 지적될 수 있다. 권력 간 또는 권력과 시민 간 견제와 균형이 무너져 있거나 이들 사이의 공유와 공존의 시스템과 문화가 미흡하거나 부재하기 때문일 것이다.

앞으로 비선 세력의 발호를 막고 제어하기 위해서는 먼저 권력자의 권력 자체를 대폭 축소하거나 제한하는 것도 하나의 방법이 될 수 있다. 즉, 권력이 비대할수록 비선의 발호 가능성이 크다는 섬에서 권력 자체를 줄여 비선의 토양 자체를 줄이자는 취지에서다. 둘째, 권력자 스스로 비선의 유혹을 떨쳐낼 수 있는 능력과 자질이 있어야 할 것이다. 훌륭한 리더는 비선이 아닌 공식 체계를 잘 활용해 국정을 운영할 수 있다. 셋째, 비선을 공식 체계로 편입해 투명화하는 것도 방법이다. 비선이 공식화하면 관리와 검증이 가능해지기 때문이다. 버락 오바마 미국 대통령은 1991년부터 각종 정치적 조언과 자문을 해온 여성 밸러리 재럿Valerie Jarrett에게 백악관 선임고문이라는 공식 직함을 부여해 비선 논란을 차단했다. 넷째, 권력 체제에 견제와 균형 원리를 작동시키는 것도 방법이 될 수 있다. 권력 기관 간 견제와 균형은 기본이고 권력 내 견제와 균형도 작동해야 할 것이다. 일본의 경우 집권 세력 내에 다양한 파벌이 존재해 상대적으로 비선 세력이 발호할 여지가 적고 설령 비선이 있더라도 권력 행사가 제한적이라는 분석도 있다.

여기에서 남는 문제 하나. 비선 권력 최순실과 함께 대한민국을 농단한 대통령 박근혜는 도대체 무엇이었던가. 먼저 박근혜는 정적의 존재를 인정하고 여론에 근거해야 하는 민주공화국의 대통령이 아닌, 무소불위의 절대 권력을 행사한 절대 군주이자 여왕이었다는 분석이 있다. 주로 국회나 야당을 무시하고 반대파를 무자비하게 내치는 모습이나 불통 인사 등에서 많이 엿보였다고 지적됐다. 정두언의 지적이다.

"박근혜 대통령은 왕조시대 권력관을 가지고 있고, 그걸 절대적으로 휘두르고, 반대파를 인정하지 않고, 자신에 대해 반대하면 유승민처럼 쫓아버리고, 결국은 자신을 해치는 거죠. 자기한테 이롭지 않은 거죠. 반대파를 인정하고 비주류를 배려해서 견제받고, 비판받으면서 자기가 안전한 건데 다 없애버리면 무소불위가 돼서 겁 없이 가다가 망해버리죠."[1]

아울러 박근혜는 비선 권력 최순실에 의해 만들어진 '공주'이자 '이미지 정치인'으로서 '상징 대통령'이기도 했다. 최순실 17년 운전기사 김 모 씨는 "모든 일상을 (최순실 일가로부터) 제공받는 공주이고 영혼까지 (최순실 일가에) 뺏긴 사람"이라며 '상징적인 인물'이라고 박근혜를 평가했다.

박근혜는 비선 권력의 조종만 받는 '상징 대통령'에 머무르지 않고 '상징 대통령'으로서의 존재 자체를 즐긴 것으로 분석된다. 즉, 독자적인 의제나 비전은 없으면서도 강한 권력 의지만 갖고서 권력행사 자체를 즐겼던 부조리한 존재였다는 것이다. 언론학자 강준만이 "박근혜가 많은 유권자를 사로잡은 비결은 그녀의 뛰어난 의전에 있으며, 권력 행사를 통해 무엇을 할 것인가 하는 독자적인 의제와 비전이 없이 권력 행사 자체에 의미를 두었다"며 '의전 대통령'으로 규정한 것도 이와 무관하지 않다.[2]

박근혜는 일방통행과 불통만 있는 여왕이자 절대 군주였을까, 아니면 비선의 조종을 받는 '공주'이자 '상징 대통령'이었을까, 그것도 아니면 비전과 전략 없이 권력과 의전 자체만을 즐긴 '의전 대통령'이었을까. 박근혜는 아마 '절대 군주'부터 '의전 대통령', '상징 대통령' 사이 그 어디쯤에 존재했을 것이다. 앞으로 많은 추가적인 연구와 분석을 통해 대통령 박근혜의 본질을 규명해야 할 것이다.

그에 앞서 우리가 반드시 규명하고 해결해야 하는 문제는 바로 누가 박근혜를 이러한 대통령으로 만들었는가 하는 점이다. 대통령 박근혜 자신과 비선 권력 최순실의 잘못이 가장 크겠지만, 대통령 박근혜와 비선 권력 최순실, 이른바 '박순실'을 낳은 체제와 그 양식樣式이야 말로 문제의 근본이 아니었을까. 민주공화국의 대통령을 뽑고서도 절대 군주로 생각하고 행동한 우리 속의 모든 '신민臣民' 체제와 양식들 말이다. 즉, 비선 권력 최순실과 부조리한 대통령 박근혜가 만들어낸 깜짝 놀랄 만한 국정농단의 또 다른 공범은 민주공화국의 온전한 시민이 되지 못한, 의사군주제의 신민이었던 우리 자신이었는지도 모른다. 이제부터 민주공화국에 집중해야 하는 이유일 것이다.

2017년 5월 서울 신문로에서
김용출·이천종·조병욱·박영준 함께 씀

각 장의 주

☞ 여기에는 본문에서 인용 또는 참고한 자료의 출처가 표기되어 있습니다. 장별로 앞서 한 차례 표기된 자료는 '저작자 이름'과 '저작물 제목'만 표기했으며, 바로 앞에 나온 자료는 '같은 책(글)'으로 표기했습니다. 여러 자료를 동시에 인용·참고했을 때는 각 출처 표기 사이에 쌍반점(;)을 넣어 구분했습니다.

前史 　　　　　　　　　　　　　　　　　　／커넥션의 시작(1912~1975)

1   조갑제, 『박정희』, 11권(서울: 조갑제닷컴, 2006), 141~144쪽; 문갑식·김성동·오동룡·배진영·이상흔, 『탄생 100주년으로 돌아보는 박정희 100장면』(서울: 월간조선, 2017. 1), 210~211쪽 참고.

2   김종필, 『김종필 증언록』, 1권(서울: 미래엔, 2016), 486쪽.

3   박근혜, 『나의 어머니 육영수』(서울: 사람과사람, 2000), 81쪽 참고.

4   박근혜, 『절망은 나를 단련시키고 희망은 나를 움직인다』(서울: 위즈덤하우스, 2007), 72~73쪽 참고.

5   같은 책, 83~84쪽 참고.

6   박근혜, 『나의 어머니 육영수』, 99~100쪽 참고.

7   같은 책, 84쪽 참고.

8   박은주, "김기춘의원 '소설인용 입 열게 했다'", ≪세계일보≫, 2005년 1월 21일 자, 5면; 정녹용, "김기춘 실장이 의원들 앞에서 문세광 이야기를 한 까닭", ≪조선일보≫, 2014년 3월 20일 자; 한홍구, "법 주무르며 누린 '기춘대원군'의 40년 권력", ≪한겨레≫, 2013년 12월 28일 자, 18~19면 참고.

9   한홍구, "법 주무르며 누린 '기춘대원군'의 40년 권력", 18~19면 참고.

10   같은 글, 18면 참고.

11   박근혜, 『절망은 나를 단련시키고 희망은 나를 움직인다』, 91쪽 참고.

12   육영재단 엮음, 『박근혜 인터뷰집』(서울: 육영재단, 1990), 101쪽 재인용.

13   "어머니의 빈자리엔 딸이 대신 陸女史(육여사)컵 어머니排球(배구)", ≪경향신문≫, 1974년 9월 23일 자, 6면.

14   박근혜, 『나의 어머니 육영수』, 99~102쪽 참고.

15   전여옥, 『오만과 무능: 굿바이, 朴의 나라』(서울: 독서광, 2016), 121~122쪽 참고.

16   박근혜, 『고난을 벗삼아 진실을 등대삼아』(부산: 부일, 1998), 17쪽.

17   전여옥, 『오만과 무능: 굿바이, 朴의 나라』, 121쪽 참고.

18   MBC, "박근혜氏, 아버지를 말한다", 〈박경재의 시사토론〉, 1989년 5월 19일 자; 육영재단 엮음, 『박근혜 인터뷰집』, 129쪽 재인용.

19   강준만, 『박근혜의 권력중독』(서울: 인물과사상사, 2016), 45쪽 참고.

20 박근혜, 『절망은 나를 단련시키고 희망은 나를 움직인다』, 21~22쪽 참고.

21 같은 책, 29쪽 참고.

22 오전식, "세계최대 유조선진수 朴槿惠(박근혜)양이 테이프 끊어", 《경향신문》, 1969년 6월 21일 자, 7면 참고.

23 김태원, "'어머님 하시던 일 대신 맡아' 朴槿惠(박근혜)양, 뉴욕타임즈紙(지) 記者(기자)와 單獨(단독)인터뷰", 《경향신문》, 1975년 10월 16일 자, 7면.

24 박근혜, 『절망은 나를 단련시키고 희망은 나를 움직인다』, 63~65쪽 참고.

25 같은 책, 55쪽; "朴槿惠(박근혜)양 귀국길에", 《동아일보》, 1972년 10월 27일 자, 7면 참고.

26 윤석진, "박근혜-최태민, 20년 커넥션", 《월간중앙》, 214호(1993. 11), 196쪽.

27 중앙정보부, 「최태민 관련 자료」(1979. 10. 23), 4쪽.

28 유인종, "최태민 최초 인터뷰 '나를 둘러싼 소문의 진상과 박근혜씨와의 15년 관계를 밝힙니다'", 《우먼센스》, 3권 12호(1990. 12), 254쪽.

29 유인종, "박근혜 해명 인터뷰 '쓸쓸한 우리 형제, 비통한 사연을 말합니다'", 《우먼센스》, 3권 12호(1990. 12), 263쪽.

30 조갑제, 『박정희』, 12권(서울: 조갑제닷컴, 2006), 65쪽 참고.

31 전여옥, 『오만과 무능: 굿바이, 朴의 나라』, 119쪽 참고.

32 윤석진, "박근혜-최태민, 20년 커넥션", 198쪽; 조갑제, 『박정희』, 12권, 65쪽; 중앙정보부, 「최태민 관련 자료」, 3~4쪽 참고.

33 윤석진, "박근혜-최태민, 20년 커넥션", 198쪽 재인용.

34 전여옥, 『오만과 무능: 굿바이, 朴의 나라』, 119쪽 참고.

35 윤석진, "박근혜-최태민, 20년 커넥션", 198쪽.

36 같은 글, 198쪽; 중앙정보부, 「최태민 관련 자료」, 4쪽 참고.

37 이유주현·김태규, "최씨 일가와 박 대통령, 사교 재산으로 엮인 갑을관계", 《한겨레》, 2016년 11월 23일 자, 9면.

38 문갑식, "최태민 전기 1975~1979", 《월간조선》, 441호(2016. 12), 180쪽.

39 조갑제, 『박정희』, 12권, 65~66쪽 참고.

40 안승호, "최초공개-고 최태민 가계도와 가족 재산-최태민 목사딸 사위 등 서울 강남 수백억원대 부동산 소유", 《월간조선》, 328호(2007. 7), 93쪽; 윤석진, "박근혜-최태민, 20년 커넥션", 198쪽.

41 전여옥, 『오만과 무능: 굿바이, 朴의 나라』, 117~120쪽 참고.

42 중앙정보부, 「최태민 관련 자료」, 1쪽; 안승호, "최초공개-고 최태민 가계도와 가족 재산-최태민 목사딸 사위 등 서울 강남 수백억원대 부동산 소유", 89쪽 참고.

43 윤석진, "박근혜-최태민, 20년 커넥션", 206쪽에서 재인용.

44 김외현, "박 대통령과 최태민 최순실 부녀", 《한겨레》, 2016년 10월 29일 자, 6면 참고.

45 유인종, "최태민 최초 인터뷰 '나를 둘러싼 소문의 진상과 박근혜씨와의 15년 관계를 밝힙니다'", 255쪽.

46 중앙정보부, 「최태민 관련 자료」, 2쪽 참고.

47 윤석진, "박근혜-최태민, 20년 커넥션", 206~207쪽.

48 국건, "최태민 셋째딸 최민희씨의 독점고백 '나의 아버지 최태민과 박근혜 사이에 나돌던 소문에 대해 밝힌다'", ≪우먼센스≫, 73호(1994. 8), 204쪽 참고.

49 중앙정보부, 「최태민 관련 자료」, 2~3쪽 참고.

50 윤석진, "박근혜-최태민, 20년 커넥션", 208쪽; 조용래, 『또 하나의 가족』(파주: 모던아카이브, 2017), 19~21쪽, 189쪽 참고.

51 진여옥, 『오만과 무능: 굿바이, 朴의 나라』, 104쪽 참고.

52 안승호, "최초공개-고 최태민 가계도와 가족 재산-최태민 목사딸 사위 등 서울 강남 수백억원대 부동산 소유", 79쪽 참고.

53 조용래, 『또 하나의 가족』, 26~33쪽 참고.

54 중앙정보부, 「최태민 관련 자료」, 2~3쪽 참고.

55 전여옥, 『오만과 무능: 굿바이, 朴의 나라』, 103쪽 참고.

56 국건, "최태민 셋째딸 최민희씨의 독점고백 '나의 아버지 최태민과 박근혜 사이에 나돌던 소문에 대해 밝힌다'", 204쪽 참고.

57 중앙정보부, 「최태민 관련 자료」, 3쪽 참고.

58 같은 글, 1~3쪽 참고.

59 유인종, "최태민 최초 인터뷰 '나를 둘러싼 소문의 진상과 박근혜씨와의 15년 관계를 밝힙니다'", 254~255쪽.

60 탁명환, "대해부 구국선교단 구국십자군-부끄러운 권력의 시녀 목사들1", ≪현대종교≫, 168호(1988. 4), 119쪽 참고.

61 같은 글, 121쪽 참고.

62 김수길, 『최순실 언니 박근혜』(인천: 간석출판사, 2016), 40~41쪽 참고.

63 중앙정보부, 「최태민 관련 자료」, 3쪽 참고.

64 윤석진, "박근혜-최태민, 20년 커넥션", 196~226쪽 참고.

65 "두곳서 反共救國(반공구국) 기도회 權惠(근혜)양 등 참석", ≪경향신문≫, 1975년 5월 5일 자, 7면.

66 "기독교 超敎派(초교파) 임진각서 救國(구국)기도대회", ≪경향신문≫, 1975년 5월 12일 자, 7면; "임진閣(각)서 統一(통일)위한 救國(구국)기독 聖徒大會(성도대회)", ≪동아일보≫, 1975년 5월 12일 자, 7면 참고.

67 윤석진, "박근혜-최태민, 20년 커넥션", 200쪽.

68 "朴權惠(박근혜)양 不遇(불우)이웃돕기 격려", ≪경향신문≫, 1975년 9월 3일 자, 7면; "야간 無料(무료) 진료센터 權惠(근혜)양 개원식 참석", ≪경향신문≫, 1975년 12월 11일 자, 7면 참고.

69 "朴權惠(박근혜)양 東大(동대)간담회 참석", ≪경향신문≫, 1975년 6월 20일 자, 7면 참고.

70 김태원, "'어머님 하시던 일 대신 맡아' 朴權惠(박근혜)양, 뉴욕타임즈紙(지) 記者(기자)와 單獨(단독)인터뷰", 7면; Richard Halloran, "Korea's Young First Lady Makes Her Own Way," New York Times, October 15, 1975, p. 57.

71   중앙정보부, 「최태민 관련 자료」, 4쪽 참고.

72   유인종, "최태민 최초 인터뷰 '나를 둘러싼 소문의 진상과 박근혜씨와의 15년 관계를 밝힙니
      다'", 255쪽.

73   백상현, "한국교계 최초 '최태민 보고서' 살펴봤더니", ≪국민일보≫, 2016년 11월 21일 자;
      윤석진, "박근혜-최태민, 20년 커넥션", 211쪽; 탁명환, "대해부 구국선교단, 구국십자군: 부
      끄러운 권력의 시녀 목사들2", ≪현대종교≫, 169호(1988. 5), 148쪽 참고.

74   "기독교 超敎派(초교파) 임진각서 救國(구국)기도대회", ≪경향신문≫, 7면; "임진閣(각)서
      統一(통일)위한 救國(구국)기독 聖徒大會(성도대회)", ≪동아일보≫, 7면 참고.

75   "救國宣敎團(구국선교단)의 牧師(목사) 百(백)명 3日(일) 兵營生活(병영생활)", ≪동아일
      보≫, 1975년 5월 22일 자, 5면; 탁명환, "대해부 구국선교단 구국십자군-부끄러운 권력의 시
      녀 목사들1", 124쪽 참고.

76   윤석진, "박근혜-최태민, 20년 커넥션", 200쪽.

77   "軍事訓鍊(군사훈련) 퇴소식 權惠(근혜)양 참석 救國(구국)선교단 牧師(목사)", ≪경향신
      문≫, 1975년 5월 26일 자, 7면; 문갑식, "최태민 전기 1975~1979", 187쪽; 송창섭, "최태민
      씨가 만든 구국십자군의 진실", ≪시사저널≫, 1411호(2016. 11. 8), 26쪽 참고.

78   "救國(구국)선교단 부설 통일 問題硏(문제연) 창립", ≪경향신문≫, 1975년 10월 31일 자, 5
      면; "韓國宣敎團附設(한국선교단부설) '統一(통일)' 硏究院(연구원) 발족", ≪동아일보≫,
      1975년 10월 31일 자, 5면 참고.

79   "大韓救國(대한구국)선교단 無料(무료)진료사업펴", ≪경향신문≫, 1975년 7월 30일 자, 5
      면; "國內(국내) 첫 無料夜間診療(무료야간진료) 센터", ≪동아일보≫, 1975년 12월 10일
      자, 7면; 박근혜, 『절망은 나를 단련시키고 희망은 나를 움직인다』, 118쪽 참고.

80   "국민총화 앞장 다짐 구국선교단서 성명", ≪경향신문≫, 1975년 8월 11일 자, 5면.

81   조갑제, 『박정희』, 12권, 40~42쪽; "'韓國(한국)은 亞洲勝共(아주승공) 보루' 救國宣敎團
      (구국선교단), 슐레진저에 지원 建議(건의)", ≪경향신문≫, 1975년 8월 28일 자, 7면 참고.

82   이승규, "최태민의 대한구국선교단 창설은 박정희 지시", ≪CBS 노컷뉴스≫, 2016년 10월 29
      일 자, http://www.nocutnews.co.kr/news/4676602#csidxf1689c5892a46358764417d034
      2933d; 최우석·김정현, "최태민 측근 전기영 목사의 못다한 이야기", ≪월간조선≫, 441호
      (2016. 12), 237쪽 참고.

83   탁명환, "대해부 구국선교단, 구국십자군: 부끄러운 권력의 시녀 목사들2", 144쪽 참고.

84   "새벽부터 잇단 參拜(참배)", ≪동아일보≫, 1975년 8월 14일 자, 7면 참고.

85   조갑제, 『박정희』, 12권, 65쪽 재인용.

86   김민욱, "최씨는 단국대 청강생…75학번 동기 '수업서 본 적 없다'", ≪중앙일보≫, 2016년 10
      월 27일 자, 2면; 송지욱, "최순실 단국대 졸업생 아닌 청강생…본명은 최필녀", TV조선,
      2016년 10월 27일 자, http://news.tvchosun.com/site/data/html_dir/2016/10/27/201610
      2790191.html 참고.

87   김민욱, "최씨는 단국대 청강생…75학번 동기 '수업서 본 적 없다'", 2면 참고.

88   CBS라디오, "박근혜 3번 인터뷰 박영선 '최태민 부녀 의존 강했다'", ⟨김현정의 뉴스쇼⟩,

2017년 1월 17일 자, http://www.cbs.co.kr/radio/pgm/board.asp?pn=read&skey=&sval=&anum=118617&vnum=6919&bgrp=6&page=31&bcd=007C059C&mcd=BOARD2&pgm=1378

89   최순실, "박근혜 육영재단 이사장 측근으로 몰린 최순실씨 직접 고백 '나는 육영재단의 배후 조종자가 아닙니다'", ≪여성동아≫, 286호(1987. 10), 160쪽; 이광표, "단독 인터뷰 육영재단 '외세 개입설' 관련 최태민 전 구국봉사단 총재딸 최순실 '순수한 도움이 악의로 이용됐어요'", ≪여성중앙≫, 18권 10호(1987. 10), 327쪽 참고.

90   최순실, "박근혜 육영재단 이사장 측근으로 몰린 최순실씨 직접 고백 '나는 육영재단의 배후 조종자가 아닙니다'", 158쪽.

91   김용출·이천종·조병욱·박영준, "최순실 17년 운전기사 육성증언 2", ≪세계일보≫, 2016년 11월 23일 자, 8면.

92   ≪Go발뉴스≫, "〈이상호의 사실은 2회〉 '무당' 최태민, 예지력 이어받은 최순실 총애했다", 2016년 10년 13일 자, http://www.gobalnews.com/news/articleView.html?idxno=19880 참고.

93   조용래, 『또 하나의 가족』, 43~45쪽; TBS, "조용래 '박근혜-최순실이 경제공동체? 한 가족이 었다!'", 〈김어준의 뉴스공장〉, 2016년 3월 8일 자 참고.

94   조용래, 『또 하나의 가족』, 29~36쪽 참고.

제1장   / '영애'와 '라스푸틴'(1976~1979)

1   "'한국女性(여성) 지위향상에 기여' 權蕙(근혜)양 걸스카우 명예총재 就任(취임)", ≪경향신문≫, 1976년 1월 24일 자, 7면 참고.

2   박근혜, 『절망은 나를 단련시키고 희망은 나를 움직인다』(서울: 위즈덤하우스, 2007), 103쪽 참고.

3   "印象派展(인상파전) 감상 대통령영애", ≪경향신문≫, 1976년 4월 8일 자, 7면 참고.

4   "權蕙(근혜)양, 獻血(헌혈)운동 격려", ≪경향신문≫, 1976년 1월 28일 자, 7면; "朴權蕙(박근혜)양 테이프 救國(구국)야간 診療(진료)센터 齒科(치과)·침구과도개설", ≪경향신문≫, 1976년 3월 25일 자, 7면; "夜間(야간) 무료醫療院(의료원) 開院(개원) 1돌기념식 朴權蕙(박근혜)양 참석", ≪경향신문≫, 1976년 12월 11일 자, 7면; "權蕙(근혜)양이 激勵(격려) 救國宣敎團獻血(구국선교단헌혈)", ≪동아일보≫, 1976년 1월 28일 자, 7면; "大統領(대통령) 영애 權蕙(근혜)양 10万獻血(헌혈)운동 격려", ≪매일경제≫, 1976년 1월 28일 자, 7면 참고.

5   박근혜, 『절망은 나를 단련시키고 희망은 나를 움직인다』, 118쪽.

6   "救國(구국) 女性(여성)봉사단 발단", ≪경향신문≫, 1976년 4월 29일 자, 7면 참고.

7   윤석진, "박근혜-최태민, 20년 커넥션", ≪월간중앙≫, 214호(1993. 11), 201쪽 참고.

8   강준만, 『박근혜의 권력중독』(서울: 인물과사상사, 2016), 92~94쪽 참고.

9   "權蕙(근혜)양, 獻血(헌혈)운동 격려", ≪경향신문≫, 7면; "權蕙(근혜)양이 激勵(격려) 救

國宣教團獻血(구국선교단헌혈)", ≪동아일보≫, 7면; "大統領(대통령) 영애 槿惠(근혜)양 10민獻血(헌혈)운동 격려", ≪매일경세≫, 7면 참고.

10   "在京判事(재경판사)등 56名(명) 獻血運動(헌혈운동)에 參與(참여)", ≪동아일보≫, 1976 년 3월 10일 자, 7면 참고.

11   "血液(혈액)대용 약품 기탁 녹십자社(사)서, 救國(구국)선교단에", ≪경향신문≫, 1976년 2 월 23일 자, 7면.

12   "救國(구국) 女性(여성)봉사단 발단", ≪경향신문≫, 7면; "救國女性奉仕團(구국여성봉사 단) 어제 發團式(발단식)", ≪동아일보≫, 1976년 4월 30일 자, 6면 참고.

13   "救國(구국)선교단 즉각 公開(공개)사과하라 프레이저妄言(망언) 규탄聲明(성명)", ≪경향 신문≫, 1976년 4월 13일 자, 1면 참고.

14   조순제, 「조순제와의 대화 녹취록」(2007), 18쪽.

15   같은 글, 20쪽.

16   같은 글, 18쪽 참고.

17   "救國宣教團(구국선교단) 前事務總長(전사무총장) 牧師(목사)에 令狀 申請(영장신청) "組 合長(조합장)시켜주겠다" 詐欺(사기) 혐의", ≪동아일보≫, 1976년 6월 17일 자, 7면.

18   윤석진, "박근혜-최태민, 20년 커넥션", 201쪽.

19   최훈민, "최순실 수법 '원조'는 이것…최태민의 구국선교단 실체", ≪일요신문≫, 2016년 12 월 31일 자; 탁명환, "대해부 구국선교단, 구국십자군: 부끄러운 권력의 시녀 목사들2", ≪현 대종교≫, 169호(1988. 5), 150쪽.

20   "이란大使(대사) 文化交流(문화교류)등협의 救國(구국)선교단방문", ≪매일경제≫, 1976년 2월 28일 자, 7면 참고.

21   탁명환, "대해부 구국선교단 구국십자군-부끄러운 권력의 시녀 목사들1", ≪현대종교≫, 168 호(1988. 4), 122쪽.

22   조순제, 「조순제와의 대화 녹취록」, 18쪽 참고.

23   탁명환, "대해부 구국선교단, 구국십자군: 부끄러운 권력의 시녀 목사들3", ≪현대종교≫, 170호(1988. 6), 136쪽.

24   같은 글, 137쪽 참고.

25   같은 글, 137쪽.

26   같은 글, 135쪽.

27   조순제, 「조순제와의 대화 녹취록」, 5~6쪽.

28   김성동, "최태민 전기", ≪월간조선≫, 441호(2016. 12), 223쪽 참고.

29   윤석진, "박근혜-최태민, 20년 커넥션", 204쪽.

30   "大統領(대통령) 令愛(영애) 朴槿惠(박근혜) 양의 새해設計(설계)와 所望(소망)-MBC TV 對談(대담)", ≪경향신문≫, 1977년 1월 4일 자, 3면.

31   같은 글, 3면 참고.

32   "새마음갖기운동본부 발족 구국봉사단, 서울시의사회등 앞장", ≪경향신문≫, 1977년 1월 21 일 자, 5면; "새마음갖기 가두캠페인 구국봉사단 의사회", ≪동아일보≫, 1977년 2월 16일 자,

6면 참고.

33 "朴槿惠(박근혜)양 AFKN-TV회견 '새마음갖기는 조용한精神革命(정신혁명)'", ≪경향신문≫, 1977년 5월 30일 자, 7면 참고.

34 "새마음갖기 가두캠페인 구국봉사단 의사회", ≪동아일보≫, 7면 참고.

35 "새마음갖기궐기대회 참석", ≪경향신문≫, 1977년 3월 17일 자, 7면 참고.

36 "朴槿惠(박근혜)양 參席(참석) 「敬老病院(경로병원)」 개원", ≪동아일보≫, 1977년 3월 17일 자, 7면; "權(근혜)양 參席裡(참석리)에 敬老病院(경로병원) 개원", ≪매일경제≫, 1977년 3월 17일 자, 7면 참고.

37 "새마음갖기 仁川大會(인천대회)—朴槿惠(박근혜)양 參席(참석)", ≪동아일보≫, 1977년 3월 26일 자, 7면; "'새마음' 등 캠페인 벌인 세 방송사 사장 감사장-박근혜양", ≪동아일보≫, 1977년 7월 7일 자, 7면 참고.

38 "새마음갖기 학생웅변대회 박근혜양 입상자 시상", ≪동아일보≫, 1977년 11월 26일 자, 7면; "박근혜양 충효를 정신지주로 새마음웅변 시상", ≪매일경제≫, 1977년 11월 28일 자, 7면 참고.

39 안승호, "최초공개-고 최태민 가계도와 가족 재산-최태민 목사딸 사위 등 서울 강남 수백억원대 부동산 소유", ≪월간조선≫, 328호(2007. 7), 83쪽 참고.

40 윤석진, "박근혜-최태민, 20년 커넥션", 201쪽.

41 같은 글, 204쪽에서 재인용.

42 고상만, "박근혜, 최태민에 돈낸 기업 특혜 주라고 청탁", ≪시사인≫, 524호(2012. 12. 8), 35쪽 참고.

43 김정렴, 『아, 박정희』(서울: 중앙M&B, 1997), 244쪽 참고.

44 김진, 『청와대 비서실』(서울: 중앙일보사, 1992), 444~448쪽.

45 중앙정보부, 「최태민 관련 자료」(1979. 10. 23), 4~16쪽 참고.

46 조갑제, 『박정희』, 12권(서울: 조갑제닷컴, 2006), 64쪽 참고.

47 윤석진, "박근혜-최태민, 20년 커넥션", 220~221쪽; 김진, 『청와대 비서실』, 444~448쪽 참고.

48 조갑제, 『박정희』, 12권, 66쪽 참고.

49 선우련, "집중연재 박정희 육성증언 上", ≪월간조선≫, 156호(1993. 3), 183~184쪽; 조갑제, 『박정희』, 12권, 66~70쪽; 허만섭·이혜민, "최태민 X파일 & 채병률 전 최태민 특보 증언 '최태민 일가는 박 대통령 돈도 빨아먹었다'", ≪신동아≫, 687호(2016. 12), 69~70쪽 참고.

50 선우련, "집중연재 박정희 육성증언 上", 183~184쪽 참고.

51 특별취재반, "박근혜-최태민 관련 박정희씨 직접조사", ≪인사이더월드≫, 18호(1991. 4), 74~79쪽 참고.

52 선우련, "집중연재 박정희 육성증언 上", 183~184쪽 참고.

53 정현상, "최태민 문제 조사한 김재규 변호, 안동일 변호사 '박-최 일가 악연 딸바보(박정희)가 끊었어야'", ≪신동아≫, 687호(2016. 12), 98쪽.

54 김충식, 『KICA 남산의 부장들』(서울: 메디치미디어, 2012), 736쪽 참고.

55 "朴槿惠(박근혜)양 總裁(총재)취임 救國(구국)여성봉사단", ≪경향신문≫, 1977년 12월 8

일 자, 7면 참고.

56 조갑제, 『박정희』, 12권, 66쪽; 중앙정보부, 「최태민 관련 자료」, 5쪽 참고.

57 손병관·최경준·안윤학·손기영, "전문-박근혜② 한나라당 후보 검증 청문회 질의·응답", ≪오마이뉴스≫, 2007년 7월 19일 자, http://www.ohmynews.com/NWS_Web/View/at_pg. aspx?CNTN_CD=A0000423288

58 "朴槿惠(박근혜)양, 救國(구국)봉사단 총재에 "새마음갖기 日常生活(일상생활)에", ≪경향신문≫, 1978년 2월 23일 자, 7면 참고.

59 "救國(구국)여성 敬老(경로)병원 日醫師(일의사), 誠金(성금)등 기탁 朴槿惠(박근혜) 총재에", ≪경향신문≫, 1978년 6월 10일 자, 7면 참고.

60 "朴槿惠(박근혜)양, 京畿女高(경기여고) 새마음大會(대회)서 '人間(인간)의道理(도리) 바로 세워야'", ≪경향신문≫, 1978년 4월 22일 자, 7면 참고.

61 이정환, "박근혜의 '새마음'에 쌍용·두산·현대도 떨었다", ≪오마이뉴스≫, 2012년 9월 24일 자 참고.

62 "'호국전통계승, 사회에 새불꽃 일게' 박근혜양 '새마음' 불교본부 대표 13명 접견 격려", ≪경향신문≫, 1978년 4월 28일 자, 7면; "박근혜 총재, 불교본부 부산대회서 '새마음은 물질만능 타파'", ≪경향신문≫, 1978년 9월 7일 자, 7면 참고.

63 "朴槿惠(박근혜)양 새마음갖기대회 참석 '女工(여공)의 땀 建設(건설)의 디딤돌'", ≪경향신문≫, 1978년 6월 2일 자, 8면 참고.

64 "노인들 '새마음' 실천 대회", ≪경향신문≫, 1978년 2월 17일 자, 7면 참고.

65 "해외로 번진 '새마음갖기' 전진대회", ≪매일경제≫, 1978년 7월 14일 자, 7면 참고.

66 "자손들에 참된寶物(보물)을", ≪경향신문≫, 1978년 7월 31일 자, 2면 참고.

67 박근혜, "창간사 슬기로운 민족문화의 기반", ≪새마음≫, 1호(1978. 7), 38쪽.

68 "새마음교육원 개소 1기150명 개소식", ≪매일경제≫, 1978년 12월 22일 자, 7면 참고.

69 중앙정보부, 「최태민 관련 자료」, 5쪽 참고.

70 JTBC, "추적! 최순실 게이트 4탄", 〈이규연의 스포트라이트〉, 76회(2016. 11. 20), http:// www.ondemandkorea.com/spotlight-e76.html 참고.

71 중앙정보부, 「최태민 관련 자료」, 4~16쪽 참고.

72 유영대, "박근혜, 최태민에 빠진 건 아버지 주색잡기 탓", ≪국민일보≫, 2016년 11월 24일 자, 31면.

73 전여옥, 『오만과 무능: 굿바이, 朴의 나라』(서울: 독서광, 2016), 115쪽.

74 조갑제, 『박정희』, 12권, 70쪽.

75 최순실, "박근혜 육영재단 이사장 측근으로 몰린 최순실씨 직접 고백 '나는 육영재단의 배후 조종자가 아닙니다'", ≪여성동아≫, 286호(1987. 10), 159쪽.

76 같은 글, 159쪽 참고.

77 송영석, "38년 전 '대학생 최순실' 인터뷰 영상 발굴", KBS, 2016년 10월 28일, http://news. kbs.co.kr/news/view.do?ncd=3369361; 최순실, "우리 함께 뭉치자 일하자 믿자", ≪새마음≫, 2권 1호(1979. 1), 69쪽 참고.

78 최순실, "박근혜 육영재단 이사장 측근으로 몰린 최순실씨 직접 고백 '나는 육영재단의 배후 조종자가 아닙니다'", 159쪽.

79 허만섭·이혜민, "최태민 X파일 & 채병률 전 최태민 특보 증언 '최태민 일가는 박 대통령 돈도 빨아먹었다'", 75쪽 참고.

80 박상기, "젊음을 봉사에 쏟는 새마음전국대학생연합회 제2차 하계봉사의 성과", ≪새마음≫, 1권 2호(1978. 8), 80쪽 참고.

81 송영석, "38년 전 '대학생 최순실' 인터뷰 영상 발굴" 참고.

82 최순실, "우리 함께 뭉치자 일하자 믿자", 69쪽 참고.

83 국건, "최태민 셋째딸 최민희씨의 독점고백 '나의 아버지 최태민과 박근혜 사이에 나돌던 소문에 대해 밝힌다'", ≪우먼센스≫, 73호(1994. 8), 204쪽.

84 조순제, 「조순제와의 대화 녹취록」, 18~19쪽.

85 같은 글, 19쪽 참고.

86 박근혜, "신년사 새마음갖기운동-학생의 해를 맞아", ≪새마음≫, 7호(1979. 1), 38쪽 참고.

87 "박대통령·큰영애 구국여성봉사단 운영위원들 접견", ≪경향신문≫, 1979년 1월 10일 자, 1면; 박근혜연구회, 『박근혜일기』(서울: 동동, 2012), 36쪽 참고.

88 "朴槿惠(박근혜)총재 「새마음의길」 救國(구국) 여성봉사단서 出刊(출간)", ≪경향신문≫, 1979년 2월 27일 자, 7면; "朴槿惠(박근혜)총재 격려사 묶어 「새마음의길」 出刊(출간)", ≪동아일보≫, 1979년 2월 27일 자, 2면; "새마음의길 출판기념회 대통령 큰영애 저작", ≪동아일보≫, 1979년 3월 28일 자, 7면 참고.

89 "朴槿惠(박근혜)총재참석 새마음갖기운동 現代(현대)그룹發隊式(발대식)", ≪동아일보≫, 1979년 2월 28일 자, 7면 참고.

90 이정환, "박근혜의 '새마음'에 쌍용·두산·현대도 떨었다" 참고.

91 "朴槿惠(박근혜)총재 大學生(대학생)제전서 致辭(치사) '協同(협동)으로 새마음 뿌리를'", ≪경향신문≫, 1979년 6월 11일 자, 7면.

92 "'몸과 마음의病(병) 함께治療(치료)' 朴槿惠(박근혜)총재 새마음病院(병원)개원 격려", ≪경향신문≫, 1979년 8월 24일 자, 7면 참고.

93 "박대통령·큰영애 구국여성봉사단 운영위원들 접견", ≪경향신문≫, 1면 참고.

94 박근혜, "불은 불로써 끌 수 없다", ≪새마음≫, 8호(1979. 2), 39쪽 참고.

95 "'물가고생 지혜모아 극복' 새마음본부 물가안정국민대회-박근혜 총재 치사", ≪경향신문≫, 1979년 2월 10일 자, 7면; "물가안정 국민대회", ≪동아일보≫, 1979년 2월 10일 자, 7면 참고.

96 "사설 消費者(소비자)운동의 새次元(차원)", ≪경향신문≫, 1979년 2월 12일 자, 2면.

97 "조직 擴大(확대)개편 救國(구국) 여성봉사단을 새마음 奉仕團(봉사단)으로", ≪경향신문≫, 1975년 5월 2일 자, 7면 참고.

98 중앙정보부, 「최태민 관련 자료」, 4~16쪽 참고.

99 이상호, "우병우 장모, 최순실 각별한 관계…새마음봉사단장 역임", ≪고발뉴스≫, 2016년 12월 27일, http://www.gobalnews.com/news/articleView.html?idxno=20631; CBS라디오, "최재석 '순실家 10조재산 비밀은 최태민 누런수첩'", 〈김현정의 뉴스쇼〉, 201/월 1월 1/

일 자 참고.

100 최순실, "우리 함께 뭉치자 일하자 믿자", 69쪽.

101 같은 글, 69쪽.

102 "朴槿惠(박근혜)총재 大學生(대학생)제전서 致辭(치사) '協同(협동)으로 새마음 뿌리를', 《경향신문》, 7면 참고.

103 최윤원·심인보·강민수·정재원, "최순실+박근혜 '40년 우정' 동영상 발굴", 〈뉴스타파〉, 2016년 9월 29일 자, http://newstapa.org/35182 참고.

104 조갑제, 『박정희』, 13권(서울: 조갑제닷컴, 2006), 133~152쪽 참고.

105 김종필, 『김종필 증언록』, 1권(서울: 미래엔, 2016), 486쪽 참고.

106 김재규, 「항소이유 보충서」(1980. 1. 28), 『김재규 X-파일』(서울: 산하, 2005), 255쪽.

107 조갑제, 『박정희』, 12권, 67쪽 참고.

108 김충식, 『KICA 남산의 부장들』, 736쪽에서 재인용.

109 MBC, "박근혜氏, 아버지를 말한다", 〈박경재의 시사토론〉, 1989년 5월 19일 자; 육영재단 엮음, 『박근혜 인터뷰집』(서울: 육영재단, 1990), 116쪽 재인용.

110 조순제, 「조순제와의 대화 녹취록」, 3쪽.

111 "새마음봉사단 本部(본부)해체", 《동아일보》, 1979년 12월 1일 자, 7면 참고.

112 "3遺子女(유자녀)가 돌아온 故朴正熙(고박정희) 대통령 私邸(사저)…新堂(신당)6동 62의 43호", 《경향신문》, 1979년 11월 21일 자, 7면 참고.

113 김정렴, 『아, 박정희』, 245쪽; "5共非理(공비리) 檢察(검찰) 수사결과 발표 要旨(요지)", 《동아일보》, 1989년 1월 31일 자, 5면 참고.

114 조용래, 『또 하나의 가족』(파주: 모던아카이브, 2017), 57쪽 참고.

115 조순제, 「조순제와의 대화 녹취록」, 7~10쪽; 조용래, 『또 하나의 가족』, 60~61쪽 참고.

116 조순제, 「조순제와의 대화 녹취록」, 8쪽.

117 선우련, "집중연재 박정희 육성증언 上", 184~185쪽 참고.

118 김성동, "최태민 전기", 208쪽; 윤석진, "박근혜-최태민, 20년 커넥션", 225쪽; 조갑제, 『박정희』, 12권, 70쪽; 탁명환, "대해부 구국선교단, 구국십자군: 부끄러운 권력의 시녀 목사들3", 139~140쪽 참고.

119 서울중앙지법, 「김해호 화해권고 결정문」(2007. 12. 14), 4쪽; 성세희·전재욱, "美서 석·박사 학위 취득도 거짓말? 최순실 '의상실·인테리어점으로 돈모아'", 《이데일리》, 2016년 10월 31일 자 참고.

제2장   /고난의 시절과 재단 정치(1980~1990)

1 박근혜, 『절망은 나를 단련시키고 희망은 나를 움직인다』(서울: 위즈덤하우스, 2007)』, 143쪽 참고.

2 박근혜, 『고난을 벗삼아 진실을 등대삼아』(부산: 부일, 1998), 28쪽 참고.

3 같은 책, 29쪽.

4 같은 책, 30쪽.

5 박근혜, 『절망은 나를 단련시키고 희망은 나를 움직인다』, 146쪽 참고.

6 같은 책, 146~147쪽 참고.

7 현당, "아버지는 최규하 총리를 후계자로 생각하고 있었다", ≪여성동아≫, 300호(1988. 12), 130~137쪽 참고.

8 김성동, "최태민 전기", ≪월간조선≫, 441호(2016. 12), 211쪽 참고.

9 조남준, "결혼 않고 사회활동 하겠다", ≪주간조선≫, 1024호(1988. 11. 13), 14~17쪽 참고.

10 박근혜, 『고난을 벗삼아 진실을 등대삼아』, 39쪽 참고.

11 김경발, "朴槿惠(박근혜)씨 理事職(이사직) 사퇴", ≪경향신문≫, 1988년 11월 3일 자, 14면 참고.

12 김성동, "최태민 전기", 208쪽; 윤석진, "박근혜-최태민, 20년 커넥션", ≪월간중앙≫, 214호 (1993. 11), 225쪽; 조갑제, 『박정희』, 12권(서울: 조갑제닷컴, 2006), 70쪽 참고.

13 CBS라디오, "최재석 '순실家 10조재산 비밀은 최태민 누런수첩'", 〈김현정의 뉴스쇼〉, 2017월 1월 17일 자, http://www.cbs.co.kr/radio/pgm/board.asppn=read&skey=&sval=&anum =134666&vnum=7152&bgrp=6&page=16&bcd=007C059C&mcd=BOARD2&pgm=1378

14 김정우·박재현, "최순실 이복 오빠 '박근혜 대통령 만들기 1조원 프로젝트 있었다'", ≪한국일 보≫, 2017년 1월 11일 자, 4면.

15 조순제, 「조순제와의 대화 녹취록」(2007), 14쪽.

16 최순실, "박근혜 육영재단 이사장 측근으로 몰린 최순실씨 직접 고백 '나는 육영재단의 배후 조종자가 아닙니다'", ≪여성동아≫, 286호(1987. 10), 159쪽.

17 같은 글, 160쪽.

18 김태완, "대구와 영진전문대학, 그리고 최순실 정윤회의 흔적", ≪월간조선≫, 441호(2016. 12), 71쪽; 박병일, "美 대학 석박사 받았다더니…'다닌 적 없다'", SBS, 2016년 11월 1일 자, http://news.sbs.co.kr/news/endPage.do?news_id=N1003866988 참고.

19 박근혜연구회, 『박근혜일기』(서울: 동동, 2012), 54쪽.

20 박근혜, 1998, 79쪽 참고.

21 김수길, 『최순실 언니 박근혜』, 144쪽; 손병관·최경준·안윤학·손기영, "전문-박근혜③ 한나 라당 후보 검증 청문회 질의·응답", ≪오마이뉴스≫, 2007년 7월 19일 자, http://www. ohmynews.com/NWS_Web/View/at_pg.aspx?CNTN_CD=A0000423306; 오승훈, "영남대 전신 대구대 설립자 손자 최염 인터뷰 '영남대 땅 몰래 판 돈이 최순실 재산 씨앗이에요'", ≪한 겨레≫, 2016년 11월 5일 자, 16면 참고.

22 유영대, "朴대통령 한때 목회자 꿈꿨다…한동안 교회 열심히 다녀", ≪국민일보≫, 2016년 11월 10일 자, http://news.kmib.co.kr/article/view.asp?arcid=0011059111&code=6122 1111&sid1=chr

23 같은 글, 참고.

24 유영대, "박근혜, 한때 목회자 꿈꿨다", ≪국민일보≫, 2007년 4월 27일 자, 26면 참고.

25 박철언, 『바른 역사를 위한 증언』, 1권(서울: 랜덤하우스중앙, 2005), 79쪽 참고.

26 "敬老福祉館(경로복지관) 결정 새미 읍綜合病院(종합병원) 분닫아 赤字(적자)늘어", ≪경향신문≫, 1982년 7월 13일 자, 7면 참고.

27 허만섭, "박근혜 X파일 & 히든카드", ≪신동아≫, 573호(2007. 6), 94~107쪽 참고.

28 손병관·최경준·안윤학·손기영, "전문-박근혜① 한나라당 후보 검증 청문회 질의·응답", ≪오마이뉴스≫, 2007년 7월 19일 자, http://www.ohmynews.com/NWS_Web/View/at_pg.aspx?CNTN_CD=A0000423274

29 허만섭, "박근혜 X파일 & 히든카드", 94~107쪽 참고.

30 "朴槿暎(박근영)양 어제 結婚式(결혼식) 自宅(자택)정원서 親族(친족)등 3百餘(백여)명 참석", ≪경향신문≫, 1982년 9월 15일 자, 2면 참고.

31 김명희, "늑대 가족이 박 대통령을 데려갔다", ≪여성동아≫, 636호(2016. 12), 250~252쪽.

32 김성동, "최태민 전기", 215쪽.

33 전영기·김정하, "박근혜 후보 단독 인터뷰 '작은 정부 큰 시장…반듯한 선진국 만들겠다'", ≪중앙일보≫, 2007년 6월 14일 자, 5면 참고.

34 ≪오마이뉴스≫, "신동욱 '5촌조카 살인사건에도 최순실 권력 개입했다'", 〈장윤선·박정호의 팟짱〉, 2017년 1월 5일 자.

35 김성동, "최태민 전기", 215쪽 참고.

36 정용인, "박근혜는 어떻게 최태민 일가에 40년간 포획되었나", ≪주간경향≫, 1200호(2016. 11. 8), 26~29쪽; 조용래, 『또 하나의 가족』(파주: 모던아카이브, 2017), 191쪽 참고.

37 김관·최예슬, "30여년 전 '육영재단 농단' 지금의 국정농단과 판박이", ≪국민일보≫, 2017년 1월 16일 자, 3면 참고.

38 문갑식, "최태민 전기 1975~1979", ≪월간조선≫, 441호(2016. 12), 205쪽; 조갑제, "朴(박)대통령의 청와대 일기 原本(원본)", ≪월간조선≫, 10권 4호(1989. 4), 312~343쪽.

39 서울중앙지법, 「김해호 화해권고 결정문」(2007. 12. 14), 4쪽; 성세희·전재욱, "美서 석·박사 학위 취득도 거짓말? 최순실 '의상실·인테리어점으로 돈모아'", ≪이데일리≫, 2016년 10월 31일 자 참고.

40 손병관·최경준·안윤학·손기영, "전문-박근혜① 한나라당 후보 검증 청문회 질의·응답".

41 조순제, 「조순제와의 대화 녹취록」, 1쪽.

42 "朴正熙前(박정희전)대통령 在職(재직)때 선물", ≪경향신문≫, 1984년 3월 23일 자, 11면 참고.

43 박석수, "그 이후의 박근혜", ≪여원≫, 150호(1984. 4), 164쪽.

44 같은 글, 178쪽.

45 "'女苑(여원) 4월호와 인터뷰한 적 없다' 朴前(박전)대통령 영애 朴槿惠(박근혜)씨 항의", ≪경향신문≫, 1984년 4월 4일 자, 11면.

46 "국립묘지엔 舊與圈人士(구여권인사)등 참배", ≪경향신문≫, 1984년 10월 26일 자, 2면.

47 ≪오마이뉴스≫, "정두언 '박근혜-최태민, 조순제 밝힌 19금 주인공들'", 〈장윤선·박정호의 팟짱〉, 2016년 12월 26일 자; 조용래, 『또 하나의 가족』, 57쪽 참고.

48 조순제, 「조순제와의 대화 녹취록」, 14쪽.

49 고미혜, "'최태민, 한국의 라스푸틴으로 불려' 미대사관 2007년 외교전문", ≪연합뉴스≫, 2016년 10월 28일 자.

50 최우석·김정현, "최태민 측근 전기영 목사의 못다한 이야기", ≪월간조선≫, 441호(2016. 12), 239쪽.

51 조순제, 「조순제와의 대화 녹취록」, 14쪽; 조용래, 『또 하나의 가족』, 58쪽 참고.

52 조순제, 「조순제와의 대화 녹취록」, 14쪽.

53 손병관·최경준·안윤학·손기영, "전문-박근혜① 한나라당 후보 검증 청문회 질의·응답" 참고.

54 이광표, "단독 인터뷰 육영재단 '외세 개입설' 관련 최태민 전 구국봉사단 총재딸 최순실 '순수한 도움이 악의로 이용됐어요'", ≪여성중앙≫, 18권 10호(1987. 10), 327쪽.

55 조용래, 『또 하나의 가족』, 68쪽 참고.

56 조순제, 「조순제와의 대화 녹취록」, 5쪽.

57 영남대 교수협의회, 『교수협의회 2년』(1989. 8), 118쪽; 조용래, 『또 하나의 가족』, 69쪽: TBS, "조용래 '박근혜-최순실이 경제공동체? 한 가족이었다!'", 〈김어준의 뉴스공장〉, 2016년 3월 8일 자 참고.

58 CBS라디오, "최재석 '순실家 10조재산 비밀은 최태민 누런수첩'".

59 이상호, "우병우 장모, 최순실 각별한 관계…새마음봉사단장 역임", ≪고발뉴스≫, 2016년 12월 27일 자, http://www.gobalnews.com/news/articleView.html?idxno=20631 참고.

60 홍석재, "최순실의 '비정상' 재산", ≪한겨레21≫, 1136호(2016. 11. 14), 29쪽 참고.

61 서울중앙지법, 「김해호 화해권고 결정문」, 4쪽; 안승호, "최초공개-고 최태민 가계도와 가족 재산-최태민 목사딸 사위 등 서울 강남 수백억원대 부동산 소유", ≪월간조선≫, 328호(2007. 7), 81쪽 참고.

62 안승호, "최초공개-고 최태민 가계도와 가족 재산-최태민 목사딸 사위 등 서울 강남 수백억원대 부동산 소유", 81~82쪽; 홍석재, "최순실의 '비정상' 재산", 30쪽 참고.

63 김용출·이천종·조병욱·박영준, "최순실 17년 운전기사 육성 증언 ①: 운전기사 김씨 일문일답 '돈다발 든 여행용 가방, 선거 직전 대백아파트로 옮겨'", ≪세계일보≫, 2016년 11월 22일 자, 4면.

64 조순제, 「조순제와의 대화 녹취록」, 14쪽.

65 김명일, "육영재단 사태의 확장판? '박정희 숭모회' 이영도 회장 인터뷰", ≪일요신문≫, 1277호(2016. 10. 31), 14쪽 참고.

66 "박지만씨 교통사고", ≪중앙일보≫, 1985년 3월 23일 자, 7면 참고.

67 최순실, "박근혜 육영재단 이사장 측근으로 몰린 최순실씨 직접 고백 '나는 육영재단의 배후 조종자가 아닙니다'", 159쪽 참고.

68 서울중앙지법, 「김해호 화해권고 결정문」, 4쪽 참고.

69 김용출·이천종·조병욱·박영준, "최순실 17년 운전기사 육성 증언 ①: 운전기사 김씨 일문일답 '돈다발 든 여행용 가방, 선거 직전 대백아파트로 옮겨'", 4면 참고.

70 최순실, "박근혜 육영재단 이사장 측근으로 몰린 최순실씨 직접 고백 '나는 육영재단의 배후

조종자가 아닙니다'", 160~161쪽.

71 같은 글, 159쪽.

72 이광표, "단독 인터뷰 육영재단 '외세 개입설' 관련 최태민 전 구국봉사단 총재딸 최순실 '순수한 도움이 악의로 이용됐어요'", 326쪽 참고.

73 같은 글, 326쪽.

74 조혜정, "박근혜 영남대 이사장때 '학교공사 맡긴 대가로 집 받은 의혹'", ≪한겨레≫, 2007년 6월 18일 자, 5면 참고.

75 조남준, "결혼 않고 사회활동 하겠다", 14~17쪽.

76 한혜진, "아직도 근혜양이라뇨? 이젠 37세 중년입니다", ≪레이디경향≫, 148호(1988. 9), 61~67쪽 참고.

77 "「어깨동무」·「꿈나라」廢刊(폐간)신청", ≪경향신문≫, 1987년 5월 25일 자, 6면 참고.

78 "휴지통(가십)", ≪동아일보≫, 1987년 9월 3일 자, 11면 참고.

79 조남준, "결혼 않고 사회활동 하겠다", 14~17쪽.

80 이광표, "단독 인터뷰 육영재단 '외세 개입설' 관련 최태민 전 구국봉사단 총재딸 최순실 '순수한 도움이 악의로 이용됐어요'", 327쪽 참고.

81 최순실, "박근혜 육영재단 이사장 측근으로 몰린 최순실씨 직접 고백 '나는 육영재단의 배후 조종자가 아닙니다'", 161쪽.

82 은찬식, "내분으로 진통겪는 육영재단 왜 시끄러운가", ≪여성동아≫, 286호(1987. 10), 165쪽.

83 최순실, "박근혜 육영재단 이사장 측근으로 몰린 최순실씨 직접 고백 '나는 육영재단의 배후 조종자가 아닙니다'", 161쪽.

84 은찬식, "내분으로 진통겪는 육영재단 왜 시끄러운가", 165쪽 재인용.

85 같은 글, 166쪽 참고.

86 영남대 교수협의회, 『교수협의회 2년』, 80~81쪽 참고.

87 박상규, "'반격의 세월'에 최태민이 있었다", ≪오마이뉴스≫, 2007년 7월 5일 자, http://www.ohmynews.com/NWS_Web/View/at_pg.aspx?CNTN_CD=A0000420711 참고.

88 박근혜연구회, 『박근혜일기』, 85쪽.

89 한혜진, "아직도 근혜양이라뇨? 이젠 37세 중년입니다", 61~67쪽.

90 MBC, "박근혜氏, 아버지를 말한다", 〈박경재의 시사토론〉, 1989년 5월 19일 자; 육영재단 엮음, 『박근혜 인터뷰집』(서울: 육영재단, 1990), 112쪽 재인용.

91 박근혜, 『절망은 나를 단련시키고 희망은 나를 움직인다』, 149쪽 참고.

92 박근혜연구회, 『박근혜일기』, 95쪽 참고.

93 박근혜, "취지문"(1988. 10. 26), 『박근혜 인터뷰집』(서울: 육영재단, 1990), 15쪽.

94 박근혜, 『절망은 나를 단련시키고 희망은 나를 움직인다』, 153쪽 참고.

95 같은 글, 154쪽 참고.

96 신소윤, "'곁에 있어준 사람' 최순실", ≪한겨레21≫, 1135호(2016. 11. 7), 43쪽 참고.

97 조남준, "결혼 않고 사회활동 하겠다", 14~17쪽 참고.

98 "박지만씨 입건", ≪동아일보≫, 1989년 2월 28일 자, 5면 참고.

99 영남대 교수협의회, 『교수협의회 2년』, 26쪽 참고.

100 같은 글, 78~81쪽; 이현미, "임현규 인터뷰1: '최순실 정윤회, 결혼 7년 전부터 부동산 공동명의'", ≪뉴시스≫, 2017년 1월 9일 자 참고.

101 영남대 교수협의회, 『교수협의회 2년』, 42~46쪽.

102 안승호, "최초공개-고 최태민 가계도와 가족 재산-최태민 목사딸 사위 등 서울 강남 수백억원대 부동산 소유", 84쪽 참고.

103 국회사무처, 「1988년도 국정감사 문화공보위원회 회의록」, 2반(1988. 10. 18), 13쪽.

104 안승호, "최초공개-고 최태민 가계도와 가족 재산-최태민 목사딸 사위 등 서울 강남 수백억원대 부동산 소유", 84쪽; 이혜만, "嶺南大(영남대) 29명 不正(부정)입학", ≪동아일보≫, 1988년 11월 2일 자, 14면 참고.

105 현당, "아버지는 최규하 총리를 후계자로 생각하고 있었다", 130~137쪽.

106 영남대 교수협의회, 『교수협의회 2년』, 72쪽 참고.

107 조순제, 「조순제와의 대화 녹취록」, 1~2쪽.

108 같은 글, , 4쪽.

109 한홍구, 『장물바구니』(서울: 돌아온산, 2012), 284쪽 참고.

110 "女性誌(여성지) 인터뷰관련 朴槿惠(박근혜)씨 被訴(피소)", ≪경향신문≫, 1989년 2월 11일 자, 15면; "박근혜씨 고소당해", ≪한겨레≫, 1989년 2월 12일 자, 10면 참고.

111 고종석, "'편집국장추천제'로 편집권 독립 기틀 부산일보 노동쟁의 타결 의의", 1988년 7월 19일 자, 6면 참고.

112 김태완, "대구와 영진전문대학, 그리고 최순실 정윤회의 흔적", 69쪽 참고.

113 같은 글, 72~73쪽.

114 서울중앙지법, 「김해호 화해권고 결정문」, 4쪽; 안승호, "최초공개-고 최태민 가계도와 가족 재산-최태민 목사딸 사위 등 서울 강남 수백억원대 부동산 소유", 80쪽 참고.

115 김용출·이천종·조병욱·박영준, "최순실 17년 운전기사 육성 증언 ①: 운전기사 김씨 일문일답 '돈다발 든 여행용 가방, 선거 직전 대백아파트로 옮겨'", 4면 참고.

116 박근혜, 『평범한 가정에 태어났더라면』(서울: 남송문화사, 1993), 11쪽 참고.

117 같은 책, 12쪽.

118 조갑제, "朴(박) 대통령의 청와대 일기 原本(원본)", 312~343쪽.

119 MBC, "박근혜氏, 아버지를 말한다"; 육영재단 엮음, 『박근혜 인터뷰집』, 118~120쪽 재인용.

120 MBC, "박근혜氏, 아버지를 말한다"; 육영재단 엮음, 『박근혜 인터뷰집』, 119쪽 재인용.

121 MBC, "박근혜氏, 아버지를 말한다"; 육영재단 엮음, 『박근혜 인터뷰집』, 120~121쪽 재인용.

122 권인수, "'5·16은救國(구국)'운운 어불성설 朴槿惠(박근혜)씨 TV 발언에 분노", ≪동아일보≫, 1989년 5월 24일 자, 11면.

123 육영재단 엮음, 『박근혜 인터뷰집』, 199쪽 재인용.

124 같은 책, 154쪽 재인용.

125 박근혜, "추모사"(1989. 8. 15), 육영재단 엮음, 『박근혜 인터뷰집』, 13쪽 참고.

126 박근혜, 『평범한 가정에 태어났더라면』, 21쪽 참고.

127 박근혜, "추모사"(1989. 10. 26), 육영재단 엮음, 『박근혜 인터뷰집』, 10쪽.

128 박근혜, 『평범한 가정에 태어났더라면』, 25쪽.

129 박근혜연구회, 『박근혜일기』, 99쪽 참고.

130 같은 책, 102쪽.

131 유인종, "최태민 최초 인터뷰 '나를 둘러싼 소문의 진상과 박근혜씨와의 15년 관계를 밝힙니다'", ≪우먼센스≫, 3권 12호(1990. 12), 252쪽.

132 박상규, "'반격의 세월'에 최태민이 있었다"; 유종필, "'유신 그림자' 다시 움직인다", ≪한겨레≫, 1989년 10월 27일 자, 3면 참고.

133 손병관·최경준·안윤학·손기영, "전문-박근혜③ 한나라당 후보 검증 청문회 질의·응답" 참고.

134 박근혜, "취지문", ≪근화보≫, 1호(1989. 7), 1쪽.

135 박근혜, "사설 국장의 의미와 모순된 현실", ≪근화보≫, 4호(1989. 10), 2쪽.

136 최순실, "어린이 버릇 길들이기 기획연재3: 욕을 자주 한다면", ≪여성동아≫, 27권 8호(1989. 8), 592~593쪽 참고.

137 최순실, "어린이 버릇 길들이기 기획연재4: 걸핏하면 깨문다", ≪여성동아≫, 27권 9호(1989. 9), 604~605쪽 참고.

138 정용인, "정윤회·최순실 실세설 아니 땐 굴뚝의 연기?", ≪주간경향≫, 1105호(2014. 12. 2), 30~33쪽 참고.

139 에바 L. 에사, 『어린이 버릇, 어떻게 바로 잡을 것인가?: 유아교사와 부모를 위한 지침서』, 김광웅·최순실 옮김(서울: 교육과학사, 1989) 참고.

140 "朴(박)대통령 기록映畵(영화) 만든다", ≪매일경제≫, 1990년 5월 19일 자, 11면 참고.

141 박근혜연구회, 『박근혜일기』, 116쪽 참고.

142 박근혜, 「서문」, 『겨레의 지도자』(서울: 재단법인 육영재단, 1990), 6~7쪽.

143 박근혜, 『절망은 나를 단련시키고 희망은 나를 움직인다』, 154쪽 참고.

144 박근혜, 『평범한 가정에 태어났더라면』, 61쪽.

145 김진, 『청와대 비서실』(서울: 중앙일보사, 1992), 469쪽.

146 이상엽, "최태민·임선이 부부, 삼성동 대통령 사저 계약 주도", JTBC, 2017년 1월 19일 자, http://news.jtbc.joins.com/article/article.aspx?news_id=NB11403910 참고.

147 최현준·김정필·서영지·이완, "박근혜, 이재용 독대 때마다 '청탁-대가' 주고 받았다", ≪한겨레≫, 2017년 3월 7일 자, 3면 참고.

148 김용출·이천종·조병욱·박영준, "최순실 17년 운전기사 육성증언 2", ≪세계일보≫, 2016년 11월 23일 자, 8면.

149 박희석, "6년 전 박근령이 밝힌 박근혜와 최태민 일가의 관계", ≪월간조선≫, 441호(2016. 12), 229쪽.

150 같은 글, 229쪽.

151 같은 글, 231쪽.

152 김지현, "'최태민 장난에 희생'… 박근령 '예언'이 들어맞았다", ≪오마이뉴스≫, 2016년 10월 28일 자.

153 같은 글.

154 CBS라디오, "최재석 '순실家 10조재산 비밀은 최태민 누런수첩'".

155 이영도, "이영도 첫 공개 인터뷰 '숭모회는 최태민씨의 퇴진 위한 한시적인 모임일 뿐입니다'", ≪우먼센스≫, 3권 12호(1990. 12), 260쪽.

156 "朴槿惠(박근혜)·權暎(근영) 측근끼리 대립", ≪경향신문≫, 1990년 11월 7일 자, 15면 참고.

157 박찬수, "육영재단 이사장 돌연 사퇴 박근혜씨", ≪한겨레≫, 1990년 11월 8일 자, 13면.

158 박찬수, "'정통후계자'모시기 몸싸움", ≪한겨레≫, 1990년 11월 16일 자, 14면 참고.

159 박근영, "박근영이 직접 쓴 자전수기 '숨겨온 내 사생활, 언니와 나의 관계를 고백합니다'", ≪우먼센스≫, 3권 12호(1990. 12), 256쪽 참고.

160 한혜진, "인터뷰 '언니 槿惠(근혜)씨와 不和說(불화설)은 사실무근' 育英(육영)재단 이사장 취임 한달—朴槿暎(박근영)", ≪경향신문≫, 1990년 12월 27일 자, 9면 참고.

161 박근혜, 『절망은 나를 단련시키고 희망은 나를 움직인다』, 155쪽 참고.

162 유인종, "최태민 최초 인터뷰 '나를 둘러싼 소문의 진상과 박근혜씨와의 15년 관계를 밝힙니다'", 252~255쪽.

163 같은 글, 255쪽 참고.

164 유인종, "박근혜 해명 인터뷰 '쓸쓸한 우리 형제, 비통한 사연을 말합니다'", ≪우먼센스≫, 3권 12호(1990. 12), 262쪽.

165 같은 글, 263쪽.

166 윤석진, "박근혜-최태민, 20년 커넥션", 206쪽 참고.

167 JTBC, "추적! 최순실 게이트 제3탄, 최씨 가문의 비밀", 〈이규연의 스포트라이트〉, 75회(2016. 11. 13), http://tv.jtbc.joins.com/replay/pr10010365/pm10030344/ep10031072/view 참고.

제3장   /정계 입문과 비선 세대교체(1991~1998)

1   박근혜, 『평범한 가정에 태어났더라면』(서울: 남송문화사, 1993), 86~87쪽.

2   같은 책, 90쪽 참고.

3   같은 책, 98쪽 참고.

4   박근혜, 『절망은 나를 단련시키고 희망은 나를 움직인다』(서울: 위즈덤하우스, 2007), 155쪽 참고.

5   같은 책, 157~159쪽 참고.

6   박근혜, 『평범한 가정에 태어났더라면』, 166쪽 참고.

7   같은 책, 193쪽.

8   같은 책, 218쪽.

9   같은 책, 233쪽.

10 윤희영, "'왕실장' '기춘 대원군' 김기춘의 몰락…1인자만 추종해온 40여 년 영욕의 세월", ≪조선일보≫, 2017년 1월 21일 자, http://news.chosun.com/site/data/html_dir/2017/01/21/

2017012100470.html 참고.

11 전여옥, 『오만과 무능· 굿바이, 朴의 나라』(서울: 독서광, 2016), 125~126쪽.

12 김용출·이천종·조병욱·박영준, "최순실 17년 운전기사 육성증언 2", ≪세계일보≫, 2016년 11월 23일 자, 8면.

13 같은 글, 8면.

14 정용인, "최순실-정윤회 비선, 아직 10%도 드러나지 않았다", ≪주간경향≫, 1201호(2016. 11. 5), 30~33면 참고.

15 이현미, "임현규 인터뷰1: '최순실 정윤회, 결혼 7년 전부터 부동산 공동명의'", ≪뉴시스≫, 2017년 1월 9일 자, http://news.joins.com/article/21098134 참고.

16 김선식, "'실세인가 허깨비인가' 정윤회", ≪한겨레21≫, 1135호(2016. 11. 7), 44~46쪽; 안승호, "최초공개-고 최태민 가계도와 가족 재산-최태민 목사딸 사위 등 서울 강남 수백억원대 부동산 소유", ≪월간조선≫, 328호(2007. 7), 80쪽; 정용인, "정관모 인터뷰 '대통령 믿는 애비의 활동, 며느리가 억제시켰다'", ≪주간경향≫, 1199호(2016. 11. 1), 14~17쪽 참고.

17 박희석, "6년 전 박근령이 밝힌 박근혜와 최태민 일가의 관계", ≪월간조선≫, 441호(2016. 12), 234쪽.

18 같은 글, 232쪽.

19 박근혜, 『평범한 가정에 태어났더라면』, 258쪽.

20 박근혜연구회, 『박근혜일기』(서울: 동동, 2012), 237쪽 참고.

21 박근혜, 『평범한 가정에 태어났더라면』, 6쪽 참고.

22 "朴槿惠(박근혜)씨 자전적 에세이集(집) 발간", ≪경향신문≫, 1993년 11월 4일 자, 17면; "평범한 가정에…", ≪동아일보≫, 1993년 11월 10일 자, 15면 참고.

23 이화복, "東亞(동아)인터뷰 수필집 『평범한 가정…』 펴낸 朴槿惠(박근혜)씨 대담", ≪동아일보≫, 1993년 11월 13일 자, 5면.

24 국건, "최태민 셋째딸 최민희씨의 독점고백 '나의 아버지 최태민과 박근혜 사이에 나돌던 소문에 대해 밝힌다'", ≪우먼센스≫, 73호(1994. 8), 205쪽; 이화복, "東亞(동아)인터뷰 수필집 『평범한 가정…』 펴낸 朴槿惠(박근혜)씨 대담", 5면 참고.

25 김지환, "저서 6권 분석…곳곳 '우주, 하늘, 신'", 채널A, 2016년 11월 3일 자, http://www.ichannela.com/news/main/news_detailPage.do?publishId=81159093-1; 변진경, "하늘의 섭리를 믿었던 '수필가 박근혜'", ≪시사인≫, 481호(2016. 12. 5), 34쪽 참고.

26 변진경, "하늘의 섭리를 믿었던 '수필가 박근혜'", 34쪽 재인용.

27 같은 글, 34~36쪽 참고.

28 CBS라디오, "최재석 '순실家 10조재산 비밀은 최태민 누런수첩'", 〈김현정의 뉴스쇼〉, 2017월 1월 17일 자.

29 이상호, "박근혜-최태민 아지트에 금은보화 가득", ≪고발뉴스≫, 2016년 11월 16일 자, http://www.gobalnews.com/news/articleView.html?idxno=20219 참고.

30 김정우·박재현, "최순실 이복 오빠 '박근혜 대통령 만들기 1조원 프로젝트 있었다'", ≪한국일보≫, 2017년 1월 11일 자, 4면.

31   CBS라디오, "최재석 '순실家 10조재산 비밀은 최태민 누런수첩'".

32   국건, "최태민 셋째딸 최민희씨의 독점고백 '나의 아버지 최태민과 박근혜 사이에 나돌던 소문에 대해 밝힌다'", 202~205쪽 참고.

33   조옥희·최순실, "한국 Montessori 교사교육실태에 관한 조사연구", 《영진전문대학 논문집》, 제15집(1993. 2), 123~140쪽 참고.

34   박근혜, 『절망은 나를 단련시키고 희망은 나를 움직인다』, 162~163쪽 참고.

35   김용출·이천종·조병욱·박영준, "최순실 17년 운전기사 육성증언 2", 8면.

36   국건, "최태민 셋째딸 최민희씨의 독점고백 '나의 아버지 최태민과 박근혜 사이에 나돌던 소문에 대해 밝힌다'", 202~205쪽 참고.

37   박영선, 『누가 지도자인가』(서울: 마음의숲, 2015), 91~93쪽 참고.

38   박영선, "육영수 여사 20주기 박근혜씨 어머니를 말한다", MBC, 1994년 8월 12일 자, http://imnews.imbc.com/20dbnews/history/1994/1935914_19434.html; 박신연, "박근혜씨 TV 출연 어머니 육여사 회고", 《경향신문》, 1994년 8월 12일 자, 15면 참고.

39   YTN라디오, "박영선 '朴 대통령 삶의 목표는 아버지 명예회복'", 〈신율의 출발 새아침〉, 2015년 7월 7일 자, http://radio.ytn.co.kr/program/index.php?f=2&id=36910&page=1&s_mcd=0214&s_hcd=01

40   강민석, "崔太敏(최태민) 전 새마음봉사단총재 死亡", 《경향신문》, 1994년 7월 13일 자, 17면.

41   이현두, "崔太敏(최태민)씨 지난 5월 숨져", 《동아일보》, 1994년 7월 13일 자, 29면 참고.

42   강민석, "崔太敏(최태민) 전 새마음봉사단총재 死亡", 17면.

43   이현두, "崔太敏(최태민)씨 지난 5월 숨져", 29면 참고.

44   CBS라디오, "최재석 '순실家 10조재산 비밀은 최태민 누런수첩'".

45   같은 글; 이상호, "최태민 아들 '내 아버지는 타살됐다'", 《고발뉴스》, 2016년 12월 1일 자, http://www.gobalnews.com/news/articleView.html?idxno=20382 참고.

46   CBS라디오, "최재석 '순실家 10조재산 비밀은 최태민 누런수첩'".

47   이상호, "최태민 아들 '내 아버지는 타살됐다'".

48   국건, "최태민 셋째딸 최민희씨의 독점고백 '나의 아버지 최태민과 박근혜 사이에 나돌던 소문에 대해 밝힌다'", 202~205쪽 참고.

49   같은 글, 202~205쪽.

50   같은 글, 202~205쪽 참고.

51   조순제, 「조순제와의 대화 녹취록」(2007), 11~12쪽.

52   김정우·박재현, "최순실 이복 오빠 '박근혜 대통령 만들기 1조원 프로젝트 있었다'", 4면; 이상호, "박근혜-최태민 아지트에 금은보화 가득"; JTBC, "추적! 최순실 게이트 제3탄, 최씨 가문의 비밀", 〈이규연의 스포트라이트〉, 75회(2016. 11. 13), http://tv.jtbc.joins.com/replay/pr10010365/pm10030344/ep10031072/view 참고.

53   김용출·이천종·조병욱·박영준, "최순실 17년 운전기사 육성 증언 ①: 운전기사 김씨 일문일답 '돈다발 든 여행용 가방, 선거 직전 대백아파트로 옮겨'", 《세계일보》, 2016년 11월 22일

자, 4면.

54 서울가정법원, 「서울가정법원 판결(1995. 1. 26), 2쪽.

55 조순제, 「조순제와의 대화 녹취록」, 11쪽.

56 조용래, 『또 하나의 가족』, 91~92쪽 참고.

57 전여옥, 『오만과 무능: 굿바이, 朴의 나라』, 137~139쪽 참고.

58 같은 책, 108~109쪽 참고.

59 김용출·이천종·조병욱·박영준, "최순실 17년 운전기사 육성증언 2", 8면.

60 구교형, "박영수 특검 '헌책방'에 박근혜 저서 주문한 까닭", ≪경향신문≫, 2017년 1월 12일 자,
    http://news.khan.co.kr/kh_news/khan_art_view.html?artid=201701121107001&code
    =940202 참고.

61 김용출·이천종·조병욱·박영준, "'최씨 모친, 예비사위에도 재산 증여했었다'", ≪세계일보≫,
    2016년 12월 26일 자, 4면; 김용출·이천종·조병욱·박영준, "강남 부동산 장기보유, 개발예정
    단기 투자로 돈방석", ≪세계일보≫, 2016년 12월 26일 자, 5면; 박지혜, "최순실 일가, 탈세·
    투기로 3400억 돈방석", 채널A, 2016년 12월 26일 자, http://news.ichannela.com/politics/
    3/00/20161226/82043896/1

62 김용출·이천종·조병욱·박영준, "'최씨 모친, 예비사위에도 재산 증여했었다'", 4면 참고.

63 김용출·이천종·조병욱·박영준, "강남 부동산 장기보유, 개발예정 단기 투자로 돈방석", 5면
    참고.

64 안승호, "최초공개-고 최태민 가계도와 가족 재산-최태민 목사딸 사위 등 서울 강남 수백억원
    대 부동산 소유", 81쪽 참고.

65 정용인, "정관모 인터뷰 '대통령 믿는 애비의 활동, 며느리가 억제시켰다'", 14~17쪽 참고.

66 최순실·김복순·한석실, 「자녀의 영재성과 영재교육에 관한 부모의 인식 및 실태조사 연구
    미래」, ≪미래유아교육학회지≫, 제1권(1995. 11), 209~240쪽 참고.

67 "사람 사람 사람들", ≪동아일보≫, 1995년 11월 22일 자, 25면 참고.

68 옥영대, "영재교육 유아기부터 시작해야", ≪세계일보≫, 1995년 11월 17일 자, 15면 참고.

69 김진, "나는 떳떳하니 모든 걸 조사하라", ≪중앙일보≫, 2014년 7월 9일 자, 31면 참고.

70 정용인, "정관모 인터뷰 '대통령 믿는 애비의 활동, 며느리가 억제시켰다'", 14~17쪽 참고.

71 김용출·이천종·조병욱·박영준, "최순실 17년 운전기사 육성증언 2", 8면.

72 김용출·이천종·조병욱·박영준, "'최씨 모친, 예비사위에도 재산 증여했었다'", 4면; 김용출·
    이천종·조병욱·박영준, "강남 부동산 장기보유, 개발예정 단기 투자로 돈방석", 5면 참고.

73 박근혜, 『절망은 나를 단련시키고 희망은 나를 움직인다』, 173쪽 참고.

74 문정우, "박정희 딸들, 출마 저울질", ≪시사저널≫, 325호(1996. 1. 18), 39쪽 참고.

75 "15대 총선출마자명단", ≪경향신문≫, 1996년 1월 1일 자, 18면; 김해진, "'신한국 전국구공
    천 윤곽 선대위 간부 1~2명만 낙점'", ≪경향신문≫, 1996년 3월 16일 자, 2면 참고.

76 "박근혜씨 한나라당 입당 의사", ≪한겨레≫, 1997년 12월 10일 자, 4면 참고.

77 권석천, "정치참여 부모님에 대한 도리", ≪경향신문≫, 1997년 12월 12일 자, 4면; 이성원,
    "박근혜씨 정치활동", ≪매일경제≫, 1997년 12월 12일 자, 6면 참고.

78 김재호, "박근혜씨 '이회창 지지' 본격 거리유세", ≪동아일보≫, 1997년 12월 14일 자, 5면; 박근혜, 『절망은 나를 단련시키고 희망은 나를 움직인다』, 174~175쪽 참고.

79 이철희, "TV 찬조연설 스타들", ≪동아일보≫, 1997년 12월 18일 자, 6면 참고.

80 박근혜, 『절망은 나를 단련시키고 희망은 나를 움직인다』, 179쪽; 양상우, "김석원씨 경영복 귀 사실상 총수일 할 듯", ≪한겨레≫, 1998년 2월 10일 자, 7면 참고.

81 정인열, "박정희 생가 들러 '보선출마' 분향", ≪매일신문≫, 1998년 3월 5일 자, 5면 참고.

82 이규대, "6공 실세 '엄삼탁'은 누구?", ≪시사저널≫, 1227호(2013. 4. 24), 15쪽 참고.

83 박근혜, 『절망은 나를 단련시키고 희망은 나를 움직인다』, 179~180쪽 참고.

84 김성수, "다음달 2일 대구 보궐선거 엄삼탁 대 박근혜", MBC, 1998년 3월 12일 자 참고.

85 "박정희-육영수 대형사진 눈길", ≪매일신문≫, 1998년 3월 13일 자, 5면 참고.

86 박근혜, 『절망은 나를 단련시키고 희망은 나를 움직인다』, 180~181쪽 참고.

87 "이모저모", ≪매일신문≫, 1998년 3월 23일 자, 4면 참고.

88 채널A, "정윤회의 고백…장모가 대통령 소개", 〈김승련의 뉴스 TOP 10〉, 2017년 1월 5일 자, http://news.naver.com/main/read.nhn?mode=LSD&mid=sec&sid1=100&oid=449&aid=0000120367

89 정인열, "조직 대 바람…막판 혼전 예상", ≪매일신문≫, 1998년 3월 23일 자, 6면 참고.

90 "사설: 선거결과 겸허히 수용하기를", ≪한겨레≫, 1998년 4월 4일 자, 3면 참고.

91 "말말말", ≪동아일보≫, 1998년 4월 4일 자, 7면 참고.

92 채널A, "정윤회의 고백…장모가 대통령 소개" 참고.

93 같은 글 참고.

94 김용출·이천종·조병욱·박영준, "최순실 17년 운전기사 육성 증언 ①: 운전기사 김씨 일문일답 '돈다발 든 여행용 가방, 선거 직전 대백아파트로 옮겨'", 4면.

95 같은 글, 4면.

96 같은 글, 4면.

97 같은 글, 4면 참고.

98 TBS, "조용래 '박근혜-최순실이 경제공동체? 한 가족이었다!'", 〈김어준의 뉴스공장〉, 2016년 3월 8일 자, http://www.tbs.seoul.kr/news/bunya.do?method=daum_html2&typ_800=11&seq_800=10206123 참고.

99 "지역정가", ≪매일신문≫, 1998년 3월 2일 자, 6면 참고.

100 김용출·이천종·조병욱·박영준, "박 대통령, 보궐선거 때 자금난… 투표일 임박해선 '돈 선거' 양상", ≪세계일보≫, 2016년 11월 22일 자, 5면 참고.

101 송호균·고나무, "박근혜를 움직이는 '환관권력'", ≪한겨레21≫, 940호(2012. 12), 20~23쪽; 이승헌, "임재현, MB수행 5년여만에 靑비서관 승진", ≪동아일보≫, 2011년 2월 9일 자, 9면 참고.

102 송호균·고나무, "박근혜를 움직이는 '환관권력'", 20~23쪽 참고.

103 김화영, "박근혜 측근 고 이춘상 보좌관은 누구", ≪연합뉴스≫, 2012년 12월 12일 자, http://www.yonhapnews.co.kr/vote2012/2012/12/02/2901010000AKR20121202078200

001.HTML; 차윤주·김유대, "숨진 이춘상 보좌는 누구···朴 정치입문 때부터 그림자 보좌", ≪뉴스1≫, 2012년 12월 2일 자, http://news1.kr/articles/917644 참고.

104 홍주형, "최순실, 박 대통령 초선 때부터 관여··· 논현동 안가서 의정 업무 좌지우지", ≪세계일보≫, 2016년 11월 9일 자, 4면 참고.

105 최영해, "이재만 집사의 낡은 '박근혜 수첩'", ≪동아일보≫, 2014년 10월 23일 자, 35면 참고.

106 김용출·이천종·조병욱·박영준, "문고리 3인방은 대통령 사람이 아니라 최순실의 종", ≪세계일보≫, 2016년 11월 24일 자, 8면.

107 김의겸·류이근, "최순실, 정호성이 매일 가져온 대통령 자료로 비선모임", ≪한겨레≫, 2016년 10월 26일 자, 1면 참고.

108 홍주형, "최순실, 박 대통령 초선 때부터 관여··· 논현동 안가서 의정 업무 좌지우지", 4면 참고.

109 김용출·이천종·조병욱·박영준, "문고리 3인방은 대통령 사람이 아니라 최순실의 종", 8면 참고.

110 같은 글, 8면.

111 이홍동, "지도부 구성은", ≪한겨레≫, 1998년 4월 6일 자, 6면 참고.

112 양권모, "6.4 지방선거 지금 표밭에선 ③대구·경북", ≪경향신문≫, 1998년 5월 27일 자, 5면.

113 강기석, "박정희가 챙기기 자민련 지극정성", ≪경향신문≫, 1998년 8월 5일 자, 5면; 강기석, "'아버지 유지 받든다면서 DJT 공조 할 수 있습니까' 박근혜 의원 '발끈'", ≪경향신문≫, 1998년 8월 6일 자, 5면; 김정훈·공종식, "의장선거 이모저모", ≪동아일보≫, 1998년 8월 4일 자, 4면 참조.

114 양권모, "TK의원들 '나 어떡해'", ≪경향신문≫, 1998년 12월 4일 자, 5면 참고.

115 전여옥, 『오만과 무능: 굿바이, 朴의 나라』, 310쪽 참고.

116 김병수, "야 '안기부 국회에 상주사무실 운영' 주장", ≪연합뉴스≫, 1998년 12월 30일 자, http://news.naver.com/main/read.nhn?mode=LSD&mid=shm&sid1=100&oid=001&aid=0004347481; 김병수, "한나라당 국회본청 529호실 강제로 열어", ≪연합뉴스≫, 1999년 1월 1일 자, http://news.naver.com/main/read.nhn?mode=LSD&mid=shm&sid1=100&oid=001&aid=0004434015; 이인우, "좁아진 퇴로 여야 살얼음판", ≪한겨레≫, 1999년 1월 4일 자, 3면 참고.

117 이인우·안재승, "'국회 529호실' 공방 새해정국 극한대치", ≪한겨레≫, 1999년 1월 4일 자, 1면; 이원종, "박근혜 의원은 강경파인가", ≪매일경제≫, 1999년 1월 7일 자, 6면 참고.

118 김용출·이천종·조병욱·박영준, "문고리 3인방은 대통령 사람이 아니라 최순실의 종", 8면.

119 홍주형, "최순실, 박 대통령 초선 때부터 관여··· 논현동 안가서 의정 업무 좌지우지", 4면 참고.

120 김용출·이천종·조병욱·박영준, "문고리 3인방은 대통령 사람이 아니라 최순실의 종", 8면.

121 cocoa, "'탐험: 박근혜 대통령 삼성동 자택 근처, 버려진 쓰레기를 찾아서'", ≪딴지일보≫, 2016년 12월 7일 자, http://www.ddanzi.com/ddanziNews/147558868?t=201612071432 48 참고.

122 같은 글 참고.

123 홍주형, "최순실, 박 대통령 초선 때부터 관여··· 논현동 안가서 의정 업무 좌지우지", 4면 참고.

124 김용출·이천종·조병욱·박영준, "문고리 3인방은 대통령 사람이 아니라 최순실의 종", 8면.

125 같은 글, 8면.

126 여인선, "의상 제작자 '최순실에게 매달 옷값 받아'", 채널A, 2017년 1월 26일 자, http://www.ichannela.com/news/main/news_detailPage.do?publishId=000000021418 참고.

제4장	／야당 지도자와 비신 체제(1999~2007)

1 김차수, "광주 방문 박근혜 부총재 화답", ≪동아일보≫, 1999년 5월 15일 자, 4면 참고.

2 안재승, "YS '박정희 찬양 용납못해'", ≪한겨레≫, 1999년 5월 18일 자, 3면 참고.

3 정길근, "박근혜 의원 발끈", ≪경향신문≫, 1999년 5월 18일 자, 5면 참고.

4 최경선, "박근혜 부총재 '심상찮은 행보'", ≪매일경제≫, 1999년 6월 1일 자, 6면 참고.

5 이원재, "'아버지 무시하니…' 박근혜 의원 부총재직 사퇴", ≪동아일보≫, 1999년 6월 22일 자, 5면; 최경선, "박근혜 의원 이총재와 화해", ≪매일경제≫, 1999년 6월 28일 자, 4면 참고.

6 박근혜, 『나의 어머니 육영수』(서울: 사람과사람, 2000), 98쪽.

7 김남준, "박근혜-최순실 육성 대화 최초 공개", 채널A, 2016년 12월 23일 자, http://news.ichannela.com/politics/3/00/20161223/82012316/1; 서상희, "호칭은 '의원님' 부르며…말 끊고 지시", 채널A, 2016년 12월 23일 자, http://news.ichannela.com/politics/3/00/20161223/82012341/1

8 김남준, "박근혜-최순실 육성 대화 최초 공개"; 서상희, "호칭은 '의원님' 부르며…말 끊고 지시".

9 김남준, "박근혜-최순실 육성 대화 최초 공개"; 서상희, "호칭은 '의원님' 부르며…말 끊고 지시" 참고.

10 정용인, "정윤회·최순실 실세설 아니 땐 굴뚝의 연기?", ≪주간경향≫, 1105호(2016. 12. 2), 16~19쪽 참고.

11 김용출·이천종·조병욱·박영준, "최순실 17년 운전기사 육성 증언 ①: 운전기사 김씨 일문일답 '돈다발 든 여행용 가방, 선거 직전 대백아파트로 옮겨'", ≪세계일보≫, 2016년 11월 22일 자, 4면.

12 같은 글, 4면.

13 박근혜, 『절망은 나를 단련시키고 희망은 나를 움직인다』(서울: 위즈덤하우스, 2007), 186~187쪽 참고.

14 박종주, "국민 여망 부응해야 수권정당 가능, 한나라당 지금보다 많이 바뀌어야", ≪월간중앙≫, 297호(2000. 8), 81~86쪽.

15 안기석, "박근혜 인터뷰 '대권출마요? 대처 수상 본받고 싶어요'", ≪신동아≫, 497호(2000. 2), 87~89쪽.

16 선대인, "박근혜 부총재 '대선후보 경선 나설수도'", ≪동아일보≫, 2001년 8월 14일 자, http://news.donga.com/3/all/20010814/7726476/1 참고.

17 장덕수, "박근혜 부총재 경선도전 공식선언", ≪매일경제≫, 2001년 12월 11일 자, http://

news.naver.com/main/read.nhn?mode=LSD&mid=shm&sid1=100&oid=009&aid=0000 176436 참고.

18 박주호, "野 '박근혜 몸살'", ≪국민일보≫, 2011년 12월 15일 자, http://news.naver.com/main/read.nhn?mode=LSD&mid=sec&sid1=100&oid=005&aid=0000084726 참고.

19 김정훈, "박근혜 '출마 포기 할 수 있다' 배수진", ≪동아일보≫, 2001년 12월 14일 자, http://news.naver.com/main/read.nhn?mode=LSD&mid=sec&sid1=100&oid=020&aid=0000 103490; 박주호, "野 '박근혜 몸살'" 참고.

20 장덕수, "박근혜씨 '여성대통령론' 피력", ≪매일경제≫, 2001년 12월 19일 자, http://news.naver.com/main/read.nhn?mode=LSD&mid=shm&sid1=100&oid=009&aid=0000178649 참고.

21 전여옥, 『오만과 무능: 굿바이, 朴의 나라』(서울: 독서광, 2016), 28~29쪽 참고.

22 김용출·이천종·조병욱·박영준, "문고리 3인방은 대통령 사람이 아니라 최순실의 종", ≪세계일보≫, 2016년 11월 24일 자, 8면 참고.

23 같은 글, 8면.

24 주진우, "박근혜, 최순실 언니의 자녀 결혼식에도 갔다", ≪시사인≫, 475호(2016. 10. 28), 48~50면 참고.

25 같은 글, 48~50면 참고.

26 김명호, "처음 열린 박근혜 부총재의 집", ≪국민일보≫, 2002년 1월 18일 자, http://news.naver.com/main/read.nhn?mode=LSD&mid=sec&sid1=100&oid=005&aid=0000088683; 조복래, "박근혜씨 대규모 출정식 준비", ≪연합뉴스≫, 2002년 1월 18일 자, http://news.naver.com/main/read.nhn?mode=LSD&mid=sec&sid1=100&oid=001&aid=0000126446; 조복래, "박근혜씨 '금남의 집' 개방", ≪연합뉴스≫, 2002년 1월 19일 자, http://news.naver.com/main/read.nhn?mode=LSD&mid=shm&sid1=100&oid=001&aid=0000124702 참고.

27 박근혜, 『절망은 나를 단련시키고 희망은 나를 움직인다』, 191~193쪽; 황정욱, "박근혜씨 탈당 선언(종합)", ≪연합뉴스≫, 2002년 2월 28일 자, http://news.naver.com/main/read.nhn?mode=LSD&mid=shm&sid1=100&oid=001&aid=0000134496 참고.

28 김연광, "박근혜의 비타협적 권력의지", ≪월간조선≫, 265호(2002. 4), 621~635쪽 참고.

29 민영규, "박근혜 일문일답", ≪연합뉴스≫, 2002년 4월 26일 자, http://news.naver.com/main/read.nhn?mode=LSD&mid=sec&sid1=100&oid=001&aid=0000160328; 황정욱, "'미래연합' 창당준비위 26일 발족", ≪연합뉴스≫, 2002년 4월 24일 자, http://news.naver.com/main/read.nhn?mode=LSD&mid=shm&sid1=100&oid=001&aid=0000159370; 황정욱, "미래연합 창당준비 착수", ≪연합뉴스≫, 2002년 4월 26일 자, http://news.naver.com/main/read.nhn?mode=LSD&mid=shm&sid1=100&oid=001&aid=0000160272 참고.

30 공종식, "박근혜 부총재 '李총재 김정일 만날용의'에 떨떠름", ≪동아일보≫, 2000년 6월 20일 자, http://news.donga.com/3/all/20000620/7548867/1 참고.

31 박근혜, 『절망은 나를 단련시키고 희망은 나를 움직인다』, 195쪽 참고.

32 최척호, "방북 박근혜의원과 북한의 '여사' 호칭", ≪연합뉴스≫, 2002년 5월 13일 자, http://
news.naver.com/main/read.nhn?mode=LSD&mid=shm&sid1=100&oid=001&aid=00001
66781 참고.

33 최선영, "북한의 박근혜 의원 방북 허용 배경", ≪연합뉴스≫, 2002년 5월 10일 자, http://
news.naver.com/main/read.nhn?mode=LSD&mid=shm&sid1=100&oid=001&aid=00001
65733 참고.

34 판문점 공동취재단, "김위원장 '적절한 때 답방' 재확인", ≪연합뉴스≫, 2002년 5월 14일 자,
http://news.naver.com/main/read.nhn?mode=LSD&mid=shm&sid1=100&oid=001&aid=
0000167458 참고.

35 김기영, "박근혜 한국미래연합 대표: '김정일, 경의선보다 동해선에 관심 많다'", ≪신동아≫,
514호(2002. 7), 177쪽; 박근혜, 『절망은 나를 단련시키고 희망은 나를 움직인다』, 203쪽 참고.

36 최이락·민영규, "이회창 대통령후보 확정", ≪연합뉴스≫, 2002년 5월 7일 자, http://news.
naver.com/main/read.nhn?mode=LSD&mid=shm&sid1=100&oid=001&aid=0000164592
참고.

37 박치형, "양당 대선후보 확정, 정치권 '요동' 예고", ≪파이낸셜뉴스≫, 2002년 5월 8일 자,
http://news.naver.com/main/read.nhn?mode=LSD&mid=shm&sid1=100&oid=014&aid
=0000014237 참고.

38 김지은, "최순실, 2002년 박근혜 신당 '미래연합'에도 관여했다", ≪한국일보≫, 2016년 10월
31일 자, 6면 참고.

39 cocoa, "'탐험: 박근혜 대통령 삼성동 자택 근처, 버려진 쓰레기를 찾아서'", ≪딴지일보≫,
2016년 12월 7일 자, http://www.ddanzi.com/ddanziNews/147558868?t=20161207143248
참고.

40 김지은, "최순실, 2002년 박근혜 신당 '미래연합'에도 관여했다", 6면 참고.

41 CBS라디오, "박근혜 3번 인터뷰 박영선 '최태민 부녀 의존 강했다'", 〈김현정의 뉴스쇼〉,
2016년 10월 27일 자, http://www.cbs.co.kr/radio/pgm/board.asp?pn=read&skey=&sval
=&anum=118617&vnum=6919&bgrp=6&page=31&bcd=007C059C&mcd=BOARD2&pgm
=1378 참고.

42 김용출·이천종·조병욱·박영준, "최순실 17년 운전기사 육성 증언 ①: 운전기사 김씨 일문일
답 '돈다발 든 여행용 가방, 선거 직전 대백아파트로 옮겨'", 4면; 배용진, "'최순실 타운'에 포
위된 박 대통령 사저는 지금…", ≪주간조선≫, 2432호(2016. 11. 21), 34~37쪽 참고.

43 김외현·김원철·하어영, "'실세 의혹' 정윤회와 최순실, 이들의 딸과 말의 비밀", ≪한겨레≫,
2015년 1월 16일 자, 3~4면 참고.

44 박영서, "딸 위한 목장일까, VIP 아방궁일까…최순실 평창 땅 용도는", ≪연합뉴스≫, 2017년
1월 18일 자, http://www.yonhapnews.co.kr/bulletin/2017/01/18/0200000000AKR20170
118145100062.HTML?from=search 참고.

45 김용출·이천종·조병욱·박영준, "최순실 17년 운전기사 육성 증언 ①: 운전기사 김씨 일문일
답 '돈다발 든 여행용 가방, 선거 직전 대백아파트로 옮겨'", 4면 참고.

46 전여옥, 『오만과 무능: 굿바이, 朴의 나라』, 133~136쪽 참고.

47 김용출·이천종·조병욱·박영준, "최순실 17년 운전기사 육성 증언 ①: 운전기사 김씨 일문일답 '돈다발 든 여행용 가방, 선거 직전 대백아파트로 옮겨'", 4면 참고.

48 같은 글, 4면.

49 박희석, "6년 전 박근령이 밝힌 박근혜와 최태민 일가의 관계", 《월간조선》, 441호(2016. 12), 231쪽.

50 서울중앙지법, 「김해호 화해권고 결정문」(2007. 12. 14), 5쪽 참고.

51 김용출·이천종·조병욱·박영준, "최순실 17년 운전기사 육성 증언 ①: 운전기사 김씨 일문일답 '돈다발 든 여행용 가방, 선거 직전 대백아파트로 옮겨'", 4면.

52 임석규·김영배, "잇단 특정정당 지지발언 '쐐기'", 《한겨레》, 2004년 3월 4일 자, http://legacy.www.hani.co.kr/section-003000000/2004/03/003000000200403040136019.html 참고.

53 김영배·신승근, "탄핵검사 김기춘, 변호인 문재인", 《한겨레》, 2004년 3월 14일 자, http://news.naver.com/main/read.nhn?mode=LSD&mid=sec&sid1=100&oid=028&aid=0000049918 참고.

54 최재영, "국민 10명중 7명 '탄핵 잘못'", 《경향신문》, 2004년 3월 13일 자, http://news.naver.com/main/read.nhn?mode=LSD&mid=sec&sid1=001&oid=032&aid=0000057491 참고.

55 박근혜, 『절망은 나를 단련시키고 희망은 나를 움직인다』, 209쪽; 최이락, "박근혜 과도체제 총선 순항할까", 《연합뉴스》, 2004년 3월 23일 자, http://news.naver.com/main/read.nhn?mode=LSD&mid=shm&sid1=100&oid=001&aid=0000600797 참고.

56 박근혜, 『절망은 나를 단련시키고 희망은 나를 움직인다』, 213쪽 참고.

57 김현재·최이락, "정동영 60, 70대 유권자 폄하발언 논란", 《연합뉴스》, 2004년 4월 1일 자, http://news.naver.com/main/read.nhn?mode=LSD&mid=shm&sid1=100&oid=001&aid=0000609754 참고.

58 김병수·김중배, "박근혜 '국민 불안 심려 죄송'", 《연합뉴스》, 2004년 5월 14일 자, http://news.naver.com/main/read.nhn?mode=LSD&mid=shm&sid1=100&oid=001&aid=0000649109 참고.

59 김예지, "朴 미니홈피도 최씨 일가가 관리", 채널A. 2017년 3월 20일 자, http://www.ichannela.com/news/main/news_detailPage.do?publishId=000000029010 참고.

60 조새해, "최순실 유언장 '내 재산 정유라 100%'", TV조선, 2017년 1월 28일 자, http://news.tvchosun.com/site/data/html_dir/2017/01/28/2017012890038.html 참고.

61 박근혜, 『절망은 나를 단련시키고 희망은 나를 움직인다』, 233~234쪽 참고.

62 안용수, "박대표 동화사서 '선덕화' 법명 받아", 《연합뉴스》, 2005년 10월 9일 자, http://news.naver.com/main/read.nhn?mode=LSD&mid=sec&sid1=100&oid=001&aid=0001118092 참고.

63 이가영, "과거 공개된 박 전 대통령 자택 내부…박정희 전 대통령 물건 가득", 《중앙일보》,

2017년 3월 15일 자, http://news.joins.com/article/21374031 참고.

64 류정민, "국회 정상화 '독'일까 '약'일까", ≪미디어오늘≫, 2006년 2월 2일 자, http://www.mediatoday.co.kr/?mod=news&act=articleView&idxno=43733 참고.

65 박근혜, 『절망은 나를 단련시키고 희망은 나를 움직인다』, 265~266쪽 참고.

66 같은 책, 6~7쪽 참고.

67 박종률, "박근혜 대표 '정치적으로 오버하지 말라' 당에 긴급 지시", ≪노컷뉴스≫, 2006년 5월 21일 자, http://www.nocutnews.co.kr/news/154401; 이민정, "선거 챙기기 시작한 박근혜 '대전은요?'", ≪오마이뉴스≫, 2006년 5월 22일 자, http://www.ohmynews.com/NWS_Web/View/at_pg.aspx?CNTN_CD=A0000332760 참고.

68 동아일보 특별취재팀, 『비밀해제』(서울: 동아일보사, 2014), 79쪽.

69 같은 책, 75쪽.

70 전여옥, 『오만과 무능: 굿바이, 朴의 나라』, 15~20쪽, 253쪽 참고.

71 같은 책, 246쪽 참고.

72 문갑식, "續 박근혜-최태민-최순실 傳奇 '최순실 삼성 돈 받은 뒤 권력에 눈떠'", ≪월간조선≫, 443호(2017. 2), 62~79쪽; 정희상, 2014. 12. 10, 14~17쪽 참고.

73 조용래, 『또 하나의 가족』(파주: 모던아카이브. 2017), 191쪽 참고.

74 김태훈, "박 대통령 2006년 독일서 17대 대선 출마 선언때도 '최순실' 있었다", TV조선, 2016년 10월 27일 자, http://news.chosun.com/site/data/html_dir/2016/10/26/2016102603046.html 참고.

75 전여옥, 『오만과 무능: 굿바이, 朴의 나라』, 283~284쪽 참고.

76 권선미, "정유라 10년 전 EBS 등장, '예쁜 공주님이 말 타고 왔대요.' '정유라 특집' 방불케하는 칭찬 일색 코너", ≪조선일보≫, 2016년 12월 6일 자, http://news.chosun.com/site/data/html_dir/2016/12/06/2016120603328.html; EBS, 〈생방송 톡! 톡! 보니하니〉, 723회(2006. 7. 20), https://www.youtube.com/watch?v=YE-G7c45XQ0 참고.

77 김용출·이천종·조병욱·박영준, "최순실 17년 운전기사 육성증언 2", ≪세계일보≫, 2016년 11월 23일 자, 8면.

78 성연철, "메르켈은 박근혜의 미래?", ≪한겨레≫, 2006년 9월 29일 자, http://www.hani.co.kr/arti/politics/assembly/161064.html 참고.

79 추승호, "박근혜 경선출마 선언 안팎", ≪연합뉴스≫, 2006년 10월 1일 자, http://news.naver.com/main/read.nhn?mode=LSD&mid=shm&sid1=100&oid=001&aid=0001426524 참고.

80 서명훈, "새해 첫 여론조사서도 이명박 전 시장 1위", ≪머니투데이≫, 2007년 1월 1일 자, http://www.mt.co.kr/view/mtview.php?type=1&no=2007010115294456549&outlink=1 참고.

81 이승관·김경희, "한나라당 경선후보 정책탐구 ①경제정책", ≪연합뉴스≫, 2007년 6월 11일 자, http://news.naver.com/main/read.nhn?mode=LSD&mid=sec&sid1=100&oid=001&aid=0001662238 참고.

82 이승우·안용수, "朴은 최태민 꼭두각시…지도자 자격없어", ≪연합뉴스≫, 2007년 6월 17일 자, http://news.naver.com/main/read.nhn?mode=LSD&mid=shm&sid1=100&oid=001& aid=0001668879 참고.

83 서울중앙지법, 「김해호 화해권고 결정문」, 6쪽 참고.

84 박세준, "'대통령은 용서했지만 최순실은 용서할 수 없어' 김해호씨 인터뷰", ≪주간동아≫, 1062호(2016. 11. 9), 26~29쪽; 이현미, "임현규 인터뷰1: '최순실 정윤회, 결혼 7년 전부터 부동산 공동명의'", ≪뉴시스≫, 2017년 1월 9일 자, http://news.joins.com/article/21098134 참고.

85 안승호, "최초공개-고 최태민 가계도와 가족 재산-최태민 목사딸 사위 등 서울 강남 수백억원 대 부동산 소유", ≪월간조선≫, 328호(2007. 7), 92~93쪽.

86 심인성, "대선 D-180 승부 가를 변수 ②검증파고", ≪연합뉴스≫, 2007년 6월 20일 자, http://news.naver.com/main/read.nhn?mode=LSD&mid=sec&sid1=100&oid=001&aid= 0001672632 참고.

87 황재훈, "한 '경선 드라마' 한 달…절반의 성공", ≪연합뉴스≫, 2007년 8월 17일 자, http:// news.naver.com/main/read.nhn?mode=LSD&mid=shm&sid1=100&oid=001&aid=00017 28799 참고.

88 정윤섭·김상희, "박근혜 검증청문회 중계", ≪연합뉴스≫, 2007년 7월 19일 자, http://news. naver.com/main/read.nhn?mode=LSD&mid=sec&sid1=100&oid=001&aid=0001700511

89 국견, "최태민 셋째딸 최민희씨의 독점고백 '나의 아버지 최태민과 박근혜 사이에 나돌던 소문에 대해 밝힌다'", ≪우먼센스≫, 73호(1994. 8), 202~205쪽; 최순실, "박근혜 육영재단 이사장 측근으로 몰린 최순실씨 직접 고백 '나는 육영재단의 배후 조종자가 아닙니다'", ≪여성동아≫, 286호(1987. 10), 158~162쪽 참고.

90 심인성, "李측 '朴 도덕성, 역사관 의심스럽다'", ≪연합뉴스≫, 2007년 7월 23일 자, http:// news.naver.com/main/read.nhn?mode=LSD&mid=sec&sid1=100&oid=001&aid=000170 4850 참고.

91 김현재, "한나라당 대선후보 이명박 확정", ≪연합뉴스≫, 2007년 8월 20일 자, http://news. naver.com/main/read.nhn?mode=LSD&mid=sec&sid1=100&oid=001&aid=0001731471 참고.

92 동아일보 특별취재팀, 『비밀해제』, 76~77쪽.

93 구교형·박광연, "2007년 '비선 실세' 의혹 때 최순실, 한 달간 독일 도피", ≪경향신문≫, 2016년 11월 12일 자, 4면 참고.

94 정용인, "최순실-정윤회 비선, 아직 10%도 드러나지 않았다", ≪주간경향≫, 1201호(2016. 11. 5), 30~33쪽 참고.

95 박희석, "6년 전 박근령이 밝힌 박근혜와 최태민 일가의 관계", 233쪽.

96 손병관·최경준·안윤학·손기영, "전문-박근혜③ 한나라당 후보 검증 청문회 질의·응답", ≪오마이뉴스≫, 2017년 7월 19일 자, http://www.ohmynews.com/NWS_Web/View/at_pg. aspx?CNTN_CD=A0000423306

97 TBS, "조용래 '박근혜-최순실이 경제공동체? 한 가족이었다!'", 〈김어준의 뉴스공장〉, 2016년
3월 8일 자, http://www.tbs.seoul.kr/news/bunya.do?method=daum_html2&typ_800=
11&seq_800=10206123

98 조용래, 『또 하나의 가족』, 110쪽; TBS, "조용래 '박근혜-최순실이 경제공동체? 한 가족이었
다!'" 참고.

99 김순철, "신동욱 '육영재단 사태 때 정호성·이재만도 있었다는 증언도'", MBN, 2017년 1월
11일 자, http://mbn.mk.co.kr/pages/news/newsView.php?category=mbn00009&news_
seq_no=3113696; 김태훈, "신동욱 '육영재단 분쟁 최순실 개입'", ≪세계일보≫, 2017년 1월
10일 자, 11면; 전명훈·이보배, "특검, '육영재단·朴대통령 의혹' 주장 신동욱 조사", ≪연합
뉴스≫, 2017년 1월 9일 자, http://www.yonhapnews.co.kr/bulletin/2017/01/09/02000
00000AKR20170109099000004.HTML?input=1195m; 특별취재팀, "육영재단 폭력사태 주
도한 '7인회의'…이춘상도 멤버", ≪CBS 노컷뉴스≫, 2016년 12월 28일 자, http://www.
nocutnews.co.kr/news/4708099#csidxafebf27948c1d80a92cf7aeac539016 참고.

제5장 　　　　　　　　　／'여의도 대통령'과 비선 실세(2008~2012)

1 이유주현, "박근혜 '승자쪽에서 마음대로 하는 게 법이 된다는 얘기냐'", ≪한겨레≫, 2008년
1월 3일 자, 5면 참고.

2 황준범, "총리후보 곧 3~4명 압축…박근혜 '당에 남겠다'", ≪한겨레≫, 2008년 1월 9일 자, 6
면 참고.

3 동아일보 특별취재팀, 『비밀해제』(서울: 동아일보사, 2014), 206쪽 참고.

4 이유주현, "친박 35명 공동행동 결의…31일 공심위 '분수령'", ≪한겨레≫, 2008년 1월 31일
자, 1, 5면 참고.

5 임석규, "벼랑끝 박근혜 '힘 없어 죄송…살아서 돌아오라'", ≪한겨레≫, 2008년 3월 15일 자,
4면 참고.

6 신승근, "박근혜 '저도 속고 국민도 속았다'", ≪한겨레≫, 2008년 3월 24일 자, 1면 참고.

7 이유주현, "박근혜 '7월 전대 안나갈테니 복당시켜라'", ≪한겨레≫, 2008년 4월 26일 자, 1면;
조혜정, "박근혜 '당선된 사람들 복당 받아들여야'", ≪한겨레≫, 2008년 4월 12일 자, 1면 참고.

8 성연철, "두달 만에…'친박 일괄복당' 가닥", ≪한겨레≫, 2008년 6월 3일 자, 6면 참고.

9 성연철·강희철, "박근혜 '쇠고기 재협상 필요하다면 해야'", ≪한겨레≫, 2008년 5월 7일 자,
6면 참고.

10 박근혜연구회, 『박근혜일기』(서울: 동동, 2012), 330쪽 참고.

11 김경희, "박근혜, 문화재기금법 제정 재추진", ≪연합뉴스≫, 2008년 11월 16일 자, http://
news.naver.com/main/read.nhn?mode=LSD&mid=sec&sid1=100&oid=001&aid=000236
7119 참고.

12 성연철, "박근령-신동욱씨 눈물의 결혼식", ≪한겨레≫, 2008년 10월 14일 자, 23면 참고.

각 장의 주　649

13   김용출·이천종·조병욱·박영준, "최순실 17년 운전기사 육성 증언 ①: 운전기사 김씨 일문일답 '돈더발 든 여행용 가방, 선거 직전 대백아파트로 옮겨'", 《세계일보》, 2016년 11월 22일 자, 4면.

14   안승호, "최초공개-고 최태민 가계도와 가족 재산-최태민 목사딸 사위 등 서울 강남 수백억원대 부동산 소유", 《월간조선》, 328호(2007. 7), 81쪽 참고.

15   CBS라디오, "'호빠' 고영태 동료 '호스트까지 국책 관여 어이없어'", 〈김현정의 뉴스쇼〉, 2016년 10월 28일 자, http://www.cbs.co.kr/radio/pgm/board.asp?pn=read&skey=&sval=&anum=118941&vnum=6924&bgrp=6&page=21&bcd=007C059C&mcd=BOARD1&pgm=1378 참고.

16   우종창, "고영태의 진술, '나와 최순실의 관계는…'", 조갑제닷컴, 2017년 1월 26일 자, http://www.chogabje.com/board/view.asp?C_IDX=70701&C_CC=AZ 참고.

17   고은, 『만인보 27』(창비, 2010).

18   같은 책.

19   노영희, "시론: 정유라의 개가 구국충견? 고영태를 해부하다", 《뉴스토마토》, 2016년 12월 14일 자, http://www.newstomato.com/ReadNews.aspx?no=715813 참고.

20   최예나·노지원, "정유라, 초등 6학년때 4개대회 혼자출전 1등", 《동아일보》, 2016년 11월 3일 자, 8면 참고.

21   박근혜연구회, 『박근혜일기』, 335쪽.

22   장하나, "세종시 수정 추진에서 부결까지 9개월", 《연합뉴스》, 2010년 6월 29일 자, http://news.naver.com/main/read.nhn?mode=LSD&mid=sec&sid1=100&oid=001&aid=0003356410 참고.

23   유희곤, "검찰, 2009년 최순실 조사하고도 '박근혜와 무관' 결론", 《경향신문》, 2016년 12월 15일 자, 8면 참고.

24   동아일보 특별취재팀, 『비밀해제』, 86쪽 참고.

25   박주연, "6·2선거, 교육의원 직접선출…개정안 국회통과", 《뉴시스》, 2010년 2월 18일 자, http://news.naver.com/main/read.nhn?mode=LSD&mid=sec&sid1=102&oid=003&aid=0003096637 참고.

26   박주연, "6·2선거, 교육의원 직접선출…개정안 국회통과", 《뉴시스》, 2010년 2월 18일 자, http://news.naver.com/main/read.nhn?mode=LSD&mid=sec&sid1=102&oid=003&aid=0003096637 참고.

27   김정하, "박근혜 운명 가른 10장면(하) 보수 위기마다 그의 리더십 빛났다", 《중앙일보》, 2012년 12월 21일 자, 8면 참고.

28   전여옥, 『오만과 무능: 굿바이, 朴의 나라』(서울: 독서광, 2016), 229쪽 참고.

29   동아일보 특별취재팀, 『비밀해제』, 95쪽.

30   박근혜연구회, 『박근혜일기』, 338쪽 참고.

31   오수진, "최순실 진료기록에 박대통령 대리처방 정황 확인", 《연합뉴스》, 2016년 11월 14일 자, http://www.yonhapnews.co.kr/bulletin/2016/11/14/0200000000AKR2016111404

0351017.HTML?input=1195m 참고.

32 같은 글 참고.

33 정해훈, "시민단체, '불법 의료시술 뇌물' 박 대통령 추가 고발", ≪뉴스토마토≫, 2016년 11월 29일 자, http://www.newstomato.com/ReadNews.aspx?no=711697 참고.

34 오수진, "최순실 진료기록에 박대통령 대리처방 정황 확인"; 홍진수, "최순실 단골의사들, 비선진료 후 각종 혜택…차병원은 불법 시술 대가로 의료정책 지원", ≪경향신문≫, 2016년 12월 3일 자, 6면 참고.

35 민상식·윤현종, "최순실 강남 아지트엔 차병원 오너家 있었다", ≪헤럴드경제≫, 2016년 11월 19일 자, http://superich.heraldcorp.com/superich/view.php?ud=20161119000003&sec=01-74-02&jeh=0&pos=; 오수진, "최순실 진료기록에 박대통령 대리처방 정황 확인" 참고.

36 동아일보 특별취재팀, 『비밀해제』, 97쪽 참고.

37 같은 책, 98쪽 참고.

38 박근혜연구회, 『박근혜일기』, 339쪽 참고.

39 양영권, "'안철수 신드롬' 어떻게 볼까…전문가 의견 분분", ≪머니투데이≫, 2011년 9월 5일 자, http://www.mt.co.kr/view/mtview.php?type=1&no=2011090516421361648&outlink=1 참고.

40 정지은, "조국 교수 '박근혜 새로운 별호, 발끈해!'", ≪머니투데이≫, 2011년 9월 9일 자, http://www.mt.co.kr/view/mtview.php?type=1&no=2011090909552421846&outlink=1 참고.

41 유용무, "'단일화·경선·의혹'…우여곡절의 연속", ≪이데일리≫, 2011년 10월 27일 자, http://www.edaily.co.kr/news/NewsRead.edy?SCD=JF21&newsid=01148006596417184&DCD=A00602&OutLnkChk=Y 참고.

42 배소진, "재보선날 선관위 '디도스'공격 범인은 '한나라 의원 비서'", ≪머니투데이≫, 2011년 12월 2일 자, http://www.mt.co.kr/view/mtview.php?type=1&no=2011120213285914069&outlink=1 참고.

43 박주연, "박근혜 '국민만 보고 가겠다'…與비대위원장 추대", ≪뉴시스≫, 2011년 12월 19일 자, http://news.naver.com/main/read.nhn?mode=LSD&mid=sec&sid1=100&oid=003&aid=0004249921 참고.

44 주진우·김은지, "'친척간 살인' 새 의혹 주검에서 수면제 검출", ≪시사인≫, 273호(2012. 12. 8), 30~33쪽 참고.

45 SBS, "죽거나, 혹은 죽이거나: 대통령 5촌간 살인사건 미스터리", 〈그것이 알고 싶다〉, 1057회(2016. 12. 17), http://program.sbs.co.kr/builder/endPage.do?pgm_id=00000010101&pgm_mnu_id=4022&bbsCd=pt_wan2know&contNo=10000411353; JTBC, "추적 2탄, 'VIP 5촌' 잔혹사건", 〈이규연의 스포트라이트〉, 86회(2017. 2. 5), http://tv.jtbc.joins.com/replay/pr10010365/pm10030344/ep10032297/view 참고.

46 유상준·이영석·미정혜·김태환, "朴대통령 차움서 '길라임'→'박근혜'→'최순실·순득'으로 처방", ≪뉴스1≫, 2016년 11월 16일 자, http://news1.kr/articles/?2832795 참고.

47   홍진수, "최순실 단골의사들, 비선진료 후 각종 혜택···차병원은 불법 시술 대가로 의료정책
      지원", 6면 참고.

48   같은 글, 6면 참고.

49   김도형, "정윤회 '최순실 국정농단 이정도일 줄 상상못해'", ≪동아일보≫, 2017년 1월 5일 자,
      1면 참고.

50   김외현·김원철·하어영, "'실세 의혹' 정윤회와 최순실, 이들의 딸과 말의 비밀", ≪한겨레≫,
      2015년 1월 16일 자, 3~4면 참고.

51   임재희, "서울교육청, 정유라 중학교 출결상황도 조사", ≪뉴시스≫, 2016년 11월 1일 자,
      http://www.newsis.com/ar_detail/view.html/?ar_id=NISX20161101_0014489145&cID=
      10201&pID=10200 참고.

52   최민지, "청담고, 정유라 입학 전 체육특기생 학칙 개정", ≪머니투데이≫, 2016년 11월 2일 자,
      http://www.mt.co.kr/view/mtview.php?type=1&no=2016110109411766514&outlink=1
      참고.

53   "동아일보 선정 2012 10대 뉴스", ≪동아일보≫, 2012년 12월 26일 자, 18면 참고.

54   박정훈, "비밀해제 MB5년(27): '무대(무성 대장)'의 백의종군", ≪동아일보≫, 2013년 10월 5
      일 자, 5면 참고.

55   김유대, "박근혜 '이석기·김재연, 사퇴 안하면 제명까지 가야'···與, 압박 수위 높여 갈 듯", ≪뉴
      스1≫, 2012년 6월 1일 자, http://news1.kr/articles/689275 참고.

56   박병률, "새누리 하태경 '이 대통령 종북 논란 부적절하다'", ≪경향신문≫, 2012년 6월 2일
      자, 5면 참고.

57   차윤주, "베일벗은 '박근혜 캠프'···정책부문 강화해 본선까지", ≪뉴스1≫, 2012년 7월 5일
      자, http://news1.kr/articles/728498 참고.

58   전여옥, 『오만과 무능: 굿바이, 朴의 나라』, 193~194쪽 참고.

59   "사설: 박근혜 후보 언제까지 '역사판단' 타령인가", ≪한국일보≫, 2012년 9월 12일 자, 31면.

60   신지홍, "박근혜 '5·16·유신·인혁당 피해자가족에 사과'", ≪연합뉴스≫, 2012년 9월 24일 자,
      http://news.naver.com/main/read.nhn?mode=LSD&mid=sec&sid1=100&oid=001&aid=
      0005833145

61   김욱, 『정치는 역사를 이길 수 없다』(서울: 개마고원, 2013), 94쪽.

62   김정하, "박근혜 운명 가른 10장면(하) 보수 위기마다 그의 리더십 빛났다", 8면 참고.

63   심인성, "朴-文 첫 TV토론 권력형비리·대북정책 가시돋친 설전", ≪연합뉴스≫, 2012년 12
      월 4일 자, http://news.naver.com/main/read.nhn?mode=LSD&mid=sec&sid1=100&oid=
      001&aid=0005971210 참고.

64   도성해, "경제민주화 공방전···朴 '공정경쟁' 文 '재벌개혁' 李 '해체'", ≪CBS 노컷뉴스≫, 2012
      년 12월 10일 자, http://www.nocutnews.co.kr/news/989561 참고.

65   도성해, "박-문, '李 빠진' 마지막 토론서 날선 공방···초박빙 판세 가르나", ≪CBS 노컷뉴스≫,
      2012년 12월 16일 자, http://www.nocutnews.co.kr/news/991052#csidxd11a1036ed31eb
      7a27fd099f679b8ce 참고.

66 김성환·강윤주, "전문가 5인의 대선 결과 읽기", ≪한국일보≫, 2012년 12월 21일 자, 5면.

67 같은 글, 5면.

68 같은 글, 5면.

69 심수미, "대선후보 수락 연설문 읊어준 최순실…국정농단 시작", JTBC, 2017년 1월 13일 자, http://news.jtbc.joins.com/article/article.aspx?news_id=NB11398955 참고.

70 장관석·허동준, "朴대통령 대선당시 '네거티브 대응전략'도 최순실이 주도", ≪동아일보≫, 2017년 1월 11일 자, 2면 참고.

71 박진규, "서청원·김무성 '자리'까지 최순실 입김?", JTBC, 2017년 1월 13일 자, http://news.jtbc.joins.com/article/article.aspx?news_id=NB11399476 참고.

72 CBS라디오, "김종인 '탄핵 바람타고 野 대선승리? 환상 버려야'", 〈김현정의 뉴스쇼〉, 2016년 12월 7일 자, http://www.cbs.co.kr/radio/pgm/board.asp?pn=read&skey=&sval=&anum=126686&vnum=7039&bgrp=6&page=14&bcd=007C059C&mcd=BOARD1&pgm=1378

73 장관석·허동준, "朴대통령 대선당시 '네거티브 대응전략'도 최순실이 주도", 2면 참고.

74 양민철·황인호, "최순실 '평소 대통령 철학 알아 연설문 의견 냈다'", ≪국민일보≫, 2017년 1월 11일 자, http://news.kmib.co.kr/article/view.asp?arcid=0923676857&code=11131100&cp=nv 참고.

75 구교형·박광연, "최순실, 4년간 대포폰 10대 사용…존재 노출 위험 때마다 바꿔", ≪경향신문≫, 2017년 1월 2일 자, 12면 참고.

76 성도현·윤수현, "정호성-최순실 2년간 2092회 통화·문자…하루 3회꼴", ≪뉴스1≫, 2017년 1월 18일 자, http://news1.kr/articles/?2888858 참고.

77 안대용·구교운·최은지, "정호성 '崔 대외적으로 없는 사람'…헌재 '이해 안돼'", ≪뉴스1≫, 2017년 1월 19일 자, http://news1.kr/articles/?2890661 참고.

78 김기락·김범준, "檢 'KD코퍼 대표, 못하던 현대차 납품을 한 건 최순실 때문…인정한다'", ≪뉴스핌≫, 2017년 1월 13일 자, http://www.newspim.com/news/view/20170113000311

79 심수미, "최순실, MB와 '당선인 독대' 시나리오도 받아", JTBC, 2016년 10월 25일 자, http://news.jtbc.joins.com/article/article.aspx?news_id=NB11341539 참고.

80 김선미, "정호성, 태블릿PC 감정 신청 철회…'문건 유출' 모두 인정", ≪중앙일보≫, 2017년 2월 17일 자, 12면.

81 이용우, "최순실, 박근혜 대통령 거래 하나은행 지점서 특혜 의혹", ≪시사저널≫, 1414호 (2016. 11. 4), 24~27쪽 참고.

82 같은 글, 24~27쪽 참고.

83 배준우, "정윤회 '정권교체 위해 신념 다했다'", 채널A, 2016년 10월 23일 자, http://www.ichannela.com/news/main/news_detailPage.do?publishId=80958294-2

84 김진·강태화, "정윤회 '하나라도 잘못 있으면 감방 가겠다'", ≪중앙일보≫, 2014년 12월 1일 자, 1면 참고.

85 이현미, "임현규 인터뷰2 '2015년부터 대기업 임원들 최순실 말고는 답이 없더라 얘기'", ≪뉴시스≫, 2017년 1월 10일 자, http://www.newsis.com/view/?id=NISX20170108_0014626

398&cid 참고.

86 배문규·구교형, "정유라 고3 실제 출석일수 17일…최순실 '애 아빠(정윤회)가 가만히 안 둔다'", ≪경향신문≫, 2016년 11월 17일 자, 3면 참고.

87 같은 글, 3면 참고.

제6장   ╱대통령 박근혜와 '십상시'(2013~2014.10)

1   박근혜, "박근혜 18대 대통령 취임사(全文)", ≪한국경제≫, 2013년 2월 25일 자, http://www.hankyung.com/news/app/newsview.php?aid=2013022539061&sid=01061001&nid=000%3Cype=1

2   김민경·정희순, "한상훈 전 청와대 조리장 최초 인터뷰", ≪여성동아≫, 637호(2017. 1), 68~72쪽 참고.

3   이정미·김이수·이진성·김창종·안창호·강일원·서기석·조용호, 「헌법재판소 결정」(2017. 3. 10), 21~25쪽 참고.

4   한광범·김성훈, "정호성 '최순실에게 거의 매일 청와대 문건 보내'", ≪이데일리≫, 2017년 2월 16일 자, http://www.edaily.co.kr/news/NewsRead.edy?SCD=JG41&newsid=04211526615831176&DCD=A00704&OutLnkChk=Y 참고.

5   송승환, "'최순실 국정농단 사건' 수사 결과 발표…검찰-기자단 간담회", ≪중앙일보≫, 2016년 12월 12일 자, http://news.joins.com/article/20989636

6   같은 글.

7   같은 글 참고.

8   김선미, "정호성, 태블릿PC 감정 신청 철회…'문건 유출' 모두 인정", ≪중앙일보≫, 2017년 2월 17일 자, 12면; 송승환, "'최순실 국정농단 사건' 수사 결과 발표…검찰-기자단 간담회"; 한광범·김성훈, "정호성 '최순실에게 거의 매일 청와대 문건 보내'" 참고.

9   송승환, "'최순실 국정농단 사건' 수사 결과 발표…검찰-기자단 간담회"; 한광범·김성훈, "정호성 '최순실에게 거의 매일 청와대 문건 보내'".

10 같은 글 참고.

11 장혜진·김민순, "정윤회 문건 보도 이후 '국정원이 미행' 지인에 전해 들어", ≪세계일보≫, 2017년 1월 13일 자, 2면 참고.

12 김의겸·류이근, "최순실, 정호성이 매일 가져온 대통령 자료로 비선모임", ≪한겨레≫, 2016년 10월 26일 자, 1면 참고.

13 류영현·김용출, "연설문 수정, 신의로 한 일인데…국가 기밀인줄 몰랐다", ≪세계일보≫, 2016년 10월 27일 자, 3면; 허환주, "전문요약: 자살할 분위기 아니어서 못했다는 최순신", ≪프레시안≫, 2017년 1월 18일 자, http://www.pressian.com/news/article.html?no=148820 참고.

14 이정미·김이수·이진성·김창종·안창호·강일원·서기석·조용호, 「헌법재판소 결정」, 21~25쪽 참고.

15   김선미, "정호성, 태블릿PC 감정 신청 철회…'문건 유출' 모두 인정", 12면; 한광범·김성훈, "정호성 '최순실에게 거의 매일 청와대 문건 보내'".

16   배덕훈, "전문-대통령 박근혜 최후진술", ≪CBS 노컷뉴스≫, 2017년 2월 28일 자, http://www.nocutnews.co.kr/news/4741121#csidxa419d0c24950157b8b997d0d13f54c8 참고.

17   김준일·신나리, "최순실 '장관도 새로 선임됐으니까 당부 말씀은 하고 가셔야지'", ≪동아일보≫, 2017년 1월 6일 자, 3면.

18   김의겸, "최순실, 행정관 차 타고 청와대 수시로 드나들었다", ≪한겨레≫, 2016년 11월 1일 자, 1면.

19   송승환, "'최순실 국정농단 사건' 수사 결과 발표…검찰-기자단 간담회".

20   허환주, "전문요약: 자살할 분위기 아니어서 못했다는 최순실" 참고.

21   구경민, "靑경호실 '부속실 요청시 별도 확인 없이 통과'", ≪머니투데이≫, 2016년 11월 2일 자, http://the300.mt.co.kr/newsView.html?no=201611021631765892 참고.

22   김민경·정희순, "한상훈 전 청와대 조리장 최초 인터뷰", 68~72쪽; 김지환·박훈상, "前 청와대 조리장 '최순실, 올 6월까지 매주 靑 출입'", ≪동아일보≫, 2016년 12월 12일 자, 13면 참고.

23   김민경·정희순, "한상훈 전 청와대 조리장 최초 인터뷰", 68~72쪽 참고.

24   같은 글, 68~72쪽.

25   같은 글, 68~72쪽.

26   최석호, "최순실 靑 관저서 잠까지 잤다", 채널A, 2016년 11월 2일 자, http://www.ichannela.com/news/main/news_detailPage.do?publishId=81120522-1 참고.

27   이정미·김이수·이진성·김창종·안창호·강일원·서기석·조용호, 「헌법재판소 결정」, 47~48쪽 참고.

28   김미향, "'야, 너 나와' 최순실, 학생들 앞에서 정유라 고교 교사에게 폭언", ≪한겨레≫, 2016년 11월 17일 자, 8면 참고.

29   김용출·이천종·조병욱·박영준, "김기춘 '정윤회 문건' 대통령에 보고 않고 3인방에 건네", ≪세계일보≫, 2016년 12월 14일 자, 8면.

30   특별검사, 「박근혜 정부의 최순실 등 민간인에 의한 국정농단 의혹 사건 수사결과」(2017. 3. 6), 30~37쪽 참고.

31   국회사무처, 「2013년도 국정감사 국방위원회회의록」(2013. 10. 14), 7쪽.

32   국회사무처, 「2013년도 국정감사 법제사법위원회회의록」(2013. 10. 21), 23~24쪽.

33   심수미, "철학과 소신? 대통령 주장과 '배치'", JTBC, 2017년 1월 3일 자, http://news.jtbc.joins.com/article/article.aspx?news_id=NB11392060 참고.

34   김준, "최순실, 총리 담화문까지 개입 정황", JTBC, 2017년 1월 3일 자, http://news.jtbc.joins.com/article/article.aspx?news_id=NB11392063; 김준일·신나리, "최순실 '장관도 새로 선임됐으니까 당부 말씀은 하고 가셔야지'", 3면.

35   김준, "최순실, 총리 담화문까지 개입 정황"; 김준일·신나리, "최순실 '장관도 새로 선임됐으니까 당부 말씀은 하고 가셔야지'", 3면.

36   같은 글, 3면.

37   같은 글, 3면.

38   김준, "최순실이 주물럭거린 '여론조성 창구'", JTBC, 2017년 1월 4일 자, http://news.jtbc. joins.com/article/article.aspx?news_id=NB11392921 참고.

39   김준일·신나리, "최순실 '장관도 새로 선임됐으니까 당부 말씀은 하고 가셔야지'", 3면.

40   같은 글, 3면.

41   김필준, "'적어보세요' 한달 뒤 수석회의서도…", JTBC, 2017년 1월 4일 자, http://news.jtbc. joins.com/article/article.aspx?news_id=NB11392923

42   정창수·이승주·이상민·이왕재, 『최순실과 예산도둑들』(서울: 도서출판답, 2016), 15쪽.

43   같은 책, 86~87쪽.

44   허환주, "전문요약: 자살할 분위기 아니어서 못했다는 최순실" 참고.

45   안상현, "김종, '대통령, 정유라 직접 언급해 큰 충격'", ≪조선일보≫, 2017년 1월 23일 자, http://news.chosun.com/site/data/html_dir/2017/01/23/2017012301581.html 참고.

46   이정미·김이수·이진성·김창종·안창호·강일원·서기석·조용호, 「헌법재판소 결정」, 25쪽 참고.

47   특별검사, 「박근혜 정부의 최순실 등 민간인에 의한 국정농단 의혹 사건 수사결과」, 59쪽; 홍진수, "최순실 단골의사들, 비선진료 후 각종 혜택…차병원은 불법 시술 대가로 의료정책 지원", ≪경향신문≫, 2016년 12월 3일 자, 6면 참고.

48   김용출·이천종·조병욱·박영준, "문고리, 온갖 이권·인사 전횡… 내밀한 것 캐내다 잘렸다", ≪세계일보≫, 2016년 12월 13일 자, 8면.

49   같은 글, 8면 참고.

50   김준일·신나리, "최순실 '장관도 새로 선임됐으니까 당부 말씀은 하고 가셔야지'", 3면.

51   한민용, "현명관, '문고리' 이재만에 손편지…'앞으로도 열심히 하겠다'", MBN, 2017년 2월 24일 자, http://mbn.mk.co.kr/pages/news/newsView.php?category=mbn00009&news_seq_no=3151544 참고.

52   김용출·이천종·조병욱·박영준, "'내게 지시할 사람은 대장뿐'… 3인방끼리 충성 경쟁도", ≪세계일보≫, 2016년 12월 13일 자, 9면.

53   같은 글, 9면.

54   국회사무처, 「제323회국회 교육문화체육관광위원회회의록」, 2호(2014. 4. 11), 70~71쪽.

55   배덕훈, "전문-대통령 박근혜 최후진술" 참고.

56   같은 글; 특별검사, 「박근혜 정부의 최순실 등 민간인에 의한 국정농단 의혹 사건 수사결과」, 77~78쪽 참고.

57   김민경·정희순, "한상훈 전 청와대 조리장 최초 인터뷰", 68~72쪽 참고.

58   특별검사, 「박근혜 정부의 최순실 등 민간인에 의한 국정농단 의혹 사건 수사결과」, 78~79쪽; 하어영, 송경화, "박 대통령, 세월호 가라앉을때 '올림머리' 하느라 90분 날렸다", ≪한겨레≫, 2016년 12월 7일 자, 1면 참고.

59   국회사무처, 「제326회국회 국회운영위원회회의록」, 2호(2014. 7. 7), 47~48쪽 참고.

60   방현덕·박경준·채새롬, "유진룡 '朴대통령 대한민국 사람 의견 다 들어야하냐며 역정'", ≪연

합뉴스≫, 2017년 1월 25일 자, http://www.yonhapnews.co.kr/bulletin/2017/01/25/020
0000000AKR20170125109800004.HTML?input=1195m

61 김용출·이천종·조병욱·박영준, "김기춘 '정윤회 문건' 대통령에 보고 않고 3인방에 건네", 8면.

62 김용출·이천종·조병욱·박영준, "비선 건드린 사람들 다 옷벗어… 언론사도 골로 간다", ≪세
    계일보≫, 2016년 12월 15일 자, 8면 참고.

63 류미나, "정윤회 문건파동 직후 '최순실일가 세무자료' 비공개 기록물로", ≪연합뉴스≫,
    2016년 11월 22일 자, http://www.yonhapnews.co.kr/bulletin/2016/11/22/0200000000
    AKR20161122166251001.HTML 참고.

64 김정우, "정윤회씨, '박지만 미행설' 보도 시사저널 기자들 고소", ≪한국일보≫, 2014년 7월
    25일 자, 12면 참고.

65 김선식, "'실세인가 허깨비인가' 정윤회", ≪한겨레21≫, 1135호(2016. 11. 7), 46쪽 참고.

66 윤동빈, "최순실-정윤회 부부 이혼, 비선 실세 부각 때문", TV조선, 2016년 10월 29일 자,
    http://news.tvchosun.com/site/data/html_dir/2016/10/28/2016102890194.html

67 허만섭·이혜민, "최태민 X파일 & 채병률 전 최태민 특보 증언 '최태민 일가는 박 대통령 돈도
    빨아먹었다'", ≪신동아≫, 687호(2016. 12), 78쪽.

68 김포그니, "'최순실의 전 남자' 정윤회의 심경토로 70분 '충신과 간신은 종이 한 장 차이…기
    본 못 지켜 파국 맞은 것'", ≪월간중앙≫, 493호(2016. 12), 40쪽.

69 같은 글, 38쪽 참고.

70 같은 글, 39쪽 참고.

71 같은 글, 39쪽.

72 조새해, "최순실 유언장 '내 재산 정유라 100%'", TV조선, 2017년 1월 28일 자, http://news.
    tvchosun.com/site/data/html_dir/2017/01/28/2017012890038.html 참고.

73 김선식, "'실세인가 허깨비인가' 정윤회", 46쪽 재인용.

74 정창수·이승주·이상민·이왕재, 『최순실과 예산도둑들』, 60~61쪽 참고.

75 문갑식, "續 박근혜-최태민-최순실 傳奇 '최순실 삼성 돈 받은 뒤 권력에 눈떠'", ≪월간조선≫,
    443호(2017. 2), 112~129쪽 참고.

76 특별검사, 「박근혜 정부의 최순실 등 민간인에 의한 국정농단 의혹 사건 수사결과」, 38~52쪽
    참고.

77 같은 글, 38~52쪽 참고.

78 최현준·김정필·서영지·이완, "박근혜, 이재용 독대 때마다 '청탁-대가' 주고 받았다", ≪한겨
    레≫, 2017년 3월 7일 자, 3면 참고.

79 이정미·김이수·이진성·김창종·안창호·강일원·서기석·조용호, 「헌법재판소 결정」, 25쪽;
    허환주, "전문요약: 자살할 분위기 아니어서 못했다는 최순실" 참고.

80 특별검사, 「박근혜 정부의 최순실 등 민간인에 의한 국정농단 의혹 사건 수사결과」, 56~61쪽
    참고.

81 검찰 특별수사본부, 『최순실 징모 및 인종범 공소장』(2016. 11. 20), 13~15쪽; 이정미·김이
    수·이진성·김창종·안창호·강일원·서기석·조용호, 「헌법재판소 결정」, 25~26쪽 참고.

82   배덕훈, "전문-대통령 박근혜 최후진술" 참고.

83   검찰 특별수사본부, 「차은택·송성각·김영수·김홍탁·김경태 공소사실 요지」(2016. 11. 27),
      7~8쪽 참고.

84   같은 글, 9~11쪽 참고.

제7장   /「정윤회문건」파동(2014.11~2015.1)

1   김준모·조현일·박현준, "靑 정윤회 감찰 돌연 중단 의혹", ≪세계일보≫, 2014년 11월 24일
      자, 1면.

2   조현일, "정윤회 감찰라인 무슨 일이…". ≪세계일보≫, 2014년 11월 25일 자, 2면 참고.

3   김준모·조현일·박현준, "정윤회 감찰 비서관도 '의문의 사퇴'", ≪세계일보≫, 2014년 11월
      25일 자, 1면.

4   김준모·조현일·박현준, "정윤회 '국정개입'은 사실", ≪세계일보≫, 2014년 11월 28일 자, 1면.

5   김준모, "비선실세그룹 '십상시'… 국정 정보 교류·고위직 인사 간여, 靑 감찰보고서 무슨 내
      용 담겼나", ≪세계일보≫, 2014년 11월 28일 자, 3면.

6   황대진, "나는 워치도그였다", ≪조선일보≫, 2014년 12월 2일 자, 3면 참고.

7   김준모·조현일·박현준, "청와대 1년간 행보 되돌아보니…", ≪세계일보≫, 2015년 1월 6일
      자, 4면 참고.

8   황대진, "나는 워치도그였다", 3면 참고.

9   김명환, "정윤회씨 독도 방문때 CJ 고위임원 동행했다", ≪매일경제≫, 2014년 11월 28일 자,
      1면; 주진희, "다시 주목받는 '8월 독도 콘서트'", MBN, 2014년 12월 10일 자; 최재훈·최경운,
      "숨은 실세 정윤회. 假名(가명)으로 독도엔 왜", ≪조선일보≫, 2014년 11월 4일 자, 8면 참고.

10   김준모·조현일·박현준, 「이달의 기자상 신청서: 비선실세 '국정개입' 의혹 사건」, 한국기자
      협회, 2015년 1월 13일, http://www.journalist.or.kr/news/section1.html?p_num=4

11   장혜진·김민순, "정윤회 문건 보도 이후 '국정원이 미행' 지인에 전해 들어", ≪세계일보≫,
      2017년 1월 13일 자, 2면.

12   조현일, "문건 처음 접했을 때 '이게 나라인지…'", ≪세계일보≫, 2016년 12월 13일 자, 9면.

13   같은 글, 9면.

14   김준모·조현일·박현준, 「이달의 기자상 신청서: 비선실세 '국정개입' 의혹 사건」; 박현준,
      "취재 과정에 겪은 일들", ≪관훈저널≫, 134호(2015년 봄), 74~80쪽 참고.

15   김용출·이천종·조병욱·박영준, "비선 건드린 사람들 다 옷벗어… 언론사도 골로 간다", ≪세
      계일보≫, 2016년 12월 15일 자, 8면.

16   김용출·이천종·조병욱·박영준, "靑 '정윤회 문건' 보도 전 전모 파악", 2016년 12월 29일 자,
      1면 참고.

17   김용출·이천종·조병욱·박영준, "청와대, 최소 33회 정윤회문건 대응 논의", ≪세계일보≫,
      2016년 12월 27일 자, 1면 참고.

18 강태화·권호, "'새정치련 '비선실세의 국정농단 드러나'", ≪중앙일보≫, 2014년 11월 29일
    자, 3면; 심혜리, "야권 '국민의 권력이냐, 환관 권력이냐'", ≪경향신문≫, 2014년 11월 29일
    자, 3면 참고.

19 김동진, "청 공직기강 문제 반드시 짚고 넘어가야", ≪세계일보≫, 2014년 12월 1일 자, 2면;
    김진우·심혜리, "야 '정 게이트 철저 규명'…세밀 정국 '뇌관' 터지나", ≪경향신문≫, 2014년
    12월 1일 자, 3면 참고.

20 석진환·이세영, "'비서 3인방, 정윤회에 보고'…'국정개입' 청와대 보고서 파문", ≪한겨레≫,
    2014년 11월 29일 자, 1면.

21 최문선, "청 'A경정, 정윤회 비밀리 조사 사실…김기춘 실장 보고받아'", ≪한국일보≫, 2014
    년 11월 29일 자, 2면.

22 최재훈, "라면박스 2개 靑문건 통째로 샜다", ≪조선일보≫, 2014년 11월 29일 자, 1면 참고.

23 김기정, "최순실, '정윤회 문건'때 서류 챙겨 피신", 채널A, 2016년 11월 26일 자, http://
    www.ichannela.com/news/main/news_detailPage.do?publishId=81527341-2 참고.

24 김지환·박훈상, "前 청와대 조리장 '최순실, 올 6월까지 매주 靑 출입'", ≪동아일보≫, 2016년
    12월 12일 자, 13면 참고.

25 구교형·박광연, "최순실, 4년간 대포폰 10대 사용…존재 노출 위험 때마다 바꿔", ≪경향신문≫,
    2017년 1월 2일 자, 12면 참고.

26 현소은·허재현, "박대통령, 정윤회 파문뒤 최순실에 문건 그만보내라고 해", ≪한겨레≫,
    2017년 2월 17일 자, 6면 참고.

27 김정필·서영지, "정윤회 문건 '찌라시'라더니…박대통령, 최순실 숨기려 입단속", ≪한겨레≫,
    2017년 1월 2일 자, 10면 참고.

28 김진·강태화, "정윤회 '하나라도 잘못 있으면 감방 가겠다'", ≪중앙일보≫, 2014년 12월 1일
    자, 1면 참고.

29 백일현, "차라리 잘돼…루머 허구성 드러날 것 누가 장난 치는지 반드시 밝혀내야", ≪중앙
    SUNDAY≫, 2014년 11월 30일 자, 4면 참고.

30 나연수, "정윤회, '며칠 전 이재만과 통화…적극 대응 주문'", YTN, 2014년 12월 2일 자,
    http://www.ytn.co.kr/_ln/0103_201412021550595549 참고.

31 남상훈, "국정개입은 루머…'문건유출'은 국기문란으로 규정", ≪세계일보≫, 2014년 12월 1
    일 자, 3면.

32 조수진, "행정관 '靑 조응천이 유출 서명 강요', 靑 '감찰때 사실 인정… 서명만 안해'", ≪동아
    일보≫, 2014년 12월 11일 자, 1면 참고.

33 이경미, "'내용 진위' 제대로 파헤칠까, '유출 경위'만 파고 덮을까", ≪한겨레≫, 2014년 12월
    1일 자, 4면.

34 최재혁, "정윤회, 지난 4월 이재만과 연락했다", ≪조선일보≫, 2014년 12월 2일 자, 1면.

35 황대진, "나는 워치도그였다", 3면 참고.

36 고성표·허신, "소응천 '내끼 께기께 문건 유출사건 덮여'", ≪중앙일보≫, 2014년 12월 3일
    자, 1면 참고.

37   하어영·김원철·김외현, "정윤회 관련 문체부 국·과장 박 대통령이 직접 교체 지시 등", ≪한 겨레≫, 2014년 12월 3일 자, 1면.

38   유석재, "유진룡 '문체부 국·과장 교체, 朴대통령 지시 맞다'", ≪조선일보≫, 2014년 12월 5 일 자, 4면 참고.

39   최문선·송은미, "숨은 실세 알고보니 정윤회 전처 최서원?", ≪한국일보≫, 2014년 12월 6일 자, 4면 참고.

40   구혜영, "'남은 임기 걱정' '전대미문 궁중암투' '수사 가이드라인 철회해야'", ≪경향신문≫, 2014년 12월 6일 자, 4면 참고.

41   신지홍·김경희, "朴대통령 '찌라시 얘기에 나라전체 흔들, 부끄러운 일'", ≪연합뉴스≫, 2014 년 12월 7일 자, http://www.yonhapnews.co.kr/bulletin/2014/12/07/0200000000AKR20 141207024100001.HTML 참고.

42   강병한, "청 '문건 배후 조응천' 조 '참 나쁜 분들'", ≪경향신문≫, 2014년 12월 12일 자, 1면 참고.

43   강훈, "행정관 '靑 조응천이 유출 서명 강요'", ≪조선일보≫, 2014년 12월 11일 자, 1면; 이희 경·조성호, "국정개입 회동 의혹 정윤회씨 집중 추궁", ≪세계일보≫, 2014년 12월 11일 자, 1면 참고.

44   김용출·이천종·조병욱·박영준, "청와대 회유 거절하자 이튿날 새벽에 긴급체포", ≪세계일 보≫, 2016년 11월 12일 자, 2면 참고.

45   이재철·김규식, "최경위 '문건유출 주범 몰고가 힘들었다'", ≪매일경제≫, 2014년 12월 14일 자, 31면 참고.

46   안성용, "靑 '한 경위 회유 안해'…최 경위 유서 부인, 당혹감 역력", ≪노컷뉴스≫, 2014년 12 월 14일 자, http://www.nocutnews.co.kr/news/4340314 참고.

47   김용출·이천종·조병욱·박영준, "한일 전 경위 자백회유 왜? 문건유출 경로 수사 '키맨' 확보 노린 듯", ≪세계일보≫, 2016년 11월 12일 자, 3면 참고.

48   김용출·이천종·조병욱·박영준, 청와대, 최소 33회 정윤회문건 대응 논의", 1면 참고.

49   김용출·이천종·조병욱·박영준, "당·청 '문건유출'만 부각…야당의 진위파악 시도 원천봉쇄", ≪세계일보≫, 2016년 12월 28일 자, 5면 참고.

50   박민제·이유정, "미행당한 건 사실 자술서는 없다", ≪중앙일보≫, 2014년 12월 16일 자, 1면 참고.

51   조성호·김민순, "박경정이 문건유출 가담…'대통령기록물관리' 위반", ≪세계일보≫, 2014년 12월 17일 자, 4면 참고.

52   최우열·정관석, "박관천의 황당한 '권력서열' 강의", ≪동아일보≫, 2015년 1월 7일 자, 4면 참고.

53   정환봉, "유서에 남긴 '청와대 회유설' 한 경위, 진실 밝힐까", ≪한겨레≫, 2014년 12월 17일 자, 4면 참고.

54   이희경, "'靑문건 유출' 조응천 영장 기각", ≪세계일보≫, 2014년 12월 31일 자, 1면 참고.

55   노현웅·정환봉, "'박 대통령 찌라시 지침' 그대로…반 발짝도 안 나간 검찰", ≪한겨레≫,

2015년 1월 6일 자, 1면 참고.

56 허만섭, "직격 인터뷰: '정윤회 2차 충격과 오면 상황 커질 것'", ≪신동아≫, 665호(2015. 3), 98~105쪽, http://news.naver.com/main/read.nhn?mode=LSD&mid=sec&sid1=100&oid =262&aid=0000008109

57 김경욱·이유주현, "여 '3인방 출석 국회 운영위' 완강히 거부", ≪한겨레≫, 2014년 12월 19일 자, 4면; 박세준, "'정윤회 의혹' 조사 운영위 소집", ≪세계일보≫, 2014년 12월 23일 자, 1면 참고.

58 국회사무처, 「제330회국회 국회운영위원회회의록」, 2호(2015. 1. 9), 1~72쪽 참고.

59 같은 글, 1~72쪽 참고.

60 같은 글, 1~72쪽; 김용출·이천종·조병욱·박영준, "당·청 '문건유출'만 부각…야당의 진위파 악 시도 원천봉쇄", 5면 참고.

61 정선형, "檢 '정윤회 문건 전부 허위로 볼수 없다'", ≪세계일보≫, 2015년 9월 15일 자, 1면 참고.

62 김종훈, "'정윤회 문건' 조응천, 항소심에서도 무죄…박관천은 집유", ≪머니투데이≫, 2016 년 4월 29일 자; 김태훈·박현준, "'정윤회 문건' 보도 그 후", ≪세계일보≫, 2016년 7월 15일 자, 2면 참고.

63 박현준, "취재 과정에 겪은 일들", 74~80쪽.

64 이정미·김이수·이진성·김창종·안창호·강일원·서기석·조용호, 「헌법재판소 결정」(2017. 3. 10), 56~57쪽.

65 허만섭, "직격 인터뷰: '정윤회 2차 충격과 오면 상황 커질 것'", 98~105쪽.

제8장 　　　　　　　　　　　　　　　　／'박순실', 그들의 시대(2015~2016.6)

1 이용욱, "총리도 바꿨지만, 3인방은 안 바꿨다", ≪경향신문≫, 2015년 1월 24일 자, 1면 참고.

2 홍성원, "지지율 급전직하…생일에도 심기불편한 朴대통령", ≪헤럴드경제≫, 2015년 2월 2 일 자, 2면 참고.

3 이동현, "새누리당 새 원내대표에 유승민…지도부 비박계 전면 포진", ≪한국일보≫, 2015년 2월 2일 자, 3면 참고.

4 김규식, "검찰 수뇌부도 TK출신 전진배치", ≪매일경제≫, 2015년 2월 6일 자, 19면; 김의겸, "우병우 민정수석은 '리틀 김기춘'?", ≪한겨레≫, 2015년 2월 11일 자, 31면 참고.

5 이지운·박성국, "朴대통령 '비리 덩어리 들어내야 경제 산다'", ≪서울신문≫, 2015년 3월 18 일 자, 1면 참고.

6 노현웅, "이완구 '기획 사정' 방아쇠만…탄창 끼운 건 '우병우 민정수석일 것'", ≪한겨레≫, 2015년 4월 23일 자, 4면; 최상현, "3개월전부터 치밀하게 기획된 사정수사…정·재계 정조 준", ≪헤럴드경제≫, 2015년 3월 16일 자, 3면 참고.

7 김지환·박훈상, "前 청와대 조리장 '최순실, 올 6월까지 매주 靑 줄입'", ≪농아일보≫, 2016년

12월 12일 자, 13면 참고.

8 김일창·안대용, "차은택 '김성우 靑 홍보수석도 최순실이 추천'", ≪뉴스1≫, 2017년 1월 23
   일 자, http://news1.kr/articles/?2893724; 방현덕·채새롬·김예나, "차은택 '김성우 前 청와
   대 홍보수석도 최순실 인사'", ≪연합뉴스≫, 2017년 1월 23일 자, http://news.naver.com/
   main/read.nhn?mode=LSD&mid=sec&sid1=100&oid=001&aid=0008982196

9 검찰 특별수사본부, 「최순실 정호성 안종범 공소장」(2016. 11. 20), 26~28쪽 참고.

10 같은 글, 26~28쪽 참고.

11 같은 글, 22~24쪽 참고.

12 배덕훈, "전문-대통령 박근혜 최후진술", ≪CBS 노컷뉴스≫, 2017년 2월 28일 자, http://
   www.nocutnews.co.kr/news/4741121#csidxa419d0c24950157b8b997d0d13f54c8 참고.

13 서영지, "박대통령, 2015년초 '정유라 키워야' 콕 찍어 지원 지시", ≪한겨레≫, 2017년 1월
   13일 자, 1면 참고.

14 안상현, "김종, '대통령, 정유라 직접 언급해 큰 충격'", ≪조선일보≫, 2017년 1월 23일 자,
   http://news.chosun.com/site/data/html_dir/2017/01/23/2017012301581.html

15 최인영, "정유라 위한 승마협회…허위서류에 505억 사업 혜택도", ≪연합뉴스≫, 2016년 12
   월 14일 자, http://news.naver.com/main/read.nhn?mode=LSD&mid=sec&sid1=102&oid
   =001&aid=0008888898 참고.

16 특별검사, 「박근혜 정부의 최순실 등 민간인에 의한 국정농단 의혹 사건 수사결과」(2017. 3.
   6), 60~61쪽 참고.

17 이우승, "'거의 안정 찾았는데' 靑 '성완종' 사태추이 촉각", ≪세계일보≫, 2015년 4월 11일
   자, 2면 참고.

18 홍재원, "검찰총장 직접 '성완종 리스트' 수사 지휘… 팀장에 문무일 대전지검장", ≪경향신문≫,
   2015년 4월 13일 자, 6면 참고.

19 김채연, "'버티던' 이완구 총리 사의 막전막후", ≪세계일보≫, 2015년 4월 22일 자, 4면 참고.

20 이우승·한현묵, "304명의 넋…잊지 않겠습니다", ≪세계일보≫, 2015년 4월 16일 자, 1면 참고.

21 이정애, "청와대 지시로 차은택 총괄사업에 145억 밀어줬나", ≪한겨레≫, 2016년 10월 5일
   자, 3면 참고.

22 YTN라디오, "친박 이장우 '새누리당 100명이 유승민 사퇴 찬성'", 〈신율의 출발 새아침〉,
   2015년 7월 7일 자, http://www.ytn.co.kr/_ln/0101_201507070951455376 참고.

23 김철웅, "정유라 전 남편 신주평, 처음으로 입 열다", 채널A, 2016년 12월 5일 자, http://
   news.ichannela.com/list/3/all/20161205/81680663/1; 양영전, "제주도, 지난해 5월 8일 도
   내 병원서 출산 사실", ≪한라일보≫, 2016년 11월 28일 자, http://www.ihalla.com/read.
   php3?aid=1480297635552066073; 정건희, "승마협회에 '정유라 전지훈련 지원해달라'… 최
   순실, 獨법인 설립 4개월 前에 요청", ≪국민일보≫, 2016년 12월 30일 자, 1면 참고.

24 이정미·김이수·이진성·김창종·안창호·강일원·서기석·조용호, 「헌법재판소 결정」(2017.
   3. 10), 27쪽 참고.

25 최혜정, "박대통령 '광복절 특사' 지시…비리 경제인 포함 촉각", ≪한겨레≫, 2015년 7월 14

일 자, 1면 참고.

26 검찰 특별수사본부, 「최순실 정호성 안종범 공소장」, 4~6쪽 참고.

27 이정미·김이수·이진성·김창종·안창호·강일원·서기석·조용호, 「헌법재판소 결정」, 27쪽 참고.

28 구교형, "문화부 김종 2차관 '실세' 입증…업무추진비·유류비 장관의 2배", ≪경향신문≫, 2015년 9월 16일 자, 6면 참고.

29 홍재원, "정윤회 건드린 괘씸죄?…검, 체육계·박동열 등 정면 겨냥", ≪경향신문≫, 2015년 9월 17일 자, 8면; 이태무, "정윤회 문건 파동 당시 등장, 기업형 카페 대표 징역 10월", ≪한국일보≫, 2015년 9월 23일 자, 28면 참고.

30 이용욱, "온건파 이병기, 청 중심서 밀려… 우병우 등 강경파 득세", ≪경향신문≫, 2015년 7월 10일 자, 4면 참고.

31 검찰 특별수사본부, 「최순실 정호성 안종범 공소장」, 4~6쪽; 이정미·김이수·이진성·김창종·안창호·강일원·서기석·조용호, 「헌법재판소 결정」, 28쪽 참고.

32 최현준·김정필·서영지·이완, "박근혜, 이재용 독대 때마다 '청탁-대가' 주고 받았다", ≪한겨레≫, 2017년 3월 7일 자, 3면 참고.

33 신혜원, "'독대 일정'까지 최순실에게 미리 넘어갔다", JTBC, 2017년 1월 18일 자, http://news.jtbc.joins.com/article/article.aspx?news_id=NB11403593 참고.

34 김정필, "김종, 삼성 박상진 만나 '정유라 지원' 사전 조율했다", ≪한겨레≫ 2016년 12월 26일 자, 1면 참고.

35 최현준·김정필·서영지·이완, 박근혜, "박근혜, 이재용 독대 때마다 '청탁-대가' 주고 받았다", 3면 참고.

36 특별검사, 「박근혜 정부의 최순실 등 민간인에 의한 국정농단 의혹 사건 수사결과」, 25~29쪽 참고.

37 민경호, "대통령-이재용 독대 직후…삼성 '긴급 간부회의'", SBS, 2016년 12월 21일 자, http://news.sbs.co.kr/news/endPage.do?news_id=N1003950195&plink=ORI&cooper=NAVER&plink=COPYPASTE&cooper=SBSNEWSEND; 최현준·김정필·서영지·이완, "박근혜, 이재용 독대 때마다 '청탁-대가' 주고 받았다", 3면 참고.

38 최재훈 윤주헌, "삼성이 독일로 보낸 35억, 최순실 딸 名馬 구입·관리에 쓰였다", ≪조선일보≫, 2016년 11월 2일 자, 3면 참고.

39 정창수·이승주·이상민·이왕재, 『최순실과 예산도둑들』(서울: 도서출판답, 2016), 48쪽.

40 검찰 특별수사본부, 「장시호 공소사실 요지」(2016. 12. 8), 1~3쪽 참고.

41 심언기·이후민, "특검, 최순실 제2의 태블릿 입수…삼성지원금 이메일 확보", ≪뉴스1≫, 2017년 1월 10일 자, http://news1.kr/articles/?2881691 참고.

42 이정미·김이수·이진성·김창종·안창호·강일원·서기석·조용호, 「헌법재판소 결정」, 28~29쪽 참고.

43 수현신, "한국 대표기업 16곳 '신한류 어깨동무'", ≪서울신문≫, 2015년 10월 28일 자, 6면 참고.

44 검찰 특별수사본부, 「최순실 정호성 안종범 공소장」, 11쪽 참고.

45 홍성원, "이종걸 '朴정권 사정라인에 TK 난리장성…이들이 레임덕 만들 것'", 《헤럴드경제》, 2015년 11월 19일 자, http://news.heraldcorp.com/view.php?ud=20151119000243 참고.

46 김양진·송수연, "총선 의식했나… 검찰 요직 TK 줄이고 '발탁' 늘려", 《서울신문》, 2015년 12월 22일 자, 9면 참고.

47 검찰 특별수사본부, 「최순실 정호성 안종범 공소장」, 4~6쪽; 이정미·김이수·이진성·김창종·안창호·강일원·서기석·조용호, 「헌법재판소 결정」, 28쪽 참고.

48 한광범, "김성현 '미르재단·플레이그라운드, 최순실이 지배'", 《이데일리》, 2017년 1월 31일 자, http://www.edaily.co.kr/news/NewsRead.edy?newsid=02984806615803296&SCD=JG41&DCD=A00704 참고.

49 검찰 특별수사본부, 「최순실 정호성 안종범 공소장」, 4~6쪽.

50 배훈식, "국민의당 '미르재단, 10·26에 맞춰 군사작전하듯 설립'", 《뉴시스》, 2016년 9월 30일 자, http://www.newsis.com/ar_detail/view.html/?ar_id=NISX20160930_0014421361&cID=10301&pID=10300; 선상원, "신동근 '미르재단 설립허가, 신청 5시간 만에 허가'", 《이데일리》, 2016년 9월 23일 자, http://www.edaily.co.kr/news/NewsRead.edy?SCD=JF21&newsid=0216808661278307 2&DCD=A00602&OutLnkChk=Y 참고.

51 최현준, "최순실, 관세청 차장·국장·인천세관장 인사도 개입", 《한겨레》, 2017년 2월 3일 자, 1면 참고.

52 이후민·최은지, "'제2태블릿 최순실 것 맞다'…이메일·진술확인", 《뉴스1》, 2017년 1월 11일 자, http://news1.kr/articles/?2882995 참고.

53 검찰 특별수사본부, 「최순실 정호성 안종범 공소장」, 12~13쪽 참고.

54 허환주, "전문요약: 자살할 분위기 아니어서 못했다는 최순실", 《프레시안》, 2017년 1월 18일 자, http://www.pressian.com/news/article.html?no=148820 참고.

55 윤호진·김나한, "박 대통령, 작년 7월 이어 올 2월에도 4대 그룹 총수 독대", 《중앙일보》, 2016년 11월 15일 자, 4면; 정창수·이승주·이상민·이왕재, 『최순실과 예산도둑들』, 174쪽 참고.

56 배덕훈, "전문-대통령 박근혜 최후진술" 참고.

57 최현준·김정필·서영지·이완, "박근혜, 이재용 독대 때마다 '청탁-대가' 주고 받았다", 3면 참고.

58 유희곤, "이재용, 2015·2016년 박 대통령 독대 때 구체적 대가 요구", 《경향신문》, 2017년 2월 18일 자, 3면 참고.

59 이정미·김이수·이진성·김창종·안창호·강일원·서기석·조용호, 「헌법재판소 결정」, 39~40쪽 참고.

60 정창수·이승주·이상민·이왕재, 『최순실과 예산도둑들』, 79~80쪽.

61 이정미·김이수·이진성·김창종·안창호·강일원·서기석·조용호, 「헌법재판소 결정」, 37쪽 참고.

62 검찰 특별수사본부, 「최순실 정호성 안종범 공소장」, 29~30쪽 참고.

63 같은 글, 24~26쪽 참고.

64 같은 글, 19~21쪽 참고.

65 같은 글, 17~19쪽 참고.

66 검찰 특별수사본부, 「장시호 공소사실 요지」, 5~6쪽 참고.

67 차대운·전명훈·이보배, "朴대통령, 3천억 평창올림픽 공사 '최순실 수주' 지원의혹", ≪연합뉴스≫, 2017년 1월 17일 자, http://www.yonhapnews.co.kr/bulletin/2017/01/16/0200000000AKR20170116171900004.HTML 참고.

68 검찰 특별수사본부, 「최순실 정호성 안종범 공소장」, 15~17쪽 참고.

69 특별검사, 「박근혜 정부의 최순실 등 민간인에 의한 국정농단 의혹 사건 수사결과」, 53쪽 참고.

70 최현준, "'400억'이 보기에 '100억'은 문제 안됐나", ≪한겨레≫, 2016년 4월 11일 자, 10면 참고.

71 김만용, "'양대 실세수석' 현기환은 빠지고 우병우는 잔류", ≪문화일보≫, 2016년 6월 8일 자, 5면; 남기현·김명환, "朴대통령 내주 국정복귀 앞두고 靑비서진·차관 인사", ≪매일경제≫, 2016년 6월 9일 자, 12면; 최문선, "朴정부 '청불회 징크스' 깨고… 사정 정국 힘 받는 우병우", ≪한국일보≫, 2016년 6월 13일 자, 4면 참고.

72 유희곤, "검찰, 전방위 수사 동시다발 사정 칼날 휘두르는 검찰…'박근혜 정부 레임덕 막기'", ≪경향신문≫, 2016년 6월 18일 자, 5면 참고.

73 신수지, "박근혜 '저도 속고 국민도 속았다'", ≪한겨레≫, 2017년 2월 16일 자, 10면; 특별검사, 「박근혜 정부의 최순실 등 민간인에 의한 국정농단 의혹 사건 수사결과」, 68쪽 참고.

74 특별검사, 「박근혜 정부의 최순실 등 민간인에 의한 국정농단 의혹 사건 수사결과」, 38~52쪽 참고.

75 이슬기, "취재후-최순실이 노린 '미얀마 사업' '미얀마도 불만'", KBS, 2017년 2월 23일 자, http://d.kbs.co.kr/news/view.do?ncd=3434135

76 특별검사, 「박근혜 정부의 최순실 등 민간인에 의한 국정농단 의혹 사건 수사결과」, 53~54쪽 참고.

77 이슬기, "취재후-최순실이 노린 '미얀마 사업' '미얀마도 불만'".

78 김은지·주진우, "760억원짜리 국가사업 최순실이 검토했다", ≪시사인≫, 491호(2017. 2. 13), 20~23면 참고.

79 김은지·주진우, "760억원짜리 국가사업 최순실이 검토했다", 20~23면; 전성훈·이보배, "'미얀마 게이트' 추적…최순실이 대사 추천·안종범도 논의", ≪연합뉴스≫, 2017년 1월 31일 자, http://www.yonhapnews.co.kr/bulletin/2017/01/31/0200000000AKR20170131122652004.HTML 참고.

80 정창수·이승주·이상민·이왕재, 『최순실과 예산도둑들』, 215~216쪽 참고.

제9장   /드러난 비선과 촛불 혁명(2016.7~12.9)

1 정동권, "靑 민중밥 수서, 500억 무규 개입 의혹", TV조선, 2016년 7월 27일 자, http://news.chosun.com/site/data/html_dir/2016/07/27/2016072700858.html

2   문갑식, "이진동 TV조선 사회부장 인터뷰, '2014년 10월 최순실에 왕따당한 고영태 제 발로 찾아와'", ≪월간조선≫, 443호(2017. 2), 112~129쪽.

3   문갑식, "이진동 TV조선 사회부장 인터뷰, '2014년 10월 최순실에 왕따당한 고영태 제 발로 찾아와'", 112~129쪽.

4   김성후, "이진동 TV조선 부장이 말하는 취재 뒷이야기 '최순실 인맥, 언론사 최고위층에도 있어'", ≪기자협회보≫, 1822호(2016. 11. 14), 6면.

5   문갑식, "이진동 TV조선 사회부장 인터뷰, '2014년 10월 최순실에 왕따당한 고영태 제 발로 찾아와'", 112~129쪽.

6   이하늬, "TV조선 부장, '조선일보vs청와대 프레임 부담스러웠다'", ≪미디어오늘≫, 2016년 11월 2일 자, 6면.

7   문갑식, "이진동 TV조선 사회부장 인터뷰, '2014년 10월 최순실에 왕따당한 고영태 제 발로 찾아와'", 112~129쪽.

8   최창봉, "대통령 직속 특별감찰관, '우병우 의혹' 조사 착수", KBS, 2016년 7월 25일 자, http://news.kbs.co.kr/news/view.do?ncd=3318069&ref=A 참고.

9   정철운, 『박근혜 무너지다』(서울: 메디치미디어, 2016), 17쪽 참고.

10   유기림, "靑 '朴대통령 NSC 발언, 우병우 의혹 소명 아니다'", ≪뉴스1≫, 2016년 7월 22일 자, http://news1.kr/articles/?2727076

11   정동욱, "이석수 특별감찰관, 감찰 상황 누설 정황 포착", MBC, 2016년 8월 16일 자, http://imnews.imbc.com/replay/2016/nwdesk/article/4083297_19842.html?menuid=nwdesk

12   정동욱, "이석수 특별감찰관 '사실무근', 문건에 담긴 내용은?", MBC, 2016년 8월 17일 자, http://imnews.imbc.com/replay/2016/nwdesk/article/4085556_19842.html?menuid=nwdesk 참고.

13   조윤호, "MBC '특별감찰관 감찰누설' 보도가 미심쩍은 3가지 이유", ≪미디어오늘≫, 2016년 8월 18일 자, http://www.mediatoday.co.kr/?mod=news&act=articleView&idxno=131687 참고.

14   정윤섭·강병철, "靑 '우병우 죽이기 본질은 식물정부 만들겠다는 것'", ≪연합뉴스≫, 2016년 8월 21일 자, http://www.yonhapnews.co.kr/bulletin/2016/08/21/0200000000AKR20160821036600001.HTML

15   김청환, "김진태 '언론사 간부·박수환 호화 전세기로 유럽 여행'", ≪한국일보≫, 2016년 10월 27일 자, http://www.hankookilbo.com/v/531f032987294c0fa3e00a19bcab221f

16   "독자 여러분께 사과드립니다", ≪조선일보≫, 2016년 8월 31일 자, 1면.

17   김정필, "안종범은 돈 받아내고 우병우는 말 안듣는 공무원 매질", ≪한겨레≫, 2017년 3월 7일 자, 5면 참고.

18   이하늬, "TV조선 부장, '조선일보vs청와대 프레임 부담스러웠다'", 6면.

19   김연희, "최순실이 차은택에게 책임 떠넘기라고 했다", ≪시사인≫, 492호(2017. 2. 23), 18~21쪽.

20   박수진, "최순실, 미얀마 원조사업 주도…사전답사까지", SBS, 2017년 2월 1일 자, http://

news.sbs.co.kr/news/endPage.do?news_id=N1004020458&plink=ORI&cooper=NAVER &plink=COPYPASTE&cooper=SBSNEWSEND 참고.

21 김은지·주진우, "760억원짜리 국가사업 최순실이 검토했다", ≪시사인≫, 491호(2017. 2. 13), 20~23면 참고.

22 이슬기, "취재후-최순실이 노린 '미얀마 사업' '미얀마도 불만'", KBS, 2017년 2월 23일 자, http://d.kbs.co.kr/news/view.do?ncd=3434135

23 문갑식, "이진동 TV조선 사회부장 인터뷰, '2014년 10월 최순실에 왕따당한 고영태 제 발로 찾아와'", 112~129쪽.

24 구교형·박광연, "미르재단 사태 처음 불거졌을 당시 최씨·박 대통령, 전화로 논의 정황", ≪경향신문≫, 2017년 2월 7일 자, 3면.

25 신소윤, "밤마다 연설문을 돌려 읽은 이들은 누구인가", ≪한겨레21≫, 1135호(2016. 11. 7), 62쪽 참고.

26 이혜리·윤승민, "최순실, '미르재단 의혹, 차은택-이성한 싸움으로 몰아가라' 지시", ≪경향신문≫, 2017년 2월 6일 자, http://news.khan.co.kr/kh_news/khan_art_view.html?artid= 201702061150001&code=940301 참고.

27 같은 글.

28 김연희, "최순실이 차은택에게 책임 떠넘기라고 했다", 18~21쪽.

29 김의겸·김창금·방준호, "대기업돈 288억 걸은 K스포츠 이사장은 최순실 단골 마사지 센터장", ≪한겨레≫, 2016년 9월 20일 자, 1면.

30 방준호, "'권력의 냄새' 스멀…실세는 정윤회가 아니라 최순실", ≪한겨레≫, 2016년 9월 20일 자, 5면 참고.

31 류이근·방준호, "K스포츠, 총회 회의록도 정관도 위조했다", ≪한겨레≫, 2016년 9월 21일 자, 1면 참고.

32 방준호 류이근, "최순실, K스포츠 설립 수개월 전 기획단계부터 주도", ≪한겨레≫, 2016년 9월 23일 자, 1면 참고.

33 류이근·방준호·박수진, "딸 지도교수까지 바꾼 '최순실의 힘'", ≪한겨레≫, 2016년 9월 26일 자, 1면 참고.

34 김의겸, "조선일보 방상훈 사장님께", ≪한겨레≫, 2016년 9월 29일 자, 27면 참고.

35 류이근, "'최순실 게이트' 포문 연 네 번의 변곡점과 다섯명의 인물", ≪한겨레21≫, 1135호 (2016. 11. 7), 73쪽.

36 같은 글, 70~71쪽.

37 장관순·박지환, "靑, 이석수 특감 사표 수리…野 '증인출석 방해 꼼수' 반발", ≪CBS 노컷뉴스≫, 2016년 9월 23일 자, http://m.nocutnews.co.kr/news/4658666 참고.

38 김의겸, "조선일보 방상훈 사장님께", 27면.

39 김영환, "윤소하 '최순실, 지난해 9월 2일 출국 전 은행에서 15억 찾아'", ≪이데일리≫, 2017년 1월 16일 치, http://www.edaily.co.kr/news/NewsRead.edy?newsid=017876066157 98376&SCD=JF21&DCD=A00602

40 박정태, "박정태의 '박근혜 특검' 생생기록 61. 박근혜 최순실, 하루 평균 3차례 차명폰 통화", ≪국민일보≫, 2017년 2월 15일 지, http://news.kmib.co.kr/article/view.asp?arcid=0011268383&code=61111111&sid1=pol 참고.

41 이경원·양민철, "최순실 '고영태 부모 찾아가 호스트바 다닌다고 협박해라'", ≪국민일보≫, 2017년 2월 14일 자, 3면.

42 같은 글, 3면 참고.

43 이윤상, "최순실 '정권 안 바뀌면 괜찮다' 삼성 지원 재촉", 채널A, 2017년 1월 21일 자, http://news.donga.com/BestClick/3/all/20170121/82505341/2#csidxa93d1149b6d2a41b386186aa277facc 참고.

44 방준호·류이근·하어영, "삼성, 정유라에 주기로 계약한 돈은 220억이었다", ≪한겨레≫, 2016년 12월 15일 자, 1면; 표주연·임종명·오제일, "최순실, 삼성에 이메일·문자 통해 '돈 더 내놔'…특검, 증거 확보", ≪뉴시스≫, 2017년 1월 23일 자, http://www.newsis.com/view/?id=NISX20170123_0014659201&cid=10201 참고.

45 김근희, "최순실 '삼성, 돈 안 주면 다 같이 죽는다'", MBN, 2017년 2월 24일 자, http://mbn.mk.co.kr/pages/news/newsView.php?news_seq_no=3151306 참고.

46 강진구·강순원, "최순실 모녀, 작년 9월 초부터 조직적으로 덴마크 도피 준비", ≪경향신문≫, 2017년 1월 6일 자, A5면 참고.

47 한정수·김종훈, "안종범 '朴, 재단 비선실세 일부 인정 건의 안 받아들여'", ≪머니투데이≫, 2017년 1월 16일 자, http://www.mt.co.kr/view/mtview.php?type=1&no=2017011619561054407&outlink=1 참고.

48 정철운, 『박근혜 무너지다』, 10쪽 참고.

49 이혜리, "'비선실세 의혹' 최순실 딸 SNS에 '돈도 실력…니네 부모를 원망해'", ≪경향신문≫, 2016년 10월 20일 자, 3면 참고.

50 유기림, "탄핵 정국에 이르기까지…'정국 변곡점' 朴대통령 '말·말·말'", ≪뉴스1≫, 2016년 12월 26일 자, http://news1.kr/articles/?2867469

51 정철운, 『박근혜 무너지다』, 237쪽 참고.

52 심수미, "'비선의 비선' 고영태 '최순실, 연설문 고치는 게 취미'", JTBC, 2016년 10월 20일 자, http://news.jtbc.joins.com/article/article.aspx?news_id=NB11337544

53 국회사무처, 「2016년도 국정감사 국회운영위원회회의록」(2016. 10. 21), 1~117쪽 참고.

54 최우정, "'이모 배신한 조카?…'뇌물죄 엮을 핵심 증거 자신'", TV조선, 2017년 1월 10일 자, http://news.tvchosun.com/site/data/html_dir/2017/01/10/2017011090226.html 참고.

55 이경원·양민철, "최순실 '고영태 부모 찾아가 호스트바 다닌다고 협박해라'", 3면 참고.

56 같은 글, 3면 참고.

57 구교형, "대포폰 애용하던 최순실, 독일 도피 중엔 '보이스톡'", ≪경향신문≫, 2017년 2월 24일 자, 8면 참고.

58 같은 글, 8면 참고.

59 장혜진, "최순실 입국 시기 조율 '윗선'은 누구?", ≪세계일보≫, 2017년 3월 15일 자, 14면

참고.

60 검찰 특별수사본부, 「최순실 정호성 안종범 공소장」, 31~33쪽 참고.

61 김연희, "최순실이 차은택에게 책임 떠넘기라고 했다", 18~21쪽.

62 김필준, "최순실 PC 파일 입수…대통령 연설 전 연설문 받았다", JTBC, 201년 10월 24일 자, http://news.jtbc.joins.com/article/article.aspx?news_id=NB11340632

63 이희정, "최순실 측 '청와대 핵심문건 수정' 정황 포착", JTBC, 2016년 10월 24일 자, http://news.jtbc.joins.com/article/article.aspx?news_id=NB11340626

64 이정미·김이수·이진성·김창종·안창호·강일원·서기석·조용호, 「헌법재판소 결정」(2017. 3. 10), 23~24쪽 참고.

65 같은 글, 23쪽 참고.

66 손용석, "끈기와 믿음 '최순실 파일' 파헤친 비결", ≪중앙사보≫, 1294호(2016. 11. 3), 1면.

67 심수미, "JTBC 뉴스룸 '태블릿PC' 어떻게 입수했나", JTBC, 2016년 12월 8일 자, http://news.jtbc.joins.com/article/article.aspx?news_id=NB11374134

68 윤형준, "탄핵 사태 키운 태블릿 PC… 여전한 5大 논란", ≪조선일보≫, 2017년 2월 28일 자, 5면 참고.

69 정철운, 『박근혜 무너지다』, 16쪽 참고.

70 이하늬, "TV조선 부장, '조선일보vs청와대 프레임 부담스러웠다'", 6면.

71 김의겸·류이근, "최순실, 정호성이 매일 가져온 대통령 자료로 비선모임", ≪한겨레≫, 2016년 10월 26일 자, 1면.

72 류영현·김용출, "연설문 수정, 신의로 한 일인데…국가 기밀인줄 몰랐다", ≪세계일보≫, 2016년 10월 27일 자, 3면.

73 류영현, "최씨 22년전 취재원으로 '첫 만남'… '진실 알고 싶다' 수차례 접촉 시도", ≪세계일보≫, 2016년 10월 28일 자, 2면.

74 같은 글, 2면.

75 박원경, "촛불민심이 이끌었다…탄핵소추안 통과 50일 간의 기록", SBS, 2016년 12월 14일 자, http://news.sbs.co.kr/news/endPage.do?news_id=N1003930906&plink=ORI&cooper=NAVER&plink=COPYPASTE&cooper=SBSNEWSEND 참고.

76 신혜원, "박 대통령-최순실, 태블릿 보도 첫날 새벽까지 10회 통화", JTBC, 2017년 2월 15일 자, http://news.jtbc.joins.com/article/article.aspx?news_id=NB11423535&pDate=20170215; 오마이TV, "박범계 '박근혜, 차명폰으로 최순실과 증거인멸 협의'", 〈장윤선의 팟짱〉, 2017년 2월 16일 자, http://www.ohmynews.com/NWS_Web/View/at_pg.aspx?CNTN_CD=A0002299339&PAGE_CD=N0002&CMPT_CD=M0112 참고.

77 박정태, "박정태의 '박근혜 특검' 생생기록 61. 박근혜 최순실, 하루 평균 3차례 차명폰 통화"; 이동재, "朴 사과 다음 날, 최순실에 귀국 종용", 채널A, 2017년 2월 16일 자, http://www.ichannela.com/news/main/news_detailPage.do?publishId=000000024257 참고.

78 검찰 특별수사본부, 「최순실 정호성 안종범 공소장」(2016. 11. 20), 30~31쪽 참고 등.

79 서어리, "우병우 민정수석실이 최순실 측근 뒷조사 했었다", ≪프레시안≫, 2017년 1월 11일

자, http://www.pressian.com/news/article.html?no=148332 참고.

80 박주연, "최순실-노승일 통화 녹취록 전문", ≪미래한국≫, 2017년 1월 25일 자, http://www.futurekorea.co.kr/news/articleView.html?idxno=36896

81 심수미, "'태블릿, 블루K 사무실에 놔뒀었잖아' 최순실 녹취 공개", JTBC, 2017년 1월 24일 자, http://news.jtbc.joins.com/article/article.aspx?news_id=NB11407733&pDate=20170124 참고.

82 박주연, "최순실-노승일 통화 녹취록 전문".

83 같은 글.

84 이서준, "최순실 측근 변호사, 대법관 등 수상한 '인물평'", JTBC, 2017년 2월 21일 자, http://news.jtbc.joins.com/article/article.aspx?news_id=NB11427223&cloc=jtbc%7Cnews%7Coutsider 참고.

85 김영환, "윤소하 '최순실, 지난해 9월 2일 출국 전 은행에서 15억 찾아'", ≪이데일리≫, 2017년 1월 16일 자, http://www.edaily.co.kr/news/NewsRead.edy?newsid=01787606615798376&SCD=JF21&DCD=A00602 참고.

86 심수미, "이영선, 최순실 첫 출석일에 차명폰 일괄 해지", JTBC, 2017년 2월 27일 자, http://news.jtbc.joins.com/article/article.aspx?news_id=NB11429613&pDate=20170227 참고.

87 곽희양, "검찰은 출석 통보도 안 하는데⋯최순실 '수사 적극 협력'", ≪경향신문≫, 2016년 10월 29일 자, 3면 참고.

88 성세희, "'혐의 부인·증거인멸 우려' 최순실 긴급 체포⋯서울구치소로 이송", ≪이데일리≫, 2016년 11월 1일 자, http://www.edaily.co.kr/news/NewsRead.edy?SCD=JG41&newsid=01210326612841456&DCD=A00704&OutLnkChk=Y 참고.

89 이정미·김이수·이진성·김창종·안창호·강일원·서기석·조용호, 「헌법재판소 결정」, 57쪽 참고.

90 김성곤, "朴대통령 지지율 5%⋯통치불능 단계 진입", ≪이데일리≫, 2016년 11월 4일 자, http://www.edaily.co.kr/news/NewsRead.edy?SCD=JF21&newsid=01945046612842440&DCD=A00602&OutLnkChk=Y 참고.

91 박원경, "촛불민심이 이끌었다⋯탄핵소추안 통과 50일 간의 기록" 참고.

92 조재현·최은지, "朴대통령 변호인 '의혹 정리되는 시점에 조사 타당'⋯16일 조사 어려울 듯", ≪뉴스1≫, 2016년 11월 15일 자, http://news1.kr/articles/?2831445 참고.

93 나운채, "노승권 1차장 '朴대통령, 피의자 신분 조사⋯공동정범'", ≪뉴시스≫, 2016년 11월 20일 자, http://www.newsis.com/ar_detail/view.html/?ar_id=NISX20161120_0014529233&cID=10201&pID=10200

94 박중석, "안종범, 정호성 '감방 청문회' 3시간 30분 대화록 전문 공개", ≪뉴스타파≫, 2016년 12월 29일 자, http://newstapa.org/36859 참고.

95 김청환, "김무성 대선 불출마 선언⋯ '탄핵안 발의하겠다'", ≪한국일보≫, 2016년 11월 23일 자, http://www.hankookilbo.com/v/a82721b1b8534b919a2e84c5f019f5af

96 이승관·배영경, "전직 국회의장·원로 '朴대통령, 내년 4월까지 하야해야'", ≪연합뉴스≫,

2016년 11월 27일 자, http://www.yonhapnews.co.kr/bulletin/2016/11/27/0200000000
AKR20161127050751001.HTML?input=1195m 참고.

97 김수완·구교운, "차은택·송성각 등 5명 일괄기소…"朴대통령 KT강요 공범" 재확인", ≪뉴스
1≫, 2016년 11월 27일 자, http://news1.kr/articles/?2842035 참고.

98 우상호·박지원·노회찬 등 171명, 「대통령(박근혜)탄핵소추안」(2016. 12. 3).

99 이옥진·엄보운, "盧탄핵때 같은 소란 없어… 이정현 등 與 지도부는 거의 마지막에 투표",
≪조선일보≫, 2016년 12월 10일 자, 5면 참고.

제10장   /농성전과 탄핵(2016.12.9~2017.3.10)

1 박근혜 대통령 대리인단, "박근혜 대통령측 탄핵심판 답변서", ≪경향신문≫, 2016년 12월
16일 자, http://news.khan.co.kr/kh_news/khan_art_view.html?code=940100&artid=20
1612181922001 참고.

2 특별검사, 「박근혜 정부의 최순실 등 민간인에 의한 국정농단 의혹 사건 수사결과」(2017. 3.
6), 4쪽 참고.

3 윤승민, "박영수 '우병우·최재경과 친분?…특검에선 안 통한다'", ≪경향신문≫, 2016년 11월
31일 자, 5면 참고.

4 사건팀, "7차 촛불집회 열기도 '후끈'…'퇴진까지 촛불 이어가자'", ≪뉴스1≫, 2016년 12월
10일 자, http://news1.kr/articles/?2854429 참고.

5 국회사무처, 「박근혜정부의최순실등민간인에의한국정농단의혹사건진상규명을위한국정조
사특별위원회회의록」, 4호(2016. 12. 6), 1~110쪽 참고.

6 같은 글, 69쪽.

7 국회사무처, 「박근혜정부의최순실등민간인에의한국정농단의혹사건진상규명을위한국정조
사특별위원회회의록」, 5호(2016. 12. 7), 1~135쪽 참고.

8 같은 글, 104쪽.

9 국회사무처, 「박근혜정부의최순실등민간인에의한국정농단의혹사건진상규명을위한국정조
사특별위원회회의록」, 7호(2016. 12. 14), 1~133쪽 참고.

10 국회사무처, 「박근혜정부의최순실등민간인에의한국정농단의혹사건진상규명을위한국정조
사특별위원회회의록」, 8호(2016. 12. 15), 56쪽.

11 김정필·최현준, "청와대 압수수색했으면 우병우 직권남용 충분히 밝혀냈을 것", ≪한겨레≫,
2017년 3월 4일 자, 8면.

12 김종훈, "헌재 '朴대통령, 세월호 7시간 행적 남김없이 밝혀야'", ≪머니투데이≫, 2016년 12
월 22일 자, http://www.mt.co.kr/view/mtview.php?type=1&no=2016122215321135677
&outlink=1 참고.

13 김종훈, "세월호 밝혀야 '朴 대포폰 사용' 91일 탄핵심판 주요 발언들", ≪머니투데이≫, 2017
년 3월 9일 자, http://www.mt.co.kr/view/mtview.php?type=1&no=20170309115531435

37&outlink=1 참고.

14 곽희양, "법무부 '탄핵 절차 적법' 의견서…헌재, 주중 검찰 수사기록 받을 듯", 《경향신문》,
    2016년 12월 26일 자, 7면 참고.

15 김승모, "박한철 헌법재판소장 신년사", 《뉴시스》, 2016년 12월 30일 자, http://www.
    newsis.com/ar_detail/view.html/?ar_id=NISX20161230_0014611108&cID=10203&pID=
    10200

16 국회사무처, 「박근혜정부의최순실등민간인에의한국정농단의혹사건진상규명을위한국정조
    사특별위원회회의록」, 10호(2016. 12. 22), 1~148쪽 참고.

17 정영일·지영호, "결국 빈손으로 끝난 구치소 청문회…최순실 '기억 안난다' '아니다' 일관", 《머
    니투데이》, 2016년 12월 26일 자, http://the300.mt.co.kr/newsView.html?no=2016122618
    217689140 참고.

18 박중석, "안종범, 정호성 '감방 청문회' 3시간 30분 대화록 전문 공개", 《뉴스타파》, 2016년
    12월 29일 자, http://newstapa.org/36859

19 같은 글 참고.

20 국회사무처, 「박근혜정부의최순실등민간인에의한국정농단의혹사건진상규명을위한국정조
    사특별위원회회의록」, 14호(2017. 1. 9), 42~43쪽.

21 이세원, "특검 '거짓말과의 전쟁'…위증·청문회 출석거부 15명 적발", 《연합뉴스》, 2017년
    3월 1일 자, http://www.yonhapnews.co.kr/bulletin/2017/03/01/0200000000AKR201703
    01046800004.HTML?input=1195m 참고.

22 이한승, "朴대통령 직무정지 23일만에 기자간담회…의혹 조목조목 반박", 《연합뉴스》,
    2017년 1월 1일 자, http://www.yonhapnews.co.kr/bulletin/2017/01/01/0200000000AKR
    20170101052800001.HTML?input=1195m 참고.

23 특별검사, 「박근혜 정부의 최순실 등 민간인에 의한 국정농단 의혹 사건 수사결과」, 17~29쪽
    참고.

24 온라인뉴스팀, "정유라 체포 당시 육성 인터뷰 전문", 《스포츠경향》, 2017년 1월 4일 자,
    http://sports.khan.co.kr/culture/sk_index.html?art_id=201701041158003&sec_id=560
    901&pt=nv

25 구교운·김일창, "박한철 헌재소장 '공정성 의심 사면 안되는 비상상황…언행주의'", 《뉴스1》,
    2017년 1월 2일 자, http://news1.kr/articles/?2874366 참고.

26 장혜진·김민순, "정윤회 문건 보도 이후 '국정원이 미행' 지인에 전해 들어", 《세계일보》,
    2017년 1월 13일 자, 2면 참고.

27 특별검사, 「박근혜 정부의 최순실 등 민간인에 의한 국정농단 의혹 사건 수사결과」, 38~52쪽
    참고.

28 이보배, "'흙수저 공분' 정유라 이대 특혜 수사…최경희 구속으로 마무리", 《연합뉴스》,
    2017년 2월 15일 자, http://www.yonhapnews.co.kr/bulletin/2017/02/15/0200000000
    AKR20170215090300004.HTML?input=1195m 참고.

29 장민성, "최순실, TV조선 인터뷰 직후 민정자료 빼돌려", TV조선, 2017년 2월 19일 자,

http://news.tvchosun.com/mobile/svc/content.html?contid=2017021990005 참고.

30 김종훈, "최순실 '경찰청장 이력서, 누구한테 받았나' 되레 증인 추궁", ≪머니투데이≫, 2017
년 2월 24일 자, http://www.mt.co.kr/view/mtview.php?type=1&no=20170224212546
72308&outlink=1 참고.

31 특별검사, 「박근혜 정부의 최순실 등 민간인에 의한 국정농단 의혹 사건 수사결과」, 65~68쪽
참고.

32 김현, "최순실 '비밀가방' 연 장시호…'이게 날 살릴 거야'", MBN, 2017년 2월 20일 자, http://
mbn.mk.co.kr/pages/news/newsView.php?news_seq_no=3147951 참고.

33 허환주, "전문요약: 자살할 분위기 아니어서 못했다는 최순실", ≪프레시안≫, 2017년 1월 18
일 자, http://www.pressian.com/news/article.html?no=148820

34 같은 글.

35 안대용·최은지, "탄핵심판 증인 최순실… '모른다·기억 안난다' 반복", ≪뉴스1≫, 2017년 1
월 16일 자, http://news1.kr/articles/?2886597; 허환주, "전문요약: 자살할 분위기 아니어서
못했다는 최순실" 참고.

36 김승모, "헌재 '이의제기한 최순실 조서 증거 채택 안해…동의한 조서만 인정'", ≪뉴시스≫,
2017년 1월 17일 자, http://www.newsis.com/view/?id=NISX20170117_0014646783&cID
=10201&pID=10200 참고.

37 안대용·구교운·최은지, "정호성 '崔 대외적으로 없는 사람'…헌재 '이해 안돼'", ≪뉴스1≫,
2017년 1월 19일 자, http://news1.kr/articles/?2890661 참고.

38 박보희·김종훈, "이규철 특검보 '이재용 1차 영장 기각, 차라리 다행'", ≪머니투데이≫, 2017
년 3월 3일 자, http://www.mt.co.kr/view/mtview.php?type=1&no=20170303152044969
42&outlink=1 참고.

39 김정필·최현준, "청와대 압수수색했으면 우병우 직권남용 충분히 밝혀냈을 것", ≪한겨레≫,
2017년 3월 4일 자, 8면.

40 박소연, "朴대통령 '허황된 거짓말들, 탄핵근거 얼마나 취약한가'", ≪the300≫, 2017년 1월
26일 자, http://the300.mt.co.kr/newsView.html?no=2017012609027667285

41 안대용, "김진수 靑비서관 '朴, 김ınsuk 수석에 특검수사 파악 지시'", ≪뉴스1≫, 2017년 3월
15일 자, http://news1.kr/articles/?2937377 참고.

42 김정필·최현준, "청와대 압수수색했으면 우병우 직권남용 충분히 밝혀냈을 것", 8면 참고.

43 이정미·김이수·이진성·김창종·안창호·강일원·서기석·조용호, 「헌법재판소 결정」(2017.
3. 10), 10~11쪽 참고.

44 허동준·김준일, "박영수 특검 '우병우 데리고 수사했는데 일은 참 잘해, 일은…'", ≪동아일
보≫, 2017년 3월 4일 자, 6면 참고.

45 구교운·김일창, "헌재 '고영태 녹음파일 재생 안해…증인 재신청도 기각'", ≪뉴스1≫, 2017
년 2월 20일 자, http://news1.kr/articles/?2916307 참고.

46 김민경, "대통령 대리인 '왜 함부로 재판 진행해요' 헌재서 난동", ≪한겨레≫, 2017년 2월 20
일 자, http://www.hani.co.kr/arti/society/society_general/783359.html#csidx7448df2c9

8a84c98c88383386dc0024 참고.

47 조백건·신수지, "대통령 측 '헌재, 국회와 편먹은 듯… 내란·시가전 날 수 있다'", ≪조선일보≫, 2017년 2월 23일 자, 3면 참고.

48 이정미·김이수·이진성·김창종·안창호·강일원·서기석·조용호, 「헌법재판소 결정」, 10~18쪽 참고.

49 박지연, "'태극기 집회' 등에 업고… 주심 기피 신청하며 판 깨기", ≪한국일보≫, 2017년 2월 23일 자, 3면 참고.

50 곽희양, "국회 소추위원 최후변론 전문① 권성동 '탄핵은 법 위에 군림한다고 착각하는 위정자를 겨누는 정의의 칼'", ≪경향신문≫, 2017년 2월 27일 자, http://news.khan.co.kr/kh_news/khan_art_view.html?artid=201702271442001&code=940100#csidxa13784c15262f3ba6c535431c28c628

51 이정미·김이수·이진성·김창종·안창호·강일원·서기석·조용호, 「헌법재판소 결정」, 9쪽 참고.

52 배덕훈, "전문-대통령 박근혜 최후진술", ≪CBS 노컷뉴스≫, 2017년 2월 28일 자, http://www.nocutnews.co.kr/news/4741121#csidxa419d0c24950157b8b997d0d13f54c8

53 김정필·최현준, "청와대 압수수색했으면 우병우 직권남용 충분히 밝혀냈을 것", 8면.

54 배석준·신규진, "선고시작 21분만에 '파면'… 숨죽이던 법정에 나직한 탄성", ≪동아일보≫, 2017년 3월 11일 자, 4면 참고.

55 강진아, "'최순실, 박근혜 파면에 대성통곡'…장시호, 법정증언", ≪뉴시스≫, 2017년 3월 10일 자, http://www.newsis.com/view/?id=NISX20170310_0014756772&cID=10203&pID=10200 참고.

에필로그

1 ≪오마이뉴스≫, "정두언 '박근혜-최태민, 조순제 밝힌 19금 주인공들'", 〈장윤선·박정호의 팟짱〉, 2016년 12월 26일 자, http://www.ohmynews.com/NWS_Web/View/at_pg.aspx?CNTN_CD=A0002274041

2 강준만, 『박근혜의 권력중독』(서울: 인물과사상사, 2016), 29쪽 참고.

비선 권력 관련 연보

1912. 5. 5	최태민 출생(경기도 용인 묘비에는 출생일이 음력 1918년 5월 11일로 표기)
1920. 11. 20	최태민의 다섯 번째 부인 임선이 출생
1927. 3	최태민 황해도 재령보통학교 졸업(당시 이름은 최도원)
1939. 11. 25	김기춘 출생
1940. 3. 19	임선이와 첫 남편 조동찬 사이에서 조순제 출생
1942	최태민 황해도경 순사(~1945. 8)
1945. 8. 15	8·15 광복
1945. 9	최태민 월남
1946. 3	최태민 강원도경 근무(당시 이름은 최상훈)
1947. 3	최태민 대전경찰서 경사
1947. 4	최태민 인천경찰서 경위(사찰주임)
1948	최태민, 임선이와 만남
1949. 6	최태민 육군 제1사단 헌병대 비공식 문관
1950. 6. 25	한국전쟁 발발(~1953. 7. 27)
1950. 7	최태민 해병대 비공식 문관
1950. 12. 12	박정희, 육영수와 결혼
1951. 3	최태민 사단법인 대한비누공업협회 이사장(최봉수라는 이름 사용)
1952. 2. 2	박근혜 출생
1952. 8. 20	최태민과 임선이 큰딸 최순득 출생
1953. 초	최태민 대한행정신문사(부산) 부사장
1954	최태민 여섯 번째 부인 김제복과 결혼
1954. 6. 3	최태민과 김제복 아들 최재석 출생
1954. 6. 30	박근령 출생
1955. 5	최태민, 임선이와 재결합. 최태민 경남 양산군 개운중학교 교장
1955. 11. 30	정윤회 출생
1956. 6. 23	최태민과 임선이 둘째 딸 최순실 출생
1956. 12	최태민 대한농민회 조사부 차장
1957. 2	최태민 국민회 경남도본부 사업부장
1950. 2	최태민 서울로 이사
1958. 3	박근혜 장충초등학교 입학

1958. 6. 24	최태민과 임선이 셋째 딸 최순천 출생
1958. 11	김지태 부일장학회 설립
1958. 12. 15	박지만 출생
1960. 3. 15	3·15 부정선거
1960. 4. 19	4·19 혁명
1960. 5	최태민 한국복지사회 건설회장
1960. 10	김기춘 제12회 고등고시 사법과 합격
1961. 5. 16	박정희 등 정치군인들 5·16 군사쿠테타
1962. 7	김지태 헌납재산으로 5·16장학회 설립
1963. 5	최태민 공화당 중앙위원
1963. 12. 17	박정희 대통령 취임
1964	박근혜 청와대 생활 시작
1965. 2	최태민 유가증권 위조 혐의로 도피
1967. 2~3	박근혜 성심여중 졸업, 성심여고 입학
1968. 1. 21	김신조 등 청와대 습격(1·21 사태)
1969	최태민 천주교 중림성당에서 영세(공해남이라는 이름 사용)
1970. 2	박근혜 성심여고 졸업
1970. 3	박근혜 서강대 전자공학과 입학
1971. 10	최태민 신흥종교 '영세교' 설립
1972. 7. 4	7·4 남북공동성명
1972. 10. 27	유신헌법 비상 국무회의 의결
1973. 5	최태민 대전서 영세계 칙사 자칭
1973. 8. 8	김대중 납치 사건 발생
1973. 11	최태민 서울 서대문구 대현동에서 원자경 자칭
1974	박근혜 프랑스 그르노블 대학교 유학(~1974. 8)
1974. 1. 8	긴급조치 1호 발효
1974. 8. 15	육영수 여사 피격
1974. 8	김기춘, 문세광에게 자백받음
1974. 9	김기춘 중앙정보부 대공수사국 부장 발탁
1974. 9. 21	박근혜 영부인배 어머니배구대회에 퍼스트레이디 역할로 첫 참석
1975. 2	최태민, 박근혜에게 "꿈에 육 여사가 나타나 근혜를 도와주라"는 현몽 편지 발송
1975. 3. 6	최태민, 박근혜와 청와대에서 만남
1975. 3	최순실 단국대 영문학과 청강생 입학
1975. 4. 8	긴급조치 7호 발효
1975. 4. 10	최태민 대한구국선교단 설립
1975. 4. 29	최태민 대한구국선교단 총재 취임
1975. 5. 13	긴급조치 9호 발효. 박근혜 구국선교단 명예총재 취임

1975. 6. 21	최태민·박근혜 대한구국십자군 창군식 참석
1975. 8	조순제 기획으로 육영수여사 1주기 추모사진전 개최
1975. 10.2	고육영수여사추모사업회 발족
1975. 11. 22	김기춘 '재일교포 유학생 간첩 사건' 발표
1975	조순제 구국선교단 홍보실장 활동
1976. 12	대한구국선교단에서 대한구국봉사단으로 개칭
1977. 1. 19	새마음갖기운동본부 발족
1977. 3	최태민으로 개명
1977. 9. 12	박정희 대통령, 최태민 친국
1977. 10	최태민 구국봉사단 총재직 사퇴
1977. 12	구국봉사단, 구국여성봉사단으로 통합. 박근혜 구국여성봉사단 총재 취임
1978. 8	최순실 새마음전국대학생연합회 회장 직무대리
1979. 3	명덕문화재단(한국문화재단 전신) 설립
1979. 5	구국여성봉사단에서 새마음봉사단으로 개명
1979. 6. 10	최순실 새마음제전 개회 선언
1979. 8. 9	YH무역 여공 신민당사 농성(~8. 11)
1979. 10. 23	김재규, 최태민 비위 자료 박정희 대통령에게 보고
1979. 10. 24	박근혜, 박정희 대통령에게 김재규 중앙정보부장 경질 요구
1979. 10. 26	10·26 사태
1979. 11. 3	박정희 대통령 국장
1979. 11. 21	박근혜, 서울 신당동 사저로 이사
1979. 11	박근혜, 박정희가 남긴 자금 가운데 6억 원 수령
1979. 12. 12	전두환 등 신군부 12·12 쿠데타
1980	최태민 강원도 인제 군부대에 구금 조치(6개월)
1980. 4	박근혜 영남재단 3대 이사장 취임
1980. 5. 18	5·18 광주민주화운동
1980. 7	박근혜 한국문화재단 이사장 취임. 조순제 한국문화재단 이사 취임
1980. 11. 8	박근혜 영남재단 이사장직 사퇴(이사직 유지)
1980. 11	새마음봉사단 일간지에 해체 소식 광고
1981. 2	최순실 퍼시픽스테이츠 대학 유아교육학 학사
1981. 9	박근혜 장로회신학대 대학원 입학
1982. 8	박근혜 서울 신당동에서 성북동으로 이사
1982. 9. 14	박근령 기업인 류청과 결혼(6개월 후 이혼)
1982. 10. 27	박근혜 육영재단 이사장 취임
1982. 11	최순실 첫 남편 김영호와 결혼
1983. 1	최태민 성남 오씩 빌느('1오 은평구 중산동 219의 1로 전적)
1983	최순실 서울 역삼동 689-26번지 매입

1984	조순제 영남재단 업무에 관여 시작
1985. 1	최순실 조이종합학원 개원
1985. 2	최순실 미국 퍼시픽스테이츠 대학 유아교육학 석사 취득
1985. 9	최순실, 임선이와 서울 신사동 639-11번지 매입
1985. 12	임선이 서울 삼성동 45-12번지 단독주택 매입
1987. 1. 14	전두환 군사정권의 박종철 고문 치사사건 발생
1987. 2	최순실 미국 퍼시픽스테이츠 대학 유아교육학 박사 취득
1987. 6	6월 민주항쟁
1987. 9. 2	육영재단 직원 150여 명 농성
1987. 9	최순실 ≪여성중앙≫ 10월호 인터뷰
1987. 10	박근혜 새마음병원 명지학원에 기증
1988. 3	최순실 대구 영진전문대 조교수 겸 부설 유치원 부원장
1988. 7	최순실, 임선이·최순영 공동 명의로 서울 신사동 640-1번지 매입
1988. 8	박근혜 ≪레이디경향≫과 10·26 이후 첫 언론 인터뷰
1988. 10. 18	국회 문화공보위원회, 영남대 국정감사
1988. 10. 26	박정희대통령육영수여사기념사업회 발족
1988. 11. 3	박근혜 "영남대 일에서 완전히 손을 떼겠다" 성명
1988. 12	김기춘 제22대 대검찰청 검찰총장 취임
1989. 5	박근혜 근화봉사단 재조직
1989. 7	최태민 ≪근화보≫ 창간
1989. 9	최순실 「사회문화적 환경요인에 따른 아동의 격차연구」 논문 발표
1989. 10	최순실 『어린이 버릇 어떻게 바로잡을 것인가?』 공동 번역 출간
1989. 10. 26	박정희 10주기 추도식
1990. 4	육영재단 『박근혜 인터뷰집』 발간
1990. 5	다큐멘터리 〈조국의 등불〉 공개
1990. 6	기념사업회 『겨레의 지도자』 출간
1990. 7	박근혜 서울 성북동에서 삼성동으로 이사
1990. 8	박근령·박지만, 노태우 대통령에 최태민 비위 진정
1990. 11. 3	박근혜 육영재단 이사장 사퇴
1990. 11	최태민 ≪우먼센스≫와 인터뷰(12월호에 게재)
1990. 11. 29	박근령·박지만·이영도 '엔테베-비둘기를 위한 파티' 작전
1990. 12	박근령 육영재단 이사장 취임
1991. 5	김기춘 제40대 법무부 장관 취임
1992. 9	정윤회, 최순실과 유학책임회사 '쥬벨 게엠베하' 설립
1992. 12. 11	김기춘 '초원복국집 사건'
1993. 2	최순실 「한국 몬테소리 교사교육실태에 관한 조사연구」 논문 발표. 정윤회 영진전문대 1학기 '경영학 원론' 시간강사로 위촉

1993. 10	박근혜 수필집 『평범한 가정에 태어났더라면』 출간
1993	박근혜 한국수필가협회 회원 가입
1994. 5. 1	최태민 사망
1994. 6	박근혜 한국문인협회에 등록
1994. 7. 1	최순실 서울 은평구청에 최태민 사망신고
1994. 7	최순실 《우먼센스》 8월호와 가명 최민희로 인터뷰
1995. 1	서울가정법원, 최광숙·최광현·최재석과 임선이의 친생자관계 부존재 판결
1995. 5	박근혜 수필집 『내 마음의 여정』 출간. 임선이, 최순실·정윤회 부부에 서울 역삼동 대지와 건물 매각
1995. 8	정윤회, 최순실과 재혼
1995. 9	박근혜 정수장학회 8대 이사장 취임
1995. 11	최순실 「자녀의 영재성과 영재교육에 관한 부모의 인식 및 실태조사」 논문
1995. 12. 26	최순실·정윤회 혼인신고
1996. 4	김기춘 15대 총선에서 경남 거제 출마 당선
1996. 10. 30	정유라 차병원에서 출생
1996	서울지방국세청, 최순실 일가 세무조사
1997. 12	박근혜, 이회창 지지 선언
1998. 3	최순실 일가, 박근혜 보궐선거 지원. 정윤회, 박근혜 입법보조원 등록. 안봉근 합류
1998. 4. 2	박근혜 보궐선거에서 국회의원 당선. 이후 정호성, 이춘상, 이재만 합류
1998	박근혜·최순실 서울 신사동 안가 운영
1998. 10	박근혜 경기도 용인 최태민 묘소 방문. 박근혜 『결국 한 줌, 결국 한 점』, 『고난을 벗삼아 진실을 등대삼아』 출간
1998. 11	박근혜 한나라당 부총재 취임
1999. 11	박근혜, 임선이 팔순 잔치 참석
2000. 4. 13	박근혜 16대 총선 재선
2000. 5	박근혜 한나라당 경선에서 부총재 당선
2000. 6. 15	김대중·김정일 1차 남북정상회담
2001. 11	박근혜 한나라당 대선 경선 출마 선언
2002. 1	박근혜 서울 강남 삼성동 사저 기자들에게 첫 공개
2002. 2. 28	박근혜 한나라당 탈당 선언
2002. 4. 26	박근혜 한국미래연합 창당. 정윤회 박근혜 비서실장으로 활동
2002. 5	박근혜 북한 방문해 김정일과 회담
2002. 7	최순실 강원도 평창군 용평면 이목정리 땅 매입
2002. 11. 19	박근혜 한나라당 복당
2002. 12. 19	노무현 16대 대통령 당선
2003. 2	임선이 사망. 정윤회 양슨 대표이사 취임

2003. 8	최순실 미승빌딩 완공
2004. 2	박근혜 미니홈피 개설
2004. 3. 12	국회, 노무현 대통령 탄핵소추안 가결
2004. 3. 23	박근혜 한나라당 임시 당 대표 선출
2004. 4. 15	박근혜 17대 총선 당선
2004. 5. 14	헌법재판소, 노무현 대통령 탄핵소추안 기각
2004. 6	최순실, 정윤회와 함께 강원도 용평면 도사리 일대 매입
2004. 7. 17	박근혜 한나라당 대표 선출
2005. 7	박근혜, 김기춘을 한나라당 여의도연구소장에 임명
2005. 11	박근혜 1호 법안 '문화재보호기금법' 제정안 발의
2005. 12. 13	박근혜 '사립학교법' 개정안 반대 장외집회
2006. 5. 20	박근혜 서울 신촌로터리 지방선거 유세 중 피습
2006. 6	박근혜, 장시호 명동성당 결혼식 참석
2006. 9	박근혜 독일로 출국. 대선 출마 선언
2007. 6. 17	김해호, 최태민과 최순실 육영재단 의혹 폭로
2007. 7	박근혜 자서전 『절망은 나를 단련시키고 희망은 나를 움직인다』 출간. 최순실 독일행
2007. 8. 12	조순제, 박근혜·최태민 의혹 기자회견
2007. 8. 20	이명박 한나라당 대선 후보로 선출
2007. 10. 4	노무현·김정일 2차 남북정상회담
2007. 11	박근령 육영재단에서 괴한에게 피습
2007. 12. 19	이명박 17대 대통령 당선
2008. 4. 9	박근혜 18대 총선 당선
2008. 5	미국산 쇠고기 수입 반대 촛불집회
2008. 10. 13	박근령, 신동욱과 결혼
2009. 2~3	정유라 경복초 졸업, 선화예중 입학
2009. 10. 21	박근혜 "세종시 보탤 것 뺄 것 없이 원안대로" 발언
2010. 1	신동욱, 박근혜 명예훼손 혐의로 검찰에 불구속 기소
2010. 2. 18	박근혜 '제대혈 관리 및 연구에 관한 법률안' 처리
2010. 6. 29	세종시 수정안 국회 부결
2011. 9. 6	박근혜 5촌 조카 사망 사건
2011. 10	최순실 차움의원 내방
2011. 10. 26	서울시장 보궐선거에서 박원순 당선
2011. 12	박근혜 한나라당 비상대책위원장 선출
2012. 2	한나라당 당명을 새누리당으로 변경
2012. 3	정유라 청담고 입학
2012. 4. 11	박근혜 19대 총선에서 비례대표로 당선

2012. 7. 5	최순실 미승빌딩 담보로 3억 원 대출
2012. 7. 10	박근혜 18대 대통령 선거 출마 선언
2012. 8. 20	박근혜 새누리당 대선 후보로 피선
2012. 9. 24	박근혜 과거사(5·16, 유신, 인혁당 사건 등) 사과
2012. 11. 23	안철수 후보와 문재인 후보 간 야권 단일화
2012. 12. 2	이춘상 교통사고로 사망
2012. 12. 19	박근혜 18대 대통령 당선
2013. 2. 25	박근혜 18대 대통령 취임
2013. 5	박근혜 대통령 방미. 윤창중 청와대 대변인 성추행 의혹 사건
2013. 6	검찰, 국가정보원 댓글사건 관련 원세훈 전 국정원장 기소. 박근혜 방중
2013. 8	김기춘 대통령 비서실장 선임
2013. 9	박근혜 정권 문화계 블랙리스트 작성 시작. 진영 복지부 장관 기초연금 문제로 사표
2013. 10	김종, 최순실과 만남. 이후 문화체육관광부 제2차관 임명
2014. 1. 6	조응천 「정윤회문건」 보고. 박근혜 "통일은 대박" 언급
2014. 2. 13	최순실, 최서원으로 개명
2014. 3. 28	박근혜 '드레스덴 선언' 발표
2014. 4. 8	안민석, 정유라 승마 국가대표선발 특혜 의혹 제기
2014. 4. 16	세월호 참사
2014. 5. 22	정홍원 총리 사의 표명. 후임에 안대희 전 대법관 내정
2014. 5	최순실, 정윤회와 이혼
2014. 5. 28	안대희 국무총리 내정자 사의
2014. 6. 11	문창극 국무총리 내정자 사의
2014. 7. 16	최경환 경제부총리 취임
2014. 8. 3	《산케이신문》 온라인판으로 박근혜·정윤회 남녀 관계 의혹 보도
2014. 8. 21	김종덕, 차은택 추천으로 문화체육관광부 장관 취임
2014. 9. 15	박근혜, 이재용과 1차 독대에서 "승마협회 회장사를 맡아달라"고 요구
2014. 9	정유라, 2014 인천아시안게임 마장마술 단체전 금메달. 정유라 이대 수시 면접
2014. 10	최순실·고영태 불화. 최순실 KD코퍼레이션 현대차 납품 로비
2014. 11. 24	《세계일보》 "청와대 민정수석실, 정윤회 감찰조사" 보도
2014. 11. 28	《세계일보》 「정윤회문건」 보도. 이재만 등 8인 《세계일보》 기자 고소
2014. 12. 1	박근혜 "문건 유출은 국기문란 행위" 규정
2014. 12. 2	정윤회 《중앙일보》 인터뷰에서 "문건 배후는 민정수석실" 주장
2014. 12. 4	박관천 문건 유출 혐의 피의자 신분으로 검찰 출석
2014. 12. 5	조응천 참고인 신분으로 검찰 출석
2014. 12. 9	검찰, 서울경찰청 정보1분실 소속 최경락·한일 경위 체포
2014. 12. 10	정윤회 검찰 출석 "불장난에 춤춘 사람들 다 밝혀질 것"

2014. 12. 10	검찰, 최경락·한일 경위 구속영장 청구
2014. 12. 11	《세계일보》 조현일 기자 참고인 신분으로 소환 조사
2014. 12. 12	서울중앙지법, 최경락·한일 경위 영장 기각
2014. 12. 13	최경락 경위 자살
2014. 12. 15	박지만 EG회장 참고인 신분으로 검찰 출석
2014. 12. 16	검찰 "청와대 문건, 박관천 경정 통해 유출" 잠정 결론
2014. 12. 17	검찰, 청와대 문건 유출 혐의로 박관천 체포
2014. 12. 19	헌법재판소 통합진보당 해산심판 선고
2014. 12. 23	송성각, 차은택의 추천으로 한국콘텐츠진흥원장 취임
2014. 12. 31	법원, 조응천 구속영장 기각
2015. 1. 3	검찰, 조응천·박관천 기소
2015. 1. 5	검찰 '청와대 문건 유출' 중간 수사 결과 발표 "문건은 허위"
2015. 1. 9	국회 운영위원회 개최. 김영한 민정수석 사의 후 불참
2015. 1. 22	조응천·박관천 첫 재판
2015. 1~2	내각·청와대 개편. 우병우 민정수석 발탁
2015. 2	최순실, 차은택·김홍탁·김경태 등과 함께 '모스코스' 설립
2015. 3	정유라 이화여대 체육과학부 입학
2015. 3. 12	이완구 신임 총리 첫 대국민 담화에서 부패 척결 강조
2015. 3. 25	박상진 삼성전자 사장, 승마협회 회장으로 선출
2015. 4. 8	차은택 창조경제추진단 단장 겸 문화창조융합본부 본부장 선임
2015. 4. 9	성완종 전 경남기업 회장 자살
2015. 4. 20	이완구 총리, 성완종 리스트 파문으로 사의
2015. 5. 8	정유라 제주도에서 출산
2015. 5. 20	중동호흡기증후군(메르스) 국내 첫 확진 환자 발생
2015. 5. 22	국무총리에 황교안 법무장관 지명
2015. 6. 12	정유라(정유연에서 정유라로) 개명
2015. 6. 18	황교안 총리 취임
2015. 7. 13	박근혜 8·15 특별사면 공식화
2015. 7. 24	박근혜 대기업 총수들 단독 면담
2015. 7. 25	박근혜, 이재용과 2차 독대
2015. 8. 26	삼성전자, 독일 코레스포츠와 약 213억 원 규모 컨설팅 계약
2015. 9. 3	박근혜, 시진핑과 중국군의 전승절 열병식 참관
2015. 10. 12	최순실 광고대행사 플레이그라운드 설립
2015. 10. 13	박근혜 미국 순방
2015. 10. 15	1심 법원, 조응천 무죄·박관천 징역 7년 선고
2015. 10. 26	삼성그룹, 재단법인 미르에 125억 원 출연
2015. 10. 27	재단법인 미르 현판 제막식

2015. 10. 30	차기 검찰총장 후보로 김수남 대검 차장 내정
2016. 1. 12	삼성그룹, K스포츠재단에 79억 원 출연
2016. 1. 13	K스포츠재단 설립
2016. 2	정윤회 재산분할 소송
2016. 2. 10	개성공단 폐쇄 결정
2016. 2. 15	박근혜, 이재용과 3차 독대
2016. 4. 13	20대 총선에서 '여소야대' 정국 조성, 4당체제 출범
2016. 4. 29	2심에서 조응천 무죄, 박관천 징역 8월에 집행유예 2년
2016. 7. 14	청와대 ≪세계일보≫ 상대 고소 각하
2016. 7. 26	TV조선 "靑 안종범 수석, 500억 모금 개입 의혹" 보도
2016. 9. 3	최순실, 딸 정유라와 독일로 출국
2016. 9. 20	≪한겨레≫ "최순실 단골 재활센터장은 K스포츠재단 이사장" 보도
2016. 10. 24	박근혜 개헌 추진 선언. JTBC 최순실 태블릿PC 공개
2016. 10. 25	박근혜 대통령 1차 대국민 사과
2016. 10. 27	≪세계일보≫ 최순실 단독 인터뷰 보도. 검찰 특별수사본부 설치
2016. 10. 29	서울 광화문광장 첫 주말 촛불집회
2016. 10. 30	최순실 귀국. 대통령 비서실장 및 청와대 참모 교체
2016. 10. 31	검찰, 최순실 피의자 소환 조사 및 긴급 체포
2016. 11. 3	최순실 구속. 한광옥 청와대 비서실장 내정
2016. 11. 4	박근혜 2차 대국민사과
2016. 11. 6	안종범·정호성 구속
2016. 11. 8	박근혜 국회 방문. 차은택 귀국
2016. 11. 11	차은택 구속
2016. 11. 17	국회, 최순실 국정농단 의혹 특검 및 국정조사 계획안 처리
2016. 11. 20	검찰, 최순실·안종범·정호성 구속 기소
2016. 11. 29	박근혜 3차 대국민 사과. '4월 퇴진, 6월 대선' 수용 시사
2016. 11. 30	박근혜, 특별검사로 박영수 전 서울고검장 임명 결정
2016. 12. 3	국회, 대통령 탄핵소추안 발의
2016. 12. 6	국회 국정조사특위 1차 청문회
2016. 12. 9	국회, 대통령 탄핵소추안 가결
2016. 12. 21	특검 공식 수사 시작
2016. 12. 22	헌법재판소 탄핵심판 1차 준비기일
2016. 12. 26	국회 국정조사특위 6차 청문회(구치소 청문회)
2016. 12. 27	특검, 인터폴에 정유라 '적색수배' 요청
2016. 12. 28	특검, 문형표 조사 중 피의자 입건 및 긴급 체포
2017. 1. 1	박근혜 출입기자단 신년 인사회에서 탄핵소추 사유 전면 부인
2017. 1. 3	헌법재판소 대통령 탄핵심판 1차 변론

찾아보기

인물

용어

지은이

김용출 신문기자 및 작가. 서울 광화문에서 정남쪽으로 바다를 향해 가다 보면 닿는 곳, 전남 장흥에서 1969년에 태어났다. 나주 금성고를 거쳐 1995년 서울대 종교학과를 졸업했다. 대학 시절에는 '문학의 향연'에 취하기도. 1997년 8월 세계일보에 입사한 이래 정치부와 경제부, 사회부, 문화부 등에서 일했고, 2012년 4월부터 3년간 도쿄 특파원을 지냈다. 현재 탐사보도팀에서 근무 중. 쓴 책으로는 『시대를 울린 여자: 최옥란 평전』(2003), 『독서경영: 지속성장을 위한 강력한 경쟁력』(2006, 공저), 『독일 아리랑』(2015, 개정판) 등이 있다. 이달의 기자상(9회)과 한국신문상, 국제앰네스티언론상 등을 수상했다. 꿈은 1000년이 가는 잡지를 만드는 것.

이천종 신문기자. 하늘 아래 가장 살기 편하다는 충남 천안에서 1972년에 태어났다. 천안고를 거쳐 1999년 성균관대 정치외교학과를 졸업했다. 1999년 5월 세계일보에 입사해 사회부 사건팀과 정치부 정당팀, 특별기획취재팀 등에서 일했다. 미국 노스캐롤라이나주립대(UNC) 저널리즘 스쿨에서 1년간 방문연구원으로 활동했다. 현재는 세종시에 상주하며 기획재정부와 국세청, 공정거래위원회 등을 취재해 경제 분석 기사를 주로 쓴다. 한국신문상과 국제앰네스티언론상, 이달의 기자상(4회), 올해의 좋은 신문기획상 등을 수상했다.

조병욱 신문기자. 바다와 산이 있는 부산에서 1985년 봄에 태어났다. 경남외국어고를 거쳐 선문대 북한학과와 카이스트 미래전략대학원에서 공부했다. 대학 시절 네팔에서 반년간 봉사활동을 하며 산에 자주 올랐다. 2010년 세계일보에 입사한 이래 사회부, 외교안보부, 특별기획취재팀 등에서 일했다. 현재 경제부 기자로 근무 중. 쓴 책으로는 『지구의 미래: 기후변화를 읽다』(2016, 공저)가 있다. 한국신문상과 녹색기후상 등을 수상했다. 미지의 세계를 탐험하는 여행작가가 되는 것이 꿈.

박영준 신문기자. 1983년 부산에서 태어났다. 학창 시절에는 공부보다 운동을 더 열심히 했다. 안양 백영고를 나와 2006년 늦깎이로 숭실대 국어국문학과에 입학해 2011년에 졸업했다. 2011년 9월 세계일보에 입사해 사회부 경찰팀을 거쳐 현재 정치부에서 일하고 있다. 한국신문상, 이달의 기자상, 인권보도상 등을 수상했다.

비선 권력　　　박근혜와 최태민의 만남부터 최순실 국정농단 사태까지

지은이　　　　김용출, 이천종, 조병욱, 박영준
펴낸이　　　　김종수
펴낸곳　　　　한울엠플러스(주)
편집　　　　　반기훈, 성기병, 최규선

초판 1쇄 인쇄　　2017년 5월 31일
초판 1쇄 발행　　2017년 6월 12일

주소　　　　　10881 경기도 파주시 광인사길 153 한울시소빌딩 3층
전화　　　　　031-955-0655
팩스　　　　　031-955-0656
홈페이지　　　www.hanulmplus.kr
등록번호　　　제406-2015-000143호